同济法学先哲文存

张企泰集

张企泰 著

刘 颖 编

商务印书馆
The Commercial Press
创于1897

同济法学先哲文存
编 委 会

张企泰教授

（1907—1962）

张企泰与清华同学在巴黎留影

由左至右：孟广哲、吴达元、张企泰、李健吾、秦宣夫

总　序

同济大学的法科教育,可溯至1914年11月同济大学接收青岛特别高等专门学堂法政科9名学生。1945年9月13日,国民政府教育部训令同济大学:"兹为积极培植法律人才,该校自本学年度起成立法学院,并先设法律学系开始招生,仰迅筹办具报,此令。"同月,同济大学发布增设法学院并先添设法律学系布告,筹办法学院,并于当年12月正式开学。

自清末修律以来,近代中国法制变革以日本(清末)、德国(南京国民政府时期)为宗。但在法律教育领域,介绍德国法学者独付阙如。同济大学之外国语文向以德文为主,教育部训令同济大学增设法学院,应是基于上述考量。故此,同济大学法学院之课程及一切设施参照德国法律教育制度,是近代中国法律教育史上唯一一所以德国法为特色的法学院。

同济大学法学院能在近代中国法律教育史上留有一席之地,除了德国法特色外,与法学院在短时期内汇聚了一批国内名家,有莫大的关联。法学院首任院长胡元义教授为国民政府教育部第一届部聘教授(第一届部聘教授中唯一的法科教授),民法造诣深厚;继任院长徐道隣教授为德国柏林大学法学博士、一代法学大家;代理院长薛祀光教授为中山大学法学院创始院长,精研债法;代理院长张企泰教授为法国巴黎大学博士,并曾任德国波恩大学及柏林大学法学院研究员。范扬、余群宗、吴岐、俞叔平、顾福漕、刘笃、钱实甫、萧作梁、何远岫、叶叔良、左仍彦、陈盛清、谢怀栻、丘日庆、余鑫如、林诚毅、胡继纯、曹茂良、朱伯康诸教授皆学养深厚、术有专攻、著述不辍，堪称一时之盛。

值此学习贯彻习近平法治思想、开启法治中国建设新征程之际，同济大学法学院奉"同舟共济"之校训，怀"继往"之心，全面整理同济法学先哲著述，纪念同济法学先哲；秉"开来"之愿，勇担"立时代潮头，育法治英才，发思想先声"的历史使命。"同济法学先哲文存"的编辑出版，为同济大学法学院"四分之三世纪再出发"构筑了历史底色，也为全面推进"新法科"建设提供了丰富的先哲智慧。

同济法学先哲，执教同济之先，大抵皆曾掌各名校教席有著誉者；1949年院系调整后，虽散落各方，亦皆曾为新中国法制、法学与法律教育的创建著有功勋。"同济法学先哲文存"的编辑出版，非仅以存同济法学院一院之学，亦拟为中国法学涵化百廿年传统、再创新章略尽绵薄之力。

谨此为序。

"同济法学先哲文存"编委会

二〇二〇年十二月

凡　例

一、"同济法学先哲文存"收录近代同济法学先哲所著,成就斐然、泽被学林的法学文存。入选作品以名作为主,或选录名篇合集。

二、入选著作内容、编次一仍其旧,率以原刊或作者修订、校阅本为底本,参校他本,正其讹误。前人引书,时有省略更改,倘不失原意,则不以原书文字改动引文;如确需校改,则出脚注说明版本依据,以"编者注"或"校者注"形式说明。

三、作者自有其文字风格,各时代均有其语言习惯,可不按现行用法、写法及表现手法改动原文;原书专名(人名、地名、术语)及译名与今不统一者,亦不作改动。如确系作者笔误、排印舛误、数据计算与外文拼写错误等,则予径改。

四、原书为直排繁体,除个别特殊情况,均改作横排简体。原书无标点或仅有简单断句者,增加新式标点;专名号从略。

五、原书篇后注原则上移作脚注,双行夹注改为单行夹注。文献著录则从其原貌,稍加统一。

六、原书因年代久远而字迹模糊或纸页残缺者,据所缺字数用"□"表示;字数难以确定者,则用"(下缺)"表示。

目 录

中国民法物权论

序

　　在这个时期,我们从事于此种著述,刊印问世,似乎不得不有所说明。在此抗战期间,我们原同时着手建国,建国的最高目标,无非在造成一法治国家。欲做到法治,必须努力于法学之研究。综观先进法治国家,法律科学,没有不发达的。我们研究法学,正是在尽一部分建国的责任,此其一。自从英美与我订立平等互惠新约之后(最近又因维希政府违背国际公法,我国政府已宣布废止中法间一切不平等条约),在华领事裁判权的制度,已成历史陈迹。我们现在是个法权完整的国家,今后对于法律之学,应当加倍提倡,努力研究,以促成法治之早日实现,俾我国跻于列强之林,与列国平等相处,而无愧色,此其二。我们既认定法学的研究在此时是一桩重要的工作,而后方图书反如此之缺乏。抗战前的佳著(刘志敫著《中国民法物权》,大东书局出版,堪称杰作,仅有上册,惜未出全),大部分几已无法获得,影响法律教育及法学之研究,实非浅鲜。这一本著作,想补救时弊于万一,此其三。本此三点理由,我们认为这一部著作之出版,未见不合时宜。

　　作者于八年前任教中央大学,即担任民法物权。随后迭在中央政治学校、西南联合大学、东吴大学讲授同一科目。经多年的研究,深觉其中若干问题,时贤的见解,未能尽惬吾人之意。例如典权,有以为用益物权者,有以为担保物权者,莫衷一是。以其他物权(制限物权)只分用益物权与担保物权两类,原系外人所创学说。外人的学说,系根据外国现行的法律制度而来,但外国没有典权,故以我国独有的典权,强纳于用益物权或担保物权类内,难怪终觉有些格格不入,同时也难怪学者间聚讼纷纭,终无定说。又如不动产物权之移转或设定,应以书面为之,此之书面,判例学说,均有指为物权行为而非债权行为应具之方式者,我们也未敢苟同。他如物权行为之无因及独立性格、公同共有之各种事态、地役权之本质等,均不无研讨余地。

又过去的著述,对于若干问题,未曾论列,或论而不详。例如物权的次序及物权的登记等,其中有学术上兴趣的,也有实际上利害关系的,在本著作中均占有相当篇幅。尤其关于三民主义的物权立法,原是个极重要而亟须解决的问题,前此很少有人注意,我们也提供了一些刍议。

作者以一得之愚,贡献同好,仍本抛砖引玉之旨,鼓动大家来讨论,以求真理之发现,并以促我国法律科学之发达。

作者同时顾虑到从事实务者的需要,举凡主要判例解释,莫不引征。又本书为求说明学理条文起见,举例颇多,也能合于初学者之用。

民国三十二年五月十三日于渝市

目　录

绪　论

（本书中单列数字者，系指民法之条文，罗马数字指项，阿拉伯数字指款。）

第一节　物权法之概念

物权法者，顾名思义，乃以物权为其规律对象之法律也。物权系私法上权利，属于财产权之一类。与财产权有别者，为人格权与身份权。人格权者，系个人对于其本身所享有之权利，例如关于生命、身体、名誉、自由、姓名、肖像等权利均是，而受法律之保障（一八）。身份权与财产权，均系个人对于其本身以外之事物所享有之权利。其间区别，依通行见解，视其有无财产上价值以为断。有之则为财产权，否则为身份权。愚见颇不以为然。若作家对于其所创作之劣品诗词，或男子对于其情人之书信，或留作纪念之乌发一束，虽一无财产上价值可言，仍各享有著作权或所有权。反之，父母对于其未成年而有工作能力之子女所享有之亲权，不能谓为无甚大之金钱上价值。故其区别之正确标准，当另有所在。实则身份权者，为使权利人履行其道义上义务方便起见，于是赋予之某种权利也。例如父母所享有之亲权，或其他监护人所享有之监护权，乃为便其履行对于子女或受监护人教养保护之义务耳。反之财产权者，旨在满足个人之需要或欲望，非为他人而全为权利人己身着想。除物权外，他如无体财产权（亦称智能权如著作权是）、债权及继承权等均是。

物权法所规律之对象，除物权外，尚有占有。故物权法者，实包括两种不同的法律秩序：一为财物之确定分配，即物权关系，一为具暂时性之占有关系。

第二节　我国物权立法之沿革

我国之有近代物权法，始于清末之民律草案。该草案系沈家本氏主持之修订法律馆所拟，实系该馆所聘顾问日人松冈义正之手笔。考其内容，大部模仿德国《民法》，于中国民情习惯，未见尽合，故未颁行。民国十年，广东军政府将此草案修正公布，本定于公布后三个月施行，复因故经明令延期施行。

民国十四年，在列国派员来华调查法权之前夕，北京修订法律馆草订第二次民律草案，已较第一次略有进步。例如典权为我国各地通行之习惯，不见于第一次草案，而第二次草案为之专设一章。但此草案亦未实施。

第三节　物权编之内容与编次

（甲）现行《民法》，分物权为八种：所有权、地上权、永佃权、地役权、抵押权、质权、典权及留置权是也。各占一章。编之首尾，复设通则及占有各一章，计共十章，都凡二百十条。其中规定以强行法规为多，故不若债编之以任意法规为独多也。盖物权有关公益至巨，关于物权之种类及效力，一经规定，即不许当事人随意变更或创设新物权。

（乙）物权编系《民法》之第三编，此乃仿效德国《民法》，但亦有以之列为第二编者，如日本《民法》是。各以其采择之标准不同，而其编次亦有异。其列物权为第二编者，乃根据事物必然之次序。盖必先有物权（尤其所有权），而后始有债之关系可言，故物权编应先于债编而为规定。至于我国《民法》，则以每编适用范围之广狭为标准。总则编适用之范围最广，故冠之于首，次之为债编，又次为物权编，故列为第三编也。

第四节　物权法之立法主义及技术

（甲）一、物权编之立法程序，与其他各编相同。先由中央政治会议根据三民主义及国家政策，厘定原则若干条，然后由立法院根据此原则，详为规定。故现行物权法理应具三民主义之精神。又立法院于起草之际，对于我国物权习惯，颇加注意。其与国家政策无忤违者，则尽予采用。兹分述各点特色如后：

A. 重视公益——我国社会，历来着重私人生活，而忽略公家利益。"只扫自家门前雪，哪管他人瓦上霜"，为国人为人处世至普遍之态度。但近世工商各业发达，不仅人民相互间之关系日密，私利公益，亦交织连缀，不易分绝。为促进社会共同之利益计，自不得不将旧时习气革除。何况民生主义之鹄的，不仅在促进人民生活，并在维护社会生存、国民生计、群众生命。故三民主义之立法，自不得不重视公益。物权法中关于相邻关系各条规定，最能表现此种特色。例如在自己之土地上，不得发出臭污之气体、重大之声响（七九三），有时并应容忍他人在其地上通过电线筒管等物（七八六），此种限制，于土地所有人固小有不便，但于公众有大利。即从相反之一面说，土地所有人对于四邻亦可主张后者所应受之同种限制；易言之，于必要时，将禁止其发出气体声响或在其地上通过筒管。此与"与人方便，自己方便"之道，甚相契合。法律如此之规定，对于促进四邻安宁，维持社会秩序，功效甚大，自不待言，否则悉凭个人一己之利益而行动，则在无组织之自由下，势必纷扰时起，公利私益，将交受其害。此外如第七七三条，亦一适例。故若土地所有人行使权利，于己无益，而于人有损，不但不受法律之保护，有时并将受法律之制裁。以实例说明之，地主以飞机飞越其地之上空，请求以后不再飞越。此于地主为无利，而于国家发展空航则有阻，其请求必遭法院之驳回。又各地主在其地上筑无用之高墙,遮蔽邻舍之空气与阳光,如邻人请求拆毁之,法院必为有利于彼之判决。第七七三条实与第一四八条规定禁止权利滥用,前后同出一辙。故重视公益之精神,初不仅见于物权法也。

B. 抑强扶弱——或谓我国无贫富之分,只有大贫小贫之别。但大贫小贫之间,经济上力量,容有强弱之不同。强者凭借其雄厚之势力,时易剥削弱者。设使对弱者不特予保护,不仅引起贫者之怨望,抑且促使强弱斗争。此与吾国固有观念及三民主义,两俱不合。盖民生主义之实行,不在造成少数人之丰衣足食,而在求普遍之家给人足耳。故法律规定永佃权人因不可抗力致其收益减少或全无者,得请求减少或免除佃租(八四四)。按不可抗力之发生,非可归责于永佃权人,但亦未可归责于土地所有人,而结果仍由经济较充裕之地主负担损失。又出典人于典物价值降落时,可抛弃其回赎权,而使典权关系消灭;于典物价值高涨时,则可请求典权人找贴,亦对于出典人之利益,保护较为周密也。

抑强扶弱之精神,亦不仅见于物权法,同时贯彻于他编中。总则编规定财产上之给付显失公平者(Lesio enormis)得据以撤销其法律行为(七四)。债编中则规定禁止高利借贷,又称约定违约金额过高者,法院得酌量减少之(二五二),均系适例。

C. 采用固有习惯,我国物权习惯,尤以典权与永佃权为全国各地所通行。《民法》为之各设一章,以应实需。第一次民律草案,有不动产质权而无典权,盖以为两者系同一物。殊不知关于不动产质权,出质人如遇典物价值降落而不足清偿债务时,仍对债权人负清偿其余部分之责。关于典权,出典人如遇典物价值降落低于原典价时,经出典人抛弃其回赎权后,双方关系即归消灭。故典系一种独特之制度。至于永佃权,虽在他国亦有之,但早已衰微,故在近代立法中,鲜有予以规定者,其在我国则反是。故以永佃权列为物权之一种。均足见固有习惯之被采用也。

二、上述一二两点特色，虽颇具三民主义之精神，但究非完全三民主义之立法。盖既称重视公益，显见仍以个人为本位。如以社会为本位，将无特别重视公益之必要。既称抑强扶弱，显见仍假定社会阶级及自由竞争之存在。否则如生产及消费社会化，人民即无匮乏之虞，亦无抑强扶弱之必要。

民生主义就是社会主义，国父已明白言之。所以在民生主义之社会，已不容许国家续采放任政策，亦不容许私人无限度攫取利润。人民虽尚享有私产，但其一生活动，仍须直接或间接以维护人民生活、社会生存、国民生计、群众生命为其鹄的。故民生主义社会中之民法，应是以社会为本位的一种社会主义之立法。在物权法方面，有两个较重要之基本问题，颇值研讨。

A. 得为物权之标的物，应予限制。依现行《民法》，除不能由吾人专独支配及少数经法律规定应属公有之物外，地球上之一切，均得为私有。民生主义既要做到生产及分配相当程度的社会化，则一定种类之物，即不能归私有。根据民生主义，至少生产机器、交通工具及矿产，应归国有。使超脱私人之支配权力，而丧失其融通能力。国父素来主张发达交通、矿产及工业三种大实业，因每年收入甚大，故必须由国家经营，然后所得利益，可归大家共享（民生主义第二讲）。

B. 所有权之内容及行使，应更予限制。盖民生主义之社会，其目标不在造成少数人之丰衣足食，而在求普遍之家给人足，业如上述。则非但不应使所有人享有绝对之权利，抑应使其负促进国计民生之义务；易言之，所有权应不是一种权利，而是一种社会之效能（fonction sociale，假狄骥用语）。《民法》关于土地所有权，有第七七三条之规定，在私人资本制度之社会，固系一种革新立法；但在民生主义社会，应将规定重心，自私人利益移至社会利益。下列公式，似更相宜："所有人应根据整个社会利益,切合共同生活需要,以自己之责任,充分用益其物,并得处分之。"

上述两点,其一以一定种类之物划归国家完全支配,不得私人所有;其二在个人可得私有之范围,亦由法律定其活动之南针。吾人深信此系三民主义国家物权立法所应有之基本原则。

(乙)物权法之立法技术,与瑞士《民法》相类似。简而不繁,纲要毕备。故运用时,不无伸缩余地以适时地之宜。此与德国《民法》为不同。德国《民法》,用语准确,分析精详,规定亦至繁密。虽系一部绝佳逻辑作品,然终觉过于板滞。彼邦人士亦自承非高明之技术。

第五节　物权法之重要

物权法为乡村法律、农民法律;与其相对者为债法,乃城市法律、商贾法律(Das Schuldrecht ist das Recht der Stadt des Handels; das Sachenrecht ist das Recht des Landes, des Bauern. -H. Lange)。欧美各国,工商发达,交通便利,于是以货物之流畅、交易之迅捷为可贵。债之关系,遂致错综复杂;债法之适用,亦自较频繁也。我国曩昔除津、沪、粤、汉等通商大埠情形特殊以外,全国尚滞留于农业经济状态之中。统计全国人口,农民占十八以上。物权法之重要,可想见矣。

第六节　物权法之法源

我国民法之物权法,自以《民法》第三编"物权"及《物权编施行法》,为其最重要之法源。其他各编中,不无相关之规定。例如总则编关于物之规定(六六以下),债编中关于法定留置权(四四五以下,六一二)及法定抵押权之规定(五一三)等均是。他如《土地法》(十九年六月三十日公布,二五年三月一日施行),亦颇重要,其第二编之土地登记,与物权法关系最密。至于《渔业法》(十八年十一月十一日公布,十九年七月一日施行）、《矿业法》（十九年五月二十六日公布，同年十二月一日施行）、《水利法》（三十一年七月七日公布，三十二年四月一日施行）、《国家总动员法》（三一年三月二十九日公布，同年五月五日施行）及《清理不动产典当办法》（四年十月六日司法部公布）等，均属有关法规。

本　论

第一编　物权总论

第一章　物权之基本概念

（甲）物权者，直接支配其物，而具有排他性之权利也，分述如次：

一、物权予权利人以直接支配其物之权力。直接支配者，指权利人对于物行使其权利，毋庸第三人（债务人）介入之谓也。例如房主居住其房宅或出租之，得径自为之，毋庸向他人为任何之请求而后可。至于房主于出租后，复将租屋收回自用，固须向房客请求返还其屋，但此因有租赁关系存在，乃不得不先向房客请求，使其对于房屋根据租约适法取得之占有移转于房主也。一旦房屋收回，如何使用，即可随心听欲，毋庸第三人之介入矣。此于债权则不然。例如房客虽与房主订有租约，仍不得径行占有租屋，必先由房主交付其屋，而后得使用之。既经适法占有，固与租屋发生直接接触，但究非上述直接支配之义也。

物权主体，对于其物直接支配之范围，因物权种类之不同，遂有广狭之分。所有人于其物有使用收益及处分之全部权利，故其支配范围为最广。典权人于典物有使用收益及一部分之处分权，其支配范围，仅较所有人为次。他如地上权人、永佃权人、地役权人，于他人之土地，仅依设定权利之名义得使用收益，而无处分权；抵押权人、质权人、留置权人，对于他人之物，仅有一部分之处分权（亦称变价权），而无使用收益之权，其支配范围，自较狭小。

二、物权之客体为物，物者指有形体者而言。盖物权之制度，在保护已得财物之占有与享受。若非有体物，原难想象占有之存在。至于电气及其他天然动力，虽系无形，但功效日广，价亦良贵。各国律例，为应合实需，以之与有形之物同视，并认可得为物权之客体。再者物须特定，若未分别确定，则权利人无从行使其直接支配之权力。

各国立法例，均以权利质权（即以权利为标的物之质权），列为物权之一种（九〇〇以下）。但严格言之，权利质权并非物权，不过就其效力而言，与物权同具有绝对之性格而已。

就此点而论，物权与债权亦有别。债权之标的为债务人应为之给付，其给付者得为物，亦得为劳务。如其为物，亦毋须特定，仅指定其种类、质量已足。例如给付白米一担或木柴百斤，所谓种类之债是也。

三、物权具排他性，故于同一物体上，不得有同一内容之两物权并存。如房屋为甲所有，即不得同时为乙所有。故乙如对于甲所有人之地位，加以干涉，甲得本于其所有权之作用而排除之（七六五）。但有时甲乙可以共有一房屋。虽自甲乙之立场而言，对于屋房各享一部分甚且内容相同之权利，实际上仍系一个所有权，不过由甲乙共享而已。至于就同一不动产上设定数抵押权，于抵押物拍卖而变为价金时，应按各抵押权人之次序分配之；次序同者平均分配之（八七四）。故就为抵押权客体之担保价值而言，原非同时为内容相同之二个以上抵押权之客体也。

（乙）兹更就物权与债权作进一步之比较，以为明了物权基本概念之一助。

一、物权系绝对的权利，有对抗一般人之效力（他如人格权、身份权、著作权等,虽同系绝对的权利,但均非以有形物为其标的物),债权系相对的权利,仅得对抗特定之债务人。

然物权所享受法律上之绝对保护及债权所享受之相对保护,得由法律规定,酌予增减。易言之,债权之效力,有时得对抗第三人;绝对的保护,有时可使其减弱。前者如租赁物交付后,租赁契约,对于受让人,仍继续存在(四二五);后者如动产之善意受让人,得主张其所有权,以对抗真正所有人(八〇一)。

二、物权与债权,在一国经济生活上之功用,各有不同。债权之制度,在促进货物之流通及利益之交替,乃代表社会上流动之利益,故其内容大抵为正面之给付。物权之制度,在保护已得财物之享受,乃代表社会保守之利益,故其内容概系负面之不作为。或以物权比拟人之骨骼,债权比拟其血液,洵称恰当。观乎实际生活,其欲建屋居住,长享其安乐者,辄不以租地造屋、仅依债法所享有之保护为已足,必取得其土地之所有权或典权、地上权而后已。

三、物权之效力,既较债权为强,故物权之类型有限。除法律规定者外,当事人不得随意创设(详见下章)。至于债权所自生之契约,则无一定之类型。

四、物权所发生之问题,不仅影响私人之利益,抑且有关公益。故关于不动产所有权,民法为促进善邻、安定秩序起见,缜密规定相邻关系,可见一斑也。至于债权所可发生之问题,影响于私人之利益者大,涉及公益者小,或谓债权在满足个人之欲望,物权虽亦满足个人之欲望,但以不背社会共同利益为限,亦系的论。

(丙)国内学者,有依从法国学理,主张物权有优先与追及之效力,以别于无上述两种效力之债权者,其说可以下例说明之:

一、甲经法院宣告破产,自宣告之日起,债权人应依破产程序行使其权利，各以其债权数额之大小，就破产财团，依比例取偿。但其中若有对于甲之某一不动产享有抵押权者，得不依破产程序，声请变卖抵押物，而就卖得价金，先于他债权人取偿，故曰抵押权（物权之一种）有优先效力。

二、又上例之甲，早将抵押物出让。甲之他债权人，不得就之再作任何主张，而抵押权人仍以其权利对抗受让人，于必要时，声请拍卖抵押物，故曰抵押权有追及之效力。

法国学理之倡此说者，良以法国《民法》关于物权之变动，毋须一定之程式。当事人间意思合致之时，不但债权契约成立，物权亦随之变动。如系动产，虽未经交付，买受人仍取得其所有权。但债权契约订立之后，债权人实际取得其物之前，时可发生不测变故。例如甲以一动产出卖与乙，虽该动产仍在甲占有中，而乙已因双方买卖之意思合致，而取得其所有权矣。甲以后被宣告破产，若亦将该动产加入破产财团，使乙与其他债权人同依破产程序取偿，至失公允。乃发明优先效力，使乙本于其所有权先取回之，以免损失。至于我国《民法》规定物权之变动（取得、设定、丧失及变更），必须完成法定程式。在不动产物权为登记（七五八），在动产物权为交付（七六一）。设使未经登记或未受交付，即未取得物权，又何从主张其优先权？若既经完成法定程式，而取得物权，更毋庸主张其优先权。上例之甲与乙，买卖成交，因未将物交付，故乙犹未取得所有权。以后甲宣告破产，乙无从主张优先地位。仅系一普通债权人而已。如已为交付，则乙已取得所有权，纵物寄存甲处，仍不加入破产财团，乙得先取回之。乙既取回自己之物，当无与债权人争先后之必要也。

至于物权之追及效力，在近代之法例，仅于不动产物权为有意义。关于动产物权，为保护善意受让人，以谋交易之安全起见，追及效力大为减弱。依我国《民法》，不动产物权之变动，既以登记为要件，则在登记未涂销前,其物权仍存续。纵上例之甲,将抵押物出让,抵押权人乙之权利,仍附丽于该抵押权,实无提倡追及效力之必要。

（丁）物权(jus in re)及债权(jus ad rem)之分,由来已久。近人有反对此分类,而以物权与债权同论者,如已故法国学者白烈鸟氏(M. Planiolo)有主张以债权与物权同论者,如已故法国学者萨来氏(R. Sa'eilles)。前说称物权既系权利,即为人与人间之法律关系,通常以之为人与物间之关系者实误。盖人与物不能发生法律关系。就物权关系而言,其正面之主体为物权人,其反面之主体为物权人以外之一般人。此虽与债权关系略有不同(在债权关系反面之主体仅系特定之债务人),但舍此不同外,在性质上究无别异,两者均系人与人间之法律关系。后说称债之要素,不在当事人双方间人的关系,而在财产的关系。债之价值,不在强制一特定之人履行债务,而在债务之诚意履行,初不必限定某人之履行也。故除少数例外,债务人之变动,于债之价值,不生影响。债之发生,固先须有特定之债务人,但不必先有特定之债权人。例如国家公债,一经政府发行,即负清偿之义务,犹之物而无主,仍不失其物之存在。至于以后债权人不确定,乃以接受债务人之给付并利用已存在之价值,亦即物而有主,始能发挥物之效用。故债权人或物主之确定,于债之发生及价值,或物之存在,初未见有所加益也。

第二章　物权之种类及限定

（甲）一、物权之种类,可分别为所有权及其他物权(亦称制限物权或定限物权),此与罗马法分物权为"dominium"及"jura in re aliena"实相似。所有权系物权中最完整者,其他物权,均由所有权脱胎而来。

所有权与其他物权之分,系适合实际需要。盖一人所有之物无穷,未必均能以自力尽其利,则不妨由他人使用及收益,而己仍保留所有权。例如地主远游,无由自耕,不妨使贫穷之邻居耕作其田,并为巩固其地位起见,使享有永佃权,而予以物权上保护。因此不惟邻居之生计有着,抑且田地能尽其利,实有裨益于国家经济也。或地主以自力使用及收益其不动产,因资金不足,未能尽开发之利,则不妨以其不动产抵押于人,作为借贷之担保。贷款人因取得抵押权,受物权上保护,故亦乐以游资贷与,以助地主之经营。

其他物权中,以典权之内容为最丰富。其发生使用及收益之效用者,有地上权、永佃权及地役权(学术上概称用益物权)。其发生担保作用者,有抵押权、质权及留置权(学术上概称担保物权)。

二、物权就其标的物而言,可分动产物权与不动产物权。所有权以动产或不动产为其标的物,其他物权如典权、地上权、永佃权、地役权及抵押权,为不动产物权;质权及留置权为动产物权。地上权、永佃权及地役权,仅得以土地为其标的物。典权与抵押权,并得以土地上之定着物为其标的物。至于权利质权,严格言之,并非物权,而系绝对权利[详见第一章(甲)二]。

三、就权利主体而言,物权可分地役权及地役权以外之物权。前者仅限于一定不动产之所有人得享有之,后者得属于任何特定之一人或多人。

四、就权利成立之状态而言,物权有主从之分。所有权、典权、地上权及永佃权等,均为主物权;抵押权、质权及留置权等担保物权,均为从物权。至于地役权,则为需役地之部分。

兹列表于后,以说明上述物权之分类:

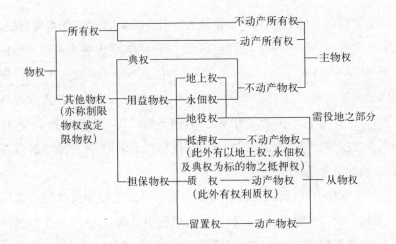

（乙）物权之效力既强，其于一国社会经济之关系亦至巨。故物权之种类，一经法律限定之后，当事人不得随意创设（numerus clausus），此在罗马时已然，我国《民法》因袭之（七五七）。《民法》所限定之物权，计有八种，业如上述。他如承垦人之土地耕作权（《土地法》一九六、一九七）、渔业权（《渔业法》五）、矿业权（《矿业法》一二）、水权（《水利法》虽未明文规定其为物权，但依该法精神，应作为此解释）等，依各该法律之规定，均系物权。

有称习惯相沿之物权，应与法律规定者同。如系全国性之习惯，则全国人民既有同一之意志与同一之确信，自应与法律等视。盖其与成文法律所应具之实质上要素，初无二致。但据吾人所知，于物权方面，我国尚无此全国性之习惯。如系地方习惯，则不能以一地人民之法律确信，而变为全国之法律。况《民法》第一条规定民事法律所未规定者，依习惯。于今第七五七条明文规定"除本法或其他法律有规定外，皆不论习惯"，习惯自无被采用之余地（二二年上字七四一判例）。

不得创设者，指不得于法律所承认之物权外设定新物权。例如土地债务、人之役权，均非《民法》所认可，又如铺底权及先买权，在先虽经大理院判例认为物权,但于《民法》物权编施行后,不得再设定之。若变更物权之法定内容,例如设定之质权,而不将质物之占有移转于质权人,不啻创设新物权,亦为法所不许。

第七五七条为强制规定,违反此规定之法律行为无效(七一),但法律有时亦规定其得发生他种权利者。例如永佃权之设定,定有期限者,视为租赁是(八四二Ⅱ)。

物权限定主义,仅适用于物权编施行之后,而不溯及同编施行之前。施行前发生之物权,除施行法有特别规定外,不适用物权编之规定(《物权编施行法》一)。故如依大理院判例所认可而设定之先买权、铺底权及不动产质权等,或依地方一般交易观念,以工厂之机器不移转占有而设定担保物权,仍发生物权之效力(十九年上字一〇四五判例、二四年院字一二一三解释)。但物权编施行后,该种物权,已为《民法》所不认许,自不得再设定之。又曩昔外人在华取得之不动产永租权,考其性质,亦系物权之一种。自中美、中英新约订立之后,美英人民既得在中国能得不动产所有权(《中英新约》换文附件三),自不致再有永租权之设定。既经设定之永租权,亦得变为所有权,而由中国政府另行换发新所有权状(《中美新约》四Ⅱ、《中英新约》五Ⅱ)。至于《民法》所定之物权,在物权编施行前发生者,其效力自施行之日起,依物权编之规定(《物权编施行法》二)。

第三章　物权之变动(取得、设定、丧失及变更)

第一节　概述

物权之变动,指物权之取得、设定、丧失及变更而言(参阅七五八)。取得乃自权利人之立场而言。取得有原始取得与传来取得之别。原始取得者,不基于他人之权利,而独立取得权利之谓。例如山林中之鸟兽,因先占而取得之;或他人未经登记之不动产,以时效而取得之是。传来取得,亦称承继取得,乃基于他人之权利而取得权利之谓。例如买受他人之鸟兽或不动产而取得其所有权是。两者区别,不无实益。若系原始取得,以其所取得者系完全独立之权利,故不承受任何负担。若系传来取得,则后权利人之权利,受前权利人关于权利内容及效力之限制。易言之,前权利人不得以超过其所享有之权利,移转于后权利人(nemo plus iuris ad alium transferre potest quam ipse habet)。故若受让他人之抵押物者,其所取得之权利,仍受抵押权之限制。

设定者,以法律行为发生一物权之谓。乃自物之所有人之立场而言,专用于其他物权,而不适用于所有权。例如土地所有人就其土地设定地上权或典权等是。

丧失有绝对与相对之分。相对之丧失,自前权利人之立场而言为丧失。但其所丧失之权利,仍由他人取得。此之情形,通常称物权之移转。如出让其物,而以物之所有权移转于受让人是。绝对之丧失,不仅从权利人之立场而言为丧失,该物权并丧失其客观之存在,故亦称物权之消灭。例如地为水淹,因标的物之全部灭失而物权随之丧失;又如清偿债务而抵押权归于消灭是。

变更可从物权之内容及主体方面分别言之。内容之变更,或指标的物之增减,例如河旁岸地之淤涨、坍塌;或指存续期间(典期)之伸长、缩短。主体之变更,系因物权移转所生之效果。

第二节　物权变动之原因

物权变动之原因,得分取得与丧失论述。物权之设定,仅有法律行为一种原因。变更无其特种原因,与取得及丧失之原因共通。

（甲）物权之取得,有不动产物权与动产物权之分、所有权与其他物权之别,故其原因亦有不同。但可分别为二类:

一、法律行为——法律行为有债权行为与物权行为之别。债权行为之效果,在发生当事人双方间债的关系;物权行为之效果,在发生物权之变动。故此之法律行为,系指物权的行为而言。法律行为系物权取得最重要之原因,吾人将于下节详论之。以法律行为取得物权者,均系传来取得。

二、法律行为以外之原因——其原因种类繁多,得列举如下:取得时效、先占、拾遗、漂流物或沉没品之拾得、埋藏物之发现、附合、混合及加工等。

（乙）上述物权取得之原因,除先占及埋藏物之发现等原因外,同时亦系物权丧失之原因。此外,物权之丧失,尚有其独特之原因,如标的物之灭失、权利存续期间之届满、混同与抛弃等。兹就混同与抛弃,析述如次。

一、物权混同者,就同一物体上两种物权,同归于一人之谓也。或所有权及其他物权,或所有权以外之物权,与以该物权为标的物之权利归属于一人(七六二、七六三)。依《民法》之规定,混同原则上发生权利消灭之效果(七六二关于债之混同者,三四四)。在例外情形中,权利得不消灭(七六二但书,三四四但书)。昔罗马法采消灭主义,今之德国《民法》认为混同仅使权利之行使发生障碍,故采不消灭主义(德国《民法》八八九)。

物权之混同,其情形有二:

A. 所有权及其他物权混同时,所有权存在,其他物权消灭。例如乙在甲之不动产上设定地上权,甲死而乙为继承人,或甲将该不动产让与乙时,则所有权及地上权即归属于乙一人,乙之地上权因混同而消灭。或乙死甲为继承人时,则两种权利归属于甲一人,乙之地上权仍消灭。

B. 所有权以外之物权及以该物权为标的物之权利混同时,其权利因混同而消灭。例如甲以其地上权抵押于乙,甲死而乙为继承人,或甲以地上权移转于乙时,乙即取得地上权人之地位,其原有之抵押权消灭。或乙死而甲为继承人时,地上权上所设定之抵押权,仍因混同而消灭。

物权因混同而消灭,系属原则,在例外情形中,亦可不消灭。此尤于其他物权之存续于所有人或第三人有法律上之利益时为然(七六二但书)。例如甲向乙丙各借得五万元,就其同一之不动产先后设定两次抵押权。乙居第一顺位,丙居第二顺位。如因甲之所有权与乙之抵押权混同,而使抵押权消灭,丙将进入第一顺位,是则原来乙之抵押权之存续,于所有人(甲或乙)显有法律上之利益,不因混同而消灭。又如乙于甲不动产上取得之地上权,抵押于丙,如因甲之所有权与乙之地上权混同,而地上权消灭,则丙之抵押权将无所附丽,丙将蒙受损失。是则地上权之存续,于第三人(丙)显有法律上之利益,不因混同而消灭。

上述例外情形,于所有权以外之物权及以该物权为标的物之权利混同时,亦同(七六三但书)。

二、抛弃者,依权利人单独之行为,使已成立之物权,归于消灭之谓(七六四)。其在债法称免除,如债务之免除(三四三);其在诉讼法,称舍弃,如诉讼标的或上诉权之舍弃(《民事诉讼法》三八四、四三六Ⅱ)。免除与舍弃,均须以意思表示为之,法律定有明文(上揭各条)。至于物权之抛弃,应具何种方式,其法律上性质如何,不无研讨之价值。《民法》虽对于特定物权之抛弃,规定其方式,例如地上权之抛弃,应向土地所有人以意思表示为之(八三四Ⅱ),但无一般之规定可资依据。愚见以为所抛弃者既系权利,则自应以意思表示为之。盖权利发生之后,即成立权利人与他人(在债权关系为特定之债务人,在物权关系为物权人以外之一般人)间之法律关系。根据此法律关系,他人有作为或不作为之义务。今欲将此法律关系取消,他人之义务免除,设非以意思表示为之,不足以臻明确。且抛弃于权利人为一损失,不若取得之有所加益也,故关于权利之取得,不必以法律行为为限。因继承可取得物权,因先占可取得动产之所有权,因创作亦可取得著作权,继承人、先占人或创作人,固不必已发育健全而得为有效之意思表示也。至于物权之抛弃则不然。抛弃人须已届成年而有识别能力,得为有效之意思表示,否则不足以贯彻法律保护未成年人或其他受监护人之旨。

抛弃既须以意思表示为之,故系法律行为之一种,而非若先占、创作等,均系实在行为,行为人仅须有天然之意思已足。故关于法律行为之各条规定,如行为能力、代理、条件、期限等,于抛弃均有其适用,惟其系一方之意思表示,故系单独的法律行为,而非契约。

抛弃既为物权丧失之原因,故发生物权变动之效果,系物权行为而非债权行为。视其所抛弃者系不动产物权抑亦动产物权,而其抛弃生效之要件,亦有不同。所抛弃之不动产物权,如系所有权,须向地政机关为抛弃之意思表示,并为涂销登记之声请。如系其他物权,须向不动产所有人为此意思表示,并与之向地政机关共为涂销登记之声请。所抛弃之动产物权,如系所有权,除须为抛弃之意思表示外(明示、默示不拘),并须放弃物之占有。如系其他物权,须向物之所有人为此意思表示,并交付其物。故儿童将其不喜爱之玩具掷于街头,若其监护人不同有抛弃其所有权之意思,则仅一时不能实行管领力(九六四),其监护人得取回之。若已为他人取有,得本于所有权或占有之效用,请求其返还。

抛弃之权利,如其存续于所有人或第三人有法律上之利益者,其权利不消灭。《民法》虽无明文,就关于混同之第七六二条及第七六三条之法意推论,应作如此解释。

第三节　物权行为(或物权契约)

第一目　概念及法律上根据

(甲)物权变动之原因,以法律行为最重要,业如上述。此之法律行为,指物权行为而言,有物权契约与单独物权行为之别。物权契约者,包括两个或两个以上之意思表示;单独物权行为者,仅包括一个意思表示,例如抛弃是。此外尚须具备一定公示程序,然后物权之法律行为,始有效成立,物权即生变动。

(乙)物权行为系学术上之用语,《民法》无此称谓。然则谓物权之变动,必须成立物权行为者,于法究何所据? 或谓第七六〇条规定不动产物权之移转或设定,应以书面为之,此书面即此物权契约而言。不动产物权之变动,既须物权契约,则动产物权之变动,不能例外。综观全部《民法》,探求事理,并参照外国立法例,愚见以为第七六〇条系指物权变动之基本债权行为而言,而非指物权行为。查《民法》中规定须书面或字据者,尚有不动产之租赁契约其期限逾一年者(四二二),终身定期金契约(七三〇),夫妻财产制契约之订立、变更或废止(一〇〇七),协议离婚(一〇五〇),收养子女(一〇七九),抛弃继承(一一七四Ⅱ),及遗嘱(一一八九)等。以上各种契约或单独行为,莫不性质严重,有关于公私利益至大。法律所以规定须书面之要式者,乃欲使当事人慎重考虑,勿以轻率之态度承担义务,而有后悔也。再观第七六〇条,其情形亦同。盖不动产之价值,自来较动产为高。动产价贱(res mobilis res vilis)自古已然。故不动产物权之变动,如田地之买卖,在当事人系一大事,究非动产物权之变动,如书籍之买卖,所可比拟。则不动产物权变动以前之债权契约,应具书面要式,不仅为《民法》规定之本意,抑亦为事理所当然。复考诸各国立法例,如法德瑞士等国民法,其规定莫不如此。第七六〇条所指者,既系债权契约,置于债编中,固属最为适宜,但债编中既无适当之地位可以容纳,则置于物权编中,自无不可。历来判例,均以为第七六〇条所指系物权契约,于是关于不动产买卖等之债权契约,即认为诺成契约(二二年上字二一判例),其见解至不正确。盖债权契约虽仅发生债之关系,但债务一经发生,必须依诚实及信用之方法履行之。勿谓债之关系之发生,不立时移转所有权或变动其他物权,而即认为其不重要也。若以一时口头之允承,即强制不动产之割让,或其他不动产物权之设定,此岂立法用意之所在哉。(参阅拙著《二二年上字二一判例评》,载于《中华法学杂志》第三卷第一期)

抑有进者,若第七六〇条所指者系物权契约,则根据遗嘱(系单独行为,仅发生债之关系)而受不动产之遗赠者,于取得不动产时,尚须与遗赠义务人订立书面,其内容究何如,殊为难决之疑问。

更从物权契约本身而言,其关于不动产物权之变动(例如所有权之移转),包括两个要素:当事人双方间授受之合致意思及权利之登记。意思之合致,无一定方式。但因须行登记程序,而登记须由权利人及义务人提出共同之声请书于地政机关(《土地法》五八、六五 I1.),故此意思之合致,事实上同时即以声请书表达之。声请书视之为登记之重要文件固无不可,以之为不动产物权变动之重要书面则未必。如以为第七六〇条之书面,即指登记声请书而言,则殊不必规定于《民法》中而与他种书面相混也。

愚见以为物权行为,乃根据第七五八条及第七六一条而来。第七五八条称不动产物权依法律行为而取得、设定、丧失及变更者,非经登记,不生效力。则在登记之前,债权行为虽已有效成立,仍不发生物权之变动,其理明甚。至于登记,有一定之程序,须由权利人及义务人或其代理人向地政机关声请之(同法五八)。其声请之内容,不外一方表示将不动产所有权移转于他方,他方表示接受其移转(此际仅以不动产买卖为例),而此意思之合致,即是契约之形态。再加上登记之要素,即完成一物权契约。至于不动产物权之变动,第七六一条称动产物权之让与,非将动产交付不生效力,可见交付之前,让与之债权行为(或为契约,例如买卖、赠与,或为单独行为,例如遗嘱),虽已有效成立,仍不发生物权之变动,亦至显然。但物之交付,亦有各种不同意义。或为贷与而交付,或为寄托而交付。故须一方表示将动产所有权移转于他方,他方表示接受其移转(此际亦仅以动产买卖为例),而此意思之合致,亦即是契约之形态,与交付之实践行为合成一物权契约。

第二目　本　质

物权行为系法律行为之一种,故关于法律行为各条规定准用之。物权行为与债权行为不同。债权行为发生当事人双方间债之关系,债务人本于此关系所负之义务,尚须履行;反之,物权行为以直接发生物权变动为目的,契约一经成立,物权随即变动,故其本身即系履行行为。此其一。债权行为为双务契约时,则由一个契约发生两个效果;反之,物权行为(不问系单独物权行为抑或物权契约)仅发生一个效果,故如书籍之买卖,移转书籍之所有权而交付之,系一物权契约,移转价金之所有权而交付之,系又一物权契约。此其二。债权契约得为第三人之利益而缔结(二六九),故第三人得向债务人为给付之请求;反之,物权行为无为第三人利益成立之可能。此其三。债权行为原则上非要式行为,纵有时规定一定之方式者,不外书面,所以示郑重,而不必具公信力(仅结婚之公开仪式,具公信力。但结婚与一般契约,性质上大有不同,两者究未能等视)。反之,物权行为,均系要式行为。而法定之程式,如登记与交付,均所以使公众确信物权之变动,而明权利之归属也。登记与交付,总称为法律上标记,其效用有二:其一使物权行为有效成立,其二使公信物权之所在。故物权人是否有处分权能,即可以使人公信之法律上标记为断。以例说明之,甲以对于乙之债权出让于丙,其债权移转之效力,不惟系于让与行为是否有效成立,抑且系于甲乙间之有效的债之关系。易言之,甲是否系乙之真正债权人,而有处分其债权之权能,此在丙为求安全计,不得不先予调查者也。反之丙为与甲成立物权契约,而取得甲之物,则甲是否有处分权能,在丙仅须调查其物是否为甲占有(如系动产),或经登记为甲所有(如系不动产)。若然,而即可根据法律上标记之所信,而认为甲有处分权能,更毋庸调查甲由前权利人处取得该物是否适法也。兹更列图表于后,以说明之:

债权行为:

处分权能＋意思表示→法律上效力

物权行为:

处分权能(或对于法律上标记之信用)＋意思表示＋法律上标记(登记或交付)→法律上效力

此外有主张物权行为具独立及无因性格者,采取与德国学者同一之见解。既具独立及无因性格,则物权变动之基本债权行为,有无效力或是否失效,均不足以影响物权行为之效力于丝毫也。例如甲以书之所有权移转于乙,甲以为出卖于乙,而乙则以为赠与,是则甲乙间之债权契约为无效。或甲乙虽合意为买卖行为,但一方因意思表示有瑕疵而撤销之,是则契约自始无效,但乙仍取得书之所有权,而不受影响。按之事理,甚不允当。故甲虽不能本于物上请求权请求返还,但得依关于不当得利之规定,请求偿还。

观于上述,可知德国学者提倡物权行为之独立及无因性格者,乃欲确保交易之安全耳。否则债权行为既可影响及于物权行为,则第三人丙由上例之乙处受让其书,突遇甲乙间之买卖契约无效或失效,势必连带受其影响,是使正当取得权利之第三人,蒙受不测之损害,其为有碍交易,殊为明显。

窃以为德国之学说,殊背常情。盖当事人双方相互移转财产权,自有其目的在:甲欲获价金,乙欲获书籍。设使甲已先交付其书,然后发现买卖契约无效,竟谓乙不付价金,而仍可取得书之所有权,岂与甲乙之本意相符,抑且与情理不合。德国学者如邓苞(Dernburg)及柯萨克(Cosack)等,固亦明察此学说之不尽妥善,故更倡说当事人间得合意(明示或默示不拘)附解除条件,以物权行为之生效,倚凭于债权行为;于是使原来独立的两种行为,发生连带之关系,以为该学说之补充。但事实上,当事人间移转财产权时,可谓莫不有此意思,故以物权契约为独立而无因的,显见不切实情。

至于交易安全之确保,亦无待于物权行为之具独立及无因性格,始克有济也。何以言之? 不动产物权之登记,有绝对效力(《土地法》三六),故既经登记为乙所有,而根据登记之公信力,可绝对相信确系乙之不动产。更进而买卖之,则其所有权之取得,即属合法有效。纵以后发现甲乙间之买卖无效,而令影响及于乙方一度认为合法之权利(即乙之取得所有权亦连带无效),但乙之登记既未涂销,不能谓为丙之取得所有权同受影响,而归于无效也。至于动产物权,以法律规定保护善意受让人(八〇一、九四八),故丙受让乙之动产,亦不因甲乙之买卖及甲之实践行为是否有效,而受影响。盖甲乙间之无效买卖契约,纵连带影响及于物权契约,于是认为乙之取得所有权亦属无效,但丙如系善意受让人,而具备第八〇一条中规定之要件者,其所有权之取得,即属合法有效。故不问依常情或依法理,均无采取德国学说而认为物权行为具独立及无因性格之必要也。

物权行为既非独立及无因行为,故如债权行为无效,物权行为随同无效。若甲已将物之所有权移转于乙,则甲不但得依关于不当得利之规定请求偿还,并得行使其物上请求权而请求返还,并得以其是否善意或恶意而定其责任(九五〇至九五八)。

第三目　比较法

物权契约依法既以完成一定程式(登记或交付)为其生效要件,故称形式主义,此于罗马时已然。其程式原有"mancipatio"及"in jure cessio"之别。及优帝之世,编纂法典,合为一种,称"traditio"。近代立法如德、瑞民法,亦采同一主义。与此相反者称意思主义,为法国《民法》所采用。日本《民法》因袭之。法国《民法》第七一一条称:"所有权因债之效力而取得或移转。"(La propriété des biens s'acquiert par l'effet des obligations.)又第一一三八条第一项称:"交付物之债务,单以当事人间合致之意思而完成。"(l'obligation de livrer la chose est parfaite par le seul consentement des parties contractantes.)故物权之变动,既毋须物权行为,更毋须一定之程式,当事人间之意思一经合致,不但契约(例如买卖契约)成立,债之关系发生,并发生所有权移转之效力。买受人不仅为出卖人之债权人,并为买卖标的物之所有人。所谓但有意思即为移转者是也。至于登记及交付,仅使物权之变动发生对抗第三人之效力,非系物权契约成立之要件。形式主义与意思主义之区别,非无实益。以例说明之,甲以牛一头出卖于乙,在未交付前,牛忽以瘟病死亡。如采形式主义,此损失应由甲承担,乙免支付价金之义务;如采意思主义,则应由乙承担,乙仍应支付价金。

第四章　物权之登记及次序

第一节　登　记

　　登记以不动产物权为限,盖以不动产有固定之地位,易于稽考,故适于为登记。反之,动产流动不居,瞬息万变,无法登记。登记之效用不一,或为对抗第三人(公示主义),或为物权变动之要件(要件主义)。若登记仅具对抗第三人之效用,则虽未登记,仍生物权之变动,不过其效力仅发生于契约当事人双方之间。故如甲以土地出卖于乙,使乙取得土地之所有权,其权利仅能对抗甲。设有第三人丙向甲买受同一之不动产,且依法登记,则丙之权利,不仅对抗甲,抑且对抗乙。此同一不动产之重复买卖,卒因丙业将取得之所有权登记,致使先受移转之乙,不得以其先受移转而对抗丙。简言之,取得不动产之所有权者为丙,而非乙。反之,登记若为物权变动之要件,则非经登记,不生物权之变动。故若甲以土地出卖于乙,应将所有权移转事项声请登记,否则乙即未取得所有权。《民法》物权编施行前,我国系采登记公示主义,制有《不动产登记条例》,于民国十一年五月二十一日公布,经国府明令暂准援用。登记具对抗第三人之效用(《不动产登记条例》五),登记机关为不动产所在地之地方法院或县公署(同条例一)。《民法》物权编施行之后,虽已改采登记要件主义(七五八),但关于登记之法律,未同时制定,故要件主义,一时未能实行,同条例继续有效(二九年院字二○五四解释)。随后制定《土地法》(十九年六月卅日公布、二五年三月一日施行),其第三编之土地登记,即为实施物权编中规定之登记者也。该条例理应失效,但以限于人才及经费,全国各地未能同时依《土地法》举办登记。其已依《土地法》举办登记之各省市,法院所办之不动产登记固应即行停止(《各省市地政施行程序大纲》,二五年二月二十二日行政院公布),但在其他省市,该条例仍属有效。

《土地法》第二编虽称土地登记,实则包括土地上之定着物(房屋或其他建筑物)之登记在内(《土地法》三二)。其主管之地政机关,有中央与地方之分。中央地政机关于民国卅一年始成立,称地政署。各省地政机关,尚未设立,其事务大抵由财政厅兼办。至于各市县有专设地政机关如地政局或土地局办理登记及其他地政者,有不另设机关而由财政局兼办地政事务者,制度及名目,均不一致。至于土地裁判所,原以受理关于土地权利在登记程序进行中发生之争议(同法三四),但迄未成立。如有争执,应向该土地登记地之法院提起确认所有权之诉,一俟判决确定,即由该管地政机关,依照判决旨趣办理(二七年院字一七二四解释)。

第二节　次　序

物权之次序,乃指所有权以外其他物权之次序而言(参照《土地法》三七)。一物仅有一个所有权,故不致就同一物上有两个或两个以上之所有权争次序之先后也。又所有权及其他物权间,亦无次序可言。盖其他物权之设定,乃以限制所有权之效用,故其效力,辄较所有权为优越。

就其他物权而言,得分别就不动产物权与动产物权论述。

关于不动产物权者,其次序依权利发生之先后而定。其发生在先者,则其次序亦在前。不动产物权之变动,既以登记为要件,故权利发生之时日,应以登记为准。权利之次序,亦应依登记之先后(关于抵押权者八六五,又《土地法》三七)。登记时日相同者,其次序亦同。次序问题,于抵押权为最常见。盖就同一不动产上设定数抵押权,事极习常。有第一顺位,第二顺位抵押权人等之别。其次序在先者,得先就抵押物卖得之价金取偿,其地位实较优越(Prior tempore potior jure)。故次序问题,实际上出入甚大，不得不辨也。地役权亦可发生次序问题，例如甲乙两地所有人，就同一邻地享有地役权汲取井水以酿酒。若水不足供甲乙总合之需要，则其地役权登记在先者，得先汲取，候其足用，再由次位权利人汲取之。至于典权、地上权、永佃权，各依其性质，无由为两次之设定，故不生次序问题。

抵押权与典权、地上权、永佃权或地役权间，是否可发生次序问题。如甲就其不动产上先设定典权（或地上权、永佃权、地役权），然后再以之抵押于乙，则乙系就设定负担之不动产上（即因典权等负担而价值减少之不动产）享有抵押权，如有实行抵押权之必要时，自得仅就已减少之价值取偿，而典权不因第三人拍定抵押物而受任何影响。如甲就其不动产上先设定抵押权，又以之出典于丙（或对丙设定地上权等），此际以抵押权发生于先，故不因而受影响（八六六）。若抵押物将来经拍卖而为第三人取得时，依第八六六条之意旨，典权应归消灭。

地役权与典权、地上权或永佃权间，是否可发生次序问题，须视情形而定。如地役权发生于先，而典权等设定在后，地役权人自得向典权人主张其先得之权利。如典权等设定在先，则不动产已为典权人等占有、使用及收益，以后地役权之设定，将由典权人而不由所有人为之，则典权与地役权间，自不发生次序之问题。

关于动产物权者，仅质权得发生次序之问题，盖就同一动产，亦得为先后两次或数次质权之设定，其次序自以其发生之先后而定。徒以质权之设定，不经登记，故孰先孰后，依普通法之规定，以为证明。

第五章　物权之保护

关于物权保护之规定，可分三类，析述如下：

一、保护一般权利之规定——物权系私权之一种，故受一般私权所受之法律上保护。物权人于必要时,得以自力救济(一五一),或对于侵权行为人请求损害赔偿(一八四以下)。此外物权复受刑法上保护,例如物被窃盗者,对于犯窃盗罪者,或物权之行使被妨害者,对于加害人得提起自诉,或向检察官告诉,使其受刑事处分。

二、物上请求权——亦称物权的请求权,于他人对于物权有违反之行为时始发生。故物权的请求权,与债权的请求权,同系对于特定之人行使者也。学者有主张物权人在平时对于一般人不作为之请求,在概念上,亦应属于物上请求权者,窃有疑焉。盖所谓对于一般人不作为之请求,其实系物权人在平时对于一般人所享有禁止之权力,即禁止任何人对于其物之享受及支配加以侵害而言。此种权力,不仅物权人享有之,即债权人亦享有之。例如依契约而得请求债务人为不作为之给付者,在平时债务人未有违约之积极行为时,债权人仍不妨屡向债务人告诫,而禁止其侵害债权。所不同者,物权人得向一般人行使其禁止权力,债务人仅得向特定之人行使之,而此究非性质上之不同。此种禁止权力,其在债权,吾人既不认为请求权,其在物权,又何以即认为请求权哉。是可知物上请求权,须于他人对于物权有违反之行为时始发生。

物权人之禁止权力,既不得单独让与,亦不因时效而消灭,更与一般之请求权有异。在概念上,应为两物,实为当然之理。

物上请求权,依其名称,虽指生自物权之请求权,但依其性质,与生自其他绝对权利(继承法上或亲属法上权利)之请求权实同。故有时亦指此而言。

关于物上请求权,仅有第七六七条之规定,适用于所有权。此外复规定于地役权准用之(八五八)。至于其他物权,虽无规定,但依物权之性格及本质,亦发生物上请求权,实毋庸置疑。法律对于地役权,特规定准用第七六七条,而于其他物权,并无准用之规定,立法技术上,自是一种遗憾。学者有以为抵押权与质权不发生物上请求权者,愚以为不然。如抵押人之行为,足使抵押物之价值减少,于是侵害抵押权人之权利时,抵押权人得请求停止其行为(八七一Ⅰ)。此之请求权,显系根据抵押权之物权性格而来。如第三人之行为有损及抵押人之所有权者,间接亦影响及于抵押权人之权利,抵押权人自得促请抵押人注意。如抵押人不为适当之措置,抵押权人不仅对于抵押人,并得对于第三人请求停止其行为。此点虽无明文,但依物权之本质而论,应作如此解释。否则物权有对抗一般人之效力,于抵押权将无任何意义矣。至于质权,如质权人之权利有被侵害时,亦得行使物上请求权。对于无权占有或侵夺其质物者,得请求返还之,此即罗马法中之"actio pigneraticia in rem"。对于妨害其质权者,得请求除去之,有妨害其质权之虞者,得请求防止之。除非质权人丧失其质物之占有,不能请求返还者,例如既不能依第九六〇条至第九六三条恢复其占有,复不能依第九四九条请求恢复质物,有此情形者,法律规定质权消灭(八九八),物上请求权当亦随同消灭。

至于留置权,则情形略有不同。留置权一方固具担保作用,他方亦为督促债务人履行债务。一旦丧失留置物之占有,即无从留置,亦无由实行其督促,留置权自无存在之理由(九三八)。故若留置权人丧失其对于留置物事实上之管领力者,即丧失权利人之地位。其不能依第七六七条行使物上请求权,为至显明之理。又留置权之为物权,原由契约不履行之抗辩脱胎而来,故其自有独特之处,不足为奇。

物上请求权之效用有二:一为返还效用,即对于无权占有或侵夺其物者,得请求返还之,此相当于罗马法中之"rei vindicatio"。二为保全效用,即对于妨害其物权者,得请求除去之,有妨害其物权之虞者,得请求防止之(参照七六七),此乃相当于罗马法中之"actio negatoria"。此外如孳息之偿还及损害之赔偿,亦不妨为附带之请求也。兹就两种效用分述于后：

A. 返还效用——凡物权人均享有物之返还请求权，故若典物为人无权占有者，不仅典权人，即间接占有之出典人（即所有人），亦得请求返还。其相对人不仅为直接占有人，亦包括间接占有人在内。例如所有人甲以占有人乙违约将租赁物转租于人，但未能知悉转租于何人，即得向间接占有之乙请求返还。相对人之取得占有，是否由物权人或第三人处而来，或是否合法，均非所问。如系有权占有（承租人、质权人等之占有），于物权人（所有人）请求返还时，得提出抗辩，自不待言。

B. 保全效用——在上述情形之外（无权占有及侵夺其物），以其他方法妨害物权者，物权人为保全其权利起见，得对于任何妨害之人，行使其请求权。妨害之人，是否有过失，非所问也。惟请求权之行使，须有下列两种情形之一：或妨害之行为实体上仍存续（已筑成之高墙遮蔽阳光），或妨害之行为，依其性质虽系发生于一时，但有重复之虞（深夜唱戏叫嚣）。在第一种情形，请求之目的，在除去其妨害；在第二种情形，请求之目的，在防止妨害之发生。妨害之人如有妨害之权（通行权），则于物权人行使请求权时，得提出抗辩。

三、因占有之效力而物权同受保护——因占有之效力，而物权同受保护者，可有下列两种情形：

A. 占有人对于侵夺或妨害其占有之行为或以己力防御之（九六〇），或请求法院予以法律上保护（九六一）。此均根据于占有之效力而来，而物权于无形中同受保护矣（详见第十四章第十四节）。

B. 占有人于占有物上行使之权利，推定其适法有此权利（九四三）。则在推定尚未覆灭时，权利人毋庸证明其权利之存在，即可获受法律上保护（详见同章同节）。

第二编 物权各论

第六章 所有权

第一节 概 述

第一目 所有权之合理根据及观念

（甲）所有权之问题，牵涉甚广，不仅为各种社会科学所研究之一题材，抑且为哲学上论争之一焦点，自来关于所有权之合理根据，为说不一，就其主要者而言，不外下列数端：

一、先占说——先占有一物者，取得其所有权。康德复予以哲学上解释，称经置于我权力下之物，即成为我自由活动及意思之对象。若我有利用之能力，并有以之变为我所有之意思者，即为我之物。先占说固足以说明初民社会中所有权之取得，但在今日进步之社会，以先占而取得物之所有权者，甚属罕见。此说于今自难足恃。

二、劳力说——创此说者为英人洛克。彼称地球上之一切及低等动物，固为吾人所共有，但每人对于其自身，有专独之所有权。其身体之劳动及双手之工作，应属彼所有。是故加工作于天赋之物者，即以属于其所有者加于外物，因此排除他人共同之权利，而取该物为己有。洛克之理论，乃假定每人均以独力而生产，但今之生产莫非合作程序，故其说于实际情形，亦觉格格难入。

三、人格说——此说以个人自身为目的，外界之物，不过为其达到目的之工具。故应使其对于物体，享有所有权，以为实现其自由人格之外之领域。人之意思系绝对的，其他一切均系相对的。以物为我所有，一方表示我意思之尊严，他方表示外物之非独立，其自身亦非目的。此说为黑格尔所倡。但以个人为重，而未说明个人对于国家社会所应尽之义务，故未见其尽妥也。

四、经济学说——此说称所有权可鼓励最高限度之生产，故有存在之道。近人中以密尔主张最力。但早于中世纪时，此说已肇其端。哲人亚奎纳斯曾谓所有权为人生所必需，其理由有三：如为本身利益，操作必较勤劳，此其一。如责令每人处理其自身之事务，社会秩序，易于维持，此其二。如每人于其自身之事务满足，亦易确保国家于长治久安，此其三。

上述诸说，从哲学上与经济学上为所有权觅合理之根据，虽各有一部之真理，而均非绝对之说。人类历史，日有进步；人之生活，亦不滞留于一种状态，则关于所有权之学说，绝不致一成不变。以吾人习法者讨论现行法规之立场而言，原不必侈话哲理，穷究所有权之合理根据。现行法既认许私有制度，吾人惟有接受之而为立论之据。但法律系人类生活中一现象，与其他生活之部分不分，法律科学亦与其他社会科学有密切之联系。故求解决所有权一时一地之法律方面问题，往往须研究其在同时同地所发生他方面之问题，方不致有失。

（乙）所有权之观念，随一时一地之环境思潮而有异。近代学说，得分前后两派。前之一派，在立法上得以法国《民法》为代表。其第五四四条称："所有权者，以最绝对之方法使用、收益及处分其物之权利。"此规定实本人权宣言第十七条而来，该条载"所有权为不可侵犯的神圣权利"。其时法国人民因不堪专制政体之专横虐待，树平等自由博爱之旗帜，奋起革命，推翻暴政，人民得到自由，个人亦始觉其生活之有意义与价值。革命后之一切典章制度，靡不以促进个人自由为最崇高理想。法国民刑各法，即以保障个人自由为其最大特色。所有权系个人充分实现其自由人格不可缺少之工具，故法律绝对保护所有权者，即所以保护个人自由也。其时美国于独立战争之余，亦弥觉个人自由之可贵。美国宪法及联邦与各邦之最高法院判例，莫不认为所有权系天赋人权之一种，并称请求国家保护所有权，系不得让与之权利。

个人自由之绝对保护，其表现于经济方面者，即放任政策（laissez-faire, laissez-passer）之采用。国家对于个人之经济上活动，如资本之运用、企业之发展，均置不顾，听其自由，以为人人求富，国家自然富强。日后资本主义发达，实即基因于此。

国家对于所有权之保护，达于极点，即发生两种效果。其一，所有人行使权利时，不负任何义务。如其使田园荒芜、房屋坍塌，或有其他暴殄天物之行为，纵于国家为不利，仍系其权利之行使，不得加以干涉。或在其地筑一高墙，剥夺邻人之阳光空气，虽于己无利而于人有损，亦不得强令其拆除。盖凡权利之行使，无加害他人之可言（Qui jure utitur neminem laedit）。其二，所有人不但于物，且于人得发挥其权力。盖所有人系经济上之强者，往往仗势欺压弱者。常见工人在极苛刻条件下受雇，房客在不利之条件下租用房屋。又如乡间之高利借贷，均使贫者弱者，处于富者强者权力之下。此种私法上所有权观念（Dominium），与十九世纪公法上国家主权观念（Imperium），实相得而益彰。

以保护个人自由为目的之各种经济、政治、法律上制度，行之既久，流弊渐著。初以为人人自由追求幸福，可臻国家于安乐之境。及至资本主义发展达于顶点，社会问题发生。国家治安、社会秩序，均感威胁，始知前说之误，而有改弦更张、限制个人自由之必要。对于所有权之观念，遂有后之一派学说产生。

此派在立法上，得以德国一九一九年之宪法为代表。其第一五三条第三项称："所有权包含义务。所有权之行使，应同时有益于公共福利。"

此种思想,远在一八九六年公布之德国《民法》中,已略有表现。其第七二六条规定禁止权利滥用,即加所有人以注重社会福利之义务。故所有人权利之行使,是否受法律之保护,尚须视其是否于其应行之义务无背。

我国《训政时期约法》第十七条规定:"人民财产所有权之行使,在不妨公共利益之范围内,受法律之保障。"此外,《民法》第一四八条设禁止权利滥用之一般原则;第七七三条规定土地所有权,于其行使有利益之范围内,及于土地之上下,如他人之干涉无碍其所有权之行使者,不得排除之。均见深受此派学说之影响。

在学理上反对旧时所有权之观念最力者为狄骥氏(L. Duguit)。旧时自个人之利益出发,以所有权为权利(droit subjectif),同时亦是一种权力(pouvoir)。狄骥则从社会之利益出发:认为所有权系社会上效能(fonction sociale),所有人应本于所有物之用度,尽其社会上效能,以促进国民生计,维持社会联系(solid avite sociale)。如其完成此任务,其所有人之地位与行为,始受法律之保障。故狄骥既不承认个人绝对自由,亦不信奉意思自由说。此均属于形而上学,非研究法学之适当方法。旧时所有权观念,既是一种形而上学之说法,自应予以摈弃。此外,狄骥在公法学则抨击权力之观念,而代以公务观念,在国际公法学,则排除主权观念,而倡多元论。其学说前后一贯,盖莫非导源于其实证学派之思想也。

狄骥之学说,核与最近各国厉行统制经济或计划经济,并无不合。鉴于过去自由经济之为害,已迫使国家放弃曩昔放任政策,而对于私人经济上活动加以干涉。以期个人对于其财物之运用,不为专图私利,而同时为促进国家社会公益。

上述两种所有权观念,为近代最通行者,均以所有权制度之存在为前提。若在完全社会主义之国家(苏联较近于此等国家),生产社会化、分配社会化,所有权制度虽未全废绝,但私人所有之范围,已甚狭小。如苏联者仅许每人有一家足用之房地及一定数量之家畜。此种私有,在经济上、法律上已无任何意义,私人所有权之观念将非一法律上重要问题矣。

第二目　所有权之内容及特质

(甲)所有权为物权中之最典型者,其内容亦最完全。所有人得自由使用收益及处分其所有物(七六五)。使用云者(jus utendi),依物之通常用度,而供吾人需要之谓也,既不毁损原物,亦不变其性质,例如骑马、住屋权。收益云者(jus fruendi),收取物之天然孳息或法定孳息之谓也(参照六九)。例如耕植而收获其产品,或租屋而取得租金是。处分云者(jus abutendi),毁损原物或变其性质,此之谓物质上处分,例如屠牛煮肉、以水酿酒权。让与其物或设定负担,此之谓法律上处分,例如出卖田宅、设定抵押权是。

(乙)所有权复有下列三种特质

一、除斥性——所有人如遇他人无权用益其物,纵于所有人无害,仍得排除之。其干涉所有人权利之行使者亦同(七六五并参照七七三)。

二、永久性——此非指所有权永属于同一人。盖所有人亦有死亡之一日,于是其所有权移转于其继承人;彼亦得在生时出让其物。但不问其为继承抑为让与,所有权不失其客观之存在,永久性者,此之谓也。

三、伸缩性——所有权得因物上负担之设定,而其内容遭支分,于是其权利范围缩小。例如因地上权之设定而所有人暂时丧失其使用及收益之权。一旦物上负担消灭,所有权立复其完全之状态。譬如皮球按之则形变,释之又复完整。

第三目　所有权之限制

所有人固得自由使用收益及处分其物,并排除他人之干涉,但其自由非无限制。法律认许其有此权力者,非以理论之当然,而以出于经济上之需要也。故如不合国家经济上之需要,权利人不得任意行使其权利,以有害及国民生计。此种思想,在第七七三条及第一四八条中,均有相当之表现。有时为促进公益起见,政府特以法令具体限制所有人之权力(七六五)。此种限制,得分为公法的及私法的。

一、公法上限制,例如国家因其公共事业之需要,得征收私有土地(《土地法》三三五)。所谓公共事业,以适于左列各款之一者为限:(一)实施国家经济政策,(二)调剂耕地,(三)国防军备,(四)交通事业,(五)公共卫生,(六)改良市乡,(七)公用事业,(八)公安事业,(九)国营事业,(十)政府机关、地方自治机关及其他公共建筑,(十一)教育、学术及慈善事业,(十二)其他以公共利益为目的之事业(同法三三六)。

公法上限制之关于动产所有权者,在平时不多见。于今抗战建国期间,为动员物资,争取胜利,完成建国,故有抑制私人对于某种动产所享有权利之必要。例如兵器弹药及其他军用器材、粮食储料及被服品料、药品医药器材及其他卫生材料、船舶车马及其他运输器材、土木建筑器材、电力与燃料、通信器材,前列各种器材之生产、修理、支配、供给及保存上所需之原料与机器(以上总称动员物资),政府于必要时,不但得征购或征用其一部或全部,并得对于动员物资之生产、贩卖、使用、修理、储藏、消费、迁移或转让,加以指导、管理、节制或禁止(《国家总动员法》三、五、七)。

二、私法上限制者,关于相邻关系各条规定,即其适例(七七四以下)。

第四目　所有权之标的物及范围

(甲)所有权既系物权之一,故仅得以有形之物体及天然动力为其标的物,至于无形之权利如债权等,不得为所有权之标的物(参照第一章

[甲]二）。

有形之物，并非均得为所有权之标的物，必其物能由吾人专独支配始可。故如日月星辰，吾人称之曰公共物（res omnium communes），既不能为吾人专独所有，即不得为所有权之标的物。

即以能为所有权标的物之物体而论，并非均得为私有。如可通运之水道、天然形成之湖泽而为公共所需用者、公共交通道路、矿泉地、瀑布地、公共需用之天然水源地及名胜古迹等，均不得为私有（《土地法》八）。又如故宫陈列所或历史博物馆所收藏之物件，足供学术、艺术、考古或历史之资料者，永为国有。

标的物须系个别的，而非集体的。故如储藏库或图书馆，不得为所有权之标的物。普通称图书馆为某人所有，乃取其用语之方便耳，实则图书馆中之若干本藏书，或并此馆屋，为某人所有也。

（乙）所有权之范围，及于物之成分及天然孳息（七六六反面解释）。物之成分者，指物之重要成分而言。第六六条第二项所称不动产之部分及第八一一条所称不动产之重要成分，均属同义。但成分、重要成分或部分，应作若何解释，法无明文，故有待于学理上之探讨。称物之部分者，谓与他部分分离后，其物之一部或他部，必遭毁损或变质。例如门窗拆除，房屋必毁，故门窗系房屋之部分。又如机器与厂房分离，若当初厂房之建造，专以配合机器者，则机器迁出，厂房必失其原有之效用，而变其性质，故机器应视为工厂之部分（在其他情形，机器亦得为工厂之从物）。至于礼服上之勋章、戒指上之钻石、配置照相之相架，均非物之重要成分。故是否为物之重要成分，须先依交易上习惯以为断。否则应依物各部分联系之种类、时间之久暂、配合之情形或经济上效用以为绳准。

不动产之出产物，尚未分离者，则经法律规定为不动产之重要成分（六六Ⅱ）。

　　物之成分,不得独立为权利之标的物,盖为保持物之价值起见耳。若准房主将屋顶地板出让,则受让人得随时拆取之,而建筑物本身之价值将尽消失,国家财富亦将因无限分裂,而被破坏无遗矣。

　　天然孳息者,指果实、动物之产物及其他依物之用法所收获之出产物也(六九)。于物未分离前,天然孳息系物之成分,故亦不得独立为权利之标的物。物之重要部分,既不得独立为权利之标的物,自随物之命运而定其命运。

　　至于物之成分及其天然孳息,于分离后应如何定其归属,法律规定仍属于物之所有人(七六六)。不问其分离系出于人之行为或自然界之原因(果实因成熟或风吹而下陆)。但法律有相反之规定者,从其规定(同条)。

　　法律相反之规定,有如下数类:

　　一、有其他物权之设定,而物权人享有使用及收益之权者,则所生之孳息,归其所有(八三二、八四二、八八九、九一一、九三五)。或虽无其他物权之设定,而他人依债之关系(租赁关系)得就所有人之物使用收益者,则租赁物所生孳息,亦归承租人所有(四二一)。

　　二、夫妻间之财产关系,在一定财产制之下,妻之原有财产所生之孳息,其所有权归属于夫(一〇一七,并参照一〇一九)。又,联合财产或共同财产所生之孳息,因夫有管理权,在原则上归夫所有(一〇一八、一〇三二)。

　　三、未成年子女之特有财产,其所生孳息,原则上归父母所有(一〇八八Ⅲ)。

　　四、物之善意占有人,得为占有物之使用及收益(九五二)。

　　五、果实自落于邻地者,视为属于邻地(七九八)。

第二节　不动产所有权

第一目　不动产所有权之取得

不动产所有权取得之原因有三：（一）法律行为（包括公用征收、强制执行、法院之判决），（二）继承，（三）取得时效。此外关于承领及添附，亦一并论及。

（甲）法律行为——指发生物权变动之物权行为而言。但物权行为系债权行为之实践，故仍须先有债权行为（买卖、赠与、遗嘱等）之存在。此债权行为须以书面为之，其在遗嘱，固无问题，盖遗嘱必具书面（一一八九）。其在他种契约，或以债编中无书面之规定而存疑者，殊不知物权编第七六〇条所称书面者，即指此（详见第三章第三节）。既单称书面，故不限于官纸，自写亦可（二二年上字九五三判例），代笔亦可。

取得不动产所有权之物权行为，其要件有二：

一、须当事人双方间有授受之意思，即一方表示以不动产所有权移转于他方，他方表示受移转之意思。无一定之方式，但因登记时须具备声请书，故事实上往往取书面之方式。

二、须经登记（七五八）。登记程序，依土地法之规定。惟土地法于民国二十五年三月一日始施行，故于该法施行前，物权编关于登记之规定，自不适用（物权编施行法三Ⅱ）。又自该法施行后，因人才缺乏、经费支绌，全国各地未能一律举办登记。故在未依土地法施行登记制度前，亦不适用第七五八条（同法同条），登记遂非要件之一。在此情形下，以交付管业契据（老契或红契）为要件（二三年上字二一〇六判例），与动产所有权之取得以交付为要件者，其情形正相同。

此外如向警察官署之呈报、买价之高低、税契之迟早、中保底保之为何人，均与物权契约之成立无涉（二二年上字六七六判例）。

其因公用征收、强制执行或法院之判决，取得不动产所有权者，虽均属法律行为（国家之法律行为），但其情形究与上述不同。故虽未登记，已取得所有权。但非经登记，不得处分其所有权（七五九）。兹分述如次：

公用征收者，指国家因公共事业之需要（《土地法》三三五）或因实施国家总动员（《国家总动员法》二四），而征收私有不动产之行为也。征收须依一定之程序。地政机关于接到国民政府行政院或省政府令知核准征收土地案时，应即公告（《土地法》三六）。是则对于第三人之利益及交易之安全，均有相当之保护，毋庸为所有权移转之登记（同法六〇）始取得所有权也。

强制执行者，例如法院业经为确定判决，令甲将不动产之所有权移转于乙，如甲不遵判让出不动产由乙占有之，乙将声请法院强制执行。乙因此而占有不动产者，虽未经登记，应认为即已取得不动产之所有权。

法院之判决者，专指除权判决而言。若亦包括得为强制执行之通常判决，则不必更列强制执行为所有权取得原因之一，盖可想见也。除权判决者，声请人请求法院以公示催告他人于一定期间为权利之申报，如逾期而不为申报者，即得请求法院为排除他人权利之判决也。故不动产之占有人，经法院为除权判决后，即得巩固其所有人之地位，此际亦毋庸经登记后始取得所有权也。但依我国法制，不得以物权为标的，依公示催告程序，声请为除权判决，故与德瑞等国法制，颇为不同，是又足见第七五九条立法之欠妥也。

（乙）继承——继承有概括继承与个别继承之别。此处专指前者而言。继承人自继承开始时，即取得被继承人之财产（一一四八），故亦毋庸经登记，始取得不动产之所有权。但非经登记，不得处分其权利（七五九）。

（丙）取得时效（usucapio）指占有他人之物，经过一定之期间，即取得其物之所有权或其他财产权（包括其他物权在内）之谓（七六八至七七二）。在昔登记制度尚未发明，时效之功用颇大。盖所有人如欲证明其权利，既无登记以为根据，必以证明让与人（即前权利人）之所有权为其唯一之辩护。但让与人之所有权，其来亦有所自。因此应于前权利人之前手，就其所有权予以证明，如此推溯而上，将无止境（probatio diabolica）。个人所有权之根据，将永久无法证明。取得时效之制度，即所以补救此弊。权利人只须就其自己及其前权利人继续占有不动产已达一定年限之事实，予以证明即可。自不必超此年限，另求根据矣。今既采用登记制度，而登记又具有绝对效力（《土地法》三六），则不动产物权之得丧，自以登记为唯一之证明方法。但事实上，因各地尚未一律举办登记，故取得时效，犹未失其功用。遇占有他人未登记之不动产，满相当期间者，即推定原所有人有抛弃其权利之意思，而承认占有人之所有权，以固定其地位，并以利经济上之交易。

关于不动产所有权之取得时效，有长期（七六九）与短期（七七〇）之别。长期须二十年，短期只须十年，并须占有之始为善意并无过失者。此外之要件均相同。析述如次：

一、要件：

A. 须以所有之意思占有——占有之状态不一，有自主占有与他主占有之别。若典权人、地上权人、永佃权人、承租人等，乃为他人（所有人）占有其物，故系他主占有，不合于此条件。至于抢夺他人之不动产而占有之，虽其行为不法，但仍以所有之意思占有（自主占有）。

占有推定其为自主占有（九四四Ⅰ）。故非俟对方以反证覆灭其推定，占有人毋庸就自主占有提出证明也。

B. 须系和平占有——若以暴力取得后，是否永久不受法律之保护？

愚以为被害人如不即时排除加害人而取回不动产（九六〇Ⅱ），或被侵夺后一年间不诉请恢复其占有者（九六二、九六三），则暴力既已停止，应认为和平之占有即开始。

非和平之占有，系相对之瑕疵，仅直接被害人得主张之。例如甲之不动产为乙侵夺，丙复向乙侵夺，此际丙仅对乙为非和平之占有，对甲则为和平之占有。

占有人推定其为和平占有（九四四Ⅰ），故非俟对方以反证覆灭其推定，占有人毋庸就其和平之占有提出证明也。

C. 须继续占有——继续者，对时效之中断而言。时效之完成，必须占有人在法定期间，继续占有其物。若经中断，以前之占有时间，悉属无效，自中断后，时效重新开始。中断之情形有三种：（一）占有人自行中止占有（七七一）。例如抛弃其物之占有是。（二）占有为他人侵夺（同条），但若占有人即时排除加害人而取回之（九六〇Ⅱ），或诉请恢复占有（九六二）而获胜诉时，则其占有视为自始未中断。（三）占有人变为他主占有（同条），即变为不以所有之意思而占有。其变更无一定之方式，或以契约，或以片面之表示，例如在自己财产清册中载明某一不动产非己所有。

经证明前后两时为占有者，推定前后两时之间继续占有（九四四Ⅱ，olim possessor et hodie possessor, interea possessor）。

D. 须占有达一定之期间——法律规定为二十年（七六九）或十年（七七六）。

关于期间之计算，适用一般之规定，即始日不算入（一二〇Ⅱ），末日必须终止（一二三）。若该日为星期日或其他休息日，于是日终止，时效仍完成。第一二二条仅于应在一定期间为意思表示或给付者有其适用，于此不适用之。

此一定之占有期间,现占有人毋庸单独完成之,而得主张前占有人之占有期间加入于己之期间,合并计算,此之谓占有之合并(九四七)。其经过之期间,在物权编施行前者,得与施行后之期间合并计算(《物权编施行法》五Ⅱ Ⅲ)。

占有之合并,有两种不同情形:(一)因概括继承而发生占有之合并。于此情形,继承人之占有乃赓续被继承人之占有,而非新开始之占有,故其占有状态与前占有人之状态,完全相同。如被继承人之占有,系他主占有,其继承人之占有亦同。除非因于继承人本身之事由,提出确认,方得认为以所有之意思占有。(二)因个别继承而发生占有之合并。于此情形,如前占有人不以所有之意思而占有,则现占有人应独立开始其取得时效,不得利用前占有人之占有期间,主张合并。如前占有人以所有之意思占有,现占有人方得以之与自己之占有合并也。

如现占有人之占有,以非和平之方法取得者,则系独立及新发生之占有,自不能享受占有合并之利益。

E. 须系他人未经登记之不动产——即未依《土地法》声请登记之不动产。如依《不动产登记条例》登记者,则其登记,仅有对抗第三人之效力,而无绝对效力。若既依《土地法》声请登记,则所有权之得丧,以登记为唯一证明方法。若登记犹未涂销,虽他人占有其不动产达二十年,甚至二百年之久,仍不取得所有权。否则,登记名义可与事实不符,将不能贯彻登记发生绝对效力之旨。

此他人之不动产,不仅指属于私人者,亦包括公有不动产。时效既经完成,即为私有土地,国家仅得向其征税,而不得再令补缴地价。至于依法不得为私有之土地(《土地法》八),自无取得时效之适用(三十年院字二一七七解释)。

以上所述,系关于长期取得时效。至于短期取得时效,除以占有期间之二十年减为十年外,须占有人之占有为善意并无过失者。所谓善意并无过失者,指在取得所有权时,未曾觉察出让人无处分权能,且其失察,非由于其过失所致。如误信出让人为真正所有人,或为完全行为能力人是。如其对于出让人是否有处分权能,加以相当之注意即能觉察而不觉察,是其失察,为有过失,即不得谓为善意。

占有人之善意,仅须在占有之始存在(七七〇)。若在占有之中,忽发现出让人为非真正所有人,仍无碍于短期时效之完成。盖法律所加于吾人之责任为诚实,而非细密。占有人既以诚实之态度受让不动产,若仍责令其在受让之后,时刻留心调查其取得名义是否尚有瑕疵,未免失之太苛。

占有人推定其为善意占有(九四四Ⅰ)。如有对于占有人之善意提出异议者,应负举证之责,盖与一般推定之效果同。

二、效果——取得时效之要件具备时,占有人即得请求登记为所有人(七六九、七七〇)。其在物权编施行前占有不动产而具备《民法》所定之要件者,亦同(《物权编施行法》七)。但其所有权之取得,仍不始于登记之日,而于占有之始。盖以登记为不动产所有权取得之要件者,仅依法律行为而取得者为限,而占有则非法律行为也。或以为时效完成之日,占有人始取得所有权者,愚以为时效之完成,使其自主占有之事实趋于稳固,而变为合法之权利状态而已。在占有之始,虽占有人之地位尚未臻于稳固,究不能谓其未取得所有权也。

登记虽非所有权取得之要件,但非经登记,不得处分其所有权(参照七五九)。

不动产之所在地,如犹未举办登记者,占有人毋须为登记之请求,于得请求登记之日,视为所有人(《物权编施行法》八)。

所有权之取得,既在占有之始,故占有期中设定之其他物权,因时效之完成,而趋于稳固。

以时效取得为原始取得,在该不动产上已设定之其他物权,以未经登记者为限,因取得时效之完成而消灭。

三、适用场合——取得时效不仅于所有权之取得有其适用,即于所有权以外财产权之取得,亦有其适用(七七二)。财产权之概念,业于本著绪论第一节中论述,兹不赘言。仅就其他物权之取得而言,并非一概可以适用取得时效之制。其中如抵押权不以占有之取得为成立要件者,自无由依时效取得之;他如典权及永佃权,以给付对价(典价或佃租)为其成立要件,则在给付对价时,未有不动产之所有人收受对价而不穷其原委者。纵其无明示之意思,表示合意设定典权或永佃权,亦应认为有默示之意思表示,则仍属于依法律行为取得物权之一种情形也。又如留置权,乃本于法定诸条件具备而发生,无所谓依法律行为而取得,亦无由依时效取得之。故除所有权之取得外,仅地上权、地役权及质权之取得,取得时效始有其适用。

四、比较法——德瑞民法中有"Buchersitzung"或"Tabularersitzung"者,指地政机关因一时之失察,为不正确之登记,复经占有人合于登记之名义,占有不动产。如在占有之中,真正所有人不向地政机关提出异议,声请为登记之更正,一经时效完成,占有人即自登记时始,取得所有权。此种情事,以德国、瑞士组织严密,登记制度完善,甚不多见,但仍有发生可能,故法律特予规定。

(丁)承领——古时无主土地与无主动产同,先占者即取得其所有权。随后以土地与国家政策、社会经济,有密切之关系,且亦不能如动产之无限增添其数量,故近代立法,均已规定无主之地归属国有。私有土地之所有权消灭者,亦归国有(《土地法》一二),不准私人以先占取得之。

但依旧时法规（《国有荒地承垦条例》，民国三年三月三日公布），人民欲承垦国有荒地者，得向该管官署报领，经合法承领后，即变为适法之所有人，而受法律之保护，该管官署自不得任意变更（二三年行政法院判字四三判例），或将其所领之地给予他人（三年上字一一六及七八〇判例）。故承领不失为不动产所有权取得原因之一。但自土地法施行之后，旧时各种法规，其中规定与土地法发生抵触者，自应废止。

政府本于平均地权之国策，于《土地法》中规定："承垦人自垦竣之日起，无偿取得其土地耕作权"（《土地法》一九六）。又此之耕作权，视为物权，除《土地法》有规定外，准用《民法》关于永佃权各条之规定（同法一九七）。从此承垦者具备法定条件时，仅取得类似永佃权之耕作权，而不取得其所有权。故承领于今已非为不动产所有权取得原因之一矣。

（戊）添附——添附者，因水流变迁，而岸地自然增加之谓也。依旧律（《大清律田宅门检踏灾伤田粮例》）及前大理院判例，凡淤涨之地，悉归官有，沿河各地之业主，不能以淤涨之原因，遂谓子母相生，当然取得子地（二年上字八六判例），显见不认添附为取得之原因。惟《土地法》则有不同之规定，称岸地如因水流变迁而自然增加时，其接连地之所有人，可依法取得其所有权（《土地法》一〇）。但"依法"两字，不知其所依者系何法，除《土地法》外，尚不知有其他有关之法规。而依土地法之规定，承垦淤涨之地，亦仅取得该地之耕作权，而不取得其所有权。是则添附，当非为取得原因之一。

第二目　不动产所有权之范围及限制

第一款　概述

《民法》不以房宅为土地之成分，而以之与土地并列，同为独立不动产之一种（六六Ⅰ）。但问题之发生于土地之使用者，较发生于房宅之使用者为重要而复杂，故此间所论，大部分以土地所有权为其对象。

第二款　范围

土地之为物与动产异,并无一定之形状,而须吾人之划定,然后始得定所有权之范围。应如何划定,宜有规定。又土地之上下,亦无一定界限,所有人之权利是否无限制地及于天空与地心,抑或有所限制,亦应有规定。兹就土地所有权之范围,分纵横两方面论述。

一、土地所有权纵的范围——所有人之权利,应及于土地之上空,为情理所必然,否则其于地面之所有权,将毫无价值可言。因其权利及于上空,故得栽植与建筑,此外邻地之植物、建筑物,侵入其上空时得排除之。

迄自航空发明,所有人对于土地上空之所有权,应予何种范围,颇生问题。盖欲责令飞行员尊视个人所有权之范围,循地面之公路而为飞航,势所不能。或主张以上空分为数层,其最低者属于私人所有,第二层属国家所有,最高层为自由境界。其持此主张者,显系受国际公法关于领海学说之影响。但上空之分层,事实上有所不能,无待赘论。

《民法》仅为一原则之规定,即土地所有权于其行使有利益之范围内及于土地之上下(七七三)。故土地所有人如遇飞机飞越上空,而无碍于其土地之使用者,即不得排除之。

所有人之权利,应及于地下,亦为所有人在地面行使其权利所不可缺少之条件。不但挖掘地窟、安置筒管,须于地下为之,即如栽植、建筑,亦不得不涉及地下,从而邻地之工作物侵入其地下时得排除之。但其范围所及,亦以权利之行使于彼有利益为度(七七三)。至于附着于土地之矿及地下之埋藏物,其足供学术、艺术、考古或历史资料者(八〇九),因有特别法之规定,不属于土地所有人。

二、土地所有权横的范围指地面之界限而言。划界通常以界石为志。但最近施行登记制度后,乃用蓝图。若蓝图与界石不符,究以何者为准，虽无明文，依理应以蓝图为准，盖界石易于移动，不若蓝图之正确耳。

土地所有人有划界之义务，故于邻地所有人请求时，应即与其会同划界，第一次民律草案定有明文，《民法》则付阙如，似未见其宜也。地界之需要划定，有两种不同情形：

A. 疆界客观不明——乃指两地所有人对于疆界毫无争执，但因素无标志，如界石等，以为划分，或虽有而业已失落，故表面上实欠明确。如邻地所有人请求土地所有人会同设立足以表示疆界之物时，应如其所请（参照第一次民律草案九九三）。否则邻地所有人得单独为之，其费用仍由两造平均分担。

B. 疆界主观不明——乃指双方对于疆界之位置有所争执，土地所有人因邻地所有人之请求，负协力确定之义务（参照同草案九九四）。

第三款　限制相邻关系

不动产所有权之限制，有及于所有权之内容者，有及于权利之行使者。关于内容之限制，见于《土地法》者为多，例如地方政府对于私有土地，得分别限制个人或团体所有土地面积之最高额（《土地法》一四），以期地权平均。其超过最高额者，得由主管地政机关限令于一定期间内，将额外土地分划出卖，否则由地方政府征收之（同法一五）。又国民政府对于私有土地所有权之移转，设定负担或租赁，认为有妨害国家政策者得制止之（同法一六）。以上系对于所有人之使用收益或处分权加以限制也。

至于权利行使之限制，其本于相邻关系而来者为最重要。《民法》之规定，都凡二十七条，详述如次。

（甲）关于流水及用水者

一、流水　由高地自然流至之水，低地所有人不得妨阻（七七五Ⅰ，《水利法》五三）。凡自然水流如雨水、雪水、泉水、或其他自然之水流，低地所有人有忍受之义务,而高地所有人有请求低地所有人不以工事妨堵水流之权利。

由人工造成者,低地所有人即无容忍之义务。法律规定土地所有人不得设置屋檐或其他工作物,使雨水直注于相邻之不动产(七七七),即上述原则之个别适用也。

反之,高地所有人,不得阻止自然水流。其为低地所必需者(尤其为家用者),土地所有人纵因其土地之必要,亦不得妨堵其全部,是所以平衡高地低地所有人之权利义务也。

自然水流如因事变在低地阻塞,则高地之水即无出路,日久蓄积,其地必致淹没,而被毁坏。故法律准许高地所有人得以自己之费用,在低地为必要疏通之工事。但其费用之负担,另有习惯者,从其习惯(七七八,《水利法》五五)。疏通工事之设置,为高地所有人之权利,非其义务。故低地所有人不得因水流阻塞,受有损害,以疏通之事,向高地所有人为请。

人为之流水,低地所有人固无容忍之义务,但如高地所有人因使浸水之地干涸,或排泄家用、农工业用之水以至河渠或沟道,得使其水通过低地,但应择于低地损害最少之处所及方法为之;对于低地所受之损害,并应支付偿金(七七九,《水利法》五三)。如高地或低地所有人已设有工作物,土地所有人为使其土地之水通过,亦得使用之,不必另添设置,致耗财物;但应按其受益之程度,负担该工作物设置及保存之费用(七八〇)。

土地因蓄水、排水或引水所设之工作物破溃阻塞,致损害及于他人之土地,或有致损害之虞者,土地所有人应以自己之费用,为必要之修缮、疏通或预防。但其费用之负担,另有习惯者,从其习惯(七七六)。

二、用水——水为人生所必需,何者应属于私有,何者应归公有、得为共同使用,亦颇重要之问题。兹就各种之水,分别论述:

A. 水源地、井、沟渠及其他水流中之水，属于其地、其井或其沟渠之所有人，但有特别习惯者，不在此限（七八一）。其依法对于地面水或地下水取得使用或收益之权者，自亦不在此限（《水利法》一三以下）。

水源地或井之所有人，对于他人因工事杜绝、减少或污秽其水者，得请求损害赔偿。如其水为饮食之用或利用土地所必要者，并得请求恢复原状，但不能恢复原状者，不在此限（七八二）。至于是否可以恢复原状，乃一事实问题，应由法院酌量情形定之。

此外，水源地或井之所有人，在他人有加害之虞时，尚得依第七六七条或第九六二条请求除去其妨害。

土地所有人如有多余之水，经邻地所有人之请求及偿金之支付，应给予有余之水（七八三）。邻地所有人之请求，应具备下列要件：（一）须其水系邻地所有人家用或利用土地所必要者。（二）须其水虽能于他处取得，但必须极大之费用及劳力者。（三）须其水系土地所有人多余者，易言之，非为其家用或企业所必需者。（四）须支付全部偿金。

B. 水流之水，限溪、涧、江、河等非私有水道之水，有可通运者，有不可通运者。可通运之水道，不论河水河身，不属于私有（《土地法》八），于一定范围内，人民虽可自由使用，要不得任意处分（二三年行政法院判字三高地自）。故如欲设置大规模之工事以汲水，或利用水力而为工业或其他企业之用者，应得政府之特权水或其通运之水道；两岸地主，得因家用或农业上需要尽量用水，但不能汲取其全部，或过分汲取因之权利蒙受损失。若因灌溉而汲引巨量之水者，应听其自然流还归沟，并不准改变水之性质或污损之，低地所不能以之作通常之使用。如水岸之一方，因灌溉之需要而设堰者，得使其堰附着于对岸。但对于动产所生之损害，应支付偿金（七八五Ⅰ）。对岸地所有人，如水流地之一部属于其所有得使用其堰者，应按其受益之程度，负担该堰设置及保存之费用（同条

Ⅱ）。上述两种情形，如另有习惯者，从其习惯耳（同条Ⅲ）。岸地所有人，对于河道之权限，以河通过土地情形之不同而有异。如两岸土地均属于水流地之所有人者，其所有人得变更其水流或宽度，但应留下游自然之水路（七八四Ⅱ）。反之，如河道沿地界或以外，即对岸之土地，属于他人时，水流地所有人不得变更其水流或宽度（同条Ⅰ）。上述两种情形，如另有习惯者，从其习惯（同条Ⅲ）。

（乙）关于邻地使用者

邻地之使用有三种不同情形，分述如次：

通过他人之土地，不能安设，或虽能安设而需费过巨者。使用他人土地时，应择其损害最少之处所及方法为之，并对于邻地所有人因而所受损失支付偿金（同条同项）。邻地所有人之容忍其侵入，实出于不得已情形。故情事有变更时，或无须通过邻地，或邻地有不能不迁移其地上工作物之状况，邻地所有人得请求变更线管之安设，以保护其本身利益（同条Ⅱ）。变更安设之费用，由土地所有人负担，但另有习惯者，从其习惯（同条Ⅲ）。

二、土地如与公路无适宜之联络（即俗称袋地），必失其经济上效用，法律为促进国民经济计，特许土地所有人，通行周围之邻地，以至公路（七八七Ⅰ）。但邻地所有人之容忍其侵入，亦非得已。故如以后公路改道，或土地所有人受让接续公路之地，致原有土地与公路有适宜之联络时，邻地所有人，得请求其停止通行。

通行邻地，须土地与公路无适宜之联络，或无出路，或虽建筑一出路而需费过巨，如架一桥梁是。如土地与公路虽有联络但并不适宜，致土地不能为通常使用者，土地所有人，亦得请求邻地所有人容忍其通行。至于是否有适宜之联络，无一定不易之标准，悉以袋地之经济上用度为断。如系菜圃园场，则一简单小道，即应认为与公路有适宜之联络。如地上建有房屋、开设工厂，则须一较宽敞大道，以便行车载重，始得谓为与公路有适宜之联络。此所以法律规定有通行权人，于必要时，得开设道路（七八八）。

通行权人应于通行必要之范围内，择其周围地损害最少之处所及方法为之（七八七Ⅱ）。对于通行地因此所受之损害，应支付偿金（同条Ⅰ，七八八）。偿金之数额，由双方协议定之。不能协议决定者，法院得因任何一方之声请裁判之。法院确定其数额时，应考虑各种实情，如通行权人以自己之过失致丧失与公路之联络者（如放弃其以前通行他地之权），应提高其数额。受偿金者，不以通行地所有人为限，于通行地享有其他地物权之人，如典权人、地上权人、永佃权人等，因通行而其使用收益之权受损害者，得代所有人之位而受偿金。

因土地一部之让与或分割，致有不通公路之土地者，不通公路土地之所有人，仅得通行受让人或让与人或他分割人之所有地，以达公路（七八九）。其他土地所有人，对于其通行不负容忍之义务。上述不通公路情形，既由当事人之行为而发生，其难与公路联络，当为双方所逆料，究不能牺牲周围地所有人之利益，以供其通行。又在让与或分割之时，既为双方所逆料，故估价之时，当亦算计在内，通行权人自无须支付偿金（同条Ⅱ）。

此之通行权，应与以通行为内容之地役权有别。通行地役权系物权之一种，其设定基于契约，且无须有第七八七条第一项中之情形。反之，通行地直接基于法律规定（关于相邻关系之规定），乃对于通行地人所有权所加之一种限制，故系通行权人所有权之伸张，而非独立之物权。不但对于所有地，且对于其他物权，同发生限制之效力。纵邻地上之其他物权设定在先，袋地所有人于必要时，仍得行使其通行权。

三、土地所有人在其疆界或近旁营造或修缮建筑物时，如绝对不能使用邻地,则建筑之始必于其疆界多留隙地,以备建筑及日后修缮之用。弃地既多,损害必大,于国家经济极为不利。故于必要时,得使用邻地。对于邻地所有人因此所受之损害,应支付偿金(七九二)。

(丙)关于土地之安全者

一、樵采牧猎——土地所有人得禁止他人侵入其地内(七九〇Ⅰ),此为所有权固有之效力(七六五)。但如他人之侵入,于土地所有人无妨碍,而于行为人则有利者,应容忍其侵入。此在第七七三条,已有原则上规定,第七九〇条为该原则之个别适用。遇有下列情形之一者,土地所有人应容忍他人之侵入。

A. 他人有通行权者。此系指第七八七条中之通行权而言。如系通行之地役权,则依设定行为,供役地所有人应容忍他人之通行,自无待特别规定。

B. 依地方习惯,任他人入其未设围障之田地、牧场、山林,刈取杂草,采取枯枝、枯干,或采集野生物,或牧放牲畜者。若私有之湖荡,未设围障者,依类推解释,亦有第七九〇条之适用(二八年院字　八九二解释)。所谓围障,系指墙垣篱笆或其他因禁人侵入所设围绕土地之物而言(同解释)。但樵采放牧时,不得有损于耕种之植物;狩猎时不得违反地方官署所订定之狩猎章程。若所有人为保护嫩芽新苗设有围障者,他人自不得侵入。

二、物品或动物之寻查取回——土地所有人遇他人之物品或动物偶至其地内者,不问该物品或动物遗失之原因何在,应许其所有人或占有人入其地内寻查取回。但土地所有人所负之义务,仅以容忍其寻查取回为限。如因寻查取回而生损害,自得对于物品或动物之所有人或占有人请求损害赔偿;于未受赔偿前,得留置其物(七九一)。

三、各种声响、气体之侵入——土地所有人在其土地上发出煤气、蒸气、臭气、烟气、热气、灰屑、喧嚣、振动及其他与此相类者，而侵入他人之土地时，他人为居住之卫生及土地之安全使用起见，得禁止之（七九三）。例如在他人窗户前之烟囱、他人住宅旁之茅厕，所发出之秽气、臭气，又如半夜聚众赌博，牌声人声，喧达户外是。但此种声响、气体，须系过分者，如其侵入较微，或因于通常家务者（牌声隐约，锅汽蒸腾），则他人不得禁止之（同条但书）。至于按土地形状及地方习惯以为相当者，他人亦不得加以禁止。例如在工业区域之居民，自应较在住宅区域者容忍较大之杂声与振动；医院与学校则应较普通房宅需要更甚之安静。又如新年燃放爆竹，虽至喧腾振动，亦不为过（同条）。

四、土地所有人既不得由空中以声响、气体侵入他人土地，亦不得以地下工事致损害于邻地。故土地所有人挖掘土地或为建筑时，不得因此使邻地之地基动摇，或发生危险，或使邻地之工作物受其损害（七九四）。邻地所有人因而受有损害者，应由土地所有人负赔偿之责。

土地所有人经营工业及行使其他之权利，应注意防免邻地之损害（七七四）。此系注意之规定，盖无故不得侵害他人之权益，系法律之定则。又建筑物或其他工作物之全部或一部，有倾倒之危险，致邻地受有损害之虞者，邻地所有人得请求为必要之预防（七九五），以妥保土地之安全。此原本于所有权之保全效用，初无待于特别规定也。

五、土地所有人建筑房屋时，往往有逾越疆界可能。或屋檐楼台侵入他人之上空，或地窖房基侵入他人之地下，或房屋侵入他人土地之上下，情形虽殊，其为越界建筑则一也。邻地所有人知其越界而提出异议者，得请求土地所有人改变营造图样。如已开始动工，得请求移去其工事，以保持自己土地之完整。但如知其越界而不即提出异议者，则不得请求移去或变更其建筑物。盖知之而不提出异议，咎在邻地所有人。且有时营造高楼大厦，价值之巨，数十倍于土地，必使拆毁移去，国家财富受损实重。故邻地所有人仅得请求土地所有人以相当之价值,购买越界部分之土地(七九六)。邻地所有人是否知其越界,应从客观认定。例如地主开始动工,适隔邻远游未归,比及归来,工事已毕。虽其于归来后始知悉其事,但已不得请求移去或变更其建筑物矣。故在建筑伊始,即视为邻地所有人已知其情。除邻地之所有人外,他如典权人、地上权人、永佃权人或地役权人等,亦有提出异议之权。盖此于其使用收益之权,不无影响也。

　　购买越界部分之价额,由当事人双方协议定之。不能协议决定者,得声请法院酌定之。除购买越界部分之土地外,当事人双方自得磋商他种办法,例如设定地役权是。如系屋檐楼台侵入他人之上空,则地役权之设定,于双方均称有利。盖建筑物所有人既不必支付全部之价值,而邻地所有人对于被侵入一部分之地面,得仍保留其所有权而自由使用之。其所受上空之限制,亦获相当之补偿。但地役权之设定或他种补偿办法,以受损害之土地所有人自愿允承者为限,他人不得以之相强。

　　如邻地所有人因而受有他种损害者,并得请求赔偿(七九六末句)。例如因土地所有人之越界建筑而必须变更自己之建筑是。

　　(丁)关于竹木果实者

　　两地竹木之交叉或果实之降落邻地,乃两地相接不可避免之情事。纵竹木枝根之越界出于自然,仍是对于他人土地之一种侵入,惟其为天然之发长,故不能与非法干涉并论。有此情形者,法律规定土地所有人得向竹木所有人请求于相当期间内刈除之(七九七Ⅰ)。不于期间内刈除者,土地所有人始得自动刈除而取之(同条Ⅱ)。又为免除无谓之刈割并保护竹木之繁荣计,复规定越界竹木之枝根,如于土地之利用无妨害者,不得刈去(同条Ⅲ)。若有争执竟致涉讼,则有无妨害,应由竹木所有人负举证之责。

　　土地所有人如不先请求竹木所有人，而径自刈除，则不能以被刈除之枝根据为己有。且因此而致损害于竹木所有人者（树根被斩，竹木所有人不及巩固树基，致树倾倒），应负赔偿之责。又刈去之越界枝根，于土地之利用无妨害者，竹木所有人，亦得请求损害赔偿。

　　如果实尚未与其干枝分离，则为土地之成分（六六Ⅱ），应属于土地所有人，虽果实悬挂于邻地之上，邻地所有人仍不得摘取之。至于自落之果实，其落于邻地者，视为属于邻地所有人（七九八）。邻地为公用地者，如土地所有人不即取回之，应视为无主物，由先占者取得之（参照同条但书）。自落云者，不由于邻地所有人以工事降落之谓。故如因风吹或成熟而坠落，均系自落。

　　（戊）关于数人区分一建筑物者

　　"一物只有一个所有权"，系物权法之定则。迩以实业发达、地价高贵，人民恒建筑高楼以居。但高楼大厦之建筑，往往非一人之资力能及。又关于遗产之继承，如有数继承人时，往往对于继承之房宅，不愿出让以分其价金，而就房宅区分数部，各有其一。法律为应合实需，特规定一建筑物得以各部分分属于数人所有（七九九）。至于该建筑物及其附属物之共同部分（围墙、门户、厅廊、楼梯、院子、园地等），如无特约，推定为各所有人共有。其修缮费及其他负担，由各所有人按其所有部分之价值分担之（同条）。

　　上述情形，其一部分之所有人，有使用他人正中宅门之必要者，得使用之。但另有特约或另有习惯者，从其特约或习惯（八〇〇Ⅰ）。因使用致所有人受损害者，应支付偿金（同条Ⅱ）。

第三节　动产所有权

第一目　动产所有权取得概述

动产所有权之取得,有以取得占有为要件者,有不以取得占有为要件者。属于前者,则有法律行为、先占、取得时效、遗失物之拾得及埋藏物之发现等五种原因。属于后者,则有附合、混合及加工等三种原因。至于以概括继承而取得,亦不以占有为要件。

第二目　法律行为

第一款　通常取得

此间之法律行为,指发生物权变动之物权行为而言。故此外往往须有债权行为之存在。其关于不动产所有权者,债权与物权两行为,势必异时发生。其关于动产所有权者,则不尽然。如不特定物之买卖,或将来成就之物之买卖,固须俟买卖标的物特定或成就后始能成立物权行为,但日常之即时买卖,则债权与物权两行为同时成立,且因此而难予辨别。例如见有标价五十元之书一册,照价付清,取书而行是。足见两者事实上关系之密切。通说主张物权行为无因与独立的,于是与其基本之债权行为不相干涉,实有悖于情理,亦非吾人所愿从同(详见第三章第三节第二目)。

物权行为成立之要件有二:(一) 须当事人双方有授受之意思,(二)须经交付(七六一)。授受之合意,与动产之交付,往往于同时发生。例如以铜元一枚授与丐者,丐者谢而受之。又如出卖人交付标的物或买受人支付价金,即于交付标的物或支付价金时即有授受之合意。但合意与交付,亦可异时发生。例如于旅次购得古画一幅,由出卖人当场包扎付邮,寄送其家。包扎付邮之际,固已有授受之合意,但交付行为则于邮包寄到其家时始完成。

关于动产所有权之物权行为，得附条件或期限，故与关于不动产所有权之物权行为不同。例如分期付价之买卖（三八九），出卖人于未受全部价金清偿前，得保留已交付标的物之所有权是。其主张物权行为为无因与独立的，复承认当事人双方得约定物权行为之生效，以其基本之债权行为有效为条件。

交付者，不专指占有之现实移转，亦包括下列数种方法。依此等之方法，虽标的物留于原处，未经移动，仍视为完成交付手续。

一、简易交付——应交付之动产，已在受让人占有中者，当其受让之时，只须彼此有授受合意，即生交付效力。事实上已无须再行移转占有。此之谓简易交付（brevi manu traditio）。例如乙先因借贷关系占有甲之牛一头，以后甲将同一牛出让于乙，则于甲表示以牛之所有权移转及乙表示受其移转时，即发生交付之效力（七六一Ⅰ）。

二、占有改定——让与动产物权（所有权），而让与人仍继续占有动产者，让与人与受让人间得订立契约，使受让人因此取得间接占有，以代交付，此之谓占有改定（constitutum possessorium，同条Ⅱ）。例如乙向甲购得牛一头，同时即与之订立委任契约，委托甲饲养是。

三、求还代位——让与动产物权（所有权），如其动产由第三人占有时，让与人得以对于第三人之返还请求权让与于受让人，以代交付（同条Ⅲ）。例如甲以牛贷与乙，后以之赠丙。则甲以对于乙之返还请求权让与于丙时，牛之所有权即移转于丙，毋庸现实交付。

第二款　善意受让

前款所述，乃假定让与人系真正所有人，如其非真正所有人，即无权移转所有权者，如质权人之于质物、承租人之于租赁物或借用人之于借用物，受让人是否亦取得所有权？此一问题，与日常交易有莫大之关系。在昔以所有权之保护为重，故由非所有人处受让其物者，不取得其所有权。真正所有人得请求其返还(Ubi rem meam invenio, ibi vindicorr)。洎乎近代,工商各业发达,交易贵乎迅捷与安全,动产所有人之利益,虽仍受法律之保障,但自整个社会利益而言,交易之迅捷与安全尤较私益为重。故对于上述情形,近代立法均为相反于旧时之规定,认为受让人仍取得其所有权。此之情形,学术上称善意受让。

受让人之取得所有权,须具备下列三要件(八○一):

一、须受让人取得动产之占有——占有系权利之象征。占有之所在,即公示权利之所属。故必须受让人占有动产,使人信其为所有人,与之交易,然后法律保障受让人之所有人地位,始可及于交易安全之确保。受让人取得动产之占有,不问其是否由于现实交付或简易交付、代位求还(占有改定除外,详见下),亦不问其系间接占有或直接占有,均无不合。如由于简易交付,则以由前占有人处取得占有者为限。例如甲将庚寄养之牛,贷与乙耕用,继以之让与于乙。乙之取得牛之占有,于本要件即无不合。若乙先由甲处借用,已而误信丙为牛之真正所有人,于是向其受让,此际乙之取得占有,于本要件,即有不合。

如由于代位求还,受让人所取得者,为间接占有。但以负返还动产义务之人与出让人间有质权、租赁、寄托或其他类似之关系者为限。若负返还义务之人系一窃贼,则受让人返还请求权,尚不能谓为合乎本要件,须向该义务人处取得动产之占有,始受法律之保护也。

如由于占有改定,受让人虽取得间接占有,但让与人仍保留直接占有。受让人既许让与人仍占有其物,则其信任让与人也,与前之真正所有人之信任同一让与人也实同。法律既于真正所有人所加于让与人之信任不加保护,自不应独于受让人所加于同一让与人之信任而予保护,亦为理所当然。是则因占有改定而取得动产之间接占有者,不能谓合于本要件,于是亦不取得动产之所有权。

二、须让与之物非盗贼或遗失物——如系盗贼或遗失物，其占有不受关于占有规定之保护，故受让之者不即取得其所有权（参照九四九）。如盗贼或遗失物为金钱或无记名证券时，则不如其他动产之易于识别，故认许占有人取得所有权（九五一），实系例外也。

除盗赃或遗失物外，其他之物，不问让与人取得之原因何在，或基于适法之法律行为，如质权设定行为、租赁契约、寄托契约等，或基于可得撤销之法律行为，如出于错误、诈欺、胁迫所成立之契约，甚或基于违法之行为如侵占，均有第八〇一条之适用。

三、须其占有系善意的——此一要件，乃根据第八〇一条中"……受关于占有规定之保护……"一语而来。但占有在何种情形中始受法律之保护，法律规定须善意受让动产之占有者，其占有始受法律之保护（九四八）。故善意占有，亦为要件之一，殆无疑义。况法律虽为确保交易之安全，而认许受让人取得物之所有权，但若受让人明知其物非让与人所有，而法律仍于其受让行为加以保护，不啻鼓励不诚实之行为，实非国家应有之立法。善意一语，仅指受让人误信让与人为物之真正所有人，或非真正所有人而于物有处分之权利者（遗产管理人、遗嘱执行人或破产管理人）；且其对此实情之失察，非由其过失所致。至于误信让与人有行为能力，受让人是否取得所有权，应依他条之规定（七五以下），而不适用第八〇一条。故此处之善意，较不动产物权之短期取得时效所须善意一要件，其意义实有广狭之不同。

占有人之占有，推定其为善意者（九四四 I）。

物权编施行前占有动产，而具备第八〇一条之条件者，于施行之日，取得其所有权（《物权编施行法》九）。

第三目　先　占

先占者，先于他人以所有之意思占有无主动产，而取得其所有权之谓也（八〇二，res nullius cedit occupanti）。至于无主之不动产，如荒地（新涨旧废）均归国有，（《土地法》一二）不准私人以先占取得之。无主之动产，除指从未有主者外（鸟兽野菌），并指抛弃之物（res derelictae，阅后抛弃之报纸、废庙颓垣之石料，参照三年上字八六九判例）。但物之有相当价值者，除非所有人有明白抛弃之表示，否则应视为遗失物，以符常情。

近今之世，以先占飞禽走兽为最习见，得分捕获者、养驯者及家畜三种。捕获之动物，概为野栖动物（狮、虎、豹、狼）。如其脱笼逃逸，恢复自由，而所有人不即追捕者，丧失其所有权，而变为无主物，否则追捕在未绝望时，仍保留其所有权。遇有捕获而占有之者，得请求其返还。至于追捕，并无一定之方式，如动物园走失一兽，园主向警察局申报或登报启事，已足认为有追捕之行为。养驯之动物（猴猿），若失去习常，不再返归其一定驯养之处所，而重复其野性者，即变为无主物。除非失主有追捕之行为，则又当别论。至于家畜（鸡、鸭、狗、猫、鸽子、蜜蜂），若所有人不予抛弃，不丧失其所有权；走失者以遗失物论（参照第一次民律草案一〇二九）。

先占之法律上性质，为说不一，有以为法律行为者，有以为实在行为者，愚以第二说为是。故如具有天然意思之无行为能力人（七岁以下之未成年人及禁治产人）先占无主物者，仍取得其所有权。其他关于法律行为之各条规定，均不适用之。

于下列情形中，纵先占无主之物，不取得其所有权：

一、无主之物经法令规定禁止先占者，例如某种鸟兽，经地方政府明令禁止狩猎，则先占之行为为非法，先占人不取得物之所有权（《狩猎法》一五）。

二、他人之独占的先占权被侵害者，例如依法取得特定河泽之渔业权者(《渔业法》三),就该河泽所产之无主动植物,享有独占的先占权,他人不得就同一河泽主张以先占取得水产之所有权。

第四目　取得时效

法律既经规定善意受让动产者,纵让与人无移转所有权之权利,仍即时取得所有权,则依时效而取得动产所有权,实际上已失其大部分之意义。但取得时效,究未全失其适用之场合。如让与之物为盗赃或遗失物,由无行为能力人处受物之交付或向其为交付、误信所有人授权于彼而受其交付、由无处分权能之所有人(破产人)处受物之交付,或先占他人之物而不知其为遗失物,凡此种种之情形,均可依时效而取得物之所有权。

依时效取得动产所有权者,须具备下列诸条件(七六八):

一、须以所有之意思占有;

二、须系和平占有;

三、须系继续占有;

四、须占有达一定之期间,法律规定为五年;

五、须其占有者系他人之动产;

六、须系公然占有。

至于占有之善意与否,非所问也。上列一至五之要件,业经于"不动产所有权取得"之一目中(详见本章第二节第三目)加以阐述,仅关于公然占有一端,尚待申述。

法律于此特规定公然占有一要件者,盖以动产与不动产异,易于隐藏,若将他人之动产隐藏,他人即无由知悉占有之事实,当亦无从推定他人有抛弃其权利之意思。且此隐秘之占有,既不构成社会生活之一部,亦无使其变成合法状态之理由。公然者对隐秘而言,如何方得谓为公然占有,须依个别情形而定。如系狐裘,于冬季服用,开春以后,即置于箱中,其依狐裘之正当用度而服用之,不得谓非公然也。非公然占有,系相对之瑕疵,仅受其蒙蔽者,始得主张之。

占有人推定其为公然占有者(九四四 I),依时效取得,为原始取得,在该动产上已设定之其他物权,因而消减。

物权编施行前占有动产,而具备《民法》所定之要件者,于施行之日,取得其所有权(《物权编施行法》六)。

第五目　遗失物之拾得

遗失物者,指所有人非由其意愿而失放之物也。拾得人者,指发现他人失物而捡取之人也。例如甲与乙同在园中,甲先于乙发现遗失物,惟乙复拾得之,仅乙为拾得人。

拾得遗失物者,不得即据为己有,彼虽享有一定之权利,亦应履行一定之义务。其应履行之义务,不外两端:(一) 通知物之所有人或其他有权收回该物之占有人(质权人、借用人等)。如所有人所在不明者,拾得人应为招领之揭示,或报告警署或自治机关,报告时应将其物一并交存(八〇三)。如为招领之揭示后于相当期间,仍无人认领者,拾得人应报告警署或自治机关,并将其物交存(八〇四)。(二) 妥为保管其物。如拾得物有易于腐坏之性质或其保管需费过巨者,拾得人得将物交存警署或自治机关。拾得人既将其物交存警署或自治机关,即免其保管之责。警署或自治机关得拍卖之,而存其价金(八〇六)。

拾得遗失物者应有之权利,亦有两端:(一) 拾得人得请求偿还揭示及保管费用(八〇五 I)。例如报纸之告示费及走失牲畜之喂养费是。此外复得请求其物价值十分之三之报酬(同条 II)。所有人未清偿前,拾得人得留置其物。(二) 遗失物拾得后六个月内,所有人未认领者,警署或自治机关应将其物或其拍卖所得之价金,交与拾得人,归其所有(八〇七)。故遗失物之拾得,不失为动产所有权取得之原因也。

漂流物或沉没品，以遗失物论（八一〇）。

物权编施行前拾得遗失物、漂流物或沉没品而具备第八〇三条及第八〇七条之条件者，于施行之日取得第八〇七条所定之权利（《物权编施行法》一〇）。

第六目　埋藏物之发现

埋藏物者，指有价值之物，而其真正所有人，业已无从稽考者，例如地下或旧家具中埋藏之钱币、珍珠、瓷器等均是。

埋藏物之发现，亦以占有为要件（八〇八）。例如甲发现某处之埋藏物，即离去邀人协助发掘。同时有乙者亦发现同处之埋藏，即令其仆丙掘之出土。此际发现埋藏物者，非甲非丙，而系乙。

发现埋藏物而占有者，即取得其所有权（同条），故与拾得遗失物不同。但埋藏物系在他人所有之动产或不动产中发见者，该动产或不动产之所有人与发见人，各取得埋藏物之半（同条）。

发见之埋藏物，足供学术、艺术、考古或历史之资料者，为公益计，不得私有。其所有权之归属，依特别法之规定（八〇九）。

物权编施行前依第八〇八条之规定得取得所有权者，于施行之日，取得其所有权（《物权编施行法》一一）。

第七目　附合、混合、加工

因动产外表之变化而发生所有权关系之更动者，有附合、混合及加工三种。故附合、混合及加工，与其他动产所有权取得原因之以占有为要件者不同。

（甲）附合者，数种物体合成一新物，但仍各保持其原来形状之谓也。例如水管合成之水沟是。

附合可分为不动产上之附合及动产上之附合。动产附着于不动产而为其重要成分者，称不动产上之附合，不动产所有人因而取得该动产之所有权(八一一)。例如以他人之木石,在屋后添建一浴室是。附合之发生,不问是否因于人为或因于自然之变动,不问其是否出于所有人之行为抑或第三人之行为,亦不问其是否出于行为人之善意或恶意,均于不动产所有人之取得该动产所有权,不生影响。但动产附合于不动产由于某种权利之行使者,仍保留其所有权(九年上字三九二判例)。例如在他人土地上下通过电线、筒管等是(七八六)。

动产与他人之动产附合,称动产上之附合,须具备下列两要件之一,须非毁损不能分离,或得分离而需费过巨者(八一二Ⅰ)。如有以属于数不同所有人之木板合成门扉,而其分离需费不巨者,不成立附合。

因附合而成之新物,属于各动产所有人,按其动产附合时之价值共有之(同条同项)。但附合之各动产中,有可视为主物者,该主物之所有人取得合成物之所有权(同条Ⅱ)。至于主物之认定,不以价值为标准,应从习惯。例如水管合成之水沟,无主物之可言;装订之书籍,虽装订之价值高于书之价值,仍以书为主物。

法律所以规定合成物为共有或专属于主物所有人所有者,盖以保持国家财富耳。否则将新物分拆,使复原状,必致各个物体均遭毁损也。但因附合丧失权利而受损害者,仍得依关于不当得利之规定,请求偿金(八一六),以昭公允。此外关于侵权行为之各条规定,尚有其适用,自不待言。

数种动产既经合成一物,各该动产上以前所设定之其他权利(质权),其命运视合成物之专属主物人所有或为各所有人共有而定。如合成物专属于主物所有人者,设定于其他动产上之权利即因而消灭(八一五)。反之,设定于主物上之权利,则及于合成物全部。如合成物为各所有人共有者,设定于各动产之物权及于合成物全部。权利人如质权人等得以动产附合时之价值取得合成物之权利。

（乙）混合者，数种物体合成一新物后，其个体已不复能识别。混合成立之要件有二：（一）须动产与动产混合，（二）须混合后各个体已不能识别（甲酒与乙酒相渗和，丙米与丁米相混杂）或识别需费过巨者（甲之铁与乙之铜镕成一体，欲析别之，非采用化学上之化分法不可，需费颇巨）。

混合之法律上效果，准用关于附合之规定（八一三）。

（丙）加工者，于他人之动产，加以工作，使之变成新物之谓也（以他人之麦粉做成面包、以他人之牛皮制成皮鞋、以他人之石块雕成形相）。新物之观念，以交易上习惯为标准。凡物经变更而得一新名或经重大变更者，始得称新物。故以将散页装订成本或以油漆涂刷桌椅，不得谓有新物之产生。

加工于他人之动产者，原则上不取得加工物之所有权，加工物仍属于材料所有人。如加工所增之价值，显然超越材料之价值者（雕石为像，冶铁为钢），加工物始属于加工人所有（八一四）。

以加工而取得加工物之所有权者，仅以加工于他人之动产为限。如在他人墙壁上绘画或雕刻，则其材料为不动产之重要成分，加工所增之价值，纵超越材料之价值，加工人不取得加工物之所有权。

加工为原始取得，在该材料上已设定之其他权利因加工而消灭（八一五）。材料所有人因丧失材料之所有权而受损害者，得依关于不当得利之规定，请求偿金（八一六）。如有侵权行为，并得请求损害赔偿。

（丁）物权编施行前依第八一一条至第八一四条之规定，得取得所有权者，于施行之日取得其所有权（《物权编施行法》一一）。

第四节　共　有

第一目　概念及种类

一、共有者，数人共同享有一个所有权之状态也，亦称共同所有，与其他类似之状态,应严加区别。若以一建筑物分为四部,所有人四人各有其一部者,为分有而非共有也。又若就不动产设定地上权,此乃剖解所有权之内容,由所有人及地上权人各享有其一部,而非共同享有整个所有权,故亦非共有也。

　　二、共有得分分别共有与公同共有。在分别共有状态中,权利人之连锁,纯粹基于人或物集合之事实。例如四人合资购买一地,或甲之米与乙之米相混合是。在公同共有之状态中,数权利人之连锁,辄基于人之因素,并为图达共同之目标。法律对于公同共有财产,予以明文规定者,计有三端:(一) 各合伙人之出资及其他合伙财产,为合伙人全体之公同共有(六六八)。(二) 在共同财产制下,夫妻之财产及所得合并为共同财产,属于夫妻公同共有(一〇三一)。(三) 继承人有数人时,在分割遗产前,各继承人对于遗产全部为公同共有(一一五一)。上述二三两种之公同共有,全基于共有人间之亲属关系,至为显然。至于合伙乃指二人以上互约出资,以经营共同事业(六六七),故须各合伙人一心一德,有始有终,方克有济。而其能如此,亦必合伙人间有亲故关系,或虽系新交,亦必志同道合,意气相投。是则人之因素,未始非合伙组织之重要基础也。又上述一三两种之公同共有,或为维持共同生活,或为经营共同事业,各共有人图达共同之目标,其情形至为显然。至于共同继承,各继承人既不请求分割遗产,显见有维护祖产之共同意思,或以彰美德,或以光门楣,或以寄哀思,所谓三年不改于父之道,可谓孝矣。此外分别共有人各得以其应有部分让与他人,或就之设定负担;而公同共有人则不得以其就共有物所享有之权利,自由处分。盖公同共有人间,已因亲属关系或合伙关系,合成一体矣。故在共有关系存续中,各人自不得为有悖于共同利益之单独行为(参照一〇三一Ⅱ);并依共有关系之性质,绝不容第三人加入为共有人。以上所述,乃两种共有之根本不同点也。

分别共有，源出于罗马法"communio pro invidiso"，公同共有则由德国传来（Gesamteigentum 或 Eigentum zur gesamten Hand）。但考我国各地习俗，有阖族设置之神祠堂、公产、茔田、祭田、祀产、祖茔树木等，均为阖族所共有，族人不得以其应有之权利让与他人，盖亦与德国公同共有之制暗合者也。

三、关于共有之规定，于所有权以外之财产权由数人共有或公同共有者，准用之（八三一）。

四、对于共有状态，发生疑义者，推定其为分别共有。

第二目　分别共有

（甲）共有关系之发生——共有发生之原因，有由于共有人之意思者（数人共同受让一物或共同先占一无主物），有由于法律规定者（动产之附合、混合）。

（乙）应有部分——共有人按其应有部分对于一物有所有权（八一七Ⅰ）。所谓应有部分，指成数而言，具抽象性格。例如四人以相等之资金合购一地，其应有部分各为四分之一是。故应有部分与分得部分及所有权内容之分割，互有不同。分得部分者，指共有物实体上分割后，各人所取得之一部而言，故系具体而非抽象的。各人之分得部分，虽与其应有部分相当，但前者发生于共有物分割后，后者存在于共有关系存续中。又所有权内容之分割，指支分所有权之内容而以使用收益及处分权分属于不同之人之谓。而应有部分，则及于所有权内容之全部。各共有人应有部分之成数，依共有发生之原因（意定或法定原因）而定；应有部分不明者，推定其为均等（八一七Ⅱ）。

共有人既按其应有部分对于一物有所有权，故各按其应有部分对于共有物之全部有使用收益之权（八一八）。如共有人中一人，越其应有部分行使所有权时，他共有人得依第九六二条或第七六七条行使其权利，如有损害,并得请求赔偿。

共有人间之连锁,既系偶然之凑合,而非基于人之因素,业如上述,故各得自由处分其应有部分(八一九Ⅰ)。例如共有人中一人,其应有部分系四分之一,而以八分之一让与第三人或他共有人是。但共有人间得以特约限制之。若共有物为不动产,则此约定限制,须经登记始得对抗第三人。应有部分之让与,系所有权之移转,视其共有物为动产抑或为不动产,而其应采之程式亦有异。

共有人既可让与其应有部分,自可就之设定抵押权。至于其他物权,或按其内容,应由权利人就实体之共有物为使用收益者(典权、地上权、永佃权及地役权),或按其发生或实行之条件,须由权利人就实体之共有物为占有者(质权、留置权),自不得就抽象之应有部分设定之。

应有部分既可独立让与,其可为债权人扣押,殆无疑义。

(丙)共有物之管理——共有物除契约另有订定外,由共有人共同管理之(八二〇Ⅰ)。所谓共同管理,非指全体同意,而指共有人均得参与管理行为而言。(一)如系普通管理行为,各共有人得单独为之(同条Ⅱ,除非经共有人过半数之决议,另有规定)。例如房屋败坏,加以简易修缮;又如果实将烂,出售之以保存其价金是。此外各共有人对于第三人得就共有物之全部,为本于所有权之请求(八二一)。盖对于无权占有或侵夺共有物者,其请求返还共有物之诉;对于妨害所有权者,其请求除去妨害之诉;对于有妨害所有权之虞者,其请求防止妨害之诉;皆所以保存共有物,故得由各共有人单独提起之(二八年院字一九五〇解释)。惟上列请求返还共有物之诉,以共有物为不可分,故应请判令被告向共有人全体返还物之全部(八二一、二九三,同解释)。如请判令向其一人返还,他共有人将受损害也。至于请求恢复共有物,应依何种方法为之,以当事人或法院之意见为最适当,或请求交付共有物于各共有人之代理人,或为各共有人请求提存。如不得为提存时,则请求将共有物交付于法院所选定之保管人,均无不可。至若本属可分之债权,例如以金钱赔偿损害,则仅得按其应有部分为审判上之请求。(二)如系共有物之改良,性质较为严重,如许各共有人单独为之,难免害及他共有人之利益。如须得全体之同意,则牵掣必大,有碍于物之改良,影响及于国家经济。故民法采取折中办法,规定须经共有人过半数,并其应有部分合计已过半数者之同意(同条Ⅲ)。(三)至于共有物之变更,如以房屋基地变为园地,则事关重大,非得共有人全体之同意,不得为之(八一九Ⅱ)。如有特约,以管理权属于一人或依次序单独管理者,则普通应得过半数同意之行为,管理人得单独为之;但如变更共有物,仍应得共有人全体之同意。

因共有物之管理发生争执者,法院得因共有人中一人之请求,以裁判决之。例如共有人中一人,在共有之土地上建筑房屋,以房屋非土地之重要成分,而系独立之不动产,故应否认为该共有人专独有之抑或为共有,不无疑问,得诉请法院解决是。

至于管理之费用及共有物之其他担负如税捐等,除契约另有订定外,应由各共有人按其应有部分分担之(八二二Ⅰ)。共有人中之一人,就共有物之担负为支付,而逾其应分担之部分者,对于他共有人,得按其各应分担之部分,请求偿还(同条Ⅱ)。

(丁)共有物之使用收益——各共有人按其应有部分,对于共有物之全部,有使用收益之权(八一八)。共有物之使用方法,由各共有人协议定之。或由共有人全体同时使用之(同时使用共有之花园),或由各共有人就共有物之一部同时分别使用(甲住南屋,乙住北屋),或由各共有人就共有物之全部,轮流使用(甲于第一周使用,乙于第二周使用),或将其共有物交第三人使用(以共有之牛贷与丙耕用)。其收益方法,亦可协议定之。其协议于共有关系发生时或发生后成立,均无不可。

（戊）共有物之处分——共有物之处分，事关全体，与应有部分之处分不同，故规定应得共有人全体之同意（八一九Ⅱ）。处分有法律上处分及物质上处分之别。前者如共有物一部或全部之让与及负担之设定，后者如共有物之变更。所谓变更，指改易其物之用度而言（以房屋基地变为园地）。至于共有状态之变更（以共有基地之一角出让），即共有物部分之法律上处分，已非属于变更范围矣（四年上字七判例）。共有人中一人如未得他共有人之同意，而为共有物之处分者，受让人因而取得之权利，是否得对抗他共有人，视其标的物为动产或不动产而有异。如为动产，则受让人具备第八〇一条之条件时，即可以其取得之权利对抗他共有人。如系不动产，又须分已经登记及未经登记者两种。如已经登记，则登记簿册中载明共有状态，相对人应知让与之共有人无处分权能；他共有人自得主张其让与行为为无效。反之，未经登记之不动产，在若干方面与动产相似。如善意受让人之受让，合于第八〇一条之条件，未始不可以其权利对抗他共有人。

共有人之同意，无一定之方式。明示默示，均无不可，亦不以事前表示或授权为限，即事后追认亦属有效。若共有人间有相互代理之特约，或虽无明白之特约，而依情节可以认其代理者，则虽共有人中一人就共有物为处分，其处分行为于他共有人同属有效。故如公认管理家务之人，因清偿公共负担之费用，处分其家产之全部或一部者，他共有人除处分当时明白表示异议外，不得以无权处分为理由，主张其代理处分为不当（六年上字九二七判例）。又如全家或全族共负之债务，由家族中一人出名者，其债务自应由家或族之全员负责，其出名人得以其所占有之共同财产为全部之清偿（七年上字九五一、七四五判例）。

（己）共有关系之消灭（包括共有物之分割）

一、在现行经济制度之下，共有究非十分通常之状态。处于共有关系下之物，既不便于改良，又不便于处分变更，实与货畅其流、地尽其利之旨，不无违忤。故规定各共有人得随时请求分割共有物（八二三Ⅰ）。

分割之请求权，乃基于共有之关系而来。故共有关系一日存续，分割之请求权即一日不消灭。第一二五条关于消灭时效之规定，不适用之。随时请求分割之原则，有两例外（八二三）：

A. 因物之使用目的不能分割者——共有物如供其他一物之用而为其必需者（共有房屋之楼梯大门）或为某种权利行使所必需者（共有之卖契或债契），各共有人不得请求分割。

B. 因契约订明不分割者——各共有人如以即时分割为不利，得约定在相当期间，不得请求分割。但所定不分割之期限，不得逾五年；逾五年者，缩短为五年（同条Ⅱ）。期满后，仍得约定延长，亦以五年为度。

二、共有物之分割，依共有人之协议方法行之（八二四Ⅰ）。协议之成立，于分割前或分割时均无不可。分割之方法，不能协议决定或共有人中一人拒绝协议者，法院得因共有人中一人之声请，决定分割之方法。

共有人协议分割之方法，并无限定，或现实分割其物，或由共有人中一人取得物之全部所有权，另对于他共有人，补偿其应有部分之价金。至于法院所定分割之方法，不外两种（同条同项）：

A. 以原物分配于各共有人——即就共有物全部为物体上之分析。共有物包括数种或数个物件时，则以件数分配。如共有人中有不能按其应有部分受分配者，得以金钱补偿之。

B. 变卖共有物以价金分配于各共有人。

共有物分割后，共有关系即因而消灭。各共有人于其分得部分有专独所有权。

三、各共有人对于他共有人因分割而得之物，按其应有部分，负与出卖人同一之担保责任（八二五）。按出卖人之担保责任，有追夺及瑕疵之担保两种(三五四以下)。如分得物因分割前发生之原因被第三人追夺,或其物发见藏有瑕疵,则分得之部分,可与应有部分不相符合。兹规定相互间各按应有部分负担保之责任,亦所以保持共有人间之平等地位耳。

各共有人相互间既须负出卖人同一之担保责任,可见分割与买卖,同发生权利移转之效果。则分得动产者,应经交付;分得一部或全部之不动产者,应经登记,始生效力。

又关于分割之效力,原有两说,即权利认定说及权利移转说是也。其主前说者,称各共有人对于分得部分之所有权,视为由前权利人处直接取得。盖各共有人之权利,于分割之前,本存于共有物之一部(即以后分得之部分),惟因尚未分割,故其所得部分,亦遂未能确定。既经分割,应有部分即由想像的而变为具体的,其应分得之部分,亦因而认定。故其取得分得物,不得谓受诸他共有人,而应认为直接受诸物之前所有人(被继承人)。

其主张后说者,称在共有关系中,每一物体属于共有。易言之,各共有人于每一共有物,按其应有部分有所有权。于分割之际各以应有部分相交换,使各于分得物取得专独所有权。故各共有人对于分得物之权利,仅一部分直接受诸物之前所有人,其余部分则受之于他共有人。分割实发生权利移转之效果。

愚以为于此处讨论两说之得失,并无实益。分割究应发生何种效力,于通常共有物之分割,无甚意义,而于遗产之分割,关系较大,故应于继承法中研究,方为适宜。

四、共有物分割后,各分割人应保存其所得物之证书(八二六Ⅰ)。至于共有物原来之证书,应归取得最大部分之人保存之。无取得最大部分者,由分割人协定之。如协议不谐,得声请法院指定之(同条Ⅱ)。上述证书之保存,本为分割人之共同利益,故分割人如需使用时,得请求保存人交付应用(同条Ⅲ)。

第三目　公同共有

一、公同共有关系之发生,或依法律规定,或依契约。前者例如夫妻间之共同财产(一〇三一)及共同继承之遗产(一一五一),后者例如合伙契约(八二七)。此外得依习惯发生公同共有之关系,例如祠堂、茔田、祀产等,向视为公同共有物(四年上字一八一六判例)。公同共有人间之关系,辄基于人之因素,故较分别共有人间之关系为密切。公同共有财产,有一共通之特点,即不许各共有人就共有物应享有之权利,予以处分。例如甲乙丙合资开设一商店,甲即不得以其应有三分之一股份让与于丁,而使丁与乙丙发生公同共有关系。甲丁间之让与契约,虽非无效,但甲于合伙财产分割前,向丁无履行其义务之可能。丁或其他之债权人,因可就甲之股份声请扣押,但声请扣押之通知,有为甲声明退伙之效力(六八五),故仍非使丁代甲之位,而与乙丙发生合伙关系也。

二、各公同共有人之权利,及于公同共有物之全部(八二七Ⅱ)。此为当然之理。至于公同共有人之权利义务,依其公同关系所由规定之法律或契约定之(八二八Ⅰ)。故如关于夫妻间之共同财产如何管理,共同财产关系消灭时,如何定财产之归属,均依第一〇三二条以下各条规定定之。关于合伙财产者,合伙人间之权利义务,得以契约定之,无特约者,依第六六九条以下各条规定定之。关于共同继承者,应由何人管理、如何管理,亦得以契约定之(参照一一五〇)。至于共有之祠堂、茔田、祀产等物,应由何人管理、如何管埋,除依特约外,复得依习惯定之。例如历来管理家事之人,于概括的委托范围有代理家族之权,或各房房长依习惯有代理全体族人之权是。

分别共有物之处分,应得共有人全体之同意,别无例外。至于公同共有物之处分，原则上虽应得公同共有人全体之同意，但依法律或契约另有规定者，从其规定（八二八Ⅱ）。例如关于夫妻间共有财产之处分，应依第一〇三三条之规定。他种公同共有财产之处分，得依特约。其关于族产之处分，复得依习惯，由有代理权之族人单独为之，或依多数之决议行之。法律特于公同共有财产之处分，规定例外之办法者，盖以公同关系，乃求达共同之目标。如依法律、习惯或特约，认为不得全体之同意，而为共有物之处分，有裨于共同利益之促进者，自应许可之。

三、公同关系既在求达共同之目标，故在公同关系存续中，各公同共有人不得请求分割共有物（八二九）。否则共同目标无法达到，自有背于成立公同共有之本旨。但各种公同关系，其求达共同目标之情形，互有不同。夫妻间之共同财产，在维持双方之共同生活。合伙财产，在经营共同事业。祠堂、茔田等物，则在祭祀族中亡人，维系族人情谊。至于共同继承之遗产，虽亦可有共同之目标，业如上述（详见本章本节第一目之二），但依今人之观念，已鲜以维持共同继承状态为美德者。现行社会经济制度，在鼓励个人事业之发展，分家析居已属常事，故法律规定许各继承人随时请求分割也（一一六四）。

如共同之目标无法达到或甚难达到，尤其祠堂、茔田等物，遇有子孙生计艰难，或因管理而生重大纠葛，或因族人屡生争执，致不能完全达其设置之目的，自难维持公同关系，得由公同关系各族人全体同意，将其分割或为其他之处分。族人中倘有不表示同意者，法院得依各公同关系人之请求，为命分割之裁判。

四、公同共有之关系，自公同关系终止，或因公同共有物之让与而消灭（八三〇Ⅰ）。前者例如离婚、合伙之解散，后者例如将继承之房屋田地出卖。公同关系既已消灭，共有财产自应分割。分割之方法，依关于分别共有物分割之规定。但法律另有规定者（关于合伙财产之清算及分配,有第六九四条以下之规定;关于夫妻共同财产之分割,有第一○三九条、第一○四○条之规定;关于遗产之分割,有第一一六五条之规定),从其规定(同条Ⅱ)。

第七章　典　权

第一节　概　述

典权系独立物权之一种,由不动产所有人移转其不动产之占有与给付典价之人,使其于典之关系存续中,在其不动产上有使用收益之权(九一一)。旧时律例,称以不动产典与人者为业主,受典之人为典主。《民法》改称业主为出典人,典主为典权人。

典为我国特有之制度。全国各地,习用已久。盖旧时观念,以出卖祖产表示家道衰落,且于祖先为不孝,于门庭为不光,所以创乘之制度。业主一方面可取得现款,以应急需,他方面不放弃典物之所有权,仍保留回赎之机会,期维祖产于不坠。故除此之外,实已近于卖。俗称出典为典卖(称出卖为杜卖或绝卖,以示与典卖有别),称典之对价为典价,而不称借款或租金,可资证明。从而因受典而取得之典权,与因买受而取得之所有权,其间区别远不如所有权与其他物权之甚。且实际上典权之内容较任何其他物权为丰富,而仅次于所有权(详见第一章(甲)一)。吾人以之列于所有权一章之后,而先于其他物权论列者,盖以此也。

典权为我国各地极通行之习惯,但旧时律例,于典无系统之规定。第一次民律草案,误以为典权即各国之不动产质权。故只规定不动产质权,而无典权。第二次民律草案特予纠正,设典权一章,予以系统的规定,立法上已见进步。现行《民法》因之。

　　关于典权之法源，除现行法外，尚有《清理不动产典当办法》（民国四年十月六日司法部拟订公布）。盖当时关于典当田宅之诉讼甚繁，回赎远年典当田宅之案，尤复数见不鲜。旧律既无明确系统之规定，裁判、执行，均极困难，于是遂有该办法之颁行，以资应用。其适用范围，于《民法》施行后，虽已不如往昔，但究未完全废止。

第二节　典权之内容及本质

第一目　内　容

　　典权者，谓支付典价、占有他人之不动产，而为使用及收益之权也（九一一）。依此规定，得分析典权之内容如次：

　　一、典权系以他人之不动产为标的物。不动产无房宅田地之分，故与地上权、永佃权及地役权之仅得以他人之土地为其标的物者略异。

　　二、典物由典权人占有、使用及收益。如何使用，如何收益，并无限定，既不如地上权之仅限于有工作物或竹木，亦不如永佃权之仅限于耕作或牧畜，比之地役权，则亦不若其仅限于约定之使用或收益方法，实为其他物权中内容最丰富者。

　　三、典权人须支付对价，如不支付典价，则为使用借贷，而非典权。典价之多寡，由当事人协议定之。典价虽不以金钱为限，但事实上无有不以金钱计算者，与买卖中之对价实同。原则上于典权设定时，即应全部支付，但亦不妨如买卖之分期支付，此与地租或佃租之陆续定期支付者，仍有不同。

第二目　本　质

　　关于典权之本质，从来即有两说，一称用益物权，一称担保物权。前说乃以第九一一条为最重要之根据，因此认为典权与以使用收益为内容之其他物权（地上权、永佃权及地役权）属于同一性质，愚以为使用收益，既非典权之主要内容,亦非典权人取得典权之主要目的。盖典权人往往系拥有资产、生活优裕之人,原无用益他人不动产之必要。纵然典受他人之不动产,其最终目的仍希取得其所有权,使用收益仅具附带之作用,典权人借以补偿其支付典价之利息而已。此在以使用收益为内容之其他物权则不然。地上权人等原有使用收益他人不动产之需要,故其支付租金或其他对价,惟一目的,亦在就他人之田地为使用收益,以应所需。又典权之关系,业主辄为经济上弱者,而典主为强者;反之地上权等之关系,则地上权人等往往为经济上弱者,而业主为强者。故不问从经济上之效用、社会上之意义而言,典权与地上权等,实乏共通之特点,究难视为属于同种类型也。

后说乃以典权一章在物权编中所处之地位为其重要之根据,因此认为典权与具有担保作用之其他物权(抵押权、质权及留置权)属于同一性质。典权之担保效用,固较其使用收益之效用为显著,但亦不得遽认为即属担保物权之一种。按担保物权系从物权,以主债权之存在为前提,如无债之关系存在,当不生担保之问题。此在抵押权、质权及留置权之担保债务履行,其情形至为显然。反之,典权之发生,未必即有债之关系存在(三〇年院字二一三二号解释称"典权非仅债权之担保")。典价之支付,与其谓基于借贷关系,不若谓取得典权之报偿行为,较为迫真也。此观之习用之名词,称典权而不称借款,称回赎而不称清偿债务,可想而知,此其一。担保物变为价金后,不足抵偿债务时,债务人仍负清偿余数之义务;反之,典物之价值降落而不及典权之数额时,出典人抛弃其回赎权,即可使典权关系消灭,此其二。担保物权不得单独让与(参照八七),故系从物权;反之,典权人得将其权利让与他人,故系主物权,此其三。综上二端,可见典权与其他担保物权间,不无重大之区别在。

其他物权之分为用益物权与担保物权,乃外国学者根据其自国法律所为之分类。若以我国特有之权利强纳于其中之一类,宜见格格其不相入也。然则典权之本质,究何若? 愚以为典权既具使用收益之内容,亦有相当担保之效用,实为一独特无匹、自成一类"sui generis"之物权。

第三节　典权之发生

典权发生之原因,仅有法律行为之一种。其不能以时效取得,已于关于取得时效之一段中论及。依法律行为取得典权者,须当事人双方间有设定及取得典权之合意并须依法登记,始生效力。声请典权设定之登记时,声请书内应记明典权数额、回赎期限等(《土地法》一二〇)。其尚未依法举办登记之各市县,则须将不动产契据交付于典权人。

有以占有典物为典权发生之要件者,乃根据第九一一条"占有他人之不动产"之规定而来(二二年上字二二三判例)。愚以为在施行登记制度各地,以登记为典权发生之要件,毋庸典权人占有其物,其理明甚。在不施行登记制度各地,则以交付契据、使典权人取得契据之占有为要件。纵不占有典物,仍无碍典权之发生。不过出典人不以典物之占有移转于典权人者,系对于典权之妨害,典权人得行使其物上请求权以除去之。故典物之占有,非典权发生之要件,而系典权发生后之效力。

民间习惯,往往于典权存续中加找典价者,例如原典价一万元,后加找五十元,此乃于已设定之典权,变更其典价之数额,并非重新设定典权也(二九年院字二〇五〇解释)。

当事人于未定期限之典权,复以契约订定期限;或于定有期限之典权,复以契约加长期限者,亦为典权之变更,非典权之更新设定也(三二年院字二五五八解释)。

第四节　典权之存续期间

典权之存续期间,按之习惯及历来规定,颇有参差。考之旧律,在前清雍乾年间,已定民间活契典卖田房,以三年、五年至十年为标准。户部则例规定民人旗人典当田房,契载年分,统以十年为率。民典旗地,回赎期限以二十年为断。此规定并未编入清律,民人旗人亦未切实奉行,民国四年之《清理不动产典当办法》,则规定典期以十年为限(该办法第八条称"如系典业,务须注明回赎年限。设定典当期,以不过十年为限。违者一届十年限满,应即准业主即时收赎。业主届期不赎,听凭典主过户投税。")。

现行《民法》规定典期可由典权人与出典人自由约定,惟不得逾三十年。逾三十年者,缩短为三十年(九一二,典期以三十年为限,宋时已创其例[见《宋刑统·卷十三·婚律》引建隆三年十二月五日敕文])。其立法理由,盖以典期毫无限制,则远年典当易启纷纠,实非维持社会秩序之道。反之,如期限过短,典权人势难就典物尽用益之利,故定最长期为三十年。典期届满后,双方得约定更新之,自不待言,期间亦从更新时起算。当事人间就所设定之典权,约定在若干时期内不得回赎者,为定有期限之典(二九年上字一八五五判例);未定期限之典权,当事人于得回赎之时期,有时复以契约订定期限,但其所定之期限,应与该典权已经过之时间合并计算,而不得逾三十年。例如出典满十年时,订定自其时起算之期限者,其期限不得逾二十年,逾二十年者,缩短为二十年;反之,定有期限之典权,得以契约变更为不定期限之典权,亦应自出典时起算,不得逾三十年。此项变更,仅得于约定期限届满前为之,而不得于第九二三条第二项所定二年期限进行中为之;否则与此二年期间不许加长之本旨不符。至于定有期限之典权,当事人于期限届满以契约加长期限者,其所加之期限与该典权已经过之时期合并计算,亦不得逾三十年(三二年院字二五五八解释)。

典权之期限(即第九二三条第一项所称典权之期限,而非指同条第二项之典期),系附于回赎权之始期,亦即回赎权停止行使之期限(三一年院字二三七〇解释),实为保护典权人而设。在期限届满前,典权人纵有资金,不得回赎,否则典权人无法就典物为有计划之经营。典期既经届满,出典人始得备价回赎。按之习惯,如出典人不欲回赎或无资力不能回赎,典之关系往往依然存续,毫无变更。年长日久,双方关系模糊,致时启纠纷,故《民法》特设一限制,规定在届限后两年内,出典人应备价回赎。在此两年犹豫期间,典权依然存续,经过两年仍不回赎者,典权人即取得典物所有权(九二三Ⅱ);但约定典期满十五年,得附有到期不赎即作绝卖之条款(九一三反论)。其限定至少须满十五年者,乃为保护出典人之利益。否则典权人以极低之典价,典得他人之不动产,经一二年后,依到期不赎即作绝卖之条款,即取得典物所有权,不无剥削弱者之嫌。

此两年,系回赎权(属于形成权之性质)行使之期间,无时效性,故应认为除斥期间(二二年上字七九〇判例,并参照三〇年院字二一四五解释),当事人不许以特约加长之(二〇年院字二二〇五解释,三二年院字二五五八解释)。

第五节　典权之效力

典权之效力,得分述典权人之权利义务说明之。

(甲)关于典权人之权利者:

一、占有权——盖不占有,无由使用收益典物也。典权人既取得典物之占有,自得行使第九六〇条及第九六二条中规定之权利。

二、物上请求权——典权系物权之一种,典权人自得依第七六七条行使其权利（详见第五章二）。

三、相邻权——典权人就他人之动产为使用收益，实具有准所有人之地位，故享有相邻权，但同时亦负担因相邻关系所生之义务，自不待言（九一四）。第九一四条之规定，似仅限于典权人间或典权人与土地所有人间，关于相邻关系各条规定始准用之。但地上权人与永佃权人，亦有准所有人之地位（八三三、八五），故典权人与地上权人或永佃权人间，亦发生相邻关系，而得准用其规定，故不若改为"第七七四条至第八百条之规定于典权准用之，"似较妥适。

四、使用收益权——典权人之使用收益权，乃由所有权中使用收益之全部支分而来。故除应依典物之性质使用收益外，即无他种限制；但另有约定者，从其约定。

典权人自为使用收益外，得以典物转典或出租，以供第三人使用收益，契约另有订定或另有习惯者，依其订定或习惯（九一五Ⅰ），但转典或租赁，不得溢出原典之范围。典权定有期限者，其转典或租赁之期限，不得逾原典权之期限（故如典权之存续期间仅存二年者，转典或租赁之期间，不得超过二年）。典权未定期限者，其转典或租赁亦不得定其期限。此外转典之典价，不得超过原典价（同条Ⅱ），故将后出典人向典权人回赎时，典权人不致因转典或出租尚未满期或转典价额较高，而不能转向第三人收回典物也。

但若典权人违背第九一五条第二项之规定而转典出租时，其溢出原典范围部分，是否得对抗出典人，法无明文规定。但依全部《民法》立法旨趣而言，既在保护经济上弱者，则次典权人所取得者，虽系具有绝对效力之物权，而承租人之租赁权亦发生相当之物权效力（四二五），仍不得以之对抗出典人。出典人只须备齐原价，即能向转典人取赎，消灭其物上之负担（一八年上字一八七判例）。否则次典权人如亦违背同条同项之规定,再为转典时,如此经过数次之转典,出典人将永无回赎之机会矣。

转典者,典权人对次典权人就典物设定典权之行为也,须经登记,始生效力(七五八,《土地法》一二〇),故与典权之让与不同。典权之让与者,以原典权移转于他人之谓也。

五、让与权——典权人得以典权让与于人(九一七Ⅰ)。既可让与,自可设定负担(抵押权,参照八二八),但均须经登记始生效力(七五八,《土地法》一二〇)。典权人既经让与其权利,其与出典人之关系,遂告终止。至于受让人所取得者,系原来之典权,故对于出典人,取得与典权人同一之权利(同条Ⅱ)。

转典与典权之让与,其不同既如上述,故因典期届满后依法取得所有权之利益,亦异其归属。若系转典,该利益应属于转典人,若系典权让与,该利益应属于受让人(二七年院字一七八七解释)。

六、重建修缮权——典权存续中,典物因不可抗力致全部或一部灭失者,就其火失之部分,典权与回赎权均归消火(九二〇一)。其事变既不可归责于任何一方,故各负担其损失。但典权人得予重建修缮,其费用除经出典人同意外,不得超过灭失时灭失部分之价值(九二一)。典权人经依第九二一条之规定重建者,其消灭之典权与回赎权,仅于重建后之价值限度内恢复,不能即以原有之典价为其典价(详见下第六节第一目(乙)四)。如其违背此规定而重建者,其消灭之典权只能恢复至灭失部分灭失时之价值限度,不能扩张至超过部分之价值,其典价之数额仍与灭失部分时之原典价同。易言之,将来出典人只须备原典价取赎(三〇年院字二一九〇解释)。

七、留买权——出典人在设定典权时,仅将使用收益权移转于典权人,固未曾将处分权连带放弃。故虽在典权关系存续中,典权人仍得处分典物而以所有权让与他人(九一八Ⅰ),典权人对于受让人仍有同一之权利(同条Ⅱ),自不待言。但如出典人将典物之所有权让与他人时,典权人声明提出同一之价额留买者,出典人非有正当理由,不得拒绝(九一九)。典权人既于典物为相当时期之使用,自为取得典物所有权最适宜之人,且此亦足以鼓励典权人施加劳资,悉心经营,以增生产。

留买权之行使,必先由出典人通知其让与之意思,并告以让与之对价及其他条件,予典权人以酌夺之机会。典权人承购者,即可以找贴方法取得典物所有权(九二六)。经通知后,逾相当时期而不为买受之表示者,典权人丧失其留买权(五年上字一四九一判例)。

留买权乃专为出典人与典权人间之权利义务而设,与旧时具有物权性格之先买权不同,故无对抗第三人之效力(二九年上字一○一三判例)。出典人于将典物之所有权让与他人时,未先通知典权人或典权人业已声明留买,而任意拒绝,竟与他人订立买卖契约,典权人只能对于出典人请求损害赔偿,不得对于买受典物之他人,以侵害留买权为理由主张买契无效(二三年上字三六二三判例)。

(乙)关于典权人之义务者:

一、保管典物——典权人应以善良管理人之注意,保管典物(九二二)。如因其过失,致典物全部或一部灭失者,视其过失之轻重,而其所负责任亦有别。如系通常过失,则于典价额限度内,负其责任。例如甲典得乙之房屋后,不幸失火,其灭失部分之时价为一万元。如典价为六千元者,则其余四千元,甲对于乙,毋须补足赔偿。如系重大过失或故意,除将典价抵偿损害外,如有不足,仍应赔偿。故上例之甲,仍应赔偿四千元,以补足之。

典物因转典或出租而受有损害者,典权人对于出典人负赔偿之责任(九一六)。其责任之范围,依第九二二条定之。上述典权人之责任,较之第四三四条所定承租人之责任,颇相悬殊。其立法理由,莫非行抑强扶弱之道?盖承租人往往系经济上之弱者,而出租人系强者。反之在典权关系,典权人为经济上之强者,而出典人为弱者。此所以承租人对于出租人(即业主)所负之责任,与典权人对于出典人(即业主)所负之责任,不得不有所区别也。

二、返还义务——在典权存续中,典权人固得占有典物而为使用收益,遇出典人备价取赎时则应放赎,而将典物返还于出典人。

第六节　典权之消灭

第一目　原　因

消灭之原因,除物权丧失之一般原因外,尚有下列数种:

(甲)典物灭失

典物灭失,典权即随同消灭,所谓"皮之不存,毛将焉附"。其灭失是否因于不可抗力或因于过失,非所问也。如因不可抗力灭失,而典权人出资重建者,典权依然存续,自不待言。如典物仅一部灭失,原则上就剩余部分,典权依然存续。但如因典权人之过失灭失,而其灭失部分之时价已超过典价者,则典价扣减已尽,典权即应消灭。例如甲以一万八千元典得房屋三幢,因失火焚毁其二,合计时价为二万元,现虽存房屋一幢,甲已不能再主张其典权。

(乙)回　赎

一、回赎者,出典人以原典价给付典权人,以消灭典权之谓也。考其性质,系形成权之一种(三〇年院字二一四五解释)。回赎典物系出典人之权利,非其义务,故典权人对于出典人自无备价回赎之请求权(二九年上字一〇〇六判例)。有回赎权者,不以原出典人为限,如其已将典物之所有权让与,则应由受让人回赎。行使回赎权之相对人,亦不以原典权人为限，如其已将典权让与，则应向受让人回赎。如经转典，则出典人与典权人间之关系不断，理应向典权人回赎。但若典权人怠于向次典权人收回典物，出典人因而受损害时，固得请求出典人赔偿，但出典人未获原物，已是无法抵偿之损害。前大理院判例（五年上字一二八〇判例）准出典人径向次典权人回赎典权物，亦保护经济上弱者（出典人）之道也。

二、回赎时期，应视典权是否定有期限。如定有期限者，其期限为典权人之利益而设，在期满前，出典人不得回赎；期满以后，始得回赎（九二三Ⅰ）。但于典期届满后经过二年不回赎者，典权人即取得典物所有权（同条Ⅱ）。如约定典期逾十五年者，当事人得附有到期不赎即作绝卖之条款（九一三），以立除权利不稳定之状态。

如典权未定期限者，出典人得随时以原典价回赎。于出典后经过三十年不回赎者，典权人即取得典物所有权（九二四）。

以上所述，盖仅以典权发生于物权编施行后者为限。如其发生于施行前者，则因有同编施行法第二条、第五条及第十五条等规定，应适用新旧何种法规，为一至复杂之问题。尤以新旧法规关于回赎时期规定互异，出入至大，故不得不加研究也。

原则上典权发生于同编施行前，而其回赎权于施行后尚未消灭者，应依现行法之规定以定其回赎期间（《施行法》二）。故定有期限之典权，仍有第九二三条第二项之适用。例如民国十年设定为期十年之典权，至民国二十年典期届满，但出典人仍得于民国二十二年向典权人回赎。至于民国八年设定为期十年之典权，固至民国十八年，典期业已届满，但出典人仍得于民国二十年向典权人回赎（同法五Ⅱ，二二年上字七九〇判例）。除非在民国十九年二月十日同编施行时，已满十二年之期间，则二年之法定期间，亦应认为业已届满（同条Ⅰ，同判例），回赎权随同消灭，自无再行回赎之余地。若系未定期限之典权，则有第九二四条之适用。

例如于民国十年设定之典权,至同编施行时,尚未满十年,出典人仍得于民国四十年内回赎(三〇年院字二一三五解释)。

原则上之规定既若是矣,至若同编施行前,定有期限之典权,依旧法规得回赎者,仍适用旧法规(同法一五),而不得依现行法所定之回赎期间以相绳。故如民国十二年设定为期三十年之典权,原须至民国四十二年期满,但出典人于民国二十二年(即《清理不动产典当办法》第八条所定最高限度之十年期满时),即得向典权人回赎。又如在光绪十七年设定为期五十年之典权,至民国二十年,仅经过三十年之期间,但出典人依同办法第三条之规定,于民国二十三年即得向典权人回赎。逾此期间不回赎者,即不许再行回赎(二五年院字一四一三解释),盖所以恪守三十年之最长期限也。考同办法第三条称:"未满六十年之典当,无论有无回赎期限及曾否加价、续典,自立约之日起算,已逾三十年者,统限原业主于本办法施行后三年内回赎。……"依其文义解释。此条之适用,应以于同办法施行时已满三十年之典权为限。但司法院之解释,认为依该规定之本旨推之,在同办法施行前立约,而于其施行后始满三十年者,亦应于三十年期满后三年内回赎(同解释)。

《物权编施行法》第十五条之规定,原以保护出典人之利益为其主旨。其依同法第二条适用物权法之规定不得回赎,而依旧法规得回赎者,仍许其回赎。明乎此,可见同法第十五条之规定,仅出典人得主张之,而典权人不得为其自身之利益主张之。故若上例民国十二年设定为期三十年之典权,出典人不于民国二十二年回赎者,典权人不得依《清理不动产典当办法》第八条之规定,主张业已过户投税而取得典物之所有权。

综上所述,同法第二条及第十五条之立法,在使物权编施行前发生之典权于施行后尚存续者,于遵守典期不得超过三十年之最高原则下,仍尽量使出典人有回赎之机会。此又现行法对于经济上弱者特予保护之一例证也。

三、出典人之回赎,有限定之办法。如典物为耕作地者,应于收益季节后、次期作业开始前为之(九二五)。否则对于田间所加种子、所施劳力,应如何计算、如何定其归属,均系甚难解决之问题。如为其他不动产者,应于六个月前先行通知典权人(同条),俾典权人有所准备也。

四、出典人原则上须备原典价取赎。但若典物因不可抗力致一部灭失者,出典人就余存部分为回赎时,得由原典价中扣减典物灭失部分灭失时之价值之半数,但以扣尽原典价为限(九二〇Ⅱ)。例如甲以一万八千元典得乙之房屋三幢,嗣被炸毁其二。如炸毁时之价值为二万元,则典权人与出典人各负担其损失之一半,甲只须以八千元取赎余存之一幢是。

但灭失之部分,经典权人依第九二一条之规定重建者,消灭之典权与回赎权,于重建后之价值限度内恢复,不能以原有典价为其典价。重建后之价值,本为恢复之典权与回赎权两项价值之总和。其中一半属于回赎价值之部分,为出典人所受之利益,典权人得于出典人回赎时请求偿还(九二七)。其余一半,属于典权价值之部分,因典权之恢复而恢复之典价。故出典人将来回赎时,应备若干典价,可依上述原则并第九二〇条第二项推算之。例如价值二千元之基地,与在该基地以八千元建筑之房屋,典价为五千元;房屋灭失时之价值为八千元;典权人在该基地重建之房屋价值一千元。出典人回赎典物时,只须支付基地部分典价一千元,重建房屋部分典价五百元(三〇年院字二一九〇解释)。易言之,出典人只须备典价一千五百元取赎。此外出典人于回赎时,并应在重建费用半数(五百元)之现存利益限度内,偿还典权人之费用。自不待言(九二七)。

典权人违背第九二一条之规定而重建者,恢复之典权既不扩张至超过典部分价值,则恢复之典价,自不至超过原典价。以上例而言,如典权人在该基地重建一万元之房屋,将来出典人仅须备原典价五千元取赎即可。如其超过灭失部分之重建经出典人同意者,则房屋部分之典价为五千元,与基地部分典价一千元合成六千元。此外,出典人仍应依第九二七条,在现存利益限度内,向典权人偿还其费用。

近以战事关系,币价贬值,典权人于出典人回赎时,往往要求增加典价,始肯放赎,于是酿成纠纷,竟致涉讼者,屡见不鲜。例如甲于十年前,支付典价一千元,而今典权人乙要求甲备价一万元取赎是。一般人士,根据今昔币价之比例,以为十年前之一千元,等于今之一万元,故颇有认为典权人之要求为正当者。愚见颇不以为然。盖币价贬值,物价即因而飞涨。典权人以用益典物所得,例如每年所收获之农产品等,其价值增高,适足以补偿典价上之损失。故出典人以原典价回赎,典权人并不蒙受任何损失。假令准予增加典价,其增加部分即属非分之利。如此盘剥出典人,究与立法精神有悖,抑且与三民主义中主张之社会政策不合。

政府鉴于此类诉讼之繁夥,特于《非常时期民事诉讼补充条例》(民国三十年七月一日公布,同日施行)中规定,得付调解。但深望调解人能明了吾人上述之论旨,毋加重出典人之负担,并以昭公允也。

五、出典人于典期届满后,法定期间内表示回赎,而典权人亦表示准其取赎者,则于逾法定期间始实行回赎。或因商谈回赎典价历久不洽,而出典人起诉请求时,典权人是否即可以取得典物所有权以为抗辩,而拒绝其回赎? 年来辄因出典人备原典价回赎,而典权人仅允于增加典价后放赎,于是发生纠葛,相持不下,迁延岁月。比及出典人起诉主张回赎,典权人即以逾法定期间为词予以拒绝,典权人此种之论辩,衡诸常情,尽人均知其不当,固无论矣。但应以何种法律上理由驳复之? 或以为典权人既经承允,许其回赎,即生中断之效力。殊不知此二年之期间,系法定之除斥期间而无时效性者,司法院业已著有解释判例,故不生中断之问题。过去之解释(二五年院字一四一三解释)及判例(二七年上字一六八〇判例)认为出典人如于法定期间已提出原典价向典权人回赎者,典权人虽拒不受领亦应认已有合法之回赎。既认为已有合法之回赎,典权应归消灭,典权人自无继续占有用益典物之权。出典人今后所提起之诉讼,虽声明为回赎典物,但法律上应解为系恢复占有之诉(九六二)或物上请求权之行使(七六七)。如解为行使物上请求权,则典权人主张已逾两年法定期间,提出抗辩自不能成立矣。

(丙) 逾期不赎

出典人逾越法定期间,不备价回赎者,典权人取得典物之所有权(九二三Ⅱ,九二四),典权亦因而消灭。又《清理不动产典当办法》规定"业主届期不赎,听凭典主过户投税"(《清理不动产典当办法》八)。但在典权人未依法过户投税之先,应催告出典人回赎,方为公允。若责令出典人恰于满期之一日回赎,不得太早亦不宜过迟,实太苛严而不近情理。故如典权人并未催赎,出典人于期限满后,仍得于相当期间备价取赎或告找作绝,典权人不得拒绝(一七年院字九五三解释)。

典物所在地,如业已依法举办登记,典权人取得典物所有权时应为登记。为登记时,自应由典权人及出典人或代理人声请之。如出典人不肯会同声请,典权人得对之起诉,俟得有胜诉之确定判决后,单独声请登记(三一年院字二二八七解释)。

(丁) 找　贴

找贴者,出典人于典权存续中,以典物之所有权让与典权人,典权人按典物之时价,向出典人给付原典价以外不足之数,而取得典物所有权之谓也(九二六Ⅰ)。故若典权人依第九二三条第二项及第九二四条取得典物之所有权者,典权即因而消灭,典权人亦无找贴之义务。此一规定与旧法规定不许回赎之典产仍准原业主向典主告找作绝者(《清理不动产典当办法》三)，自各不同。

找贴与加找典价有别。后者乃变更典价之数额，此往往于典物价值陡增、典价过低时，出典人始有加找典价之请求，但典权依然存续，非如找贴有消灭典权之效力也。

找贴以一次为限(同条Ⅱ)。往昔习惯准迭次请求找贴，易起纠纷，今设限制，所以杜争论也。

第二目　效　果

典权因回赎而消灭者，尚发生其他效果。若典权人曾于典物支出有益费用，使典物之价值增加者，或典物因不可抗力或应归责于第三人之事由而灭失，典权人已予重建或修缮者，于典物回赎时，得于现存利益之限度内，请求出典人偿还(九二七)。故如本节前目(四)所举之例，在价值二千元基地上所建筑价值八千元之房屋，于灭失后，经典权人以一千元重建者，如现存价值仍为一千元，则于出典人回赎时，典权人得以半数五百元请求其偿还。如经使用收益而其现存价值减为八百元者，除重建费用之半数五百元为恢复之典价外，其余之三百元，应由出典人偿还于典权人。际此非常时期，物价日益高涨，以一千元重建之房屋，于回赎时，竟可值数千或数万元者，则仍以支出之费用额为准(三十年院字二一九〇解释)。故出典人对于典权人所负之偿还义务，不论在何种情形，绝不致超过五百元之数。如典权人超过灭失部分而以一万元为重建时，则须视其是否已得出典人之同意以定其偿还之金额。如未得其同意，且房屋经使用收益而减值九千元时，则除原来典价之五千元外(其中一千元属于基地之典价，四千元属于房屋之典价)，其余六千元之现存利益，以九折计算为五千四百元。如得其同意者，除典价六千元外(其中一千元属于基地之典价，五千元属于重建房屋后恢复之典价)，则现存利益为四千五百元。虽较上数少九百元,但在典价上则较多一千元也。

出典人依第九二七条向典权人应偿还之费用,是否于回赎时即须提出,如其不提出,典权人是否可拒不放赎? 关于此点,"三〇年院字第二一九〇号解释"虽未明白表示意见,但读其文句,似采肯定之说,愚以为不然:典价系典权之对价,自出典人立场而言,并非一种债务(详见本章第二节第二目)。至于有益费用或重建费用之偿还,则在出典人系一种债务之履行。如出典人于回赎时,仅提出典价而不偿还费用,仍准典权人勒不放赎,不但有悖于第九二三条第一项之规定,抑且对于典价与有益费用或重建费用之法律上性质未曾为上述之辨明。此外费用偿还请求权之发生,固与该不动产有牵连关系,但现行《民法》尚未认可留置他人之不动产。故不论从任何观点而言,典权人绝无拒不放赎之法律上理由。费用偿还请求权,系属于普通债权,应以实行普通债权之方式实行之。

典物如系土地,而典权人于行使典权时,在土地上设有工作物或植有竹木时,典权人于返还之际,得取回其工作物或竹木,但应恢复土地原状。若出典人愿以时价购买其工作物或竹木者,典权人不能拒绝。又其工作物若为建筑物,出典人应按时价补偿之(参照八三九、八四〇Ⅰ)。典权人既不得要求收回,出典人亦不得强令其收回,所以免无谓之耗费,而保持国家之财富也。以上所述,虽法无明文,但依关于典权之立法精神,应作如此解释。

第七节　附录:四川省之大佃契约

川省习惯,有所谓大押佃者,指支付巨额押金、小额租金,占有他人之不动产,而为使用及收益之权也。普通不动产之租赁,亦恒有押金之支付,但租赁契约与大佃契约,究有不同。其区别之标准,应视权利人就收益所得是否超过不动产全部收益二分之一以上为断。《四川典契税暂行条例》第一条补充第一项称"凡民间非耕农,而从中取得原产业全部收益二分之一以上,及民间信用借贷,契约注明以田房收益付给利息,而所付之息已占全部收益二分之一以上者,均应依本条例之规定完纳典当税"。故若田业每年可产谷十石,若仅给付田业所有人租谷一石,则其收益为租谷九石,已在全部收益二分之一以上,其契约为大佃契约。若每年给付租谷六石,则其收益不及全部收益二分之一,其契约为租赁契约(参照孙善才著"论四川大佃契约",载《新评论》第七卷第三期)。

大押佃之法律上性质,历来颇有争执。司法院解释曾称"大佃性质,据来电所述之当地习惯,系作为抵押,并将房屋移转占有。则此项权利,虽非《民法》第八六〇条所称之抵押权(抵押不移转占有),亦非同法第九〇一条所称之典权(典权非供债权之担保)。其发生在《民法》物权编施行后者,依《民法》第七五七条规定,虽经登记,不生物权之效力……"。可见不承认大佃为物权(二五年院字一四三七解释)。及至民国三十年,司法院未据呈请,径依职权就大佃契约之性质,更予解释。对于前此所持见解,有重人之修正。认为大佃契约,系租赁契约与典权设定契约之联立。一方所支付之押金,即为《民法》第九一一条所称之典价,对于该不动产相当于押金数额部分之使用收益权,即为同条所称之典权。该不动产之其他部分,因支付租金所得行使之使用收益权,仍为租赁权。但当事人明定一方所支付之金钱为借款,他方就该不动产全部设定抵押权,并将该不动产全部出租于抵押权人,约明以其应付之租金扣作借款之利息,仅须支付其余额者,仍应从其所定(三〇年院字二一三二解释)。

随后又著有他解释,均维持上述之见解。兹就其较重要之一解释,抄录于后,以供参资。

"三十一年院字第二二八七号解释"称:"混合契约,系由典型契约构成分子,与其他构成分子混合而成之单一债权契约。若其契约系复数,而于数契约间,具有结合关系者,则为契约之联立。大佃契约为租赁契约与典权设定契约之联立,并非混合契约。故在法律所许范围内,应依当事人立约之本旨,使租赁权与典权同其存续时期。依法律之规定,其存续期间不能一致者,仍应分别办理。大佃契约之出典人,经过《民法》第九二三条第二项或第九二四条所定期间,不以原典价回赎者,典权人仅就其有典权之部分,取得典物所有权。关于租赁部分,仍属出租人所有。出租人依法有契约终止权时,自得终止租赁契约。此际双方对于该不动产成立共有关系。其应有部分各为若干,应视典价数额与租金数额之多寡定之,各共有人得随时请求分割。其分割之方法,则在《民法》第八二四条设有规定。又耕地大佃契约,定有期限者,出租人如依法律之规定,有于期限届满前终止租赁契约之权,自得专就租赁部分终止契约。当事人明定期限届满前于终止租赁契约时典权即为届满者,从其所定。当事人虽未明定,依两契约之结合关系,亦应解为有此意思。故于终止租赁契约时,得即回赎典物。至耕地大佃契约未定期限者,其租赁部分,应解为定有租至回赎典物时为止之不确定期限。至回赎典物,自得收回自耕。其不收回自耕而由承租人继续耕作者,依土地法第一七二条之规定,视为不定期限继续租赁契约。回赎典物前终止租赁契约与于回赎典物继续租赁契约者,《民法》关于共有之规定,于定当事人间之关系时,准用之。”

第八章　地上权

第一节　概　述

地上权系物权之一种,以在他人土地上有建筑物或其他工作物或竹木为其内容(八三二)。在今私有财产制度之下,有田地者未必能凭己力以尽其利,而无田地者或反有劳资足为开发田地之用。兹既规定设有地上权及其他以使用收益为内容之物权(永佃权及地役权),则土地所有人于不放弃其所有权限度内,得以其田地供他人使用收益,既可满足双方之需要,又可促进国计民生,实具有调剂社会上利益之功效。

地上权与土地之租赁,性质上各有不同。一系物权,一系债权。此外地上权人得将其权利让与或在其权利上设定负担;而承租人原则上不得以其租赁权让与。又地上权可以不定期限,永久存续,而租赁契约则以二十年为期(四四九Ⅱ),故两者间,究有甚大之区别。

地上权早在罗马时已发明,欧陆各国,均沿用之。洎乎十九世纪,资本主义昌明,崇尚自由竞争。所有物体,均得为交易之标的物。不动产且有动产化之趋势,并常为一般投机者逐取利润之用。物上负担,有碍于土地之交易,故渐不为人所喜。关于地上权,在德国《民法》中仅有六条之规定,瑞士《民法》仅有一条。

但地上权亦颇有其功用。从地方政府之立场而言,如在公地上设定地上权而供市民建筑,一方面可以扩充建筑区域,他方面可取得土地因而高涨之价额,以之归入公库,大可为筑路、设沟及装置路灯之用。市政之发达,居民之幸福,实利赖之。此外无恒产之人,亦有建筑房宅之机会。彼既毋庸出资购买其土地,而建筑费用则因可以地上权供作担保,不难充分筹措。居住问题,借获解决。德国大城市多有利用此制发达市政者,故一时地上权复极通行。政府于一九一九年制定特别法,详为规定,以资适用。

英国有"building lease"者,与我国之地上权颇相类似,以九十九年为最长期。其对于英国各城市之发达,尤足多也。

第二节　地上权之内容

地上权者,在他人土地上有建筑物或其他工作物或竹木为目的而使用其土地之权也(八三二)。析述如次:

一、地上权系以他人之土地为标的物——不问系土地之全部或一部,均无不可。但地上权不得就抽象之应有部分设定之(参照第六章第四节第二目乙)。

二、地上权人在他人土地上有建筑物或其他工作或竹木——既称建筑物或其他工作物,显见不专指房宅而言。它如架桥、砌墙、立碑、掘井、造室、铺轨、筑港等,均包括在内。甚至仅具暂时性之马戏场、展览场等,亦可为地上权之内容。地上权三字,似乎仅限于土地上面之使用,实则使用范围未始不能及于土地之下层也。上列掘井、造室两例即是。

所谓竹木,指成林之树木、翠竹而言,故与耕作不同。耕作重在定期收获,如种茶植桑,而植林则不在其内(二十一年院字七三八解释)。但地上权人于有建筑物或其他工作物或竹木外,得在土地之一隅,附常种植谷类果树,定期收获,自不待言。

第三节　地上权之发生及存续期间

第一目　发　生

地上权发生之原因有三:法律行为、取得时效及法律规定是也。分述如左:

一、法律行为——依法律行为取得地上权者,须当事人双方间有设定及取得地上权之合致意思,并须依法登记,始生效力。声请为地上权设定之登记时,声请书内应记明地上权设定之目的及范围、存续期间、地租付租时期等(《土地法》一一六)。其尚未举办登记之各市县,则仅须将土地之占有移转于地上权人即可。

依法律行为设定地上权者，是否得附解除条件，或依契约一般解除原因终止地上权关系，在学理上颇堪研讨。愚以为如双方约定于地上权人不按时支付租金、违背约定方式使用土地或有他种违约行为时，地上权关系随即终止者，则地上权人之地位，至不稳固，亦将见无人以地上权为可恃之担保，而贷款予地上权人，以助其事业之发展。地上权之效用将不免减弱。本于立法者提倡地上权之至意，于上述问题，自应持消极见解。至于地上权人积欠地租达二年之总额时，土地所有人得撤销其地上权者（八三六），以有法律特别规定，故属例外情形。

二、取得时效——以取得地上权之意思，二十年间（如占有之始为善意并无过失者，则十年间）和平继续占有他人未登记之土地者，得请求登记为地上权人（七七二、七六九、七七○条）。

三、法律规定——土地及其土地上之建筑物，同属于一人所有，而仅以土地或仅以建筑物为抵押者，于抵押物拍卖时，视为已有地上权之设定（八七六Ⅰ）。如土地及其土地上之建筑物，同属于一人所有，而以土地及建筑物为抵押者，经拍卖后，其土地与建筑物之拍定人各异时，亦有地上权之设定（同条Ⅲ）。

第二目　存续期间

地上权有定期限者，有不定期限者，法律既无最长期之限制，自可设定永久存续之地上权（八三四又四年上字九○○判例）。未定期限之地上权，若当事人间因期限发生争执，而须法院为之酌定时，应根据习惯或当事人设定时之意思以为断。若地方确有永久存续或他项之习惯，自得从其习惯（一七年院字一五解释）。当事人之意思不明时，应就建筑物或其他工作物或竹木之种类及一切连带情形，予以酌量而断定之。譬如当事人于设定地上权时预定为建筑砖瓦之房屋，则预计得以利用之时间长,即存续期间亦应长。反之,预定建筑草屋或土房者,则预计得以利用之时期短,则存续期间亦应短(五年上字一二一一判例)。

第三目　比较法

德国《民法》关于依法律行为设定地上权者,仅准当事人双方约定于某种事由发生时,地上权人将地上权移转于土地所有人,故地上权未能谓为业已消灭。债权人之权利,受地上权之担保者,亦可不受影响。按德国《民法》本许土地所有人得在自己之土地上享有其他物权,故与我国《民法》为不同,苏俄奥国民法,为保障地上权人之利益起见,亦不许设定行为附有解除条件。奥国《民法》仅于地上权人积欠地租达二年之总额时,认为例外情形,特规定准土地所有人撤销地上权。

又关于期限之规定,各国立法互有不同。德瑞民法关于最短或最长期限,并无明文。英国之通行习惯为九十九年,有时竟达九百九十九年。奥国《民法》规定最短期为三十年,最长期为八十年。比国一八二四年一月十日之地上权法,规定不得超过五十年,但当事人得于期满后更新之。至于苏俄民法规定地上权以砖石之建筑物为内容者,其最长期限为六十年,如为其他工作物,则减为四十年。地上权之设定为工人营造合作社之利益者,得不定期限。

第四节　地上权之效力

地上权之效力,得分述地上权人之权利义务说明之。

(甲)关于地上权人之权利者:

一、占有权——盖不占有其土地,不能为使用也。因其占有土地,故得行使第九六〇条及第九六二条中规定之权利。

二、物上请求权——地上权系物权之一种,地上权人自得依第七六七条行使其物上请求权。

三、相邻权——地上权人具有准所有人之地位,故享有相邻权(八三三),但同时亦负担因相邻关系所生之义务,自不待言。第八三三条立法技术之欠妥与关于典权之第九一四条规定同,故不若改为"第七七四条至七九八条之规定于地上权准用之",似较妥适。

四、使用收益权——地上权人之使用收益,虽由所有权脱胎而来,但法律规定只限于在他人土地上有建筑物或其他工作物或竹木,当事人双方得在此范围内,自由约定。或仅得建筑房屋,或仅得植林,并限定其竹木之种类。地上权人如有违背契约情事,则为土地所有权之侵害,所有人得依第七六七条之规定,请求除去之。如有损害,并得请求赔偿。

五、处分权——地上权为财产权之一种,原则上自与其他财产同具有融通性,而得自由让与,但契约另有订定或另有习惯者,不在此限(八三八)。契约之订定,不外三端:(一)绝对禁止地上权人让与其权利;(二)仅许让与特定之人;(三)让与时应得土地所有人之同意。上述第一端使地上权丧失其融通性,而成为社会上滞呆之财产,与立法者促进地上权效用之本旨违忤,应认为有悖公序良俗,其约定为无效(七二)。第二端既不绝对禁止地上权人让与其权利,其约定自应认为有效。第三端于法并无不合。但土地所有人无故拒绝同意时,法院得因地上权人之声请,审酌实情,以裁判代之。

地上权既可让与,亦可继承,但契约另有订定或另有习惯者,不在此限。若约定绝对不得继承者,其约定亦属无效。盖若地上权设定后不及一年,因地上权人之死亡而其权利归于消灭,则不能尽地上权之利,实与立法初旨有悖。

地上权人得就其权利,以已成或未成之建筑物设定抵押权。此与提倡地上权之旨趣,甚相符合。盖地上权之制度,其一部分目的,在使无产业之人,亦有建造房屋之机会。若不准其抵押借以筹措建筑款项,虽取得地上权,亦复何用? 设定负担之行为,须经登记,始生效力(《土地法》一一六),自不待言。

此外,地上权人得以建筑物出典于人。如地上权人与建筑所有人约定于期间届满时,建筑物归属于土地所有人,而同时就典之关系,地上权人(即出典人)未曾及时备价回赎,依法该建筑物应属于典权人所有时,则有两不同之人就同一建筑物,可主张其所有权,究应如何解决? 学者既未论及,亦乏判解以资参考。愚以为如典期先于地上权期间届满,则于建筑物移属于典权人时,地上权随同移转,于是由典权人取得地上权人之地位,而直接与土地所有人发生地上权关系。俟将来地上权期间届满,土地所有人即得依原约定主张取得建筑物之所有权。如典期后于地上权期间届满者,土地所有人于建筑物所取得之所有权,是否尚受典权之影响,而须于典期届满时备价回赎,鄙见以为否。地上权既因期间届满而消灭,则以地上权为基础之典权,理应随同消灭;抑且典权设定时,典权人应知典物系出典人行使地上权之结果,并应调查地上权设定之内容,如上权人于地上权期间届满时,将丧失建筑物之所有权,典权人自不能尚以典期未满而对于土地所有人主张典权继续存在。盖基于他权利而发生之权利,权利人不得主张多于前权利人之权利,实为法律上一大定则。以上系就法律观点立论,再就事理而论,设使土地所有人之法律上利益,得因地上权人一方之行为而受影响,则于地上权期间将届满时,必以建筑物长期出典或出租得颇高之代价,而使土地所有人于地上权期间届满时取得建筑物所有权之期待归于渺茫。此种情形,殊属不合。

(乙) 关于地上权人之义务者

一、支付地租——地租之支付,为地上权人最重要之义务,但非地上权发生之要件,盖地上权亦得无偿设立者也。

地租系设定地上权之对价,在地上权存续期间定期陆续支付。有以之为债权者,愚见应认为物上负担,因此仅地上权人有支付地租之义务。若前地上权人已将地上权让与,则其积欠之地租,应由现地上权人负清偿之责。

地租之内容,不以金钱为限,其他定量物(稻、麦、布、帛)亦得充作地租。其数额应于设定地上权时予以确定。或完一不变之数,或约定每隔若干年增加地租若干成,均无不可。一经约定,纵因不可抗力妨碍其土地之使用,地上权人仍不得请求免除或减少租金(八三七)。盖地上权之存续期间,往往为时甚久。虽因不可抗力致一时妨及土地之使用,其他日仍将恢复使用收益之原状。若系不定期之地上权,此后遇有地价升降、土地税或其他土地上之公法上负担有更动时,当事人可否声请法院增减其租额?依司法院之解释,地上权之地租与租赁契约之租金,同为使用土地之对价,第四四二条之规定,于地上权准用之(二二年院字九八六解释)。

地租给付之方法与时期,由当事人协议定之。是否得以一次之给付了事,为说不一。按租金之本质,固应按期陆续支付,但地上权既得无偿设定,自无不许一次给付地租之理。

二、延长地上权之期间——土地所有人于地上权存续期间届满前,得请求地上权人于建筑物可得使用之期限内延长地上权之期间。地上权人有承允之义务。如其拒绝延长,应为不愿再使用建筑物,自不许其按该建筑物之时价而为补偿之请求(八四○Ⅰ)。

三、恢复土地原状——此有关乎地上权消灭之效果,于另节详述。

第五节　地上权之消灭

第一目　原　因

消灭之原因,除物权丧失之一般原因外。有下列数种:

一、土地全部灭失——标的物全部灭失,地上权即无所附丽而归消灭。但若土地上之工作物或竹木灭失者,与土地之灭失不同,仍无碍于地上权之存续也(八四一)。

二、期限届满——期限届满,地上权即归消灭,乃为事理所当然。但当事人仍得以契约更新之,使地上权存续。

三、撤销——土地所有人于地上权人积欠地租达二年之总额时,除另有习惯外,得撤销其地上权(八三六Ⅰ)。其撤销应向地上权人以意思表示为之(同条Ⅱ)。如地上权人不愿协同为登记涂销之声请者,土地所有人得对之起诉,俟得有胜诉之确定判决后,可单独为登记涂销之声请。

地上权上已设定抵押者,则地上权之撤销,影响于抵押权人之利益者至大。此际抵押权人自得行使第八七一条、第八七二条中规定之权利。

四、抛弃——地上权未定有期限者,地上权人得随时抛弃其权利,但另有习惯者,不在此限(八三四Ⅰ)。其抛弃应向土地所有人以意思表示为之(同条Ⅱ)并须为涂销登记之声请。但已就地上权设定抵押者,其涂销登记,于抵押权人有利害关系,地上权人应加具抵押权人之承诺书或其他证明书(《土地法》一三一)。有支付地租之订定者,地上权人应于一年前通知土地所有人,或支付未到支付期之一年份地租(八三五)。

第二目　效　果

地上权消灭后所生之法律上效果,从地上权人方面言之,得取回其工作物及竹木,但应恢复土地原状(八三九Ⅰ)。否则土地失其原状,土地价值必受影响,而有害于土地所有人之利益也。设使此工作物为建筑物,则地上权人不得收回,否则耗费工料,影响及于国家财富,故应使土地所有人按照该建筑物之时价而另补偿,以期两全。但契约另有订定者,从其订定(八四○Ⅰ)。例如约定于若干年后地上权消灭时,土地所有人即无偿取得建筑物之所有权是。

从土地所有人方面言之,得以时价购买工作物或竹木,地上权人不得拒绝(八三九Ⅱ)。盖地上之物,一经收回,其价值必至减少;今土地所有人既愿以时价买受,于地上权人无损,地上权人自无拒绝之理由也。

第九章　永佃权

第一节　概　述

永佃权之内容,虽与地上权不尽相同,而其在经济上之功效,则与地上权尤大差别。盖两者均使有劳力而无土地者,得利用他人之土地,以事生产。地上权可以助市政之发达,永佃权则可促进荒地之垦殖。欧西先进国家,文明进步,实业发达,荒地甚少,故永佃权已无实用。德国仅于《民法施行法》中设一条之规定。但我国地域辽阔、荒地尚多,仍有提倡永佃权之必要,故于物权编中特设一章,以资应用。他如巴西与我国情形相仿佛,于永佃权亦有详明之规定。除《民法》外,《土地法》中复规定承垦国有荒地者,取得耕作权,而以耕作权与永佃权同论。

第二节　永佃权之内容

永佃权者,支付佃租,永久在他人土地上为耕作或牧畜之权也(八四二Ⅰ),前大理院判例称佃权。分如次:

一、永佃权系以他人之土地为标的物——不问熟地荒地，均无不可。但就荒地设定永佃权，实较有意义。

二、永佃权人在他人土地上耕作或牧畜——所谓耕作指施人工于土地，栽培植物，为定期收获而言（种植稻、麦、茶、桑之类，二一年院字七三八解释）。故造林非耕作也，仅得为地上权之内容。至于狩猎、捕鱼，虽不得独立为永佃权之内容，但未始不可为附带之内容。

所谓牧畜，指饲养牛羊等家畜而言，故养蜂育蚕，均非牧畜。

三、永佃权人须支付佃租——永佃权之设定，为有偿行为，故永佃权人须支付佃租，此与地上权得无偿设定者有异。佃租亦非债之关系，而系物上负担。故前永佃权人债欠之租金，现永佃权人负清偿之责（八四九）。

四、权利永久存续——永佃权为存续之权利，不得定有期限。其定有期限者，视为租赁，适用关于租赁之规定（同条Ⅱ）。

第三节　永佃权之发生

永佃权发生之原因，有法律行为及法律规定两种。其无由以时效取得，已于关于取得时效一段中论及矣。兹分述如次：

一、法律行为——依法律行为取得永佃权者，须当事人双方间有设定及取得永佃权之合意，并须依法登记，始生效力。声请为永佃权设定之登记时，声请书内应记明佃租数额、存续期间、付租时期等（《土地法》一一七）。其尚未举办登记之各市县，则须将土地之占有转移于永佃权人。

二、法律规定——承垦人受领国有荒地，自垦竣之日起，无偿取得其土地耕作权。此之耕作权，准用《民法》关于永佃权各条之规定（《土地法》一九六、一九七），可见与永佃权实同其性质。

第四节 永佃权之效力

（甲）关于永佃权人之权利者：

一、占有权——盖不占有其土地，不能为使用也。既取得土地之占有，即得行使第九六〇条及第九六二条中规定之权利。

二、物上请求权——永佃权系物权之一种，永佃权人自得行使第七六七条规定中之权利。

三、相邻权——永佃权人亦具有准所有人之地位，故享有相邻权（八五〇），但同时亦负担因相邻关系所生之义务。

四、使用收益权——永佃权人之使用收益权，亦经法律限定，即仅得在他人土地上为耕作或牧畜。当事人双方间得在此范围内自由约定，或为耕作，或为牧畜，或兼为耕作与牧畜。永佃权人如有违约行为，则系对于土地所有权加以侵害，所有人得请求除去之；如有损害，并得请求赔偿。

五、处分权——永佃权为财产权之一种，自得自由让与（八四三），否则佃农将无改业之机会矣。永佃权之移转，须经登记始生效力。其约定禁止让与者，于法为无效。既可让与，自得设定负担（抵押权）。

至于将佃得之地出租，法所不许（八四五）。考法律设永佃权之本旨，在使永佃权人得施劳力于他人之土地，以垦荒地，而裕民生。若以佃得之土地出租，则显有从事投机渔利之意图，实非一国之健全经济生活所得容许者也。

（乙）关于永佃权人之义务者：

一、支付佃租——为其最重要之义务。佃租虽得以金钱计算，但征收当年当地之生产物者，亦甚通行（参照《保障佃农办法原则》，二一年内政部公布）。佃租之数额，《民法》虽无最高限度之规定，但依《佃农保护法》（一六年五月十日国民政府公布），每年不得超过所租地收获量百分之四十（《佃农保护法》二）。押金及先缴租额全部或一部等恶例，一律禁止。上述规定，与民法并无抵触，应继续有效，殆无疑义。租额确定以后，遇有地价升降、赋课更改时，当事人得请求法院酌量增减之。第四四二条关于租赁之规定准用之（二一年院字九八六解释）。

　　田中产物，既为佃租之源泉，故缴租时期，应在收获季节终了。故第四三九条关于租赁之规定，亦准用之；但另有习惯或约定者，从其习惯或约定。如有不可抗力，致收益减少或全无者，永佃权人得请求减少或免除佃租（八四四）。盖佃农类皆经济上之弱者，地上收益为佃租之唯一来源。如收益减少或全无时，仍强佃农依原来约定数额支付，不免有悖扶倾济危之道，非民生主义社会应有之立法（参照绪论第四节）。

　　二、恢复土地原状——永佃权消灭后，永佃权人应恢复土地原状，另详下节。

第五节　永佃权之消灭

第一目　原　　因

　　永佃权虽具永久性质，亦非无消灭之时。消灭之原因，除物权消灭之一般原因外，尚有撤佃之一种。撤佃者，土地所有人因于法定事由，撤销永佃权关系之谓也。撤销之事由有二：（一）永佃权人将土地出租于他人者（八四五）；（二）积欠地租达二年之总额而无相反于撤佃之习惯者（八四六）。撤佃应向永佃权人以意思表示为之（八四七），并须为涂销登记之声请。

第二目　效　　果

　　永佃权既经消灭，永佃权人得取回其种植物及附带之工作物。土地所有人愿以时价购买其种植物或工作物者，永佃权人不得拒绝。永佃权人行使其取回权时，应恢复土地原状（第八三九条）。关于地上权之规定准用之（八四八）。

第十章　地役权

第一节　概　述

　　地役权为役权之一种，其他一种为人役权。役权者，以限定使用收益为内容之物权，罗马法称"servitut"，已分"Praedialservituten"（地役权）及"Personalservituten"（人役权）两种。近代各国民法，均袭用之。又分人役权为限定的人役权（beschränkte persönliche Dienstbarkeit）及普通人役权（Nießbrauch）。前者仅以不动产为标的物，后者亦得以动产或权利为其标的物。我国《民法》只知有地役权，而不知有人役权，实仿效日本《民法》。其理由或以为人役权在东亚习惯中不常见。据愚见所及，我国民间向有指定某项田地之收益作为养老之费用，俗称养老田者是也。此外有以房宅为标的物者，权利人至死亡为止，于不处分房宅之限度内，得为使用收益，以保障其晚年生活，而合乎老有所终之古训，按其性质，实系一种人役权。《民法》不予采用，未始非一缺憾。或以为不动产之租赁，具有物权之效力，故可依债之关系，图达上项目的。但租赁与人役权，究有若干区别。其在租赁，有时不得将租赁标的物一部或全部转租，反之，本于人役权而为使用收益，原则上固无限制也。

第二节　地役权成立之实质上要件及本质

第一目　实质上要件

　　地役权者，以他人土地供自己土地便宜之用之权也（八五一）。其受便宜之地谓之需役地(praedium dominans),其供他人土地之用之地谓之供役地(praedium serviens)。故地役权之成立,实质上须具备下列两要件。

一、须为两土地间之关系。即依两土地间之自然情状及需役地之经济上效用,有使他土地供其使用收益之必要(praedio utilis),而并非因于当事人双方间人的关系。此种人的关系,既不足为地役权发生之根据,亦不足影响于地役权之存续。纵然两地之所有人变更,如无其他消灭原因,两土地间之地役权关系依旧存续。但地役权仍不外为人之利益而设定,需役地所有人基于地役权关系,亦不无相当之权力可加之于供役地所有人,故不失为普通权利之一种也。

二、须在属于两不同所有人之土地间存在。若两地同归一人所有,所有人得任意使用收益,无须设定地役权,其理明甚(nemini res sua servit)。此乃依第八五一条规定应有之初步解释也。惟依我国《民法》,在属于同一人之土地上可有多数事实上之所有人。例如属于同一人之两土地,其一设定地上权(或永佃权、典权),则事实上两地已分由两人使用收益。若依地之形状或他种情况,地上权人为使用土地起见,在所有人土地部分上有设定地役权之必要时,自无不许之理。否则地上权人用益其地,将不能尽其利。若拘泥法条文句而为解释,恐反于立法精神有悖。

需役地与供役地毋庸为隔邻。隔邻固系通常情形,仍非必然之情形。两地虽相隔遥远,未见其不能发生地役权之关系也。例如海滨之土地,设定不筑高楼或工厂之地役权,以便一公里以外之土地,均得为建筑别墅之用是。

第二目　本　质

地役权系以使用收益为内容之物权。例如因通行而使用他人之土地,以采挖瓷土而收取他人土地上之产物是。其与地上权及永佃权之不同,在地上权人与永佃权人,得充分为使用收益,而地役权人仅得依设定行为之所定,为特定之使用或收益。

地役权系对于供役地所给予之便宜,对于需役地所设定之负担,学理上称为一体而不可分。故就正面言之,需役地经分割者,原则上其地役权为各部分之利益,仍为存续。就负面言之,供役地经分割者,原则上地役权为各部分之利益,仍为存续。就负面言之,供役地经分割者,原则上地役权就其各部分,仍为存续。故若不在共有之土地,而仅在共有人应有部分上设定地役权,既为不可能,其为应有部分而不为共有土地之利益而设定者,亦属不可能。

地役权是否为从物权,抑或为主物权,为说不一。愚以为既非从物权,亦非主物权,而系需役地之部分。若无地役权之设定,则需役地必难尽其经济上效用,犹之将门窗拆除,房屋必遭毁损,而不能为通常之使用也。法律规定地役权不得由需役地分离而为让与或为其他权利之标的物(八五三),适以证明上述地役权之本质也。

第三目　比较法

德瑞两国民法,规定两土地同一所有人,得在一地上为其他一地之利益,设定地役权。法国《民法》中有所谓“destination du père de famille”(善良管理人之处置)者,指属于同一人之两地上,造成地役权之局面后,如一地经让与而属于他人时,地役权即时发生,毋须另有设定行为。但在让与前,仍不得有地役权之设定。

德瑞民法之制度,不无实益:

一、所有人得借以保留优先顺位。例如所有人为供一地便宜之用,在其所有之另一水源地上设定地役权,予以登记,以后该水源地让与一酿酒公司时,原所有人即得本于其地役权,优先汲取相当分量之水(参照我国《水利法》一八）。

二、土地分割时，以免费用，而省周折。例如在所有之土地上割分数方，在每一方之土地上设定地役权，不准建筑高楼或工厂，以免妨碍他地对于海景之欣赏。以后土地分割时，地役权即可依然存续，不必另有设定之行为也。

第三节　　地役权之内容及种类

第一目　内　容

地役权之内容可归为三类。

一、供役地所有人，有容忍他人特定行动之义务（in patiendo consistunt）。此特定之行动（通行、采土），若无地役权之设定，供役地所有人本于其所有权，初无容忍之义务也。以此为内容者，均系积极地役权。

二、供役地所有人有不作为之义务（in non faciendo consistunt，不建筑高楼、不开设工厂）。此之不作为，须供役地所有人本于其所有权，原无此义务者。若业经法律规定，例如不得在其土地发出重大声响、臭浊气体（七九三），则已对于所有权加以限制。重复已规定之限制，不得视为一种负担。凡以此为内容者，均系消极地役权。

三、地役权之设定，得以排除或变更法定之所有权限制（尤其因相邻关系所生之限制）为目的。例如声响、气体，虽甚重大，仍许由邻地发出。故原得依法律规定对于邻地上之行动加以禁阻者，因地役权之设定，而放弃其主张或权益。又如声响、气体，虽甚轻微，亦不得由自己之地上发出。故原得依法律规定对于邻地许有某种侵入者，因地役权之设定，而其权利被排除。但考其内容，仍不出乎容忍或不作为也。

综上所述，可见地役权仅以供役地所有人之容忍及不作为为限，而不得以供役地所有人之正面给付为内容（servitus in faciendo consistere）。地役权为物权，有对抗一般人之效力。而正面给付，仅得责由特定之债务人为之，故系一种债务。但正面给付，未始不得为地役权之附属内容。如因权利之行使或便利权利之行使，而为某项设置，得由双方约定，加供役地所有人以维持其设置之义务。以例说明之，在第七八六条所规定之情形外，而于邻地上安设电线、筒管者，若邻地所有人，亦同使用之，得约定关于保存其设置之费用（即正面给付），由彼负担。至若接线于邻家之电表以求电力，此际电力之交付房主，线管设置之容忍仅为附带，不能成立地役权。

凡吾人求之于土地之利益，几无一不可为地役权之内容。此种利益，按其性质，或系经济的（通行权），或系美术的（禁筑高楼，免阻眺瞩），或纯属环境之安适者（禁设咖啡馆、跳舞厅）。但其利益，须有供需役地便宜之用，并有受法律保护之价值。若责邻人必以白色刷其墙，此项利益，殊乏意义，自不能以之为地役权之内容。

地役权是否有供需役地便宜之用，依需役地之品质定之。决定土地之品质，标准不一。或依其自然形势，或依其建筑状态，甚或依其久常经营所定土地使用之目的。农田、房宅、别墅、工厂、医院、气象台，各有其特殊之需要，于是供其便宜之地役权，亦互有不同。例如在邻家草地上享有打网球之权，于一别墅有甚大之用度，于闹市中之工人住宅，则无任何价值。又如在他人之花园散步野餐、采食鲜果，以供乡间住宅便宜之用，但不得以之为建有工厂之土地而设定地役权。

地役权既为供土地便宜之用，则若供特定之人之利益，而土地所有人有容忍或不作为之义务者，不成立地役权。例如承租人与邻地所有人，约定通行其地或汲取其水，此系债之关系。一旦租赁关系终止，承租人对于邻地所有人所得主张之权利，亦随同消灭，故非地役权也。又如土地之出卖人与买受人间，约定后者应在买受之地上开一酒肆，向出卖人指定之酿酒公司批购其货。此之约定，仅促进出卖人之利益，与其所有之土地无关，故系一种债之关系，而不得视为有地役权之发生。至若禁止在一地上从事于某种营业之竞争，是否得为地役权之内容，不能一概而论。如需役地上经营某种企业，历有年所，致土地与该种企业间发生甚密切之联系而造成土地之特种品质者，则同业竞争之禁止，不得谓对于该无甚大之利益或便宜，自得以之为地役权之内容。

地役权之内容，有背公序良俗者，依普通法之规定，应属无效。故若禁止将土地让与，或一医师禁止邻地将其房屋出租于他医师者，均属不合。

第二目　种　类

一、继续及不继续地役权——所谓继续地役权，指权利之行使具经常状态，而毋须发动个别行为者而言，例如禁止同业竞争或建筑高楼是；反之为不继续地役权，例如通行、汲水，采取沙石等，其间断作辍，为理所必然，纵为便于权利之行使而有永久之设置（为通行而铺石版），仍不改变其不继续性质。凡消极地役权，均为继续地役权。

二、表见及不表见地役权——为便于权利之行使，而为各种可见之设置者，系表见地役权，反之为不表见地役权。前者例如安设电线筒管、铺作行道，后者例如禁止同业竞争是。同一地役权可为表见者，亦可为不表见者，例如通行于田野，不限于一隅，则为不表见者，若铺作行道或设置门户，而行使其通行权，则为表见者。

上述两种分类，非无实益，盖依时效取得地役权，以继续及表见者为限（八五三）。

三、积极及消极地役权——权利之行使，须权利人之积极行为者，称积极地役权（通行权）；予权利人以禁止之权者，称消极地役权（禁止同业竞争）。前者使供役地所有人负容忍之义务，后者使其负不作为之义务。

第四节 地役权之发生

地役权发生之原因有二：

一、法律行为——依法律行为取得地役权者，须当事人双方有设定及取得地役权之合意，并须依法登记，始生效力。声请为登记时，声请书内应记明需役地及供役地之标示，并地役权设定之目的及范围（《土地法》一一八）。地政机关接到声请书后，应于需役地登记用纸内权利事项栏，记载供役地之标示并地役权设定之目的及范围（同法一一九Ⅰ）。但同时亦应于供役地登记用纸内为必要之登记。盖地役权系供役地之负担，有变更供役地权利状态之效力，自应公示之，以保障第三人之利益。而法律无明文规定，实属欠妥。

在未举办登记制度之各市县，毋庸登记，自不待言。

二、取得时效——依时效而取得地役权，仅以继续并表见者为限（八五二）。继续之地役权往往为不表见者，表见之地役权往往为不继续者。继续而又表见之地役权，颇不多见，但非绝无。例如为接电力而在邻地上通过电线，为疏导雨水或家用之水而在邻地上安设筒管等均是。此外准用第七六九条、第七七〇条之规定。就中"以所有之意思占有"之一要件，应修正为"以取得地役权之意思而占有"。

第五节 地役权之行使

一、地役权之行使，应依设定名义所定之目的及内容为之。两地所有人应互尊重权益。在需役地所有人，仅得依约定或历年行使地役权之情状行使其权利，而不得超过需役地有利之限度而为使用收益，致有损于供役地；在供役地所有人，其所有权既受限制，自应俟需役地所有人为充分之使用或收益后，始得自为用益，以免减少地役权之效用也。

需役地所有人或地役权人，因行使或维持其权利，得为必要之行为（八五四）。例如汲水，则势必通行其地，但应择于供役地最少之处所及方法为之（同条）。

地役权人因便于行使其权利，得为各种设置。例如修路、架桥、装置筒管等，并有维持其设置之义务（八五五Ⅰ）。但当事人得约定维持设置之费用，由供役地所有人负担。此虽系积极之给付，但系附带之内容，与地役权本质并无不合。此种义务，称物上债务（obligatio propter rem）。负此义务者，以供役地所有人为限。如其将供役地让与他人，则仅该他人负其义务。又若供役地所有人就权利行使之一部分土地予以抛弃者，亦因而解除其义务。

供役地所有人对于上述设置，在不妨碍地役权人权利行使之限度内，得共同使用之（同条Ⅱ）。但应按其受益之程度，分担维持其设置之费用（同条Ⅲ）。此之义务，同属一种物上债务。

二、需役地经分割者，原则上其地役权为各部分之利益，仍为存续（八五六）。但供役地之负担，不能因需役地之分割而加重。例如需役地分割后，各部分均建筑房屋，人口陡增，供役地所有人无容忍全体通行之义务。但地役权之行使，依其性质只关于需役地之一部分者，仅就该部分仍为存续（同条）。

供役地经分割者，原则上地役权（禁止盖造高楼之地役权），就其各部分仍为存续（八五七）。但地役权之行使，依其性质只关于供役地之一部者（通行之地役权），仅对于该部分仍为存续（同条）。

三、地役权之行使，只关于供役地之一部分者，供役地所有人可否因以后情势变迁（如欲建造房屋），觉其颇多障碍，而声请改变其行使地域,虽法无明文,但依立法精神,自应许可之。所需费用,由其负担,不过仍应使地役权人有适当行使权利之可能。地役权人因此略感不便,如须绕道而行,亦为意料中事,但不得借词拒绝供役地所有人之声请。

四、地役权系物权之一种,地役权人自得行使第七六七条中规定之权利(八五八)。

第六节　地役权之消灭

地役权消灭之原因,除物权丧失之一般原因外,尚有下列两端:

一、供役地或需役地全部灭失。

二、法院宣告消灭——地役权设定后,因情势变迁,致供役地丧失其对于需役地一部或全部之利益者,非不可能。例如甲地上设定地役权,不建楼屋,以便乙地得充分享受空气与阳光。嗣后两地之间,开一宽阔街道,即乙地享受空气阳光,已可不成问题。甲虽在对街之地上建屋,无遮蔽乙地之虞,则甲地上之地役权,对于乙地,已失其效用,实无存续之必要。有此情形者,如地役权人同意消灭,固属佳事,否则供役地所有人得声请法院宣告地役权消灭(八五九),且无庸对地役权人为补偿。法院于宣告前,应审酌实情,须地役权永无存续之必要时,始得为消灭之宣告。若仅暂时丧失其意义或功效,尤未可为此宣告也。例如不设舞场之地,为一学校购买,此时地役权人固可无虑有舞场之开设,但仍不能保学校于解散后不将其地更让与第三人。则不设舞场之地役权,于需役地究未全失其功效。各该学校声请法院为地役权消灭之宣告,必遭驳回。

地役权因情势变迁,已丧失其一部分之效用者,法院依供役地所有人之声请,亦得为地役权部分消灭之宣告。若以其所发生之效用与供役地之负担相较,甚相悬殊者,供役地所有人是否得声请法院宣告地役权全部消灭，不无疑问。但权衡利害，应以为可。不过供役地所有人对于地役权人因此所受损害，应予补偿。

第十一章　抵押权

第一节　概　述

抵押权与质权、留置权，同为民法所承认之担保物权，旨在保护债权人之利益。盖债务人若浪费其财产，或故意隐藏之，或使其对他人之债权听由时效消灭，则将来债权人是否将受全部清偿，至可不必。为防止上述情形，以妥保其债权之安全，遂有担保物权之发明。

担保物权系物上担保，即以特定之物供担保债权之用。尚有人的担保，指第三人（称保证人）承认于债务人不履行债务时，代其为给付。债权人虽因而多得一债务人，增加其取偿之机会，但仍不能禁阻保证人亦浪费其财产，故究不如物上担保效用之大也。

我国旧时，以有典，故抵押制度向非民间所习用。近以工商各业发达，农村社会中之典已未见尽合实需，故在城市之中抵押制度日益昌明。但以我国迄未依土地法举办抵押权之登记，故每年抵押所担保之债权共计若干，供抵押之不动产总计价值若干，无法获悉。但深信今后工商业愈发达，抵押制度将益见其重要，自可断言。

第二节　抵押权之内容及本质

第一目　内　容

抵押权者，谓对于债务人或第三人不移转占有而供担保之不动产，得就其卖得价金受清偿之权也（八六〇）。析述如次：

一、抵押权系以他人之不动产为标的物,田地房宅均无不可。动产所以不能为抵押权之标的物者,盖以之设定抵押权而仍由抵押人占有之,则抵押人得随时出让之。若遇善意受让人取得其所有权时,抵押权即归消灭。故其担保,必无任何价值,此其一。又动产易于流动,无由为抵押权之公告,此其二。

船舶依法律之解释,虽为动产(六七),但船舶均须登记,一似房宅田地,故亦适于为抵押权之标的物(《海商法》三四、《船舶登记法》三)。此外,共有不动产之应有部分及不动产物权(典权、地上权、永佃权)均得为抵押权之标的物(八八二)。

二、不动产(即抵押物)之占有,不移转于抵押权人,故债务人或第三人(不动产之所有人,亦称抵押人)仍得继续使用收益之,与典权有甚大之区别也。

三、债务人届期不为债之清偿者,抵押权人得声请法院拍卖抵押物,就其卖得价金而受清偿。纵债务人被宣告破产,抵押权人因享有别除权之故,得不依破产程序而行使其权利(《破产法》一〇八)。以例说明之,破产人甲有房屋一所价值十万元,甲所负债务总计三十万元,其中八万元,由乙贷与,并由该房屋供作担保。乙即得先就卖得偿金受清偿;其余二万元,则由他债权人以比例受分配。显见乙之地位,较他债权人为优越,此所以抵押权为可贵也。

第二目   本   质

一、抵押权系物权,故有对抗一般人之效力。纵抵押之不动产让与他人,抵押权不因此而受影响(八六七)。抵押权人亦享有物上请求权,上已述及,兹不赘词(参照第五章二)。

二、抵押权系从权利,以债权之存在为前提,随债权之消灭而消灭。故抵押权人与债权人必为同一人。或以第八八〇条之规定,为一例外者,愚见不然。盖时效完成,仅使请求权消灭,而债权则仍存在,不过因债权人不能行使其权利,故即变为自然债务。则抵押权于时效完成后仍存续,何尝有背于其从属性,是断难认第八八〇条为一例外情形也。

三、抵押权为一体而不可分。其一体性于抵押物或债权债务分割后,始获表见者也。例如就某不动产设定抵押权,以后抵押人死亡,抵押物虽因分割而由数继承人各分得其一部,但每人之分得部分仍担保债务之全部。须俟债务全部清偿后,各人之分得部分始消除其负担(抵押权,八六八)。又如债权人死亡,债权虽由数继承人分得,但每人仍得因其分得之一部分债权未受清偿而主张其抵押权(八六九Ⅰ)。或债务人死亡,其债务划归数继承人分担者,如其中一人未为清偿,债权人仍得实行其抵押权(同条Ⅱ)。但第八六八条及第八六九条,并非强行规定,故当事人间得为相反之特约。

抵押权之一体性与地役权之一体性,其意义各有不同。地役权不得就共有物之应有部分设定之,亦不得为应有部分之利益而设定。反之,抵押权得就应有部分设定之。又需役地经分割者,虽原则上其地役权为各部分之利害仍为存续,但地役权之行使,依其性质,只关于需役地之一部分者,则在此例外情形,仅就该部分仍为存续(八五六,关于供役地之分割者参照八五七)。但上述关于抵押物或债权债务经分割者,抵押权不受丝毫影响。

第三目　比较法

德国、瑞士之立法,分抵押权为两种:担保抵押权(Sicherungshypothek,或 Sicherungsgrundpfand)及流通抵押权(Verkehrshypothek 或 Verkehrsgrundpfand)是也。前者之目的,仅在担保债权,故实质上以债权之存在为要件,形式上以登记为要件。故不动产所有人不得自取得抵押权,其抵押权亦不得独立流通于市场,抵押物债务人所有,第三人得以其不动产为债务人设定抵押权。此外,抵押权之登记足以推定债权之存在。后者(即流通抵押权)之目的,在使不动产之价值动产化,而流通于市场。故于登记时。另由地政机关制成具有公信力之抵押证券(Hypothekenbrief)付与土地所有人。经其交付债权人后,流通之抵押权始告发生;流通抵押权系独立而非附属之权利,故不随债权同存亡,亦得由土地所有人自取得之,称所有人抵押权(Eigentümerhypothek)。其证券与其所载之抵押权,合为一体,故取得证券者即取得抵押权,一如其他有价证券,故富有流通性,亦工商业社会中之一重要金融制度也。

最近中国农民银行依法(《中国农民银行兼办土地金融业务条例》,三〇年九月五日公布;《中国农民银行土地债券法》,三一年三月二十六日公布)发行土地债券,发行总额为一亿元。按其性质,颇近于上述之流通抵押权。

第三节　抵押权之发生

抵押权发生之原因,不外两端:

一、法律行为——依法律行为取得抵押权者,须当事人双方有设定及取得抵押权之合意,并须依法登记,始生效力。关于抵押权之登记程序及登记事项,规定于土地法第一二一条至第一二八条中。其未举办登记之市县,自毋须登记,且亦不以交付不动产契据为要件(二二年上字九二五,二三六〇判例)。

抵押权之设定,犹须注意两事:(一)由抵押权担保之债权,应予特定。盖依登记程序,声请为抵押权设定之登记时,声请书内,应记明债权数额(《土地法》一二一)。此不但为保障第三人(后来债权人或抵押物受权人)之利益,抑且为债务人之利益设想。盖若债权数额不定,他人将不知该抵押物是否尚足供他项债权之担保,如运行贷与款项,遇抵押物变卖之价金仅足抵偿以前之债权时,后来债权人必致蒙受不利。则纵明知该不动产价值甚巨,仍不敢贷款于债务人,此于债务人之信用及事业之发展,实有莫大之影响也。(二)抵押物应予特定(同法一二五)。此亦为各方之利益设想。若债务人业以其现有及未来之不动产供作担保,则后来债权人之取得抵押权者,必难获充分之保障,自不愿贷款于债权人,以助其事业之开展也。

二、法律规定——依法律规定取得抵押权者,称法定抵押权。仅有第五一三条之规定,即承揽人就承揽关系所生之债权,对于其工作所附之定作人之不动产有抵押权。

至于取得时效,于抵押权之取得不适用之。盖抵押权人既不占有不动产,又无使用收益之权,实无由依时效取得其权利也。

第四节　抵押权之效力

第一目　一般的效力

(甲)抵押权之效力,及于抵押物之从物与从权利(八六二Ⅰ)。关于从权利者,例如保险金之请求权是(详见下第六节 b.)。关于从物者,例如工厂中之机器生财,如与工厂同属一人,自为工厂之从物。若以工厂设定抵押权,其效力亦及之(二五年院字一五一四解释)。如抵押人将工厂中之机器生财出让,而使抵押物之价值减少者,抵押权人得行使第八七一条及第八七二条中规定之权利。

但第三人于抵押权设定前,就从物取得之权利(所有权、质权),不因抵押权之设定而受影响(八六二Ⅱ)。故就工厂设定抵押之前,已买受其机器而取得其所有权者,仍保持其所有权。

关于抵押物之天然孳息,在未分离前,系抵押物之重要成分,抵押权之效力,自应及之。如经分离,则为独立之动产,自不得再认为抵押权之标的物。但抵押物扣押后由抵押物分离之天然孳息，则因分别保管，不致与他物相混，故抵押权之效力仍及之（八六三）。

抵押物扣押后，抵押人就抵押物得收取之法定孳息（地租、佃租、房租），抵押权之效力亦及之。但应清偿法定孳息之义务人，未获关于抵押物扣押之通知，而以法定孳息给付抵押物所有人时，其给付应认为有效，抵押权人不得请求其续为清偿（八六四）。

抵押人在抵押之土地上建筑房屋，抵押权之效力，是否亦及之？《民法》既以房屋为独立之不动产，自不因土地或房屋权利状态之变更而相互发生影响。故设定在土地上之抵押权利，其效力不及于建筑物。

（乙）由抵押权担保之债权，不以金钱之债为限。其他以作为或不作为为请求标的之债，亦得由抵押权担保。但须因债务不履行而易为金钱之债时，始得实行抵押权。

受担保之债权，不以原债权为限，其利息迟延，利息及实行抵押权之费用（拍卖费用），亦包括在内。但契约另有订定者，不在此限（八六一）。声请为抵押权设定之登记时，声请书内应记明利息并其起息及付息期（《土地法》一二一）。

（丙）抵押权人是否得转押，前大理院判例曾认许之，并定转押以原押范围为限（四年上字一四二九判例）。转押权人行使权利前，须促原设定人履行义务（四年上字一八二六判例）。《民法》于转押无明文规定，是否仍认许之，不无疑问。所谓转押，其意义亦待说明。若指以债权连同抵押权让与于人，自无不许之理。不过受让人取得抵押权，仍需为必要之登记，原抵押权人之抵押权登记须予涂销。若指仅以抵押权让与于人（大理院判例中之转押系指此而言），则抵押权系从物权，自不得由债权分离而为让与，实至显然。曩昔抵押权之成立，或以交付不动产契据为要件，则抵押权人取得契据之后，自可以之转押于人。但依《民法》之规定,抵押权之发生,以登记而不以交付契据为要件(参照二二年上字九二五、二三六〇判例),抵押权人,自无转押之可能。且《民法》又未仿效德瑞民法采用流通抵押权及抵押证券之制(参照本章第二节第三目),自难认许转押。前上海承裕钱庄与鼎甡钱庄,因转押涉讼一案,经上海第一特区地方法院判称转抵押权人不取得物权,而仅享有普通债权,于法未见不合。

第二目　对于抵押物后来权利人之效力

抵押权设定后,债务人仍得负更多之债务,或就同一抵押物再为抵押权之设定(八六五),或为地上权及其他权利之设定(八六六),甚或以抵押物让与他人(八六七)。在上述各种不同情形中,抵押权人之地位,是否有变更?

对于后来普通债权人,抵押权人仍处于优先地位。抵押权之作用,原使抵押权人得就抵押物之卖得价金,先于其他债权人以受清偿。故不论普通债权发生于抵押权设定之前或其后,抵押权不因此而受影响。

对于后来抵押权人,则第一次抵押权人之权利既经登记在先,仍得就抵押物之卖得价金,先受清偿,后来抵押权人,仅得就其余数,再依登记次序之先后,以为分配(八六五)。

对于后来其他物权人及抵押物之受让人,抵押权人之地位,不因此而受影响(八六六、八六七)。于必要时,仍得声请拍卖抵押物,而以其卖得价金之全部取偿。否则抵押权将无对抗一般人之效力,实与抵押权之物权性格有背。

第三目　对于抵押人之效力

对于抵押人之效力,得分为两个时期:(一)债权未届清偿期;(二)债权已届清偿期。如债权已届清偿期而未受清偿者,抵押权人得声请法院拍卖抵押物。此乃关于抵押权之实行,另详下节。此际仅限于债权未届清偿期,抵押权对于抵押人之效力论述之。

在债权未届清偿期,抵押权人原无任何权利。但法律为保护其利益起见,规定其有保持抵押物价值之请求权。盖若抵押人以其过失或故意使抵押物之价值减少或使其全部灭失,而抵押权人无由加以防阻或求救济,其将蒙受损害无疑。

抵押物价值之减少有两种不同情形,或因可归责于抵押人之事由,或因非可归责于抵押人之事由。有第二种情形者,抵押权人仅于抵押人得受损害赔偿之限度内,请求提出担保(八七二Ⅱ)。有第一种情形者,不问抵押人对于抵押物是否有积极破坏行为,抑或有消极懈怠行为,抵押权人得视情形如何而为必要之措施。如抵押人之行为足使抵押物之价值减少者,抵押权人得请求停止其行为。如有急迫之情事,抵押权人得自为必要之保全处分(八七一Ⅰ)。如抵押物价值业经减少时,抵押权人得请求抵押人恢复抵押物之原状,或提出与减少价值相当之担保(八七二Ⅰ)。兹分论之如次:

一、抵押人之行为足使抵押物之价值减少者,有积极行为与消极行为之别。前者例如拆毁房屋、逾量伐木是;后者例如不为必要修缮工作、中止工厂之进行或耕地之调养是。至于抵押人就抵押物不为保险,则在中国保险事业尚未发达,不能认为减少价值之事由;但若抵押权设定时已有保险,而抵押人不继续缴纳保险费者,应认为有减少抵押物价值之虞。抵押物价值之减少,不以主物为限,亦及于从物与从权利(参照本节第一目甲)。

遇抵押人有积极行为时,抵押权人得在审判上或审判外请求停止其行为。抵押权人不仅对于抵押人,并对于第三人(承租人)得为此请求。遇抵押人有消极行为时,抵押权人得自为必要之保全处分,例如径为修缮之工作或代付保险费等,毋庸先呈由法院准可。

因上述之请求或处分所生之费用,由抵押人负担(八七一Ⅱ)。其费用请求权并由抵押权担保。盖抵押物之价值因而得获保全,自非以抵押权担保其请求,不足以昭公允。

二、抵押物之价值业经减少时,抵押权人得请求抵押人恢复抵押物之原状,或提出与减少价值相当之担保(八七二Ⅰ)。至于何时得请求恢复原状,何时得请求重供担保,悉以价值减少之情形为断。如抵押人取去抵押物之从物(工厂内之机器),而责令归原非不可能者,得请求其恢复原状;如复原为不可能(林中树木悉被樵伐),始得请求另供担保,或在抵押人之其他不动产上设定抵押权,或在其动产上设定质权,或由保证人担保,均无不可,俾抵押权人得获补偿也。

德瑞民法,复规定抵押权人得请求与减少程度相当债权数额之清偿,但仅得向债务人为之(德国《民法》一二三三,瑞士《民法》八〇九),亦足供参考。

第五节　抵押权之实行

第一目　概　述

抵押权之实行者,指抵押权人因债务人届期不为清偿,因而就抵押物取偿之谓也。抵押权之实行,为抵押权人之自由,非其义务(二三年上字一四五〇判例),故债务人不得强其为之。盖由抵押权担保之债权,固受特别担保,但仍由债务人之全部财产以为担保。若抵押权人不实行抵押权,而请求债务人履行债务,究不得谓为于法不合,债务人自不得以先就抵押物行使权利为抗辩(二三年上字七四八判例)。

抵押权之实行,规定依拍卖之方法(八七三Ⅰ),但当事人间亦得约定他种办法:或以抵押物之所有权移转于抵押权人,或抵押人允减价抵偿,但均不得有害于其他抵押权人之利益(八七八)。例如抵押物依时价可值十万元,先后抵押于甲乙两人。甲之债权数额为六万元,乙为四万元,苟抵押人允甲将抵押物减价至七万元,以为抵偿,则乙就抵押物仅得一万元,是有损害于乙之利益矣。

此之约定,应于债权清偿期届满后成立,始为有效;若犹未届期,预为约定,于届期未为清偿时,抵押物之所有权移属于抵押权人者(学术上称流质契约[lex commissoria]),于法为无效(八七三Ⅱ)。此乃防免债权人利用其经济上雄厚之势力,以剥削弱者耳。

抵押权人于债权清偿期届满后,与债务人另行订延期清偿契约,附以延期以内不为清偿,即将抵押物交与债权人管业之条件,与自始附此条件者无异,仍应认其约定为无效(二七年院字一七七九解释)。

至若债务人以土地向债权人设定抵押权,双方成立契约,约明债权届满偿期不为清偿,即将土地交债权人承种,以其收益抵偿利息者,此系于设定抵押权之外,同时附有条件之租赁契约,以为给付利息方法,不能谓为无效。惟约定利率,依法不得超过周年百分之二十,如其收益超过上开限制,关于超过部分之抵利约定,应以之充偿原本(二七年院字一七九二解释)。

第二目　拍　卖

(甲) 拍卖之声请——债权已届清偿期而未受清偿者,始得声请法院拍卖抵押物(八七三)。所谓"声请法院拍卖"究系诉讼程序抑或非讼事件,颇滋疑义。前司法院解释称抵押权人欲实行其抵押权,应先声请法院判决确定,盖必经确定判决,而后有执行名义,有执行名义,而后能执行拍卖也(二〇年院字四九三解释)。故以之视为诉讼程序。因此债务人意存延滞者,即可利用此程序,穷历三审,与抵押权人磨难,将来执行时又可提出异议,拖延时日,使资本家咸视抵押制度为畏途,市面金融因而壅滞,诚非强固信用、繁荣经济之道也。

司法院之解释,只求理论之完美,而不顾实际上效果,深受各方之抨击。随后即修正其见解,称在《民法》物权编所规定之登记法律尚未施行以前,抵押权人于债权已届清偿期未受清偿,而声请拍卖抵押物时,如债务人或第三人就该抵押关系并未争执,毋庸经过判决程序,即可拍卖(二五年院字一四〇四解释),显见改以拍卖之声请属于非讼事件矣。而法院之裁定,亦仅依非讼事件程序之法理审查,无确定事实上法律关系存否之性质(三〇年院字二二三五解释)。最近《强制执行法》(二九年一月十九日公布,同日施行)特规定拍卖抵押物之声请,经法院为许可强制执行之裁定者,有执行名义(《强制执行法》四[五]),则拍卖之声请为非讼事件,更有法律上根据矣。

(乙) 拍卖之标的——拍卖之标的为抵押物,固毋待言。为同一债权之担保,于数不动产上设定抵押权时,抵押权人得任意就各个不动产卖得之价金,受债权全部或一部之清偿(八七五)。此仅就各宗不动产所负担金额,未分别限定者而言。如已分别限定,则抵押权人仅得按其所定金额,就各宗不动产卖得之价金,分别取偿。

土地所有人于设定抵押权后,在抵押之土地上营造建筑物者,抵押权人于必要时,得将其建筑物与土地并付拍卖(八七七)。盖不欲使土地原来价值,因受建筑物之影响而减少致损害于抵押权人也。但建筑物究非抵押权之标的物,故抵押权人对于建筑物之价金无优先权(同条末句)。

(丙) 价金之分配——抵押物卖得之价金,应先清偿拍卖费用,再及于债权。抵押权人有数人时,应以其权利登记次序之先后而为分配。其次序同者,平均分配(八七四)。例如有甲乙两抵押权人,甲之债权数额为六万元,乙为四万元,抵押物拍卖后,仅得价金七万元;若甲之次序先于乙,则甲受债权全部清偿,乙仅得一万元。若甲乙次序相同,则甲乙就七万元,依六与四之比例分配。若卖得价金不敷清偿,得就债务人之其他财产,以普通债权人之地位,以求补足。

第三目　实行抵押权之结果

实行抵押权之结果,可分两点申论。

一、《民法》既以土地与其定着物为两种独立之不动产,故虽同属于一人所有、在一种不动产上设定之抵押权,其效力仍不及于他种不动产。故以土地与其定着物,分别抵押于两不同债权人者,事实上非不可能。若所有人仅以土地(或仅以房屋)抵押于人,于抵押物拍卖后,土地与房屋必致分归两人所有,此际法律规定房屋所有人对于土地,享有地上权(八七六Ⅰ)。其地租由当事人协议定之,协议不谐时,得声请法院定之。若所有人以土地与房屋分别抵押于两不同债权人,如经拍卖,其土地与房屋之拍定人各异时,亦同(同条Ⅱ)。

二、如抵押物属于第三人所有,则第三人为保全抵押物而代为清偿(三一二),或因抵押权人实行抵押权致失抵押物之所有权时,得依关于保证之规定,对于债务人请求偿还(八七三)。易言之,第三人得于其清偿之限度内,代位债权人而向债务人行使其权利(七四九)。

第六节　抵押权之消灭

抵押权之消灭,得有两种不同情形,或因债权消灭而抵押权随同消灭,或因抵押权自身发生某种事由而消灭,分述如次:

一、抵押权本为担保债权之用,依债权而生存。如债权消灭,抵押权自无存在余地,故债之消灭原因,亦即抵押权消灭之原因也。但须债权全部消灭,若仅一部消灭,则抵押权依旧存续,不因此而抵押权部分消灭也。

以抵押权担保之债权,其请求权因时效而消灭者,抵押权不随同消灭(八八〇)。盖抵押权为物权,其设定复经登记,自不因时效而消灭。

何况因时效而消灭者系请求权,而非债权本身。虽其效力因已变为自然之债,大为减弱,然不失其存在,抵押权亦非无所附丽矣。但若听其永远存续,毫无限制,亦殊不妥,故特规定抵押权人于消灭时效完成后五年间不实行其抵押权者,其抵押权消灭(同条)。

二、抵押权之消灭,因于其自身之事由者,约有下列数端;

A. 抛弃。

B. 抵押物全部灭失——抵押物全部灭失,抵押权即因之消灭。但因灭失得受之赔偿金(房屋焚毁后所取得之保险金),仍应先作清偿抵押债权之用(八八一)。

C. 抵押权之消除——消除者,指为债务人设定抵押权之第三人,或就抵押物取得所有权之第三人,以抵押物所值限度内,向债权人为清偿,因而消除物之负担之谓也(八七九、三一二)。例如乙为甲在其不动产上设定抵押权或甲之抵押物由乙取得,如乙就不动产所值价金,向债权人为清偿,抵押权即因此而消除。若乙就抵押之不动产取得地上权或永佃权时,亦得以同法消除之。抵押权虽经消除,而债务人之债务,仍不消灭,盖其虽可不向抵押权人清偿,对于第三人仍有清偿之义务,故置消除于此类论列也。

消除之优点,可列举如次:(一) 对于第三人者,第三人在抵押物所值限度内,向债权人为清偿后,即可完全除去物上负担。彼既保有不动产,而于债权额超过抵押物所值限度时,毋须清偿其超过部分。(二) 对于债务人者,债务人易于让与其抵押物,盖受让人既有消除之方法,亦愿受让其不动产也。(三) 对于债权人者,债权人既受第三人所为之清偿,即毋庸实行抵权,不仅省手续,且节费用。

综上所述,抵押权消除之制度,可以使不动产流通,第三人之投资获有保障,对于国民经济利多而弊少也。

第十二章　质　权

第一节　概　述

质权系担保物权之一种，须债权人为其债权之担保，占有债务人或第三人移交之物，得就其物卖得之价金受清偿之权也。质权有不动产质权、动产质权及权利质权三种。《民法》仅知有动产质权与权利质权。至于不动产质权，在我国向不习见，况与典权尚相类似，故既经规定典权，即无采用不动产质权之必要。

第二节　动产质权

第一目　概　述

动产质权者，因担保债权占有由债务人或第三人移交之动产，得就其卖得价金受清偿之权（八八四）。

动产质权，大抵为担保短期债权之用，出质人既将其物出质，即不能继续占有使用以事生产，故事实上不甚通行。若银行之预支巨款，以在运送中或存仓库中之货物为质者，亦仅见于各通商口岸。我国各地极通行之当，依其性质原属质权，但经规定关于质权之规定，于当铺或其他以受质为营业者不适用之（《物权编施行法》一四），可见质权在中国经济生活中功效之微薄也。

质权与抵押权不同，前者以动产为标的物，而后者以不动产为标的物，此其一。前者以移转质物之占有为要件，后者须经登记始生效力，此其二。质权人拍卖质物，毋庸声请法院为之，反之，抵押权人欲拍卖抵押物，须向法院声请之，此其三。

第二目　质物及由质权担保之债权

（甲）质　物

质物以动产并得独立为权利之标的物者为限。若就为工厂从物之机器设定质权，原无不可，但不移转占有即不生质权效力（参照二五年院字一四〇四解释）。此外尚有应说明者数端，分述如下：

一、质物应有财产上价值，并得独立变为价金。故若护照、证书、家谱等，不得为质权之标的物。又如存折不能独立变为价金者，亦同。设若与其存折上所载明之债权一并出质，未始不能发生有效之质权（属于权利质权之一种）。

二、不得查封之动产，如日常生活所必需之衣服、寝具、餐具及职业上或教育上所必需之器具、物品，或遗像、牌位、碑墓及其祭祀礼拜所用之物（《强制执行法》五三），均得为质权之标的物。

三、集合物（图书馆、仓库、店铺）经移转占有后，亦得发生质权，但质权仍在个别之物体上设定。若集合物中有不能为质权之标的物者（图书馆中之证书、家谱），质权之效力不及之。

四、金钱尤其外币，亦得为质权之标的物。此际质权人取得金钱之所有权，而变为出质人之债务人。故质权人如处分其金钱，不以侵占论（参照《刑法》三三五）。

五、未来动产，如系在枝根上之果实，原系不动产之部分，但当事人间如约定于果实成熟采摘后，由债权人占有作为质物，亦发生质权之效力。

质物不必属债务人所有，第三人得为债务人而在其动产上设定质权。

（乙）由质权担保之债权

由质权担保之债权，通常固系金钱之债，但不以此为限。其以作为或不作为为请求标的之债权,亦得由质权担保之。但质权人须俟债务人不履行债务而易为金钱请求(损害赔偿之请求)时,始得实行其质权。

未来之债权,亦得由质权担保。例如银行已允放款于甲,以甲所提交之某种证券为质,但债权须俟日后甲提用款项之时始发生。若甲终未提用,纵有放款约定,银行仍不取得债权,自不发生质权。

质权所担保者,除原债权外,亦及于利息、迟延利息、实行质权之费用(八八七)。当事人如约定缩小担保之范围(利息不由质权担保)或扩大之(违约金亦由质权担保),均无不可。又因质权隐有瑕疵而生之损害赔偿,亦由质物担保(同条)。例如甲以略有腐蚀之皮袍出卖于乙,乙藏之柜中,致乙之其他衣服均遭腐蚀,乙之损失,得请求赔偿;此赔偿请求权,同受质物之担保。但如质权人明知其有瑕疵,或因过失而不知有瑕疵者,则不得请求赔偿(参照五九六)。

至于质权人为保管质物所支出之费用,因而对于其物之所有人所得行使之赔偿请求权,亦应由质权担保。

第三目　动产质权之发生

动产质权发生之原因有二:

一、法律行为——依法律行为取得质权,除当事人双方间有取得及设定质权之合意外,并须交付质物,由质权人占有之,始生效力(八八五Ⅰ)。质权人取得占有,或因于出质人移转其物之占有,或因于简易交付、代位求还,均无不可。若依占有改定而使出质人代自己占有质物,虽已取得间接占有,不生质权之效力(同条Ⅱ)。例如甲工厂向乙借款,以厂内之机器对乙说定质权,又另由甲出立借用书据,向乙借用该机器,乙既无事实上管领力,自不发生质权之效力(参照二六年院字一六四九解释)。盖动产易于流通,若不移转质物之占有,而仍使出质人占有之,出质人得重为处分,势必因第三人之善意受让而质权归于消灭。故不移转质物之占有,质权将无价值可言。

质权人不由己占有质物,而交由出质人以外之其他人等代其占有,则无不可。

就同一质物,得为第二次质权之设定。此时应使第二顺位之质权人与第一顺位之质权人,同占有质物。

如质物非出质人所有,只须质权人之占有质物,受关于占有规定之保护,仍取得质权(八八六)。此与由非所有人处取动产所有权,属于同一性质之问题。

物权编施行前占有动产,而具备第八八六条之条件者,于施行之日,取得其质权(《物权编施行法》九)。

二、取得时效,第七六八条之规定准用之(七七二)。惟此间取得者系质权,故要件中以所有之意思占有一端,应改为以取得质权之意思占有。

第四目　动产质权之效力

动产质权之效力,得分述质权人之权利义务说明之:

(甲)关于质权人之权利者:

一、占有权——占有为质权发生之要件,故质权人于质物应有占有。因其取得物之占有权,故得行使第九六〇条及第九六二条中规定之权利。

二、物之请求权——质权系物权,故质权人自得行使第七六七条中规定之权利。

三、使用收益权(包括转质)——质权为担保债权之用,非使质权人就质物为使用收益,故质权人无用益权。但保管上有必要时,质权人得收取质物所生之孳息,契约另有订定者,不在此限(八八九)。质权人有收取质物所生孳息之权利者,应以对于自己财产同一之注意收取之,并为计算（八九〇Ⅰ）。例如以牝牛出质者，质权人收取所产牛乳，不得逾量，致损及于牛之健康；日出若干磅，亦应按实计算，不得短少。

质权人所收取之孳息，先抵充收取孳息之费用，次抵原债权之利息，复次抵原债权（同条Ⅱ）。故质权与其他以使用收益为内容之物权，究属不同。

质权人原则上虽无用益权，但得于质权存续中以质物转质于第三人（八九一），以担保其对于第三人所负之债务。转质为质权人之利益而设，所以助长其信用之发展也，但转贴应以不损及出质人之利益为限。故由转质担保之债权，其数额及清偿期限均不得超过由原质权担保之债权，其因转质受不可抗力之损失，亦应对出质人负责（同条）。

四、变价权——质权人于质权已届清偿期而未受清偿者，得变卖质物，就其卖得金而受清偿（八九三）。此乃关于质权之实行，详见下目。此外，在质权存续中，因质物有坏败之虞或其价值显有减少，足以害及质权人之权利者，质权人得拍卖质物，以其卖得价金代充质物（八九二）。此盖于质权人及出质人均有利也。但质权人应于拍卖前通知出质人，其不能通知者，不在此限（八九四）。

五、费用偿还请求权——质权人因保管质物所支出之必要费用，得请求出质人偿还；虽法无明文，于法理上自应作如此解释。

（乙）关于质权人之义务者

一、保管质物——质权人占有质物，应以善良管理人之注意保管之（八八八）。其保管义务，至质权消灭时为止。保管之方法，随质物之性质而定。如系证券，不妨交由银行保存，如系家畜，应予食料妥为喂养。如质权人不履行其义务，是否得许出质人为必要之措置，以保障自身之利益，法无明文。愚以为如出质人提前清偿债务以取回质物，或请求质权人提供相当担保，或声请法院为必要之处分（令质权人提存质物），未见于法理为不合也。

二、返还质物——由质权担保之债权消灭时,质权人应将质物返还于有受领权之人(八九六)。此有受领权之人,或为债务人或为第三人,视物之所属而定。

第五目　动产质权之实行

(甲) 实行之方法

债务人届期不为清偿,质权人得拍卖质物,就其卖得价金,而受清偿。质物之变价,为质权人之权利,非其义务(二二年上字二九七一判例),故债务人不得相强。如质权人请求债务人履行债务,而就债务人之其他财产声请为强制执行,于法并无不合。质权变价之方法如下:

一、变价之方法,法定为拍卖(八三Ⅰ)。拍卖之前,应以其事通知出质人,不能通知者,不在此限(八九四)。质权人毋庸向法院声请为质物之拍卖,故其方法,不若抵押权实行之繁琐慎重也。

二、当事人双方间得协议定变价之方法。或以质物移属质权人所有,或用拍卖以外之其他方法处分质物,但不得有害于其他质权人之利益(八七八、八九五)。此与抵押权实行同。约定于债权已届清偿期而未为清偿时,以质物之所有权移属于质权人者,为流质契约,于法为无效(八九三Ⅱ)。

(乙) 实行之结果

质物如系第三人所移交,因质权之实行,而该第三人丧失质物之所有权者,第三人得依关于保证之规定,代位质权人向债务人请求给付。虽法无明文,亦属法理所当然。

第六目　动产质权之消灭

动产质权消灭之原因,除物权消灭之一般原因外,尚有下列数种:

一、债权全部消灭——债权既经全部消灭,则从属于债权之质权,自应同归消灭。若债权仅一部消灭,则质权为供存余部分债权之担保,依旧存续。当事人间另有特约者,从其特约。

二、质物全部灭失——质物既经全部灭失,质权失所附丽,即归消灭。如仅一部分灭失,则余存部分,犹足供担保之用。质物因灭失得受赔偿金者,质权人得本于质权之效力,先就赔偿金取偿(八九九)。

三、质物之返还——质权人返还质物于出质人者,即丧失其质物之占有,于是欠缺质权发生之要件,质权自应归于消灭(八九七)。纵返还质物时,为质权继续存在之保留者,其保留仍属无效(同条Ⅱ)。

四、质物占有之丧失——质权人丧失其质物之占有,即欠缺质权发生之要件,质权应归消灭。但质权人如得依第九四九条及第九五〇条,请求恢复其物,或依第九六二条请求恢复其占有者,即不因占有一时之丧失,而影响及于质权之存续(八九八)。

第三节　权利质权

第一目　概　述

权利质权者,亦称准质权,质权人得就为质权标的物之权利,受清偿之权也。权利质权,非以物为其标的物,故非物权之一种,但与物权同具有绝对性格,故系绝对权利之一种,有对抗一般人之效力。

为质权标的物之权利,包括可让与之债权及其他权利(九〇〇)。故不可让与之债权或与质权之本质不合者,不得为权利质权之标的物。

一、下列不可让与之债权,不得为质权之标的物:

A. 法律禁止让与之债权,例如股份有限公司开始营业后一年内不得让与之发起人股份(《公司法》一七六Ⅱ)。

B. 当事人约定不得让与之债权,但以其约定不背公序良俗者为限。

C. 依债权之性质不得让与者,例如因雇佣或委任契约发生之劳务给付之请求权,或因亲属法上契约(婚约结婚)发生之慰抚金请求权等是(四八四、五四三、九七九Ⅲ、一〇五六Ⅲ)。

二、债权以外之其他权利,如著作权等,亦得为质权之标的物。但下列诸种权利与质权之本质不合,不得为质权之标的物。

A. 以不动产为标的物之权利。《民法》既不承认不动产质权,则就不动产物权(典权、地上权、永佃权)设定质权,当为法所不许。

B. 非财产权,例如人格权,身份权等是。父母就子女特有财产所享有之用益权,乃根据其身份权(亲权)而来,虽具有财产上价值,而非财产权(详见续论第一节)。

C. 不得让与之权利,例如公同共有人之应有部分、典权人之留买权等是。

关于权利质权,除有特别规定外,准用关于动产质权之规定(九〇一)。此特别规定,有准用于一般权利质权者,有特为以债权及有价证券为标的物之质权厘定者,分别论述如次:

第二目　关于一般权利质权者

权利质权之设定,应依关于其权利让与之规定为之(九〇二)。故如著作权之让与,应向内政部注册者(《著作权法》一六),设定质权时,亦应向内政部注册;再如商标专用权之让与,应向商标局注册者(《商标法》一),设定质权时,亦应向商标局注册;又如以人寿保险单上载明之权利出质者,遇其人寿保险契约由第三人订立时,经被保险人书面承认始生效力(《保险法》七八);以无限公司之股份出质者,非经其他股东全体之同意,不生效力(《公司法》二九关于两合公司之有限责任股东,同法七六)。

就权利设定质权以后,出质人非经质权人之同意,不得依法律行为使其权利消灭或变更(九〇三)。否则出质人以其一己之意思向债务人表示免除其债务,或向主管注册之机关表示抛弃其著作权等,则标的物既经灭失，质权即同归消灭，权利质权亦将无任何价值可言。此在动产质权则不然，质权人既占有动产，出质人自无自由为实质上处分，使动产灭失或其价值减少。此所以对于权利质权，有特设规定之必要，以保障质权人之合法利益，并以维持权利质权之功效也。

第三目　关于以债权为标的物之质权者

一、质权之发生——以债权出质，应以书面为之（九〇四）。此之书面，仍指得据以请求交付质物之债权行为而言，与第七六〇条中之书面，属于同一之性质。其所以规定取书面之方式者，盖以便质权人向第三债务人为质权设定之通知，而确保其权利之安全耳。质权之设定行为（物权行为），除须当事人间有发生之质权之合意外，如债权有证书者，并应交付其证书（股票、存折、单据等）于债权人（同条）。书面既为质权成立之要件，故缺此要件，虽经交付债权证书，仍不发生质权（二二年院字九九八解释）。

以债权出质，应向第三债务人为通知，然后对之发生对抗之效力。其通知由质权人或出质人为之，均无不可。如不为通知，固无碍质权之成立，但如第三债务人向出质人为清偿，其债权即因而消灭，质权人不得对之更有所主张。

二、债权之管理——质权人既占有债权，自有管理之权，并得直接向第三债务人为给付之请求。如债权之清偿期先于其所担保债权之清偿期者，质权人得请求债务人提存其为清偿之给付物（九〇五），以保存质权标的物之价值。苟其清偿期后于其所担保债权之清偿期者，如系金钱债权，得就自己对于出质人之债权额为给付之请求（九〇六）。如系其他之物，则质权人取得其物后，更依动产质权之规定，实行权利。

三、清偿——第三债务人向出质人或质权人一方为清偿时，应得他方之同意。他方不同意时，债务人应提存其为清偿之给付物（九〇七）。

盖债之清偿，于出质人及质权人均有利害关系故也。否则第三债务人虽为清偿，仍不消除其义务，而有为第二次给付之危险。

第四目　关于以有价证券为标的物之质权者

凡财产权载于证券上而与该证券有不可分离之关系者，称有价券，如汇票、本票、支票、股票、公债票、仓单等均是。关于以有价证券为标的物之质权，其特殊规定，约有三端。

一、质权之设定——此处应就无记名证券与其他证券，分别论述。如系无记名证券，质权之设定，须将证券交付于质权人始生效力（九〇八），与动产质权之设定实同。如系其他证券，固仍须交付其证券，但并应依背书方法为之（同条），即于证券背面，载明设定质权之文句，并由出质人签名。

二、质权之标的物——质权之标的物，不以证券本身为限。如证券附有利息证券、定期金证券或分配利益证券者，以交付于质权人者为限，其质权之效力，亦及于此等附属之证券（九一〇）。

三、证券之管理及证券债务人之给付——质权人既占有证券，自有管理之权。故以无记名证券、票据或其他背书而让与之证券为标的物者，其所担保之债权，纵未届清偿期，质权人得收取证券上应受之给付。如有预行通知证券债务人之必要，并有为通知之权利（九〇九）。但事实上，质权人既执有证券，已有受领给付之权利，无预行通知证券债务人之必要。

证券债务人应为之给付，仅得向质权人为之，毋庸得出质人之同意（同条末句）。盖证券与证券上载明之权利已成一体，仅执有证券之人，始有受领给付之权利也。

第十三章　留置权

第一节　概　述

留置权者,谓占有他人动产之人,于动产所有人清偿债务前,得留置其动产之权也。于必要时,留置权人(债权人)得依关于实行质权之规定,拍卖留置物或取得其所有权,以受补偿。留置权系物权之一种,具担保作用。但亦有留置权为抗辩权之一种而规定于债编者,例如德国《民法》是。盖以为留置权之行使,乃对于留置物所有人请求物之返还所提出之抗辩,与不履行契约之抗辩,适用上虽各有其范围,但性质上初无二致也。

留置权既为担保物权之一种,究与动产质权,有何区别,不得不辨。

(一) 留置权不得以契约设定,仅于法定条件具备时而发生。反之,质权则不然。(二) 留置权人无物上请求权,故不得行使第七六七条中规定之权利(详见第五章二)。反之,质权人有物上请求权。(三) 债务人为债务之清偿已提出相当之担保者,债权人之留置权即归消灭(九三七)。盖留置权之效用,在督促债务人履行债务。债务人既已提出担保,留置权自无存在之理,此于质权则不然。(四) 留置权不得让与,反之,质权则可让与。盖留置之权利与返还留置物之义务,有密切关系。留置权之主要效用,既在督促债务人履行债务,则其仅限于有返还义务者始得享有之,其理明甚。

第二节　留置权之发生

留置权于法定条件具备时而发生,故无由依法律行为或以时效取得

之。其要件有积极的和消极的两类,分述如下:

(甲)关于积极的要件者(九二八[1]、[2])

一、须占有关于其债务人之动产——债权人须占有留置物,但不必直接占有,间接占有亦无不可。如系有价证券或票据等,其占有之取得,毋庸依背书之方法。

留置权中之占有与质权中之占有,其为条件也各异。其在质权,经出质人移转其动产之占有,而质权始设定。其在留置权,则因债权人已占有属于债务人动产之故而成立。

占有之物,以动产为限。不动产及债权(有价证券除外),不得为留置权之标的物。

二、须债权已届清偿期——如债权未届清偿期,债权人尚不得督促债务人履行债务,因而亦不得留置其物。债权虽已届清偿期,但因时效而其请求权消灭,或其债权属于一种自然之债,债权人既不得在审判上请求而强制其履行债务,自不致有留置权之发生。但于例外之情形,法律规定债权纵未届清偿期,债权人仍有留置权,此于债务人已无支付能力时为然(九三一Ⅰ)。盖亦保护债权人利益之道也。

债权届清偿期,在留置权为权利发生之要件,在抵押权、质权则为权利实行之条件,故其效果亦各不同。

三、须债权之发生与留置物有牵连之关系——关于此一要件,学理上曾有各种不同见解。或谓留置权之成立,系出于债权人及债务人之共同意思,即债务人默认于不履行其债务时,债权人得不返还在其占有中之物。故留置权应基于有关留置物之双务契约,始得有效成立。若依此说,留置权与不履行契约之抗辩权(Exceptio non adimpleti contractus),将无区别可言。

其趋于另一极端者,则称留置权乃基于平衡之观念而来。如甲犹未向乙履行其债务,而必强乙以属于甲之物返还之,不足以昭公允。故若债权人本一种法律关系,占有债务人之动产,而本于另一种法律关系取得债权时,即可就该动产行使留置权。若依此说,留置权与抵销相似,学术上称基于不同债因(ex dispari causa)的留置权。

其采折中说者(即《民法》所采用者),认为债权与留置物须有相当牵连之关系(debitum cum re iunctum)。如债权与留置原无牵连之关系,固不发生留置物,但此牵连关系亦不仅限于双务契约始有之。如寄托物之修缮费、保管费、运送费等偿还请求权,虽本于非双务之寄托契约(有时称不完全双务契约)而来,但此请求权之发生,不得谓非与寄托物有牵连关系也。又如蹴球逾墙,损毁门窗,此损害赔偿请求权之发生,不根据于任何契约关系,仍不得谓非与该球无牵连之关系,债权人既占有寄托物及球,于债务人履行其义务前,自得留置之。

有时数种独立法律关系之间,亦可有牵连关系存在,要视当事人双方之给付,是否成立意思上或自然的一体性以为断。例如一铁道公司与一营造公司,先后订立三次契约。虽内容各不同,但均以建筑同一路线为目标。第一次契约关于山涧之开掘,第二次关于一部分路线铁轨之铺置,第三次关于某种水泥工程。后营造公司以铁道公司未履行第一、三两次契约所为之义务,于解除第二次契约后,即留置在其占有中之铁轨。上述三种契约,虽各独立,但造成意思上或自然的一体性,债权之发生与铁轨之占有,应认为有牵连关系。

如当事人双方为商人,则因营业关系而占有之动产及其因营业关系所生之债权应视为有牵连关系(九二九),乃采用上述第二说所主张之留置权。盖商人间交易频繁,其留置权之范围当较一般为广,否则不足以持平。

（乙）关于消极的要件

一、须其动产非因侵权行为而占有者（同条［3］）——债权人占有动产，应出于债务人之意愿。如债权人以侵权行为而占有者，纵其债权之发生与该动产有牵连之关系，仍不发生留置权。故窃贼不得以物主未向其偿还保管或修缮赃物之费用，而即留置其赃物也。

二、须其留置不违反公共秩序或善良风俗（九三〇）。例如占有他人之身份证，或于他人死亡时占有其殡殓之用品，均不发生留置权。

三、须其留置不与债权人所承担之义务相抵触（同条）——若债权人向债务人所负之义务，依其性质不容为动产之留置者，则不发生留置权。例如运送人，其义务在运送货物，故不得在未运送前，就交运之货物行使其留置权。既已运送矣，则运送人留置货物以督促收件人交付运费，自非不合。

四、须其留置不与债务人于动产交付前或交付时所为之指示相抵触（同条）——债务人向债权人为一定之指示，例如指示以动产交第三人，则债权人如欲留置其物，即与债务人所为之指示发生抵触；又如送货以资试用或送样本以便检选者，则债务人已向债权人为返还其货或其样本之指示，债权人不得留置之。其目的无非为维持交易上之信用也。但此项指示，应于动产交付前或交付时为之，如于交付后为之，债权人得不受其拘束。

留置权之个别适用，亦有规定于《民法》中者，约计三端：（一）不动产之出租人对于承租人之物，置于该不动产者，有留置权（四四五）。（二）主人就住宿、饮食或垫款所生之债权，对于客人所携带之行李及其他物品，有留置权（六一二）。（三）承揽运送人对于运送物有留置权（六六二）。上述留置权，即第九三九条所称之法定留置权也。

第三节　留置物及由留置权担保之债权

留置权之标的物,除物之本体外,亦包括其所生之孳息。故留置人得收取之以抵偿其债权(九三五)。其收取孳息之方法及抵偿债权之计算,准用第八九〇条关于质权之规定。

由留置权担保之债权,不以原债权为限,亦包括约定利息、迟延利息及实行留置权之费用。因保管留置物而支付之必要费用,得向其物之所有人请求偿还(九三四)。在偿还前,亦得留置其物。债权人于其债权(包括上列各种请求权)未受全部清偿前,得就留置物之全部行使其留置权(九三二)。

第四节　留置权之效力

留置权之效力,得分述留置权人之权利义务说明之。

(甲)关于其权利者

一、收益权——留置权人得收取留置物所生之孳息以抵偿债权(九三五),但于保管上有必要时,亦得使用之。

二、费用偿还请求权——留置权人因保管留置物所支出之必要费用,得向其物之所有人请求偿还(九三四)。

三、就物取偿权——留置权人于其债权已届清偿期而未受清偿者,得在一定条件下,就其留置物取偿(九三六Ⅰ)。此乃关于留置权之实行,另详下节。

至于占有权及物之请求权,留置权人均不享有之(详见第五章二)。一旦留置权人丧失其对于留置物事实上之管领力,留置权即归消灭。如其依第九六〇条或第九六二条复取得对于该物事实上之管领力者,则发生一新的留置权关系。

（一）保管留置物——留置权人应以善良管理人之注意，保管留置物（九三三）。故如不尽注意保管，致留置物受损害者，负损害赔偿之责。

（二）返还留置物——如留置权消灭，不问系出于何种消灭原因，留置权人应将留置物返还于其所有人。

第五节　留置权之实行

债权届清偿期而未受清偿时，如有质权之设定，质权人即得实行其质权。但留置权人不得即实行其留置权，盖此时留置权始告成立也。在实行其留置权之先，债权人应定六个月以上之相当期限，通知债务人，声明如不于其期限内为清偿时，即就其留置物取偿（九三六Ⅰ）。如因债务人住所不明，或以他种原因债权人不能为此通知者，应于债权清偿期届满后，经过二年仍未受清偿时，始得实行其留置权（同条Ⅲ）。

在催告期内，债务人如能提出相当之担保，留置权即归消灭（九三七）。盖留置权之效用，要在督促债务人履行债务，既有相当之担保，留置权即无存在理由。担保是否相当，遇有争执时，得由法院裁决。

债权人实行其留置权时，得依关于实行质权之规定，拍卖留置物或取得其所有权（九三六Ⅱ）。如系有价证券或票据，而当时占有之移转未依背书为之者，应由法院为之完成必要手续（参照《强制执行法》一三〇），使发生让与之效力。

第六节　留置权之消灭

留置权之消灭原因，计有两端：（一）债务人为债务之清偿，已提出相当之担保者（九三七）；（二）债权人丧失其留置物之占有，而不能依法恢复占有者（九三八）。他如留置权之实行，留置物全部丧失，债权全部消灭、混同及抛弃等，皆留置权消灭之原因，无待明文。

第十四章　占有

第一节　概　述

第一目　概念及重要性

（甲）吾人在绪论内曾称物权法包括两种不同的法律秩序，其一系财物之确定分配，即物权关系；其二，系其暂时性之占有关系。所谓具暂时性，乃指法律对于占有人于占有物上行使之权利，仅推定其适法有此权利（九四三）。既推定其适法有此权利，自应受法律之保护。但他人如能提出确证，覆灭其推定者，则占有人之合法地位，即遭毁灭，而失保障。故当初法律之保护，仅具暂时之目的。

占有者，对于物体具有事实上管领力之状态也。有事实上管领力者，不问其是否有管领之权，均不失为占有人。故盗贼仍系赃物之占有人。占有系物权之外观，吾人借以推及其盖蔽之真实。即外观应使与真实相当，否则难以维持交易之安全。故对于占有人，法律推定其有占有之权而保护之也。

财产权不因物之占有而成立者，著作权、矿业权、渔业权等，行使其财产权之人，称准占有人（九六六Ⅰ）。关于占有之规定，于准占有准用之（同条Ⅱ）。

（乙）占有之重要，可就其所发生之效用，分析而说明之。其效用约有三类：

一、占有人受法律之保护——法律为保护占有人起见，许其行使第九六〇条及第九六二条中规定之权利（详见以下之第四节）。其权利之行使,得对抗一般人(所有人亦包括在内)。故如甲向乙购得机器一架,分期付价,虽其中数期逾期已久,犹未清偿,于是甲未取得机器之所有权,但乙仍不得径自夺取。否则甲得行使第九六〇条及第九六二条中规定之权利,以为对抗。

法律保护占有竟有甚于所有权者,其故安在? 考立法用意,一以保持法律上和平,再以维系社会上生活之连续。若许所有人任意以己力取回其物,安知占有人(承租人、质权人等)均无占有之权哉? 所有人此之行为,徒足以滋纷扰。且占有人以占有之事实,示人有占有之权;他人亦信赖之而与其交易,于是社会上生活,得以延续,若陡然脱节,各方将另安排其生活,此对于全部社会生活,系一损失,殆无疑义。所有人虽不得径自取回其在他人占有中之所有物,但得依诉讼程序以求救济。如能提出确切凭证,证明占有人无占有之权,则法律为昭公允计,自必以保护所有权为重要也。

二、占有人实质上之优越地位——占有人以占有物体而取得实质上之优越地位者,有数种不同情形:例如以取得时效、先占或拾得遗失物而占有其物者,在其他要件具备时,即取得物之所有权。此乃占有之取得效用。或因占有动产而取得留置权,占有不动产而得以其租赁权对抗不动产之受让人(四二五),使债权之效力更臻强固。此乃占有之强固效用也。

三、占有之标记效用——占有人于占物上行使之权利,推定其适法有此权利(九四三)。故如向占有人请求返还其占有物者,应先覆灭其推定,而证明其为无权占有。又动产物权依法律行为变动者,须移转占有始生效力。盖均根据占有之标记效用也。

第二目　本　质

占有究为事实抑或权利,为说不一。其主张为纯粹事实者,盖以占有不限于有占有权之人始有之。无权之人,如盗贼等,亦得占有赃物,在一定范围内,仍受法律之保护。愚以为占有为暂时之权利。盖占有得为让与及继承(九四七),一似权利。惟其受法律暂时之保护,故为暂时之权利。但占有究与普通之物权不同。占有毋须登记,占有之让与亦非处分行为,故占有系法律上一独特之制度也。

第三目　比较法

关于占有,世有两种不同法制:曰罗马法,曰德国法。罗马法以占有包含两种要素:(一)体素(corpus),即事实上之支配力;(二)心素(animus),即以所有之意思管领其物。故若承租人、受寄人、质权人等,非以所有之意思管领其物者,只具备体素,而乏心素,非占有人(possessor),而系持有人(detentor)。至于所有人以其物出租、寄托或出质,因而借他人之手管领其物者,仍不失为占有人。近代如法国《民法》采用此制。反之,德国法不以所有之意思管领为要件,亦毋须占有人于物有全部之支配力。凡于物有事实上之管领力者,均系占有人。故不但所有人,他如承租人、受寄人、质权人等,于物有管领之力者,亦称占有人。但基于属下关系,而于物有事实上之权力者,如雇用人、学徒等,则仅为占有人之工具,其于物之管领,不得谓为占有。

故依德国法制,占有有各种不同状态,并得发生重复占有。如所有人以物贷与他人,所有人与借用人均为占有人。如借用人又以之寄托于第三人,则就同一物上即有三种占有状态存在。受寄人(亦称次级占有人)为直接占有人,所有人及借用人(亦称上级占有人)为间接占有人。

我国《民法》,采用德国之立法例。

第二节　占有之状态

占有有各种不同状态,析述各次:

一、直接占有及间接占有——间接占有者，不由自己直接管领其物，而由他人管领其物之状态也；直接占有则相反。故如承租人、受寄人、质权人或基于其他类似之法律关系（借贷、监护等），对于他人之物取得占有者，该他人为间接占有人（九四一），而承租人等（学术上称占有代理人）为直接占有人。

占有代理人管领他人之物，与占有辅助人管领他人之物，其间区别，不得不辨。占有代理人一方为上级占有人（尤其物之所有人）占有，而他方亦为自己而占有。反之，占有辅助人（雇佣人、学徒或基于其他类似之关系，受他人之指示而对于物有管领之力者）处于属下地位，受他人之指示而管领其物，有绝对服从之义务，纯系他人之工具，故仅该他人为占有人（九四二）。占有辅助人非占有人也。

二、自主占有及他主占有——自主占有者，以所有之意思占有其物之状态也。自主占有人，不必为物之真正所有人，盗贼虽非赃物之真正所有人，但既以所有之意思占有，亦属自主占有人。他主占有者，承认他人之所有权而占有其物之状态也。凡占有代理人，均为他主占有人，但他主占有人，不必均为占有代理人。如遗失物之拾得人，亦属他主占有人。

三、部分占有——部分占有者，其占有仅及于物之部分。部分占有之发生，以物之部分得为事实上管领者始可。至于是否为物之成分，在所不问。故租用他人房屋之一间，或租他人之隔壁以作广告之用，均系部分占有。他如桌椅之四足、机器之螺旋，不得由桌椅或机器分离而为管领，自不发生部分占有。部分占有人往往系他主占有人。

四、共同占有——共同占有者，数直接占有人或数同等级之间接占有人占有其物之状态也，与其相对者为单独占有。共同占有尚可分为两种：

A. 重复共同占有,指共同占有人中一人于其物之全部有独立管领力。例如有账房两人,各有钱箱钥匙一把,得独自启箱取钱是。

B. 统一共同占有,指共同占有人之各人,于占有物无独立之管领力,而由共同占有人全体合而有之。例如共同继承人以遗产中之珍珠宝石,存放于银行保险箱中,须共同开箱取物是。

第三节　占有之变动

第一目　取　得

占有之取得,可分直接占有及间接占有两端论述:

一、直接占有之取得,此处不问其为自主占有或他主占有,部分占有或共同占有,其取得须具备下列诸条件:

A. 须对于物有事实上之管领力。例如因拾遗、狩猎而占有无人占有之物,因窃盗而取得在他人占有中之物等是。至于收件人对于家用信箱中之信件,因其事实上及法律上之地位,亦视为有管领力。

B. 须有设定占有之意思。故若观摩他人购得之新物,仅瞬间或暂时执有之,或基于属下关系而管领他人之物者,无设定占有之意思,均不因之取得占有。设定占有,不必以个别之方式,亦得以一般之方式为之。例如收件人对于投入其家用信箱之信件,已以一般之方式设定占有。故虽收件人不知有信投入箱中,仍取得其占有。设定占有不以有法律行为上之意思能力者为限,只须具有自然意思能力即可。故无行为能力之儿童或禁治产人,亦可有效设定占有。

二、间接占有之取得——间接占有,在第九四一条中载明之法律关系发生时而设定。故有以其物出租于他人,因而变为间接占有者;亦有以其物出卖,随后以借用人或受寄人之名义继续占有其物(占有改定),因而该买受人取得间接占有者。

第二目　丧　失

占有之丧失,亦得分直接占有及间接占有论述。

一、直接占有之丧失——直接占有因事实上管领力之丧失而消灭(九六四)。其丧失是否出于自愿,在所不问。但因一时之障碍,致不能实行管领力者,其占有不消灭(同条但书)。凡事实上管领力得预计于相当时期内恢复者,例如岸地被淹、衣帽遗失或物之占有被侵夺而未满一年者(参照九六三),应视为一时不能实行管领力。此外复因设定占有之意思丧失而占有消灭。例如仆人拾得一物后,知为其主人所遗失者,仍为其保管是。

二、间接占有之丧失——间接占有之丧失,可有两种不同情形:或承租人、受寄人、质权人等丧失其占有,因而物之所有人同丧失其间接占有者;或承租人等继续占有,但已不为所有人占有者,此尤于间接占有人让与其物时为然。

第三目　变　更

占有之变更,乃指占有状态之变更而言。占有之状态既不一,自可相互变更。兹仅就法律上有意义者申述如次:

一、他主占有变为自主占有——指占有人初无所有之意思而占有,已而变为所有之意思而占有。他主占有非取得时效之要件,故其变为自主占有,在法律上有重大之意义。其变更得因于下列事由而发生(九四五):

A. 因于他主占有人之意思表示者。例如承租人于出租人向其收取租金时,否认租赁关系,反表示租赁物系其所有是。此意思表示,应对于使其占有之人(出租人)为之。如其向他人为之或单纯意思之变更,不生占有之变更。

B. 因于新事实者。例如承租人由出租人处受让其物,即因此让与之新事实,而其原来之占有即变为自主占有是。

二、善意占有变为恶意占有——善意占有人与恶意占有人之责任,各有不同(详见以下第四节第三目)。故其变更,亦具有法律上意义。善意占有人因真正所有人请求其返还涉讼,于本权诉讼败诉时,自其诉讼拘束发生之日起,视为恶意占有人(九五九)。

本权之诉与占有恢复之诉有别,后者仅以恢复物之占有为目的。至于孳息之返还、损害之赔偿,须待提起本权之诉,而后得请求之。占有人返还孳息及损害赔偿之义务,亦以其是否善意恶意而有异。又诉讼拘束,即诉讼系属之谓也。于原告起诉后,经审判长指定期日,由法院书记官做成传票送达于诉讼关系人时,而诉讼始系属于法院也。

第四目 移 转

一、占有之移转,得分概括继承及个别继承论述:

A. 占有之移转,因于概括继承而发生者,继承人虽不知有继承之事而于遗产亦无事实上管领力,但因于其法律上地位,仍受占有之移转。继承人之占有,与被继承人之占有,同其状态。

B. 占有之移转,因于个别继承而发生者,得就间接占有及直接占有分别论述:(一) 间接占有之移转,以占有物返还请求权之让与,而生效力。例如出质人以对于质物之返还请求权让与第三人,使其取得间接占有是(九四六Ⅱ)。其因法律上效力而发生请求权之让与者(租地让与时,受让人取得其间接占有),亦同。(二) 直接占有之移转,因占有物之交付而生效力(同条Ⅰ)。此际物之管领力发生现实变动,其依简易交付之方法,亦发生直接占有之移转(同条Ⅱ)。占有物之交付,非法律行为而系实在行为。故当事人双方均无须有行为能力,亦不因意思有瑕疵而得据以撤销交付行为。其他关于法律行为各条规定,均不适用之。直接占有之移转,亦得仅以合意而生效力,但以受移转者,对于物能不受他项障碍行使其管领力者为限。例如在森林中积贮之杉木千根，经当事人双方合意，而生占有之移转，毋须现实交付；且其合意，不必在积贮杉木之当地为之。合意与现实交付不同，非事实行为而系法律行为。当事人双方须有行为能力，如意思表示有瑕疵，得请求撤销其合意。其他关于法律行为之各条规定准用之。

二、受占有移转之人（继承人或受让人），得就自己之占有而为主张，或将自己之占有与前占有人之占有合并而为主张（九四七Ⅰ）。合并前占有人之占有而为主张者，并应承继其瑕疵（同条Ⅱ）。易言之，前占有人占有之始为恶意者，现占有人若欲利用其占有期间与已之占有合并计算时，应承继其瑕疵。故如占有物为不动产，而欲依时效取得之者，须占有满二十年，始得请求登记为所有人。若受占有移转之人，其占有之始为善意者，而前占有人之恶意占有未满十年时，则占有人无合计前占有人之必要，得就其自己之善意占有而为主张。占有满十年时，即得请求登记为所有人。

第四节　占有之效力

第一目　占有之保护

法律保护占有之理由，业如上述，至其对于占有之保护，于占有被侵夺或被妨害或有被妨害之虞时，始获显著。侵夺云者，指占有人因第三人之侵害行为，致丧失其全部或一部占有之谓也。妨害或有被妨害之虞云者，指侵夺以外之各种侵害情形而言。例如发生重大声响、臭污气体或墙将倒而不加修缮等是。侵夺与妨害，有时颇难辨别。大概称侵夺者，必侵夺之第三人，有为自己设定占有之情形。

上述之侵夺与妨害，须系不法之侵害行为。若原出于占有人之意思，或后经其同意者，或系合法之自力救济（参照一四九、一五一），或轻微声响之传出者,占有人不得主张法律上之保护。

第三人之侵害行为,是否出于其过失,在所不问。

法律规定保护占有之方法有二:即自力救济及法院援助是也。

一、自力救济,可有两种情形:如占有未被侵夺而仅被妨害或有被妨害之虞者,占有人得以己力防御之(九六〇Ⅰ),此其一。如占有已被侵夺,亦得以己力防御之。遇占有物为不动产时,占有人得即时排除加害人而取回之;遇占有物为动产时,占有人得就地或追踪向加害人取回之(同条Ⅱ),此其二。自力救济之实行,以不逾越必要程度为限。

自力救济,除占有人外,占有辅助人亦得实行之(九六一)。占有代理人(承租人、受寄人、质权人)遇上级占有人(出租人、寄托人、出质人)违背契约,而有侵害行为时,亦得实行之,以为对抗。至于共同占有人之实行自力救济,尚须更为辨别。如系对抗第三人时,共同占有人中一人即得实行之。如系对抗他共同占有人,则自力救济之实行,以保持自己就占有物使用之范围为限。如各占有人均遵守自己就占有物使用之范围,自不得互相请求占有之保护(九六五)。

占有人之占有,不问其是否有瑕疵,即是否以不法行为而取有者,其占有仍受法律之保障。故强盗遇小偷窃取其盗赃者,亦得以自力求救济。

二、占有人不及自力救济或依自力救济而不获效果时,得提起占有保护之诉,以求救于法院。此占有之诉(interdicta possessionis),以保护占有为目的,故与本权之诉亦得请求孳息返还及损害赔偿者不同。占有保护请求权,亦分两种:如占有被侵夺者,占有人得请求返还其占有物;如占有被妨害或有被妨害之虞者,得请求除去其妨害或请求防止其妨害(九六二)。

A. 占有人之占有被侵夺者,不问占有物为动产或不动产,得提起占有保护之诉，以请求占有物之返还。但被告得以原告之占有为有瑕疵而提出抗辩（exceptio vitiosae possessionis）。例如甲侵夺乙之表，翌日乙追回之。甲向乙请求恢复其表之占有，乙得以甲之瑕疵占有为理由，提出抗辩，以排斥其请求。至于根据本权所提出之抗辩，不生效力。例如承租人根据其租赁权，不待出租人之交付。而自动占有其租赁物者，如出租人请求返还占有物，承租人不得以享有租赁权为理由，以求自直。

B. 占有被妨害者（他人在其地上不法通行），得请求除去其妨害；或有被妨害之虞者（邻家墙垣将倒），得请求防止其妨害。

占有保护请求权，自侵夺或妨害占有或危险发生后一年间不行使而消灭（九六三）。此一年期间，系除斥期间，而非时效期间。又侵害行为发生后，因本权之诉（袋地人诉请确定通行权之存在，或出租人留置承租人之动产），经确定判决行为人胜诉者，占有保护请求权即归消灭。

第二目　权利之保护

一、权利之推定——占有人于占有物上行使之权利，推定其适法有此权利（九四三）。故于就占有物为使用或收益者，推定其有使用或收益之权。

占有人于占有物上行使之权利，既推定其适法有此权利，故欲覆灭其推定者，应负举证之责。占有人自无须先提出其权利之确证也（一八年上字六七二判例）。

占有人推定其为以所有之意思，善意、和平及公然占有者（九四四Ⅰ）。盖仅占有之事实，未能揭示占有所根据之法律关系及其取得占有之情状。占有人为所有人欤？抑或受寄人、质权人欤？其占有系善意、和平及公然者耶？非耶？断难从其外表识别之。故为占有人之利益，对于其占有，从优推定。

上述之推定，不以现在之占有为限，亦及于过去之占有。故如能证明物为他人窃盗或拾得者，即确定其过去之占有，于是即享有第九四四条之推定。

占有人得主张使其占有之人应享有之推定。故受寄人可主张寄托人之占有及其权利。

二、物之恢复请求权之排除——以动产所有权或其他物权之移转或设定为目的，而善意受让该动产之占有者，纵其让与人或设定人无处分之权利，其占有仍受法律之保护（九四八）。于是物之真正所有人，不得向其请求恢复其物。

占有人主张第九四八条中规定之权利者，须具备下列诸条件：

A. 须其占有物系动产，如系不动产，不适用第九四八条。

B. 须系善意受让动产之占有。所谓善意指误信占有人为物之所有人，或虽非物之所有人而有处分其物之权利（受所有人之委任以处分其物）。动产占有之受让，或因于所有权利之移转，或因于其他物权（质权）之移转或设定，其间原无任何之区别也。

C. 须其占有之动产，非盗赃或遗失物。盖盗赃或遗失物者，非出于物主本意而丧失之物也。侵占物虽亦非出于物主本意而丧失者，但仍与之有别（参照一二年上字一八九四判例）。此种分别，初无理论上之根据，仅为维持事实上之平衡耳。其以财物妥为安放加以锁钥者，未料有被窃盗之虞。如竟被窃盗，自应准其请求恢复其物。反之，其以财物交由他人占有者，应预料有被侵占之虞，如卒被侵占，而为善意受让人占有者，若仍许原物主请求恢复其物，实不足以保交易之安全。

占有物如系盗赃或遗失物，其被害人或遗失人，得请求恢复其物。但应自被盗或遗失之时起二年以内行使其请求权（九四九）。此两年期间为除斥期间，而非时效期间。

盗赃或遗失物之占有人，由拍卖或公共市场或由贩卖与其物同种之物之商人，以善意买得者，则非偿还其支出之价金，不得恢复其物（九五〇）。价金偿还前，占有人得留置其物。

盗赃或遗失物如系金钱或无记名证券，则不易与其同类之物识别，不得向善意占有人请求恢复（九五一）。

第三目　占有人之责任

占有人如遇他人行使物之恢复请求权，而获胜诉时，即应返还其物之占有于他人。但物有时业已灭失或让与，或虽未灭失让与但已毁损，或占有物曾经改良，又如孳息等，应如何处置？以上种种，均有关乎占有人之责任，视其占有系善意者抑或恶意者，而其责任亦有不同。

一、善意占有——善意占有人依推定其为适法所有之权利，既得为占有物之使用及收益（九五二），自不应负任何责任。就占有物本身而论，如已灭失或毁损，纵因可归责于彼之事由，对于恢复请求人亦不负赔偿之责。但因灭失或毁损而获受利益时，仅在其受益限度内，负赔偿之责（九五三）。但善意占有人如系质权人或留置权人，而未以善良管理人之注意保管其物（八八八、九三三）致其物灭失或毁损者，自应负赔偿之责（九五六）。就孳息而论，其已让与或消费者，固不负赔偿责任，其已取得而未让与或消费之孳息，亦毋庸归还。但善意占有人如系质权人，依当时之约定，应归还孳息者（参照八八九），自当别论。

善意占有人，对于占有物所支出之费用，可否向恢复请求人偿还，应依费用之性质而定。如因保存占有物所支出之必要费用，得向恢复占有物之人请求偿还。但已就占有物取得孳息者，视为已受抵偿，不得请求偿还（九五四）。如因改良占有物所支出之有益费用，于其占有物现存之增加价值限度内，得向恢复请求人请求偿还（九五五）。至于奢侈费用，为占有人特种之享受与便利所支出之费用，虽无明文规定，但权衡事理，自不能向恢复请求人请求偿还。占有人固得取回其奢侈之设置，但应恢复占有物之原状。又其取回，如于占有人无益者，或恢复请求人允以公平之价格购买其设置者，即不得取回之。

二、恶意占有——恶意占有人，非但有返还占有物之义务，如因可归责于彼之事由，致占有物灭失或毁损者，对于恢复请求人，负损害赔偿之责(九五六)。

恶意占有人，并有返还孳息之义务。其孳息如已消费，或因其过失而毁损或怠于收取者，负偿还其孳息价金之义务(九五八)。价金之计算，以恢复请求人在最有利时变卖而可得之数额为标准。

关于恶意占有人所支出之费用，以保存占有物必要者为限，对于恢复请求人始得依关于无因管理之规定，请求偿还(九五七)。

第五节　准占有

占有既系对于物体具有事实上管领力之状态，故占有之对象，仅以有体之物为限。物权固须以有形体之物为其标的物，但物权仅系财产权之一种。他如智能权(包括著作权在内)、债权、继承权、矿业权及渔业权等，亦均属于财产权之范畴(详见绪论第一节)，但未必以有形体之物为其标的物，于是即不发生物之占有问题，更不因物之占有而其权利始告成立。在此场合，即以行使其财产权之人，如著作权人、债权人为准占有人(九六六 I)。关于占有之规定，故准占有准用之(同条 II)。

（张企泰著：《中国民法物权论》，大东书局1945年版。）

中国民事诉讼法论

自　序

  自现行民诉法颁行以来，数年之间，已有不少佳著问世，如石志泉氏之《民事诉讼法释义》，精确详明，久为法界所推崇。但作者所以仍不揣冒昧，编著本书者，盖亦有其理由在。际此后方图书缺乏，石氏之作，尤不易得。不仅大学生需用此类参考书颇殷，即法界一般人士亦同有此之需。本书之印行，或稍合于此种需要，此其一。已往之著作，均取材于日本。盖现行民诉法以日本法典为圭臬。但日本法典，原非创作，亦系模仿德国而来。本书内容，间接取之于德国典籍，尤以 Leo Rosenberg 所著 *Lehrbuch des deutschen Zivilprozessrechts* 一书，论述精详，颇多为本书所采。故或有意外著料、新颖之说，可供揣摩，此其二。近年来关于民诉法之判例解释颇夥，虽此类实务材料，于今得之甚难，经作者多方设法，尚获检阅卅一年度司法公报中所载之判解，本书内容，乃获充实，或有别于他著，此其三。民国卅年七月一日国府颁行《非常时期民事诉讼补充条例》，以资解决非常时期所发生之特种诉讼上问题。既称非常时期，故不限于战时，恐战后之相当时期仍须适用该条例。本书特于附录为简明之阐述，实为他著所不备，此其四。根据上述四点理由，作者认为本书尚有出版之价值，乃毅然付梓，若能对于大学生及法界一般人士略有所贡献，已是作者最大之愿望。

三十二年一月十五日于陪都

目　次

绪　论

第一章　民事诉讼及民事诉讼法概述

第一节　概　念

A. 诉者,告也,讼者,争辩曲直也。故诉讼者,亦即告争之意也。在普通情形下,有争辩必起诉,诉亦因争辩而生。但有时可无争辩而起诉,亦可有争辩而不起诉。前者例如被告对于原告所为诉讼标的之主张,径行认诺(第八十条),经法院本于其认诺为该当事人败诉之判决(第三八四条),或依旧时判例,被告不到场,而对之为缺席判决是。后者例如和解(《民法》第七三六条以下)、免除、承认或经仲裁而解决是。因此可以有诉而无争,亦可有争而不起诉。

诉讼之称,始于《大元通制》,其第十三篇即以"诉讼"名。《明律》以六曹分类,刑律列有诉讼十二条。《大清律例》,亦并诉讼于刑律中。

B. 民事者,指民商法规范围内之事。故民事诉讼与刑事诉讼、行政诉讼、非讼事件有别。

民事实体法规乃规定人民私法上之权利义务。在普通情形下,权利必为人所尊重,义务亦必诚实履行。债务人之所以自动给付者,其理由有多端:出于其本人之公平观念,此其一。出于其恐惧社会制裁之心理,而虑影响及于其信用及社会上声誉,此其二。出于其恐惧国家制裁之心理,此其三。

但事实上,往往有债务人以恶意,或无支付能力,或懈怠而不履行其债务者;或有出于故意或过失,对于他人之权利如所有权、著作权等,加以侵害者;或就某一法律关系成立与否,发生争执者;则权利人势必图谋救济,或凭自身实力,或请求国家予以援助。若无任何一种强制办法,不仅法律秩序,即私法本身,亦难维持。

从历史观点而论,自力救济实为保障权利最早一种手段,但其结果甚不满意。盖享有权利者未必为强者,且往往使强权胜公理。随后国家组织渐趋严密,政治稳定、文化发达,为维持秩序及建立和平起见,势不能再听个人无限制地以自力而图救济,国家应以保障私权为己任,其手段即民事诉讼。故民事诉讼之直接效果,虽在保障私权,而其最终目的,则在维持法律秩序及社会安宁。

C. 民事诉讼可分两大部分:(一) 审判程序,亦即狭义的诉讼程序,乃对调解程序而言,以裁判结束其程序,分通常诉讼程序及特种诉讼程序(例如督促程序、公示催告程序、人事诉讼程序等)两种。(二) 保全程序,其目的在暂时保全罹于危险之权利或法律关系。德国以强制执行规定在《民事诉讼法》内,故便包括第三部分之强制执行程序,其目的在以强制手段,实行已确认之请求权。故民事诉讼者,以确认、保全(或并加实行)私权及私法上法律关系,进而维持法律秩序之法定程序。民事诉讼法者,即规律该程序之法律也。

第二节　本　质

A. 据上所述,民事诉讼法与民法有别。民法规定如何创设法律关系、如何取得私权,于个人予以行为之准则,于法官则予以裁判之南针。民事诉讼法所规定者为民事诉讼之机构及要件,法律上保障之种类、方式及效力,以及如何完成其程序。一为实体法,一为程序法。

B. 民事诉讼法系公法之一种。吾人以之为公法者,并非在其所促进之利益有关国家社会,而私法则仅促进私人利益。实则私法规律私人行为,亦有维持秩序、促进公益之功,而民事诉讼亦往往促进私人利益。

吾人当非据此而为区别。区别之标准,纯在于规律之对象。私法基于私人平等地位而规律其关系,公法则规律国家及其他公共团体之活动,其相互间之关系及其与人民间之关系,而其与人民间之关系,不处于平等地位,而有治者与被治者之分。民事诉讼法者,规律国家司法职务、司法机关之管辖及活动,以及应适用之程序、裁判之效力、保全(及执行)处分之力量,乃全以国家公力为基础,当事人莫不受此公力之拘束,故系公法而非私法也。

第三节　民事诉讼法立法史略

古代立法,民刑不分,更无实体法与程序法之别,故无独立之诉讼法。听讼断狱之条,悉附于刑律,而准用于民事诉讼。直至前清末叶,始有各级审判厅试办章程,但过于简略,不足以资适用。乃更由修订法律大臣沈家本等编纂民事诉讼律草案,几全抄袭德国《民事诉讼法》。民国十年广东军政府颁布《民事诉讼律》,同年七月二十二日北京政府亦公布《民事诉讼条例》,于是即有两种民事诉讼法规并行。国民政府成立之后,即制定《民事诉讼法》,于民国十九年及二十年分两次公布,民国廿一年五月二十日施行,通行全国。后以该法未臻妥善,应修正之处尚多,复于民国二十四年二月一日公布《中华民国民事诉讼法》,于同年七月一日施行,即现行法也。

第四节　有关法律

与民事诉讼法有关之法律种类甚夥,就其有密切关系者数种,罗列于后:(一)《法院组织法》(民国二十一年十月二十八日公布,民国二十四年七月一日施行);(二)《强制执行法》(民国二十九年一月十九日公布,同日施行);(三)《律师法》(民国三十年一月十一日公布,同日施行);(四)《民事诉讼费用法》(民国三十年四月八日公布,同日施行)。

第一编　总论

第二章　民事诉讼之范围

第一节　民事诉讼属于司法之范围

民事诉讼属于司法之范围。司法系国家执行法律的一种权力,与立法有别。立法者,国家制定一般的抽象规则;司法者,国家就个别的具体事件,予以直接解决的一种活动。一是创法,一是用法。性质上司法与行政,区别颇微,盖行政亦系国家使法律个别化、具体化的一种活动。因此孟德斯鸠创立主权说之后,后人如法国学者 H. Berthelemy 竟予修正,以为只有两权。但司法与行政,究有不同。

司法职务,包括两类事项,曰行政,曰审判(《中华民国宪法草案》第七六条)。(一)行政上职务,旨在完成外界条件,以便审判权之行使。例如法院之设立、组织、法官及其他司法人员之任命、叙俸、监督、惩戒事务之分配,及其他物质上条件之促成。此种司法行政权由司法院所属司法行政部行使之。他如最高法院院长,庭长,高等法院、地方法院院长,各级法院检察长及首席检察官等,亦各享有一部分行政权。(二)审判上职务,旨在适用法律于具体事件,由法院行使之。或系诉讼事件,或系非讼事件(例如监护人之选定[《民法》第一一一一条二项],限定继承期限之延展[同法第一一五六条]),或系民事或系刑事。

行政所包括之事项,至为广泛。凡不属立法、司法、考试、监察之事项,均属之。行政权之行使,在促进公益,图达国家目的,如内政、军政、财政、经济、交通、教育、外交等均是。行政机关之活动,并非可以恣戾专横,毫无限制。其权力之运用,亦有法度范围之指导之。法律之适用,在司法机关系一种目的,在行政机关系达到国家目的的一种手段。行政机关之活动,是否谨守法度,由行政官署自身或行政法院管辖。

关于行政诉讼,应否属于行政,抑应属于司法,议论不一。以形式言,如司法行政应属于司法权,则行政诉讼,其在他国(例如德国),既由属于行政方面的特种法院或组织受理,应认为行政机关活动之一部,于是属于行政权。以实质言,司法行政有时既可认为行政之一部(最近十中全会复决议以司法部隶属于行政院),则行政诉讼亦未始不可认为系司法之一部。惟以我国目前政府组织而论,以行政诉讼归特设之行政法院受理,而属于司法院,不问形式实质,均可为属于国家司法权之行使。

行政机关之职责,既在促进公共利益,图达国家崇高的目的,自应听从当时政府之命令与训示。至于法院专在探求社会正义、主持公道,应不受当时政府之权力及意见之影响。此所以行政与司法,应予隔别,使各独立。中华民国宪法草案第八十条规定称:“法官依法律独立审判”;前大理院判例亦称:“司法权即审判权,应专属于法院,为一大原则”(十五年抗字第一五六号),如由其他机关行使,其审判为无效。又十九年院字第二九一号解释称:“普通法院审判民事案件,若无戒严情形,军事机关另行审判为无效。其被害人除仍请法院执行外,并得诉请损害赔偿”。

第二节　民事法院管辖与他种管辖之区别

A. 民事法院管辖与行政法院管辖之间有别。就原则上言,凡一切争讼,除法令有特别规定者外,私法上争讼系民事诉讼,由普通法院受理;公法上事件,则由行政法院管辖。但何者为私法上争讼,何者为公法上事件,其标准不在所适用法规之性质如何。盖在民事诉讼程序中,有时发生公法上问题应予解答者,例如依《民法》第一八六条起诉,该公务员是否违背对于第三人应执行之职务,或依同法第一七四条起诉,本人是否应尽公益上之义务,均须依公法解答。反之,在行政诉讼程序中,有时亦发生私法上的先决问题,故其标准断在当事人两方之关系,是否立于平等地位而发生。若双方之权义,系一方或双方受国家权力或公家机关支配之结果,则为公法上之关系。前者例如船运局招商包销(八年统字第一一四三号解释)、官府与人民所为之买卖行为(二十年上字第一七一二号判例)、国家经营私经济事业与私人间发生之法律关系,均属民事事件。以行政行为之手段,侵害他人优先承领之权利者,系恢复侵害之民事诉讼(七年统字第九一五号解释),假官府行政处分,为私人之侵权行为,亦应归法院管辖(十七年解字第二一七号解释)。后者例如人民垦熟荒地,久完芦银,仅未报官开科,官府收回另放,系行政处分,司法机关不能受理(十八年院字第四六号解释)。

　　普通法院于其受理之事件,是否有管辖权,应依职权调查之,而不受当事人声请之拘束。如不应受理而受理之,其判决为违背法令,得为第三审法院上诉之理由(第四六六条三款)。行政官署或法院亦应同样地依职权调查是否有管辖权。如普通法院与行政法院管辖上发生冲突,究应如何解决,法无明文规定。司法院既系两者之直接上级机关,或声请其解释以定管辖,亦一权宜办法。

　　民事法院与行政官署或法院,各自独立解决其受理之案件及其中包括之一切法律问题,不问民事法院所欲解决者,系一公法上问题,或行政官署或法院所欲解决者,系一私法上问题。依《民事诉讼法》第一八二条之规定,普通法院既"得"命中止诉讼程序,可见其有斟酌之绝对自由,而无中止程序、听从行政官署决定之义务。

　　B. 民事管辖与刑事管辖有别。民事管辖以民事为对象,刑事管辖,则以刑事为对象,其区别实甚显然。申言之,刑事管辖,乃对于犯罪者科以刑罚而执行之;民事管辖,乃确认或实行私权人私法上关系。一则防卫社会国家之利益,一则保障私人之利益。因此之不同,故民事诉讼与刑事诉讼,遂有若干之异点,于此不赘。

　　民刑诉讼,有时可并合于一程序中进行;易言之,在刑事诉讼程序中,法院亦得对于被害人向加害人所提出之请求权,予以受理。例如加伤害于人之身体者,被害人固得独立向民事法院请求损害赔偿,亦得在刑事法院提起附带民诉。

　　民事法院与刑事法院亦各自独立。易言之,如刑庭受理民事案件,其裁判因缺乏管辖权而无效,反之亦然。此外刑事法院就先决之民事法律关系,得依《刑事诉讼法》之规定及原则,自行裁判(三十年院字第二二五六号解释称:"刑事法院就地属何方所有之民事法律关系,仍应依职权自行判断,不受民事判决之拘束。")。民事法院对于刑事法院就民事法律关系所为之判断,或对于可以影响及于请求成立与否之犯罪行为之判断,亦不受其拘束。

　　C. 民事诉讼与非讼事件有别。非讼事件者,无是非曲直之争、不经诉讼程序解决之事件,例如监护人之选定、限定继承期限之延展等是。此外如登记、备案以及公证事件,均包括在内。我国现尚无非讼之事件法,如何区别诉讼事件与非讼事件,有时颇感不易。

　　D. 普通法院之管辖与特种法院之管辖有别。普通法院对于讼争有无限之管辖权,既不以特种人亦不以特种事为限。《法院组织法》所规定者即普通法院;《民事诉讼法》所规定者,亦普通法院之程序。特种法院在我国仅有条文上之土地裁判所,迄未成立。

第三节　中国民事法院管辖之范围

A. 中国民事法院管辖之范围,可自人地两方面而论。关于地域方面,以言原则,中国民事法院管辖权,其范围应与中国领土之面积相等。但过去以有租借地之故,中国整个法权,亦包括民事法院之管辖权在内,遂不及于本国之领土。各国在华之租借地,迄今仅有澳门、广州湾及九龙三处,澳门及广州湾不难于战后收回。至于九龙,此次中英新约(三十二年一月十一日签订公布)并未提及,殊属憾事。甚希于战后得获收回,庶几吾国法权,重复完整。

B. 关于人的方面,在上述范围之内,中国民事法院,对于任何人,不因其国籍何若,苟其法律关系发生于中国,就该法律关系,应有管辖权,此乃原则。有时以条约关系,或依国际公法一般原则,亦发生例外。

1. 我国前与他国订有领事裁判权之条约,故凡属外人为被告之案件,中国法院即无管辖权。现因重订新约而取消领判权者,有德奥苏墨四国。新定条约,向无领判权者,有智利、玻利维亚、伊朗、苏兰、波兰、希腊、捷克、土耳其八国。因使领离华断绝外交关系无形放弃领判权者,有西班牙、丹麦两国。因宣战废止其领判权者,有日本、意大利两国。已改订新约允弃领判权,但须俟华府条约签订各国承允后始实行者,有葡萄牙一国。旧约期满,已换文撤销领判权,但须与华府会议各国同时实行者,有挪威一国。已签订撤销领判权条约,尚待批准者,有荷兰一国。原约订明其他有约各国撤废领判权时,亦照办者,有瑞典、瑞士两国。旧约已满期,新约尚未就绪,事实上仍享有领判权者,仅法国、巴西、秘鲁三国。至于英美已与吾国签订新约。《中英新约》第二条及《中美新约》第一条即规定废止领判权,嗣后英美人民在中国者,应依国际公法原则及国际惯例,受中华民国政府之管辖。相信不久之将来,法国、巴西及秘鲁,亦将步美英之后尘,放弃其在华之领事裁判权,可逆料也。

2. 此外依照国际公法一般原则,驻华外交使节、其家属、属员等、外国领事官、外国元首及其随从,均享有治外法权,中国法权不及之。故自民事法院之管辖立论,对于上列人等,不得为下列各款行为:

a. 不得列为被告,向中国法院起诉或声请调解。如法院不顾而径予判决,其判决为无效。但判决驳回原告之诉,于是有利于被告者,自属有效。享有治外法权之人,自愿放弃特权向中国法院起诉者,则被告得依《民事诉讼法》之规定,用各种方法,防卫其权益,甚且提起反诉,以为对抗。

b. 不得实施执行或假扣押、假处分。

c. 不得传唤作证,或命为鉴定。

d. 如有文书送达,以外交方式行之。

上述原则,有两例外:(一) 关于中国土地事件,享有治外法权之人,仍应在中国法院起诉或应诉。(二) 因彼之起诉而被告提起反诉者,就该反诉,中国法院亦应受理,上已述及。

第三章　法　院

第一节　民事法院之组织

A. 法院之义,有广狭两种。广义之法院,指国家组织(即行政上)之一部,旧时称审判衙门,设于一定区域,有一定员额之推事,配置检察官,并设书记科,此外有屋宇及监所等。狭义之法院,指专司审判之法庭而言。或采独任制,即以推事一人担任审判事务,或采合议制,即以推事三人或五人合议审判事宜。依现行制度,地方法院审判案件,以推事一人独任行之,但案件重大者,得以三人之合议行之。高等法院审判案件,以推事三人之合议行之,但得以推事一人行准备程序、调查证据或试行和解;最高法院审判案件以推事五人或三人行之。可见吾国认合议制为较优良之制度。

欧西各国,采合议制者,有法德等,采独任制者,则有英美,孰为优良,议论纷纭。主采独任制者,曾列举三优点:(一)推举独断独行,势必负起责任,而无推诿之弊;(二)推事有尽量发挥其才能之机会;(三)结案迅速。主采合议者制,则称依吾人之经验,若集合推事数人于一室,磋商讨论,对于事实法律,往往能面面顾到,实较一人所得者为多。俗谚云"三个臭皮匠,胜过一个诸葛亮",此之谓也。但合议制自亦有其弊端。如三人合议,甲于某案反对乙之主张而同意于丙,乙或怀恨在心,于他案合议,纵以为甲之主张有理,亦必反对之而同意于丙。是则以私怨而害及公理正义,影响及于当事人之利益,盖亦事实上所难免者也。

B. 民事法院之组织,尤其关于合议制之法院,可分述如次:

1. 各种集合:

a. 合议庭推事三人,举行裁判之评议;其在最高法院,得有五人。

b. 法院全体推事会议,于每年度年终举行之,预定次年度司法事务之分配及代理次序。有合议审判之法院并应预定次年度关于合议审判时推事之配置(《法院组织法》第五七条)。

c. 最高法院民庭庭长联席会议,并加司法院院长及最高法院院长,成统一解释法令会议,由司法院院长主席。

2. 各庭之组织:

a. 审判长——由庭长充任(《法院组织法》第四条一项),独任审判以该推事行审判长之职权(同法同条二项)。其裁判评议权与陪席推事相等,即评议时,陪席推事不受其指挥,如意见有不同,仍从多数取决。惟在其他方面,审判长之地位,较之联席推事,颇有不同。下列事项,其权属之审判长：

（一）期日（第一五四条）及期间（第一六〇条）之酌定。

（二）诉讼之指挥（第一九八条以下，又法院组织法第六六条）。

（三）特别代理人之选任（第五一条）。

（四）法庭秩序之维持（《法院组织法》第六七条以下）。

审判长仅以合议庭一机构之资格履行上列职务，并非有其独立管辖权。但其所享有之权限，原则上仍系独立的，不受合议庭之监督，故审判长所为裁定，当事人如欲提起抗告，应向直接上级法院，而不向合议庭为之（第四八三条一项）。第二〇一条所规定者，系提出异议，目类与抗告同论。

b. 陪审推事——即与审判长组成合议庭之推事，其裁判上与评议时之地位，与审判长无所轩轾，惟无诉讼指挥之权。如欲向当事人、证人发问或晓谕，须告与审判长后始可（第一九九条三项、第三一九条二项）。

c. 受命推事——系合议庭之一员，受审判长之命，为合议庭事务范围内之个别职权上行为，例如行准备程序（第二七〇条一项）、调查证据（第二九〇条）、试行和解（第三七七条）。受命推事居属下之地位，故对于受命推事之裁定，不得向直接上级法院抗告，仅得向受诉法院提出异议（第四八二条），经受诉法院更为裁定后，始得向直接上级法院抗告。

受命推事与受托推事有别。受托推事非本法院之推事，而系他法院之推事，受受诉法院之嘱托，为个别职权上行为者也。

d. 主任推事——在法律中并无规定。但合议制之法院，其中必有推事为一案件之配受者，即经分配而由某一推事承办，此之谓主任推事。关于该案件之推进，由其多负责任，将来经评议决定后，亦由其草作判决书。

3. 裁判之评议——旨在交换各推事之意见，以决定裁判。评议时各推事之意见,记载于评议簿上,应严守秘密(《法院组织法》第八三条)。表决前在审判长主席下举行言词评述,其次序依《法院组织法》第八一条之规定,以过半数之意见决定之(同法第八二条)。

第二节　民事法院之职员

法院职员,包括推事、书记官及执达员。律师与法院之审判工作,亦有密切关系,一并附录于此。兹分述之。

A. 推事——推事之资格规定于法院组织法,兹不赘述。仅就推事之回避,法院及推事之独立两点,加以论述。但于此应先说明者,在我国推事系一专职。凡推事须合乎《法院组织法》第六章各条规定之资格,否则均无为推事之可能。惟在他国有职业推事(Rechtsgelehrter Richter)与非职业推事(Laienrichter)之别。职业推事者,以推事之职为其专业;非职业推事者,并不以之为专业,而为一种兼职。例如德国之商事法院除职业推事外,有商事推事,由商人中遴选之参与审判。盖以商务情形复杂,习惯纷繁,往往非职业推事所能完全了解。若非有此种商事推事参与审判,难期公平。其作用虽与鉴定人无异,其地位仍与推事相符。此外,劳工法院、租赁法院等,亦均有劳资双方及租赁关系双方之代表,参加审判。既使人民对于法院增加信仰,且使职业推事对于当事人两造之立场,更易体会,审判工作不致迂阔而不切实情。

1. 推事之回避——推事与某一案件有特种关系,致其裁判虽能公正或有偏颇之虞时,纵该案依管辖及事务之分配应由其受理,仍不应使其执行职务,此之谓推事之回避。其情形有二:

a. 推事自行回避

(一)原因——其原因经法律列举者有七种(第三二条)。

推事或其配偶、前配偶或未婚配偶为该诉讼事件当事人者。

推事为该诉讼事件当事人、七亲等内之血亲或五亲等内之姻亲,或曾有此亲属关系者。

推事或其配偶、前配偶或未婚配偶,就该诉讼事件与当事人有共同权利人(如连带债权人、物之共有人等)、共同义务人(如连带债务人)或偿还义务人(如保证人)之关系者。如仅间接有利害关系(当事人系一社团,而推事系该社团之一员),推事毋庸自行回避,但当事人仍可声请其回避。

推事现为或曾为该诉讼事件当事人之法定代理人或家长、家属者。

推事于该诉讼事件,现为或曾为当事人之诉讼代理人或辅佐人者。

推事于该诉讼事件,曾为证人或鉴定人者。

惟事曾参与该诉讼事件之前审裁判或公断。所谓曾参与前审裁判者,系指同一推事。

就同一事件,在下级审曾参与审判而言(二二年上字第二〇七号判例,同年抗字第三六三号判例)。若推事试行和解,并非就事件为判断,故于当事人主张和解未成立请求继续审判之事件,仍得执行职务。至于推事行调解程序,与试行和解性质相同(廿九年院字第二〇七一号解释)。至于第二审法院将事件发回原法院之判决,并非原法院更审程序之前审裁判。故在原法院更审程序执行职务之推事,虽曾参与第二审法院所发回事件之判决,亦无庸回避(卅一年院字第二二八三号解释)。

(二)效力——如有法定回避原因之一者,该推事应自行回避,不得执行职务,或由法院或院长依职权为回避之裁定(第三八条),否则当事人得声请其回避(第三三条)。有疑义时,得由该推事所属法院参加被声请回避推事之代理推事(盖其本人不得参与),以合议审裁定之(第三五条)。

如应回避之推事已参与审判者,应由他推事或合议庭参加他推事后,更新审判。诉讼程序已经终结或法院已为裁判者,仍须依上诉或再审程序废弃之。

至于当事人之行为,不因在应回避之推事前所为而无效。

b. 声请推事回避

(一)原因——计有两种(第三三条)。其一,推事应自行回避而不回避者;其二,推事执行职务,足认其有偏颇之虞者,例如推事与当事人有亲交嫌怨,或就诉讼目的有利害关系,足影响及于裁判之公正(二一年抗字第五〇七号判例)。至于诉讼进行中之指挥或裁判,不能以系偏颇为理由声请回避(二二年抗字第六三一号判例)。

(二)声请——如有偏颇之虞,当事人应主张之,举其原因向推事所属法院提出之(第三四条一项);并须于声请之日起,三日内释明其原因及事实(同条二项)。当事人此项声请,须就本案为言词或书状之声明或陈述前为之(第三三条二项,并参阅第一九七条)。如仅有延展日期之声请与本案内容无关,当不得视为第三三条中之声明或陈述,故仍无碍其为声请回避也。法律所以设此限制者,盖以推事是否有偏颇之虞,悉以当事人之观察主张为根据。如其已就本案有所声明或陈述,足见对于推事已示信任,认为能维公平,决无偏颇之弊。如于诉讼进行中,许其随时声请回避,难免托故延宕、纷乱程序之嫌。但回避之原因发生在后或知悉在后者,自不在此限。

至于依第三三条声请回避,其情形不同。推事有法定原因应回避而不回避,其裁判为违法。当事人不仅得于诉讼进行中随时声请,并得于终结后,以此为理由提起上诉或声请再审,请求废弃。

(三)审判——经当事人声请后,由该推事所属法院参加被声请回避推事之代理推事(本人不得参与,第三五条二项)以合议审判裁定之,其因不足法定人数不能行合议者,由院长裁定之。如并不能由院长裁定者,由直接上级法院裁定之(第三五条一项)。被声请回避之推事,对于该声请得提出意见书(第三四条三项)。如以其声请为正当者,当无争执,省却裁定程序,而视为已有应回避之裁定(第三五条三项)。

(四)不服——其以声请为正当者,不得声明不服。声请经裁定驳回者,得十五日内抗告(第三六条)。

(五)效力——推事被声请回避者,在该声请事件终结前,应停止诉讼程序(第三七条一项)。否则该推事之诉讼行为,如不得有效更为者,实具有第四六六条所规定之情形。基于该行为之裁判得依上诉程序废弃之。但其声请违背第三三条二项或第三四条一项或二项之规定,或显系意图延滞诉讼而为者,不在此限(第三七条一项)。停止诉讼程序中,如有急迫情形,仍应为必要之处分(第三七条二项),例如为假扣押、假处分之裁定;如证据有湮灭之虞,仍得续行调查。

声请回避而获效果,被声请回避推事于声请后所为之职权行为,应更新为之;其所参与之裁判,得依上诉或再审程序废弃之。

2. 法院及推事之独立——法院之独立者,指审判权仅得由独立并经法律规定之法院行使。推事之独立者,指推事之审判仅受法律拘束,不受政治上影响,亦非上级法院所得干涉。为维持其独立,法律特予推事以保障,可分两类:

a. 事物上保障。法院内部之行政与审判截然分别,即事务(尤其案件)之分配及合议庭推事之配置,非随案临时决定,而于年度之始,已予明定,因此可杜绝院长影响审判之弊病。

b. 推事本身之保障。实任推事非有法定原因并依法定程序,不得将其停职、免职、转调或减俸(《法院组织法》第四十条)。

B. 书记官——系法院职员之一种,其职务属于行政方面者,如掌理文牍、统计、会计、监狱及其他一切庶务,置书记官长以监督之(同法第四

四条);属于强制执行方面者,如奉令指挥执达员实施执行;属于诉讼方面者如下:

1. 文书之做成及保管,例如:

做成言词辩论笔录(第二一二条)、调查证据笔录(第二九四条)及传票(第一五六条)。

记明裁判原本受领日期并签名(第二二八条、第二三九条),签名于裁判正本或节本(第二三〇条、第二三九条)。

付与判决确定证明书(第三九八条)。

关于请求阅览或抄录文书事宜(第三四二条)。

关于诉讼事件之文书,编为卷宗(第二四一条)。

送交诉讼卷宗(第四四〇条二项、第四五九条一项、第四六八条三项、第四七七等条)。

2. 关于送达文件(第一二三条)及通知事宜(第二四〇条、第三〇九条、第一四二条二项、第五一一条、第五五九条)。

3. 诉讼费用额之计算(第九四条)。

至于书记官之回避,准用关于推事回避之规定(第三九条)。《民事诉讼法》第三二条第七款为事实所不可能,自不适用于书记官。此外,书记官本身之独立,亦不如推事之受有保障也。

C. 执达员——亦法院职员之一种,曩称承发吏,其职务有三:(《法院组织法》第五二条)送达文件(第一二四条一项)、执行依法令应由执达员执行之裁判、其他职务上事项。

强制执行时,执达员应认真履行其职务,如有违背其职务致他人受损害时,应负赔偿之责。

D. 检察官——检察官之活动,大多在刑事方面。在民事方面者,旧时民诉条例规定关于人事诉讼必须检察官莅庭陈述意见。盖人事诉讼如婚姻事件、亲子关系事件、禁治产事件及死亡之宣告,间接影响国家社会之利益颇巨。检察官乃代表国家立场执行职务,故须其参与该种诉讼程序也。现行民诉法已废止此制,故人事诉讼,已毋须检察官莅庭陈述意见。检察官之职务,从此以刑事方面为限。

附录:律师——律师系读律习法之人,得国家之特许,为诉讼当事人之顾问及代理人,而以此为其职业者也。律师制度在罗马时已有之,当时仅准辅助当事人,而不能为当事人之代理人;随后即不再有此区别。今日各国之律师制度,尚不尽一致。在法国有 avoué 与 avocat 之别,前者专为当事人撰拟书状、进行诉讼,后者则专司出庭辩论。在英国亦有 solicitor 与 barrister 之分。既增加当事人之费用,复延滞诉讼之进行,从各方面观之,实无区别此两种职务而分属于两人之必要。德国即以一人而兼行之,我国仿效之,前有《律师章程》于民国十六年公布,最近则有《律师法》,于民国三十年一月十一日公布施行。他国对于律师,极为重视。如德奥等国,在合议制法院进行诉讼,非聘律师不得为诉讼行为,此之谓律师强制主义(Anwaltszwang)。我国则不然。民诉法第六八条称非律师而为诉讼代理人者,法院得以裁定禁止之。可见诉讼不必有代理人,有代理人时不必为律师。事实上委托律师辩护,已成社会上一种习惯矣。律师制度之效用,一方面在辅助不谙法律之当事人,使其明了案情之要点及诉讼进行之步骤,庶不致无所措手;他方面对于法院,亦有协助之功。盖无胜诉希望之争执,可劝令当事人罢休,勿使重累法院工作。即欲进行诉讼,由律师整理材料,准备一切,法院亦可省事多多。此外,律师之辩论,乃出以冷静之头脑。若使不谙法律之当事人自为辩论,往往感情用事,声明陈述缺乏条理,使法院亦无从着手审判,于当事人本身,于法院工作之进行,均为不利。)

第四章　管　辖

第一节　概　述

A. 概念——管辖自客观方面言之，指法院事务之范围。自主观方面言之，在法院之立场，指受理民事争议之权利义务而言；在当事人之立场，指受法院之审判而言。

B. 种类

1. 职务管辖及土地管辖——职务管辖者，关于同一案件以不同司法上职务分配于不同的司法机关之谓。例如通常诉讼程序，应属于第一审、第二审抑或第三审管辖，此之谓职务管辖。土地管辖者，乃就相等级之法院，在地域上决定某一案件应由某一法院受理。此外尚有事物管辖，以案件事物上性质，决定其应否由普通法院抑或由特种法院，应否由地方法院抑或由初级法院受理。我国曩昔采四级三审制。现行民诉法所规定适用简易程序之各种诉讼，当时即由初级审判厅受理，于是第一审除地方审判厅外尚有初级审判厅。某一案件其第一审应属地方审判厅抑或属初级审判厅，即可发生一事物管辖问题，今已改采三级三审制，废止初级审判厅；其所管辖之案件，并由地方法院管辖，惟适用简易诉讼程序而已。再者我国迄今无特种法院之设置，故民事诉讼无事物管辖之可言。

2. 管辖原则上由于法律规定，但亦得由当事人合意或由上级法院指定之，故得分为法定管辖（forum legale）、合意管辖（forum prorogatum）及指定管辖（forum judiciale）。

3. 专属管辖——专属管辖者指某种案件专归某法院管辖，不得由当事人合意变更(第二四条、第二六条)之谓。(一)凡职务管辖均系专属的,故当事人不得将审级之次序变更或将法院审判长、陪席推事、受命推事及书记官间司法上职务之分配,加以变更。(二)非财产权之案件,亦系专属的,例如婚姻事件(第五六四条)、亲子关系事件(第五七九条)、禁治产事件(第五九三条)、宣告死亡事件(第六二一条)等人事诉讼是。(三)此外经法律明文规定者,例如因不动产之物权或其分割或经界涉讼者,专属不动产所在地之法院管辖(第十条一项)。再审之诉,专属为判决之原法院管辖(第四九五条)。支付命令之声请专属债务人为被告时依第一条、第二条或第六条规定有管辖权之法院管辖(第五〇六条)。

C. 意义——管辖之一般意义,乃为求事实上方便起见,而划定各个法院之事务范围,法院之司法权不因此而受限制。凡民事法院于对国内一切民事诉讼,有受理之权,不过就其管辖内之事件,并有受理之义务而已。如法院受理非其管辖内之事件,其裁判并非无效,除有背于专属管辖者外,当事人不得以管辖错误为理由,提起上诉;第二审法院亦不得以第一审法院无管辖权而废弃原判决(第四四九条一项前段)。该裁判一经确定,即无由推翻,纵其事件专属于他法院管辖者亦同。

第二节　职务管辖

关于同一案件,以不同司法上职务,分配于不同的司法机关之谓也。以法院活动种类之不同,于是职务管辖,遂有如下之区别:

1. 关于普通诉讼程序,审判长、陪席推事、受命推事及书记官间职务之分配,亦各系一种职务管辖。

2. 地方法院,除司第一审外,他如强制执行、破产事件、保全程序、公示催告等,亦属于其职务管辖之范围。

3. 但职务管辖,以审级次序为最重要之一种。第一审级为地方法院,第二审级为高等法院,第三审级为最高法院。旧时行四级三审制,所谓四级者,大理院、高等审判厅、地方审判厅、初级审判厅是也。第一审始于初级审判厅者,以高等审判厅为最终之第三审;第一审始于地方审判厅者,以大理院为最终之第三审。

第三节　土地管辖

A. 土地管辖者,指国内相等级之法院,就地域上,为案件之分配,其分配以该当事人或诉讼标的与受理法院管辖区域之关系而定。土地管辖,得分一般审判籍与特种审判籍。

凡对某人提起之一切诉讼,除专属管辖者外,该人应受某第一审法院之裁判者,其人在该法院管辖区域内之审判籍,即系一般审判籍,亦称普通审判籍。此外均系特种审判籍,亦称特别审判籍。

审判籍有属人及属物之分,悉视案件是否因于当事人或因诉讼事件与法院区域之关系,而定其管辖。属人的审判籍,仅适用于该人,而不适用于他人。属物审判籍,仅限于特种诉讼关系而不及于他种诉讼关系。属人的审判籍,辄就被告决之(actor sequitur forum rei)。民诉法之第九条及第五六四条一二两项(如夫为原告时)系属例外。一般审判籍必系属人的审判籍,特种审判籍,虽往往为属物的,亦得为属人的审判籍(第四条、第五条)。

审判籍之竞合者,指同一诉讼,数法院同时有管辖权(第二〇条、第二一条)而言。有此情形者,原告得任向其中一法院起诉(第二二条)。但其同诉讼之被告数人,有民事诉讼法第四条至第十九条所定之共同管辖法院,原告不得任意选择(第二〇条但书)。例如甲乙丙丁各有住所于兰州、成都、贵阳、昆明等地,在渝时共同对于戊有侵权行为。戊如欲请求损害赔偿,不得就兰、蓉、筑、昆之地方法院,择一起诉,而须依民诉法

第十五条一项之规定,向重庆地方法院提起诉讼。

B. 一般审判籍分自然人及法人说明之。

1. 自然人于下列法院之管辖区域内有一般审判籍:

a. 住所地之法院(第一条一项),乃就被告决之。故债权人甲如欲对债务人乙起诉,应向乙之住所地之法院为之。其理由在免原告滥讼之弊及被告奔走之劳也。何谓住所,适用《民法》之规定。

b. 居所地之法院。被告在中华民国现无住所或住所不明者,以其在中华民国之居所视为其住所(第一条二项前段)。例如一德国犹太人被撵出境,流浪于中国,未尝在中国设定住所,或是否设定住所、所在何处均未明了,则以其在中华民国之居所,视为其住所。如欲对之起诉,可向居所地之法院为之。又如有居在中国之外人,大多保有其住所于本国,于是在中国无住所,亦适用此规定,而使受居所地中国法院管辖,其享有领事裁判权国人民,当然不在此列。至于中国人已废止其在中国之住所而仍居留于中国,亦适用此规定。故此一规定,究其内容,实系国际私法中之管辖冲突规则。简言之,凡在中国有居所之外籍人或本国人,如被诉于居所地之中国法院,中国法院有权受理之。

c. 中国最后住所地之法院。无居所或居所不明者,以其在中华民国最后之住所,视为其住所(第一条二项末段)。此规定往往适用于本国人之已废止其在中国住所而居留于外国者,则其虽无住所于中国,且亦不居于中国,中国法院,即其在中国最后住所地之法院,对之仍得行使管辖权;如必要时,就其在中国之财产,强制执行。

d. 首都所在地之法院。在外国享有治外法权之中国人,例如驻外使节等,不能依第一条一二两项规定定管辖法院者,以首都所在地视为其住所地(第一条三项)。故须其在中国无住所居所,或住所居所不明,甚至不能查得其在中华民国最后之住所时,始适用此规定,而以首都所在地之法院为有管辖权。中国人而在中国无住所居所者，事虽罕见，亦不乏其例。例如出国他适，移其终身事业于海外，依《民法》第二四条之规定，即废止其在中国住所。彼既久留海外而不归，于是亦无居所于中国。是中国人而无中华民国最后之住所，或谓费解。所谓最后之住所者及假定在国内之住所，业经变更，则除去其以前之住所而以最后之住所为标准。若其在国内之住所并无变更，即无以前与最后之分，于是在中国最后之住所，即指该住所而言。依通常情形，中国人必曾在中国有住所。盖其出生时，即以父母之住所为其固有住所耳。虽然，中国人侨居国外，而废止其在中国之住所者甚众，则侨生之子女，亦以父母之国外住所为其法定固有住所。设该侨生始终未在中国设定住所，以后奉命留驻外国（于是亦无居所于中国），关于此侨生之中国籍人，并其在中国最后之住所亦无，如对之有所请求，应向首都地方法院起诉。第一条三项之规定，当不外适用于此种情形也。

2. 法人之一般审判籍，应分公法人与私法人或非法人之团体论述。法人与自然人异，无住所、居所之可言，自应另设规定。

a. 公法人——对于公法人之诉讼，由其公务所所在地之法院管辖（第二条一项）。

b. 私法人及非法人团体——对于私法人，或非法人之团体设有代表人或管理人，于是有当事人能力者，由其主事务所或主营业所所在地之法院管辖（同条二项、第四十条）。

c. 外国法人——对于外国法人或其他得为诉讼当事人之团体之诉讼，由其在中华民国之主事务所或主营业所所在地之法院管辖（同条三项）。

一般审判籍，类非专属管辖，第五六四条关于婚姻事件，第五七九条、第五八五条、第五八八条关于亲子关系事件，第五九三条关于禁治事件，第六二二条关于宣告死亡事件等，系属例外。

C. 特种审判籍,得分四类说明。

1. 第一类,包括下列数端:

a. 在经常居所有审判籍——对于生徒、受雇人或其他寄寓人,因财产权涉讼者,得由寄寓地之法院管辖(第四条)。

b. 在公务所军舰本籍或船籍所在地有审判籍——对于军人、军属或海员因财产权涉讼者,得由其公务所军舰本籍或船籍所在地之法院管辖(第五条)。又对于船舶所有人或利用船舶人因船舶或航行涉讼者,得由船籍所在地之法院管辖(第七条)。

c. 在财产所在地有审判籍——对于在中华民国既无住所或住所不明之人,因财产权涉讼者,得由被告可扣押之财产或请求标的所在地之法院管辖(第三条一项)。被告之财产或请求标的如为债权,以债务人住所或该债权担保之标的所在地,视为被告财产或请求标的之所在地(第三条二项)。此规定之适用,虽亦可及于在中国无住所之中国籍人民,但究以对于外籍人民为多;连同第一条二项,实为吾国就国际私法中管辖冲突(对法律冲突而言)问题所为之规定。考其立法主义,吾国对于外籍被告,不问其有否住所于中国,只须能对之施以实力,或对于其人(假定起诉时有住所在中国)而或对于其财产(假定起诉时有财产在中国),即得行使其管辖权,所谓"The fundation of jurisdiction is physical power"是也(见 Dicey Keith, *Digest of the Conflict of Laws*, Rule 59)。

d. 在救助地或被救助之船舶最初到达地有审判籍——因海难救助涉讼者,得由救助地或被救助之船舶最初到达地之法院管辖(第十六条)。依《海商法》之规定,因海难实施救助或捞救,得请求相当之报酬(《海商法》第一二条至第一二六条)。如应得报酬而未受给付,除得向义务人住所地之法院起诉外,于必要时,亦得在救助地或被救助之船舶最初到达地之法院起诉,以便于事实之调查及认定也。

e. 在登记地有审判籍——因登记涉讼者,得由登记地之法院管辖(第十七条)。

2. 第二类关于债的关系:

a. 对于设有事务所或营业所之人,因关于其事务所或营业所之业务涉讼者,得由该事务所或营业所所在地之法院管辖(第六条)。故如甲在长沙有住所,来渝经商,设有店肆,如因店业涉讼被告,得由重庆地方法院管辖。

b. 因船舶债权或以船舶担保之债权涉讼者,得由船舶所在地之法院管辖(第八条)。

c. 公司或其他团体,或其债权人对于社员,或社员对于社员,于其社员之资格有所请求而涉讼者,得由该团体主事务所或主营业所所在地之法院管辖(第九条一项)。此规定包括四种情形:

(一) 公司对于社员(别称股东),因于其社员之资格,有所请求而涉讼者。例如发起人所得受之特别利益、报酬或设立费用有冒滥情形,致损害于公司,公司得向之请求赔偿(《公司法》第一〇四条、第一〇九条)。惟其发起人系具社员资格,故公司认为有起诉必要时,除得向该社员住所地之法院提起之,亦得向主事务所或主营业所所在地之法院为之。

(二) 其他团体对于社员,因于其社员之资格有所请求而涉讼者。其他团体不仅指非以营利为目的之法人,并指各种非法人之团体而具有当事人能力者(第四十条三项)而言。例如合伙之组织,系非法人之团体,但如设有代表人或管理人者,有当事人能力。若合伙人尚未履行其出资之义务,代表人或管理人以合伙之名义向其请求,因而涉讼者,除得由义务人住所地之法院管辖外,亦得由合伙主事务所或主营业所所在地之法院管辖。

(三) 公司或团体之债权人对于社员,因于其社员之资格,有所请求而涉讼者。例如无限公司之财产不敷清偿时,如仅有一债权人,可不依破产程序,而依通常诉讼程序向各无限责任股东有所请求。其诉讼亦得依本规定所定管辖之法院。

(四)社员对于社员,因于其社员之资格有所请求而涉讼者。例如合伙财产不足清偿债务时,各合伙人对于不足之额,连带负其责任(《民法》第六八一条)。如合伙人中一人已为不足额全部之清偿,得向其他合伙人请求偿还其各自分担之部分,如因而涉讼,亦得依本规定所定管辖之法院。

至于社员对于公司或团体有所请求而涉讼者,仍应依第二条办理。

第九条一项之规定,于团体或其债权人或社员对于团体职员或已退社员有所请求而涉讼者准用之(第九条二项)。本规定亦包括下列数种情形:

(一)团体对于团体职员或已退社员有所请求而涉讼者。此之团体,当然包括公司在内。例如公司之董事或职员因执行职务而加于他人损害时,公司赔偿后得请求董事或职员偿还,因而涉讼是。又如合伙人退伙后,对于其退伙前合伙所负之债务,仍应负责(《民法》第六九〇条)。故如合伙对于退伙人有所请求而涉讼,亦在本规定适用范围内。

(二)团体之债权人对于团体职员或已退社员有所请求而涉讼者。例如上述公司之董事或职员因执行职务而加于他人损害,该他人得向董事或职员请求赔偿(《民法》第二八条),若因而涉讼,亦适用此规定。又如上述合伙人之责任,亦可按合伙之债权人向彼请求履行,其诉讼亦适用此规定。

(三)社员对于团体职员或已退社员有所请求而涉讼者。例如公司股东中一人所应得之股息红利未受分派,向董事或经理请求因而涉讼是。又如合伙人中一人已将退伙人之责任履行,因请求其偿还而涉讼是。

d. 因契约涉讼者,如经当事人定有债务履行地,得由该履行地之法院管辖(第十二条)。契约两字,含义甚广,除债之契约外,并有物权契约、亲属法上契约等。但此处则以债之契约为限,观乎"债务履行地"数字,可想而知。因契约涉讼者,包括亦甚广泛,如确认契约的成立不成立之诉、请求履行契约之诉、解除契约之诉、因不履行或不适当履行契约请求赔偿之诉均是,惟须当事人订明债务履行地。如仅依《民法》第三一四条定履行地或清偿地者,此规定不适用之。如系双务契约,则可由当事人订明两方各自之债务履行地。

本于票据有所请求而涉讼者,得由票据付款地之法院管辖(第十三条),此与第十二条具同一旨趣。票据付款地者,实即债务履行地也。

e. 因关于财产管理有所请求而涉讼者,得由管理地之法院管辖(第十四条)。管理他人之财产,情形不一,例如破产管理人管理破产财团、遗产管理人或遗嘱执行人管理遗产、监护人管理受监护人之财产等均是。

f. 因侵权行为涉讼者,得由行为地之法院管辖(第十五条一项),即所谓"forum delictic mmissi"是也。

g. 因船舶碰撞或其他海上事故,请求损害赔偿而涉讼者,得由受损害之船舶最初到达地或加害船舶被扣押地之法院管辖(第十五条二项)。

3. 第三类关于物权者,以物权所在地法院为有管辖权(forum rei sitae),亦称属物审判籍(dinglicher Gerichtsstand),惟不仅限于因不动产之物权涉诉者。下列三种诉讼,由不动产所在地法院专属管辖。

(一) 行使物上请求权,例如主张所有权或其他物权是(第十条一项)。

（二）分割不动产，例如两人实行各半分割，对于面积仍有争执而涉讼是。若共有人请求分割而涉讼，则无专属于不动产所在地管辖之必要，应归在第十条二项规定内。

（三）经界涉讼，有两种情形：（1）或界限客观不明，指两地所有人对于界限毫无争执，但现时因无界石划分或界石已失落，或地政机关所制图样不确，故表面上实欠明确。如一方要求对方会同立界或请求改正图样而被拒绝时，得由审判上请求之。（2）或界限主观不明，指两方对于界限有所争执，因分界而涉讼。

其他因不动产涉讼者，得由不动产所在地之法院管辖（第十条二项），故非专属管辖。例如因不动产被损毁而请求损害赔偿或共有人请求分割不动产等均是。

此外对于同一被告因债权及担保该债权之不动产物权涉讼者，亦得由不动产所在地之法院合并管辖（第十一条）。

4. 第四类关于继承，因一定之事项涉讼者（第十八条一项第十九条），得由继承开始时被继承人住所地之法院管辖，亦即从被继承人最后的一般审判籍。被继承人为中国人，于继承开始时在中华民国无住所或住所不明者，准用第一条二项及三项之规定，以定管辖法院（第十八条二项）。兹更申述如次：

a. 因遗产之继承涉讼，例如被指定之继承人请求确认继承权，或共同继承人中一人因他继承人有《民法》第一一四五条之情形，请求确认继承权之丧失是。

b. 因遗产之分割涉讼，例如指定继承人，其继承权经确认后，请求与他继承人分割遗产是。如遗产中有不动产，于实行分割时产生争执因而涉讼者，则专属于不动产所在地之法院管辖。

c. 因特留份涉讼，例如遗嘱处分侵害特留份，享有特留份之权利人，得请求受遗赠人由遗赠财产中扣减补足之。

d. 因遗赠涉讼。

e. 就其他因死亡而生效力之行为涉讼者，尤指遗嘱而言，例如确认遗嘱有效与否是。

f. 因遗产上之负担涉讼者，不外指被继承人之债务而言。被继承人之债权人，固得向继承人住所地之法院诉请偿还，但若遗产之全部或一部在继承开始时在继承人住所地法院管辖区域内者，则为便于实行债权起见，其诉讼亦得由该法院管辖。

特种审判籍之规定，全为事实上便利起见，或为便于事实之调查，或为便于权利之实行。除第十条一项所规定者系专属管辖外，其余悉为"得"之规定，即权利人因向义务人有所请求而涉讼时，不但得诉请被告住所地之法院管辖，亦得诉请法定之他法院管辖。

第四节　合意管辖

合意管辖者，当事人双方合意，于法定管辖法院外，定管辖之法院。有两种不同情形：

A. 第二四条所规定者：

1. 合意——系契约之一种，应以文书证之（第二四条二项）。其成立与生效要件，依《民法》之规定；至于其是否合法或效力如何，依《民诉法》定之。

2. 范围——以合意定管辖法院，仅以下列数端为限：

a. 普通法院而不及于行政法院。

b. 土地管辖而不及于职务管辖。

c. 财产权之诉讼。

d. 由一定法律关系而生之诉讼，例如因买卖关系所生之诉讼，而不得包括两方基于任何法律关系所发生之一切诉讼。

e. 不专属于一定法院管辖之诉讼(第二六条)。

3. 内容——其合意所定之法院,或取法定管辖法院之位而代之,或附加于其旁,一任原告之选择。如就有管辖权之数法院,除去某法院,虽无肯定之表示,仍不失为合意之适当内容。

4. 效力——合意所定之管辖法院,对于一定之诉讼,直接有管辖权。其在诉讼进行中成立之合意,视为起诉时已生效力。

B. 第二五条所规定者,即原告向无管辖权之法院起诉,被告不提出抗辩而径为本案之言词辩论,视为其有合意,即以其法院为有管辖权之法院。但此于专属管辖之诉讼,不适用之(第二六条)。

第五节　指定管辖

指定管辖者,因当事人之声请,由法院指定直接下级法院管辖之也。限于下列两种情形(第二三条)。

A. 管辖法院因法律或事实不能行审判权者。因法律不能行审判权,例如法院全体推事应行回避,于是无法办理该诉讼。因事实不能行审判权,例如因天灾人祸或被敌人占领,于是法院不能行使职权是。

B. 因管辖区域境界不明,致不能辨别有管辖权之法院者。例如两区域毗连,不明其界线;或被告之屋宇,跨在两法院管辖区域间,甚至一不动产跨在数区域间者均是。

经当事人声请后,由直接上级法院指定管辖法院。但其声请之提出,不问向受诉法院或直接上级法院为之,均无不可(第二三条二项)。

指定管辖之裁定,不得声明不服(同条三项)。

第六节 管辖之审查及管辖权之效果

A. 管辖之审查

1. 法院管辖之审查,其在诉讼程序,由受诉法院根据诉讼资料为之;不得仅于指定期日时,由审判长或独任推事决之。所审查者仅第一审法院之管辖,至于第二审法院之(职务)管辖,乃受理当事人对于第一审裁判不服所提起之上诉或抗告,必属于该第二审法院管辖区域内无疑,毋庸审查。

2. 审查之原则,要如下列:

a. 管辖因诉讼标的之性质而定者。例如侵权行为之诉讼、不动产物权之诉讼等,受诉法院审查管辖时,以原告之声明及该声明所根据之陈述为标准,视其是否确具此种法律上性质。仅由原告陈明,自犹未足。故若原告依侵权行为之规定,向行为地法院诉请损害赔偿,而实则系违反契约行为,则行为地自无权管辖。

b. 有时原告之主张或请求是否可以成立,颇有争执,但仍毋庸证明其主张或请求,始得定法院之管辖。易言之,诉讼上请求之争执,不使对于该请求之管辖,滋生疑窦,此往往于管辖之毋须其他条件予以决定时为然。例如甲持一汇票,向银行乙提示,请求兑现。事实上该汇票业经丙挂失作废,于是甲乙间根本无债之关系,更无票据付款地之可言,但票据付款地之法院,不得以无管辖权而驳回其诉。

c. 法院之管辖,因于诉讼标的之与该法院或其管辖区域有特种关系者,则就管辖之争执,原告负举证之责。例如被告之住所、居所或财产确在该法院之管辖区域内,或侵权行为发生之地点确归受诉法院管辖,或当事人间确已订明偿还履行地等是。

3. 受诉法院应不俟被告之声请,依职权为管辖之审查,或使原告更阐明其陈述,或有争执,即被告提出抗辩时,使其举证。如法院认为无管辖权,应驳回其诉或为移送之裁定。

被告对于管辖有异议时,得提出抗辩,固不待言。

管辖之审查,辄于第一审程序为之,上已述及。盖若被告缺席,法院仍依职权审查之结果,认为无管辖权时,仍应驳回原告之诉。

4. 法院管辖之审查,不问诉讼达到何种程度,应随时为之。第一审法院是否有管辖权,亦得在第二审提出讨论,此尤于专属管辖为然。

5. 管辖权之决定,应以何时为准,颇滋疑义,不外两说:

a. 以起诉时为准,是乃根据第二七条。

b. 在起诉后及第二审法院言词辩论终结前,因某种事由之发生,法院认为有管辖权者,即有权管辖。故如在诉讼进行中,因诉之追加或被告住所之变更,致原无管辖权之受诉法院因而享有管辖权者,即视为有管辖权之法院。易言之,于起诉时或诉讼进行中或终结时,任何一阶段中,根据某一事由曾有管辖权者,即为有管辖权之法院(perpetuatio fori)。盖实体上裁判,在裁判宣告时,诉讼要件具备即能生效。惟关于诉讼标的之金额或价额,仍以起诉时为准。

6. 审查之结果,如系肯定的,则因当事人间对于管辖问题曾有争议,得为中间判决;如于终局判决之理由中宣示其旨,亦无不可。如系否定的,则以裁定驳回其诉或移送于他法院。如法院于诉之数种理由中一种无管辖权,则仅须于终局判决理由项内确认之,申明法院所以不考虑该理由之原因。例如因契约涉讼而向债务履行地法院起诉,同时声请如以契约为不成立时,依不当得利之规定,请求被告返还所受之利益。于此情形,法院对于不当得利之一理由,自无管辖权,但既系同一请求之数种理由,而非诉之合并问题,自不得以一部判决宣示其无管辖权,仅得在终局判决理由中述明无权管辖之原因。因此,原告须另向被告住所地之法院,请求被告返还不当得利。学者有认为此种办法不切实情者,于是主张该法院依事物牵连原则,对于不得单独管辖之起诉理由,仍得受理。若因契约不成立,被告可以提起反诉,请求受诉法院判令原告返还所受领之不当得利,则在原告声请依不当得利判令被告返还所受利益时,原受诉法院不予受理,岂得谓为允当?

B. 无管辖权之效果

1. 法院就无管辖权之事件,不得受理或裁判,应驳回其诉。

2. 法院得不为驳回之裁定,而移送于他法院。移送管辖不限于通常诉讼程序,亦适用于简易、督促、公示催告、保全等程序,但须具备下列要件:

a. 须于全部诉讼或一独立之请求无管辖权。如仅于起诉理由中之一理由无管辖权,不得为移送。

b. 须受移送之法院可得确定。如管辖法院同时有数个时,应由原告选定之(第二八条一项)。

c. 须原告声请之(第二八条一项)。如原告未声请移送,或未指定管辖法院者,应于裁判前讯问之(同条二项)。

3. 如上述三要件具备时,法院应以裁定行之。移送诉讼之裁定确定时,受移送之法院,受其羁束(第三〇条一项)。受移送之法院,不得以该诉讼更移送于他法院(第三〇条二项)。

4. 移送诉讼之裁定确定时,视为该诉讼自始即系属于受移送之法院(第三一条一项),故时效继续中断,移送法院及当事人在该法院之诉讼行为,继续有效。移送诉讼前,如有急迫情形,应依原告声请为必要之处分(第二九条),例如证据有湮灭之虞,应即予调查。

5. 法院书记官应速将裁定正本附入卷宗,送交受移送之法院(第三一条一项)。

C. 关于管辖裁定之废弃

移送诉讼之裁定确定时,受移送之法院,既须受其羁束,而不得更移送于他法院(第三十条),则受移送法院所为之裁定,不得以无管辖权为理由,依上诉程序请求废弃,纵系专属管辖问题亦然。但肯定管辖之裁判及因无管辖权而为驳回之裁定,得依上诉或抗告程序,请求废弃之。其中关于肯定管辖之裁判,若不即声明不服,而径为本案之言词辩论者,纵管辖有错误,亦不得以此为上诉理由矣(第四四九条一项)。

第五章　当事人

《民事诉讼法》第二章规定当事人,考其内容除主当事人外,并及于从参加人、代理人及辅助人,兹分节论述。

第一节　主当事人

第一目　当事人之概念

A. 在民诉法中称当事人者,谓以自己之名义,向法院起诉之人及其相对人。此概念与实体法中当事人之概念,不尽一致。盖民诉法中之当事人,与私法关系之当事人,不必为同一人,且亦毋须为同一人。例如依《民法》第一○二○条一项夫对于妻之原有财产,在某种情形下,得予处分。若因处分行为发生纠纷而涉讼,仍以夫为当事人,而所系争之财产,则属于其妻所有。又如破产管理人,在其管理或处分破产财团之范围内,得起诉或被诉。诉讼行为,全以其个人名义为之,然而诉讼上系争之标的,则系破产人之财产也。

B. 一切诉讼除禁治产事件、公示催告、宣告死亡事件等程序外,必须有利害相反之两造当事人,其一为求法律上保障而对抗其他,故两造当事人势非同一人。

当事人之任何一造,不问系原告或被告,均得有数人参与,称共同诉讼人。不问人数多寡,仍系两造相对。盖每一共同诉讼人仍独自与相对人发生诉讼上关系,不过为便宜起见,将数宗诉讼,统一辩论并统一裁判而已。此外第三人为保护自己之利益起见,辅助一造参加诉讼者,称从参加人。

C. 两造当事人之法律上地位,就其形式而言,完全相侔。如声请诉讼救助、阅览文书、提起上诉等,两造享有均等之权利,就实质而言,则不相等。盖原告系攻击者,被告系防御者。如原告所举理由显不充分,不俟被告之反驳,法院即得驳回其诉。此外,原告须赴被告住所地之法院起诉。故就上述而论,被告之地位较优于原告。但原告关于起诉之时间、攻击之范围、程序种类之采用及管辖法院之选择等有决定权,是则又非被告所能企及也。

D. 当事人欲为有效诉讼行为,须具备下列资格

1. 当事人能力;

2. 诉讼能力;

3. 进行诉讼权能或事物上适格,容后析述。

第二目　当事人之决定

A. 当事人必须个别确定,并详明之,不得对不确定或不详明之人进行诉讼。有此情形者,应驳回其诉。

B. 当事人之确定由声请人为之。在诉讼程序,此声请人即指原告而言,起诉状应表明当事人,详载其姓名、年龄、籍贯、住址与职业。所谓姓名,亦包括笔名或其他个别标志,只须能客观认定某一人之身份即可。例如一商号起诉或被诉,则当事人即该商号之主人。若于诉讼系属后,商号生财,出盘于他人,前主人仍系当事人,不因出盘行为而受影响。若

在诉讼系属前出盘,则前主人不再享有该商号。如载明商号,其当事人之命名不免错误,其送达亦有瑕疵。

C. 如当事人之命名不实或不详,得调查翔实后,予以更正。纵裁判中有误写,法院亦得随时以裁定更正之(第二三二条)。但须经更正之名,系指原来当事人,若指一新当事人,则非命名之更正,而系当事人之更动,属另一问题矣。

D. 司法机构须依职权调查当事人之身份,在执达员为送达或为强制执行时,尤属必要。如非当事人为诉讼行为,于法不生效力,于真当事人亦不生影响。至于法院对非当事人所为之裁决,不问利与不利,对真当事人发生效力,故真当事人或其相对人应依上诉程序要求废弃。如判决已确定,得以未经合法代理为理由,声请再审,并请求确认判决无效(第四九二条二项三款)。

第三目　当事人之变动

A. 概念与种类——当事人之变动,包括当事人之更替及当事人之添加两种情形。前者指一新当事人,或为原告,或为被告,取前当事人之位,续行诉讼;后者指当事人之外,更添加他当事人,共同为原告或被告。当事人之变动,分法定及意定两种,下分述之。

B. 法定的当事人变动

1. 关于当事人之添加者,我民诉法并无规定,德民诉法仅有第八五六条之规定而已。凡债权经数次之出质或出让者,每一债权人于他债权人起诉时,得随时以一方之意思表示,向法院声请参与言词辩论。

2. 此外均系关于当事人之更替。新当事人赓续前当事人而进行诉讼。前当事人之诉讼行为,仍属有效,惟自更替时起,仅新当事人得为有效之诉讼行为。故在更替前,新当事人得为证人,更替后,前当事人变为局外人,得为证人。当事人之更替,有当然者,有因于当事人之行为者。

　　a. 当然更替,例之最显者,莫若当事人死亡,由其继承人续行诉讼(第一六八条);又法人因合并而消灭者,由合并而设立或合并后存续之法人,续行诉讼(第一六九条一项);此外凡遇进行诉讼权力移转时,当事人亦当然更替。例如由财产所有人移转于破产管理人、遗产管理人或遗嘱执行人,或由彼等而移转于职务上继任之人是。

　　b. 因于当事人之行为者,例如为诉讼标的之法律关系,移转于第三人,经诉讼之他造同意后,第三人得代当事人承当诉讼(第二五四条)。此外德民诉法尚规定他种情形,例如债权人向债务人追索,而另有他人自称为债权人,债务人得告知其参加。如债务人将债务金额交出提存,得脱离诉讼,而由自称债权人者居于主当事人之地位,与原告续行诉讼(德《民诉法》第七五条)。

　　3. 如关于当事人之变动有争执时,法院予以肯定者,得为中间判决或于终局判决中宣示其旨。法院予以否定者,仅得就新当事人与对造间为终局判决,认定无新当事人承受或承当诉讼之事由发生。对于上述判决不服者,得依正常之上诉程序,请求废弃。

　　C. 意定的当事人变动

　　1. 意定的当事人变动者,指变动由于当事人之意思而定。

　　a. 其关于当事人之更替者,例如原向公司之一机构——董事——起诉,随后改向公司而以董事为代表人起诉是。

　　b. 其关于当事人之添加者,例如原对抗一继承人之起诉,以后延及他共同继承人是。

　　2. 意定的与法定的变动,区别颇大:

　　a. 其一为变动之步骤有异。意定的更替,须先向法院依法撤回其诉,另对新当事人起诉。意定的添加,须由新加入之原告或对新被告,另行起诉。故意定的变动仅于第一审程序发生,于上诉程序为不可能。

b. 新当事人之参与,并非前当事人间诉讼法律关系之赓续。诉讼固将由新当事人续行,但前当事人所为或对其所为之诉讼行为,尤其舍弃、认诺、自认等,于新当事人不生效力。其诉讼要件是否具备,须重新审查,程序之进行及证据之调查,更行为之。

第四目　当事人能力

当事人能力者,指得为诉讼法关系之主体的能力而言。其在诉讼程序,为原被告或从参加人;其在督促程序执行程序,为债权人债务人。当事人能力与民法中权利能力相当,故亦称诉讼上权利能力,但两者概念并不完全一致。法律固规定有权利能力者有当事人能力(第四十条一项),但有当事人能力者,绝不以有权利能力者为限。非法人团体,在实体法上无权利能力,但如设有代表人或管理人者,有当事人能力(同条三项)。依我《民诉法》之规定,下列人等有当事人能力:

A. 自然人——其当事人能力:

1. 始于出生。但胎儿关于其可享受之利益,例如行使继承权及损害赔偿请求权,亦有当事人能力(第四十条二项)。至于诉讼之结果,仍附解除条件,即若该胎儿以后如死产者,该判决无效;否则不问该判决有利与不利,完全有效。

2. 终于死亡。诉讼系属后,当事人死亡者,由其继承人承受诉讼。诉讼系属前死亡者,原则上其起诉为无效。但如在生时已委任他人代理者,仍为有效,盖诉讼代理权,不因本人死亡而消灭(第七三条,并参阅《民法》第五五〇条)。

B. 法人——法人包括多种,社团、财团、各种公司以及公法上法人。法人至清算终结止,在清算之必要范围内,视为存续(《民法》第四〇条二项)。法人既有独立之人格,故其所包括之社员,即个别分子,并非当事人。故纵个别分子有变更,不影响及于诉讼之进行;若身非董事,得为共同诉讼人、从参加人或证人。法人为当事人时,以董事为代表(《民法》第二七条二项),其地位与普通法定代理人相当。律师之书状及法院之裁判,往往直称之谓法定代理人,实不明法律中代表与代理之区别,至为不当也。

C. 非法人团体——非法人团体设有代表人或管理人者,若不赋予当事人能力,势非由全体共同为原告或被告不可,诸多不便,故有《民诉法》第四十条三项之规定。因而以祠产、寺庙或商号涉讼者,得以宗祠、庙宇或商号名义起诉或应诉。

D. 共同利益人——多数有共同利益之人,既非法人,又非团体,遇有诉讼,若由其全体出为原告或被告,诉讼程序将陷于复杂,进行不免延滞。故特规定无论在诉讼系属之前后,均得由共同利益人就其中选定一人或数人为全体起诉或应诉。如诉讼系属后,始经选定此种诉讼当事人者,其他当事人即应脱离诉讼,一任选定之当事人进行诉讼,惟裁判仍对于全体发生效力。选定之后,仍得更换或增减,但非通知他造,不生效力(第四一条)。

诉讼当事人之选定及其更换、增减,应以文书证之(第四二条)。

被选定之人,其有因死亡或其他事由丧失资格者,他被选定人得为全体为诉讼行为(第四三条)。如被选定人全体丧失其资格者,诉讼程序,在该有共同利益人全体或新被选定为诉讼当事人的人,承受其诉讼以前中断之(第一七二条)。

被选定人之权限与普通诉讼代理人相若,非得全体之同意,不得为舍弃、认诺、撤回或和解(第四四条)。

当事人能力是否有欠缺,法院应随时依职权调查之。被告不仅对于原告,且对于自身之当事人能力有欠缺时,得提出抗辩。于起诉时,原告或被告欠缺当事人能力者,法院应驳回其诉。如就当事人能力,发生疑义,在未确定时,为免当事人受损害起见,得许其暂为诉讼行为,但应定期间命其以补正之方式除去疑窦(第四九条)。如届时而不补正,法院应驳回其诉。

如当事人能力之欠缺,初未觉察而为诉讼行为,经取得能力之本人承认,仍溯及于行为时发生效力(第四八条)。此问题于法人可发生之。

当事人能力,有两重意义:

其一系诉讼之要件,指本案辩论及裁判之合法要件而言,只可(并必须)在裁判时,不问其系第一审、第二审或第三审。裁判时,有当事人能力,或取得之即可,但仍须在诉讼之始,业经以日后具有当事人能力时之名义行之。

其二系诉讼行为之要件。无当事人能力者所为之诉讼行为,或对之所为之诉讼行为,不生效力,受诉法院不应使之发生效果,因此当事人能力,在为诉讼行为时即应存在。易言之,于起诉时应存在,直至诉讼终结时为止。如当事人能力嗣后始取得者,以前所为之诉讼行为,须经其承认,始生效力,故承认之效力,溯及既往。承认之表示得向法院或当事人他造为之,不问明示或默示(例如续行诉讼而不提出异议)均可。纵判决确定后,亦得为之。但其承认须包括全部诉讼行为,若其中有除外者,则全部诉讼不生效力。

第五目　诉讼能力

A. 诉讼能力者,指得有效为诉讼行为之能力,与民法中之行为能力相当,故亦称诉讼上行为能力。依我《民诉法》之规定:

1. 能独立以法律行为负义务者,有诉讼能力(第四五条),故并非以侵权行为能力为标准。至于外国人依其本国法无诉讼能力,而依中华民国法律有诉讼能力者,视为有诉讼能力(第四六条)。例如依西班牙法满二十五岁、德国法满二十一岁始有行为能力,但如该西班牙或德国人满二十岁，就其在中国之诉讼行为，即视为有诉讼能力（参阅法律适用条例第五条二项）。

2. 下列人等，无诉讼能力：

a. 未成年人及禁治产人，依实体法原无行为能力，故无诉讼能力。至于有限制行为能力人，亦同。但有例外情形，即限制行为能力人，于限定的几种诉讼有诉讼能力。例如独立营业者，关于其营业既有行为能力（《民法》第八五条），自有诉讼能力；未成年之夫或妻，就婚姻无效或确认婚姻成立不成立之诉，有诉讼能力（第五六六条）；撤销禁治产宣告之诉，受宣告人有诉讼能力（第六〇八条）；收养关系事件，未成年之养子女有诉讼能力（第五八〇条）；亲子事件，否认或认领子女与认领无效或撤销认领之诉，未成年之子女有诉讼能力（第五八五条，第五九二条二项）。

b. 法人是否有诉讼能力，学理上一度讨论及之，盖所谓独立以法律行为负义务者，系自然人之一种品质，法人既系一种拟制，而非自身一机体，其一切行为皆须由代理人为之，于其本身自无行为能力可言。但最近通行学说，已视法人为一机体，虽不如自然人之有五官四肢，但自有其社会上生命。董事之行为，并非以代理人之地位，而以代表之资格为之，故法人不得谓无诉讼能力。以上仅系学理上之讨论，实际上已不成为一问题矣。

无诉讼能力之人，须法定代理人代为诉讼行为。但满七岁之未成年人，如得法定代理人承认，得自为诉讼行为；或于诉讼中已届成年，而取得诉讼能力，经其本人承认，则已有诉讼行为，溯及于行为时发生效力（第四八条）。

诉讼能力如有欠缺，法院认为可以补正者，应定期间以命其补正（第四九条）。届时而不补正者，驳回其诉。

B. 诉讼能力之意义，亦有两重：

其一，诉讼能力系诉讼要件之一，如不具备，其诉为不合法，其裁判亦不合法。但在裁判时，取得诉讼能力者，其裁判仍有效。反之，如在诉讼进行中丧失诉讼能力者，在有法定代理人承受其诉讼以前，程序中断（第一七〇条）；但如该当事人已委任诉讼代理人者，则程序不因而中断，盖诉讼代理权不因本人诉讼能力丧失而消灭（第七三条），诉讼代理人得声请中止诉讼程序而已。

其二，诉讼能力系诉讼行为要件之一，如不具备，其所为诉讼行为，须经法定代理人或其本人于取得诉讼能力后之承认，始生效力。因此欲使诉讼行为发生效力，须在行为时，即具有诉讼能力；易言之，在起诉时，即须具有诉讼能力，并在诉讼程序进行中存续。

第六目　进行诉讼权能

A. 当事人之概念，使吾人明了孰为当事人；当事人能力，使吾人明了彼是否得为当事人；诉讼能力，使吾人明了彼是否得独立进行诉讼。至于进行诉讼权能，使吾人明了孰为正确之当事人，即当事人适格之问题。

进行诉讼权能与实体法中之处分权能相当。有处分权能者，其所处分之物，通常固为其所有，但不必尽然。故有进行诉讼权能者，就其与他人系争之物而言，亦不必为其所有，例如破产管理人、遗产管理人或遗嘱执行人，就破产财团或遗产所为诉讼行为，非以代理人资格，而以自己之名义行之。当事人能力与诉讼能力，系人之品质，至于进行诉讼权能，并非一种人的品质，而系当事人与系争之标的事物上之关系。

进行诉讼权能，辄规定于实体法内。例如破产管理人经监查人之同意后，得提起诉讼或进行其他法律程序（《破产法》第九二条十三款）。遗嘱执行人有管理遗产并为执行上必要行为之职务（《民法》第一二一五条一项），所谓必要行为，当然包括诉讼在内。债权人于债务人怠于行使其权利时,因保全债权,得以自己之名义行使其权利(同法第二四二条),此亦当然包括诉讼在内。

B. 进行诉讼权能之意义,不外具有此权能者,为适格之当事人,法院得对之为本案之裁判。此权能系诉讼要件之一,而非诉讼行为之要件,因此只须在最后关于事实之审判,即第二审言词辩论终结时具备即可。例如在此时宣告破产之裁定经撤销,或遗产管理终止,则对前破产人及继承人所为之裁判,仍属有效。

进行诉讼权能之有无,应依职权调查之。如有欠缺,应驳回其诉,盖对非适格之当事人,不得诉讼。如其欠缺未经觉察,法院之裁判仍属有效,但其效力,仅及于该诉讼之两造当事人间,而不及于适格或正当之诉讼当事人。

第七目　共同诉讼

A. 共同诉讼,有置在诉之合并章中讨论者;盖诉之合并,得分主观的及客观的。客观的合并,指原告于被告所为数宗请求,合并起诉(第二四八条);主观的合并,指在同一诉讼,数人同为诉讼当事人,即共同诉讼也。共同诉讼,分通常共同诉讼及必要共同诉讼。

B. 通常共同诉讼——共同诉讼之发生,多半因于起诉行为,例如一同起诉或被诉。但亦可于起诉后,因他种事由而发生,例如当事人死亡,由数继承人续行诉讼,或新当事人之参加等均是。共同诉讼之成立,依第五三条,得有下列数种情形:

1. 为诉讼标的之权利或义务,为数人所共同者(同条第一款)——例如共同诉讼人间,有共有关系、连带债权、连带债务或主债务人与保证人之关系。

2. 为诉讼标的权利或义务,本于同一之事实上及法律上原因者(同条第二款)——例如数受雇人因雇佣人违约,乃本于同一契约,要求损害赔偿；又如共有人因共有物被侵害，要求损害赔偿。

3. 为诉讼标的之权利或义务系同种类，而本于事实上及法律上同种类之原因者（同条第三款）——例如出租人对于多数承租人，本于同种类之租赁契约所生的租金请求权，以为诉讼标的是。但以被告之住所在同一法院管辖区域内者为限。

共同诉讼之效力，依第五五条，共同诉讼人中一人之行为，或他造对于共同诉讼人中一人之行为及关于其一人之事项，除别有规定外，其利害不及于他共同诉讼人。故共同诉讼人间一二人之上诉，如不能证明其系代表诉讼人全体者，原判决关于该未声明不服之共同诉讼人部分，即属确定（三年上字第九六七号判例）。又共同诉讼人中二三人已与相对人就其讼争事项成立和解，而其他共同诉讼人和解未谐时，法院自得就未成立和解各人之争执，另予审理裁判（一九年上字第九七七号判例）。一人所为不利于己之审判上自认，他共同诉讼人不受其拘束（十一年上字第一一五〇号判例），但法院未始不可据以为认定事实之参考。至于共同诉讼人就他共同诉讼人所主张之事实无利于己者，亦未尝否认其证人能力（二十二年上字第三九九二号判例）。

别种规定云者，一方面指《民法》第二七五条以下及第二八七条以下各规定，他方面指《民诉法》第五六条之规定。

因此共同诉讼者，实包括多数独立之诉讼，可以下图说明之：

多数原告

多数被告

此多数独立之诉讼，在同一诉讼程序进行，故言词辩论、调查证据及裁判，均合并连锁为之。

C. 必要共同诉讼——亦称特殊共同诉讼，即诉讼标的对于共同诉讼之各人，必须合一确定（第五六条）。例如最近亲属二人，对于心神丧失或精神耗弱者，声请宣告禁治产（《民法》第十四条），该声请之两人为共同诉讼人。第三人提起婚姻事件之诉，必以夫妻为共同被告。遗嘱执行人有数人时，遗嘱得订明其职务之执行应由全体共同为之（《民法》第一二一七条），于为诉讼行为时，即成共同诉讼人。第三人因原告及被告通谋损害自己之债权而以该两造为共同被告提起之诉讼，具有必须合一确定之性质，即必要共同诉讼（五年上字第一○○九号判例），其裁判不能各异；但须各共同诉讼人，一同起诉或被诉，否则系当事人适格有所欠缺，法院得径认为无理由，而为驳回之判决（二一年上字第二二○八号判例）。但在例外情形，亦得先后起诉，例如撤销除权判决之诉是（参考第六三四条）。至若一邑一村一族一会之产，依通行惯例，得由其中少数人代表起诉或应诉者，仍为适格之当事人。法院本于此等人辩论所为之裁判，苟已确定，对于全体亦有效力（二二年上字第一七○○号判例）。

必要共同诉讼，虽有其特殊之处，究不失其通常之共同性，盖亦系多数独立诉讼连锁于同一诉讼程序进行。故各个起诉是否成立，应予分别审查。个人仍独立为诉讼行为，其中一人之行为，在原则上不问其利与不利，不及于他共同诉讼人。但此原则，其在必要共同诉讼，以诉讼标的必须合一确定，故发生重要之变化。

判决既须统一，则一人之行为或就其本身所发生之原因，其效果亦及于他共同诉讼人。同时一人之行为，亦得因他共同诉讼人相反之行为，而对于其自身不发生效果。简言之，一人之行为，有时视为与全体所为同，有时视为与全体未为同（八年上字第一三○六号判例）。此即第五

六条各款之规定,分述如次:

1. 共同诉讼人中一人之行为有利益于共同诉讼人者,其效力及于全体;不利益者,对于全体不生效力——此并非对于共同诉讼人利益之保护特周,乃因统一判决必然之效果。例如甲乙两共同诉讼人,甲迟误言词辩论期日,而乙未迟误,甲之行为,不能使乙受其不利,理甚显然。同时裁判既须统一,对于甲当然不得为一造辩论之判决;是则因统一判决之结果,使乙之行为,其利益亦及于甲。他如关于诉讼上舍弃、认诺、和解,亦可以此类推。至于一人就事实之陈述或提出之证据,与他共同诉讼人之陈述及证据,互有违异处,则不适用此款之规定,而当由法院以自由心证,衡情认定其真伪。

2. 他造对于共同诉讼人中一人之行为,其效力及于全体。例如,他造于一人有败诉之原因——譬如认诺——与他共同诉讼人间之关系,同时即有该败诉原因存在。

3. 共同诉讼人中之一人生有诉讼中断或中止之原因者,其中断或中止之效力及于全体——故如共同诉讼人均迟误期日,但其中一人生有诉讼中断或中止之原因者,为对于共同诉讼人合一判决起见,不得对于全体为一造辩论判决。

D. 主参加诉讼——第五六条二项称依第五四条规定起诉者,视为其诉讼标的,对于共同被告必须合一确定。第五四条所规定者,学术上称主参加诉讼。

主参加诉讼之概念,见于第五四条一项,即就他人间之诉讼标的全部或一部,为自己有所请求或主张,因其诉讼之结果,自己之权利将被侵害者,得于本诉系属中,以其当事人两造为共同被告,向该第一审法院起诉。此制度之目的在免诉讼之重累,苟不如此,则须另行起诉,甚或须向数不同法院起诉,至为不便。主参加在实际上不甚多见,其成立要件如下：

1. 须他人间之诉讼在系属中。如本诉讼犹未系属或本诉讼之判决已确定者，不得主张参加。

2. 须为自己有所请求或主张。例如甲在诉讼上请求乙交付某物，丙出而主张其物系彼所有而请求返还之。又如甲为抵赖丙之债权起见，与乙通谋，将仅有之田一亩抵押于乙，乙在诉讼上实行其抵押权，丙即得以甲乙为共同被告请求确认抵押权不存在。

如欠缺上述要件之一，以通常共同诉讼论。

第二节　从参加人

第一目　从参加

A. 概念——从参加者，第三人对于他人之诉讼，有法律上利害关系，为辅助一造起见，以自己之名义，参加该诉讼之谓（第五八条一项）。例如丙受甲之委任，与乙订立契约，甲以后请求乙履行契约，乙主张契约为无效，丙得参加诉讼，以辅助甲。盖如契约果无效，丙或须对甲负损害赔偿之责，是丙对于甲之胜诉，有法律上利害关系。从参加人乃以自己之名义，为诉讼行为，而非当事人之代理人；但并不为本身求法律上保障，实为辅助他人起见而参加诉讼。

B. 诉讼参加之要件：

1. 须他人之诉讼在系属中。若案经终结，即无参加之可能。

a. 须从参加人就他人之诉讼有法律上利害关系，而非戚谊、友谊或经济上的关系。法律上利害关系者，因两造所受裁判之结果，而自己法律上地位受其影响。上述关于委任一例，即可说明之。此外债权人依确定判决得令保证人清偿者（《民法》第七五〇条四款），保证人得参加诉讼以辅助债务人。

3. 须参加人有当事人能力及诉讼能力。

C. 参加诉讼程序

1. 参加应提出参加书状于本诉讼系属之法院为之(第五九条)。

参加书状,应表明如下各款事项:一、本诉讼及当事人;二、参加人于本诉讼之利害关系;三、参加诉讼之陈述。

法院应将参加书状送达于两造。

参加得与上诉抗告或其他诉讼行为合并为之(第五八条二项),即以一书状同时声明参加及上诉或抗告或其他答辩声请之谓。但当事人如已有舍弃上诉或抗告之表示,则不得独立为上诉或抗告,此因其为参加诉讼,而非独立之诉讼耳。

2. 当事人就第三人之参加,得声请法院驳回,于是发生关于参加之争执。法院之裁定,当事人得为抗告。如对于参加当事人未提出异议,而已为言词辩论者(第六十条),法院不得依职权驳回参加之声请,如参加人无当事人或诉讼能力者,法院本得依职权审查之,是又当别论矣。

驳回参加之裁定未确定前,参加人得为诉讼行为。如将来驳回之裁定确定,参加人所为诉讼行为,自始无效。

3. 参加人经两造同意时,得代其所辅助之当事人承当诉讼。参加人承当诉讼者,法院依其所辅助当事人之声明,应以裁定许该当事人脱离诉讼。但本案之判决,对于脱离之当事人仍有效力(第六四条)。

4. 参加诉讼因参加之撤回及本诉讼之终结而终止。参加之撤回,毋须得当事人同意。

D. 参加之效力,分两点论述:

1. 通常或非独立的从参加——参加人系辅助当事人而为诉讼行为,非共同诉讼人也。为辅助当事人起见,得按参加时之诉讼程度为一切诉讼行为(第六一条),至于民法上行为如抵销、撤销等,则不得为之。

所谓按参加时之诉讼程度者,即系受参加时诉讼程度之拘束也。例如本诉讼已进入第三审程序,即不得为事实上陈述。又如于一部判决或中间判决后始行参加者,即不得在同审级攻击该项判决。

参加人之诉讼行为与其所辅助当事人之行为抵触者,不生效力(第六一条)。故当事人所已抛弃之证据,参加人即不得更行申述;如该当事人已提起上诉者,参加人不得撤回之;如该当事人已将上诉撤回者,参加人便无从参加;但若当事人所未为之行为,而由参加人代为者,不以抵触论。故当事人虽未提起上诉,亦可由参加人提起而不为违法。当事人如不表同意,非依法撤销不能使其失效(三年上字第四五三号判例,四年上字第五二三号判例)。

至于本诉讼之终局判决,仅于当事人间发生效力,但并非与参加人绝不相关。参加人对于其所辅助之当事人不得主张本诉讼之裁判不当(第六三条),即该裁判所根据之事实业已确定,而不得再事争辩。故若以后参加人与其所辅助之当事人涉讼时,法院即限于已确定之事实,受该诉讼之束缚。

例如甲为清偿其对于某公司所负之债向乙为给付,随后公司诉请甲清偿,乙(因受告知)参加诉讼。因乙无为公司受领给付之权,故甲被判向公司为给付。在第二次甲对抗乙之诉讼,法院即应根据第一次所认定之事实,判令乙向甲为给付。纵乙已将所受领之给付转交与公司,亦不得主张之。但参加人因参加时诉讼之程度或因该当事人之行为,不能用攻击或防御方法,或当事人因故意或重大过失,不用参加人所不知之攻击或防御方法者不在此限(第六三条)。故于第二次诉讼时,原来之从参加人得提出抗辩(exceptio male gesti processus),俾得不受参加效力之拘束。

2. 独立或共同诉讼的从参加——参加人一方系共同诉讼人,他方系从参加人。凡参加人与其所辅助当事人之对造间有法律关系,须受本诉讼裁判之影响者,参加人同时系共同诉讼人,准用第五六条之规定(第六二条)。例如甲重婚,其父提起撤销婚姻之诉,甲之前配偶乙,为辅助甲之父,参加诉讼,此际诉讼标的对于甲及乙必须合一确定,故乙同时为共同诉讼人。

第二目　告知参加

A. 概念——告知诉讼(litis denuntiatio),当事人于诉讼系属中,将诉讼告知于因自己败诉而有法律上利害关系之第三人,使其参加之谓也(第六五条一项)。例如典权人甲,因乙对之行使物上请求权,即告知于物所有人(即出典人)丙参加诉讼,丙即称受告知人。又如甲受让丙之物,乙在诉讼主张该物系彼所有,甲得告知丙,因丙对于甲负瑕疵担保责任。

告知参加之规定,初为所辅助之当事人之利益而设,故告知与否,非他造当事人所得主张(二二年上字第七五四号判例)。

B. 告知参加成立之要件:

1. 须诉讼在系属中。

2. 须第三人因自己败诉而有法律上之利害关系。

C. 告知参加之程序:

1. 受诉讼之告知者,得递行告知(第六五条一项)上例负瑕疵担保责任之丙,得再告知其出卖人丁参加诉讼。

2. 告知诉讼,应以书状表明理由及诉讼程度,提出于法院,由法院送达于第三人(第六六条一项)。前项书状并应送达于他造(同条二项)。告知参加与从参加,性质上本无不同,一则因告知而参加,一则自动参加,仅此之不同耳。

D. 告知参加之效力

告知参加之效力与上述关于参加之效力尽同。惟关于告知参加,尚有一特点,即受告知人不为参加或参加适时者,视为于得行参加时,已参加于诉讼(第六七条)。

第三节　诉讼代理人及辅佐人

第一目　代　理

A. 概念——代理者,以当事人之名义为诉讼行为,其代理行为,直接对于当事人发生效力。罗马时代,不许为诉讼上代理,今则已成为极通常之事,有时且有其必要,如无诉讼能力人,应由法定代理人代为诉讼行为。他国法律,甚且规定在合议庭必须请律师代理,实具有强制性。兹分法定代理人、委任代理人、无权代理人三点论述。

B. 法定代理人

具有法定代理权之人,本人对于其代理权之发生、内容、范围及消灭,无左右之可能。法定代理权之发生,依《民法》之规定。如未成年人之父母或监护人为未成年人代理为诉讼行为(《民法》第一〇八六条及第一〇九八条),禁治产人之监护人为禁治产人代理为诉讼行为(同法第一一三条),社团或财团的董事为法人代表为诉讼行为(同法第二七条二项)。其消灭亦依《民法》之规定,不外因基本关系之消灭而消灭,例如父母死亡,或均不能行使负担对于其未成年子女之权义时(《民法》第一〇九一条),或监护关系终止,或董事停职等均是。

对于无诉讼能力人为诉讼行为,因其无法定代理人或其法定代理人不能行代理权,恐致久延而受损害者,得声请受诉法院之审判长选任特别代理人。选任特别代理人之裁定,并应送达于特别代理人。特别代理人于法定代理人或本人承当诉讼以前代理当事人为一切诉讼行为,但不得为舍弃、认诺或和解。选任特别代理人所需费用及特别代理人代为诉讼所需费用,得命声请人垫付(第五一条)。

所应注意者,选任特别代理人之声请,以无诉讼能力人之相对人为限。至于无诉讼能力人本人,不得为此声请,惟得依第四七条至第五〇条规定办理(二十五年院字第一五三二号解释)。

1. 提起诉讼——法定代理人在其权限内,于必要时,得提起诉讼。但若监护人为受监护人之婚姻事件起诉者,应得亲属会议之允许(第五六七条二项)。如于起诉后,得亲属会议之承认,其所为之诉讼行为,仍溯及于行为时发生效力(第四八条)。

2. 起诉之代理权——如其有权起诉,则得为一切诉讼行为,其行为之效力,利与不利,直接对本人发生。法定代理人,虽非当事人,但在一定限度内,应视为与当事人之地位同。故法定代理人,于必要时,得命其到场(第二〇三条)。关于诉讼程序中断(第一七〇条)及中止之规定,于彼亦准用之。此外法定代理人不得为证人或从参加人。

法定代理权有欠缺时,其诉讼行为无效。若于诉讼中取得法定代理权,经其承认,溯及于行为时发生效力(第四八条)。例如未经合法取得监护权之人,以法定代理人资格为未成年之原告起诉后,于诉讼进行中取得监护权是。

法院于法定代理权,认为有欠缺而可以补正者,应定期间命其补正。如恐久延致当事人受损害时,得许其暂为诉讼行为(第四九条)。

C. 委任代理人

1. 概念——委任代理人者,本人以法律行为授权他人使其有代理权之人,其诉讼代理权,往往系范围较广代理权之一部,例如有执行权合伙人之诉讼代理权(《民法》第六七九条)、经理人之诉讼代理权(《民法》第五五五条)是。当事人委任律师代理诉讼,尤为事所习见者。

2. 代理权

a. 代理权之授予固于事前为之,但事后承认,亦发生代理权授予之效力。

b. 诉讼代理与代理义务所自生之基本法律关系,各不相涉。故诉讼代理权不因基本法律关系之消灭而随同消灭。

c. 代理权之授予,或取委任书之方式,或以言词委任,由法院书记官记明于笔录中(第六九条)。

d. 受权人普通为律师,但亦得为非律师。非律师而为诉讼代理人者,法院得斟酌情形以裁定禁止之(第六八条一项)。

e. 代理权之范围

(一) 诉讼代理人有为一切诉讼行为之权(第七〇条一项),不仅以本诉为限,且及于他造所提起之反诉、第三人之主参加诉讼、保全程序、强制执行程序等;所谓一切诉讼行为者,指起诉、变更原诉、事实之陈述及撤销、证据之提出等,甚且得与他造以合意定法院之管辖(二三年抗字第一五八号判例)。但事实之陈述,经到场之当事人本人即时撤销或更正者,不生效力(第七二条)。至于舍弃、认诺、撤回、和解、提起上诉或再审之诉及关于强制执行之行为,或领取所争物,非受特别委任,不得为之(第七〇条一项)。

对于诉讼代理人之权限,欲加以限制者,应于委任书或笔录内表明,始生效力(同条二项)。

(二) 诉讼代理人有二人以上者,均得单独代理当事人(第七一条一项)。违反此规定而为委任者,对于他造,不生效力(同条二项)。

f. 代理权之消灭——代理权不因下列原因而消灭:

(一) 代理人诉讼能力之丧失或代理人尤其律师于一定法院执行职务之资格之丧失。

（二）本人之死亡、破产或诉讼能力之丧失，法定代理人之变更（第七三条）。

（三）代理权所自生之基本法律关系消灭（第七四条）。

然则消灭之原因，有如下列：

（一）代理人之死亡，如律师死亡，程序得予中止。

（二）代理之目的达到。

（三）代理权之撤回，即诉讼委任之解除。但应提出于法院，由法院送达于当事人之他造，始生效力（第七四条）。

3. 效力——代理行为直接对于本人发生效力。

D. 无权代理人

如无授权行为或授权行为无效，而为本人代理诉讼行为者，发生无权代理问题。代理权之授予或其有效授予，系代理诉讼行为之要件。无代理权人所为之诉讼行为无效。故代理权如有欠缺，他造得随时提出抗辩。

法院于诉讼代理权认为有欠缺而可以补正者，应定期间，命其补正，但得许其暂为诉讼行为（第七五条）。经补正后，代理权之授予溯及于行为时发生效力（第四八条）。

当事人未经合法代理者，其判决当然违背法令，得为第三审之上诉理由（第四六六条四款），亦得为再审理由（第四九二条三款）。

第二目　辅　佐

于期日随同当事人或诉讼代理人到场，为其有所陈述者，称辅佐人。辅佐人非代理人。当事人对于辅佐人之陈述，不即时撤销或更正者，视为其所自为（第七七条）。故错误过失等，应就当事人而不就辅佐人决之。

当事人或诉讼代理人，偕同辅佐人到场，须经法院之许可（第七六条一项）。其许可，法院得随时予以撤销（同条二项）。

第六章 诉讼费用、诉讼费用之担保、诉讼救助

第一节 诉讼费用

第一目 概 念

诉讼费用者,指当事人为进行诉讼所支出之必要费用,得分两类:其一系公法上费用,乃为请求法院为一定职务上行为所应支出者,包括裁判费(曩称审判费)、状纸费、印花税等;其二系普通杂费,包括送达费、执行费、抄录费、通译费、证人鉴定人到庭费、旅费、日费、推事及书记官出外调查证据之旅费等。至于律师之公费,众以为我国既不采律师诉讼主义,故非诉讼上必要费用。吾人以为委仟律师代理,既已成为社会上一种习惯,其公费应视为诉讼上必要费用,不因法律不采律师诉讼主义即持否定之见解。且依第一一四条二项推论,受救助人选任之律师,得对于负担诉讼费用之他造请求归还规费、酬金及垫款,显见以律师之公费为诉讼上必要费用也。他如当事人因诉讼所支出之旅费,如为伸张或防卫权利所必要者,亦包括在诉讼费用之内(二四年院字第一三○三号解释)。

第二目 诉讼费用之裁判、诉讼费用求偿权

A. 各当事人先支付自己应负担之诉讼费用。诉讼费用,应以现金缴纳(二一年声字第一七三号)。如以后经裁判,讼费应由他造负担者,得向他造请求偿还。诉讼费用中之裁判费,应于递诉状时缴纳,否则法院应以裁定命限期补缴。届期而不补缴者,其起诉为不合法定程式,应予驳回。但其诉讼标的事项,根本上未受裁判,故原告嗣后仍得缴纳裁判费,更行起诉(二二年抗字第二○三四号)。提起上诉,因不预缴审判

费,迟误裁定之补正期间,经法院裁判驳回者,除犹未逾上诉期间,得缴审判费,更行提起之诉外,别无救济之道。恢复原状之声请,仅适用于不变期间,于裁定期间,不适用之(二一年声字第一一四号)。但果因交通阻梗、汇兑不便,以致转送迟延,应认为合于再审情形(二〇年再字第三条)。

　　B. 法院为终局判决时,应依职权为诉讼费用之裁判(第八七条一项)。如有脱漏,法院应依声请以判决补充之(第二三三条一项)。除终局判决外,法院以裁定终结本案者,或与本案无涉之争点者,亦应为诉讼费用之裁判。例如,关于驳回上诉之裁定(第四三九条一项)、准驳禁治产声请之裁定(第六〇四条)、驳回第三人参加诉讼之裁判(第五四条、第六〇条),此乃解决与本案无涉之纷争者也。至于一部判决,中间判决及移送裁定,不得即为诉讼费用之裁判,盖确定诉讼费用之要件未具备耳。有时诉讼不经裁判而终结,如诉或上诉抗告之撤回(第八三条)或和解成立(第八四条),法院应依声请以裁定为诉讼费用之裁判(第九十条一项)。其有第八九条二项之情形者,法院得依职权以裁定命其负担。

　　C. 诉讼费用,原则上由当事人之一造或两造共同负担。但亦可由第三人负担,例如声请参加诉讼之第三人,其声请被驳回者;或法院书记官、执达员、法定代理人或诉讼代理人因故意或重大过失致生无益之诉讼费用者(第八九条一项)。诉讼费用由当事人负担者,该当事人辄系败诉之一造(第七八条)。各当事人一部胜诉一部败诉者,各负担其支出之诉讼费用,但法院得酌量情形命两造以比例分担,或命一造负担(第七九条)。

　　有时胜诉之一造,在例外情形中,仍应负担讼费。例如被告对于原告关于诉讼标的之主张,径行认诺,并能证明其无庸起诉者(第八〇条)是。

　　诉讼费用之负担,原则上包括全部费用,如在移送法院所生之费用,因督促程序、和解程序所生之费用,各级法院之费用(最终败诉之一造,纵在下级法院胜诉,仍由其负担费用)等,吾人称谓总费用(第八七条二项)。如负担一部,仍以比例计算,例如原告负担讼费十分之三、被告十分之七是。

但于例外情形中,得因个别审判上行为或攻击、防御方法所生之费用,而定应负担此项费用之一造。

1. 胜诉人之行为,非为伸张或防卫权利所必要者(第八一条一款)。

2. 败诉人之行为,按当时之诉讼程度,为伸张或防卫权利所必要者(同条二款)。有以上两种情形之一者,法院得酌量情形,命胜诉之当事人负担其全部或一部。

3. 当事人不于适当时期提出攻击或防御。例如在第二审法院始提出,而实则在第一审法院提出,即可胜诉,或因第一审法院提出因而胜诉后,败诉之一造不致提起上诉(第八二条)。

4. 当事人迟误期日或期间,或其他应归责于己之事由而致诉讼延滞者,如向无管辖权之法院起诉。有以上两种情形之一者,虽该当事人胜诉,其因延滞而生之费用,法院得命其负担全部或一部。

5. 一部败诉而提起上诉,上诉经驳回者,其上诉费用,由彼负担。

D. 诉讼费用经裁判后,负担费用之一造,应偿还他造因诉讼而支出之必要费用;对于法院之垫款,亦负偿还之责。其所以欲令其偿还者,所以杜绝健讼之弊,而非一种损害赔偿,此于诉讼费用,原则由败诉之当事人负担一层可以见之。

E. 诉讼费用之裁判非对于本案裁判上诉时,不得声明不服(第八八条)。对于独立之裁定,得为抗告,但审判长命补缴审判费之裁定,不得抗告。对于此项裁定提出异议,经原法院驳回者,亦不得对于驳回异议之裁定提起抗告(二二年抗字第一七○八号判例)。盖其裁定,系属于诉讼指挥之范围也(第二三八条,二一年抗字第五六六号判例)。

第三目　诉讼费用之计算

上述仅关于诉讼费用应由何人负担,惟究负担若干,此乃关于计算问题。如法院未于诉讼费用之裁判确定其费用额者,第一审法院于该裁判具有执行力时,应依声请以裁定确定之(第九一条一项)。

声请确定诉讼费用额者,应提出费用计算书,交付他造之计算书缮本及释明费用额之证书(同条二项)。凡诉讼上必要之费用,均应算入。

诉讼费用额之计算,法院得命书记官为之(第九四条)。何种费用应认为伸张或防卫权利所必要而须算入者,及当事人所提出之各种书据是否正确,均由书记官斟酌决定之。对于书记官之决定,有不服者,得向该书记官所属之法院提出异议。如对于法院之裁定不服,得为抗告,确定诉讼费用之裁定有执行名义。

第二节　诉讼费用之担保

A. 概念及适用之情形

1. 概念——诉讼费用之担保者,指设定债权或物权,以担保一造对于他造所享有诉讼费用之求偿权。败诉之一造,将来不能保其必偿还,自不得不使预供担保矣。

2. 适用之情形

a. 原告于中华民国无住所、事务所及营业所者,法院应依被告声请之裁定命原告供诉讼费用之担保(第九六条一项)。但有两例外:

(一)原告请求中被告无争执之部分,足以赔偿诉讼费用者(同条二项);

(二)原告虽于中国无住所、事务所及营业所,而经其国家与中国政府订约,有互惠之规定,即中国人在彼国亦毋须供担保者,则免其提供担保。

　　b. 被告应在本案辩论前声请之。但应供担保之事由知悉在后者，例如变更或脱离中国国籍，而同时在中国已无住所、事务所或营业所者，不在此限(第九七条)。被告声请命原告供担保者，于其声请被驳回，或原告供担保前，得拒绝本案辩论(第九八条)。

　　c. 诉讼中发生担保不足额或不确实之情事时，得声请命供或再供担保(第九六条一项末段)。

　　B. 担保之裁定

　　1. 担保由法院以裁定命令之。裁定中应定担保额及供担保之期间(第九九条一项)。定担保额以被告于各审应支出之费用总额为准(同条二项)。担保之提供，或提存现金或法院认为相当之有价证券；但当事人别有约定，从其约定。应供担保之原告，如不能以现金或证券提存者，法院得许由该管区域内有资产之人具保证书代之(第一○二条)。

　　被告就提存物，与质权人有同一之权利(第一○三条)。易言之，就提存物，有优先受清偿之权。

　　2. 关于声请命供担保之裁定，得于五日内抗告(第一○○条)。

　　3. 原告于裁定所定供担保之期间内不供担保者，法院应以裁定驳回其诉。但在裁定前已供担保者，不在此限。

　　C. 提存物或保证书之返还及变换

　　1. 有下列情形者，法院应依供担保人之声请以裁定命返还提存物或保证书(第一○四条)：

　　a. 应供担保之原因消灭者；

　　b. 受担保利益之人同意返还者。

　　2. 供担保之提存物或保证书除得由当事人约定变换外，法院得依供担保人之声请，以裁定许其变换(第一○五条一项)。

上述法院之裁定,得为抗告,抗告中应停止执行(同条二项),实系一种例外情形。

D. 关于讼费担保规定之准用

法律规定应供担保之场合,有票据法第十六条,即丧失票据者,于公示催告程序开始后,如即欲请求票据金额之支付,应提供担保。此外如声请假执行(第三九○条)或免假执行(第三九二条),声请假扣押(第五二二条),或停止或撤销假扣押(第五二三条),均有提供担保之可能。以上场合,准用第一○二条至第一○五条之规定。其应就起诉供担保者,并准用第九八条、第九九条一项、第一百条及第一○一条之规定(第一○六条)。如股东为公司对董事提起诉讼,法院因监察人之声请,得命起诉之股东,提供相当之担保(《公司法》第一五○条)。

第三节　诉讼救助

A. 概念与适用场合

1. 概念——对于无资力支出诉讼费用之一造,准其暂免缴纳,此之谓诉讼救助。立法用意,在使无资力者,亦得请求国家予以必要之法律上保障,否则国家司法机关,将不免专为富有者而设矣。诉讼救助,应于起诉或提起上诉时声请之,若诉讼业已终结,自无向法院声请救助之余地(二一年声字第一○一三号判例)。

2. 适用场合——诉讼救助,不仅适用于通常诉讼程序,亦适用于简易程序、督促程序、公示催告程序保全程序等。就人而言,对自然人固有其适用,对于法人,亦非例外,否则与法律上平等保护当事人之旨,不相适合(十二年抗字第三八二号判例)。此外如《民诉法》第四十条三项规定有当事人能力之团体,亦得请求诉讼救助。对于外国人,准予诉讼救助者,则以依条约或该外国人之本国法,中华民国人在其国得受诉讼救助者为限(第一〇八条)。至于无国籍人声请诉讼救助,既无其本国法或条约以为依据,自无第一〇八条之适用。

B. 诉讼救助之要件

1. 须当事人无资力支出诉讼费用(第一〇七条),如何始得谓无资力,由推事斟酌定之。前民事诉讼条例规定较为切实,称"当事人因支出诉讼费用致自己或其家庭窘于生活者,法院依声请以裁定准予诉讼救助"。

2. 须非显无胜诉之望(同条)。此点亦由法院酌定之。

C. 效力

1. 其对于声请人之效力(第一一〇条):

a. 暂免审判费用。既称暂免,故非绝对免缴,且亦不阻碍法院判令负担讼费,不过因当事人现无资力支出,暂免缴纳而已。

b. 免供诉讼费用之担保。

c. 暂行免付执达员之规费及垫款。

d. 法院得为受救助人选任律师代理诉讼,暂行免付酬金。

2. 其对于他造之效力(第一一四条):

a. 如他造应负担诉讼费用,则因诉讼救助暂免之审判费用,得向该他造征收之。

b. 执达员或为受救助人选任之律师,得对于负担诉讼费用之他造请求归还规费酬金及垫款。其行使请求权时,得据受救助人有执行力之债务名义,声请确定费用额及强制执行,并得为第九十条之声请。

D. 诉讼救助之消灭

1. 受救助人死亡(第一一二条)为消灭原因之一。其继承人得依法更为声请。

2. 法院撤销救助(第一一三条)亦为消灭原因之一。当事人力能支出诉讼费用而受诉讼救助,或其后力能支出者,法院应以裁定撤销救助,并命其补交暂免之费用。撤销救助,仅对将来所应支出之费用,从此不再暂免。至其以前暂免之诉讼费用,苟无命其补纳之裁定,并不因救助之撤销,即须补纳。故诉讼终结以后,发见受救助人有第一一三条一项所规定之情形者,只须命其补纳诉讼费用之裁定,无须撤销救助。如仅以裁定撤销救助而未同时命其补纳,则当事人在诉讼终结以后,既无诉讼费用应行支出,即不因该裁定而受不利益(二十二年抗字第二八五五号判例)。撤销救助之裁定,在诉讼未结前,由诉讼系属之法院为之,在诉讼已结后,由第一审受诉法院为之(同条三项)。

E. 准予救助之程序

1. 声请救助——声请诉讼救助应向受诉法院为之(第一〇九条一项)。

2. 释明事由——请求救助之事由,应释明之(同条二项)。若不释明,可以保证书代之。该保证书由受诉法院管辖区域内有资力之人出具之,载明具保证书人于声请诉讼救助人负担诉讼费用时,代缴暂免之费用(《民诉费用法》第二六条)。至旧诉讼费用规则规定声请救助时须加具相当铺保或户邻切结,其作用在释明声请人之生活状况,法院依法调查时,仍可不受所具保结之拘束。故与之之保证不同。

F. 抗告

关于诉讼救助之各裁定,得于五日内抗告(第一一五条)。

第七章　当事人书状

A. 概述

我民诉法采取言词审理主义,仅于第三审程序采用书状审理主义。

既采言词审理主义，故当事人关于诉讼所为之声明或陈述，原则上应以言词为之；而法院之裁判，亦应以当事人之言词辩论为本（第二二一条）。但法律如规定应用书状时，仍应用书状，例如起诉（第二四四条）、上诉（第四三八条、第四六七条）、抗告（第四八五条一项）、声请再审（第四九七条）及声请行各种特别诉讼程序（第五〇七条、第五二一条、第五二九条、第五三七条）等是。至于采用书状审理主义之第三审程序，一切均应以书状为声明或陈述，自不待言。

B. 书状

1. 书状之程式——当事人书状，应记载下列各款事项（第一一六条）：

a. 当事人姓名、年龄、职业及住所或居所，当事人为法人或其他团体者，其名称及事务所或营业所。

b. 有法定代理人、诉讼代理人者，其姓名、年龄、职业及住所或居所。

c. 诉讼之标的。

d. 应为之声明或陈述。

e. 供证明或释明用之证据。

f. 附属文件及其件数。

g. 法院。

h. 年、月、日。

当事人或代理人应于书状内签名。其不能签名者，得使他人代书姓名，由当事人或代理人画押、盖章或按指印（第一一七条）。

至于每一种类之书状，如起诉状、上诉状、抗告状、再审诉状等，除上列事项外，更应依各有关规定，添载其他事项。

2. 书状内文书之引用——当事人于书状内，往往须引用各种文书。

a. 如该文书系当事人所执有者，应添具其原本或缮本，其引用一部分者,得只具节本,摘录该部分及其所载年月日并名押、印记。如文书系他造所知或浩繁难于备录者,得只表明该文书(第一一八条一项)。

b. 如该文书或其他证明非当事人所执有者,应表明执有人姓名及住居所或保管之公署(同条二项)。

c. 书状内引用证人者应表明该证人姓名及住居所(同条同项末句)。

3. 书状之缮本及他造当事人之阅览权——当事人提出于法院之书状,或对于他造有所请求或主张,或有关于他造之利益,应使当事人之他造有准备防御及攻击之机会。此所以于提出于法院之正本书状外,应更提出缮本,送达于他造。缮本之件数,以应受送达之他造人数为标准(第一一九条一项)。如各种书状有不符时,以提出于法院者为准(同条二项)。

除应受缮本之送达外,当事人之他造得请求阅览一造提出于法院之附属文件原本,以便准备如何防御与攻击也。所执原本未经提出者,经他造催告,应于五日内提出于书记科,并通知他造(第一二〇条一项),他造接到通知后,得于三日内阅览原本,并制作缮本(同条二项)。

4. 书状之补正——书状不合程式或有其他欠缺者。审判长应定期间命其补正。因命补正欠缺,得将书状送还,如当事人住居法院所在地者,得命其到场补正。书状之欠缺经于期间内补正者,视其补正之书状与最初提出同(第一二一条)。

C. 言词

于言词辩论外,关于诉讼所为之声明或陈述,除依本法应用书状者外,得于法院书记官前以言词为之,例如反诉之提起是(第二六一条二项)。书记官应制作笔录,并于笔录内签名(第一二二条二项),第一一六条及第一一八条至第一二〇条之规定,于上述笔录准用之(同条三项)。

第八章 送 达

A. 概念、必要、种类及送达之主义

1. 概念——送达者，法院书记官依法定程式将应行通知事项或应行交付文书，传达于诉讼当事人或其他诉讼关系人之行为也。送达由书记官执掌，不必待法院之命令，亦毋待当事人之声请。

2. 必要——送达之必要，可自两方面言之：

a. 自法院之行为而言，不宣示之裁定，必须送达，始生效力（第二三六条一项）。裁判必须送达后，上诉或抗告期间，始开始进行（第四三七条）。

b. 自当事人之行为而言，当事人之一造对于他造或第三人为一定之表示或通知，必须依送达之程式为之。法律规定毋须一定方式者，自不在此限，例如当事人之他造催告一造将附属文件原本提出于书记科是（第一二〇条）。

3. 种类——送达之种类得分交付送达、邮局送达、嘱托送达及公示送达等四种，其详见下。

4. 送达之主义——《民诉法》采职权送达主义，凡一切送达事宜由法院书记官依职权为之（第一二三条）。其依当事人之声请为送达者，仅公示送达一例外情形（第一四九条），即第一二三条所称之（别有规定）也。他国民诉法有兼采当事人送达主义者，即本当事人之意思而为送达也。

B. 应受送达人

送达应向受送达人本人为之，但有左列例外：

1. 对于无诉讼能力人为送达者，应向其法定代理人为之。法定代理人有二人以上者，送达得仅向其中一人为之（第一二七条）。

2. 对于在中华民国有事务所或营业所之外国人或团体为送达者,应向其在中华民国之代表人或管理人为之。代表人或管理人有二人以上者,送达得仅向其中一人为之(第一二八条)。

3. 对于在军队或军舰服役之军人或军属为送达者,应向该管长官为之(第一二九条)。

4. 对于在监所人为送达者,应向该监所长官为之(第一三〇条)。

5. 关于商业之诉讼事件,送达得向经理人为之(第一三一条)。

6. 诉讼代理人有受送达之权限者,送达应向该代理人为之。但审判长认为必要时,得命送达于当事人本人(第一三二条)。

7. 当事人或代理人经指定送达代收人向受诉讼法院陈明者,应向该代收人为送达。当事人或代理人于受诉法院所在地无住居所、事务所及营业所者,审判长得命其于一定期间内指定送达代收人(第一三三条一项二项)。送达代收人经指定陈明后,本案上诉至第二审时,该第二审法院与第一审法院同在一地时,亦应向该送达代收人为送达。但该当事人或代理人别有所指定而陈明者,应依后之陈明为送达(第一三四条)。

C. 送达之实施

1. 送达之标的——送达之标的,为各种文书之缮本(第一三五条),例如当事人书状及其附属文件,以缮本送达于他造(第一一九条一项)。但法律规定以文书之正本为送达者,应从其规定,例如判决书、裁定书,以正本送达于当事人(第二二九条一项、第二三九条)。

正本者,法院文书之官方缮本对外与原本有同一效力。缮本者,依照文书原本全部内容另作之本,俗称抄本或抄文。原本者,对于缮本之称谓。此外尚有节本,系摘录文书原本内容之一部者也。

2. 送达之方法

a. 交付送达——亦称送达人送达,由执达员为之(第一二四条一项)。如地方辽阔,不便由执达员送达者,得交由邮务局行之。由邮务局行送达者,以邮差为送达人(同条二项)。法院书记官亦得于法院内将文书付与应受送达人,以为交付送达(第一二六条)。

(一)送达之处所——送达应于所受送达人之住居所、事务所或营业所行之,但在他处会晤应受送达人时,得于会晤处所行之,以免延滞(第一三六条一项)。对于法定代理人之送达,亦得于当事人本人之事务所或营业所行之(同条二项)。

于住居所、事务所或营业所不获会晤应受送达人者,得将文书付与有辨别事理能力之同居人或受雇人(第一三七条一项)。所谓辨别事理能力之人,指能了解送达之作用与效力之人而言,成年与否在所不问,否则不使交付,以免贻误。同居人或受雇人为他造当事人者,以其与应受送达人之利益相反,自不得将文书交与之由其转交(同条二项)。此外同居人或受雇人不能即时转交,或无从转交或不愿转交,亦不得强其代收,否则其送达为不合法(二十二年抗字第七二三号判例)。

无法会晤应受送达人,而亦不能托其同居人或受雇人转交者,可将文书寄存于送达地之公安局或邻长处,或将送达通知书黏贴于应受送达人住居所、事务所或营业所门首(第一三八条)。

应受送达人无法律上理由拒绝收领应送达之文书,应将文书置于送达处所(第一三九条),学理上称留置送达。

(二)送达之时日——送达除依第一三三条三项交付邮务局为送达外,不得于星期日或其他休息日,或日出前、日没后为之。但有左列例外(第一四〇条一项):

(1)经审判长或受命推事、受托推事或送达地地方法院推事之许可者,不在此限。此项许可,法院书记官应于送达之文书内记明(第一四〇条一项)。

（2）应受送达人不拒绝收领者。

b. 邮局送达——当事人或其代理人于受诉法院所在地无住居所、事务所或营业所,经审判长命于一定期间内指定送达代收人而不为者,法院书记官得将应送达之文书委由该当事人或代理人之住居所、事务所或营业所交付邮务局。其送达之时,为以文书交付邮务局之际,而非应受送达人收领之际(第一三三条)。此邮局送达与上述交付送达以邮差为送达人者不同。且邮局送达,既以文书交付邮务局为送达之时,法院书记官只须取得邮局收据即可做成证书附卷,无须另收邮差所作送达证书。至以后该文书是否的确送到、何日送达,在所不问(廿五年院字第一五三〇号解释)。此因当事人不遵审判长之命指定送达代收人,实咎由自取也。

c. 嘱托送达——乃由受诉法院嘱托他官署为送达,有下列数种情形:

（一）受诉法院之书记官,嘱托送达地地方法院之书记官为送达(第一二五条)。

（二）于有治外法权人之住居所或事务所为送达者,得嘱托外交部为之(第一四四条)。

（三）于外国为送达者,应嘱托该国管辖官署,或驻在该国之中华民国大使、公使或领事为之(第一四五条)。所谓对外国为送达者,不仅指对在外国之外国人为送达,即对在外国之中国人,亦适用之。

至该国管辖官署是否允受嘱托,则系国际法问题。各种诉讼程序,均得行此嘱托送达,但督促程序不在此列(第五〇五条)。

（四）对于驻在外国之中华民国大使、公使或领事为送达者,应嘱托外交部为之(第一四六条)。

（五）对于出战或驻在外国之军队或军舰之军人、军属为送达者,得嘱托该管军事机关或长官为之(第一四七条)。

d. 公示送达——公示送达者,所应送达之各文书公示后,经过一定期间,即生送达之效力,视为已有送达。惟因公示送达之方法,系黏贴布告于揭示牌上或刊登于报纸,究与实际送交本人收领不同,故非加以限制不可。

(一)公示送达之原因有三:

(1)应为送达之处所不明(第一四九条一项一款)。

(2)于有治外法权人之住居所或事务所为送达而无效者(同条同项二款)。

(3)于外国为送达,不能依第一四五条之规定办理,或预知虽依该条规定办理而无效者(同条同项三款)。

(二)要件——须当事人声请之(同条一项)。驳回前项声请之裁定,得为抗告(同条二项)。准为公示送达之裁定,即生效力,不得抗告,纵欠缺公示送达之原因,亦无碍于其生效。如对于同一当事人曾为公示送达后,再须为公示送达时,法院得依职权为之(第一五○条)。

(三)实施方法——黏贴布告于法院牌示处,晓示应受送达人得随时向法院书记官领取应送达之文书。但应送达者如系传票,应将该传票黏贴于牌示处(第一五一条一项)。法院并得命将文书之缮本或节本登载于公报或新闻纸,或用其他方法通知或布告之(同条二项)。

(四)效力——公示送达,自将布告或传票黏贴牌示处之日起,其登载公报或新闻纸者,自最后登载之日起,经二十日发生效力。但第一五○条之公示送达,自黏贴牌示处之翌日起,发生效力(第一五二条)。

8. 送达证书——亦称送达回证,乃为证明送达事项而设,其意义不仅为受领人收到文书之证明,且为送达手续之完成。上诉期间及抗告期间等之进行,即于送达证书做成时开始。送达证书之程序,因送达方法不同而有异。

a. 交付送达——通常由执达员送达,彼应作送达证书,记载下列各事项并签名(第一四一条一项):

(一) 交送达之法院。

(二) 应受送达人。

(三) 应送达之文书。

(四) 送达处所及年、月、日、时。

(五) 送达方法。

送达证书,应于作就后交收领人签名、画押、盖章或按指印。如拒绝或不能签名、画押、盖章或按指印者,送达人应记明其事由(同条二项)。

送达证书与本案事件之证明有重大关系,故应附入卷宗,以备查考。送达既为书记官之职责,故只须提出于书记科,不必提出于法院或审判长(同条三项)。

书记官于法院将文书付与应受送达人以为送达者,应命受送达人提出收据,附入卷宗。收据应记载文书种类及年、月、日、时,以资查考,自不待言(第一四三条一项)。

b. 邮局送达——依第一三三条三项之规定而为送达,于文书交付邮务局时,视为已送达,故只须书记官做成证书,记载该事由及年、月、日、时,附入卷宗为已足(同条二项)。

c. 嘱托送达——受嘱托之官署或公务员经通知已为送达或不能送达者,法院书记官应将通知书附卷。其不能为送达者,并应将其事由通知使为送达之当事人(第一四八条)。

d. 公示送达——为公示送达者,法院书记官应做记载该事由及年、月、日、时之证书附卷(第一五三条)。

第九章　期日及期间

第一节　概　念

A. 期日者,指法院或法院之一机构与当事人或其他诉讼关系人(如证人及鉴定人等)会合而为诉讼行为之时。

B. 期间者,分行为期间及中间期间。

1. 行为期间——当事人若诉讼,行为所应遵守之期限。逾期而不为者,不得补正。例如上诉期间(第四三七条、第四七八条)、抗告期间(第四八四条)、再审之诉期间(第四九六条)及恢复原状期间(第一六四条)等是,如不于期间内提起上诉或抗告或声请再审或恢复原状,不得补为之。

2. 中间期间——为使当事人或其他诉讼关系人之考虑或准备而定一期限,在期限未届满前,不得为诉讼行为。例如诉状之送达距言词辩论期日,至少应有十日为就审期间(第二五一条二项),故在十日之内,不得传讯。又如休止诉讼程序之当事人自陈明休止时起,一个月内不得续行诉讼(第一九〇条一项),此一个月即中间期间。至于同条二项所规定之四个月期间,则为行为期间。

第二节　期　日

A. 期日之种类——期日有准备程序期日、调查证据期日、言词辩论期日、调解期日及宣示裁判期日等多种。

B. 期日之指定——原则上由审判长依职权定之(第一五四条),但在特种情形,亦得依当事人之声请定之,例如休止诉讼程序已满一月,当事人一造欲续行诉讼,得声请法院指定续行诉讼期日(第一九〇条二项)。故我《民诉法》系采职权主义,而以当事人主义为例外。他国立法亦有原则上采当事人主义者,乃认期日之指定及期日之传唤为当事人行为,法院应尊重当事人之意思也。但立法趋势,已倾向于职权主义,所以图诉讼进行之迅速。

如法律裁定不由审判长指定期日者,从其规定,例如受命推事行准备程序(第二七二条、第二七三条),或受命推事、受托推事调查证据,得由受命推事或受托推事指定期日(第一六七条)。在独任制之法院,审判长之职权由独任推事行之,则期日之指定,应属诸独任推事(《法院组织法》第四条)。

期日除有不得已之情形外,不得于星期日或其他休息日定之(第一五五条)。

期日除指定日期外,复须指定时刻。

C. 期日之传唤——命令当事人或诉讼关系人于指定期日到法院就审或就讯之谓。关于日期之传唤,各国立法例所采主义互有不同,上已述及,我国则采职权主义。审判长定期日后,法院书记官应将传票送达于当事人或诉讼关系人,但经审判长面告以所定之期日,命其到场,或诉讼关系人曾以书状陈明届期到场者,与送达传票有同一之效力(第一五六条)。

传票内容之记载,虽未有明文规定,但有第二五二条、第二九九条、第三二四条各规定,可资依据。

关于言词辩论期日之传票,除记载到场之日时及处所外,并应记载不到场时之法定效果,但向律师为送达者,不在此限(第二五二条)。

D. 期日之开始及终止

1. 期日于法院内开之(第一五七条)。但如讯问无到场义务之证人

（第三〇四条）或不能到场之证人（第三〇五条），则事实上不能在法院内开之，仅得就其所在地讯问之。又如实地调查勘验，须当场讯问证人者，亦不适于在法院内开之。

2. 期日以该事件之点呼为始（第一五八条）。当事人或诉讼关系人，虽已接获指定日期之通知而届时到场者，尚不得谓为期日已开始。其开始须自点呼时起。点呼者，依名单点呼当事人或诉讼关系人之姓名，或由审判长自为之，或命书记官或庭丁为之。于其日期指定时刻者，亦不必定于该时刻为点呼，而依事件之繁简，于该时刻经过后点呼，亦非违法（四年上字第五八三号判例）。

3. 期日因法院之行为（例如延展之裁定）或当事人之行为（例如和解）而终止。

E. 期日之变更及延展

1. 变更者，取消未开始之原定期日而代以他期日。延展者，于原定期日后并指定新期日以继续并完结原定期日不克完竣之行为。

2. 期日之变更及延展，不许轻率为之，须有重大理由方可（第一五九条一项），所以维持法院之信用及免诉讼之拖延耳。所谓重大理由，由法院斟酌定之。当事人有病，尽可依法声请辩论延期，但若可并能委任代理人者，即不得以重大事由论（二十三年院字第一〇四七号解释）。他若律师代理诉讼事件，不能于同一期日在二处以上法院出庭，亦不得认为重大理由，应适用《民法》第五三七条但书之规定，使第三人代为处理委任事务（二十二年院字第八九九号解释）。

此外法律亦明定延展期日之原因者，例如第二〇八条、第二七三条及第三八六条等是。若当事人声请变更或延展期日，在法院未予裁定允许前，仍须于原定期日到场，否则应认为迟误（二十二年上字第三三七〇号判例）。

变更或延展期日,由审判长依职权或依声请裁定之,其裁定不得抗告(第四八〇条)。

第三节　期　间

A. 种类

期间之种类,除上述行为期间及中间期间外,又可作如下之分类:

1. 法定及裁定期间(第一六〇条一项)。前者其期间由法律明定之,后者则由法院或审判长酌量情形定之,例如第四九条、第九九条等是。

2. 法定期间,有不变期间及通常期间之别。不变期间如上诉抗告等期间,其特点有三:

a. 不得伸长或缩短(第一六三条一项但书)。

b. 不受诉讼休止之影响(第一八九条一项),但得因诉讼之中断或中止而期间停止进行(第一八八条二项)。

c. 迟误所变期间,除得声请恢复原状外,别无补救之途径(第一六四条)。至于通常期间,如就审期间(第二五一条二项、第四二七条),并非不变,即无上述之特点。

B. 期间之开始及进行

1. 法定期间,因法定事由发生而开始,例如上诉期间因判决之送达而开始(第四三七条),抗告期间因裁定之送达而开始(第四八四条)。又如第一六四条及第二三三条等均是。

裁定期间,自送达定期间之文书时起算,毋庸送达者,自宣示定期之裁判时起算,但审判长别定起算方法者,不在此限(第一六〇条二项)。法院或审判长酌定期间时,应顾及路程之远近、数额之多寡、地方之经济状况及社会秩序,与夫交通有无阻梗等(十九年抗字第六一四号判例)。

2. 期间之伸缩，如为不变期间则不可能（第一六三条一项）。其他期间，如有困难情形，非变更不足以资救济者，得予变更。但若轻率为之，伸长则可使诉讼延滞，缩短则可使当事人蒙受不测损失，故法律规定须有重大理由方可。期间之伸缩，由法院依职权或依声请裁定之。但期间由审判长定者，仍由审判长裁定（第一六三条二项）。法院或审判长之裁定，不得抗告（第四八〇条）。

C. 恢复原状

1. 适用场合——恢复原状仅适用于不变期间之迟误，即应在一定期间完成某行为而不为，例如不于期间内上诉或抗告是。至若迟误期日，例如言词辩论期日，不得声请恢复原状（二十二年抗字第七三〇号判例）。裁定期间，例如补缴裁判费之期间，既可由法院依职权或依声请酌量伸长，自亦不容恢复原状（二十一年抗字第六二八号判例，同年声字第七一三号判例）。

2. 恢复原状之原因——法律仅规定因天灾或其他不应归责于己之事由，始得声请恢复原状（第一六四条）。例如地方发生兵灾（十八年抗字第一六五号判例）、邮递稽迟（四年上字第一七〇〇号判例）、当事人被羁（六年抗字第一七四号判例）、县判词内误记上诉期间起算点以致误解（八年抗字第二七七号判例）。单称疾病或浑称患病、侍奉父病，不得为恢复原状之理由（十九年声字第二一二号判例、二十年抗字第八一四号判例）；但若疾病而实际陷于不能为诉讼行为，亦不能委任代理人或无代理人可以委任者，则可认为意外事故之一种，得为恢复原状之理由（十二年声字第一四号判例、十八年抗字第一四二号判例）。至于因代收送达人之过失致当事人迟误上诉期间（十八年上字第八七四号判例），或因委人代递上诉状或乡间托人困难致误期间（十一年上字第九〇八号判例），或因筹措讼费或回籍措资致误期间（十一年上字第九〇八号判例），均不得为恢复原状之理由。

3. 程序

a. 当事人应提出恢复原状之书状(第一六五条一项),同时补行期间内应为之诉讼行为(同条三项)。

(一) 恢复原状之声请,应于其原因消灭后十日内为之。如该不变期间少于十日者,于相等之日数内为之(第一六四条一项)。迟误不变期间,已逾一年者,不得声请追复(同条三项)。此十日或一年期间,不得伸长或缩短之(同条二项),故亦系不变期间。对此不变期间之迟误,不得再声请恢复原状(restitutio restitutionis non datur)。

(二) 迟误期间之原因及其消灭时期,应于书状内表明并释明之(第一六五条二项)。

(三) 因迟误上诉或抗告期间而声请恢复原状者,应以书状向为裁判之原法院为之。迟误其他期间者,向管辖该期间内应为之诉讼行为之法院为之(同条一项)。

b. 裁判

(一) 恢复原状之声请,由受声请之法院与补行之诉讼行为合并裁判之。但原法院认其声请应行许可,而将该上诉或抗告事件送交上级法院者,应添具意见书送由上级法院合并裁判(第一六六条),但事实上法院辄就其追复之事由,先予审究。如以事由不存在,应认为逾期,径以裁定驳回其声请,否则应予审判。倘他造对于追复之事由,尚有争执,得先为中间判决,至于应否开言词辩论,由法院酌夺(二十三年院字第一○四八号解释)。

(二) 对于准予恢复之裁判,不得声明不服。对于驳回声请之裁判,得依一般规定,声明不服。

4. 效力——准予恢复原状,不发生期间延展或重新开始之效力。

其追复之行为，视为于合法期间为之。

D. 期间之计算——依《民法》第一二〇条至第一二三条之规定。末日遇星期日、庆祝日或其他休息日者，固毋庸算入，而以其休息日之次日代之；但休假日如非系期间之末日，即不得主张由期间扣除（四年抗字第二〇二号判例）。

当事人不在法院所在地住居者，计算法定期间，应扣除其在途之期间（第一六二条一项）。应扣除之期间，由司法行政最高官署定之（同条二项）。前司法部于民国十二年八月二十六日定有扣除在途日期之标准，系每水陆路五十里扣除一日，其不满五十里而在十里以上者，亦以一日论；每海里作三里半计算；火车轮船之地，则应依车行或船行期间，定其全部或一部之在途期间，其车行船行期间之不满一日者，亦以一日论。

当事人有诉讼代理人住居法院所在地，得为期间内应为之诉讼行为者，不得为期间之扣除（同条二项）。

第十章　诉讼程序之停止

第一节　概　述

A. 定义——在系属中之诉讼，因某种事由不继续进行，此之谓诉讼程序之停止。

B. 种类

1. 中断——因法定事由之发生，而诉讼程序当然停止。

2. 中止——因法院之裁定而诉讼程序停止。

3. 休止——由于当事人之合意或因两造迟误言词辩论期日，而诉讼程序停止。

　　C. 诉讼程序之停止，大抵因于当事人本身某种事由而发生，故仅对于该当事人诉讼程序停止，而不及于他人。

　　D. 效力

　　1. 期间中断（第一八八条二项）。如系诉讼程序休止，则不变期间之进行，不因而受影响（第一八九条）。

　　2. 在停止期间，法院及当事人不得为关于本案之诉讼行为。

　　a. 若当事人为本案之诉讼行为，继续行已停止之诉讼程序，法院应驳斥之。即如为之，亦于他造当事人不生效力。但他造舍弃责问之权而无异议时，对之仍生效力。

　　b. 若法院为诉讼行为，亦不生效力。但诉讼程序停止，发生在言词辩论终结后者，本于其辩论之裁判，得宣示之（第一八八条一项但书）。

　　E. 诉讼程序停止之始终

　　1. 诉讼程序中断之开始，乃因于法定之事由发生。其于中止或休止，则因法院裁定之宣示或送达而开始。

　　2. 诉讼程序停止之终竣，如系中断，则因于承受诉讼之声明（第一六八条至第一七二条、第一七四条），或因于发生诉讼程序中断之事故终竣，而经法院布告（第一八〇条）。如系中止，则因于中止诉讼程序之裁定被撤销（第一八六条）。如系休止，则因于当事人或法院依职权续行诉讼（reassumtio litis，第一九〇条、第一九一条）。

　　承受诉讼之声明，应提出书状于受诉法院，由法院送达于他造（第一七六条）。第一六八条至第一七二条及第一七四条所规定之承受诉讼人，于得为承受时而不为承受之声明者，他造当事人得向法院声明命其承受诉讼（第一七五条二项）。如当事人不声明承受诉讼，法院亦得依职权以裁定命其续行诉讼，以免拖延（第一七八条）。

　　承受诉讼之声明，有无理由，法院应依职权调查之。法院认其声明为无理由者,应以裁定驳回之(第一七七条一项、二项)。

裁判送达后,得为上诉或抗告,在裁判未确定期间,可有诉讼程序中断之情形发生,例如当事人之一造死亡是。若死亡一造之继承人,承受诉讼提起上诉或抗告,或他造提起上诉或抗告而该继承人须承受诉讼以为应付者,则关于承受诉讼之声明,由为裁判原法院裁定之(同条三项)。

F. 诉讼程序应否停止,停止状态应否存续抑或已终竣,以及关于承受诉讼之声明,得发生争执,由法院以裁定决之。对此裁定,得为抗告(第一七九条、第一八七条)。

第二节　中　断

A. 中断者,由于法定之事故发生,毋待当事人之声请或法院之裁定,而诉讼程序当然停止之谓也。中断不限于第一审,亦得在二三审发生。

B. 中断之原因如下:

1. 当事人死亡(第一六八条)——当事人死亡,诉讼程序中断,如有诉讼代理人时不在此限(第一七三条),但法院仍得酌量情形,命中止其诉讼程序(同条)。盖往往有因当事人死亡而诉讼终结者,例如当事人之他造系死亡者之继承人,又如因一造死亡而不能达诉讼之目的是(第五七六条)。

中断状态,因继承人、遗产管理人或其他依法令应续行诉讼之人承受其诉讼而终竣(第一六八条)。

2. 法人之解散——法人之解散与自然人之死亡,颇有不同。既无继承其权义之人,自无承受诉讼之人。但若因合并而消灭者,得由因合并而设立之法人(甲乙合并而设立丙,则由丙),或合并后存续之法人(甲合并于乙,则由乙)承受诉讼(第一六九条一项)。在承受诉讼前,诉讼程序中断。此际仍有第一七三条之适用。

但如有《公司法》第四十九条中规定之情形,其合并不得对抗他造,诉讼程序因此亦不中断(同条二项)。

3. 当事人丧失诉讼能力或法定代理人死亡或其代理权消灭——例如当事人受禁治产之宣告,于是丧失诉讼能力。法定代理人如监护人者死亡,或监护人易人,于是原监护人之代理权消灭者,诉讼程序亦中断(第一七〇条)。

俟以后产生法定代理人或新法定代理人,承受其诉讼,或宣告禁治产之裁定被撤销,于是恢复其诉讼能力,由其本人承受诉讼时,中断状态即终竣(同条)。此际亦有第一七三条之适用。

4. 受托人之信托任务终了——在新受托人承受其诉讼以前,诉讼程序中断(第一七一条)。此际亦有第一七三条之适用。

5. 本于一定资格,以自己之名义,为他人任诉讼当事人之人死亡或丧失其资格,例如遗产管理人、遗嘱执行人或破产管理人死亡或解任,诉讼程序在有同一资格之人承受其诉讼以前中断(第一七二条一项)。依第四一条规定,被选定为诉讼当事人之人全体丧失其资格者,诉讼程序在该有共同利益人全体,或新被选定为诉讼当事人之人承受其诉讼以前中断(同条二项)。此际亦有第一七三条之适用。

6. 当事人受破产之宣告——当事人受破产之宣告者,对于破产财团,丧失其管理及处分权,其与他人就属于破产财团之权利义务发生之诉讼,不问其系原告或被告,即应中断。须俟依《破产法》有承受诉讼人(例如破产管理人)或破产程序终结时(此时破产人恢复其所丧失之管理及处分权),始得续行诉讼(第一七四条)。但其与他造所系争之标的,不属于破产财团者,尤其关于系属法上之权利,不因而中断。

再者,因当事人受破产之宣告而诉讼中断者,与第一六八条至第一七二条之情形不同,纵原来委有诉讼代理人,仍不得不中断。

7. 法院因天灾或其他事故,如战事等,绝不能执行职务者,诉讼程序在该事故终竣以前中断(第一八〇条一项)。此与第二三条一项一款之因事实不能行使审判权而得声请指定管辖者不同。该条所称得声请指定管辖者,系指起诉以前而言,此际所称诉讼程序之中断,必先假定该诉讼已系属于法院。

中断诉讼之事故消灭后,经法院之布告,即应续行职务(同条二项)。

第三节 中 止

A. 中止者,由于法院之裁定,而诉讼程序停止之谓,故并非当然中止。中止之裁定或依声请或依职权为之,毋庸经言词辩论。法院斟酌案情,认为毋庸中止诉讼程序,则为避免诉讼进行迟延,自不能徇当事人一造之声请,率准中止。易言之,斟酌有无中止程序之必要,其权仍在法院。

B. 中止之原因如下:

1. 当事人于战时服兵役或因天灾或其他事故,与法院交通隔绝者,法院得命在障碍消灭以前,中止诉讼程序(第一八一条)。

2. 诉讼全部或一部之裁判以他诉讼之法律关系是否成立为据者,法院得命在他诉讼终结以前,中止诉讼程序(第一八二条一项),此乃为避免裁判抵触起见耳。所谓他项诉讼,乃专指为本件诉讼先决问题之法律关系,另为诉讼标的,而系属于法院尚未终结者而言。若他项诉讼之诉讼标的,并非为本件诉讼法律关系之先决问题,则本件诉讼程序,即无中止之必要(二十一年抗字第一一三三号判例)。若其先决问题之法律关系,业因上诉结果而先经判决确定,则本件诉讼之裁判,已得有相当根据,并无彼此矛盾之虞,即或当事人对于确定判决已提起再审之诉,亦不足为中止诉讼程序之原因(二十一年抗字第六四一号判例)。

诉讼全部或一部之裁判,以他项法律关系应由行政官署确定其是否成立为据者,法院亦得命在法律关系确定前,中止诉讼程序(同条二项)。然如认法律关系是否确定,可于诉讼进行中,自行调查,无庸中止诉讼程序者,自可仍为诉讼之进行(二十一年抗字第五四八号判例)。

3. 诉讼中有犯罪嫌疑牵涉其裁判者,法院得命在刑事诉讼终结以前,中止诉讼程序(第一八三条)。此亦所以防免民刑事裁判之互相矛盾也。所谓犯罪嫌疑,牵涉该诉讼之裁判者,系该犯罪嫌疑事项确有影响于诉讼之裁判,非俟刑事诉讼解决而民事无由判断者而言,否则无中止诉讼程序之必要(二十一年声字第九七〇号判例)。但是否有此必要情形,须予中止,仍应由民事法院自由斟酌行之(二十一年抗字第七八七号判例)。

4. 以主参加之方式提起诉讼者,法院得命在该诉讼终结前,中止本诉讼之程序(第一八四条)。例如甲以本诉讼当事人之两造乙丙为共同被告,依第五四条之规定为主参加,自可中止本诉讼程序而先就主参加诉讼为裁判。盖若甲获胜诉,即无庸再进行乙丙间之诉讼矣。

5. 依第六五条之规定,告知诉讼法院如认受告知人能为参加者,得命在其参加以前中止诉讼程序(第一八五条)。若受告知人能参加而不为参加,或故意逾时参加,则法院为免延滞起见,应即撤销中止之裁定,续行诉讼,以期速结。

C. 中止诉讼程序之裁定,既本于法院之自由斟酌,如法院认为无中止之必要时,亦得随时撤销之(第一八六条)。关于中止诉讼程序及关于撤销中止之裁定,得为抗告(第一八七条)。

第四节　休　止

A. 休止者,以当事人明示或默示之合意,此诉讼程序停止之谓也。

B. 休止得因两种不同情形而发生:

1. 当事人合意休止，其合意应由两造向受诉法院陈明（第一八九条二项）。陈明非声请，故毋须法院之裁定，仅将其事呈报法院即可。一部分意见以为如此立法系一进步，但若一任当事人随时休止，往往可影响及于诉讼之进行。我《民诉法》于可能范围内，常采职权主义，已足见国家对于私人诉讼，不愿采绝对放任态度，而有干涉之意，使能从速解决，以树国家司法之威信也。

2. 当事人两造迟误言词辩论期日，视为休止诉讼程序（第一九一条）。盖认为两造有休止之默示意思，甚或有撤回其诉之意，则法院更应成全之。但如两造并无此意思，其目的仅在延滞诉讼者，法院得依职权另定期日，续行诉讼，以期速结诉讼（同条）。

但若当事人两造迟误宣判期日或调查证据期日（包含于广义的言词辩论期日内），既经法律别有规定，称当事人之到场与否无碍于判决之宣示及证据调查之进行（第二二五条第二九六条），自不得视为休止。

C. 休止诉讼程序之当事人，自陈明休止日起，一个月内不得续行诉讼（第一九〇条一项）。自陈明休止时起，如于四个月内不续行诉讼者，视为撤回其诉或上诉（同条二项）。诉讼程序之休止，不影响于不变期间之进行（第一八九条一项）。

第十一章　言词辩论

第一节　概　述

A. 言词辩论者，简称辩论，乃指当事人、其他诉讼关系人及法院于期日所为之一切诉讼行为而言，例如当事人之声明及陈述，证人、鉴定人之陈述，法院指挥诉讼之行为，调查证据、宣示裁判等。辩论有时仅指当事人在辩论期日所为之诉讼行为者,此系狭义之用法。

言词辩论在民事诉讼系一重要之过程,凡判决均应本于当事人之言词辩论为之(第二二一条一项)。推事非参与为判决基础之辩论者,不得参与判决(同条二项),其重要可见矣。至于裁定程序,虽非以言词辩论为必要(第二三四条),但法院亦得命开辩论。

言词辩论之相对为书状审理。我国于第一、二两审程序采言词辩论主义,第三审采书状审理主义。但法院认为必要时,亦得命开言词辩论(第四七一条)。

言词与书状两主义各有利弊。书状审理之利,在诉讼资料悉笔之于书,较为确定。但其弊病亦不少,事实真相之说明较为困难,此其一;诉讼程序陷于形式化,而进行因之迟缓,此其二;审判失去公开性,不免使人民丧失对于法院之信仰,此其三。此之利即言词辩论主义之弊,我为取其利,故以采言词辩论为主。

B. 言词辩论,有必要与任意之分。凡通常诉讼程序(简易程序除外)必开言词辩论,此为必要之言词辩论,当事人仅得在言词辩论中为声请、声明或陈述。至于特别诉讼程序,仅其若干种,例如婚姻事件程序及亲子关系事件程序,言词辩论为必要,此外均不行或不必行言词辩论。

凡依法院酌定,特命开辩论者,系任意的言词辩论,例如裁定程序,不开言词辩论,但法院得令以言词为陈述(第二三四条);第三审程序,亦不开言词辩论,但法院于必要时,得命开言词辩论(第四七一条)。他如审判长、受命推事、受托推事、书记官所行之程序,均不开言词辩论。

言词辩论应公开于法庭行之(《法院组织法》第六五条),否则法院之判决当然为违背法令(第四六六条五款)。但有妨害公共秩序或善良风俗之虞时,经法院之决议,得不公开(《法院组织法》第六五条),但以其事由记载于言词辩论笔录中(第二一二条五款)。

C. 必要言词辩论者,探其意义,不外指不经言词辩论不得为判决,并指判决须以当事人之言词辩论为其基础(第二二一条一项)。故就当事人未声明之事项,法院不得为判决(第三八八条)。此即学术上称不告不理之定则。

言词辩论并不绝对排斥书状。

1. 当事人之一部分诉讼行为,应取书状之方式者,例如起诉(第二四四条)、上诉(第四六七条、第四七八条)、抗告(第四八五条)、承受诉讼之声明(第一七六条)、恢复原状之声请(第一六五条)、再审之声请(第四九七条)等基本书状是。

2. 当事人之又一部分诉讼行为,得以书状,亦得以言词为之者,例如诉之变更、追加或提起反诉(第二六一条)、诉之撤回(第二六二条二项)等是。

3. 一造辩论之判决,在他造虽未到场而已有准备书状提出者,法院应斟酌之,以为判决之本(第三八五条二项)。

第二节　言词辩论之进行

A. 言词辩论期日,当事人、法院及审判长均应为一定行为。言词辩论期日,以事件之点呼开始(第一五八条),即法院庭丁按名单呼唤某事件之当事人两造某与某人庭开审。点呼后期日虽即开始,然而言词辩论,则以当事人声明应受裁判之事项为始(第一九二条),即当事人就本案之实体愿受如何裁判所为之声明。例如因请求返还所有物之诉讼事件,原告声明请求判令被告返还其物,被告声请法院驳回原告之诉是。经两造为上述声明后,言词辩论即开始。若仅一造到场,则由到场之一造声明,以定言词辩论之开始。当事人不知为此声明者,审判长应令其声明(第一九九条)。

B. 当事人之行为,除声明应受裁判之事项外,复包括下列各种:

1. 就诉讼关系为事实上及法律上之陈述。其陈述不得引用文件代之,否则系书状审理而非言词辩论矣。但以举文件之辞句为必要时,得朗读其必要之部分(第一九三条)。

2. 声明所用之证据(第一九四条)。例如某物为己所有,可由某人或某文书证明之者,应声明某证人或提出必要之证明文件。

3. 对于他造提出之事实及证据,应为陈述(第一九五条)。

4. 提出攻击或防御方法(第一九六条一项)。攻击者,乃就本案之请求或主张,采取积极之步骤,伸张其理由,使他造屈服;防御者,驳复之行为,以守护自己之立场,使一造之攻击,无由得逞。凡能用以攻击或防御之方法,均得在言词辩论终结前提出。若逾时提出,即于言词辩论终结后、宣示裁判前始行提出者,往往须重开已闭之辩论,不免延滞诉讼。法院应否予以斟酌,分别情形而定。苟系出于当事人延滞诉讼之意图或重大过失,法院得驳回之,但不致延滞诉讼者,不在此限(同条二项)。若无上述情形,则为求裁判之公正,仍应予以斟酌。

5. 责问权(Rügerecht)之行使,即当事人对于诉讼程序之违背,提出异议(第一九七条一项)。如法院违背时,当事人任何一造得提出异议,如一造违背时,仅他造得提出之。诉讼程序之违背者,指当事人或法院违背其诉讼行为之方式、要件、时间或地点而言。例如法院未遵守就审期间,而传唤两造,又如当事人之一造于休止后未满一月即续行诉讼等均是。

责问权得因下列两种事由而丧失(同条同项但书)。

a. 表示无异议。既经表示无异议,即具有舍弃之意思。舍弃系向法院所为之单独意思表示,毋庸明示。若撤回已提出之异议,亦视为舍弃。

b. 知其违背或可知其违背，并无异议而为本案辩论者，以后不得再行提出异议。此际毋须具有舍弃之意思，故列上例。若当事人对于未遵守就审期间之传唤，或他方对于一造之续行诉讼，不提出异议，而就本案有所声明或陈述者，以后即不得再提出之，所以免诉讼之延滞也。

当事人既不提出异议，诉讼行为视为自始未违背规定。

诉讼程序之规定，非仅为当事人之利益而设者，不适用第一九七条一项但书之规定（同条二项）。例如关于合议制法院之组织、推事之回避、法院之专属管辖、当事人能力、诉讼能力、抗告上诉之合法与否、裁判之宣示等，其规定不仅为当事人之利益，而尤为国家整个司法制度设想，如有违背，当事人得随时提出异议，既不限于本案辩论前提出，亦不许责问权之舍弃，盖不能为免诉讼之延滞而牺牲国家之司法制度也。

C. 法院及审判长在言词辩论时所为之行为，其目的无非依法定程序，斟酌实情，探幽穷微，以明曲直，并期迅速结案。除终局判决外，其行为均属诉讼指挥之性质，欲期圆满指挥诉讼、制成正确判决，其在法院——尤其在审判长——须熟谙诉讼法及与本案有关之实体法，且须于诉讼资料有绝对之把握。兹就法院与审判长之职权，分述如次：

1. 审判长之职权

a. 审判长开闭及指挥言词辩论（第一九八条一项）。审判案件，往往先之以事实之调查。如审判长认为系争之法律关系业经阐明者，即可命开言词辩论，使两造各本事实之陈述，举法律上理由，以说明其立场。

言词辩论认为可闭者，其情形不一，得因辩论终结、和解成立、诉讼程序之停止、诉之撤回或期日之延展而闭之。已闭之言词辩论，于法院裁判前，如有必要时，得予再开。

言词辩论开闭之权，悉操之于审判长。

　　审判长既有指挥言词辩论之权,在场之当事人及其他诉讼关系人,自应听从审判长之命,有不听从者,得禁止其发言(同条二项)。有妨害法庭执行职务或其他不当行为者,审判长除命退出法庭外,并得酌量情节轻重,分别为下列处分:(一)命看管至闭庭时;(二)处三日以下拘留或十圆以下罚款(《法院组织法》第六九条)。律师在法庭代理诉讼或辩护案件,其言语行动如有不当,审判长得加以警告或禁止其代理或辩护。非律师而为诉讼代理人或辩护人者亦同(同法第七一条)。

　　言词辩论,原则上应于一次期日终结。法院为使辩论易于终结起见,得于辩论前为种种处置(第二六九条)。如一次期日不能终结而有续行之必要者,审判长应速定期日(第一九八条三项)。数次之言词辩论期日,合为一体,故续开时,毋庸更新开始。除非参与言词辩论之推事有变更时,则应使当事人陈述以前辩论之结果。但审判长得令庭员或书记官朗读以前笔录代之(第二一一条),以贯彻言词及直接审理主义。此之情形与刑事诉讼不同。《刑事诉讼法》第二八六条规定审判非一次期日所能结终者,除有特别情形外,应于次日连续开庭。如下次开庭因事故间隔至十五日以上者,应更新审判程序。

　　b. 审判长为令当事人为当完全之辩论起见,应向当事人发问或晓谕,令其陈述事实,声明证据或为其他必要之声明及陈述。其所声明或陈述有不明了或不完足者,应令其叙明或补充之(第一九九条一项、二项)。陪席推事告明审判长后,亦得向当事人发问或晓谕(同条三项)。

　　c. 审判长经当事人之声请,得为必要之发问(第二〇〇条一项)。盖关于事实或法律之重要各点,审判长或陪席推事未予注意者,当事人得促其注意、使其发问,不但系争之法律关系借获阐明,抑且载于言词辩论笔录,以备日后覆按;经审判长许可后,当事人并得自行发问(同条同项)。

　　审判长认为当事人声请之发问或经许可之自行发问有不当者,得不为发问或禁止之(同条二项)。

d. 凡依法得使受命推事为行为者,例如施行准备程序、调查证据、试行和解等,由审判长指定该推事(第二○二条一项)。法院应为之嘱托,由审判长行之(第二○二条二项)。如法律别有规定者,例如第一二五条、第二八九条及第二九二条,不在此限(同条同项),即不以审判长而以书记官、法院或受托推事为嘱托。

e. 审判长宣示法院之裁判(第一九一条一项)。

2. 法院之职权。此之法院为狭义之法院,指专司审判之法庭而言。如系独任审判,则司审判之推事,不但行审判长之职权,同时行法院之职权。如系合议庭,则审判长与法院各有其职权。法院行使其职权,以三人之合议行之。除上述关于审判长之职权外,兹列述法院之职权于后。

a. 法院因阐明或确定诉讼关系,得为下列处置(第二○三条):

(一) 命当事人或法定代理人本人到场。民事诉讼之原被两造,往往委请律师出庭,而不躬身到场,致法院对于诉讼关系不易明了,实有碍于诉讼之速结。法院往昔不甚注意行使此种职权,曾经司法行政部通令各法院,促其切实之意(民国二十一年七月十二日司法院行政部通令副字第一六四○号)。

当事人或法定代理人本人如能到场陈述,因其为局中人之故,不但可以供给准确而必要之诉讼资料,且其陈述时之神色,亦可为法院辨别陈述之真伪。若以实情,《周礼·秋官·大司寇》云:"以五声听狱讼,求民情:一曰辞听,二曰色听,三曰气听,四曰耳听,五曰目听"。郑庄称:"辞听所以视其之言,不直则烦;色听所以观其颜色,不直则赧然;气听所以观其气息,不直则喘;耳听所以观其听聆,不直则惑;目听所以观其眸子,不直则眊然。"

自奥国民诉法规定当事人应负陈述真相之义务(Wahrheitspflicht)

后,德国仿效之,于一九三三年修正其民诉法,亦为类似之规定:"当事人应就事实状态为完全及真实之陈述"(德国民诉法第一三八条一项)。考其立法主义,盖人民既有请求法院予以法律上保障之权利,自应负协助法院实现正义之义务。其协助之工作,莫非以诚真妥慎之态度,进行诉讼。如有意图或因重大过失延滞诉讼而枉费法院之心力,或为虚伪之陈述而欺妄法院者,自应予以禁止。其有违反陈述真相之义务者:(一)法院得为欺妄一造之不利而为事实之认定;(二)他造当事人受有损害者,得依关于侵权行为之规定,请求赔偿。律师代当事人为虚伪之陈述者,应付惩戒。夫国家之司法不仅为保障私权,抑且为维持全国人民之法律上安全而设,自不应使当事人滥用司法职权。我国之诉讼当事人惯说谎言,尤其旧时讼棍之恶习,今犹见之于律师,早为众所疾首,自应仿效德奥,而为同样之规定。

(二)法院对于审判长指挥诉讼职权之行使,得予监督。故当事人及其他参与辩论之人,如以审判长关于指挥诉讼之裁定或审判长及陪席推事之发问或晓谕为违法者,得向法院提出异议,法院应就其异议为裁定(第二〇一条)。此种裁定,不得抗告(第四八〇条)。如系独任审判,则由独任推事就异议自为裁定。

(三)命分别辩论、合并辩论、限制辩论,以利程序之进行。法院得依职权酌定且属于诉讼指挥之事项,当事人不得对之声明不服(十九年抗字第五四六号判例)。

一诉主张之数项标的,在经济上得分别独立者,法院为免不必要之繁复起见,得命分别辩论(第二〇四条),且视为自始有数种诉讼。故如数项标的中之一,达于可为裁判之程序者,法院得为一部之终局判决(第三八二条)。本诉及反诉无法律上之联系者,亦得命分别辩论(第二〇四条),其一达于可为裁判之程序者,法院亦得为一部之终局判决。

　　分别提起之数宗诉讼,如有法律上联系,不问其当事人两造是否相同,法院得命合并辩论(第二〇五条一项)。如当事人两造相同,得合并裁判(同条二项)。

　　依第五四条而为主参加之诉讼,如系向本诉讼现在系属之法院提起而在此辩论未终结以前者,应与本诉讼合并辩论及裁判之。但法院认为无合并之必要或应适用第一八四条而命中止程序者,不在此限(同条三项)。

　　当事人关于同一诉讼标的,往往提出数种攻击或防御方法,使互相印证,以坚强其立场。惟有时数种攻击或防御方法,得独立发生效果。例如被告既称债务已经清偿,复称债权已罹于消灭时效,最后则称原告无权向彼请求给付,法院为防免诉讼程序混淆及延滞起见,得命限制辩论(第二〇六条)。所谓限制辩论者,即命其专就某种方法而为辩论已足,不必东扯西拉。若上例中之原告,果系无权请求给付而构成当事人之不适格者,则已足为有利于被告之判决,法院固毋庸更就其他攻击防御方法,一一审认也(十四年上字第二三四四号判例)。

　　(四)参与辩论人如不通中国语言,法院应用通译。盖在中国法院,用中国语言,以重国体耳。纵推事、当事人两造及其他参与辩论人均能通晓同一外国语言,亦不得应用之。又中国方言繁杂,往往互不相同,推事不通参与辩论人所用之方言者,亦应用通译(第二〇七条一项)。参与辩论人为聋哑人不能用文字表达意思者,亦同(同条二项)。关于鉴定人之规定,如鉴定人不得拘提、鉴定义务之免除、鉴定人之推却、鉴定人之具结、鉴定人之日费旅费及报酬等,于通译准用之(第二〇七条三项)。

　　(五)当事人欠缺陈述能力者,法院得禁止其陈述(第二〇八条一项)。若有诉讼代理人或辅佐人同时到场者,自可命其代为陈述,否则应延展辩论期日,使能觅代理人或辅佐人代为陈述。如新期日到场之人再经禁止陈述者,得视与任意退庭同(同条二项),法院得依声请为一造辩论之判决。如诉讼代理人或辅佐人欠缺陈述能力者,法院亦得为同样之处置(同条三项)。

(六) 法院调查证据,应于言词辩论期日行之(第二〇九条)。如别有规定者(例如第二六九条规定于言词辩论前得为之关于调查证据之各种处置),不在此限。

D. 言词辩论笔录

1. 开言词辩论时,应由书记官当场做成笔录;不但载推事及参与辩论人当日发言之要领(此系关系内容方面者),而且记明参与辩论推事之人数、姓名。列席书记官之姓名、辩论之公开与否、是否由当事人两造辩论及裁判之是否宣示等,均系关于程式者。笔录之重要,就其内容而言,因为裁判之主要参考资料;就其所载言词辩论之程式而言,是否遵守,专以笔录证之(第二一九条),即笔录为唯一之证据方法,不许当事人提出反证。但笔录如系伪造或经变造者,仍许当事人提出反证推翻之。笔录既若是之重要,故不得挖补或涂改,如有增加、删除,应盖章并记明字数,其删除处应留存字迹,俾得辩认(第二八条)。

2. 言词辩论笔录所载,其一关于辩论之程式方面者,其二关于辩论之内容方面者。

a. 关于辩论之程式方面者,笔录应记明下列事项(第二一二条):

(一) 辩论之处所及年、月、日。

(二) 推事、书记官及通译姓名。

(三) 诉讼事件。

(四) 到场当事人、法定代理人、诉讼代理人及辅佐人姓名。

(五) 辩论之公开或不公开,如不公开者,其理由。

b. 关于辩论之内容方面者,应明确记载下列事项(第二一三条一项）：

（一）诉讼标的之舍弃、认诺及自认。

（二）证据之声明或舍弃及对于违背诉讼程序规定之异议。

（三）依《民诉法》规定应记载于笔录之其他声明或陈述。

（四）证人或鉴定人之陈述及勘验所得之结果。

（五）不作裁判书附卷之裁判（即指关于指挥辩论之裁定而言，往往不做成裁定书附卷，但应记入笔录）。

（六）裁判之宣示。

除上列各点外，当事人所为重要声明或陈述及经晓谕而不为声明或陈述之情形，审判长得命记载于笔录（同条二项）。故如于裁判宣示中，当事人两造当场表示舍弃上诉权或抗告权者，亦得记入于笔录中。

3. 当事人如恐当庭发言不清或无系统或虑书记官记载不能翔实，得将其在言词辩论时所为之声明或陈述记载于书状，当场提出，经审判长认为适当者，得命法院书记官以该书状附于笔录，并于笔录内记载其事由（第二一四条）。该书状既作为笔录之附件，所载事项与记载于笔录者，有同一之效力（第二一五条）。

为笔录省事起见，往往引用附卷之文书，例如当事人起诉状或答辩状或准备程序笔录中所记载之事项，与记载于笔录者，亦有同一之效力（同条）。

4. 笔录或笔录内引用附卷之文书或作为笔录附件之文书，其中所记第二一三条一项一款至四款事项，应依声请于法庭向关系人朗读或令其阅览，并于笔录内附记其事由。关系人对于笔录所记有异议者，例如所载不确实或有遗漏，法院书记官得更正或补充之。如以异议为不当，例如当事人并未为某种之声明或陈述，于是笔录并未遗漏，纵不补充，应于笔录内附记其异议（第二一六条）。

5. 审判长及法院书记官应于笔录内签名。审判长因故不能签名者，由资深陪席推事签名，并附记其事由；独任推事因故不能签名者，仅由书记官签名，并附记其事由（第二一七条）。至于当事人或其代理人亦应使其签名，以证笔录之内容与其所声明及陈述者无异。

第十二章　裁　判

第一节　概念及种类

A. 裁判者，法院或法院之一机构就个别案件所已发生或令发生法律效果所为之决定也。裁判系运用思维之结果，包括事实状态之认定及法律之适用。

裁判由受诉法院为之，但亦得由审判长、受命推事、受托推事为之。

B. 裁判包括两种决定，裁定与判决是也。

1. 判决仅得由法院为之，须具一定程式（第二二六条），并应以当事人之言词辩论为基础（第二二一条）。现行法系采直接审理主义。当事人书状之陈述与言词辩论之陈述，其主张不尽相同时，仍以言词辩论之陈述为准（二十一年上字第六一五号判例）。大凡判决均就案件实体上事项为判断者也。

2. 裁定者，不依判决程式所为者均属之。除受诉法院外，他如审判长、受命推事或受托推事均得为之，且毋庸经言词辩论。大凡裁定，均系就案件程序上事项为判断者也。

3. 裁定与判决之区别就其重要各点而言，判决应具第二二六条所规定之程式，裁定则否；对于判决不服，应提起上诉，对于除权判决所附之限制或保留得为抗告，系唯一之例外（第五五〇条）。于裁定不服则提起抗告。法院对于其所为判决,受其拘束(第二三一条),对于其所为裁定,有时可不受其拘束(第二三八条)。

第二节　判决之种类

判决之种类,得以不同之标准,为下列之区别:

A. 自判决之内容而言,得分给付判决、确认判决、创设判决(亦称形成判决)。

B. 自其成立情形而言,得分缺席判决与通常判决。缺席判决者,法院本于一造缺席之效果,而往往为不利于该造之判决也。通常判决者,法院本于当事人之辩论所为之判决也。又分一造辩论判决与两造辩论判决。前者,法院除根据到场一造之言词辩论外,仍应就未到场人以前已为之辩论或准备书状斟酌之。未到场人以前声明之证据,其必要者,并应调查之。故缺席判决与一造辩论判决,实有不同。对于缺席判决不服,采声明窒碍之方法。一经缺席人声明,则不问其缺席之理由何在,诉讼即应回复缺席前之状态。对于一造辩论判决不服,则提起上诉。我国民事诉讼律草案及旧时判例,亦仿效他国制度,采用缺席判决;但自《民事诉讼条例》施行之后,已不复承认之。现行《民诉法》,亦仅有一造辩论判决(第三八五条)。

C. 自其形式上意义而言,得分终局判决与中间判决。

1. 终局判决者,法院为终结诉讼事件,就诉讼标的之全部或一部所为之判决,故又分一部判决与全部判决。

a. 就起诉全部或上诉全部所为之终局判决(第三八一条一项),或合并辩论之数宗诉讼,就其一宗所为之终局判决(同条二项),均系全部之终局判决。合并辩论之数宗诉讼,原系独立的,仅为简省起见而命合并辩论而已。

b. 就诉讼标的之一部或以一诉主张之数项标的,所为之判决,或就本诉或反诉所为之判决,系一部之终局判决(第三八二条)。

2. 中间判决者,就诉讼进行中所生争点之一端或数端,所为之裁判也。诉讼事件,不因而终结,故与一部之终局判决,自各不同。中间判决对于当事人之主张或请求,并不为准驳,惟仅解决诉讼资料之一部,而具有确认判决之性质。是否有为中间判决之必要,由法院自由酌定之。既为中间判决,受诉法院即受其拘束。对于中间判决不服,若非法律规定不得声明不服者(第二五八条),应俟将来对于终局判决提起上诉时,并受上诉法院之审判(第四三五条)。易言之,关于中间判决,原则上不得独立提起上诉。但若中间判决不牵涉终局判决者,例如关于从参加之是否合法、证人拒绝证言之是否合法等,得独立声明不服。

法院应否为中间判决,有自由斟酌之权。如不为之,应于终局判决理由中为此裁判。

得为中间判决之情形,约有三种:

a. 当事人间中间之争点(第二八三条一项),尤其关于程序上问题,应经言词辩论解决者,例如关于当事人能力、诉讼能力、当事人资格,中断或中止后续行诉讼等问题,如达于可为裁判之程度者,得为中间判决。

b. 各种独立之攻击防御方法,达于可为裁判之程度者,得为中间判决(同条同项)。例如被告主张原告之法定代理人欠缺法定代理权,法院如认该独立之防御方法为无理由,得以中间判决驳斥之(一八年抗字第一二三号判例)。又如被告所提相反之请求,法院如认该独立之攻击方法为有理由,亦得以中间判决确认其成立。至于被告主张抵销是否成立,应于终局判决中裁判之。

c. 请求之原因及数额俱在争执时,法院以其原因为正当者,亦得为中间判决(同条二项)。例如甲以乙不适当履行契约,请求损害赔偿,赔偿金额五千元。此际不惟就损害赔偿本身,即请求之原因,有所争执,即并赔偿之金额五千元,亦有争执。数额之调查认定,往往费时甚久,不若就原因一层,先为审理。如认其为正当者,先为中间判决,然后再就赔偿金额加以审理。如此则较简便。如认为请求之原因不能成立者,即以终局判决驳回其诉;自不必再有中间判决,亦不必为赔偿额之认定矣。

第三节　裁判之做成

A. 裁判之制作、宣示及送达

1. 判决

a. 合议制之法院,经秘密评议后,即制成判决,推事非参与为判决基础之辩论者,不得参与判决(第二二一条一项)。

b. 判决应宣示之(第二二三条一项),但不经言词辩论之判决,不在此限(第四五〇条、第四七一条、第四九八条)。宣示判决应于辩论终结之期日为之,但得在辩论终结时,定期宣判(第二二三条二项)。所定之期日,自辩论终结时起,不得逾五日(同条三项)。

宣示判决应朗读主文(第二三四条一项)。判决理由,如认为须告知者,应朗读或口述其要领(同条二项)。宣示判决,辄公开为之,不问当事人是否在场,均有效力(第二二五条一项)。经宣示后,即成完善之判决,法院受其羁束(第二三一条),当事人得不待送达,提起上诉或表示舍弃上诉(同条二项)。

c. 至于送达非判决达于完善之必要手续,而仅系上诉期间、补充判决期间及强制执行开始之要件。判决应以正本送达于当事人。其送达自法院书记官收领判决原本时起,至迟不得逾十日。对于判决得上诉者,应于送达当事人之正本记载其期间及提出上诉状之法院(第二二九条)。

2. 裁定

a. 经言词辩论之裁定,亦如判决,须经评议,并应宣示之(第二三五条)。

b. 不宣示之裁定,应为送达。已宣示之裁定得为抗告者,应为送达。(第二三六条)

c. 裁定经宣示或送达后,为该裁定之法院、审判长、受命推事或受托推事受其羁束。若裁定犹未送达,法院不受其羁束,如自行废弃,尚非法所不许。例如第一审裁定令补缴上诉审判费,当事人依限补缴。因第一审法院延不转送,致第二审法院以裁定驳回上诉。迨第一审法院将补缴上诉审判费之状转送后,第二审可以裁定自将原驳回上诉之裁定撤销,谕知上诉仍予受理。该项裁定虽与驳回上诉之裁定同时送达,但后者业被废弃,已不生效(二十六年院字第一七一二号解释)。但关于指挥诉讼或别有规定者,例如期间之延缩(第一六三条)、中止裁定之撤销(第一八六条),不在此限,即法院或其机构之一部,得随时废弃或更改之,而不受其羁束。

B. 裁判做成之方式

1. 判决

a. 为判决之推事,应于判决书内签名,无原本、正本之别。如正本未列有推事姓名,而其原本又已焚失,除该判决书业已宣示并非当然无效外,应认该判决尚未成立,不发生执行力(二十七年院字第一八〇〇号解释)。推事中有因故不能签名者,由审判长附记事由,审判长因故不能签名者,由资深陪席推事附记之(第二二三七条)。

判决原本,应自宣示判决之日起,于五日内交付法院书记官。书记官应于判决原本内记明收领期日并签名(第二二八条)。

b. 判决书应记载下列事项（第二二六条）：

（一）当事人姓名、住所或居所，当事人为法人或其他团体者，其名称及事务所或营业所。

（二）有法定代理人、诉讼代理人者，其姓名、住所或居所。

（三）主文。

（四）事实。

（五）理由。

（六）法院。

c. 判决之正本或节本应分别记明之，由法院书记官签名并盖法院印（第二三〇条）。

2. 裁定

关于判决之规定，于裁定准用之。至于第二二六条所规定判决之程式，于裁定不适用之（第二三九条）。关于裁定，既无一定程式之规定，故可不附理由，但因驳回声明或就有争执之声明为之裁定，应附理由（第二三七条）。驳回声明或声请之裁定，如驳回参加之裁定（第六〇条）、驳回声请补充判决之裁定（第二三三条）等均是。就有争执之声明所为之裁定，如声请推事回避之裁定（第三五条）、宣示禁治产之裁定（第六〇〇条）等均是。

第四节　裁判之更正补充

A. 判决

判决经宣示后，或不宣示者经送达后，为该判决之法院受其羁束（第二三一条），以后不得变更或废弃之，此系经上诉后上诉法院之事。但在例外情形，许其自为更改（再审之诉除外）。

1. 判决如有误写误算或其他类此之显然错误者，法院得随时以裁定更正之。其正本与原本不符者亦同。其裁定附记于原本及正本,如正本已经送达不能附记者,应作该裁定之正本送达。驳回更正声请之裁定,不得抗告(第二三二条)。

2. 诉讼标的之一部或诉讼费用,裁判有脱漏者,法院应依声请以判决补充之。声请补充判决,应于判决送达后十日内为之。脱漏之部分已经辩论终结者,应即为判决;未终结者,审判长应速定言词辩论期日。驳回补充判决之声请,以裁定为之(第二三三条)。补充之判决,系独立的,得依上诉程序废弃之。

B. 裁定

裁定经宣示或送达后,为该裁定之法院、审判长、受命推事或受托推事,原则上受其羁束,故应依抗告程序变更之或废弃之。例如有第二三二条或第二三三条之情形者,准用该两条之规定更正之。关于指定诉讼之裁定或别有规定者,法院不受其所为裁定之羁束。既不受羁束,自得随时变更原裁定或撤销之,初毋庸经抗告程序也。关于指挥诉讼之裁定,因应诉讼状态之需要,使法院、审判长、受命推事或受托推事,有自由变更撤销之权。其经法律规定者,则如第一六三条二项、第一八六条等均是。

第五节　法院书记官之处分

法院书记官所为之处分,例如关于送达、文书之阅览、缮本节本之付与、判决确定证明书之付与等,应依送达或其他方法通知关系人(第二四〇条一项)。

对于法院书记官之处分,得提出异议,由其所属法院裁定(同条二项)。对于其裁定,若别无规定,得为抗告。

第十三章　诉讼卷宗

A. 诉讼卷宗之编收

当事人书状、笔录、裁判书及其他关于诉讼事件之文书,法院应保存者,应由法院书记官编为卷宗(第二四一条)。

B. 文书之阅览与抄录

当事人得向法院书记官请求阅览或抄录卷内文书,或预纳费用请求付与缮本或节本。第三人经当事人同意或释明有法律之利害关系,经法院长官许可者,亦得请求阅览或抄览,或付与缮本或节本(第二四二条)。

至于裁判草案及其准备或评议文件,不得交当事人或第三人阅览、抄录或付与缮本节本。裁判书在宣示前或未经推事签名者,亦同(第二四三条)。

第二编　第一审程序

第十四章　诉与判决概述

第一节　诉与判决之一般意义

讼争始于起诉,终于判决。起诉乃要求法院判决予以法律上保护之行动,故判决之内容及范围,以诉之声明为根据。

诉之提起,向法院为之,盖因他造不能给予满意,始乃求之于法院耳。但起诉状同时亦向他造为送达。诉讼之标的、请求之理由,应使他造知悉,以便其置答。

判决乃对于诉所引起之问题的一个答覆。人民有请求法院判决之权利(《训政时期约法》第二一条),法院有以裁判为答覆之义务。法院对于适法之起诉,如不予受理,实违背其职务,不但应受行政处分,如因此致当事人于损害者,并应负赔偿之责。

第二节　诉与判决之种类及其成立要件

A. 起诉所要求之保护及判决所赋予之保护,依原告所企求之目的不同,而其内容亦有殊别。原告所企求者,或欲求满足实体法上请求,或仅求确认某一法律关系之存在或不存在,或求变更其与他造之具体法律关系。故起诉与判决,得别为三款,曰给付之诉(或给付判决),曰确认之诉(或确认判决),曰创设之诉(或创设判决)是也。三者各有其特种目的及成立要件。

B. 给付之诉或给付判决

1. 概念——法院确认原告之请求为存在后，即判令被告为给付。故给付之诉，辄包括确认之诉在内。给付之内容，甚为繁复。普通为一定金额之支付，但亦得为特定物之返还、租屋之迁让、一定行为之完成及特别干涉之容忍等。不作为亦得为给付之内容。凡给付判决，均有执行名义。

2. 成立要件

a. 凡届清偿期之债权，不同债务人是否违背义务，债权人得在审判上请求给付；如债权犹未届清偿期，此诉必遭法院驳回。但有若干紧急事件，若仍必强人于债权届期后始得向法院请求，则自起诉以迄于裁判终了或强制执行开始，颇需时日，未免有失时机。故《民诉法》规定，得以将来之给付为诉之标的，但以被告有到期不履行之虞者为限（第二四六条）。例如损害赔偿金额定为定期金之支付者，如有一期到期未付，权利人除得请求支付到期之金额外，并得以以后各期之金额总数为请求之标的，实毋庸于每次到期，独立提起诉讼，以陷于繁复也。普通原告不仅须证明彼确享有请求权，并须证明债务人到期不履行之虞，在上述一例，应认为债务人有此嫌疑。

b. 已届清偿期或履行期之请求权，在少数情形中，可不许其为诉讼之标的。例如婚约中订明结婚期日，到期虽不结婚，但因婚约不得请求强迫履行（《民法》第九七五条），故不得在审判上请求。又如已执有公证书者、得声请强制执行者，亦毋庸起诉（《公证暂行规则》第十一条，《强制执行法》第四条四款）。

C. 确认之诉或确认判决

1. 概念——原告仅要求确认法律关系成立（积极的确认之诉）或不成立（消极的确认之诉，第二四七条），而不要求被告向彼为给付，此系单独之确认之诉。给付之诉中所包含之确认之诉,系附带的,盖原告之主要目的在使被告为给付耳,确认判决无执行力。

确认之诉,其目的虽不如给付之诉之深远,但其标的则较广泛。给付之诉之标的,仅限于私法上之请求权,而确认之诉,即可以私法上任何种法律关系,不问其是否发生请求权,为其标的。

2. 成立要件

a. 以标的而言,任何种法律关系均得为请求确认之标的,例如债之关系、婚约、婚姻、父母子女之关系、物权关系,甚至形成权之是否成立(如终止契约之权是)。

法律关系不以存在于原被告间者为限,亦得以与第三人间之法律关系为确认之标的。例如原告与被告就同一法律关系,各认为系某人之债权人,此际法院所应认定者,究竟某人之债权人系原告抑或系被告。

但法律关系以属于私法并已发生者为限。

至于事实之真伪,不得请求确认。是否成年、是否精神健全,或已否为一定之行为等,均属于事实之认定,不得为确认之诉之标的。惟有一重要之事实,法律于例外情形中准许请求确认其真伪,即关于证书之真伪是也(第二四七条)。所谓证书,包含甚广,不问公的证书、私的证书均属之。

b. 须原告有法律上之利益(同条)。若无法律上之利益,无受法律保护之必要与资格。上述两要件,须在言词辩论终结前存在。如起诉时存在而在辩论终结前已消灭者,则确认之诉不能成立。若系争之标的,变为可请求给付者,得请变为给付之诉(第二五六条三款)。

D. 创设之诉或创设判决(或形成判决)

1. 概念——上述给付之诉及确认之诉,系主张在诉讼外已发生之法律上效果,故其判决具认定或宣示作用。至于创设之诉之目的,在使发生某种法律上效果,或设定或变更或废弃某一法律关系,故其判决具创设作用。创设判决亦有称为变更权利之判决者以此。

创设判决之效力,辄对抗一般人,此其与确认判决之效力仅限于两造当事人间者不同。又创设判决不得执行,且亦毋须执行,此其与给付判决之得执行者亦不同。

2. 成立要件——创设之诉亦称形成之诉。其得名,乃根据实体法上之形成权而来。但形成权并非均得为形成之诉之标的,须其形成权之行使,不得出之于单独的意思表示,而必待法院之判决者方可。若表意人以错误而向相对人表示撤销其意思表示,相对人不从,因而涉讼时,如法院认为应予撤销者,则于表意人为撤销之表示时,意思表示已丧失其效力而不再存在。法院之判决仅认定该意思表示业经撤销,而本身不具有撤销之功用。故为确认判决,而非形成判决。反之若监护人以受监护人未达结婚年龄,因此向法院声请撤销其婚姻时,仅该监护人之撤销表示,未足以使婚姻关系消灭。是则法院之判决,发生撤销之功用。此项判决,始得谓为形成判决。

3. 效力——创设之诉之效力,有仅及于将来者,例如离婚判决;有溯及既往者,例如婚姻无效之判决。又如契约当事人一方所负之给付义务,虽经约定,但法院认为过重而应予减轻者(《民法》第七四条、第二五二条),其所为之创设判决,亦有溯及效力。

第三节　诉讼要件

A. 概念——各种诉讼,不问系行政的或司法的,关于诉之成立,辄包括两个问题:其一系实质上理由是否充分,得达到预期目的;其二系形式上要件是否具备,使其诉为合法。在民诉法中,造成合法之诉之事项,称诉讼要件。诉讼要件具备,诉讼程序之全部,始得谓合法。诉讼程序之全部,实包括起诉、裁判以及言词辩论、证据调查在内。在起诉时,诉讼要件不备,固将为法院所驳回,在诉讼进行中发现诉讼要件不备时,即应中止其程序。

诉讼要件与个别诉讼行为之要件有别。后者例如离婚之诉,于起诉前,应经法院调解(第五七三条一项)。如不经调解而径行起诉,其起诉之个别行为为不合法,法院得不予指定言词辩论期日。若竟予指定,其本案程序及裁判,不得谓非合法。至于法定代理人之代理权或当事人诉讼能力有欠缺者,则有关于诉讼要件问题,诉讼全部为不合法。

B. 诉讼要件有关于法院方面、当事人方面及诉讼事件方面者,法院应不问诉讼达到何种程度,随时审查之,有欠缺者,应以裁定驳回之。但其情形,可以补正者,审判长应定期间先命补正(第二四九条)。此指可以补正之件,而为当事人所未知悉者而言。若当事人已自明知其应补正,自不得借口于审判长奉命补正,以为其迟未补正之免责理由(二一年抗字第一一三八号判例)。

下列各点,均系关于诉讼要件者:

1. 诉讼事件不属普通法院之权限者(同条一款)。

2. 原告或被告无当事人能力者(同条三款)。

3. 原告或被告无诉讼能力,未由法定代理人合法代理者(同条四款)。

4. 由诉讼代理人起诉而其代理权有欠缺者(同条五款)。

5. 起诉违背《民诉法》第二五三条、第二六三条二项、第三八〇条或第三九九条之规定者(同条七款)。

6. 诉讼事件不属受诉法院管辖而另有专属管辖之法院者(同条一款)。若非有关专属管辖问题,受诉法院认为无管辖权而又不能为第二八条之裁定者,固应驳回其诉;如不驳回而竟受理之,其裁判不得谓不合法。

至于起诉不合程式或不备其他要件(同条六款),例如诉状所列事项有欠缺或未缴纳裁判费,法院固得驳回原告之诉,但如予以受理,不得谓不合法。如因不缴裁判费或缴不足额,致其诉被驳回者,纵驳回之裁定确定,并非法律所谓关于诉讼标的之裁判,故当事人得更行起诉(二十二年抗字第二〇三四号判例)。如系上诉审,而迟误缴费裁定期间,同时又逾上诉期间者,别无救济之途径。果因交通阻梗,汇兑不便,以致转送迟延,应认为合于再审情形(二〇年再字第三号判例)。

第十五章　诉

第一节　诉之提起

A. 通常起诉程式

1. 诉讼程序,始于起诉,起诉手续之完成,分三个阶段:

a. 向法院呈递诉状。

b. 法院收受诉状分配于推事后,即由审判长指定期日(第二五〇条)。

c. 诉状副本与言词辩论期日之传票,一并送达于被告(第二五一条一项)。经送达后,起诉手续完成,诉讼始系属于法院。

2. 诉状除应依第一一六条为必要之记载外,并应表明下列各事项(第二四四条):

a. 当事人及法定代理人。

b. 诉讼标的——例如甲乙两人因关于履行寄托契约发生纠纷。甲起诉状内应举乙之名,并载明纠纷所自生之事项,即履行寄托契约是也。

如因关于争夺土地所有权发生纠纷,则载明土地所有权是。

c. 应受判决事项之声明——原告在起诉时所请求者,系何种法律上保护,给付判决欤,确认判决欤,创设判决欤,应声明之。如系金钱之支付,载明其数额;如系物之给付,指明其特定物。故如上例甲应在诉状内声明请求判令乙履行寄托契约或声明请求确认土地所有权属于甲。普通所引用之公式如次:"为与被告某乙因履行契约涉讼一案,请求判令返还寄托物箱子一只事",或"为与被告某乙因土地所有权涉讼一案,请求判决确认土地属于原告所有事"。此公式辄置于诉状之冠首,以下则陈述事实,胪列理由。其中一方面包括诉讼标的,他方面包括应受判决事项之声明。

有时给付范围,于起诉时尚无从确定,则许原告为保留之声明(第二四五条)。例如原告退伙后,请求分析合伙财产,被告系合伙营业之执行人,在彼未将合伙财产计算前,原告应得之数亦即被告应给付之标的物,无从确定,只得暂为保留,俟计算后,再为请求给付数量之声明。

d. 定法院管辖之事项——例如因侵权行为涉讼而向侵权行为地法院起诉者,应记明其所根据之事项,以为法院审查管辖权时之参考。

e. 定适用程序之事项——如系请求行督促程序,应记明其请求,系以一定数量之金钱或其他代替物或有价证券为给付之标的。

f. 准备言词辩论之事项——此乃指原告所用之攻击或防御方法而言。如因被告之侵权行为而要求损害赔偿,应将其事实及法律上理由,详明陈述。

上列之最初三点为任何诉状所不能欠缺。其四五两点如不关于特种审判籍或特种诉讼程序者,自毋庸有此记载。至于第六点,法律规定须将准备言词辩论之事项记明,所以利诉讼之进行,而事实上,无有不在诉状内记明者。若不记明,法院不得据以驳回其诉,仍应予以受理,盖系一种训示之规定也。诉状与传票之送达,距言词辩论之期日,至少应有十日为就审期间,但有急迫情形者,不在此限(第二五一条二项)。就审期间,乃为被告准备辩论及到场而设,限于初次辩论期日,始有其适用(二三年上字第二六七八号判例)。

B. 简易程序之起诉、提起反诉及新诉

1. 简易程序之起诉,可不用书状,得以言词为之(第二四六条)。又第四三〇条一项规定当事人两造于法院通常开庭之日,得不待传唤,自行到场为诉讼之言词辩论或进行调解,是亦毋须先递书状矣。

2. 提起反诉或新诉,乃在本诉或原诉系属中为之。反诉者,被告于本诉系属中,反向原告提起之诉。新诉者,因原告就系属中之原诉有所变更或追加所提起之诉。

反诉之提起及诉之变更或追加,得以言词为之(第二六一条),故亦不必提出书状也。

C. 反诉

1. 概念——反诉者,在本诉系属中,被告反向原告提起之诉也。反诉本系另一诉讼,不过以本案之原告为被告,被告为原告耳。惟以本诉与反诉有牵连之关系,故许合并于同一诉讼程序进行,以省劳力、时间与费用也。

反诉与驳回原告之声请有别。前者系向原告所为之攻击,有独立之标的或请求,后者仅系一种防御方法,例如债务业经清偿而消灭,于是请求驳回原告之诉是。

2. 成立要件

a. 须本诉在系属中,而辩论犹未终结(第二五九条一项)。如本诉业经撤回,或因和解成立或因判决而终结者,则无从再求合并于同一诉讼程序进行。如言词辩论已告终结者,则已达于可为裁判之程度,亦不许提起反诉。否则将重开辩论,反致延滞诉讼。反诉一经提起,不因本诉之驳回或撤回而失其效力(第二六三条)。

b. 须反诉与本诉行同种之诉讼程序。若本诉适用通常诉讼程序,而反诉须适用特种诉讼程序如人事诉讼程序者,不得提起之(第二六〇条二项)。若通常诉讼程序与简易诉讼程序间之区别,是否有碍于反诉之提起? 若本诉行通常程序而反诉应行简易程序者,则反诉仍可成立。盖在此情形,反诉既毋须先经调解(第四〇九条一项三款),自可行通常程序审理之。若本诉行简易程序而反诉应行通常程序时,或主张应另案起诉者。愚见认为本诉尚在调解中者,以调解不发生系属之效力,自无提起反诉之可能。不过声请人若无相反之表示,亦不妨并合于原来之调解程序以求解决(第四〇二条三项)。若声请人不予同意,自必另案起诉。若本诉已由调解程序进入诉讼程序,此时而提起反诉,应许其成立。如经当事人合意,得依简易程序合并辩论及裁判(同条同项)。否则应适用通常程序(第四三三条后段),不得即依第二六〇条二项之规定,认为不应准许(二十九年上字第六三八号判例)。盖简易与通常两种程序,仅有简繁之不同,而无性质上之差异,故对于本用简易程序之诉讼,不妨改用通常程序也。

c. 须反诉与本诉之标的或防御方法有牵连之关系(同条一项)。

(一) 与本诉之标的有牵连之关系——例如物之所有人向善意占有人请求返还其物,善意占有人因保存占有物所支出之必要费用,得以反诉向所有人请求偿还(《民法》第九五四条)。又如两自行车相撞,互要求损害赔偿,亦可有反诉之提起。

(二) 与本诉之防御方法有牵连之关系——例如被告提出其对于原告所享有之债权,而主张抵销(同法第三三四条)。又如贷与人请求偿还贷款,被告得根据《民法》第二〇六条以反诉请求返还不当得利,由原债额中扣除。

d. 须在本诉系属之法院提起之(第二五九条一项)。如反诉专属于他法院管辖者,不得提起(第二六〇条一项)。

3. 效力

a. 反诉虽在本案系属中提起,仍系独立之诉,惟与本案合并于一程序进行,以求方便耳。如以后牵连关系消灭,法院仍得命分别辩论。又本诉与反诉其一达于可为裁判之程度者,法院得为一部之终局判决(第三八二条)。

b. 被告意图延滞诉讼而提起反诉者,法院得驳回之(第二六〇条三项、第一九六条二项)。

c. 原告对于反诉不得复行提起反诉,以免于繁复也(第二五九条二项)。

D. 诉之合并

1. 概念及发生

a. 诉讼之合并,得分主观的及客观的。诉之主观合并,即上述共同诉讼是。诉之客观合并者,指同一原告对于同一被告之数宗诉讼上请求,于同一程序中主张之。故诉讼程序只有一种,而请求之标的及诉讼关系,则有数个。例如出租人一方请求租赁物之返还,他方因租赁物毁损而请求损害赔偿是。

b. 诉之合并,其发生原因不一。或因在同一起诉行为主张数宗请求(第二四八条),或因于起诉后追加他诉,或因于法院命为合并辩论(第二〇五条)。理由之合并与诉之合并不同。若原告请求一定金额之支付,所根据之理由,或因于契约,或因于侵权行为,或因于不当得利,此乃理由之合并也。

2. 成立要件(第二四八条)

a. 须对于同一被告为数宗请求。

b. 须数宗诉讼属于同一法院管辖。

c. 须行同种之诉讼程序。

上列要件有欠缺时,视所欠缺者系何种要件而分别定其效果。如非同一被告,是则被告有数人,应成立共同诉讼。如其中一宗诉讼不属于同一法院管辖者,得驳回之或移送于他法院。

3. 种类

a. 单纯的合并(kumulative klagenhäufung)——例如出租人同时要求承租人腾屋归还积欠租金及损害赔偿金是。

b. 选择的合并(alternative Klagehäufung)——例如因于任意之债或选择之债发生之诉讼是。

c. 预备的合并(eventuelle Klagehäufung)——例如买卖标的物缺少所保证之品质,买受人先请求解除契约,惟恐不能胜诉,乃同时请求减少价金。又如买受人请求交付货物,但恐买卖契不成立或无效,故同时请求返还价金是。

4. 法律上效果——合并之诉,诉讼程序合并行之,但各宗诉讼之独立性格,不因而丧失。故诉讼要件是否具备,仍须就每宗诉讼个别审查。其中一宗诉讼达于可为裁判之程度者,法院得为一部判决(第三八二条)。上述预备的合并,法院如认其主要请求为有理由,得为全部终局判决,其他副次请求消灭。

第二节　起诉之效力

A. 诉讼系属概述。

1. 概念——诉讼系属者,关于某一种请求之诉讼程序事实上存在之谓也。诉讼一经系属,当事人及法院即受其拘束。

2. 系属之始终

a. 诉讼因起诉而系属于法院。既称起诉,则调解之声请及发支付命令之声请,无使诉讼系属于法院之效果。他造以抗辩或抵销之方法提出某请求者,亦不发生系属的效力。

至于反诉及诉之变更或追加,亦于言词辩论时提起之际,系属于法院。

起诉既分三个阶段,而于书状及传票送达于被告时完成,业如上述,则诉讼亦于书状及传票送达于被告时始系属于法院。有主张凡以书状起诉者,自诉状提出于法院时,即发生诉讼拘束力,此说吾人未敢赞同。盖诉讼系属者,当事人与法院受其拘束之谓。所谓当事人,自亦包括被告在内。被告既未受书状与传票之送达,何能使其受诉讼之拘束,此其一。第二五五条一项规定于诉状送达后,原告不得变更其诉或追加他诉,由此可推想于诉状送达后,诉讼始系属于法院也,此其二。

b. 诉讼因起诉而系属于法院,因确定判决、和解成立、诉之撤回而停止系属,诉讼拘束随之消灭。诉经撤回者,视为自始未系属。

c. 系属之效力,得分诉讼法上及私法上两类。其关于私法上者:

(一)维持权利的效力——因诉讼系属时消灭时效中断(《民法》第一三一条)。排斥期间或排除期间,亦因诉讼系属而中断。例如《民法》第九六三条及第九八九条中所定之期间均是。

(二)增加权利的效力——所有人向善意占有人起诉,善意占有人于本权诉讼败诉时,自其诉讼系属之日起,视为恶意占有人(同法第九五九条)。易言之,自诉讼系属时起,负恶意占有人之责任,是不啻增加所有人之权利也。他如债权人于诉讼系属后,得更向债务人请求迟延利息(同法第二二九条二项),亦系增加权利效力之一种。

(三)增强权利的效力——非财产上之损害,其赔偿请求权,不得让与或继承。但已起诉者,于诉讼系属后,得让与或继承(同法第一九五条二项、第九七九条二项、第九九九条三项、第一〇五六条三项)。

　　B. 系属之诉讼法上效力

　　1. 诉讼系属中,不得就该事件,更行起诉(第二五三条)。其立法意旨,不仅在节省劳力、费用与时间,且以避裁判之矛盾。该条之适用,须具备下列要件:

　　a. 须第二次起诉在第一次诉讼系属中。调解程序虽不发生诉讼拘束,但依第二五三条立法意旨,仍不许就同一事件,再行声请调解或起诉。

　　b. 须第二次诉讼系发生于相同当事人间,并处于相同之原被告地位。

　　c. 须诉讼标的相同。第一次如系确认之诉,则第二次之给付之诉,不得谓为标的相同。反之如第一次系给付之诉,则第二次之确认之诉,即有第二五三条之适用,盖给付之诉之标的,必包括确认之诉在内。

　　如上列要件具备,就第二次之诉讼,法院得依职权或经被告提出抗辩后驳回之。如被告未提出抗辩,在法院亦未觉察,竟予判决者,则对于后为之判决(不必系第二次诉讼之判决),得声请行再审程序废弃之(第四九二条十款)。

　　2. 诉讼既经系属,法院之管辖权不因嗣后定管辖情事之变更,例如被告住所之变更或财产之移动,而受影响。盖定法院之管辖,以起诉时为准(第二七条,又二二年抗字第三九一号判例)。

　　3. 诉讼系属后,不得变更其诉(第二五五条一项)。诉之变更,自其广义言之,亦包括诉之追加在内。第二五六条一款所载变更诉讼,即从广义。

　　a. 概念——诉之变更者,提出另一诉讼标的,以代原诉讼标的之谓。诉之追加者,于原诉讼标的外,提出另一诉讼标的之谓。诉之变更与请求理由之变更或声请之变更有异,故有后之情形,仍无碍其变更(第二五六条)。说明如次:

(一)请求理由之变更——即不变更诉讼标的而补充或更正事实上或法律上之陈述者,应许可之(第二五六条一款)。既称补充或更正,则新的陈述,仍以原来陈述为其核心。例如先称契约由原告与被告缔结,后经补正称由原告之代理人与被告缔结者,此系关系事实者;又如原告初称与被告有借贷关系,而实系一种租赁关系,此系关系法律者。

(二)声请或声明之变更,包括两种情形:

(1)扩张或减缩应受判决事项之声明(同条二款)。扩张者,不仅指标的数量上之增加,例如发现新的损失而请求更多之赔偿,并指标的之种类上之增加,例如原告因隔邻之工厂发出臭气、烟气、喧嚣,起诉请求制止(《民法》第七九三条),嗣后得扩张其声明,而更请求该工厂停止足使其地基动摇之行为(同法第七九四条)。

减缩者,例如原来请求支付一定金额,而今则请求提存;或原来请求被告以单独债务人之资格给付,而今则请求以连带债务人之资格给付。至若诉之部分的舍弃或部分的撤回,根本非诉之变更,在诉讼系属中为之,自属许可无疑。

(2)因情事变更以他项声明代最初之声明(同条三款)。例如原请求返还特定物,但以诉讼进行中,物被毁损,乃请求以金钱赔偿。又如原请求就留置物取偿,后以被告已提出相当之担保(《民法》第九三七条),乃请求就该担保物受清偿是。

(三)该诉讼标的对于数人必须合一确定者,追加其原非当事人之人为当事人,不得以诉之追加同论,应许可之(同条四款)。且当事人之追加,乃诉之主观合并问题,非属于客观合并问题,而诉之追回,乃属后一问题也。

（四）在诉讼系属中，复起诉请求确认为本诉裁判之法律关系（同条五款），亦属法所许可。其规定之作用，在使本诉判决之确定力，并及于此法律关系。例如原告请求履行契约，以该契约因错误而撤销，于是原告之诉驳回。但该判决确定力之所及，仅限于原告请求权之不成立，而不包括错误本身。以后原告因被告之错误而请求损害赔偿（《民法》第九一条），法院仍得否认有错误情事而驳回其诉。原告为妥慎起见，自应在前诉并求对于因错误所发生之法律关系，确认其成立。又如非婚生子甲请求生父乙抚养之，在同一诉讼甲并得请求判决确认甲乙间之亲子关系是。

b. 变更之许可——原则上，诉讼系属后，不许变更其诉；在第三审程序则绝对无变更之可能（第四七〇条），此乃为被告之利益而设，否则于被告之防御，殊多妨碍，且有碍上诉之终结。但在第一、二两审于下列例外情形中，未始不许有诉之变更。

（一）经被告同意者（第二五五条一项，关于第二审见第四四三条）。如被告于诉之变更或追加无异议而为本案之辩论者，视为同意变更或追加（同条二项）。

（二）法院认为不甚碍被告之防御及诉讼之终结者（第二五五条一项），此仅于第一审为然，于第二审不适用之。法院此项裁判，不得声明不服（第二五八条）。

c. 诉之变更或追加之程序

（一）于言词辩论时提出书状或以言词为之（第二六一条一项），书状应向他造为送达；以言词提起者，应记载于笔录，如他造不在场，应将笔录送达（同条二项）。

（二）诉之变更是否合法，法院应依职权审查之。如诉之变更为不合法,其新诉由终局判决驳回之;如系诉之追加,则于驳回新诉后,仍应就原诉裁判之。

关于诉之变更或追加,是否许可,得因被告提出异议,而发生中间争执,则由法院以中间判决裁判之。

法院因不甚碍被告之防御及诉讼之终结而许诉之变更或追加,或以诉为非变更或无追加之裁判,不得声明不服(第二五八条)。反之,如法院不许诉之变更或追加者,原告自得依上诉程序请求废弃之。

1. 诉讼系属中为诉讼标的之法律关系(res litigiosa),虽移转于第三人,于诉讼无影响(第二五四条一项)。在罗马时代,此项移转为法所不许。盖其时诉讼程序极为严格,既经移转,前主体即无为诉讼当事人之资格。于是一造自料将败诉者,可以系争法律关系移转于第三人,而使他造对该第三人重行起诉。在此第二次诉讼中,亦可有同样情形发生,势将无法解决纷争矣。我国民诉法仿德国民诉法,许其移转,但对于诉讼无影响。

a. 所谓移转,不仅指以法律行为将系争之物或权利义务,移转于第三者而言,其以法律规定移转者亦同。如因继承而移转者,则无第二五四条之适用。

b. 所谓于诉讼无影响者,指移转之当事人,仍以自己之名义续行诉讼,第三人不得提起新诉以代原诉。至于裁判,不问于第三人利与不利,均生效力。

但第三人如经诉讼之他造同意,得代当事人承当诉讼,或依第五四条之规定起诉(主参加诉讼,同条二项)。他造如于第三人之承当诉讼或参加诉讼行为无异议而为本案之言词辩论者,视为同意。

C. 诉讼法律关系

概念——诉讼得由两方面观察。从一方面言之,诉讼系裁判程序,包括法院及当事人行为之全部，先后完成，互为因果，但均以促成法院赋予法律上保护为目的。从他方面观之，诉讼系法律关系，即诉讼上法律关系之全部，因起诉而发生于法院及当事人间或当事人相互间者也。

每一诉讼，不问其行何种程序，裁判程序、调解程序、保全程序，抑或督促程序，均系诉讼主体间之法律关系。诉讼当事人一造对于法院或他造固无应诉之义务而仅有此负担，但仍不失其为一法律关系。盖法律关系不以当事人间发生权利义务为限，例如姻亲关系即系法律关系，而不包括权利义务在内。

1. 内容——诉讼法律关系之内容，不但造成于当事人与法院间，亦造成于当事人相互间。

a. 诉讼法律关系之主体系国家（即法院）及当事人两造。如当事人一造有数人时，即发生相等数之诉讼法律关系。

但其关系究发生于何种主体之间，学说不一。或称仅发生于当事人间者（Kohler 氏主此说），或称发生于国家与当事人间者（Hellwig 主此说），或称发生于国家与当事人间并当事人相互间者，因此成为一三面之关系（Buelow 及 Wach 主此说）。兹列图表于后，以表明上列三种不同学说：

（一）法院　　　　（二）法院　　　　（三）法院

　　甲⇄乙　　　　　甲　乙　　　　　甲⇄乙

当事人须向法院完成诉讼行为，法院亦对当事人行使其裁判权，其在法院及当事人间发生最重要之法律关系，固不待言，但当事人间亦未始不发生法律关系。例如舍弃、认诺、撤回及变更诉或撤回诉之同意等，得由一造在言词辩论时直接向他造为此表示，即生效力，而发生两造间之法律关系。故三说中以最后一说为较妥。

b. 诉讼法律关系为公法上关系,与受法院裁判之私法上关系有别。后者系诉讼法律关系之标的,非其内容。此标的亦可不存在,例如无理由之给付之诉,或有理由之消极确认之诉,其在当事人间便无实体法上之关系存在。

c. 诉讼主体之地位,各有不同。法院有受理及为裁判之义务;当事人原则上无为诉讼行为之义务,而仅有其负担。义务不得不履行,负担是否承受,全本于各人之利益,如不承受,不过有被判败诉之危险而已。

2. 诉讼法律关系为独立而统一的法律关系。虽于投递诉状时,法院审判长即有指定期日之义务,但真正之关系发生于诉讼系属时,而与诉讼之终结同时终止。

第十六章　被告之答辩

第一节　概　述

A. 被告对于诉之答辩,得有各种不同之方式及内容:

1. 彼得避免争执,于是:

a. 于言词辩论期日不到场(第三八五条),或到场而不为辩论(第三八七条)。

b. 就一造关于诉讼标的主张,予以认诺(第三八四条),而使其负担诉讼费用。

2. 彼得指出诉讼程序之瑕疵,主张其诉为不合法而声请驳回之。

3. 彼得就本案实体上事项为答辩。或单独提出之,或连同上项主张一并提出。

a. 对于原告请求理由之全部或一部为争执,例如根本否认契约成立或有侵权行为。或契约虽成立,侵权行为虽发生,仅否认迟延或有过失。

b. 对于原告之陈述,虽予承认,但提出抗辩,例如确有订约之事实,但当事人一方系无行为能力人,于是契约无效;或业经清偿,而契约关系消灭。

c. 对于原告所提出法律上理由,指为不合,即原告所请求适用之法律,不适于本案之事实,例如兄被伤致死,其弟请求精神之损害赔偿是。

被告对于原告声明所用攻击及防御方法,应即于言词辩论前记载于答辩书状,提出于法院,由法院送达于他造(第二六五条、第二六六条),所以利诉讼之进行而期速结讼案。

B. 上述就事实上事项为答辩,统称本案辩论。本案辩论发生数种重要效果。

1. 被告不抗辩法院无管辖权而为本案之言词辩论者,以其法院为有管辖权之法院(第二五条)。

2. 当事人对于诉讼程序规定之违背,不提出异议而为本案辩论者,嗣后不得提出异议(第一九七条一项)。

3. 被告于诉之变更或追加无异议,而为本案之言词辩论者,视为同意变更或追加(第二五五条二项)。

4. 原告于判决确定前,得撤回诉之全部或一部。但被告已为本案之言词辩论者,应得其同意(第二六二条一项)。

第二节　抗　辩

A. 诉之理由,由全部必要事实所构成。至于抗辩,乃对抗原告之请求,使发生相反于原告所期待之法律上效力。抗辩与诉之否认有别。被告就构成诉之理由之事实,否认其存在或否认其发生同于原告所主张之效力者,是谓诉之否认。例如被告称其与原告间系赠与关系,以对抗原告所主张之消费借贷关系,或称使用借贷以对抗租赁关系。诉之否认之作用,在迫使原告更充实其陈述,并使提出更充分之证据。

抗辩依其所得发生之效力而言,可分为四类:

1. 妨碍权利发生之抗辩——即对于原告所主张之事实,提出抗辩,使自始阻其发生效力。例如主张契约当事人一方系限制行为能力或无行为能力人,或契约违背公序良俗及其他一切可使法律行为无效之事项。此类抗辩,往往系法律上原则之例外。《民法》中所称"除法律另有规定或当事人有特约外""不在此限""前项规定不适用之""不生效力"等,均得发生此类抗辩。

2. 消灭权利之抗辩——即对于原告所主张事实已发生之效力除去之。例如提出抗辩,主张已经清偿、代物清偿或解除条件业已成就是。

3. 妨碍权利行使之抗辩——即对于原告所主张之事实,被告享有形成权,而因形成权之行使,致原告无由行使其权利。例如消灭时效之抗辩及抵销权之行使均是。

4. 延期之抗辩——即关于原告所主张之事实,提出抗辩,使延期发生效力。例如原告已应允缓期给付,则在到期前原告行使其请求权,被告得提出此抗辩,他如不履行契约之抗辩亦属之。俟将来到期或履行契约时,自得更为有效之请求。

B. 原告对于被告所提出之抗辩,亦得以同样方法对付之(reus in excipiendo fit actor)。彼得否认抗辩所由生之事项,因而迫使被告更充实其陈述或提出更充分之证据,或提出他种事实以消灭抗辩所可生之效力,以维护其原来之主张,此之谓反驳。例如被告以未成年为抗辩,原告举法定代理人允许之事实以对抗。被告以免除为抗辩,原告根据诈欺之事实,撤销其免除之意思表示,而消灭被告抗辩之效力。

第十七章 言词辩论之准备

A. 概述——法院于接受原告之诉状后,应定言词辩论期日,使两造以言词为攻击及防御,以为判决之基础。但往往诉讼事涉多端,案情复杂,若不使法院及当事人于事先有所准备,径行言词辩论,不易定谳,势必迭次延展期日,实与一次期日终结之原则有背,于是乃有言词辩论准备之设。其旨在阐明诉讼关系,不仅当事人借得为适当答辩,法院亦得定审理之方针,实有利于诉讼之进行也。

B. 准备书状

1. 言词辩论准备之要旨,既在使当事人为适当之答辩,法院易定审理之方针,故在准备书状内,应记载所用之攻击或防御方法(第二四四条二项、第二六五条)。如系被告之答辩状,则应记载所用之攻击或防御方法外,并应记载对于原告之声明并攻击或防御方法之陈述。起诉状或答辩状应提出于法院,由法院以副本送达于他造(第二六五条)。至于答辩状之提出,法律训示时间上限制,即宜于未逾就审期间三分之一以前提出于法院,俾法院即送达于原告,而使其有充分时间为必要之准备(第二六六条)。

2. 往往当事人以证据一时未及搜集或以他种原因,应通知他造使为准备之事项,未及记载于诉状或其答辩状者,亦应于言词辩论前相当之时期,更提出记载该事项之准备书状(第二六七条)。言词辩论已开之后,法院如认准备尚未充足,得延展辩论期日,并定期间,命当事人提出必要之准备书状(第二六八条)。

3. 如法院认为两造准备书状之所记载,不问系关于事实上陈述或证据之提出,尚有不明了或未完足处,为使以后辩论易于终结起见,于言

词辩论前,得为下列各款之处置(第二六九条):

　　a. 命当事人或法定代理人本人到场。

　　b. 命当事人提出文书物件。

　　c. 传唤证人或鉴定人及调取或命第三人提出文书物件。

　　d. 行勘验、鉴定或嘱托公署团体为调查。

　　e. 使受命推事或受托推事调查证据。

　　C. 准备程序之进行——准备程序者,为阐明法律关系或并调查证据,当事人在受命推事前所为声明及陈述而做成笔录之程序也,兹述其开始、施行、终结、效力四点于后。

　　1. 开始——行合议制之法院,法院得随时以庭员一人为受命推事,使行准备程序。行准备程序,由法院决定之,选定庭员,由审判长为之。

　　2. 施行

　　a. 受命推事之职权与职务

　　(一)职权——关于法院审判长权限之规定,于受命推事行准备程序时准用之(第二七二条)。

　　(二)职务——在阐明诉讼关系。但另经法院命于准备程序调查证据者,得并调查证据(第二七〇条二项)。

　　b. 准备程序笔录,应将各当事人所用之攻击或防御方法及对于他造之声明并攻击或防御方法之陈述,记载明确(第二七一条),以补充当事人书状之不足。

　　c. 当事人之一造于准备程序之期日不到场者,应对于到场之一造行准备程序,将笔录送达于未到场人,并定新期日传唤两造。未到场之当事人,于新期日仍不到场者,受命推事得终结准备程序(第二七三条)。

　　3. 终结——准备程序经阐明诉讼关系后终结。如法院命为调查证据者,并于证据调查后终结,不以一次期日为限。准备程序终结后,受命推事应将卷宗及证据等件,提出于法院,如法院认为诉讼关系尚待阐明或证据尚待调查者,得命再开已终结之准备程序(第二七四条)。

于准备程序后,行言词辩论时,当事人应陈述准备程序之结果,但审判长得令庭员或书记官朗读准备程序笔录代之(第二七五条)。立法意旨,盖以准备程序中之行为,不发生与言词辩论同一之效力,自应使在言词辩论期日陈述,方得作为判决之基础,此系采取言词辩论主义之结果。再者,在行准备程序时,当事人仅向受命推事为陈述,其他合议庭之推事,未曾面聆,故第二七五条之规定,同时系直接审理主义之结果。

4. 效力——当事人在准备程序之声明及陈述,虽须于言词辩论时朗读其笔录始得为判决之基础,同时,未记载于准备程序笔录之事项,于准备程序后行言词辩论时,当事人不得主张之或为相反之陈述(第二七六条)。否则准备程序,同于虚设,且反使诉讼程序陷于复杂。但法院应依职权调查之事项或主张该事项不甚延滞诉讼或经释明非因重大过失不能在准备程序提出者,不在此限(同条,又第一九六条二项)。

第十八章　证　据

第一节　基本概念

A. 证据之概念及种类

1. 法律之适用,悉赖于事实之认定。事实如未认定,应调查之,或由当事人举证或由法院依职权调查之,其目的在使法院确信当事人事实上之主张为真确。

上述由当事人举证或由法院依职权调查,各代表一种主义,曰不干涉主义(Verhandlungsmaxime),曰职权主义(Untersuchungsmaxime)。

事实及证据之斟酌或诉讼资料之搜集出于法院之主动者,称职权主义;听由当事人提出者,称不干涉主义。此外当事人未声明就某事项请为裁判者,法院不得就之为裁判,亦系不干涉主义应有之含义,通称不告不理者是也。刑事诉讼采职权主义,盖刑事事关社会安宁、人群福利,国家(法院)自应采取积极之态度,以铲除奸宄,肃清邪恶。至于民事诉讼,有关当事人利益者大,与国家社会利益关系尚浅,故原则上采不干涉主义。且当事人为求胜诉起见,各以利己之事实提出,合而观之,即成一适当而明白之图画,良非法院依职权调查所能企达者也。但不干涉主义,于民事诉讼并非不易之定理,仅因其适宜而已。故于例外情形中,仍规定兼采职权主义。至于民事诉讼之标的有关公益,如人事诉讼者,兼采职权主义之范围,亦因而扩大。

民事诉讼之中有时规定某某事由,法院应依职权调查之。但此辄有关乎诉讼要件之是否具备,故与上述所称依职权搜集诉讼资料者异。

2. 依举证之目的而论,得分证明与释明:

a. 举证之目的,在使法官对于某种事实之真伪,得极强之心证时(即信为确系如此),谓之证明。此种确信,系高度的或然,而非数理上绝对的确实。盖人事变幻无穷,无绝对性者也。

b. 举证之目的在使法官对于某种事实之真否得较弱之心证时(即信其大概如此),谓之释明(semiplena probatio)。以释明为已足者仅以法律所规定者为限(参考第三四条、第九一条、第二四二条、第二七六条、第三○九条、第三四六条等)。考法律之规定,须释明之事项,以属于诉讼法之问题为多,且毋须询问他造,即可为裁判者也。至于诉讼实体事项,非经证明,不能为裁判,否则不免于偏颇,造成冤狱。释明之特点有二(第二八四条):

i. 当事人可以提出一切证据。

ii. 其证据以能即时提出者为限,即不问书证人证,须能即时提供于法院。

3. 依证据之标的而论,得为如下之分类:

a. 本证与反证——本证者,负举证责任之当事人,为确定其陈述之事实所提出之证据也。反证者,他造为确定一造不真实之陈述所提出之证据也。其效用在使法院对于一造之事实上陈述,表示怀疑。

反证与证据抗辩有别。后者系当事人一造对于负举证责任之他造以应用之证据方法,抗辩其为不合法或不足信。前者则系一造对于他造之事实上主张,证明相反之事实,而防止他造举证之成功也。

b. 直接证据与间接证据——直接证据者,对于可得发生法律上效力之争执事实,直接说明其成立或不成立。间接证据者,由于已明了之事实,推知应证事实之成立或不成立(第二八二条)。故对于应证事实,虽不提出直接之证据,但就他事实推断之结果,而获有间接之证据。该他事实学术上称间接事实或证明情况(indiz, présomption de fait, circumstantial evldence),须先证明属实,否则其推断,自不可恃。

B. 证据方法及证据原因

1. 证据方法者,使法官确信其事实上主张而利用之各种方法也,例如证人、鉴定人、证书、勘验物等是,至于证言、鉴定书、文书内容及勘验,普通亦称证据方法,但不若称证据资料,似较恰当。当事人之自认,既非证据方法又非证据资料。盖既经自认,即无庸举证(第二七九条一项)。

应用何种证据方法,全由当事人斟酌定之,仅于例外情形中,由法律规定限制之。例如关于定法院管辖之合意,应以文书证之(第二四条一项);关于诉讼代理人之代理权,应以委任书证之(第六九条);关于言词辩论所定程式之遵守,专以笔录证之(第二一九条)。送达日期,以记载送达证书内容为准(二十一年抗字第二六号判例)。

证据方法所影响于法院观感之力,称证据力或证据价值。其证据力之强弱,依法院之自由心证判断之(第二二二条)。

2. 采证理由者,法院对于当事人事实上主张之真伪所具有确信之理由也。采证理由与证据方法有别。例如证人之证言,系证据方法,但法院信任与否,得根据调查证据之结果,当事人陈述之内容、姿态及其他证明情事,视其是否有被信任之因素或理由,此即采证之理由也。

C. 采证或立证——《民诉法》既采不干涉主义,故采证法应由当事人斟酌为之。当事人声请所用之证据,原则上应于言词辩论期日为之(第一九四条),但亦得于言词辩论期日前,例如于行准备程序时,为之(第二八五条)。言词辩论既经终结,即不许再有采证之行为。所声明之证据,如系人证,应表明证人及讯问之事项(第二九八条);如系鉴定,应表明鉴定之事项(第三二四条);如系书证,应举出文书(第三四一条);如系勘验,应表明勘验之标的物及应勘验之事物(第三六四条)。

当事人之立证行为,得与其事实上主张并合为之,毋别为两种声请行为。或先为事实上主张,继为立证行为;或为立证行为后,再为事实上主张;或就事实上主张及立证行为交互行之。

D. 法院关于证据之行为,分述如下:

1. 调查证据之开始——法院认为事实须证明或证据须调查时,如得即时调查者,得径予开始,否则以裁定宣示之,其裁定系属辅助诉讼性质。

2. 调查证据之实施——即接受由各种证据方法所传达之资料,其详见下。

3. 证据之判断或评定——以证据结果与应证事项相符,以定举证之是否成功。法院评定时,不以法定程式之完成为根据,而应斟酌全辩论意旨及调查证据之结果,本于其学识经验,一任其自由心证为之(第二二二条),此之谓自由心证主义。行合议制之法院,其评定取决于多数。与自由心证主义相对立者为法定证据主义,即事实真否之认定,不依法院之确信,而视法定程序是否完成。我《民诉法》仅于例外情形中采用之,例如关于送达,以送达证书证之是。

法院取舍证据、认定事实,必本于言词辩论为之。此为《民诉法》上之定则(二二年上字第九三五号)。盖当事人就其事实为辩论后,真伪之认定,较为确当故也。

自由心证主义,既以法院自由之确信为证据之判断,则学行兼优之推事必能为正确之评定,于是其裁判亦能允当,否则难免武断之弊。反之,依法定证据主义,法院为证据之判断时,须受法律之拘束。证据方法及证据力,均经法律规定,法院无以自由确信评定证据之可能,于是得免武断之弊。但有时确可信其事实为伪,但以碍于法律规定,不得不认定其为真,亦不免呆板之议。各国立法,均以采自由心证为原则,以采法定证据主义为例外。我《民诉法》为防止自由心证之流弊,特规定法院得心证之理由,应为明确判决(第二二二条二项),以备上级法院之审核。

第二节　证据对象

证据对象,亦称应证事项。应证明者,原则上为事实,有时亦得为实验定则及法条。

A. 事实——适用法规,必先认定事实。在法院判案时所用之三段论法中,事实即构成小前提;事实系具体的,占有时间与空间,不问系发生于现在或过去的事故或情况,亦不问系内心或外心生活之状态均属之。内心生活之状态,如意思、故意、图谋、明知其情等是。至于过失,可得而知;善意、恶意等,为根据内外事实所得之论断。

应证事项,须为法律上重要之事实,足以影响于裁判者。若不予斟酌,裁判难期允当。

B. 实验定则——实验定则包括日常生活之规则及特种事业或事物之规则。后者例如艺术、科学、手艺、工业、商业与交易等之规则是。此项定则,一部分取之于人类生活及行动,他部分系科学上研究或工艺上活动之结果。法院用以评定证据方法之证据力,而判定事实之真伪。

确定实验定则之方法为鉴定。法院得依职权命行鉴定。此外推事亦得参考典籍,私自查询,躬自实验或以其他可能方法确定之。

实验定则之确定,非事实之认定,故无拘束第三审法院之效力。易言之,如最高法院认为确定未当,得以原审未尽调查之能事,废弃原判,发回更审。

C. 法条——法院有适用本国法律之义务,故对于本国法律,不得诿为不知(jura novit curia),而责当事人举证。惟习惯、地方制定之法规及外国之现行法,法院无当然认知之职责,除得令当事人证明外,复得依职权调查之(第二八三条)。第三审法院认为有必要时,亦得予以调查。

第三节　证明之必要

证明是否必要,视其是否采不干涉主义,抑或采职权主义而其要件亦有不同。

A. 其采不干涉主义者,事实是否有证明之必要,大部分由当事人决定之。如自认之事实(第二七九条)、不争执之事实(第二八○条)、已显著之事实及法院职务上已知之事实(第二七八条)、推定之事实(第二八一条、第二八二条),均毋庸证明。就该项事实之真伪,法院亦无自由心证之余地。

1. 自认

a. 适用范围——自认之对象,仅限于事实,如构成三段论法之小前提。至于认诺则及于其论断。如当事人对于某一事实自认,更合他事实而为诊断,其结果不必败诉。至于当事人为认诺者,且对于他造所提出而构成诉讼标的之请求或主张,予以承认,必受败诉之判决无疑。故两者间显有区别也。有时当事人就同一事项所为之承认,得为自认,亦得为认诺。视其为该承认之场合若何,而其法律上性质及效果亦有异。例如承认某一证书为真实,如证书之真伪系一先决问题,则为自认,既经自认,未必即败诉。若证书真伪之认定,自身即系诉讼标的,则又成为认诺矣。

b. 要件——一造自认之事实,以他造所主张而应负证责者为限(第二七九条一项)。例如原告陈述被告业经清偿,则须被告主张有清偿之事实,而原告之陈述,始得谓为自认。

c. 构成条件——自认系向法院所为之单独意思表示,故毋庸对造在场。不问其是否在准备书状内或言词辩论时为之,亦不问其是否在受命推事或受托推事前为之,均无不可。否则系非审判上自认,不发生自认之效力。各共同诉讼人,亦得以自己与他造之关系为限为自认,从参加人亦得为自认,但以不背于被辅助当事人之意旨为限。

自认之内在,不外表示他造之事实上主张为真实。既系真相之表白,故在言词辩论时,对于他造之主张不争执者,得解释为自认。但因他项事实,可为争执者,不在此限(第二八〇条一项)。如法院有疑义时,应向当事人为询问,是否对于他造提出之事实及证据,当有所陈述。至于当事人一造对于他造主张之事实为不知或不记忆之陈述者,应否视同自认,由法院衡情定之。(同条二项)

于自认有所附加或限制者,应否视有自认,亦由法院衡情定之(第二七九条二项)。原则上,应视为有自认。例如承认有借贷之事,但已偿还,或承认受领千金,但系赠与而非借贷是。总之前者关于借贷之事实,后者关于受领款项之事实,均毋庸举证。但若原告称给付被告千金,而被告只承认受领五百金,此际是否就千金之给付有自认,由法院酌定之。

d. 效力——经自认之事实,毋庸举证(第二七九条一项)。法院虽不确信其为真实,甚或认为与任何经验相反,仍应受自认之拘束,此乃采取不干涉主义之必然结果也。

自认之当事人,亦受自认之拘束,但有特种情形,得撤销之。例如诉讼代理人之自认,到场之当事人本人得即时撤销之(第七二条)。自认出于他造或其他代理人之犯罪行为者,或经他造同意者,亦得撤销。此外,自认出于错误,并经证明自认之事项,非系真相者,亦得撤销之。当事人撤销自认,其于自认所发生之影响若何,由法院酌定之(第二七九条二项)。

e. 法律上性质——自认系诉讼行为,致当事人须具诉讼能力,否则系证明情况,不生自认之效力。

f. 非审判上自认——不依第二七九条一项之形式所为之自认,系非审判上自认,仅得视为证明情况,与无诉讼能力者所为之自认同。虽不生自认之效力,仍不无相当证据价值。盖若真无其事,绝不就不利于己之事实,予以承认,亦情绪之常也。其证据价值之高低,由法院酌定之。

2. 不争执之事实。当事人对于他造主张之事实,于言词辩论时不争执者,视同自认。但因他项陈述可认为争执者,不在此限(第二八○条一项)。

3. 已显著之事实及法院职务上已知之事实亦无庸举证,虽当事人不提出之,法院亦应予斟酌(第二七八条一项二项)。已显著之事实,指为一般人所已知者,例如政变、史实、社会骚动事迹、各种肇祸、出生死亡等是。法院职务上已知之事实,并不以在本法院所发生之事实为限,即已往之刑事诉讼,非讼事件或司法行政最高官署之训令、指令等亦包括在内。

事实是否已显著或为法院职务上已知,在合议庭取决于多数。有时已显著之事实为法院所不知,可由当事人提供证据作为证明情况,以资参考。就此种事实,提出反证,以证明其非真实者,非法所不许,故在裁判前,当事人就其事实,有辩论之机会(第二七八条二项)。

4. 法律上推定之事实。推定者,法律规定就特定事实之成立,推断某一事实(或某一权利)为存在之谓也。当事人主张法律规定推定之利益者,仅须就推定出发之事实为证明,例如主张为婚生子女者,只须证明其母之受胎,系在婚姻关系存续中即可(《民法》第一〇六三条一项)。当事人他造认法律之推定为不实者,得提出反证。故推定同时具有移转举证责任之效力,即主张有利于己之事实者,经法律之推定,毋庸举证,而应由他造提出反证以覆盖其推定。故关于确认土地所有权存在之诉,原告就所有权存在之事实,固有举证之责任,惟原告如为占有该土地而行使所有权之人,则依法已推定其适法有所有权。除被告有反证外,原告即毋庸举证(二二年上字第六三〇号,同年上字第一二七一号判例)。

法律上之推定,或明称"推定";或称"视为";或规定于《民法》中,例如第九条、第一一条、第九四三条、第九四四条、第一〇六三条等,其中第九四三条所推定者为权利而非事实;或规定在《民诉法》中,例如第三五五条、第三五六条、第三五八条等是。

在其采职权主义者,事实是否需要证明,全由法院决定之,不若采不干涉主义时,当事人有大部分之决定权也。除已显著之事实、法院职务上已知之事实及法律上推定之事实,毋庸举证外,当事人之自认及不争之事实,仅具证明情况之价值。例如甲向乙提起离婚之诉,甲称乙虐待以致不堪同居,乙予以承认,此际法院并不受乙所为自认之拘束,应以他种可能方法调查认定之;乙之自认,仅可作为法院认定有无不堪同居虐待之参考。

第四节　举证责任及陈述责任

A. 举证责任之概念——吾人求知之方法不足,知识之容量有限,故案情有时无法穷其微,事实亦无由确知其真伪。但法院既受理之,不得不下一裁判,如之何其可? 举证责任之规定,即有排解此难题之作用,即负举证之责之当事人,不能证明其事实上主张者,法院即为不利于该当事人之裁判。故原告就起诉主张之事实,若不能举证,或其所举证据,不足为其所主张事实存在之证明者,即应将原告之诉,予以驳回(二二年上字第九七四号,同年上字第五五七号判例)。

举证责任问题系一法律适用问题,盖须法律所规定之抽象假定状态具体化而见之于现实后,始得适用该规定。如法院就系争之事实未具确信,自不能适用之。是故当事人主张适用某一法规,欲求胜诉,应将其法规适用之要件,证明其具备;易词言之,当事人主张有利于己之事实者,就其事实有举证之责任(第二七七条)。

B. 陈述责任之概念——取不干涉主义之诉讼程序,始有陈述责任可言,盖供裁判之事实,须当事人提出者也。欲求有利之裁判者,自须先为具体之陈述,俾法律之适用有所根据。故原则上陈述责任与举证责任,就其标的与范围而言,实属一致。不就利己之事实为证明者,图将获不利之裁判,其不为事实之陈述者亦然。如原告不就起诉所根据之事实,或被告不就抗辩之事实为充分之陈述者,其诉讼上请求,决难得圆满之成功。但当事人不为完足之陈述,或其陈述不明了者,审判长应令其叙明或补充(第一九九条二项),而当事人又往往不难立时叙明或补充,故陈述责任之实际上意义,自较举证责任为微也。

C. 陈述责任与举证责任之分属于诉讼当事人双方面,应依《民诉法》第二七七条而定。原告应就起诉所根据之事实,予以证明,被告如提出抗辩,而欲消灭原告所主张之法律上效力,则其抗辩所根据之事实,于彼为有利,亦应予证明。此外,关于法律上推定之规定,亦有定陈述责任及举证责任之效用。受推定利益之对造,应就覆灭推定之事实为陈述并予证明。

关于责任分配之规定,意义至为重大。往往本案实情无法确定,则负陈述与举证责任之一造,必遭受不利之裁判。不仅如此,法院于责任之分配,在诉讼任何一阶段,须时刻予以留意,俾得晓谕应负举证责任之一造,陈明所用证据之方法;如其未能提出证据,而诉讼已达于可为裁判之程度,则不必再进行证据之调查矣。故诉讼之胜负,其系于陈述与举证责任分配者实多。或称之谓民诉法之脊骨,信不诬也。

第五节　证据程序概述

A. 证据调查

1. 调查之必要——当事人声明之证据,法院认为必要者,始得予以调查(第二八六条),例如关于商业习惯、所受损害、损害之程度等是。有时极重要之应证事项,在某种情形下,得不予调查,例如因有窒碍,不能预定调查证据之时期或关于外国调查者,法院得依声请定其期间。期间已满而窒碍犹未除去者,若其不致延滞诉讼,固仍应为调查(第二八七条),否则得不予调查。

法院不能依当事人声明为证据而得心证,或因其他情形认为必要时,得依职权调查证据(第二八八条),所以救不干涉主义之穷。但法院运用其职权时,应体会立法之精神,否则不干涉主义有被排除之虞。

2. 证据裁判——证据之调查,由法院决定之。如系即时调查,则其决定无一定方式,盖证据方法业经当事人声明并予提出,或经法院依第二六九条采集。如因调查证据,而须延展日期,则无论系由受诉法院自身调查或使受命推事、受托推事调查,应以裁定行之。在证据裁定中,应载明查证事项及为何种证据之调查。事实上法院为简省起见,往往即在传票上附志之,但不得认为同时有传票及证据裁定之送达。其裁定是指挥诉讼之性质,为裁定之法院不受其羁束(第二三八条),故亦不得抗告(第四八〇条)。

3. 实施调查

a. 在国内调查——为速结讼案起见,应于可能范围内即时调查;尤其证人或鉴定人在场者,应即讯问之。

调查证据应于受诉法院为之,但法院认为在适当时,得使庭员一人为受命推事或嘱托他法院之推事调查之(第二九〇条)。如由县长兼理司法者,仅该县长或承审员得为受托推事,不得由县长委书记员行之(二二年上字第三四三四号判例)。嘱托他法院推事调查证据者,审判长应告知当事人如于受托推事调查证据之期日到场,应即赴该法院所在地指定应受送达之处所,或委任住居该地之人之诉讼代理人,陈报受嘱托之法院,以免远道传唤,稽延时日。而受托推事调查证据之期日,亦仅传唤已为该陈报之当事人或诉讼代理人(第二九一条)。

受托推事如知应由他法院调查证据者,得代为嘱托该法院。有此情形时,受托推事应通知其事由于受诉法院及当事人(第二九二条)。

受诉法院、受命推事或受托推事于必要时,得在管辖区域外调查证据(第二九三条)。盖区域之划分,仅为事实上方便起见,并非绝对之隔绝也。

受诉法院于言词辩论前调查证据或由受命推事、受托推事调查证据者,法院书记官应作调查证据笔录(第二九四条一项)。第二一二条、第二一三条及第二一五条至第二一九条之规定于此项笔录准用之（同条二项）。受托推事调查证据笔录，应送交受诉法院（同条三项）。此外，法院得嘱托公署、学校、商会、交易所或其他相当之团体为必要之调查（第二八九条），例如向市府查询某人之户籍，向银行查询某人之来往账目，向商会查询商事习惯等均是。受嘱托者以公署或团体为限，盖公署或团体之报告，自较个别私人为可靠也。调查证据时，应使当事人到场，法院指定期日后，应向当事人为传唤，当事人一造或两造之不到场，无碍于法院之进行调查也（第二九六条）。

　　b. 在国外调查——应于外国调查证据者，嘱托该国管辖官署或驻在该国之中华民国大使、公使或推事为之（第二九九条一项）。是否可由受诉法院直接嘱托外国官署调查，应依国际条约及惯例决之。如须经由司法行政部行文外交部转为嘱托者，自应依此程式办理。

　　外国官署调查证据，固应依照该国法律，如有违背，而于中国法律无违背者，仍有效力（同条二项），以免再行调查之烦累也。

　　4. 证据调查之辩论——言词辩论，系当事人行为，应于调查证据结束后，由当事人就调查结果及系争关系为辩论（第二九七条一项）。如证据调查在受诉法院中实施者，调查结束后，应立即为辩论。故调查证据期日同时系辩论期日。于受诉法院外调查证据者，往往于调查终了后，由受诉法院另指定辩论期日。于辩论时，当事人应陈述其调查之结果。但审判长得令庭员或书记官朗读证据笔录代之（同条二项）。此亦所以适合直接审理主义也。

　　B. 证据保全

　　1. 概念及特质——证据保全者（probatio ad perpetuam rei memoriam）诉讼尚未系属于法院，或已系属而未达到调查证据之程度，即就事实状态以诉讼上方法，为诉讼外之阐明也。如争端之要旨，系关于事实之争执者,则事实状态阐明后,即可避免无谓之诉讼。

2. 要件

a. 须证实有灭失或碍难使用之虞(第三六八条)。例如勘验之标的物将腐烂,或证人重病或将远行矣,或须经他造之同意(同条)。

b. 须声请人于证物现况之认定,有法律上利益者,例如买卖标的物或定作物之瑕疵经认定后,即欲提出请求是。此虽未经明文规定,乃系必然之理。

至于应证事项是否重要,在所不问。此层仅于诉讼程序进行时,由受诉法院决之。但法院仍得以其声请为不合理而予驳回。

3. 程序之进行——证据之保全,除法院认为必要时,得于诉讼系属中依职权为保全证据之裁定外(第三七二条),通常辄依当事人之声请行之,其声请书应表明左列各款事项(第三七〇条):

a. 他造当事人,如他造当事人不能指定者,其不能指定之理由。

b. 应保全之证据。

c. 依该证据应证之事实。

d. 应保全证据之理由。

以上四点,于必要时,应释明之。

声请之准驳,以裁定行之(第三七一条一项)。准许保全证据之裁定,应表明该证据及应证之事实(同条二项),驳回保全证据声请之裁定,得为抗告。准予保全证据之裁定,不得声明不服(同条三项)。

调查证据期日应传唤声请人。除有急迫情形外,并应于期日前送达声请书或笔录及裁定于他造当事人而传唤之(第三七三条),俾其有防卫自己权利之机会。他造当事人不明,或调查证据期日不及传唤他造者,法院因保护该当事人关于调查证据之权利,得为选任特别代理人。第五一条二项至四项之规定,于此特别代理人准用之(第三七四条)。

调查证据笔录,由保全证据之法院保管。但诉讼系属他法院者,应送交该法院(第三七五条)。

4. 费用——保全证据程序之费用,应作为诉讼费用之一部,定其负担。

第六节　各个证据方法及其调查

1. 证人之概念——证人系对于过去之事实及情况,报告其经历结果于法院之人。其所报告者,系具体的经历,而非其意见或论断。故人证与鉴定有别。鉴定人者,乃本于其专门知识,而就过去事实以及法条、习惯、实验定则等陈述专家意见之人。有时同一人得并为证人与鉴定人,例如医生目睹祸害之发生,而同时以鉴定人之资格,陈述其对于受害人伤害程度及治疗机会之意见。

2. 证人能力——证人与当事人处于对立地位。当事人有时须掩饰,而证人则必须诚实叙白。故当事人不得自为证人,法定代理人亦不得为证人。除此之外,均得为证人。甚至如继承人关于遗产管理人之诉讼,社员关于法人之诉讼,均有证人能力。纵为未成年人,或精神耗弱心神丧失之人,仍毋碍其为证人。

3. 为证人之义务——凡受中华民国司法权管辖之人,皆有为证人之义务(第三○二条)。此系公法上之义务,包括三点:

a. 到场义务。既受合法之传唤,应按时到场,亲口供述。以书状为陈述者,纵令该书状无捏名冒递情事,亦不得采为判决基础(二一年上字第四七三号)。其无正当理由而不到场者,法院得以裁定科五十元以下之罚锾;仍不遵传到场者,得再科一百元以下之罚锾,并得拘提之。拘提证人,准用《刑事诉讼法》关于拘提被告之规定。证人为服现役之军人、军属者,应以拘票嘱托该管长官执行。科证人罚锾之裁定,得为抗告。抗告中应停止执行(第三〇三条)。抗告而发生停止执行之效力,实属例外。

证人得请求法定之日费及旅费,应于讯问完毕时或完毕后十日内为之。关于其请求之裁定,得为抗告。证人所需之旅费,得依其请求预行酌给之(第三二三条)。

下列人等,无到场之义务:(一) 无为证言义务之人(第三〇七条、第三〇九条二项),(二) 不能到场者(第三〇五条),(三) 中央及地方之首长(第三〇四条)。

b. 证言义务,即证人有陈述真相之义务,不得匿饰增减(第三一三条一项)。审判长就证人与当事人之关系及其他关于证言信用之事项,向其讯问时(第三一七条),应予置答。审判长应命证人就讯问事项之始末,连续陈述。其陈述不得朗读文件或用笔记代之,恐其预为匿饰之词,但经审判长许可者,不在此限(第三一八条)。审判长因使证人之陈述明了完足,或推究证人得知事实之原因,得为必要之发问;陪席推事告明审判长后,得对于证人发问(第三一九条)。至于当事人亦得声请审判长对于证人为必要之发问,或审判长许可后,自行对之发问。关于发问之应否许可或禁止有异议者,法院应就其异议为裁定(第三二〇条)。此裁定系属于指挥诉讼性质,不得抗告。

法院如认证人在当事人前不能尽其陈述者,得于其陈述时命当事人退庭。但证人陈述毕后,审判长应命当事人入庭告以陈述之事项(第三二一条)。

在一定情形中,证人得拒绝证言:

(一) 证人为当事人之配偶、前配偶、未婚配偶,或四亲等内之血亲、三亲等之姻亲,或曾有此亲属关系者。

(二) 证人所为证言与证人或与证人有前款关系之人,足生财产上之直接损害者。

（三）证人所为证言足致证人或与证人有第一款关系或有监护关系之人,受刑事诉讼或蒙耻辱者。

（四）证人就其职务上或业务上有秘密义务之事项受讯问者。

（五）证人非泄漏其技术上或职业上之秘密,不能为证言者（第三〇七条）。

但证人有上列（一）（二）之情形者,关于左列各款事项,仍不得拒绝证言（第三〇八条）：

（一）同居或曾同居人之出生、死亡、婚姻或其他身份上之事项。

（二）因亲属关系所生财产上之事项。

（三）为证人而与闻之法律行为之成立及意旨。

（四）为当事人之前权利人或代理人而就相争之法律关系所为之行为,如其秘密之责任,已经免除者,不得拒绝证言（同条二项）。

此外,以公务员或曾为公务员之人为证人而就其职务上应守秘密之事项讯问者,除非得该管长官之承诺,得拒绝证言（第三〇六条）。证人拒绝证言,应陈明拒绝之原因事实,并释明之,但法院酌量情形,得令具结以代释明（第三〇九条一项）。拒绝证言之当否,由受诉法院于讯问到场之当事人后裁定之。其裁定得为抗告,抗告中应停止执行（第三一〇条）。

证人不陈明拒绝之原因事实而拒绝证言,或以拒绝为不当之裁定已确定而仍拒绝证言者,法院得以裁定科五十元以下之罚锾。其裁定得为抗告,抗告中应停止执行（第三一一条）。

c. 具结义务——具结之目的,在使证人不为虚伪之陈述。审判长于讯问前应命证人各别具结,但其应否具结有疑义者,应于讯问后,令其或免其具结。于具结前,审判长应告以具结之义务及刑法规定关于伪证之处罚（第三一二条）。

证人具结应于结文内记载当据实陈述,决无匿饰增减等语。证人应朗读结文，如证人不通文字者，由审判长朗读并说明其意义。结文应命证人签名。其不能签名者，由书记官代书姓名并记明其事由，命证人画押、盖章或按指印（第三一三条）。

证人有具结义务不具结者，准用第三一一条之规定（第三一五条）。左列人等，免具结义务（第三一四条）：

（一）以未满十六岁或因精神障碍不解具结意义及其效果之人为证人者，绝对不得令其具结。

（二）下列人等为证人者，是否须令具结，由法院斟酌之，如其不具结，不适用第三一五条之规定：有第三〇七条一项一款至三款情形而不拒绝证言者、当事人之受雇人或同居人、就诉讼结果有直接利害关系者。

4. 程序之进行

a. 证人之讯问，辄先由当事人声明。声明人证应表明证人及讯问之事项（第二九八条）。

b. 证人如在场，应即时讯问之。其能即时传唤者，应即传唤之，否则应为证据裁定。传唤证人应于传票记载左列各项事项（第二九九条）：

（一）证人及当事人。

（二）证人应到场之日、时及处所。

（三）证人不到场时应受之制裁。

（四）证人请求日费及旅费之权利。

（五）法院。

审判长如认证人非有准备不能为证言者，应于传票记载讯问事项之概要。

传唤现服勤务之军人或军属为证人者，审判长应并通知该管长官令其到场。传唤在监所人为证人者，应并通知该监所长官提送到场。被传者如碍难到场，该长官应通知其事由于法院（第三〇〇条、第三〇一条），法院得就其所在讯问之(第三〇五条)。

c. 证人之讯问,原则上应于受诉法院为之。但法院认为适当时,得使庭员一人为受命推事或嘱托他法院之推事为之(第二九〇条)。受命推事或受托推事讯问证人时,与法院及审判长有同一之权限(第三二二条)。

d. 讯问证人应与他证人隔别行之,但审判长认为必要时,得命其对质(第三一六条一项)。审判长对于证人应先讯问其姓名、年龄、职业及住居。于必要时,并应讯问证人与当事人之关系及其他关于证言信用之事项,例如其见闻之来源是(第三一七条)。

e. 证言应由书记官制作笔录(第二九四条一项)。向证人朗读,由其承诺,如犹未具结,则令其具结。

5. 法院评定证据价值,有绝对之自由(第二二二条)。证人有数人时,得取信于一人之证言,且该证人不必以具结者为限。法院于评定时,除斟酌证言外,并应顾及证人之心理及情绪,其观察力及判断力,其与当事人是否有亲交嫌怨,或与诉讼之结果是否有法律上利害关系。又证言之价值,与其见闻之来源及讯问之方式,均有关系。此所以评定证言是否真实,颇非易事。法意两国法律规定仅于诉讼标的轻微案件,始许人证,否则须以文书证之,良非无因。

B. 鉴定

1. 鉴定人之概念——鉴定人者,对于法院所不详之法则或实验定则提出报告,或本于其专门知识,就系争之具体事实,加以确定之人。鉴定人之陈述,称意见。

a. 鉴定人之意见,得限于陈报抽象之法则或实验定则。至于如何适用于实际,得由法院自决定之。例如某地有某商业习惯,该习惯是否得适用于本案,由法院决之。

b. 但事实上鉴定人往往以其专门知识,应用于具体诉讼资料,而陈报其论断于法院。例如物之价值之增高或减少、画之真伪、疾病之起因、伤害之程度等均是。但鉴定人仍须说明其所应用之抽象法则或实验定则，以便法院审查。

2. 得为鉴定之人及其地位

a. 除当事人及其法定代理人外，均得为鉴定人，但以法院认为其具有特种知识者为限。公署及团体，亦得为鉴定。当事人如认为鉴定人有偏颇之虞者，得拒却之（第三三一条）。

b. 鉴定与他种方法不同，如法官于应鉴定之工作，认为具有适当的专门知识，得自为鉴定。故鉴定人之地位，颇与推事相同。是故法律规定当事人得依声请推事回避之原因，拒却鉴定人也。

声明拒却鉴定人，应举其原因向选任鉴定人之法院或推事为之。其原因应释明之（第三三二条）。当事人不得以鉴定人于该诉讼事件曾为证人或鉴定人为拒却之原因（第三三一条一项）。鉴定人已就鉴定事项有所陈述或已提出鉴定书后，不得声明拒却，但拒却之原因，发生在后或知悉在后者，不在此限（同条二项）。拒却鉴定人之声明经裁定为不当者，得于五日内抗告；其以声明为正当者，不得声明不服（第三三三条）。

当事人声请鉴定者，应表明鉴定之事项（第三二五条）。鉴定人由受诉法院选任并定其人数。法院亦得命当事人指定应选任之鉴定人。已选任之鉴定人，法院得撤换之（第三二六条）。受命推事或受托推事依鉴定调查证据者，若未经受诉法院选任鉴定人者，得由其选任之（第三二七条）。

3. 鉴定人之义务

a. 为证人系一般的公法上义务，为鉴定人虽亦系公法上义务，但非一般人均有之。其于他人之诉讼有为鉴定人之义务者，仅以第三二八条所规定者，即从事于鉴定所需之学术、技术或职业，或经公署委任有鉴定职务者为限。有鉴定之义务者，拒绝鉴定，虽其理由不合于第三〇七条一项之规定,如法院认为正当者,亦得免除其鉴定义务(第三三〇条)。

b. 为鉴定人之义务,包括到场、陈述及具结三种义务。

(一)鉴定书须说明者,得命鉴定人到场说明(第三三五条二项)。如其不到场,不得拘提(第三二九条)。

(二)受诉法院受命推事或受托推事得命鉴定人具鉴定书陈述意见(第三三五条一项)。鉴定人有数人者,得命其共同或各别陈述意见(第三三六条)。

(三)鉴定人应于鉴定前具结,于结文内记载必为公正、诚实之鉴定等语。如公署或团体为鉴定,则无具结义务(第三四〇条)。

4. 程序之进行——大致与调查人证同(第三二四条)。此外,鉴定所需资料在法院者,应告知鉴定人准其利用。鉴定人为行鉴定,得请求调取证物或讯问证人或当事人,经许可后,并得对于证人或当事人自行发问(第三三七条)。

5. 法院评定鉴定人之意见,亦有其自由。

6. 鉴定人于法定之日费、旅费外,得请求相当之报酬。鉴定所需费用,得依鉴定人之请求,预行酌给之(第三三八条)。

讯问依特别知识得知已往事实之人者,适用关于人证之规定(第三三九条)。如对曾经诊视病人之医师讯问过去之病状,虽该医师本于其特别知识,获知其情状,仍应以证人论。

法院依第二八九条之规定,嘱托公署或团体陈述鉴定意见或审查之者,准用第三三五条至第三三八条之规定。其鉴定书之说明,由该公署或团体所指定之人为之(第三四〇条)。

D. 书证

1. 文书及书证之概念——文书者,思想之文字上表现也。其文字须系通用或得了解者。思想之他种具体表现,如石界、标志、图画等,非书证之标的物,而系勘验之标的物。故书证者,以文书内容以为证明之方法也。

2. 文书之种类:

a. 文书有公文书与私文书之别。公文书者,由公署或服公职之人,如公证推事、书记官、执达员、户籍官、邮差等在其职务范围内,依法定程式所制成之文书。私文书者,公文书以外之一切文书均属之。

b. 就其内容而言,得分创设文书、报告文书。此与文书之证据价值极有关系。创设文书亦称处分文书,系应证法律行为之重要部分,与该行为合为一体者。例如法院之裁判,行政官署之处分;他如契约、遗嘱、终止契约通知书等均属之。报告文书者,系报告某种事态之文书,例如官署之各种记录、户籍簿册、商业账簿等均是。

c. 原本、正本、缮本、节本之区别,详见前。

3. 文书之证据力

a. 真正之文书,始有证据力。其真伪之判断,于法律规定之限制下,依法院之自由心证。

(一) 公文书——公文书推定为真正(第三五五条一项)。公文书之真伪有可疑者,法院得请求做成名义之公署或公务员陈述其真伪(同条二项)。公文书应提出其原本,或经认证之缮本(第三五二条一项)。若法院命提出文书之原本,而当事人不从其命或不能提出者,法院依其自由心证断定该文书缮本之证据力(第三五三条)。

(二) 私文书——私文书应提出其原本。但仅因文书之效力或解释有争执者,得提出缮本(第三五二条)。

私文书应由举证人证其真正(第二五七条)。如采职权主义时,则由依文书内容为有利之一造,证其为真正。证明时,得利用各种方法,如笔迹或印迹之核对等。核对笔迹或印迹系勘验之工作,适用关于勘验之规定(第三五九条)。无适当之笔迹可供核对者,法院得指定文字,命该文书之做成名义人书写，以供核对。文书之做成名义人无正当理由不从其命者，准用第三四五条或第三四九条之规定。因供核对所书写之文字应附于笔录。其他供核对之文件不须发还者亦同（第五六〇条）。

但举证人证其真正，以他造就文书之真伪有争执时为限（第三五七条）。如无争执者，或文书出于彼之手而称不知者，视为自认其真正。私文书经本人或其代理人签名、画押、盖章或按指印或有法院或公证人之认证者，推定为真正（第三五八条）。

b. 文书之真正，既经认定之后，其效力如何，亦得分公文书与私文书论述。

（一）公文书——如系创设文书，有完全证据力，不许反证。如系报告文书（法院笔录、送达证书、户籍簿册等），就该证书所产生之事实，有完全证据力，但许他造当事人提出反证。就当事人之意思表示所做成之文书，如公证人证书、土地登记簿册等，就文书中记载之事项，有完全证据力，但许证明误写、误算或其他类似之显然错误。

（二）私文书——不问系创设文书或报告文书，就其所包括意思表示之表达，有完全证据力。至于其中记载意思表示表达之时日与地点，因系真正之文书，故事实上推定为真确，但当事人得以意思表示有瑕疵而主张撤销之。如文书无签名、盖章、指印，亦无官署之认证，其证据力，由法院衡情定之。

上述仅限于文书内容之证明。经证明后，究于以后法院所为裁判有何意义，乃属另一问题。

4. 程序之进行

a. 书证须当事人声明之，声明书证应提出文书为之（第三四一条）。关于一定之文书当事人有提出之义务者，法院得依职权命其提出。下列文书，当事人有提出之义务（第三四四条）。

（一）该当事人于准备书状内或言词辩论时曾经引用者。

（二）他造依法律规定得请求交付或阅览者。例如请求他分割人交付所保存关于共有物之证书，以备应用（《民法》第八二六条三项），或合伙人请求查阅合伙账簿（同法第六七五条）。

（三）为他造之利益而作者。例如继承人与受遗赠人间之诉讼，继承人所持有之遗嘱，亦为受遗赠人之利益而作，继承人有提出之义务。

（四）就当事人间法律关系所作者，其效果是否在发生、消灭或变更法律关系，均非所问。

（五）商业账簿。

b. 书证之声明及提出，因文书由举证人或他造或第三人或公署执有或保管而有不同。

（一）声明书证，举证人应提出文书为之（第三四一条）。

（二）声明书证系使用他造所执之文书者，应声请法院命他造提出（第三四二条一项）。他造提出文书之义务，辄规定于《民法》中，例如第二九六条、第六七五条、第七〇六条。其声请应表明左列各款事项（第三四二条二项）：

应命其提出之文书。

依该文书应证之事实。

文书之内容。

文书之他造所执之事由。

他造有提出文书义务之原因。

法院认应证之事实重要及举证人之声请正当者，应由裁定命他造提出文书（第三四三条）。

当事人他造无正当理由不从提出文书之命者，或因妨碍一造使用，故意将文书隐匿、毁坏或致不堪使用者，法院得认一造关于该文书之主张为正当(第三四五条、第三六二条)。

（三）声明书证系使用第三人所执之文书者，应声请法院命第三人提出或定由举证人提出之期间。其声请应表明第三四二条二项所列各款事项。文书为第三人所执之事由及第三人有提出义务之原因应释明之(第三四六条)。法院认应举证之事实重要且举证人之声请正当者，应以裁定命第三人提出文书或定由举证人提出文书之期间(第三四七条)。关于第三人提出文书之义务，准用第三四四条二款至四款之规定(第三四八条)。第三人无正当理由不从提出文书之命者，法院得以裁定科五十元以下之罚锾，于必要时，并得为强制处分。其裁定得为抗告，抗告中应停止执行(第三四九条)。

第三人得请求提出文书之费用。第三二三条二项至四项之规定，于此准用之(第三五一条)。

（四）公署保管或公务员执掌之文书，不问其有无提出之义务，法院得调取之(第三五○条)。

c. 调查书证，在受诉法院开言词辩论时为之，但亦得于受命推事、受托推事前调查之。

5. 提出之文书原本须发送者应将其缮本或节本附卷。其原本如疑为伪造或变造者，于诉讼未终结前，应由书记科保管之。但应交付他公署者，不在此限。

6. 关于书证之规定，于文书外之物件有与文书相同之效用者，准用之(第三六三条)。

D. 勘验

1. 概念——勘验者，推事以其五官直接就人或物之实验上品质予检验之谓。有时为求勘验准确起见，须有专门知识二人之协助，故必要时应使鉴定人到场参与(第三六五条)。有称书证及人证亦系勘验者，盖推事以其视觉察文书，以听觉察证言，非勘验而何？殊不知人证及书证，其目的非在使推事就文书及证人之实体上品质获得一直接之感觉，而在传达思想内容。至于推事所勘验者，系字之形（例如核对笔迹或印迹）或证人之音调及其供述之姿态，而非字形音调中所传示之思想或观念。故人证、书证之与勘验，究非一事也。

2. 勘验须有特定标的物，除物体外，人亦得为勘验之对象，例如查验是否有伤害或工作能力减少之程度是。

3. 声请勘验，应表明勘验之标的物及应勘验之事项。如其物为声请人执有可提出于法院者，并须提出之。如不能提出者（尤其不动产），则为容受勘验之准备，向法院陈述其旨即可。如为他造或第三人执有者，应声请法院命他造或第三人提出或命其容受勘验或声请法院定由举证人提出该物之期间（第三六七条、第三四一条、第三四二条一项、第三四六条一项）。当事人所表明勘验之事项，是否重要，由法院决之。

4. 关于书证之大部分规定，如第三四一条、第三四二条一项、第三四三条、第三四五条、第三四六条一项、第三四七条、第三四九条至第三五一条、第三五四条及第三六二条，于勘验准用之（第三六七条）。

第三四四条及第三四八条则无准用之文，可见凡受中国法权管辖之人，皆有提出勘验物及容受勘验之义务。此义务亦为公法上之一般义务，与为证人之义务同。

第十九章　诉讼程序之终结

第一节　诉讼程序终结之原因及效力

A. 原因——第一审程序，因法律上保护之目的已达或某种原因未

能达到而终结者,有下列数种原因:

1. 法院之行为,即终局判决。

2. 当事人之行为,包括诉之撤回、和解、诉之舍弃或认诺。

3. 他种事由,如当事人死亡(婚姻事件程序或亲子关系事件程序,因于一造当事人死亡,未遗有可继承之财产,本案诉讼视为终结。参见第五七六条、第五九二条)、诉讼标的之消失(以商号或商标权为诉讼标的,诉讼因于商号或商标之消灭或丧失而终结)及当事人之混同(尤其两公司之合并)。

B. 效力——第一审程序之终结,有时诉讼即因而终了。譬如诉经撤回或和解成立者,本案即告一最终段落(第二六三条、第三八〇条)。第一审程序终结后,不于上诉期间提起上诉者,诉讼亦因而终了。

第二节　诉之撤回

A. 概念及许可之场合

1. 概念——在诉或反诉中所请求之法律上保护,声明撤回。诉之撤回与舍弃有别。舍弃系放弃法律上主张,撤回系收回法律上保护之请求。故当事人为舍弃之表示者,法院应驳回其诉,就同一事件,不得更行起诉。诉经撤回者,诉讼系属因而消灭,无碍其就同一事件更行起诉也。

2. 许可之场合——诉之撤回,得及于诉讼标的之全部或一部,或及于共同诉讼人中一人。如被告已为本案之辩论者,撤回应得其同意(第二六二条)。当事人亦得在上诉审程序中撤回上诉。惟既经下级审之终局判决,于撤回后,自不得复提起同一之诉(第二六三条二项)。

B. 撤回之程序

1. 诉之撤回,须当事人为撤回之表示。共同诉讼人中一人为撤回之表示者,其效力仅及该人。从参加不得撤回受辅助当事人所提起之诉。

撤回之表示,须具一定方式,即以书状为之,但在言词辩论时,得以言词为之(第二六二条一项)。以言词表示撤回,应记载于笔录。如他造不在场,应将笔录送达(同条三项)。

2. 被告已为本案之言词辩论者,应得其同意(同条一项)。同意无一定之方式,亦得默示。本诉撤回后,反诉之撤回,不须得原告之同意(第二六四条)。

C. 效力——诉经撤回者,视同未起诉(第二六三条)。故已为之裁判,从参加,告知参加于更行起诉时,不生效力。且于更行起诉时,亦无由提出诉讼系属之抗辩。至于主参加及反诉,不因本诉撤回而失效力(同条一项)。

第三节　和　解

A. 概念及特质——此之和解,系指在法院成立之私法上和解,旨在废除在系属中之诉讼,故其特质如下:

1. 此系私法上和解,出于当事人之互相让步,以终止争执(《民法》第七三六条)。例如被告承认原告请求之一部,原告允负担诉讼费用是。

2. 但此之和解,究与私法上和解,不尽相同。此之和解于法院成立,其目的在废除在系属中诉讼,故其成立要件如下:

a. 须诉讼在系属中。因此和解与调解有别,调解之目的,则在防免诉讼之发生。

b. 须在法院成立。受诉法院,不问诉讼程度如何,如认有成立和解之望者,得于言词辩论时或使受命推事或受托推事,试行和解(第三七七条)。为使和解易于成立起见,得命当事人或法定代理人本人到场(第三七八条)。

于言词辩论时试行和解而成立者,应记载于言词辩论笔录。由受命推事或受托推事试行和解而成立者,应作和解笔录。笔录应送达于当事人(第三七九条)。

3. 和解之内容——就诉讼标的之全部或一部成立和解。其就诉讼外争执之权益,并合成立和解者,亦无不许之理。

B. 效力——和解成立者,当事人间,即应受其拘束,不得就该法律关系更行起诉(第三八〇条)。

C. 无效或撤销——和解非法院之裁判,自不能对之提起上诉抗告或声请再审。但和解有《民法》上无效及撤销之原因,或依《民诉法》主张未经合法成立,得向和解时该诉讼系属之法院声请续审。法院应就其主张之原因能否成立调查辩论。如其果成立,应以中间判决宣示其旨,就该事件继续审判,或径就该事件继续审判,而于终局判决理由中宣示其旨(二一年抗字第七〇九号判例)。否则应以判决之形式,驳回其声请(二二年声字第二七五号判例)。

第四节　终局判决

A. 终局判决之内容

1. 概述——第一审程序之终局判决,其内容大致不外两种:或驳回原告之诉,或赋予原告所请求之法律上保护。

2. 诉之驳回,可有两种原因:或因诉之不合法(absolutio ab instantia),此乃从形式上讲,或因诉之无理由(absolutio ab actione),此乃从实体上讲。

a. 因于不合法者,例如当事人姓名不详,或声明应受判决之事项不确定,或诉讼要件有欠缺。

b. 因于无理由者,例如理由与证据均不充分,或虽充分,经被告提出抗辩,而原告之主张,即不发生所期待之法律上效力。

上述两种驳回,颇有区别。第一种之驳回,不及于本案之实体,故原告得于补正形式上欠缺后,复提起同一之诉。第二种之驳回,指其实体上之请求不成立,故原告不得复提起同一之诉。

3. 予原告胜诉之判决

a. 原告获得胜诉,必以诉状内容无误,诉讼要件无欠缺,诉之理由充分。虽经被告提出抗辩,但因抗辩不成立或被反驳,故得始终维持其主张。

b. 此之判决,或令被告给付或确认原告之主张或使发生权利之变动。如仅诉之一部有理由,则其余部分应予驳回,判词应极确切。如系给付判决,应表明给付之标的,或系一定之金额,或系特定行为。至于诉讼费用之负担,仅作一概括判断即可,确实数额,不妨以后计算之。

c. 法院于例外情形中,得为有一定限制之给付判决:

(一) 被告提出契约不履行之抗辩成立时,法院得判令被告于受领对待给付时,为给付(《民法》第二六四条一项)。如原告有先为给付之义务者(同法同条二项),则于受领对待给付后为给付。

(二) 被告如为限定继承人,则判其于所继承遗产之限度内为给付。

(三) 判决所命之给付,其性质非长期间不能履行者,法院得于判决内定相当之履行期间(第三九六条一项)。例如给付大量木料,须砍伐运送,非即时能办,得由法院定相当之期间是。判决所命之给付,被告有事实上困难,不能即时履行者,经原告之同意后,法院得定分次履行之期间。但被告迟误一次履行者,其后之期间,视为亦已到期(同条二项),判决中所定分期履行办法,即当然取消,当事人得声请法院按被告应给付之全部债权为强制执行。

判决中所定履行期间,自判决确定或宣告假执行之判决送达于被告时起算(同条三项)。

　　B. 终局判决之获得及基础

　　1. 判决之获得,由于法律对于已发生事态之适用。推事之工作,得分三个方面:

　　a. 确定应适用之法律并断定其内容。其用意在认知,将为之判断有无法律上根据,并当事人所请求之效果应具备何种法定要件,始能发生。盖若当事人之请求,缺乏实体法上根据,例如原告请求确认动产抵押权之成立或被告提出实体法所不认可之抗辩,则不必审查其事实上陈述,径予驳回可也。

　　推事确定应适用法律时,尤须注意其应适用者系中国法律抑或外国法律。中美、中英新约已于三十二年一月十一日签订,并经双方政府批准,而生效力。则今后中国法院受理涉外案件,其数必增,推事对于应适用法律之选择,自应特别注意。至于应适用之本国法律,其制定是否合于宪法所定程序,亦须加以审查。盖推事执法,同受宪法之拘束。若违背宪法程序所制定之法律,自不应适用之。

　　b. 推事应就当事人所提出之具体事态,加以审查,以明其是否具有法律所定之抽象要件,而应使当事人所请求之效力发生。此之谓具体的法律上判断(Subsumtion)。若当事人所陈述之事态,并不具有法定要件,亦不必更审查其陈述是否真确,径予驳回其请求可也。

　　具体的法律上判断,其方法莫若论理学上之三段论法。大前提(praemissa maior)为抽象的法律规范,小前提(praemissa minor)为具体事态。任何种法律上效力,不问其系起诉方式、抗辩方式抑或反驳方式而主张者,若肯定其应发生,莫不须有意识的或无意识的经此三段论法。例如就借贷关系涉讼而为判断,其大前提为《民法》第四七四条,即当事人一方移转金钱之所有权于他方者,他方应负返还之义务。小前提为事实上之认定,即原告曾贷与被告法币一万元。其论断即被告应将一万元返还于原告。若被告不提出抗辩,经依同样之三段论法,承认其主张为成立而发生相反于原告所请求之法律上效果时,法院必将判令被告向原告为一万元之给付。至对于小前提有疑义时,例如关于"金钱"、"所有权移转"等概念发生疑问,亦得依三段论法认定其是否构成同条所包含之要件。

c. 推事应审查当事人事实上陈述。如有证明之必要时,审查其是否确切证明。此项工作,即证据调查及证据评判,上已述及,兹不赘。

最后,推事适用法律时,有其自由,不受当事人声明及意见之拘束。彼对于当事人之声明及陈述,有从各种可能法律观点予以审查之权责(amlhi factum, dabo tlbijus)。此于当事人仅为事实上陈述而不陈明法律上根据时,固应如是,例如甲之马为乙侵夺,甲诉请返还,此际法院应从《民法》第九六二条及第七六七条或其他可能法律观点,斟酌裁判,其在当事人陈明法律上根据时,亦应如此。例如甲依第九六二条请求返还其马。如已逾同法第九六三条所定之一年期限,而甲业已证明其马为其所有时,法院得依同法第七六七条判令乙返还之。此种见解,在德国甚为通行,于我国为必需。鉴于我国一般人士法律知识浅陋,设非由法院于不背其职权限度而协助正当权利人,不足以尽其保护私权之职责。

2. 推事为判决时,应斟酌当事人于言词辩论期日所陈述之各种事实。判决之基础,为在最后属于事实审的言词辩论期日所提出之事实,如系书状审理,则审理结束所存在之事实。故诉讼要件于该时具备为已足,起诉理由是否成立,亦以该时为准。若诉讼要件于起诉时具备,随后欠缺者,或起诉理由于起诉时为成立而在辩论终结时为不成立者,均将受不利之裁判。反之,如诉讼要件或起诉理由所根据之必要事态于诉讼进行中具备或发生者不得再驳回其诉。例如甲向乙赎典屋,甲未依《民法》第九二五条后段规定办理,乙不肯放赎,因而涉讼。甲不服原判提起上诉。若在第二审言词辩论终结时回溯计算,至甲起诉时,若已满六个月者,则应认甲之请求回赎为有理由。

C. 舍弃与认诺

1. 认诺

a. 概念——被告对于原告所请求诉讼标的之全部或一部,向法院为肯定之表示。不问诉讼程序达于何种程度,得随时为认诺。认诺之陈述,为判决之基础,法院应本于认诺,为该当事人败诉之判决(第三八四条)。

b. 标的——认诺之标的,系原告所提起之诉讼上请求及法律上主张。在给付之前,则系债的请求权;于确认之诉,则系法律关系之成立不成立、证书之真伪;在形成之诉,则系原告所主张之形成权。自法院之立场观之,则系三段论法之论断。如就小前提为承认系自认,实与认诺有别。

c. 许可之场合——认诺既为判决之基础,故仅得于采取不干涉主义之诉讼程序,即判决基础许由当事人提供者,始听当事人为认诺。故如人事诉讼程序兼采职权主义者,即不许有认诺(第五七○条、第五九○条、第六一一条、第六三五条)。认诺既为判决之本,则认诺之法律上效果,有背于现行法之规定者,例如就动产抵押权或土地债务为认诺,应不许可之。

d. 要件——认诺之表示,应向法院为之,或以言词(第三八四条),或以书状;仅限于被告得为之,从参加人不得为认诺。为认诺之被告,须有当事人能力、诉讼能力及诉讼权能。诉讼代理人须受有特别委任后,始得代当事人为认诺(第七○条)。特别代理人不得为认诺(第五一条三项)。认诺系向法院所为之单独意思表示,毋庸原告受领。

e. 效力——既经认诺,法院不得再就原告之陈述,为证据之调查,仅得就认诺之许可场合及一般诉讼要件,加以调查。如认诺为许可,应为被告败诉之判决,如为不许可或无效,应为中间判决,或在终局判决理由书中宣示其旨。

2. 舍弃——舍弃者,原告对于自己所请求诉讼标的之全部或一部,向法院为否定之陈述也。该陈述亦系单独的意思表示。原告为舍弃之表示后,法院即应本之为原告败诉之判决。舍弃与认诺,虽属相反,但亦极相类似。如上述关于标的、要件、效力等,实为两者所共通。仅于许可之场合,互有不同。认诺于离婚及婚姻撤销之诉为不许可,而舍弃则并无不可也。

D. 一造辩论判决

1. 概念——一造辩论判决者,言词辩论期日,当事人一造不到场,即依到场当事人之声请,由其一造辩论而为之判决也(第三八五条一项)。

2. 要件

a. 须言词辩论期日确定,而此言词辩论又系必要的。若为非必要的言词辩论,如和解、宣示裁判或调查证据之期日,或受命推事、受托推事前之期日,纵于该期日不到场,不得为一造辩论之判决。

b. 须当事人经合法传唤。

c. 事件点呼后迄期日之终止,当事人不到场或到场而不为辩论。

(一) 不到场者,不亲自到场,亦无诉讼代理人或法定代理人代理到场。如有从参加人或必要共同诉讼人到场,不得以不到场论。

(二) 到场而不为辩论者(第三八七条)。乃不就本案而为辩论也。如关于推事回避或期日变更之声请,均非本案辩论。

3. 效果——法院得依到场当事人之声请,由其一造辩论而为判决。如以前已为辩论或证据调查，或未到场人有准备书状之陈述者，法院为判决时，应斟酌之。未到场人以前声请之证据，其必要者，并应调查之（第三八五条二项）。是则未到场人不因其不到场而即受败诉之判决也。

当事人一造虽不到场，而有下列之情形者，法院应以裁定驳回到场当事人之声请，并延长辩论期日（第三八六条）：

（一）不到场之当事人，未于相当时期，受合法之传唤者。

（二）当事人之不到场，可认为系因天灾或其他不可避之事故者。

（三）到场之当事人于法院应依职权调查之事项（如诉讼要件等），不能为必要之证明者，或定期命其补正而不补正者。

（四）到场之当事人所提出之声明事实或证据，未于相当时期通知他造者（并参阅第二六七条）。声明或陈述，如诉之变更及反诉等，亦得在他造不在场时提出，若他造因事前未获通知，无由准备，于是而不为辩论者，不得即据以而为一造辩论判决。

4. 一造辩论判决与缺席判决有异。从概念上讲前者系通常判决而后者则非。故对于一造辩论判决不服，应依上诉程序为之，对于缺席判决不服，则得声明窒碍。从效果上讲，法院为一造辩论判决时，仍须依第三八五条二项而为必要之斟酌，故其判决不必对于不到场之当事人为不利。缺席判决，则对于缺席之一造，辄为不利。此尤于原告缺席为然。至于被告缺席，情形略有不同。被告缺席，视为对于原告事实上主张予以自认。如法院认为原告所提出之事实足以维持其声明者，即对被告为缺席判决。否则仍不得使原告胜诉，应以通常判决驳回之。如原告之起诉，于法定程式为不合者，应裁定驳回之，尤不待言。

第二十章　假执行

A. 概述

1. 目的——强制执行,须判决确定后,始得为之。但往往未确定前,已许执行者,自学理上言,固属例外,自实际上言,则已渐成惯例。判决犹未确定,而即予执行者,为假执行。(此名词来自日本,甚不妥适。盖假执行之实施,与强制执行无异,并非虚假之处,不过债权人因执行所得,仅系临时的,如以后判决债务人胜诉,债权人仍应以所得归还之。故不若称临时执行,于义较近,且于原来之德文名词"vorläufige Vollstreckung"亦予契合)。凡可得执行之判决,均得由原告(即债权人)声请假执行,有时法院得依职权宣告之。假执行制度之设,乃为抗衡被告所享有之上诉权者也。被告有时为拖延诉讼起见,再三上诉,历时数载,使原告不能得到满意;今使原告得声请假执行,虽诉讼未结,而暂时已得胜诉之实惠,不致因被告之拖延而蒙损失也。

虽然,假执行之价值,因第三九五条二项之规定,不免减少甚多。盖宣告假执行之本案判决,经上诉废弃或变更者,被告因假执行所受损害,得要求原告赔偿。是则原告为避免以后或然之赔偿计,往往不愿利用假执行之制度。

2. 适用范围——得宣告假执行者,以生自财产权诉讼之判决且以可得执行之给付判决为限。至于裁定,于宣示或送达后,即得执行,抗告无停止执行之效力(第四八八条一项)。

关于人事诉讼,以非财产权之诉讼,故其判决不许假执行(第三九〇条一项)。

B. 要件

1. 假执行之宣告或依职权或依声请为之；或无条件宣告之，或须原告提供担保始得宣告之（第三八九条、第四三九条二项）。

a. 依职权宣告假执行者，有下列各种情形：

（一）本于被告认诺所为之判决。

（二）命履行扶养义务之判决，但以起诉前最近六个月份及诉讼中履行期已到者为限。

（三）就第四〇二条二项诉讼所为被告败诉之判决。

（四）命清偿票据上债务之判决。

（五）所命给付之金额或价额，未逾一百元之判决。

（六）上诉不合法，法院定期间命其补正而不于期间内补正者。

如有上例（一）至（五）之情形者，法院应依职权宣告假执行，有（六）之情形者，得酌量情形宣告之。法律所以规定依职权宣告者，其理由不一。或因判决不致经上诉审弃废者，如上列之（一）；或因债权人之境况，对于债务人之给付，不及久待者，如（二）；或因诉讼标的微细，毋庸久待者如（三）及（五）；或因维持交易上安全，不容久待者如（三）和（四）；或因抵止债务人拖延者如（六）是。

b. 除上列（一）至（五）之各种情形外，均得由法院依声请宣告假执行（第三九〇条、第四五三条、第四五四条）。

但原告须释明在判决确定前不为执行，恐受难于抵偿或难于计算之损害（第三九〇条一项）。例如法院判决被告不得侵害原告之商号商标，若不即为执行，原告将后之损失，将难于抵偿或难于计算。他如关于著作权、专利权而涉讼者，亦常有此情形。

原告陈明在执行前可供担保而声请宣告假执行者，虽无上述之释明，法院应定相当之担保额，宣告供担保后得为假执行（同条二项）。

c. 依职权宣告假执行时，不得附条件。依声请宣告假执行时，法院认为适当时，得不待被告之声请，宣告非经原告预供担保，不得为假执行（第三九二条），故以供担保为宣告假执行之条件。

2. 被告得为其自身利益，阻却或限制假执行之宣告。

a. 被告释明因假执行恐受不能恢复之损害者，则纵有第三八九条之情形，或原告纵提供担保声请假执行，亦不得为假执行之宣告（第三九一条）。

b. 被告得声请法院命原告预供担保而为假执行之宣告。

c. 被告得声请预供担保或将请求之标的物提存，以免假执行（第三九二条）。

C. 程序之进行

1. 假执行之宣告，原则上须经言词辩论为之，就第三九三条一项推论，可得而知。但有第四三九条二项之情形时，得不经言词辩论。

2. 债务人因债权人声请假执行而欲请求免为执行者，亦须于言词辩论终结前为之。关于假执行之裁判，应记载于判决主文，如有遗漏，法院应依声请以判决补充之（第三九四条、第二三三条一项）。

3. 假执行之宣告，原则上以判决行之。有第三九四条及第四五二条之情形者，以部分判决行之。有第四三九条二项及第四五三条之情形者，则以裁定行之。

4. 第一审法院关于假执行之裁判，得为上诉（或附带上诉）（第四五二条）。担保额之增减，亦得为上诉之理由。第二审法院关于假执行之裁判，不得声明不服（第四五条）。

D. 效力

1. 假执行宣告后，即可根据本案判决立时声明实施执行，与本于已确定之判决为强制执行者同，债权人实受债之清偿，非债务人提供担保可得免其义务者也(二一年抗字第四九九号判例)。但其受清偿,仅系暂时的,若经上诉,债务人胜诉时,应将执行所得归还之。

2. 上述假执行之效力,有两种例外:

a. 假执行之实施,不得及于合伙人之股份。《民法》第六八五条称得就合伙人之股份为扣押者,应解为须本于确定判决而为之扣押。盖扣押之通知有声明退伙之效力。设使仅因假执行而扣押其股份,不但影响于该合伙人之利益甚大,抑且使合伙关系有陷于复杂之可能。

b. 法院判令被告为一定之意思表示,例如会同原告,依《土地法》第五六条声请登记,则判决确定时,视为已为其意思表示(《强制执行法》第一三〇条)。原告得以判决书正本提出于地政机关,请求登记。该判决书即等于被告应为之意思表示。既称判决确定,则确定前不得实施执行。

3. 假执行之宣告,因就本案判决或该宣告有废弃或变更之判决,自该判决宣示时起,于其废弃或变更之范围内,失其效力(第三九五条一项)。

E. 宣告假执行之本案判决被废弃或变更者,原告对被告负返还及赔偿义务(同条二项)。赔偿之内容,包括被告因假执行或因免假执行所为给付及所受损害。原告对于被告提出之赔偿请求权,得依《民法》规定,例如第二一七条,提出抗辩。

被告行使损害赔偿请求权,或在诉讼系属中,或采取独立起诉之方式,均无不可,其准驳以判决行之。此赔偿请求之法律上原因,虽非由于原告之不法行为,但一般仍以为应与侵权行为等视,即其消灭时效适用《民法》第一九七条。

被告有上述返还给付及损害赔偿之请求权,乃本于宣告假执行之本案判决被废弃或变更。若仅假执行之宣告被废弃或变更者,须俟以后法院就本案判决为废弃或变更之判决时,始得依被告之声明,于其判决内命原告返还给付及赔偿损害(同条三项)。

宣告假执行之判决确定后,原告因假执行所受限制,全归消灭,彼得请求担保物之返还。

第二十一章　简易诉讼程序

第一节　诉讼程序

A. 概述——简易诉讼程序,采独任制(第四〇八条一项),并非一独特之诉讼程序,仍系第一审程序,惟略加变化而已(同条二项)。其变化之原因,或在于诉讼标的轻微,或在于案件性质之急迫,故有使累重之第一审程序简易化之必要,以节劳费而速结讼案。

B. 分述

1. 除第四〇九条一项但书所规定毋须经调解之事件及同条二项所规定经调解不成立而未过一年之事件外,其他规定于第四〇二条之事件,须行强制调解。于调解不成立后,始得起诉。但若调解不成立而法院命即为诉讼之辩论者(第四一九条一项),毋庸起诉。

2. 为简省手续速结讼案起见,法律特为如下之规定:

a. 起诉及其他期日外之声明或陈述,概得以言词为之(第四二六条),但须由书记官做成笔录(第四二九条)。当事人两造且得于法院通常开庭之日,不经传唤自行到场,为诉讼之言词辩论(第四三〇条)。

b. 准备书状并非必要。但若他造非有准备不能陈述者,应于期日前提出之,并得直接通知他造。其以言词为陈述者,由法院书记官做成笔录,送达于他造(第四二九条)。

c. 就审期间,缩短为五日(第四二七条二项)。有急迫情形者,得不受此期间之限制。

3. 关于判决书,得仅记载事实及理由之要领(第四三二条)。

第二节　调解程序

A. 概念与本质——在地方法院或他调解机关如县乡镇场调解委员会、劳资争议调解委员会为促成和解所行之程序。调解程序规定在民诉法中,故系民事诉讼程序之一种。总则各条规定,于此准用之。但调解程序究与诉讼程序有别,其辩论并非术语所称言词辩论,调解之进行,亦非本案辩论。调解程序得不公开行之(第四一五条),调解不发生系属之效力,故调解程序无提出反诉之余地,舍弃、认诺及自认均不发生法律所规定之效力,仅得于嗣后进入诉讼程序时,作为证明情况而已。

B. 必要

1. 有第四○二条所规定之情形者,起诉前应经法院调解(第四○九条一项)。当事人径行起诉者,经他造抗辩后,视其起诉为调解之声请(第四二五条)。第四○二条所规定之情形,得分为三类:

a. 关于财产权之诉讼,其标的之金额或价额在八百元以下者(同条一项)。诉讼之标的非系一定金额者,则其价额几何,须要计算,由法院核定之(第四○四条一项)。核定之方法如下:

(一) 核定诉讼标的之价额,以起诉时之交易价额为准,无交易价额者,以原告就诉讼标的所有之利益为准(同条二项)。

(二) 以一诉主张数项标的者,其价额合并计算之(第四○五条一项)。诉之合并以合法者为限,得予合并计算。至于附带之请求,如利息、孳息、损害赔偿、违约金或其他费用,不并算其价额(同条二项)。

以一诉主张之数项标的互相竞合,或应为选择者,诉讼标的之价额,应依其中价额最高者定之(第四〇六条)。

(三)原告应负担之对待给付,不得以诉讼标的之价额中扣除。原告并求确定对待给付数额者,其诉讼标的之价额,应依给付中价额最高者定之(第四〇七条)。

(四)如有《民诉费用法》第四条至第十一条之情形者,法院应以该法所规定者,核定其价额。

因诉之变更,致诉讼标的之金额或价额逾八百元者,除经当事人合意外,其辩论及裁判,不得依简易程序之规定追加之。新诉或反诉,其诉讼标的之金额或价额逾八百元而以原诉与之合并辩论及裁判者,亦同(第四三三条)。

b. 左列各款诉讼,不问其标的金额或价额,适用简易程序,应先经调解(第四〇二条二项):

(一)出租人与承租人间因接收房屋或迁让、使用、修缮,或因留置承租人之家具物品涉讼者。所谓因迁让而涉讼者,乃指出租人与承租人间,因迁让房屋时生有纠葛,以致涉讼者而言。若就租赁有所争执,即应否解除租约迁让房屋之讼争,不得谓之因迁让而涉讼(一八年抗字第七九六号判例)。

(二)雇用人与受雇人间,因雇佣契约涉讼,其雇佣期间在一年以下者。

(三)旅客与旅馆主人、饮食店主人或运送人间因食宿、运送费或因寄存行李、财物涉讼者。

(四)因请求保护占有涉讼者。

(五)因定不动产之界线或设置坐标涉讼者。

c. 不合于第四〇二条一项、二项规定之诉讼,得为当事人之合意,适用简易程序(同条三项)。

2. 在例外情形中,虽有第四〇二条一项及二项所定之诉讼,毋庸先经调解(第四〇九条)。

a. 为标的之法律关系,曾在法令所定之其他调解机关调解而未成立者。

b. 因票据涉讼者。

c. 系提出反诉者。调解程序中,无提起反诉之可能。此显指嗣后诉讼程序中之反诉。盖既已入于诉讼阶段之事件,不宜再使回归调解程序。

d. 送达于被告之传票,应于外国送达或为公示送达者。

e. 依法律关系之性质,当事人之状况或其他情事可认为调解显无成立之望者。

f. 在法院或其他调解机关调解不成立,自调解程序之最后期日起计算,于一年期间起诉者。如于一年后起诉,应再经调解。

3. 如事件应经调解而法院竟依声请指定诉讼之辩论期日者,其所为裁判,仍属有效,不得仅以未经调解而为上诉之理由。如有上述例外情形,当事人声请调解者,法院应以裁定驳回之。此项裁定不得声明不服(第四一一条二项)。若法院竟予指定调解期日者,他造当事人得提出异议。

C. 程序之进行

1. 调解依当事人之声请行之(第四一〇条一项)。起诉不合于第四〇九条之规定者,视为调解之声请(第四二四条)。债务人对于支付命令于合法时期提出异议者,支付命令失其效力,以债务人支付命令之声请,视为声请调解(第五一五条一项)。

a. 调解之声请,应表明为调解标的之法律关系及争议之情形(第四一〇条二项)。其声请得以言词为之(第四二六条)。

b. 调解之声请,关于期间之遵守及时效之中断,与起诉有同一之效力,但无诉讼拘束力(即诉讼系属之效力)。如调解不成立而进入诉讼程序,则视为自声请时已经起诉(第四一九条二项)。易言之,诉讼视为于声请调解时已系属于法院。

c. 调解之声请,得随时撤回,毋庸他造同意。经撤回者,视为自始未声请调解。

2. 法院应先就调解声请之合法要件予以审查。如要件有欠缺,除得命补正者外,应以裁定驳回之。对于其裁定,得为抗告。如有第四〇九条一项但书各款所定情形之一而声请调解者,法院亦得以裁定驳回之。对于此种裁定,不得声明不服(第四一一条)。

3. 经审查而无疑义时,法院应速定调解期日,并将声请书状与期日之传票,一并送达于他造。第二五二条于调解期日之传票适用之(第四一二条)。调解期日之传票,应记载当事人务于期日携带所用证物及偕同所举证人到场(第四二八条)。传票之送达距调解期日之期间至少应有五日;若有急迫情形,尚可缩短(第四二七条)。

法院于必要时,得命当事人或法定代理人本人于调解期日到场,俾得促成调解之成立也。当事人无正当理由不于调解期日到场者,法院得以裁定科五十元以下之罚锾。其有代理人到场,而本人无正当理由不从法院令其到场之命者,亦同。此种裁定得为抗告,抗告中应停止执行(第四一四条)。

4. 调解期日之内容。

a. 就调解结果有利害关系之第三人,经法院之许可,得参加于调解程序。法院并得将事件通知之,命其参加(第四一七条)。

b. 当事人两造于期日到场,则行调解时,应审究事件关系及两造争议之所在,于必要时得调查证据(第四一八条)。但简易事件,宜于速结,故关于证人或鉴定人之传唤，得不送达传票，而依法院认为便宜之方法行之。但证人或鉴定人如不遵传到场，仍应送达传票（第四三一条一项）。

以通常诉讼程序，证人应亲自到场陈述。此际则为简省起见，亦得命其以书状为陈述，但以预料其陈述可信者为限（同条二项）。以书状为陈述者，仍应令证人或鉴定人具结，附于书状（同条三项）。

c. 当事人两造或一造于期日不到场者，法院酌量情形，得视为调解不成立或另定调解期日（第四二〇条）。他造未就调解事件为辩论，而就管辖提出异议者，应就该项异议先为裁判，一切准用关于管辖各条之规定（第四一〇条三项）。

d. 法院书记官应作调解程序笔录，记载调解之成立或不成立及期日之延展或诉讼之辩论开始。第二一二条至第一一九条之规定，于此种笔录准用之（第四二二条）。

D. 调解结果

1. 如调解成立，则记载于笔录，与诉讼上和解有同一之效力（第四二一条一项）。当事人得据以声请强制执行（《强制执行法》第四条三款）。

2. 如调解不成立，或请求法院书记官付与证明书（第四二一条二项），以便在一年内就同一事件径行起诉，而省调解程序（第四〇九条二项）；或法院依一造之声请，命即为诉讼之辩论，但他造如声请延展期日者，应许可之（第四一九条一项）。上述情形，视为调解之声请人自声请时，已经起诉（第四一九条二项）。

E.《民事调解法》，自《民诉法》施行之日起废止（《民事诉讼法施行法》第十四条）。

第三编　上诉审及抗告程序

第二十二章　概　述

第一节　概念及目的

A. 概念

1. 上诉及抗告为对于裁判声明不服之方法。当事人认为该裁判未曾或未完全赋予所请求之保护,故续行诉讼,希望经上级法院审核之后,对于不利而犹未确定之裁判,予以废弃。

2. 上诉及抗告之特质有三:

a. 停止效力,即上诉及抗告阻却裁判之确定(第三九七条一项),而使诉讼继续进行。故上诉或抗告与再审程序不同。再审之诉者,当事人对于已确定之判决,声明不服所提起之诉。更与恢复原状之诉有别,盖后者旨在废止迟误不变期间所生之效力(即裁判之确定),而不在求裁判之废弃。

上诉因阻却判决之确定,故同时有停止执行之效力。但业经宣告假执行者,不因上诉而停止执行。至于抗告,虽亦阻却裁定之确定,但除少数例外,无停止执行之效力(第四八八条)。

b. 移审效力。即上诉及抗告事件移至上级法院审判,故对于支付命令之异议,或对于假扣押、假处分之异议,仍由同法院受理,与上诉或抗告自有不同。

c. 正确之审核。即对于废弃之裁判,探究其是否正确,而为事物上之审核。故如上述各种异议，就此点论，亦与上诉或抗告不同。

　　3. 上诉有第二审（曩称控告审）上诉及第三审（曩称上告审）上诉之分别。抗告之外虽有再抗告，但两者性质并无不同。

　　a. 第二审之上诉，乃因对于第一审法院判决声明不服。其目的不仅在纠正下级法院之事实上及法律上错误，而更新审理，经当事人提出新攻击或防御方法之后，为一全新之裁判。

　　b. 第三审之上诉，乃因对于第二审判决声明不服。但提起第三审之上诉，非以判决违背法令为理由，不得为之（第四六四条）。当事人亦不得提出新攻击或防御方法。

　　c. 抗告系对于裁定声明不服之方法。对于抗告法院之裁定不服，而更提起抗告者称再抗告。

　　B. 目的——上诉及抗告制度之设，乃以人类之知识有限，且不能保其判断之必无错误，自不得不使有补正之机会，以贯彻国家维护私权之旨意。上级法院之推事，资历高深，所为裁判，自较妥适，不但增加人民对于司法之信仰，抑且可以启导下级法院，并以促进法律适用之统一也。

　　第二审法院之上诉，大概为顾全当事人之利益而设。第三审法院之上诉则同时亦为国家之利益而设。第三审法院之最大任务，莫如在求法律适用之统一，此所以第四六四条规定对于第二审判决上诉，非为其违背法令为理由，不得为之。但第三审法院仍不失为保护当事人利益之方法，与他法院同系真正之裁判所，故对于下级法院之判决得予废弃外，亦得自为判决（第四七六条）。

　　抗告之目的，乃在消除附带争点，以期上诉审程序简捷进行，并以减轻上诉审法院之负担。

第二节　得撤销或废弃之裁判

裁判得依上诉或抗告程序予以撤销或废弃者,以真正之裁判(不问其是否有效)为限。非裁判毋庸撤销或废弃,盖根本不生效力也,兹就非裁判、无效裁判及有效裁判,分述如后:

A. 非裁判(或称诉外裁判,Nichturteil)者,缺乏构成裁判之要件,故根本无裁判之物成立。下列情形,可资说明:

1. 非法院所为裁判系非裁判,例如行政官吏或行政机关所为之裁判,或推事不在执行职务时(如在宴席上)所为之裁判。但如法院无管辖权或其组织不合法,其所为裁判,仍系真正之裁判,不过得依上诉或抗告甚至再审程序予以废弃而已。

2. 判决未曾宣示者,其未经言词辩论之判决或未曾送达者,为非判决。裁定未经宣示或送达者,为非裁定。

3. 裁判无相当之内容,例如仅就讯问证人所为之裁判是。

4. 非就本案所为之裁判,例如就甲乙间之诉讼,而对于子丑为裁判,则就甲乙一案言,为非裁判,就子丑一案言,为无效判决。但如有第二三二条中之情形者,法院得随时裁定更正之。

非裁判实等于零,不发生任何效力,当事人亦不受拘束(一八年上字第二七六五号判例),毋庸依上诉或抗告方法废弃之。既非裁判,便无确定之可能。

B. 无效裁判者(nichtige Entscheidungen)仍系真正之裁判,构成裁判之要件均具备,但缺乏裁判应有之效力而已。无效裁判,虽无本案实体上确定之可能,但仍有一定之效力。专以无效判决而言,为该判决之法院,仍受其羁束,诉讼亦因而终结。胜诉之一造得要求败诉之一造偿还其所支出之诉讼费用,如不予废弃,亦可在形式上确定。但无效裁判之废弃，不必专以上诉抗告之方法，亦可不依再审程序，而得依第二四七条之规定，提起确认之诉，以确认其无效，于是就该事件，得更行起诉。下列各款情形，即系无效裁判：

1. 就案件无管辖权之法院所为之裁判，例如民庭受理刑事，或刑庭受理民事。又如法院中个别机构（审判长、受命推事、受托推事、书记官等）在违背职务管辖规定下所为之裁判。

2. 裁判所令发生之法律效果，就其种类而言为现行法所莫有者，例如判决确认动产抵押权之成立是。

3. 以事实上原因，裁判不发生相当于事物内容之效力，例如对于不存在或未取得人格或无从调查之当事人所为之实体判决。他如不确切或无法使确切之裁判、不能了解或理由矛盾之裁判、就不成立之婚姻宣告离婚之判决均属之。

C. 如系有效裁判，其废弃或撤销，仅有上诉或抗告之一道。判决以终局判决为限，始得提起上诉。对于中间判决原则上不得独立上诉，须俟将来对于终局判决提起上诉时，连同声明不服。关于诉讼费之裁判，非对于本案裁判有上诉时，不得声明不服（第八八条）。裁定除于诉讼程序进行中所为者外，均得为独立抗告。

第三节　合法及理由

A. 合法及理由之相互关系——上诉或抗告欲期成功，必须合法并有理由，程式之合法应先于理由之陈述而审查之。如不合法，即应以裁定驳回之，毋庸再审查其理由是否成立也（第四三九条）。

B. 上诉或抗告是否合法，应依职权审查之，下列数点，尤须查明：

1. 是否对于可得上诉或抗告之裁判而提起上诉或抗告。如法律规定不得独立提起上诉或抗告而竟独立提起之，或规定不得上诉抗告而为上诉抗告,是为不合法。判决如公示催告程序之除权判决及宣告死亡之判决,不得上诉(第五四七条、第六二一条)。

2. 是否合乎法定程式或逾上诉期间或当事人已经舍弃其上诉权(第四三六条)。

3. 第三审法院之上诉,其上诉所得受之利益,是否逾一定之金额或价额(第四六三条)。

C. 理由是否成立,应就上诉人或抗告人之主张,根据上诉法院或抗告法院于最后言词辩论期日之事实及法律状告审查之。如其无理由,应予驳回,下级法院之错误或过失,不必为上诉或抗告必备之理由,且亦非充分之理由。

第二十三章　第二审程序

第一节　上诉之提起及撤回

A. 上诉之提起

1. 概述——对于可得上诉之判决,均得提起上诉。当事人之一造称上诉人,他造称被上诉人。上诉人须系第一审程序之当事人。如其当事人实质上资格,为第一审法院所否认者,仍不失为形式上之当事人,对于该判决,得提起上诉。共同诉讼人中一人提起上诉者,上诉关系仅发生于该人及他造之间。除非诉讼标的须合一确定者,则上诉关系亦及于他共同诉讼人(第五六条一项)。从参加人亦得提起上诉,但须不背当事人本人之意思。上诉仅对抗他造当事人,而不得对抗从参加人。共同诉讼人间(二○年上字第一八三四号判例)或当事人与其从参加人间,均不得相互提起上诉。至于上诉所得受之利益,并无金额或价额上限制。

2. 程式与时间——提起上诉,应以上诉状表明下列各款事项(第四三八条):

a. 当事人及法定代理人。

b. 第一审判决及对于该判决上诉之陈述。

c. 对于第一审判决不服之程度及应如何废弃或变更之声明。

上诉状内宜记载新事实及证据,并其他准备言词辩论之事项。上诉状应提出于原第一审法院,旧法规定亦得向上诉审法院提出。其向上诉审法院提出者,上诉是否逾上诉期间、是否许可,必须调取原审卷宗,致原判决不能执行,故现行法规定上诉状只得向原审法院提出之。

提起上诉于判决宣示后、尚未送达前,仍有效力(第四三七条但书)。于诉讼程序停止期间,不得提起之。如逾上诉期间或上诉权业经舍弃者,根本无上诉之可能。上诉期间为廿日之不变期间,于第一审判决送达时算起。上诉权之舍弃,系单独之意思表示,得于第一审判决宣示或送达后为之(第四三六条一项)。如以言词为舍弃者,应记载于言词辩论笔录。如他造不在场,应将笔录送达(同条二项)。舍弃于他造同意后得撤回之,但须判决尚未确定始得撤回。

3. 附带上诉——如两造均一部败诉,或诉与反诉均被驳回,各当事人得独立提起上诉,法院亦得分别予以裁判。此外当事人得附带上诉,即被上诉人在未终结之上诉程序中,亦声请对于原判决为不利之变更(第四五七条一项)。既称附带上诉,故非独立的。如上诉经撤回或因不合法而被驳回者,附带上诉,失其效力(第四五八条)。但附带上诉备上诉之要件者,尤其在上诉期间内提起者,视为独立之上诉(同条但书),不因上诉之撤回或被驳回而失其效力。

附带上诉成立之要件:(一) 须对于得上诉之判决而附带上诉。(二) 须被上诉人对于上诉人提起。在通常之共同诉讼,其共同诉讼人中之一人,虽提起上诉,然其效力不及于其他之共同诉讼人,故对于未提起上诉之人,不得提起附带上诉(二三年上字第一三七五号判例)。(三)须上诉未经驳回,或上诉之言词辩论犹未终结。除此之外,别无要件。虽被上诉人之上诉期间已满或曾舍弃上诉权或已撤回上诉,仍得提起附带上诉(第四五七条二项)。他若诉讼费用裁判之废弃,以及诉之变更追加或提起上诉,亦得以附带上诉之方式为之(同条三项)。

附带上诉得以言词为之。如他造不在场,应将言词辩论笔录送达于他造。

B. 上诉之撤回——上诉经撤回者,如未逾上诉期间,得更行上诉,故与上诉权之舍弃不同。附带上诉撤回后,亦得更行附带上诉,故与附带上诉权之舍弃有别。在上诉程序进行中、终局判决前,仍得为上诉之撤回,但被上诉人已为附带上诉者,应得其同意(第四五六条一项)。既经撤回,即丧失其上诉权(同条二项)。

撤回上诉之实施与诉之撤回同,准用第二六二条二项及三项之规定(同条三项)。

上诉经撤回者,上诉之诉讼费用并包括附带上诉之费用,由上诉人负担之。

第二节　程序之进行

A. 上诉合法与否之审查——上诉状提出后,原第一审法院即应审查上诉是否已逾上诉期间或是否对于不得上诉之判决而上诉。此外,上诉以不服原审之裁判为限。若因判决书内关于事实之叙述未能满意,提起上诉或附带上诉应认为不合法,径予驳回(二三年上字第九三八号判例)。如上诉合法,第一审法院书记官应速将上诉状送达被上诉人(第四四〇条一项)。各当事人均提起上诉,或其他各当事人之上诉期间已满后(如他共同诉讼人逾限而未提起上诉),第一审法院书记官即应速将诉讼卷宗连同上诉状及被上诉人提出之书状,并命当事人补正及宣告假执行之裁定,送交第二审法院(同条二项)。应送交之卷宗,为第一审法院所需用,例如经宣告假执行者,则执行所依据之判决书,应自备缮本或节本(同条三项)。

第二审法院收受卷宗后,即应更为调查,如上诉不合程式,或已逾期间或法律上不应准许者,应以裁定驳回之。但其情形可以补正者,审判长应定期间先命补正。如已经原第一审法院命其补正而未补正者,自毋庸更命补正矣(第四四一条)。

当事人对于驳回之裁定,得向第二审法院为抗告,但以本案得上诉于第三审法院者为限。

如上诉之提起,并无不合程式及其他不合法情事,应即指定言词辩论期日,向两造为传票之送达。

B. 辩论——第二审法院应依声请就关于假执行之上诉先为辩论及裁判(第四五二条)。如第二审法院判决变更或废弃该假执行之宣告,自该判决宣示时起,于其废弃或变更之范围内,失其效力(第三九五条一项)。

本案之言词辩论及裁判之目标,应依上诉声明之范围(第四四二条一项)。第二审程序仍许有诉之变更追加或提起反诉,惟须经他造同意(第四四三条一项)。被上诉人于诉之变更或追加无异议而为本案之言词辩论者,视为同意变更或追加。上诉人于反诉之提起无异议而为本案之言词辩论者,亦视为同意(同条二项、第二五五条二项)。

上诉声明之范围,或就原判决全部或其一部声明不服。其未声明不服之部分,应认为确定。就该部分如有新证据,在他条件具备下,仅得提起再审之诉,而不得提出于第二审。

就上诉声明之范围内,举行新的言词辩论。此言词辩论系第一审程序之续行,故当事人得提出新攻击或防御方法(ius novorum)。在第一审就事实或证据所未为之陈述得追复之(第四四四条)。但在第一审法院或当事人所为之诉讼行为,于第二审仍生效力(第四四五条)。例如对于诉讼程序之规定,并无异议,而为本案辩论者,第二审法院不得许其于第二审再提出异议(第一九七条一项)。是则在第一审当事人所为之本案辩论,第二审法院受其拘束。又如当事人在第一审所为之认诺及舍弃,亦有拘束第二审法院之效力。至于在一审时,法院所为之诉讼行为如证据之调查,第二审法院认为无更行调查之必要者,仍为有效。

为贯彻民诉法所采直接审理主义起见,在第二审法院,当事人应叙述第一审言词辩论之结果。但审判长得令庭员或书记官朗读第一审判决笔录或其他卷内文书代之(第四四二条二项)。

上诉之提起,法院认为系出于当事人延滞诉讼之意图者,依被上诉人之声请,应以裁定就第一审判决宣告假执行(第四五三条二项)。此之裁定,不得声明不服(第四五五条)。其逾时始行提出攻击或防御方法,可认为系意图延滞诉讼者,亦同(第四五三条二项)。

第一审判决未宣告假执行或宣告附条件之假执行者,其未经声明不服之部分,第二审法院应依当事人在言词辩论时之声请,以裁定宣告假执行(同条一项)。

第三节　裁　判

上诉得因不合法或无理由而遭法院之驳回。以裁定驳回者(第四三九条、第四四一条),以为裁定时之事实状态为依据。以判决驳回者,以言词辩论时之事实状态为依据。故原判决依其理由虽属不当,而依新事态所产生之他理由认为正当者,应以上诉为无理由(第四四六条二项)。

如上诉为无理由，应维持原判；如之理由成立，则原判废弃。第二审法院应于上诉声明之范围内为变更原判决之判决（第四四七条）。如被上诉人未依附带上诉之方法声明变更原判决者，不得为不利于上诉人之变更（reformatio in peius）。故上诉人除其上诉被驳回外，不致受较原判更不利之判决。例如原告所请求之租屋迁让及积欠租金清偿，仅关于租金清偿部分获胜，乃对于迁屋部分，提起上诉。第二审法院仅得限于此部分为准驳之裁判，而不得更将原判决有利于原告之部分废弃。反之，如被告对于租金清偿部分，提起上诉，第二审法院亦仅得于此部分为裁判，而不得更判令其迁让，加重其负担，但有一例外情形。如原判决之诉讼要件有欠缺或诉讼程序有重大之瑕疵，纵当事人于第一审一部胜诉，第二审法院依职权调查认定后，仍得将原判决全部废弃（第四四八条三项）。

第二审法院，亦得不为变更原判决之判决，而判决将事件发回原法院（第四四八条一项）或移送于他法院（第四四九条）。此之判决，得不经言词辩论为之（第四五〇条）。当事人有不服者，得向第二审法院提起上诉。

有第四四九条之情形者，第二审法院不得自为判决，而应将事件移送于管辖法院。有第四四八条之情形者，第二审法院酌量情形，将事件发回原法院，故非强制其必发回也。所谓诉讼程序有重大之瑕疵者，乃指瑕疵足影响以其辩论为基础之原判决者而言，例如依法律或裁判应回避之推事参与裁判者，则因诉讼法之违背，而影响及于本案实体上之裁判，但有下列情形者，得不发回，而自为判决：

1. 非因维持审级制度所必要者（第四四八条一项），即纵有重大瑕疵，而已就实体上为裁判者，则已经过第一审可自为判决矣。故上例应回避之推事，为实体上之裁判者，不必发回。但其仅就诉讼程序之某一问题，因两造之争执而为判决时，应发回原法院，使其就本案之实体为裁判,此为维持审级制度所必要者也。

2. 当事人两造之意愿由第二审法院为裁判者(同条二项),则不问原判决是否已就事件之实体为裁判,应自为判决。

第四节　卷宗之送交与规定之准用

上诉因判决之终结者,第二审法院书记官应于判决确定后,速将判决正本附入卷宗,送交第一审法院,以便执行。上诉之非因判决而终结者,亦同(第四五九条)。

关于通常诉讼程序之规定,除法律就第二审程序有特别规定外,于此准用之(第四六〇条)。

第二十四章　第三审程序

第一节　上诉之提起及撤回

A. 上诉之提起

1. 许可之场合——对于第二审之终局判决,得上诉于管辖第三审之法院(第四六一条)。对于中间判决,仅得随终局判决,提起上诉。诉讼费用之裁判,亦非对于本案裁判有上诉时,不得声明不服(第八八条)。有下列之情形者,不得向第三审法院提起上诉。

a. 第二审法院关于假执行之裁判(第四五五条)。

b. 对于第一审判决或其一部未经向第二审法院提起上诉或附带上诉者,当事人对于维持该判决之第二审判决,不得上诉(第四六二条)。盖既未提起上诉,又未附带上诉,则对于第一审之判决或其一部,显然无不服之意思。兹者第二审判决维持原判,则此种判决与第一审之原判同。前此对于第一审判决,既无不服之意思,自不许其对于维持原判之第二审判决,忽又表示不服。

c. 对于财产权上诉之第二审判决,如因上诉所得受之利益不逾五百元者(第四六三条一项,兹以物价高涨,已由司法行政部以命令增至一万元)。但此额数,得因地方情形,以司法行政最高官署命令减为三百元或增至一千元(同条二项,现各省经济情形不同,亦已由司法行政部就个别省份,由一万元的量为不同之减低矣)。其额数之计算,准用第四〇四条至第四〇七条之规定(同条三项)。其中第四〇四条二项为核定诉讼标的之价额,以起诉时之交易价额为准,故不得因一二两审按照先年买契所载价额不足法定数额,遽为驳回上诉之裁定(廿八年院字第一八九〇号解释)。《德国民诉法》规定如诉讼事件不属普通法院之权限者,或不应向第二审法院提起上诉者,纵上诉所得受之利益不达法定额数,仍得向最高法院提起上诉(德《民诉法》第五四七条一款)。此种规定,不无参考价值。

2. 当事人两造仍称上诉人与被上诉人。

3. 对于第二审判决上诉,应以其违背法令为理由(第四六四条至第四六六条)。

a. 既称法令,故包括法律与命令在内,乃均指中央之法律命令而言。至于地方制定之法规、地方习惯、社团章程等不属之。外国之现行法,就其存在及内容之调查而言,固视为事实,得为举证之对象,则适用时如有违背情事,亦得为第三审上诉之理由。

b. 判决不适用法规或适用不当者,为违背法令(第四六五条)。

(一)应适用法规之抽象事态或其时地之限制,未曾正确认识,因此以诉讼资料及诉讼过程与不适当之法规相合,结果该法规之适用不当,而应适用之法规则未见适用。

(二)应适用法规之抽象事态,虽经正确认识,但于本案是否存在或不存在,其认定为不当,于是亦发生不适用法规及适用不当情事。此之情形,乃指法院就诉讼资料之具体判断或评价即小前提之认定有瑕疵。例如当事人之行为是否有背公序良俗、诚实信用,或是否有故意、过失、错误、胁迫、终止契约之重大理由等之情事,当事人所合意者系何种契约,或原告与系争标的间系所有权关系抑或他种法律关系。至对于当事人之意思表示为不适当之解释亦属之。有此表示之行为,固系事实之认定,但其意思表示含义之确定与事实之评价,同为法律之适用,得为上诉第三审法院之理由。

上诉虽仅得以违背法令为理由,但其违背法令须系判决之基因始可,即无违背法令情事,即无该判决。若实体法被违背,固无疑问,如程序法被违背,则是否程序无瑕疵,即必不致有该判决,颇难断言,此所以有第四六六条之规定。即有左列各款情形之一者,其判决当然为违背法令:

（Ⅰ）判决法院之组织不合法者。

（Ⅱ）依法律或裁判应回避之推事参与裁判者。

（Ⅲ）法院于权限之有无,辨别不当,或违背专属管辖之规定者。

（Ⅳ）当事人于诉讼未经合法代理者。

（Ⅴ）违背言词辩论公开之规定者。

（Ⅵ）判决不备理由,或理由矛盾者。

4. 提起上诉之程式,时间与内容——提起上诉,应以上诉状提出于原第二审法院(第四六七条一项),并应于第二审法院裁判送达后二十日之不变期间内为之(第四七八条、第四三七条)。

上诉状内应记载下列各款事项:

a. 当事人及法定代理人。

b. 第二审判决及对于该判决上诉之陈述。

c. 对于第二审判决不服之程度及应如何废弃之及变更之声明。

d. 因上诉所得受之利益(第四六七条三项)。

e. 上诉理由,并添具关于上诉理由之必要证据(同条二项)。其未表明理由者,应于提起上诉后十五日内提出理由书于原第二审法院。其未提出者,原第二审法院及第三审法院,均毋庸命其补正(第四六八条一项)。上诉人仍得于第三审法院未判决前提出之,并提出追加书状(第四六九条一项),否则应认其上诉为不合程式,以裁定驳回之。

被上诉人得于上诉状或理由书送达后十五日内提出答辩状于原第二审法院(第四六八条二项)。如不提出,亦得于第三审法院未判决前提出之,并提出追加书状(第四六九条一项)。

第二审法院书记官于法院收到答辩状后,或上诉状、上诉理由书送达后逾十五日者,应将诉讼卷宗送交于第三审法院(第四六八条三项)。

5. 附带上诉在第三审程序为不许可(第四七〇条二项)。

B. 上诉之撤回——上诉之撤回与第二审程序时之撤回同。

第二节 程序之进行

上诉合法与否,于上诉状提出后,原第二审法院应即审查之,即上诉是否合于程式、有无逾上诉期间、法律上应否准许等,均在审查之列。如认为不合法,除可以补正者得命补正外,应以裁定驳回之,否则由原第二审法院书记官将诉讼卷宗送交于第三审法院。

第三审程序采书状审理主义。盖第三审法院之职责,既在审判第二审法院判决有无违背法令情事,而不调查事实,故原则上不采用言词辩论,但法院认为必要时,仍得令开言词辩论(第四七一条)。

第三审程序,不得提出新攻击及防御方法。第二审判决所确定之事实,为最后之认定,第三审法院应以第二审判决确定之事实为判决基础(第四七三条一项)。但以违背诉讼程序之规定为上诉理由时,所举违背之事实(例如法院组织不合法),及以违背法令确定事实为上诉理由时(例如第二审法院搜集证据、确定事实之方法违背法令),所举之该事实,第三审法院得斟酌之(同条一项),于必要时并得调查之。此外,新事实有关于第三审程序之进行或第三审程序之合法要件者,亦得提出之。例如当事人一造已于第二审法院为认诺或舍弃之陈述,而法院未为该当事人败诉之判决者,上诉人得提出他造认诺或舍弃之事实。又如,当事人已舍弃其上诉权而仍提起上诉者,得提出舍弃之事实。

上诉之声明,不得变更或扩张之(第四七〇条一项)。

第三节　裁　判

上诉不合法者,应为驳回之裁定。如上诉为合法,应调查其理由,其调查以上诉声明之范围为限(第四七二条一项)。如上诉状中未声明者,不得为调查,亦不得就之为裁判。但因违背诉讼程序之规定,而原判遭废弃者,其违背之诉讼程序部分,虽未在上诉声明范围内,视为亦经废弃(第四七四条二项)。

第二审法院有无违背法令情事,上诉人固得提出理由,但法院调查时不受其拘束(第四七二条二项)。故上诉所提出理由虽难成立,而以他理由,应认为有违背法令情事者,亦应废弃原判(judicium rescindens)。

如法院认为原判决并未违背法令,应为驳回之判决,否则应废弃原判决(第四七四条一项)。废弃后,应将该事件发回原第二审法院。若有他种原因,不能发回者,则发交其他同级法院更审(第四七五条一项)。有时原第二审判决维持原第一审判决,而此判决系违背专属管辖者,则应发交第一审管辖法院;如有诉讼程序上重大瑕疵,而有维持审级制度之必要者,应发回第一审法院更为审判。

为发回或发交之判决者,第三审法院书记官应速将判决正本附入卷宗送交受发回或发交之法院(第四七七条)。

受发回或发交之法院应更为审判。其适用之程序完全为第二审(或第一审)之程序,与第二审(或第一审)未为辩论终结时同,惟应以第三审法院为废弃理由之法律上判断为其判决之基础(第四七五条二项)。更审时,当事人得提出新攻击或防御方法,则事实之认定,不免异于前项之判决,自无由遵奉第三审法院所为之法律上判断矣。对于其判决仍不服者,复得提起上诉。第三审法院不受其初次判决之拘束。

在例外情形中,第三审法院,亦得自为判决(第四七六条):(一)如事实已合法认定,仅因其不适用法规或适用不当,将原判决废弃,而其事件已可裁判,则既无须调查事实,得自为判决。(二)因事件不属普通法院之权限者,于废弃原判决后,亦应自为无管辖权之判决。盖普通法院既无管辖权,发回或发交,实属毫无意义。(三)提起于第二审法院之上诉不合法者,如发回第二审法院,仍不能更为审判,应即为驳回原第二审法院上诉之判决。此第三点虽未经法律规定,实属当然之解释。

第四节　规定之准用

关于第二审程序之规定(亦包括通常诉讼程序之规定),除法律就第三审程序别有规定外,于此准用之(第四七八条)。

第二十五章　抗告程序

第一节　概念及合法之要件

A.概念——抗告者,乃对于未确定之裁定独立声明不服之方法。上诉虽亦系独立声明不服之方法,但适用于判决,此其与抗告有别。至于对于除权判决所附之限制或保留,得为抗告(第五五〇条)系仅有之例外。法院于判决前所为之裁定,有牵涉本案终局判决者,则可随该判决同受上诉法院之审判(第四三五条)。但亦有与本案终局判决无关之裁定,则不得不谋独立声明不服之方法,此所以有设抗告程序之必要。

抗告程序当事人之两造,其一称抗告人,其一称相对人,但通常均称被抗告人。

抗告以其得提起之期间而言,有即时抗告及普通抗告之别。即时抗告以法律规定者为限(例如第三六条、第三九条、第一〇〇条、第一一五条、第三三三条),应于裁定送达后五日之不变期间内提起之(第四八四条二项)。余则均为普通抗告,应于裁定送达后十日之不变期间内提起之(同条一项)。

此外尚有抗告与再抗告之别。再抗告者,对于抗告法院之裁定不服,而更为抗告之谓也。

B. 抗告之合法要件

1. 须对于得为抗告之裁定,提起抗告,法律有规定不得为抗告之裁定者,得分为三类:

a. 诉讼程序进行中所为之裁定(第四八〇条),包括关于诉讼指挥之裁定(第二三八条),其所以得抗告者,盖以防诉讼之延滞耳。

b. 不属于诉讼程序进行中所为之裁定,有不得抗告者,例如命补正书状之裁定(第一二一条);就更正裁决声请所为驳回之裁定(第二三二条、第二三九条);关于财产权之诉讼,其标的之金额或价额在第四六三条所定之上诉利益额数以下者,其第二审法院所为之裁定(第四八一条,例如关于诉讼救助准驳之裁定,廿八年院字第一八七一号解释);宣告禁治产之裁定(第六〇五条)及驳回撤销禁治产声请之裁定(第六二〇条)等均是。

　　c. 受命推事或受托推事所为之裁定（第四八二条一项）。对于此种裁定,仅得提出异议,准用对于法院同种裁定抗告之规定（同条三项）。至于受诉法院就异议所为之裁定,则得为抗告（同条三项）。

　　2. 须系由适格之当事人提起,以对抗适格之对造当事人。如由从参加人提起者,须不违背当事人之本意。共同诉讼人中一人提起者,抗告程序之效果,仅及于该人,抗告之相对人系对造当事人而非从参加人。

　　抗告有时得由第三人提起,或以当事人为其相对人,例如第六〇条;或无相对人,例如证人、鉴定人或执有证物之第三人对于法院裁定提起之抗告是（第三〇三条四项、第三一〇条二项、第三一一条二项、第三一五条、第三二三条三项、第三二四条、第三四九条二项、第三五一条二项、第三六〇条二项）。

　　3. 须抗告人因受不利之裁定,此与上诉人须受不利之判决同。

　　4. 须当事人未舍弃抗告权（第四九〇条）。

　　5. 须未逾抗告期间。

第二节　程序之进行

A. 抗告之提起

　　提起抗告,应向为裁定之原法院或原审判长所属法院为之（第四八五条一项）。除在一定情形下得自为裁定外,应添具意见书,速将抗告事件送交抗告法院。如认为必要时,并应送交诉讼卷宗。送交之卷宗,如为原法院所需用者,应自备缮本或节本（第四八七条三项四项）,以免诉讼程序之延滞。

　　提起抗告,须具书状（第四八五条一项）,在例外情形中,许用言词,以期简捷。以言词为抗告者,书记官应作笔录（第一二二条二项）。许以

言词为抗告者,有下列各情形(第四八五条二项):

1. 第一审适用简易诉讼程序之事件,提起抗告。

2. 关于诉讼救助,提起抗告。

3. 由证人、鉴定人或执有证物之第三人提起抗告。

抗告期间有五日及十日之别,除法律明文规定为五日者外,其期间一律为十日。两者均系不变期间,于送达时起算;裁定宣示后送达前之抗告,亦有效力(第四八四条)。逾期之抗告或裁定宣示前之抗告,均不合法,法院应依职权驳回之。

抗告得予撤回,抗告权亦得舍弃,均适用关于上诉撤回及上诉权舍弃之规定。附带抗告,为事实上所不可能。

B. 审理

1. 抗告由直接上级法院裁定(第四八三条一项),但于一定情形中,原法院或原审判长得自为裁定。抗告人得提出新事实之证据(第四八六条),法院不得因迟延提出而驳斥之。抗告声请之变更追加,亦得于相对人同意后为之。抗告程序,不行言词辩论,但法院于必要时,得命开辩论,亦得命以书状为陈述。如法院认为情事复杂或证据不足,得依一般规定,讯问一造或两造或调查证据。

2. 抗告阻却裁定之确定,但并无停止执行之效力(第四八八条一项)。但经法律规定者,不在此限,例如第一○四条、第一○五条、第三○三条、第三一○条、第三一一条、第三一五条、第三二四条、第三四九条、第四一四条等是。此外在事实上有以停止执行为适当者,法律特规定原法院或原审判长及抗告法院,得酌量情形停止原裁定之执行(同条二项)。抗告法院复得为必要之处分(同条三项),例如命抗告人提供担保后始准停止执行,或命相对人提供担保后始准执行是。

第三节　裁　判

关于抗告之裁判,原则上由抗告法院为之,但有时亦得由原法院或审判长为之。

A. 原法院或审判长之裁判。

1. 原裁定不羁束法院者(第二三八条),如经当事人抗告,原法院或审判长如认为有理由时,得自行变更或撤销之(第四八七条一项),无劳上级之抗告法院为裁判之必要。

2. 原裁定系于诉讼程序进行中所为者(第四八〇条),如裁定得为抗告时,亦得由原法院或审判长更正或撤销之,取其简捷,而利结案也(同条同项)。

3. 提起抗告已逾期间,或系对于不得抗告之裁定而抗告者,原法院或审判长应驳回之(同条二项)。

B. 抗告法院之裁判。

抗告法院系原裁定法院之直接上级法院,应先审查抗告是否合法,对于不合法者,无庸审查其理由,即以裁定驳回之(第四八九条一项)。如于法并无不合,再审查其理由,无理由者,应为驳回之裁定(同条同项)。若原裁定虽属不当,但抗告人并未受不利益者,例如对于驳回中止诉讼程序声请之裁定为抗告时,原法院已于抗告中就本案为有利于抗告人之终局判决,仍应认为无理由而驳回之。

如其抗告为有理由者,应废弃原裁定。废弃后发生三种不同效果:

1. 废弃原裁定后,毋庸另行裁定,例如就撤销中止诉讼程序之原裁定予以废弃,或就对于证人或鉴定人科以罚锾之裁定予以废弃是。

2. 废弃原裁定后,由抗告法院自为裁定(第四八九条二项)。例如请推事回避原裁定驳回而提起抗告者(第三六条),原裁定废弃后,抗告法院应以裁定命该推事回避。

3. 或命原法院或审判长更为裁定(同条同项),如废弃中止诉讼程序之原裁定,仍须另定期日续行诉讼或续行辩论,则期日之指定,自应由原法院或审判长为之。

抗告法院之裁判,如行言词辩论者,以言词辩论结束时之事态为根据;其不行言词辩论者,以裁判时之事态为根据。故虽抗告提起时为无理由,如因新事实或证据之提出,变为有理由者,应认为有理由。如以后因事态之变更而丧失其理由时,应予驳回。

对于抗告法院之裁定,得提起再抗告(第四八三条二项),仅于下列两种情事为许可:

(一) 抗告法院之裁定,以抗告为不合法而驳回之;(二) 以抗告为有理由,致原裁定被废弃或变更者。若抗告法院以抗告为无理由而为驳回之裁定时,则不得再抗告。旧法曾规定抗告法院之裁定,均得以其违背法令为理由,再行抗告。再抗告法院审查有无违背法令情事,势必调阅原法院卷宗,既加重上级法院之担负,而原法院又往往因卷宗已送交上级法院,辄停止程序之进行,不无拖延诉讼之弊,故不为现行法所采用。

抗告事件终结后,不问其系因裁定或非因裁定而终结(例如将抗告撤回),抗告法院书记官应速将裁定正本(原本仍存留抗告法院归档)附入卷宗,送交原法院或原审判长所属法院(第四九一条)。

第四编 裁判之确定及其废除

第二十六章 裁判之确定

第一节 确定裁判之一般效力

第一目 中国法院之确定裁判

每一裁判,或即于宣示时(不宣示者于送达后),或于宣示后相当期间,即达到不得废弃之状态,此即所谓裁判之确定。裁判一经确定,即发生既判力。

裁判之确定,有形式上及实质上确定之区别。形式上确定者,指该裁判不得再依上诉或抗告程序废弃之。实质上确定者,指裁判内容之确定,即法院已就当事人一造所声请之法律上效果认定其成立或不成立矣。如该法律上效果,在他诉讼程序发生问题时,即应以该裁判所认定者为依据。

形式上确定为实质上确定之要件。但形式上确定不必以实质上确定为其后果,盖并非所有裁判,均具有得实质上确定之内容。例如起诉因不合法而被驳回者,初未尝就本案之实体为裁判,故仅发生一形式上裁定问题。

裁判之确定,应与裁判所发生之他种效力,尤其裁判之执行力,明加区别。可得执行之裁判,不必待确定时始执行,例如假执行是。而已确定之裁判,不必为可执行,例如确认判决及形成判决是。且确定仅限于裁判,而执行裁判外,他如公证书,亦系执行名义之一种(《公证暂行规定》第十一条、《强制执行法》第四条四款）。

第二目　外国法院之确定裁判

在中国主张外国法院之确定裁判,不啻在中国主张其在外国所取得之权利。依国际私法一般原则,既得权利在国际上既应予承认,则外国法院之裁判,在中国亦当然发生效力,第四〇一条之规定,实亦本于此原则者也。

外国法院裁判之效力,包括确定力（亦称既判力）与执行力两种。外国法院之裁判（尤其判决）,欲在中国发生执行实效,例须经中国法院之审核,经认可后,即付与执行判决（exequatur）。有时外国法院之判决,毋须执行者,如宣告离婚之形成判决,则当事人在中国主张其既判力而再婚时,亦须经中国法院之审核。不问其所主张者系执行力抑或既判力,均须经中国法院之审核。如有左列各款情形之一者,不认其效力（第四〇一条）:

1. 依中国之法律,外国法院为无管辖权者,意即自中国国际私法之立场而言,该外国法院须有管辖权。此之管辖,指一般的管辖权,只问其国家,而不问该国之某地某级法院是否有管辖权也。

2. 败诉之一造为中国人而未应诉者,则其判决,不免偏颇,而有损于中国籍当事人之利益。但开始诉讼所需之传唤或命令已在该国送达本人或依中国法律上之协助送达者,不在此限。

3. 外国法院之判决有背公共秩序或善良风俗者,例如外国法院之判决与中国法院之确定判决有抵触是。

4. 无国际相互之承认者。此在今日之世界,事实上已不多见。盖近代各国为促进相互间私法上关系起见,莫不采取承认既得权利及确定判决效力之原则。除非中国与其文物典制距离甚遽之国家之间（此等国家,已不多见）,则中国之国际私法,对于该国,根本无其适用,自不采用上述原则。

第二节　形式上确定

形式上确定,得分裁判与定决论述。

A. 判决——判决究于何时确定,应分别下列三种情形而为答复。

1. 可得上诉之判决,于上诉期间届满时确定(第三九七条一项)。当事人或在期间内未提起上诉,或已提起之上诉经撤回,或上诉不合法被驳回者。在后两种情形,如上诉期间犹未届满,固得更行提起上诉,但既经届限,即不再许可。于上诉期间内有合法之上诉者,阻其确定,尤不待言。

2. 不得上诉之判决,于宣示时确定;不宣示者,于送达时确定(同条二项)。第一审及第二审之判决,采言词辩论主义,必须宣示(第二二三条一项)。故财产权上诉讼之第二审判决,因上诉所得受之利益不逾五百元者(兹已改为一万元),即于宣示时确定。第三审判决采书状审理主义,故于送达时始确定。

3. 当事人两造均舍弃上诉权者,于为舍弃之表示时,判决始确定。如仅一造舍弃,则须他造全部胜诉时始确定,盖既经全部胜诉,无提起上诉之理由。

B. 裁定

1. 不得声明不服(包括不得再抗告)之裁定,于宣示时确定,不宣示者,于送达时确定。

2. 得抗告之裁定,则于抗告期间届满或两造均舍弃抗告权或本案程序终结时确定。

判决一经确定,当事人得请求法院书记官付与判决(或裁定)确定证明书(第三九八条一项)。此项证明书,不仅于强制执行有相当之意义

（《强制执行法》第六条一项一款），即欲取回担保（例如原告为声请假执行，或被告为免假执行而供担保），经本案判决确定，得提出确定证明书，要求取回担保。他如为物权之登记，依法应由权利人及义务人声请之（《土地法》第五八条）。如义务人被判决声请登记而不为者，权利人可提出确定证明书，以代替义务人应为之意思表示（《强制执行法》第一三〇条）。

裁判确定证明书，由第一审法院书记官付与之；但卷宗在上级审法院者，由上级审法院书记官付与之（第三九八条二项）。书记官付与时，应调查裁判已否确定。如其不允付与，得向书记官所属法院提出异议。法院为驳回之裁定者，得为抗告。

第三节　实质上确定

A. 概念及性质

1. 裁判既已就当事人一造所请求本案之法律上效果，认定其成立或不成立矣，而当事人不得就该法律上效果，更有所争执或请求更为裁判（第三九九条一项）。此种情形，学术上称一事不再理（ne bis in idem）。无论任何国家机关，均须本于已确定之裁判而为其职务上行为。

于此可见裁判确定之制度，其作用无非在维持当事人法律上和平，并免裁判之冲突。设使法律上争执无最后告终之一日，国家司法权之行使，将全失其意义，且亦无从维持社会上安宁。法院之裁判，固不能期其一一无讹，但较之私人法律关系之永不确定者，其害实小。

2. 关于裁判确定之性质，以前有认确定裁判为当事人间民事关系变更之基础者；今之通行见解，则认为其性质仅在诉后就同一事件，法院须受该裁判所确定者之拘束，而本于该裁判为裁判，该裁判是否正确，非所问也。

裁判之确定,系公法上制度,法院应依职权调查之,不得由当事人随意排除或赋予之。

B. 标的及范围

1. 判决之确定,以起诉(或反诉)所提出之诉讼标的为其对象。确定之内容,实不仅以当事人声明应受裁判之事项为限,并及于起诉理由所根据之事态及法院对于该事态所为之解释。盖法院以判决所揭示之法律上效果,乃依法律规定就当事人所提示之事态所为解释归类后之结果。故判决确定后,当事人根据他事态及因他事态所产生之理由而起诉者,不得谓为有背判决确定之原则。例如原告请求回赎典物,但典期已满,其声请适用《清理不动产典当办法》,自无理由,诉遭驳回。但彼若依《物权编施行法》第二条及《物权法》第九二三条二项,仍得就同一事件,更行起诉。又如初依关于侵权行为之规定提出请求,遭驳回后,复依关于不当得利之规定更行起诉是。

2. 判决之确定,以就诉讼标的所为之裁判为范围。故如系一部判决则确定之范围亦仅及于该部分。

确定之范围,不及于就被告所提出抗辩所为之裁判。例如修表人甲因乙不支付修理费,于乙请求返还其表时,主张留置权以为抗辩,或乙买受甲之表,于诉讼上请求甲交付其表,甲因乙未付价金,乃提出契约不履行之抗辩。上述两例,判决之确定,仅限于乙之请求权不成立,而并不因此指甲之修理费请求权或价金请求权成立。但有一例外,主张抵销之对待请求,其成立与否经裁判者,以主张抵销之额为限,不得更行主张(第三九九条二项)。夫抵销大多认为抗辩之一种,而非反诉,故系例外也。所谓其成立与否者,例如提出抵销抗辩,法院认为不成立而予驳斥,则本案之裁判确定后,不得更以起诉之方式主张抵销所根基之债权。或其抵销抗辩成立,则法院应在主张抵销额限度内,驳回原告之诉。裁判一经确定,以后原告不得更行起诉,以请求确认抵销所自生之法律关系为不成立。

C. 受影响之人

受裁判确定之影响者,首为诉讼当事人之两造,此固合于判决之本质,盖原则上判决仅限于当事人间发生效力。但裁判确定之影响,亦可及于第三人,此辄于裁判对于第三人亦生效力时为然。分述如次:

1. 有因诉讼标的之特殊性质或有关公益,于是其裁判对于一般人发生效力者。例如关于婚姻无效撤销、确认婚姻成立或不成立、离婚等之判决,关于亲子关系成立或不成立之判决,宣告死亡及撤销死亡宣告之判决,宣告禁治产及撤销宣告禁治产之判决等均是。

2. 有仅及于特定之第三人如当事人之继承人者(第四〇〇条一项)。若为概括继承人,则有《民法》第一一四八条之规定,其理明甚。如系个别继承人,彼与前权利人之对造间有时亦受判决确定之影响,但以权利之继承发生在诉讼系属后者为限(同条同项),否则确定判决对之不生效力。但有少数例外,例如债权之让与,未通知债务人(《民法》第二九七条一项),债务人与让与人间就债权涉讼之判决,其效力亦及于受让人。

继承人不以取得所有权者为限,其取得较弱之法律上地位,例如取得占有者,自亦包括在内(第四〇〇条一项)。

第三人如系善意取得人,不问其所取得者为权利抑或为占有(《民法》第八〇一条、第九四八条),确定判决对之不生效力。

3. 对于为他人而为原告或被告者之确定判决,对于该他人亦有效力(第四〇〇条二项)。故如有诉讼权限之遗产管理人或遗嘱执行人与被继承人之债权人间,法院所为之确定判决,对于继承人亦生效力。又如破产管理人本于其特定资格与人涉讼,其确定判决对于破产人亦生效力。

4. 最后依实体法之规定,第三人之法律上地位系于当事人之地位者,确定裁决对之亦生效力,例如债权人与主债务人间之判决,对于保证人亦生效力。

至于从参与诉讼人受确定裁决影响之程度如何,已于论述参加诉讼时述及,兹不赘。

第二十七章　裁判确定之废除

第一节　概　述

裁判之确定,如因迟误上诉或抗告期间,得以声请恢复原状予以废除外,民诉法复规定得依再审程序废除之。

第二节　再审程序

A. 再审之本质及适用范围——再审之目的,在使已经终结之程序,重新开始。如再审之诉,合法而有理由,应就过去争议,再为审判。故其诉一方在废弃原裁判,他方在求得一新裁判。

再审之诉,乃对于确定终局判决声明不服之方法(第四九二条一项)。其对于确定裁定声明不服者,亦得声请再审(第五〇三条)。对于非裁判不适用再审程序,盖其根本并非裁判,毋庸声请再审;对于无效裁判,固得依再审程序请求废弃,但亦非必需。

再审之诉普通系对于犯有再审原因之判决提起者也。若该判决本身无瑕疵,而为该判决基础之裁判,有再审之原因者,亦得据以对于该判决声请再审(第四九四条)。例如下级法院之判决,经上级法院维持者,若下级法院之裁判有再审原因时,亦得对于上级法院判决声请再审。

再审之诉,无阻却裁判执行之效力。但法院得因必要情形,或命当事人提出相当确实担保,而为停止强制执行之裁定(《强制执行法》第十八条一项)。此法院指再审之诉所系属之法院(廿三年抗字第一〇七一号解释)。

B. 再审原因——一事不再理,为诉讼法之定则。若于判决确定后声请再审,应以具备法定原因为限。法定原因有下列数种(第四九二条一项):

1. 判决法院之组织不合法者。此系指合议庭未依法定人数组织、或参与判决之推事未列席言词辩论等而言;无推事资格之人参与言论或裁判者亦属之(二十一年上字第一二七九号判例)。若庭长未充审判长不得谓组织不合法(十九年上字第二五六六号判例)。

2. 依法律或裁判应回避之推事参与裁判者。此包括两种回避情形,或有法定原因而应自行回避者,或经当事人声请而法院认为应回避者,均不得参与裁判,否则即成立再审原因。

3. 当事人于诉讼未经合法代理者。此之代理,不问委任代理或法定代理均属之。至于诉讼代理人无代理权,亦成立再审之原因(十九年再字第一九号判例)。

4. 当事人知他造之住居所指为所在不明而与涉讼者。此无非期蒙蔽法院,使为公示送达,因此他造无由提出其防御及攻击之方法。当事人之一造,虽因此获胜,于事理甚为不公。判决如已确定,应许他造提起再审之诉废弃之。但在判决未确定时,他造知有公示送达出面应诉者,不得声请再审。如于判决确定后始行知悉,而已承认其诉讼程序者亦同。

5. 因对于某诉讼程序有犯罪行为。得分四类:

a. 推事之犯罪行为,即参与裁判之推事,关于该诉讼违反职务犯刑事上之罪者,如收受贿赂等。

b. 当事人之代理人、他造或其代理人,关于该诉讼在刑事上应罚之行为影响于判决者。

c. 为判决基础之证物系伪造或变造者。

d. 证人、鉴定人、通译,就为判决基础之证言鉴定或通译被处伪证之刑者。

以上各种情形,以宣告有罪之判决已确定者为限。若其犯罪事实而其刑事诉讼不能开始或续行,非因证据不足,例如因宣告死亡、心神丧失者,将永无开始或续行之机会。故本于其犯罪事实,亦可为再审之理由(同条二项)。

6. 为判决基础之民事或刑事判决及其他裁判或行政处分,依其后之确定裁判或行政处分已变更者。

7. 当事人意见,就同一诉讼标的在前已有确定判决或和解、调解或得使用该判决或和解、调解者。夫判决之确定,系公法上制度,如有违背,自许有补救办法,法律规定得提起再审之诉者以此。和解、调解与判决同论(第三八〇条、第四二一条)。

8. 当事人发现未经斟酌之证物或得使用该证物者。惟该证物须成立于为事实审之原确定判决前,在前诉讼程序并不知悉而现始发现者(二三年抗字第五三九条判例)。

有上述两种情形者,以新发现之证物及确定判决等,如经斟酌,可受较有利益之裁判为限,始得声请再审。此于证物,经明文规定,固无疑义,其于确定判决或和解、调解亦同。否则不啻徒劳无功(七年统字第八五〇号解释、八年声字第八六号判例)。

判决既经确定,不得无端翻案,须于不得已之情形中始可。故纵有法定再审原因,并非即可声请再审。如有下列情形,其声请为不合法(同条一项）：

1. 已依上诉主张得为再审之事由（同条同项一款、二款、三款），而未经法院采用者，不得声请再审。

2. 知某事实而不依上诉程序主张者，例如有第四九二条一项一款、二款、三款情形之一，而未在第三审法院主张，或有同条同项十一款之情形，而不在言词辩论终结前主张者，则以后不得据以声请再审（廿四年上字第二一三六号判例），但其不知或不能主张以归责于己之事由为限（十四年上字第一七二号判例）。

3. 再审之原因，如新证物在前诉讼程序事实审之言词辩论终结前，尚未存在者（一七年上字第一四〇号判例、二一年抗字第五一四号判例）。

是故再审程序，并非主要而系副次之程序。

再审之诉，并无诉讼标的金额或价额上限制。故依第四六三条不得上诉于第三审法院之事件，如就足影响于判决之重要证物，漏未斟酌者，亦得提起再审之诉（第四九三条）。

C. 程序之进行

1. 再审程序，应以诉状声请之。就管辖而言，再审之诉专属于为判决之原法院管辖。如有左列各款情形之一者，专属原第二审法院管辖（第四九五条）：

a. 对于同一事件之第一审及第二审判决同时声请不服者。如经第二审法院认上诉为不合法以裁定驳回者，对于第一审判决提起再审之诉，则应专属原第一审法院管辖。但同时对于第二审法院之裁定依第五〇三条声请再审者，对于第一审判决提起之再审之诉，亦不属第二审法院管辖（三十年院字第二一八八号解释）。

b. 对于第三审法院之判决，本于第四九二条一项七款至十一款事由声明不服者，盖此乃关于为判决基础之事实不真确，应更行调查。而事实之调查，非第三审法院之职责。

　　就期间而言，再审之诉，应于三十日之不变期间内提起；此期间自判决确定时起算，但再审之理由知悉在后者，自知悉时起算（第四九六条一项二项）。知悉之主体为当事人，而非诉讼代理人。知悉之客体，则为再审之理由，易言之，得为再审理由之事实状态。愚以为除事实状态外，并须知悉该事实得为再审之理由。此于期间之计算及再审声请之是否合法，关系至巨。若采此说，则于知悉法定原因即事实状态时起，尚不应为三十日不变期间之计算。故如发现新证物后，而以其法律知识之浅陋，不知据以提起再审之诉者，三十日之不变期间，尚不开始进行，须俟其知悉该原因得为再审之理由时起，始得为三十日不变期间之计算。故不谙法律者，往往须待律师之说明而后知悉。吾人之理由，盖以我国法律教育甚不普及，甚至学法读律者，亦未必均能真确认识关于再审程序之规定，而能运用自在。若必责一般人于发现再审之事由时，即须知悉其为再审之理由，未免希望太高，并见其不合国情。诘难之者称，若依此说，则依一般人民法律知识之浅薄，发现再审事由之后，往往须甚久之时间，始知悉其得为再审之理由，而第四九六条三项所定之五年期间，于此际须俟再审理由发生（意义甚为含糊）时起算，是则当事人间之法律关系，虽经法院确定判决，仍可久陷于不稳定之状态，实与法律设裁判确定制度之本旨，有所违忤。愚以为第四九六条三项之规定，甚不恰当，其五年期间，应一律自判决确定时起算（详见下），则在五年之内，如不提起再审上诉，即无再审之可能，不致有诘难者所揭示之弊病也。

　　除三十日之不变期间外，法律复设五年之期限。此期限由判决确定时起，其再审之理由发生于判决确定后者，自发生时起计算（同条三项）。逾期即不得声请再审。此之规定，殊欠妥善。盖三十日之不变期间，固应自判决确定时起算，但再审之理由知悉在后者，应自知悉时起算。而再审之理由,有时可于判决确定后十年、二十年始知悉者,若仍许再审,有背国家维护法律上和平之旨趣,故特设此五年之期限,且此期限应一律于判决确定后起算,方有其实际上意义(《德国民诉法》即如此规定,参照该法第五八六条二项二款)。法律规定再审之理由发生于判决确定后者,此五年期限,应自发生时起算,其立法自属欠妥。再者,知悉再审理由后,不于三十日内声请再审者,除非以后得依法声请恢复原状,否则即无提起再审可能,自毋庸更设五年之期限,是又足见该项立法之不妥也。又第四九六条中规定之三十日系不变期间,其所规定之五年系排除期间,即若逾期而不提起,再审诉讼之行使,即遭排除,观乎该项之规定自明。而再审诉权之存在与行使,原则上始于判决确定时,然则排除期间之计算,须自判决确定时起,方于理论无背。综上所述,第四九六条三项前段,应修正为"再审之诉,自判决确定时起,如已逾五年者,不得提起。"

不变期间之迟误,如合于第一六四条之规定,得声请恢复原状。如迟误排除期间,一经逾限,再审诉权,不得再行使之,第一六四条自无适用余地。

就再审诉状之程式而言,除准用关于一般书状之规定外,复应表明左列各款事项(第四九七条):

a. 当事人及诉讼代理人。

b. 声明不服之判决及提起再审之诉之陈述。

c. 应于如何程度废弃原判决及就本案如何判决之声明。

d. 再审理由及关于再审理由并遵守不变期间之证据。诉状内并宜记载准备本案言词辩论之事项。

2. 程序之三个阶段

a. 再审法院应依职权调查再审之诉是否合法。除一般之诉讼要件外,尚有关于再审之诉之特种要件,例如受攻击之判决已否确认、已否逾再审期间、再审诉讼是否合法定程式及是否表明法定再审原因。如于法不合,应以裁定驳回之(第四九八条一项)。否则得就是否合法之争执为肯定之中间判决,或于终局判决之理由中述明其旨。

　　b. 如于法并无不合,乃调查其是否有理由,或是否依第四九二条一项尚得主张之。如再审之诉显无理由者,得不经言词辩论以判决驳回之(同条二项)。于必要时,亦得为肯定之中间判决,或于终局判决之理由中述明其旨。

　　c. 如有再审理由,应废弃原判决。该判决视为自始不生效力,应就原诉讼再行审判,但本案之辩论及裁判,以声明不服之部分为限(第四九九条)。盖更行之言词辩论与原审程序之言词辩论系统一的,故未声明不服之部分,应认为有效。

　　再审之诉虽有再审理由,法院如认原判决为正当者,仍当为终局判决以终结诉讼。第五〇〇条规定"应以判决驳回"再审声请,用语似有未妥。盖一方驳回,他方即维持原判,既经废弃在先,而又维持在后,理论上不免矛盾。且此不仅一理论问题,亦有实际上利害关系。如再审法院所为者系一新判决,则其效力重新发生,如其所为系维持原判,则效力发生于为原判时,其间颇有出入,不得不辨。

　　3. 再审之诉讼程序,除有特别规定外,准用关于各该审级诉讼程序之规定(第五〇一条)。是故对于再审之诉之判决不服者,得依法上诉。

　　D. 再审之诉之判决,于第三人在起诉前以善意取得之权利无影响,亦所以保护善意取得人之利益也。

第五编　特种诉讼程序

第二十八章　督促程序

A. 概述——督促程序者，指某种不争执之请求权，不进行审判程序而给予债权人以确定执行名义之程序也。此执行名义即法院因债权人之声请所发之支付命令，对此支付命令债务人未提出异议。如其提出异议，则督促程序亦即告终结，普通诉讼程序，由此开始。如其不提出异议，债权人得声请假执行。宣告假执行之裁定送达后十五日内，债务人仍得提出异议。如再不提出异议，其裁定与确定判决有同一之效力。

当事人之两造称债权人及债务人。

《民诉法》总则编之规定，除有特别规定外，于此准用之。

B. 要件——除一般诉讼要件须具备外，并须具备下列要件：

1. 须债权人之请求，以给付金钱或其他代替物或有价证券之一定数量为标的者（第五〇四条一项）。

2. 须声请人无为对待给付之义务，或支付命令之送达须不于外国为之或不依公示送达为之（第五〇五条）。

C. 析解

1. 支付命令之声请，专属债务人为被告时，依第一条、第二条或第六条规定有管辖权之法院管辖（第五〇六条）。

2. 督促程序，因债权人声请发支付命令而开始。其声请应表明下列各款事项（第五〇七条）：

a. 当事人及法定代理人。

b. 请求之标的并其数量及请求之原因事实。

c. 应发支付命令之陈述。

d. 法院。

3. 法院接到声请后,对于一般诉讼要件,应为必要之调查。此外并应调查行督促程序之要件是否具备、声请书是否合乎法定程式,如于法不合,应驳回其声请(第五〇九条一项)。若依债权人声请之意旨,认债权人之请求无理由者,法院亦应以裁定驳回之。就请求之一部不得发生支付命令者亦同(同条同项),但事前宜讯问债权人使其有补正之机会,例如减去请求之一部而为声请。此种裁定,不得声明不服(同条二项)。既未就本案为裁判,故债权人仍得就同一事件起诉。

4. 如其声请于法并无不合,法院应发支付命令,事前毋庸讯问债务人(第五〇八条)。支付命令应记载左列各款事项(第五一〇条):

a. 第五〇七条一款、二款及四款所定事项。

b. 债务人如欲免假执行,应于支付命令送达后十五日内向债权人清偿其债权并赔偿程序费用,否则应向发命令之法院提出异议。

支付命令应向债务人为送达,对于债权人得由法院为普通之通知即可(第五一一条一项)。支付命令送达后,自债权人声请时起,对于消灭时效,即生中断之效力(《民法》第一二九条二项一款)。对于该命令,债务人得提出异议,此外别无撤销之方法。

发支付命令后三个月内不能送达于债务人者,其命令失其效力(第五一一条二项)。

5. 债务人不提出异议——债务人于支付命令送达后十五日内或假执行宣告前不提出异议者(第五一〇条二项、第五一三条一项),法院应依债权人之声请宣告假执行(第五一三条)。但须债权人于支付命令所载期间已满后三十日内为此声请,否则支付命令失其效力(第五一六条)。假执行之裁定,应送达于债务人,自送达时起应视为事件系属于法院。宣告假执行之裁定,应并记载债权人所计算之程序费用,命债务人赔偿(第五一三条二项)。

假执行之声请,已逾法定期间,或发现督促程序为不合法者,法院应为驳回之裁定。对此裁定,得为抗告。驳回之裁定已确定者,支付命令失其效力。(第五一六条)

假执行裁定送达后,债务人仍得于十五日内提出异议(第五一四条一项)。但此应系强制执行程序中之异议,无停止执行之效力(《强制执行法》第十二条一项)。此十五日为不变期间。逾此期间者,法院应以裁定驳回之(第五一四条二项)。此后宣告假执行之裁定,即与确定判决有同一之效力矣(第五一七条)。

6. 债务人提出异议——债务人如系对于债权人之请求提出异议者,须于支付命令送达后十五日内(第五一〇条二款)、或假执行宣告前(第五一七条一项)为之;异议得不附理由(第五一二条一项)。其对于请求之一部提出异议者,其效力及于全部(第五一二条二项)。法院书记官应依债务人之声请付与已于合法时期提出异议之证明书(同条三项)。

如不于合法期间提出异议者,法院毋庸驳回异议,盖债务人已收受支付命令之送达,应知异议之提出已逾期间;但彼仍得于宣告假执行之裁定送达后十五日内提出异议(第五一四条一项)。

如其对债权人之请求提出异议者,督促程序即告终结,支付命令亦失效力,此后即入诉讼程序,以债权人支付命令之声请,视为起诉或声请调解(第五一五条一项)。至于督促程序费用,应作为诉讼费用或调解程序费用之一部(同条二项)。如其对假执行之宣告提出异议,依吾人之意见,此之异议乃关于执行程序方面者,自应依强制执行法之规定办理,当无终结督促程序之效果。二五年院字第一五〇号解释称"债务人于假执

行之裁定送达后……提出异议,依第五一五条之规定,该支付命令应即
失效,其所宣告之假执行自无继续执行之理"云云,见解未必确当。

第二十九章　保全程序

第一节　假扣押

第一目　概　述

A. 概念——假扣押者,为就金钱请求或得易为金钱请求之请求保
全强制执行之手段也(第五一八条)。易为金钱请求之请求者,指原以金
钱以外之物或行为给付标的之请求,如因不履行或不适当履行,可发生
以金钱为赔偿之请求权。就金钱以外之请求欲保全强制执行者,称假处
分。假扣押与假处分不仅在强制执行前,亦得在起诉前声请之。

假扣押与假处分名称之不当,一似假执行之名称。如以"假"字易为
"临时",或较妥适。

B. 本质——假扣押程序,包括两个步骤,假扣押之宣告与假扣押之
实施是也。假扣押之程序,虽在发假扣押之命令,以为日后强制执行之
准备,但其目的仍在保全而不在满足债权人。法院为裁定时,毋庸审查
请求权是否成立(此点由声请人释明即足),仅就是否得为假扣押一点审
查即可。

C. 种类——依民诉法中之假扣押程序,乃对于债务人之特定动产
或不动产或其全部为扣押。但依《德国民诉法》,亦得对人为保全之扣
押。吾国有《管收民事被告人规则》(十七年十月二日公布同日施行),被
告有逃匿之虞时,得声请法院令其提出担保,其无相当保证人或保证金
者,得管收之(《规则》第三条)。但被告如系团体,则不得将其代表人予

以管收(二十五年院字第一五七七号解释)。

D. 要件

1. 须有实体法上请求权,以为保全之标的。此请求权须以金钱为付与标的,或以不履行、不适当履行所可发生之金钱赔偿请求权。请求是否已到履行期,在所不问(第五一八条一项),亦不问其是否附有期限或条件、是否须为对待给付。

2. 须有假扣押之原因,即有日后不能强制执行或甚难执行之虞(第五一九条一项),例如债务人将其财产毁坏隐藏,或浪费、增加负担或将其财产为不利益之处分,甚至债务人动定无当或应在外国为强制执行者,视为有日后甚难执行之虞(同条二项)。

第二目　析　解

A. 假扣押之机关——于假扣押为有管辖权之法院,约有两种:

1. 对于本案有管辖权之法院(第五二〇条一项)或系第一审法院,如诉讼现系属于第二审法院者,则该第二审法院(同条二项)。

2. 假扣押标的所在地之地方法院(同条一项)。其标的如系债权,以债务人住所或担保之标的所在地为假扣押标的所在地(同条三项)。

B. 当事人两方称声请人及被声请人。

C. 假扣押之裁定

1. 要件

a. 须当事人声请之,或以书状或以言词。其以言词声请者须由书记官制成笔录。当事人之声请,应表明下列各款事项(第五二一条一项):

当事人及法定代理人。

请求——非关于一定金额者,应记载其价值。

假扣押之原因。

法院。

依假扣押之标的所在地定法院管辖者,应记载假扣押之标的及其所在地(同条三项)。

b. 须释明请求及假扣押之原因。其原因是否存在,应由法院判定之。声请人亦得就债务人所应受之损害,提供法院所定之担保,以代释明。请求及假扣押之原因虽经释明,法院亦得使债权人供担保。债权人供担保后,命为假扣押者,应将其担保记载于假扣押裁定内(第五二二条)。

2. 法院审查诉讼要件后即为假扣押或驳回声请之裁定,是否应开言词辩论,由其斟酌定之;是否须要声请人供担保、担保之金额若干,亦有自由酌定之权(二二年抗字第七五五号判例)。

驳回声请之裁定,毋庸送达于债务人;命债权人供担保之裁定亦毋庸送达于债务人(第五二四条一项)。关于假扣押声请所为之裁定,得为抗告(同条二项)。

准予假扣押之裁定,即可实施扣押,抗告无停止执行之效力;但本条尚未系属者,命假扣押之法院,应依债务人声请命债权人于一定期间内起诉(第五二五条一项)。假扣押之裁定,理应表明声请人欲求保全之请求权。

3. 债务人之异议——债务人得陈明可供法院所定之担保,声请撤销假扣押裁定(第五二六条二项)。此外法律复规定债务人得将请求之标的物提存而声请撤销假扣押裁定。愚见以为假扣押既仅于金钱之请求或得易为金钱请求之请求有其适用,则自不发生标的物提存之问题。若系给付特定物之请求,则保全执行之方法为假处分而非假扣押也。

4. 撤销——假扣押裁定之撤销,有下列两种原因。

a. 假扣押之原因消灭(例如受保全之请求权消灭或其请求遭驳回),或其他命假扣押之情事变更者(第五二六条一项,例如债务人已供担保)。

b. 声请人逾期而不起诉(第五二五条二项)。

假扣押裁定之撤销,须由债务人声请之。其声请应向命假扣押之法院为之。如本案已系属者,向本案法院为之。(第五二六条三项)

5. 效力——除关于假扣押之实施,应在强制执行法中论述外,尚发生其他效力,如假扣押裁定自始不当被撤销,或因第五二五条一项之规定而撤销者,债权人应赔偿债务人因假扣押或供担保所受之损害(第五二七条)。所谓自始不当,应以债权人有过失为限,例如以假扣押为威胁之手段,而受保全之请求权原本不能成立,则债权人滥用善良之制度,以遂其私,非予制裁不可。

第二节　假处分

A. 要件及适用范围

1. 假处分亦具保全作用,盖深恐请求标的之现状变更致日后不能强制执行或有甚难执行之虞,故有请求紧急处分之必要。

2. 假处分为保全权利之实行。关于金钱之请求或得易为金钱请求之请求,既已有假扣押之办法,此外之请求权,例如特定物返还之请求,以一定行为容忍或不作为为给付内容之请求,均得以假处分保全其日后之执行。就某一法律关系发生争执,在未经法院就本案裁判前,如要求定暂时之状态,以免重大损害,或防急迫之强暴,亦得声请假处分(第五三四条)。此种状态,或本于物权、债权之法律关系,或本于其他如姓名权、著作权、商号权之法律关系。甚至本于亲属法之关系,亦得声请定暂时状态,例如暂不与配偶同居、暂时监护未成年人、暂不许为不正当之营业等。

受保全之请求权或法律关系,不属于当前司法范围内者,不许假处分。

B. 方法——假处分之方法,依情形之不同而有异,或提存其物,或禁止或命令为一定之行为,法院得斟酌情形,自由决定之(第五三一条一项、二项)。

C. 关于假扣押之规定,于假处分准用之,但因第五三〇条至第五三三条之规定而不同者,不在此限(第五二九条)。

1. 假处分之声请,应向本案管辖法院为之。所谓管辖法院,指诉讼已系属或应系属之第一审法院,或诉讼现系属之第二审法院。如诉讼系属于第三审者,应以前曾系属之第一审为本案管辖法院(二十九年声字第九七号判例);但有急迫情形时,得由请求标的所在地之地方法院管辖(第五三〇条)。为假处分之裁定时,应定期间命债权人向本案管辖法院声请就假处分之当否为裁定(第五三三条一项);此裁定不得抗告(同条三项)。

2. 假处分之声请,应以有直接关系者为相对人,例如请求物之返还者,仅得向负返还义务之人实施假处分;如其物已交于第三人加工、运送或保管,不得向该第三人命令或禁止为一定之行为。

3. 假处分须当事人声请之,并释明其事由。法院或命开言词辩论或认为无此必要,均得酌量情形定之,亦得令供担保而为假处分之裁定;为裁定时并应定期间命声请人起诉。

4. 假处分裁定之撤销,其情形与撤销假扣押之裁定同。此外有一特种撤销原因,即声请人不于期间内向本案管辖法院声请就假处分之当否为裁定者,命假处分之法院应依声请撤销假处分之裁定(第五三三条二项)。

第三十章　公示催告程序

第一节　概念及本质

A. 公示催告程序者,指法院以公告之方法,催促为权利之申报,如不申报,应受法律上之不利益,如除权是。公示催告是否有其必要、实质上要件如何、效果如何,除宣告证券无效及宣告死亡外,均规定为实体法中。民诉法仅规定除权判决形式上要件及效力。

B. 公示催告,虽非通常诉讼,但其所发生之确认效力,即确认某种权利成立与否,与通常诉讼程序亦极相类似。至于其是否诉讼事件抑或非讼事件,此项争执,并无实益。盖既规定在民诉法内,民诉法总则各条规定,应予准用。

第二节　析　解

A. 管辖问题虽未经法律规定,但一般均认为应由地方法院管辖。

B. 公示催告须经当事人之声请,或以书面或以言词为之。其以言词者,须载于笔录中,在法院未为裁定前,得随时撤回之。

C. 法院之裁定,得不经言词辩论。如公示催告之声请为不合法者,则驳回之。准许声请者,即应为公示催告。(第五三六条)

公示催告应记载左列各款事项:

1. 声请人。

2. 申报权利之期间及在期间内应为申报之催告。

3. 因不申报权利而生之失权效果。

4. 法院。

申报权利之期间,自公示催告之布告最后登载公报或新闻纸之日起,应有两个月以上(第五三九条)。权利之申报,普通因在期间内为之,但期满后未为除权判决前申报者,亦有效力(第五四〇条)。

D. 公示催告之布告,应黏贴于法院之牌示处,并登载于公报或新闻纸(第五三八条)。

E. 关于已行之公示催告,声请人得于申报权利之期间已满后三个月内声请为除权判决。不声请者,公示催告程序即告终结;但在期间未满前之声请,亦有效力。(第五四一条一项)

法院就声请为裁判前,应行言词辩论,于辩论期日,并应传唤已申报权利之人(同条二项)。公示催告声请人于期日不到场者,法院应依其声请另定新期日,此项声请,自有迟误时起逾二个月后不得为之;声请人迟误新期日者,不得声请更定新期日(第五四五条)。

法院为裁判前仍须再度依职权为必要之调查(第五四二条)。如有瑕疵,以裁定驳回其声请(第五四三条)。如无瑕疵而又无权利申报之人者,应为除权判决,其内容依实体法之规定。惟死亡宣告及证券无效,规定在民诉法中,系属例外。如有权利之申报,而申报权利人对于公示催告声请所主张之权利有争执者,法院应酌量情形,在就所报权利有确定裁判前,中止公示催告程序或于除权判决保留其权利。(第五四四条)

法院得将除权判决之要旨,以相当之方法布告之(第五四六条)。

F. 抗告及撤销——驳回除权判决声请之裁定及对于除权判决所附之限制或保留,得为抗告(第五五〇条)。对于单纯之除权判决,仅有撤销之一途(第五四七条二项),而不得依上诉程序废弃之(同条一项)。

撤销之诉,为废弃或变更除权判决之形成之诉,有溯及之效力。析述如次:

1. 撤销之诉仅于法律所规定之情形为许可(同条二项):

a. 法律不许行公示催告程序者。

b. 未为公示催告之布告或不依法定方式为布告者。

c. 不遵守公示催告之布告期间者。

d. 为除权判决之推事应自行回避者。

e. 已经申报权利而不依法律于判决中斟酌之者。

f. 有第四九二条一项五款至八款之再诉理由者。

2. 撤销之诉,应由何法院管辖,我民诉法无规定,德民诉法则以行公示催告程序之法院有专属管辖权。

3. 有诉权者,为因除权判决而其法律上地位受影响之人。有数人时,各个起诉联系而成必要共同诉讼。(参考第六三四条)

4. 撤销之诉之被告为公示催告声请人。

5. 撤销之诉应于三十日之不变期间内提起之(第五四八条一项),其期间自原告知悉除权判决时起算。但依第五四七条二项四款或六款所定事由提起撤销除权判决之诉,如原告知有除权判决时,不知其事由者,自知悉其事由时起算(同条二项)。除权判决宣示后已逾五年者,不得提起撤销之诉(同条三项)。

6. 第四九七条、第四九八条之规定,于撤销之诉准用之(第五四九条)。

G. 数宗公示催告程序,法院得命合并之(第五五一条)。

第三节　宣告证券无效之公示催告程序

A. 宣告证券无效之公示催告程序,法律特设规定,适用第五五三条至第五六三条。既称证券,自包括有记名证券及无记名证券、指示证券在内。

B. 管辖——公示催告由证券所载履行地之法院管辖。如未载履行地者,由证券发行人为被告时依第一条或第二条规定有管辖权之法院管辖。如无此法院者,由发行人于发行之日为被告时依各该规定有管辖权之法院管辖。(第五五三条)

C. 声请之人及方式——公示催告声请人,为得由能据证券主张权利之人(第五五四条二项)。如系无记名证券或空白背书之指示证券,得由最后之持有人为公示催告之声请(同条一项)。

声请人应提出证券缮本或开示证券要旨及足以辩认证券之事项,并释明证券被盗、遗失或灭失及有声请权之原因及事实(第五五五条)。

D. 公示催告之内容及布告之方法——公示催告应记载持有证券人应于期间内申报权利及提出证券,并晓示之,如不申报及提出者,即宣告证券无效(第五五六条)。

公示催告之布告,除依第五三八条之规定外,如法院所在地有交易所者,并应黏贴于该交易所(第五五七条)。

E. 申报权利及其期间——申报权利之期间,自公示催告之布告最后登载公报或新闻纸之日起,应有六个月以上(第五五八条)。

持有证券人经申报权利并提出证券者,法院应通知声请人,并酌定期间使其阅览证券(第五五九条)。

F. 除权判决及其效力——除权判决应宣告证券无效。除权判决之要旨,法院应依职权以相当之方法布告之。证券无效之宣告因撤销除权判决之诉而撤销者,为公示催告之法院于撤销除权判决确定后,应依声请以相当之方法布告之。(第五六〇条)

有除权判决后,声请人对于依证券负义务之人,得主张证券上之权利。因除权判决而为清偿者,于除权判决撤销后仍得以其清偿对抗债权人或第三人,但清偿时已知除权判决撤销者,不在此限。(第五六一条)

G. 为保护声请人而禁止支付——因宣告无记名证券之无效,声请公示催告法院准许其声请者,应依声请不经言词辩论,对于发行人为禁止支付之命令。此项命令,应附记已为公示催告之事由,并应准用第五五七条之规定布告之。(第五六二条)

公示催告程序因提出证券或其他原因未为除权判决而终结者,法院应依职权以裁定撤销禁止支付之命令。禁止支付命令之撤销,应准用第五五七条之规定布告之。(第五六三条)

第四节　宣告死亡程序

A. 宣告死亡事件,除别有规定外,准用第五三六条至第五四九条之规定(第六二一条),故一并于此论述。

B. 管辖——宣告死亡之声请,专属失踪人住所地之法院管辖。第五六四条二项及三项之裁定,于此项声请准用之(第六二二条)。

C. 声请之人及方式——有声请权之人得为共同声请人,加入程序或代声请人续行程序(第六二六条)。宣告死亡之声请,应表明其原因、事实及证据(第六二三条)。

D. 公示催告之内容及陈报期间——公示催告就记载左列各款事项(第六二四条):

1. 失踪人应于期间内陈报其生存,如不陈报即应受死亡之宣告。

2. 凡知失踪人之生死者,应于期间内将其所知陈报法院。陈报期间自公示催告最后登载公报或新闻纸之日起,应有六个月以上(第六二五条一项)。

失踪人满百岁者,公示催告得仅黏贴于法院之牌示处,其陈报期间,得定为自黏贴牌示处之日起二个月以上(同第二条三项)。

E. 调查——法院就宣告死亡之调查,应斟酌声请人所表明之事实及证据,依职权为必要之调查。调查费用,如声请人未预纳者,由国库垫付(第六二七条、第五九七条)。

失踪人复报生存而声请人否认其事实者,法院应于有确定裁判前中止程序(第六二八条)。

F. 宣告死亡之判决及程序之费用——判决应确定死亡之时(第六二九条)。关于宣告死亡程序之费用,如宣告死亡者,由遗产负担,否则由声请人负担(第六三〇条)。

G. 撤销死亡宣告之诉

1. 有诉权人——有法律上利害关系人,均得提起之(第六三一条)。撤销死亡宣告之为有数宗者,法院应合并之,而成必要共同诉讼(第六三四条)。

2. 原因——除第五四七条二项所定各种情形外,如受死亡宣告人尚生存或确定死亡之时不明者,亦得提起之(第六三二条)。

3. 第五四八条之规定,于以受死亡宣告人尚生存为理由提起撤销死亡宣告之诉者,不适用之(第六三三条)。

4. 第五七七条关于原告死亡后之承受诉讼,第五九〇条关于承认自认及不争执事实之效力,第五九一条关于法院管辖及裁判前之辩论,第六〇九条关于诉讼之合并、追加及提起反诉于撤销死亡宣告之诉准用之。(第六三五条)

5. 撤销死亡宣告或更正死亡之时之判决,不问对于何人均有效力,但判决确定前之善意行为不受影响。因宣告死亡取得财产者,如因撤销死亡宣告之判决而失其权利,仅于现受利益之限度内,负归还财产之责。(第六三六条)

第三十一章　人事诉讼程序

第一节　婚姻事件程序

A. 概念——婚姻事件,由民诉法以列举方式规定之(第五六四条)。例如婚姻无效、撤销婚姻、确认婚姻成立不成立、离婚及夫妻同居之诉等均是。

婚姻事件,配偶间因身份有争执而涉讼者为限。因夫妻财产关系、诉请扶养等事件,虽亦生自婚姻关系,但非婚姻事件。如与婚姻事件合并提出,则无不可(第五六八条二项)。

婚姻事件,与公益有密切关系,故其审判广采职权主义。有效成立之婚姻,不得无理由宣告其不成立或无效;反之,不成立或无效之婚姻,不得无理由予以维持;法院应依职权切实调查。依法并裁定须检察官到场陈述意见,今已废止。

B. 管辖——婚姻事件,专属夫之住所地或其死亡时住所地之法院管辖。夫在中华民国无住所或住所不明者,准用第一条二项之规定定前项之住所地。夫或妻为中华民国人不能依上定管辖之法院者,由首都所在地之法院管辖(第五六四条)。

C. 程序特点

1. 离婚之诉及夫妻同居之诉,于起诉前,应经法院调解(第五七三条一项)。其调解准用第四〇九条至第四二四条之规定(同条二项)。

2. 未成年之夫或妻就婚姻无效或确认婚姻不成立之诉,亦有诉讼能力(第五六六条)。婚姻事件夫或妻为禁治产人者,应由其监护人代为诉讼行为;如监护人即系其配偶时,应由亲属会议所指定之人代为诉讼行为；监护人提起诉讼者应得亲属会议之允许（第五六七条）。

3. 诉之合并（第五六八条）：

a. 同居之诉、离婚及撤销婚姻之诉得合并提起。

b. 婚姻、无效及确认婚姻成立或不成立之诉，得合并提起。

c. 非婚姻事件，以交付子女、退还财物或扶养之请求，或由诉之原因事实所生损害赔偿之请求为限，得与婚姻事件合并提起。

4. 诉之变更、追加或提起反诉，不问在第一审或第二审，均无限制（第五六八条一项）。至于诉之撤回，虽无明文，亦应等视。

关于无效撤销或离婚之诉，当事人两造必须将所有理由提出（被告则以反诉之方式提出）。若不提出，则因无理由而诉（或反诉）被驳回时，原告不得援以前依诉之合并、变更或追加所得主张之事实，提起独立之诉；被告不得援以前得作反诉原因主张之事实，提起独立之诉。（第五六九条一项二项）

5. 婚姻事件既与公益有关，故判决之基础，不全委之当事人提出，法院应依职权为事实之调查。当事人所未提出之事实，亦得斟酌之（第五七一条一项）；惟于裁判前，应令当事人就该事实有辩论之机会（同条二项）。因广采职权主义之故，于是又有下列特点：

a. 关于认诺效力之规定，于婚姻事件不适用之（第三七〇条一项）。

b. 在婚姻无效或确认婚姻成立或不成立之诉，于婚姻无效或不成立及婚姻有效或成立之原因事实，不适用诉讼上自认及不争执事实之效力之规定（同条二项末段）。

其他事件（撤销婚姻、离婚及夫妻同居之诉），仅于不利于婚姻之原因事实，不适用之（同条同项前段）。

c. 为阐明本案事实及各种关系起见，法院得斟酌命当事人或法定代理人本人到场，其不到场者，准用第三〇三条之规定，科以罚锾，但不得拘提之(第五七二条一项)。法院得使受命推事或受托推事讯问本人(同条二项)。

6. 中止及中断

a. 离婚之诉及夫妻同居之诉,法院认当事人有和谐之望者,得于六个月以下之期间内,命中止诉讼程序,但以一次为限(第五七四条)。如经当事人声请,应即准许之。

b. 当事人一方死亡,普通系诉讼程序中断或中止之原因,于婚姻事件则视为诉讼终结(第五七六条),故法院仅须就诉讼费用为裁判。但第三人提起撤销婚姻之诉后,仅夫或妻死亡者,不在此限(同条)。

c. 但婚姻事件之原告,于判决确定前死亡者,有权提起同一诉讼之他人,得于其死亡后三个月内承受诉讼。例如关于撤销婚姻之诉,除配偶外,第三人亦得提起之,于是得承受诉讼。若为离婚之诉或同居之诉,原告既经死亡,无承受诉讼之可言,诉讼因而终结。

7. 离婚、婚姻无效或撤销婚姻之诉提起后,如认为夫妇间不能继续共同生活,法院得依声请为必要之假处分,如准许分居并命扶养或监护子女等是(第五七五条)。

D. 判决及上诉之特点

1. 就婚姻无效、撤销婚姻或确认婚姻成立或不成立之诉所为之判决,对于第三人亦有效力(第五七八条一项);关于离婚之判决亦同;虽无明文规定,理应如斯。以重婚为理由提起撤销婚姻之诉被驳回者,其判决于当事人之前配偶,以已参加诉讼者为限,始有效力(第五七条二项)。

如以通奸为离婚之理由起诉,经判决准离者,应于判决书中注明相奸者之姓名。此虽未有明文,但应如此办法,否则《民法》第九八六条之适用,将感不便。

2. 上诉之一般原则,须上诉人受原审不利之判决,始得提起之。关于婚姻事件,《德国民诉法》规定纵在原审胜诉,亦得提起上诉,但以维持婚姻关系者为限。我《民诉法》无类似之规定,该国立法,未始不可借镜。

第二节　亲子关系事件程序

A. 概念——亲子关系事件,依法律规定,约包括三类:

1. 关于收养者,如收养无效、撤销收养、确认收养关系成立或不成立、终止收养关系之诉(第五七九条)。

2. 关于血亲者,如否认子女、认领子女、认领无效、撤销认领,及再婚后所生子女确定其父之诉(第五八五条)。

3. 关于亲权者,如宣告停止亲权、撤销其宣告之诉(第五八八条)。

亲子关系事件,亦与公益有关,旧法亦须检察官到场陈述意见。亲子关系事件与婚姻事件属同一性质,故关于婚姻事件之各规定,于此准用之(第五八四条第五九二条)。

B. 管辖

1. 收养事件,专属养父母之住所地或其死亡时住所地之法院管辖(第五七九条)。

2. 血亲事件,专属子女住所地或其死亡时住所地之法院管辖(第五八五条)。

3. 亲权事件,专属行亲权人或曾行亲权人住所地之法院管辖(第五八八条)。

C. 程序之特点

1. 关于收养之诉讼者,养子女虽不能独立以法律行为负义务者,亦有诉讼能力(五八○条)。此乃指七岁以上二十岁以下之未成年人而言。如其为诉讼行为者,受诉法院之审判长应依声请选任律师为其诉讼代理人;于认为必要时,并得依职权为之选任。此乃虑其知识经验之不足,为

保护其利益所定之措施也。(第五八一条)

如系无行为能力人,而养父母为其法定代理人者,应由本生父母,无本生父母者,由亲属会议所指定之人代为诉讼行为(第五八二条)。此之亲属会议,指其本家而非养亲家之亲属会议而言。

终止收养关系之诉,于起诉前,应经法院调解(第五八三条)。

2. 关于血亲之诉讼者

a. 否认子女之诉,夫于法定起诉期间内或期间开始前(《民法》第一○六三条二项)死亡者,继承权被侵害之人得提起之(第五八六条一项),但须自夫死亡时起于六个月内为之(同条二项)。夫于提起否认子女之诉后死亡者,继承权被侵害之人,得承受其诉讼(同条三项)。

b. 关于认诺及诉讼上自认或不争执事实之效力之规定不适用之(第五九○条)。

c. 当事人所未提出之事实,法院亦得斟酌之(第五九一条一项),但裁判前应令当事人就该事实有辩论之机会(同条二项)。

3. 关于亲权之诉讼者

a. 撤销停止亲权宣告之诉,以现行亲权之人或监护人为被告(第五八九条)。原告仍依《民法》第一○九○条之所定。

b. 关于认诺及诉讼上自认或不争执事实之效力之规定,不适用之(第五九○条)。

c. 当事人所未提出之事实,法院亦得斟酌之(第五九一条一项),但裁判前应令当事人就该事实有辩论之机会(同条二项)。

第三节　禁治产事件程序

第一目　禁治产之宣告

A. 概述——对于心神丧失或精神弱耗致不能处理自己事务者,其本人之配偶或最近亲属两人得声请法院宣告其禁治产(《民法》第十四条)。禁治产之宣告系变更权利之行为,盖因此而行为能力(或限制行为能力)被剥夺也。

禁治产之宣告,以裁定行之(第六〇〇条一项),于禁治产人之法定代理人或依法律应为监护人之人受该裁定送达时发生效力(第六〇一条一项)。

宣告禁治产之裁定,得予撤销。在为宣告之裁定时,禁治产人并非当事人之一造,而系法院审查确定之对象。在撤销宣告之诉,则禁治产人以原告之地位,而列为当事人之一造矣。

禁治产事件程序规定在《民诉法》内,然依其性质,应认为非讼事件。

B. 宣告程序

禁治产之声请,专属应禁治产人住所地之法院管辖(第五九三条一项)。第五六四条二项之规定于此准用之(同条二项)。

禁治产事件程序应依声请行之。声请书应表明其原因、事实及证据(第五九四条)。经声请后,法院为保护应禁治产人之身体及财产,得命为必要之处分(第六〇一条一项)。

法院得于禁治产之程序开始前,命声请人提出诊断书(第五九五条)。就禁治产之声请及声请人所表明之事实及证据,依职权为必要之调查(第五九七条一项)。调查费用,如声请人未预纳者,由国库垫付(同条二项)。

禁治产之程序,不公开行之(第五九六条)。法院应于鉴定人前讯问应禁治产人。但有碍难讯问之情形或恐有害其健康者,不在此限(第五九八条)。

法院或为禁治产之宣告,或驳回其声请,均以裁定行之;为裁定时并定费用之负担(第六〇四条)。宣告之裁定应附理由。裁定应送达于声请人及禁治产人之法定代理人,或依法律应为监护人之人(第六〇〇条)。裁定送达后,法院应以相当之方法,将该裁定要旨布告之(第六〇一条二项)。

驳回禁治产声请前之裁定,得为抗告(第六〇三条一项)。第五九五条至第五九七条之规定于抗告法院之程序准用之(同条二项)。宣告禁治产之裁定,不得抗告(第六〇五条一项),而仅有撤销之一道(同条二项)。

C. 撤销宣告程序

宣告禁治产之裁定,形式上或实质上要件不具备时,得提起撤销宣告之诉。此系通常诉讼程序。在撤销宣告之诉,不得合并提起他诉,或为诉之追加,或提起反诉(第六〇九条)。

撤销宣告之诉,专属为宣告裁定之法院管辖(第六〇五条二项)。

有诉权者,为应禁治产人、其法定代理人及《民法》第一四条所规定有声请权之人。其被告为声请禁治产之人(第六〇六条一项),故亦可为应禁治产人本人。盖依《民法》第一四条,彼本人亦得为禁治产宣告之声请者也。由声请禁治产人起诉(即应禁治产人自己),或该声请人死亡者,以禁治产人之法定代理人为被告(同条二项)。

撤销禁治产宣告之诉,应于三十日之不变期间内提起之(第六〇七条一项)。其期间,于禁治产人自其知悉禁治产宣告时起算,于他人自该裁定发生效力时起算(同条二项)。

撤销禁治产宣告之诉,受宣告人有诉讼能力(第六〇八条一项)。第五八一条之规定于受宣告人为诉讼行为者,准用之(同条二项)。

其程序亦必须开言词辩论,广采职权主义,准用第五九〇条至五九一条之规定(第六一一条)。第五七七条关于承受诉讼,第五九八条、第五九九条关于讯问受宣告人,于此准用之(同条)。

法院认为撤销有理由者,应以判决撤销宣告之裁定(第六一二条一项)。但法院于判决确定前因保护禁治产人之身体或财产,得命为必要之处分(同条二项)。第六〇二条二项及三项之规定于该项处分准用之(同条三项)。判决确定后,应由第一审受诉法院布告之(第六一四条)。对于驳回或撤销之判决,均得为上诉。

受禁治产宣告人于判决确定前死亡者,关于本案,视为诉讼终结(第六一〇条)。

在撤销前,监护人所为之行为不失其效力(第六一三条一项)。在撤销前,禁治产人所为行为,不得本于宣告之裁定而撤销之(同条二项)。

第二目　禁治产之撤销

A. 概述——禁治产之原因消灭或根本未有此原因时,得声请撤销禁治产(第六一五条)。第五九四条至第五九九条之规定,于撤销禁治产之声请准用之(第六一七条)。撤销以裁定行之,其裁定得为抗告。驳回撤销禁治产声请之裁定,不得抗告(第六二〇条一项),仅得提起撤销之诉(同条二项)。故此处亦有裁定程序及通常诉讼程序之别。

B. 裁定程序

撤销禁治产之声请,专属禁治产人住所地之地方法院管辖(第六一六条一项)。第五六四条二项于其声请准用之(同条二项)。如不能依其上述定其管辖法院者,得向就禁治产之声请曾为裁判之地方法院声请之(同条三项)。

有声请权之人为《民法》第一四条所规定之人。

第五九四至第五九九条关于声请之程式及程序之进行准用之(第六一七条)。为裁定时,并应定费用之负担(第六一八条)。

撤销禁治产之裁定应附理由(第六一九条一项)。其裁定应送达于声请人及禁治产人(同条二项)。裁定确定后应布告之(同条三项)。驳回撤销禁治产声请之裁定,不得抗告,仅得撤销(第六二〇条)。

C. 撤销裁定程序

得声请撤销禁治产之人,对于驳回撤销禁治产声请之裁定,得向就该声请曾为裁判之地方法院,提起撤销之诉(同条二项)。第六〇六条、第六〇八条至第六一二条、第六一三条一项及第六一四条之规定,于此准用之(同条三项)。

附录　《非常时期民事诉讼补充条例》析解

第一节　条例之公布施行

《非常时期民事诉讼补充条例》于民国三十年七月一日公布,同日施行。以下如未有特别注明所载条文者,均指该条例而言。

第二节　管　辖

依《民诉法》之规定,关于一般审判籍,原以被告之住所定法院之管辖。兹因国土被占,致我国司法权在该占领区事实上无由行使,或虽未被占领,但属作战地带,法院已经撤退,则得由居所地之法院管辖(第二条一项);但须被告之居所在后方者,该条之适用,始有实益。专属管辖之依住所而定者(尤其关于人事诉讼事件),亦得改以居所地定法院之管辖(同条二项)。

此外有管辖权之法院(尤其依《民诉法》关于特别审判籍之规定有管辖权之法院)在战区不能行审判权者,当事人得声请指定管辖。声请时当事人得陈明其所欲指定之法院(此与《民诉法》略异),但法院不受其陈明之羁束(第三条),指定管辖之裁定,仍依《民诉法》之规定,不得声请不服。

指定管辖声请人陈明指定之法院与有管辖权之法院不隶属于同一高等法院或分院者,由最高法院就其声请为裁定。陈明指定之法院隶属于最高法院分庭者,得由该处分庭裁定之。(第四条)

第三节 诉讼代理

无诉讼代理人为诉讼行为,因战事致无法定代理人或法定代理人不能行代理权,恐久延而受损害者,受诉法院之审判长,得依声请就本案为之选任特别代理人(第五条一项)。此特别代理人不得为舍弃、认诺或和解(同条二项)。选任代理人之声请,究由何人为之,不无疑义。吾人所可确定者,其声请必不由下列人等所为:

1. 无诉讼能力人。盖无诉讼能力人本不能为有效之声请,且事实上以其心智之薄弱,亦决无为此声请之可能。

2. 他造当事人。盖已有《民诉法》第五一条之规定,可资适用。

3. 法定代理人。盖如系法定代理人,则已有合法之代理,无庸更为选定代理人。上列三种人既不得为声请,而法律又未明定有声请权之人,可见除上列三种人外,其余之第三人不问其与无诉讼能力人有无关系,均得为此声请。吾人可想像之实例,譬如甲携友人之幼童,仓促避难,来至后方,以汽车失事,致该幼童不幸受伤,该幼童在诉讼上请求损害赔偿之前,可由甲声请法院为之选任特别代理人,进行诉讼。

第四节 诉讼救助

声请诉讼救助,依普通法之规定,须具备下列两要件:

1. 须当事人无资力支出诉讼用费。

2. 须非显无胜诉之望。

关于第一要件,当事人须释明之,若不释明,可以保证书代之。兹因战事关系,人民财产横遭摧毁,故关于诉讼救助,更宽其限制,纵未释明,又无保证书,法院亦得酌量情形,准予救助(第六条)。

第五节　声请恢复原状不变期间之迟误

《民诉法》第一六四条三项规定迟误不变期间已逾一年者,不问其迟误是否可归责于当事人,即不得再声请恢复原状。兹规定因战事迟误不变期间者,《民诉法》之规定不适用之(第七条)。

第六节　诉讼程序之停止

当事人于战时服兵役而未委任诉讼代理人者,法院应命在障碍消灭之前,中止诉讼程序(第八条)。

诉讼程序休止后四个月内不续行诉讼者,视为撤回其诉或上诉。此四个月期间,如有迟误,可否声请恢复原状,法无明文。兹规定如因战事不能在期间内续行诉讼,得声请恢复原状,并适用第七条之规定(第九条)。

第七节　一造辩论判决

言词辩论期日,当事一造不到场者,法院得依到场当事人之声请,由其一造辩论而为判决。但有《民诉法》第三八六条所列各款情形之一者,应驳回其声请而延展辩论期日。兹更规定当事人在言词辩论期日不到场系因战事而到场显有困难者,亦适用同法第三八六条。

第八节　调　解

A. 概述——因战事延长,经济剧变,人民间之私法关系,亦深受波动,纠纷频生。此种纠纷之发生,初未可归责于任何一方之不诚实或不信用也。欲使旧时发生之法律关系能适合于新经济环境，单凭法院之裁判，有时难得事理之平，莫若先使双方就其间之法律关系，重加考虑，酌予修改，如有成果，则系出于双方之本意，当不致有不公允情事。此所以于《民诉法》之规定外，更设调解之制。关于调解机构之组织、调解程序之进行、调解之结果等，为特别之规定。

B. 适用范围——左列法律关系，因受战事影响，致生争议者，当事人得声请法院调解之（第十一条）：

1. 买卖

2. 租赁

3. 借贷

4. 雇佣

5. 承揽

6. 出版

7. 地上权

8. 抵押权

9. 典权

其争议已系属于法院者，受诉法院得依声请将事件移付调解，中止诉讼程序（第十二条）。

C. 调解机构之组织

调解依会议方式行之，以推事为调解主任，并由当事人合意推举二人或四人，或各推举一人或二人为调解人。如当事人不推举时，由法院院长选任声望素著或有特别知识经验者二人或四人充之（第十二条）。

被选任为调解人者，非有正当理由，不得辞任（第一四条）。

调解人有《民诉法》第三二条所列回避之原因者，当事人得声请解任（同条）。至于《民诉法》第三三条一项二款之规定（即推事执行职务有偏颇之虞），于此不适用之。盖调解人由当事人推举，原不能期其如推事之绝对公正也。

D. 调解程序之进行

《民诉法》第四一〇条二项三项、第四一二条至第四一五条、第四一七条、第四一八条、第四二〇条、第四二一条、第四二二条、第四二三条、第四二六条至第四二八条准用之。其中关于法院之职权，由调解主任行之（第一六条）。

调解程序，由调解主任指挥之（第一五条）。

调解会议以调解人过半数之意见决之。可否同数时，取决于调解主任（第一七条）。

E. 调解结果

调解会议应议定调解条款，做成调解书，以正本送达于当事人（第一八条一项）。当事人对于调解条款未经同意者，得于正本送达后二十日之不变期间内提出异议（同条二项）。提出异议后，法院书记官应通知他造当事人（第一九条），当事人以后可依诉讼方式解决其争议。逾期而不提出异议，视为调解成立（第一八条二项），调解书即有强制执行之名义。异议之提出与否，既有关乎当事人之利益，故送达于当事人之调解书正本应记载异议之期间及不提出异议之效果（第一八条三项）。但此系训示之规定，如有遗漏，不得认之为违法。

F. 诉讼程序

当事人既经提出异议，调解即不成立。其争议之解决，仅有诉讼之一道。若此后果起诉者，或已起诉、因调解不成立而续审者，法院应依左列规定为裁判（第二〇条一项）：

1. 争议之法律关系，就其因战事所受影响，法律有规定者，依其规定。

2. 无法律规定时,中央或省市政府,因战事就争议之法律关系以命令定有处理办法者,依其办法。

无法律及办法时,如该法律关系因战事致情事剧变,非当时所得预料,而依原有关系发生效力显失公平者,法院得酌量社会经济情形、当事人生活状况及其因战事所受损失之程度为增减给付,延期或分期给付之裁判(同条二项)。

此规定之适用,须具备下列要件:

a. 须有《条例》第十九条之情形者。故争议在《条例》施行前已有诉讼系属者,法院如未于施行后,按照第十二条规定,依声请将事件移付调解,即不发生第十九条情形,自无依第二十条二项为裁判之余地。在《条例》施行后发生之争议,当事人未声请调解者亦同(三十一年院字第二三三九号解释)。

b. 须情事剧变,非当时所得预料。

c. 须依原有关系发生效力,显失公平。

此种情形,在法律关系发生于战前或战事初期而期于此时履行义务者,可常发生。例如建造房屋,于民国二十八年初立约,须三年完工。在此三年期间,经济情形因战事而剧变,致承揽之营造公司,必须支付数倍于三年前之工资与材料价格,始得完成定作之房屋。此种情形,非惟立约时,非当事人双方所得预料,抑且依原来承揽契约发生效力,必致营造公司赔累过甚,而定作人则获意外之厚利,甚失公平,自可请求法院依该规定所赋予之职权就契约之内容,酌量修改,以为事理之平。近来时有因回赎典物,典权人以币价贬落,要求增加典价,始肯放赎,因而涉讼者。自《条例》颁行以后,典权人纷纷声请适用第二〇条二项之规定,学者与法院亦颇多主张增加典价后始予放赎者。愚见以为不然。盖币价虽贬落,而物价、地租则上涨。典权人此时就典物为使用收益,每年所得,亦远超于典权契约成立之时,实系一种未能预料之意外收获,而未见出典人要求于典权存续中增加给予典价者,则何能反欲出典人于典期届满时,增加典价取偿哉。是故币价贬落,虽非当时所得预料,但依原有法律关系发生效力,则未见有不公平情事,此其一。典权之关系,出典人在经济上为弱者。抑强扶弱,不仅为我国固有道德,抑且为现行各法之精神。上述依原来典权关系发生效力,既仍不失为公平,则使增加典价为偿,则与立法主义,背道而驰,实有未可,此其二。

法院为裁判时,应酌量社会经济情形、当事人生活状况及其因战事所受损失之程度。其得修改契约内容,变更当事人之权利义务,职权不得谓不大,责任不得谓不重,故其行使此职权时,不得不慎重将事。《条例》规定其所应斟酌之事项,乃给以裁判时之指导南针,庶可免漫无标准、流于武断之弊。

欧洲如法国等,于第一次欧战后,因经济情形剧变,金融几致崩溃,行政法上及私法上亦发生同类事件,而行政法上与普通法上之见解各异。法国南部之包多市,有一煤气公司,承供街灯煤气。后以燃料涨价,如依原约向市政府取偿,公司供给煤气,必甚感困难,或因赔累而倒闭。故要求市政府加价,市府不允,发生争议,最后由国务院(即相等于我国之行政法院)裁判,卒令市府加价。考其理由,盖以情势之剧变,良非当时所预料,而公司之给付,兹又深感困难,若不酌予加价,自非公平之道,从此即发生不可预料学说(théorie de l'imprévision)之问题。同时私法上发生类似之争议,当事人往往据以请求解除契约,而普通法院则坚主维持原来法律关系,而不采用不可预料学说。两种法院之见解,竟有如此差别,盖以公法上关系,牵涉公共福利。设使维持原约,该公司必致赔累而倒闭,包多市将无街灯,影响治安匪浅。至于私法上关系,以维持诚实信用及尊重个人自由为第一要义。若给付虽感困难,但并非不可能,自不得为解除契约之原因。至于契约之订立既系出于个人之自由意志，设非双方同意所改，法院究不得代为主张。此项判例，法国学者反对与赞成者参半，迄无定论。

采用不可预料学说之效果有二，或契约解除，或契约变更。《条例》采第二种效果，即赋予法院以变更契约内容之权，但无论如何，此种学说与程序无关，而系一实体法问题。兹以之规定于《诉讼条例》中，似有未妥。再者受战事影响而可发生争议者，原不以《条例》中所列之九种法律关系为限。《条例》设此限制，亦未见其宜。

第九节　裁判书及卷宗之灭失及其效果

A. 概述——此次战事，弥漫甚广，破坏力亦甚大，当事人所执之裁判正本，以及法院所保存之裁判原本正本暨卷宗，难免有所灭失，则经判定之法律关系，缺乏正式名义及根据，而已系属于法院之诉讼，亦难依普通法之规定进行，是则非别设规定，不足以资救济。

B. 裁判书之灭失及其效果——裁判书有原本与正本之别。原本保存于法院，正本则送达于当事人，法院亦同时留存一份。当事人所执之正本，因战事灭失者，须纳费用向法院书记官请求付与正本。如法院保存之原本亦灭失者，应付与灭失之证明书（第二一条）。

法院所保存之裁判原本及正本，均因战事灭失，如法院有使用之必要时，审判长得定期间命当事人两造提出正本。期内两造均不提出者，视为当事人所执正本，亦已灭失。但嗣后提出者，依左列各款之规定（第二二条一项）：

1. 所提出者为确定裁判之正本时，不妨碍《民事诉讼法》第四九二条一项十款之适用。易言之，可对于后之裁判提起再审之诉。

2. 所提出者为未确定裁判之正本时，在提出前因灭失所为之裁判，不因此而受影响。故前之未确定裁判,即归无效。

若当事人于审判长所定期间提出裁判正本时,法院书记官应依该正本做成正本附卷,将当事人所提出者发还(同条二项)。如在期间过后,法院就本案裁判前提出者仍有效,惟迟延提出如系出于当事人之过失,其因迟延所生之诉讼费用,得令其负担。

判决确定事件,判决原本及正本均灭失而无其他方法证明判决内容者,当事人得更行起诉(同条二项)。经法院判决后,不得以曾有确定判决而对之提起再审之诉。如声请再审时,应以裁定驳回之(第二八条)。此虽有背于一事不再理之定则,乃出于不得已耳。

C. 卷宗之灭失及其效果

1. 因战事卷宗灭失之事件,依法院之簿册或经当事人之证明系属于法院者,法院应依法进行之(第二三条)。否则须由当事人重为诉讼行为,更始进行。

灭失之书状,审判长得定期间命当事人补行提出。期内不提出者,依左列各款之规定(第二四条一项):

a. 应补行提出者为诉状、上诉状、抗告状或声请状时,视为撤回其诉、上诉、抗告或声请。

b. 应补行提出者,为其他之书状时,视为自始未提出书状。当事人以言词为声明或陈述,由法院书记官做成之笔录灭失者,得命更为声明或陈述。如不遵命更为之,准用上列二款之规定(同条二项)。

2. 事件于裁判确定前裁判原本及正本均因战事灭失,而无其他方法证明裁判之内容者,视为未判决。但事件已系属于上诉审者,依左列各款之规定(第二五条):

a. 系属于第二审者,由第二审就该事件,自为判决。

b. 系属于第三审者,以裁定发回原第二审法院或发交其他同级法院。

3. 事件系属于第三审而第二审卷宗因战事灭失者,依上列之 b 办理。但上诉不合法或显无理由或应就该事件自为判决者,不在此限(第二六条)。

第二五条及第二六条于抗告或再为抗告事件准用之。但抗告或再为抗告已无利益者,应驳回之(第二十条)。

4. 因战事卷宗灭失事件之上诉、抗告或再审之诉讼,除能证明其为不合法者外,视为合法(第二九条)。故如有主张上诉、抗告或再审已逾法定之不变期间,但卷宗已因战事灭失,且无其他方法证明其已逾期者,应视为未逾期限。

（张企泰著:《中国民事诉讼法论》,中国文化服务社 1943 年版。）

论

文

中国领事裁判权问题

一、引　言

自鸦片战争以还，我国元气大损。英国乘战后余威，不时以强权剥夺种种权利，而我王公大臣，一以昧于世情，一以胁于武力，乃轻轻将诸不平等条约签定批换。且不一英国而足，他如法美意日，亦相继来华签订条约，谋得特权。特权之中，尤以领事裁判权之为害于中国焉特甚。自一八四三年领事裁判权规定于约上以来，迄今已将九十年矣。而行之愈久，则弊端恶迹愈显，越制滥用愈甚，而致害放毒我国焉亦愈剧。我国在最近百年以来，政界情形之所以每况愈乱者，持戈自斗之所以终岁不息者，经济地位之所以凌夷至此者，农工商业之所以拙蹶不振者，推及国势之所以仍弱不强者，殆均与领事裁判权有连带关系。然则领事裁判权之于我国，犹如蟒蛇之蟠身，如蠹虫之蚀柜。凡有血气，宁不悚然惊惕？若吾人欲谋所以更张之，以自争存于天地之间，撤废领事裁判权，殆为亟务。不佞之作此文，其命意所在，盖不外两端：一则以国人对外人之享受特权，视为习然，无意于取缔之。故须将领事裁判权之弊害，广布群众，使其知领事裁判权致毒之甚，而养成其立谋去毒之坚意焉。再则对撤废办法，略就管见所及，呈诸当局，备作参考之资用而已矣。

二、领事裁判权之起源

自海通以来，外人来华经商者，日见其增。彼以西洋珍奇以就我，我以中华土运以就彼，两两交易，各以谋利为的。然利之一物，最易引起饕餮者之争斗；且中外习惯不一，风俗又易，华夷杂居一处，难免始而猜忌，继而角斗，终于诉讼。当时中国司法情形，可为外人指摘之处良多。如刑罚苛酷、监狱不良、行政官兼理司法、苦打招承、连坐制度、异视外人等等，在在均能促其脱我法权之管辖。虽然，外人要求领事裁判权之真正理由，实为谋商业上之利益起见耳。漆树芬曰：[①]

"他们资本家，在国外如司法上不较其国之土住人享有特权时，则不易在他国占有优越位置，而发展上亦有大障碍。此即为设领事裁判权之真正原因。"

故资本家主动，国会议员辅之。议员则在国会中极力鼓促，为彼等谋得在他国司法上之优越位置。在鸦片战争以前，有英议员司当登[②]Sir George Staunton 者，曾提议在华英侨，须受英国司法之支配，此议案于一八三三年通过国会。自鸦片战后，英遂将领事裁判权一款，规定于一八四三年之中英《五口通商章程》内。

---

① 漆树芬著《经济侵略下之中国》第一三八页。
② 司当登提案，见 Hsia, C. L：Treaty Relations Between China & Great Britain, *The Social & Political Science Review*, Vol. 7, No. 2, 1923。

三、领事裁判权之沿革

领事裁判权之规定于条约之中,自一八四三年起。中英《五口通商章程》第十三款云:

"凡英商禀告华民者,必先赴管事官处投禀;候管事官先行查察,谁是谁非,勉力劝息,使不成讼。而有华民赴英官处控告英人者,管事官均应听诉,一例劝息,免致小事酿成大案。其英商欲行投禀大宪,均应由管事官投递。禀内倘有不合之语,管事官即驳斥另换,不为代递。倘遇有交涉词讼,管事官不能劝息,又不能将就,即移请华官公同查明其事;既得实情,即为秉公定断,免滋讼端。其英人如何科罪,由英国议定章程、法律,发给管事官照办。华民如何科罪,应治以中国之法。均仍照前在江南原定善后条款办理。"

其语意如觉含混。一八四四年之中美、中法条约,关于领事裁判权之条款,如较英约分析加详。英法联军之战,我又败北。一八五八年英美法使,联袂入京,先后缔结中英、中美、中法《天津条约》。以前之《五口通商章程》,遂告废止。其关于领事裁判权事项,中英《天津条约》中规定,更比昔详。第十五款云:

"英国属民相涉案件,不论人产,皆归英官查办。"

第十六款云:

"英国民人,有犯事者,皆由英国惩办。中国人欺凌扰害英民,皆由中国地方官自行惩办。两国交涉事件,彼此均须会同,公平审断,以昭允当。"

第十七款云:

"凡英国民人,控告中国民人事件,应先赴领事官衙门投禀。领事官即当查明根由,先行劝息,使不成讼。中国民人有赴领事官告英国民人者,领事官亦应一体劝息。间有不能劝息者,即由中国地方官与领事官会同审办,公平讯断。"

以上第十六款,在英文原约中,并无有华洋混合刑事案件,由中英官吏会同审断之语意,但因当时译者,不明刑民之界,以为第十七款既系会同审断,遂将第十六款译为相同语句。而不知我国审判刑事全权乃因之破坏于数字之中。

一八七五年,英人马加理为滇地盗贼所杀。英政府提出要求,遂成《烟台条约》,于一八七六年订成。关于前约第十六款中,"会同"二字,详加注释。该约第二端第三款曰:

"凡遇内地各省地方或通商口岸有关系英人命盗案件,议由英国大臣派员前往该处观审。……两国法律既有不同,只能视被告者为何国之人,即赴何国官员处控告。原告为何国之人,其本国官员,只可赴承审官员处观审。倘观审之员,以为办理夫妥,可以逐细辩论;庶保各无向隅,各按本国法律审断。……"

惟观审之权限如何,则在一八八〇年中英《续补条约》内有规定,约中第四款云:

"……该原告之官员,如欲添傅证见,或查讯驳讯案中作证之人,可以再行传讯。倘观审之员,以为办理不公,亦可逐细辩论,并详报上宪。……"

于是乎领事裁判权遂充满迸溢,超过其固有之界焉。然其超越之程度,不惟上述是已。昔者领事裁判权为属人主义,今则变为属地主义。故凡在一切特别区域内,外人皆得行使其本国之法权焉(关于此段有另章详论)。除英法美以外,其他获有领事裁判权者,尚有十余国。兹拟表如左:

国名	订约年月	条款
挪瑞	道光二十七年（一八四七）	第二十一五九款
俄	咸丰八年（一八五八）	第七款
德	咸丰十三年（一八六一）	第三十四五八九款
荷	同治二年（一八六三）	第六款
丹	仝前	第十五六七款
西	同治三年（一八六四）	第十二三四款
比	同治四年（一八六五）	第十六九二十款
意	同治五年（一八六六）	第十五六七款
奥	同治八年（一八六九）	第三十八九四十款
秘鲁	同治十三年（一八七四）	第十二三四款
巴	光绪七年（一八八一）	第九十十一款
葡	光绪十三年（一八八七）	第四十七八五十一款
日	光绪二十二年（一八九六）	第二十二二十一二款
刚果	光绪二十四年（一八九八）	第一款
墨	光绪二十五年（一八九九）	第十三四五款
智	民国四年（一九一五）	
瑞士	民国七年（一九一八）	

　　就中俄国因中国不承认其苏维埃新政制，故遂于一九二〇年将其在华领事裁判权宣告废止。德奥欧战失利，在一九二一年与我订立新约，应允放弃在华领事裁判权。其余诸国，则仍享受如昔。

　　注：参照《外国在华领事裁判权志要》第二章。

四、列国在华行施领事裁判权之情形

列国在华行使领事裁判权，纯取被告主义。故其管辖范围，以此为断。在华所发生诸案，属于领事裁判权之下者，有六种：

一、民事原告为华人，被告为外人者。

二、刑事被害者为华人，被告为外人者。

三、民律两造为同一国籍之外人者。

四、刑事之被害者与被告者为同一国籍之外人者。

五、民事两造皆为外人，而彼此国籍不同者。

六、刑事之被告及被害者皆为外人而彼此国籍不同者。

就中三、四、五、六数项，隶属外人案件，一切都由外国官员自己料理，我国官员不加过问。一、二两项为华洋混合案件。属民事者，则由中外官吏各自调处。如调处不成，然后由中外官吏会同议办。属刑事者，若外人为被告，则案件当即交彼国领事，依照彼国风俗习惯例律而判断。若华人为被告，则案件当交中国官员，依照中国风俗习惯例律而审判。然坐审之时，原告方面之官员，得来厅观审。如彼以为办理未妥，可以逐细辩论，且准添传证见，覆讯证人。然中国地方官员，对观审一权，多不行使。积久亦遂成例。而外人则得寸进尺，竟由观审进而至会审。华被洋原之案件，外国因有观审之权，即纯粹无约国之诉讼，或外人所雇用华人间之诉讼，甚或以地域关系，凡在该地域内之纯粹华人诉讼，均由外官会审，至于无约国人民在华者，则当与华人一律看待。民刑事原告为无约国人民，被告为外人者，则由该外人所属国之领事判断。反是，则由中国法庭审断。

五、领事裁判权之延长及范围之扩充

在第三、第四章内,已略述外人之行施领事裁判权,今已超越其固定之界限来。如租借地本为我国之领土,则在各该租借地之领土权或主权,仍属于吾国,可无疑义。且租借条约中亦多为明白之规定。例如《中俄租借旅顺大连条约》于第一款规定:

"惟此项所租,断不侵害中国大皇帝主此地之权。"

又《中法租借广州湾条约》,第一款亦有类如之规定:

"惟在其租界之内,订明所租情形于中国在该地自主之权无碍。"

英国租借威海卫与九龙,条约虽无此种明白之规定,然两约皆仅证明英国在各该租借地,仅有治理权(Jurisdiction)而非有永久之主权(Sovereignty),且中国亦同时保留其原有之治理权。然条约上虽如此规定,而事实上已适其反矣。吾国之五大租借地(自胶州湾收回后现尚存四),承租国竟设立各级法院,实行其司法权。此等法院,不独对于其本国人民,以及本国人民与中国人民之诉讼,一律行使其法权;即对于其他第三国人民,亦实行支配,不容其再受从前所享领事裁判权之保护。兹将各租借地法院组织,略举如后:

(一)在旅大者,当俄国租借时,曾设旅顺裁判所。自归日本后日人设关东川法院。

(二)在广州湾者——法国素视广州湾为法领印度支那之一部。该领全境司法制度,有下级裁判机关,其上诉机关在西贡及河内。

(三)在威者——英在威海卫设有初级裁判所及威海卫高级裁判所,其上诉机关为香港大理院。

（四）在九龙者——英视九龙为香港殖民地之扩张。故九龙之司法制度，属于香港司法制度系统内。现英在九龙设有初级裁判所，其上诉须往香港高等裁判所及大理院。

在各该租借地所设立之法院，或规定之司法制度，由吾国之立足点观之，只可视为领事裁判权之延长，或一种违约之行为。并可视为一种由有领事裁判权国家合力组成之公廨，完全无条约上之根据。故吾人要求一般的撤销领事裁判权时，应主张撤销各租借地之外国法庭，而替以吾国之法庭，乃法律上有充分理由者也。①

至于租界，则中国主权亦能及之，条约上且有明白之规定。但租界不受中国法律之支配，实于中国主权损伤甚巨。租界内有市政公会者，操纵租界中之行政权，如警察、卫生、街道、房屋等。而市政公会之董事，华人虽亦有之，而一切大权，均归外国董事掌握。其有害于中国行政上之完整也，不胜言矣。② 在租界上之会审公廨，如上海③、汉口、鼓浪屿等，则差不多完全为外人之法院。中国法官，于审办案件时，无丝毫权限，惟悉听外官之断谕而已。近幸民智渐开，知公廨舍毒之深，乃屡起抗议，思量夺还。收回公廨运动，去年进行益力。淞沪督办丁文江及上海交涉使许沅与外官经数度之交涉，卒得圆满之解决。乃于今岁元旦，由外官正式将沪公廨交还中国官员接办。然吾人当知收回会审公廨与撤

---

① 梁龙的《租借地法权收回问题》,《东方杂志》二十三卷十号。

② 参阅《调查法权委员会报告书》附件。

③ 考上海之辟为商埠，始于一八四二年。至咸丰三年（一八五三），上海县城为奸民刘丽川攻陷。中国官吏尽逃。租之华民遂无人管理。于是英美法三国领事，对于租界内之华人，亦行使其裁判权。时大乱方殷，国人无暇顾及，至同治七年（一八六八），始由上海道与英法美领事协议，订定上海《洋泾浜设官会审章程》十条，设立会审公廨。辛亥政变，沪海道尹他通，会审官宝顾亦逃亡。各国领事，遂会同接管公廨，一切皆由外人主持，不但组织行政为之一变，即权限范围亦肆行扩充。孙氏督苏，使丁文江、许沅办理交涉收回公廨一切事宜。结果甚为圆满。此公廨现由中国官员接管，徐维震主其事。

销领事裁判权,全属两事,并不相关。会审公廨,不过为领事裁判权之延长,或可谓外人违约之行为。故今收回公廨,即铲除此种延长;换言之,即禁阻外人越约行动而已。对于条约公正式规定外人得在华享受领事裁判权之一款,并不发生任何影响。吾国经二十余年来之撤废领事裁判权运动,至今尚未见其有丝毫成功,凡我同胞,尚须勉励努力以抗进。

至于北京使馆界,则《辛丑条约》第七条规定:

"国家(中国)允定各使馆境界,以为专与住用之处,并独由使馆管理。中国民人概不准在界内居住,亦可自行防守。"

本条内又称:

"中国并应允诸国分应自主,常留兵队,分保使馆。"

使馆界内之一切行政,皆归各国所协定之规程办理,中国人通过该地之自由,多方束缚。使馆界几完全成为外国领土矣。

在铁路附属地,则外人可设警派队,树帜结垒,操纵一切行政司法之权。此种剥夺我国领土权之行动,亦当与撤废领事裁判权时,同时禁停。

其他领事裁判权之延长,尚有以下数种:

(一)条约规定华被洋原之混合案件,外人只能陪审,甚至只能陈述其意见,覆讯证人;今则在通商口岸,外国陪审官员,得过事干涉的反客为主,横加断裁。

(二)条约规定纯粹华人民刑事件,外人不得过问。今则洋商租界之华民,以及教堂医院之土著,纵作奸犯法,亦须外人同意,方能受罚。

(三)无约国人民及无领事裁判权条约国人民,本应归华官统治。今则列强多方设法,准其入籍。有利则借端保护,要索重金赔偿;有害则佯推不知,任其逍遥法外。

(四)近年中国收回俄德在华领事裁判权后,少数享有领事裁判权之列强。竟公然不顾条约,强代中国官府管吏俄德籍民。德使质问于先,俄使抗议于后,列强亦置若不闻。

凡此种种之延长及范围之扩充,皆能加毒于我焉,可不速加限止哉?

六、领事裁判权之滥用与流毒

外人在领事裁判权保护之下,且在二十五通商口岸,建设邮政局,管办邮务。此种邮局之设办,既无条约上之规定,又未经我国政府之许可;彼以为邮局既设在租界内,无须得我政府之同意。于是不惟有损我国主权,又且阻碍我国邮政之发达。西元一九一四年,我国加入万国邮务联合会(Universal Postal Union),在华洋局,更无存在之理由。

电报事业亦然。外人在租界上,擅设电报局。其妨碍我国营业之进展,尚属小事;有时该局因中国法权不能涉之,竟妄传新闻,杜造事端,种种不利我国之讹言谎语,四达各国,使各国对中国常存恶劣之印象[1];且在外华人,亦竟有为其所绐者[2]。今则世界各国都以中国为土匪出没之区,生命财产,朝不保夕,乃至视之如同非洲等野蛮国家,仍主张保存不平等条约,坚持在华领事裁判权,并不表一些同情。呜呼!领事裁判权之有关于国运也。

内河航行,本限于商船,以后乃推及兵舰。外国商船,既得航行内河,乃即包运鸦片军火,助长内乱,无所不至,以领事裁判权之结果,外国

---

[1] 五卅惨案,外人自知有罪,故路透电社不敢将真事实迹传播四方,惟隐约其词,含混其意。于是各国人民不知英国捕头之有罪,反一口咬定中国学生暴动为有罪。

[2] 刘师舜所著博士论文,名《治外法权之兴废》一书中,谓各国迟延派员来华调查司法情形,因中国内乱为艾故耳。然此种论调,实为欧美报章所捏造。其所以迟延之实因,则以法国因以要求中国政府用金佛郎交付庚款,未能如愿,遂以不批准华府条约、不派员来华开治外法权会为要挟。(见《东方杂志》二十三卷第七号第六页。)

商船犯罪，不受我国司法之支配固矣。而我国人民犯罪，逃至外人船上，亦不能直接逮捕，必须请求引渡而得其认可。甚至外国军舰，借口保护商侨，平时窥我国防，一旦有事，如我国发生排货与外人冲突风潮等，毋须另调本国军舰来华，即就原碇我国内河之军舰示威。再在华外人，良莠不齐，不法行为，实难幸免，华民奸商，因思宵利，乃私下访觅外氓，以用其名，而挂其国旗以经商。外人亦因能得利，乐而为之，于是奸商运货，遂得免税。而我国财政部，亦大受影响。更有奸民与外氓相约，共事私运，如鸦片欤，吗啡欤，军火欤。而各关卡，以该船为属享有领事裁判权之外人，乃不之检查，偶能检查得违禁品，将该外人送交其本国领事署，则领事袒护至甚，不刑而纵之。今也鸦片一物，遍布全国，溺于其中者，不知凡几。昔日林文忠公则徐曰："数十年之后，非惟无可酬之饷，抑且无可用之兵。"安知吾国今日情形，无意中竟为林公道着耶？静思之余，得毋痛欤？彼帝国主义者之用心，非是毒之为足也，更偷运枪火，私售亡民。今中国遍地土匪，抢劫之事，日有数起，甚至京都首善之区，亦复如是，是谁之过欤？则外国奸民不得卸其咎也！外国奸民之所以能至此，非领事裁判权之故欤？

其尤要者，则日本竟声称领事裁判权包含设立警局监狱之意，今我国闽省沿岸一带，多有日本警局监牢，设于领事馆之旁，有时日籍人民，闯入我地，横行不法，甚至殴杀行凶，扰乱治安，中国警厅官吏，不得加以干涉。盖日籍人民，只隶属于日警厅之下，中国官厅方面，无权过问。今日满蒙情形，更难忍受。一九一六年十月，日本公使照会我国外长云："根据去年所订条约（即《二十一条》），日侨在南满及内蒙东部，得自由居住、旅行经商、设厂、耕种。于是日侨不免年有增添。日政府为保护日侨生命财产起见，觉有派遣警卫，驻扎该地之必要。总之，日政府之设巡捕房于华土，皆根据领事裁判权而来"云云。日民一方面受本国政府之奖勉与督促,他方面又能在华占司法上优越位置,以利其农工商业之发展,于是何乐而不移居满蒙哉? 今则南满东蒙,日旗飘扬,日人蜂然,日厂林立,日肆栉比,日民耕垦,日侨渔获,日警站岗,日官治地。随处随地,都能见到日本气象。而我华民,则抑气忌声,备受日人之侮辱,日吏之虐待。华官闻之,不过吁嗟而已,何敢抗议哉? 呜呼! 神州版图一隅,将不为我所有矣。

七、领事裁判权本身之弱点与弊端

领事裁判权其本身之弱点与弊端,颇为不少。今分两部而论:

(一) 存在于其本质之缺点

甲、在领事裁判制度对于法律根本上不能为有力之执行。凡犯罪系侵犯社会,由社会加以惩罚。社会有热烈之舆论与舆情,方能督促警察之保护与法官之认真。若缺乏社会力量之后盾,自然有不能避免之惰性;功用因之而减少,或完全丧失。此种道理,至为明显。领事裁判制度之下,受害之国家,不能惩办违法之外人;判断外人之外官,不仅无社会力量之督促,反有种族偏见,以去其执法之决心。此种事件,以刑事案件为尤甚。[①]

乙、在此制度之根本原则,由被告主义,定其裁判之管辖权是也。故在中国实有十数国之裁判权同时存在,及十数国之法律同时并行之奇观。因此法律裁判不能统一。而矛盾事实即随之而生。对于同一问题,

①　见《太平洋》四卷六号。

甲国审判厅与乙国审判厅之判决，出入甚多。[①] 譬如某甲脱手伤人，美国法庭，判其为无罪；中国法庭，或判其有重罪。一九〇九年，美人曼尼尔（DeMenil）将一喇嘛僧击毙。美国地方法院乃传提该犯到案。讯问之下，即判决谓其非故意犯罪不当受罚，乃纵之去。凡此各种案件，能促生华民恶外人之心。至各国与各国之间，法律裁判亦异。又如英国法律居宅有光线权，而葡萄牙国无此规定。则英人不得妨害葡宅之光线，而葡人得自由妨害英宅之光线。何则？在英律为侵权，在葡律未为违法也。而无形之中，两国人民之间，已起恶感。[②]

丙、领事官之刑令，只能加之于其本国人民。若某案中所需证人，苟其国籍异于被告领事，则领事非特不能勒令其出庭作证，且即使作证，而所言不实，领事亦不能科以罚金，并不能科以妨害公务或伪证之罪。对于他国籍之原告，亦复如是。且假使被告对于原告之请求，虽不能抗辩，而提起反诉，以为抵销，原该领事既无管辖原告之权，该项反诉理由，虽极充足，亦无从为之审理，[③]

丁、古时确信属人主义，设置领事裁判，固无不可。迨至今日属地主义之原则兴，国际公法学家均曾有言曰："凡完全自主独立之国，在其领土域内之一切人民，皆须绝对服从其法律。"乃有领事裁判权之设，显系违背此种原则，毋俟予之喋喋焉。[④]

（二）存在于其规定之方法之缺点

甲、华洋诸混合案件，凡外人为被告者，大半皆由领事官审断。然领事执行司法，其弊有三焉：一则领事为行政官，若兼摄司法，则恰如我

---

① 今井嘉幸之《治外法权问题法律评论》一、三、七、八期合刊。
② 吴炳文之《领事裁判权问题》，《东方杂志》十七卷三号。
③ 《列国在华领事裁判权志要》第五十八页。
④ 段振邦之《领事裁判权撤回问题》，《政治月刊》三卷六号。

国旧时县官过堂,违反所谓司法权独立之立宪政治之根本意义。二则领事官之职务为保护在华商侨,不免对本国人左袒庇护。若使其执法,安能期其公正? 三则领事官为一商务官,不具司法学识与经验。若使行执重大之裁判权"诚为危险无比者"。

　　乙、在华诸权利国,均附设初级法院于领事署。若有不服领事之审判,期再上诉,则除英美另设有特别法院①于上海外,其他如法则上诉机关在西贡,如日在横滨,余则在各该国之京城。彼此路途遥远,往返跋涉;虽心欲上诉,而力犹未足,亦惟忍声吞气而已矣。

　　丙、条约上规定,凡有外人在内地犯罪,中国官员,逮捕之后,须从速将该犯囚交最近领事审理。领署法院在华者,总共不过五十。而欲以此少数之法院,管辖散居全国之外侨,难乎其有良好之结果也。于是有时犯罪地点去领署有数百里之遥,领事官欲得证人,固已不易,再拟得切实证据,更为困难。事实既尚不明,判决如何能期公平?

　　丁、各国为领事裁判之故,其种种设备,如警察、监狱、法庭等,所费颇属不赀。②

八、领事裁判权之不利于我国

　　领事裁判权既为外人在华所享受之一种片面特权,则此种权利,当然于外国为有利,于吾国为有害。今我将从多方面以观领事裁判权之为

---

① 英国于一九〇四年设立高等法院(His Britannic Majesty's Supreme Court for China)于上海,其管辖范围则及中国全境。
　美国仿英制于一九〇六年,设驻华美国地方法院(The U. S. Court for China)。
② 班兴衡之《论领事裁判权》,《法政学报》第六、七期合刊。

害也。首就司法方面而言：

（一）中国司法权之限制——曩者因中外法律及司法观念之根本不同，设领事裁判权制度，原为一种临时办法，以调和中外关系。俟中国法律观念，逐渐演进后，始不适用。由历史方面观之，领事裁判权之制度其与一国主权之关系，今昔之观念，迥然不同。现在则视为限制该让与领事裁判权国之主权。故中国近年以来，非常注意，亦由此观念而发生。①

（二）外人藐视中国司法——外人既受领事裁判权之保护，乃在中国境界内，恃强行凶，无恶不为。彼非不知罪也，徒以中国法权不能涉之耳，且领事官又多方庇护其本国人，故更易养成彼辈骄慢之性，藐视中国司法之习。

（三）华人自轻其法——第六章已详述，时有不法华人从外人处借得洋旗，用其名义以经商。于是货物行过关卡埠站，并不纳一分税厘。而商业上可已占得不少便宜与优势。若夫正经华商，则因赋税太重，于是获利维艰，营业易致失败。此最足以使本国人自轻其法，促其残履不法，且享有领事裁判权诸国领事，间有随意庇护华人，准华籍人民及商店或财产，在其领事馆注册，以致此等华人及其财产或商店，均脱离中国法权之管辖而致其轻视本国法律。又有外国商行所雇华籍办事人员及佣仆，时假外人之威，轻本国之法，随时纵凶。一旦中国官厅出票拘之，则有外人出为之护。尚有华籍耶稣教徒，每遇事端，必求助于外人。盖以为外人能左右中国法庭之判决也。

（四）妨碍吾国司法之进展——吾国鉴于司法无独立之精神，乃力求建设新式法院，以免除知事兼司法之弊。外人因领事裁判权关系，要

---

① 《法权委员会报告书》第一编第五章第一节。

求派员听审;而我国当局,欲使外人了解我国司法之进步,亦慨允之。不过外人时有擅权之举,往往一案独议横加判断。吾民因累苦于外人之判断,乃不敢再向新式法院诉讼,愿往县署投禀。故自新式法院成立以来,迄今十有八矣,而成绩殊无可观也。

(五)引渡办法之缺乏——因现行领事裁判权制度,复因各国与中国及各国相互间未订有犯人引渡办法,犯罪者脱离外国法院之管辖时,往往得以漏网。此种情形,无领事裁判权制度之存在时,固亦可发生。但因领事裁判权制度之存在,此等不良状态益显然易见。此亦领事裁判权致我司法界以不好之现象之一故也。①

(六)迟延中国法庭进行——中国法庭对于外国人产,都无直接处分之权势。必知照外国领事,然后为人犯之引渡,或为财产之提押,费时失机,司法程序因之迟延。

总之司法之权,依国法而规定。根据正义,保障人权。今乃住居中国之外人及少数之华民,有所凭借,不受支配。人民漠视国法,法官失其尊严,将见法令废弛,影响及于国家。或谓土耳其之国势不振,由于司法权之不能完全发动,良有以也。②

次从政治军事方面而言:

(一)政治犯逍遥法外——今日中国各地租界,简直是政治犯之收容所。夫租界本为我国之领土,我国主权可直及之,当不得与国际公法保护政治犯之义,视同一体。但察此十数年来之情形,则凡一切卖国奸贼,政客军人,每在政治军事上失败,即遁入津沪诸地,以避杀身之祸。我国警厅欲缉捕之,外人竟公然阻之。此等政界之败类,既得延其残喘,

---

① 《法权委员会报告书》第一编第五章第九节。
② 班兴衡之《论领事裁判权》,《法政学报》第六、七期合刊。

仍得鼓摇唇舌,默运潜移,捣乱国家大事。而彼军人,亦得保留其命,再待时机,以兴师众。今日中国政界情形若是之不宁,时势若是之纷乱,悉彼败类有以致之。设使若辈失其庇护,则又安能生存于此世? 而中国情形又何至于今日之地步耶?

　　(二)私贩军火于军人——如津沪诸埠,则大部已非我国法权之所及。彼外人竟有设置公司洋行,专为军人向外国订购枪械军火。今日政界之乱,我当归咎于军人之跋扈。而军人之所以能长日争斗不息,我不得不归咎于外人之接济之以兵饷也。而外人之得随意贩运军火,我国法权不能制之,此又岂非以领事裁判权之存在故耶?

　　(三)干涉我国军事——南满铁路一带,日侨綦多。日政府因在华获有领事裁判权,乃得派遣大队人马,扎营设垒,以保日侨。此种超越领事裁判权之行动,是否允当,固不待言;而惟其超越之甚也,故流毒于我国也亦愈深。昔日郭氏倒戈,以逼奉天,忽有日军出阻其进。谓铁路附属区域地,中国军队不得开入。郭氏强欲进,而日军强阻之。姑不云其结果何如,总之此种行动,显系旨在干涉我国内事。如此可恶,孰能有忍? 且其设置军队,平日看我国防。一朝有事,则日人于我国地势熟谙,驻华军队足战,我国诚处于极危险之地位也。

　　次从经济方面而言。马寅初氏对领事裁判权之于我国经济上之影响,论述透彻,堪为节录。彼云①:

　　“外人紧执不放领事裁判权,致中国不敢将全国开放,而遂有租界之举。所以结果:

　　(一)中外资本,集中于租界;内地金融,遂不能活动。因租界亦是

---

① 马寅初之《中日通商航海条约研究》,《东方杂志》二十三卷二十三号。
　　马寅初之《不平等条约于经济上之影响》,《东方杂志》二十二卷十六号。

通商口岸,商务异常兴盛,至于内地则依然闭塞,因此吾国之经济发展,不能均匀。一部分太速,一部分太缓。结果集中于租界之资本,供过于求,无法运用,便从事于投机事业,如金子投机、公债投械等事。

(二)外人既不能入内地,如彼等欲在内地投资,恐有危险发生,必求助于其本国政府,以求保障。凡经济发达落后之国家,必需依恃外资以助其开发。美国即利用英人之资本开发利源,以渐臻于今日国富民强之地位。中国欲步美国之后尘,亦非利用外资不可。但中国利用外资,与美国迥乎不同。美国利用外资,乃是私人关系。如事业发生变故,以至于倒闭,债权之保障,亦不过起诉,听候法庭解决。至多亦不过没收抵押,处分财产而已。中国则不然。因外人不能入内地,如欲在内地投资,非求助于其政府不可。于是便由私人关系,一变而为外交关系。一旦事业发生变故,非起诉所能解决,便成为交涉。所以外人在中国投资,已经由私事变为公事,由个人问题变为国际问题。再者因为外人投资变为国家的,有本国政府的帮助,条件便特别苛刻。第一要有担保品。担保品还是小事,又要求优先权。比如英国在某处投资,便要求此处将来再需投资时,英国有优先权。因为这种优先权,便生出了所谓势力范围,就有以下两种恶果:

甲、利权的转售——某国资本家得到优先权之后,其他国家的资本,不能投入。但是他得了此种权利之后,并不实行投资。名目是有了,资本等了多少年还不来。中国再想找其他国家来投资,是不能够的。这种在经济上的损失,有多么大呢? 外国得了优先权,为何不实行投资? 因他有此权利之后,可以将此权转售他人,如此辗转交易利权,结果中国的经济是丝毫也不能开发。美国在中国没有一种事业成功,大概都是这种转售的缘故。

乙、引起国际间的冲突——因为各国在中国都得了势力范围,便把中国土地割成许多小的经济区域。此种小区域中,因为投资国不同,各种办理方法也不同,俨如许多小国。中国领土便不完整,不完整还是小事,因为各国争得中国土地中的势力范围,于是便各助一军阀,以为攘夺之具。因为势力范围的冲突,便引起国际间的冲突。于是发生国际上的大战争。现在常谈的太平洋问题,其实是对中国势力范围问题。日美战争,其实是为争中国势力范围的战争。"

除以上两点以外,领事裁判权影响于我国之经济,当有以下两端:

(一)日人在吾国开办交易所,扰乱我国金融,吾国法权不能管辖禁止之。

(二)外国人到中国来投资,他们都指定某一个该国银行作代理人。一切来往款项,都归这个银行办理,比如英国有汇丰银行。因此银行的款就多,势力就大。信用既著,国中富翁亦均将钱存于外国银行中,外国银行之势力更大矣。款项既都入外国银行,中国银行之款即少。外国银行款多利息便低,中国银行款少利息便高。因而中国商业上便受了很大的影响。因为外国银行以二三厘之小利息收入款项,便可以四五厘放给外商。中国银行以款少,故华商非以一分五或二分之高利不能借款到手。以一分五或二分利息之借款所经营的商业,和三四厘利息的借款所经营的商业相比,胜负之数,不喻而明。以上所说为私人关系方面之款项。但国家与国家之款项,亦均入外国银行。外国借与中国政府之款,比如英德洋款,俄法洋款等等之担保品之收入——如关税、盐税等——亦均存在外国银行中。今则无论私人款项或政府借款,都被吸收入外国银行,其影响于中国实业有多么大呢?然外国银行如何能生存于华土耶?则因银行地址全在租界中。然租界何由而来哉?则因外人欲紧握领事裁判权耳。故深头索源,祸根仍归之于领事裁判权之生存。

（三）征收赋税，为国家固有而斯须不可缺乏之权力。国家得随时按经济状况及社会情形，行使此项权力。中国与各国所订条约中，并无特别规定豁免外人纳税之义务。外人之所以主张不应纳税者，实以为外人已享有领事裁判权之地位，即无庸遵守中国赋税法令。外人要求免税，影响所及，在租界境内及中外共管之铁路附属地内居住之华人，常取巧免税。中国政府所受损失至巨。[①] 领事裁判权之致我国财政于紊乱之境，亦彰彰而不容讳言者矣。

次从实业方面而言。关于此节，除上节稍涉及外，余则又可分作两项来观，第一关乎商业：

（一）外国商人以享有领事裁判权之地位，即以为无庸遵守中国一切法制。故欲开办商行，并不取正当手续赴农商部注册，惟随便向该国领事官通知一声即已。于是外国商行，日见其增。我国商行之命运，岌岌乎殆矣。此吾国商业受领事裁判权之影响，以故不能振兴一也。

（二）现今立国，宜开放不宜闭拒，此人所共知也。中国非不乐于开放，特以外人不服从中国主权，一旦开放，利未见而害愈烈。故如内地杂居，如利用外资，借才异地，以作大规模之营业，虽明知其应为，因有所顾虑而不敢为。[②] 在外人方面，则以为内地为外人法权及治理权所不及，且中国地方行政又未尽善，一旦商行失盗遭火，则钱财将如鸿毛一燎，尽成灰烬，故亦不敢将资本投入内地商行。此吾国商业受领事裁判权之影响，以故不能振兴二也。

（三）外人得随意在商埠开办工厂。我国官厅因法权管辖不能及商埠，乃不得加以禁止。如上海之各洋商、纱厂、丝厂、烟公司等等，厂主既

---

① 《法权委员会报告书》附件。

② 《列国在华领事裁判权志要》第五十七页。

可免去由华运输原料至外洋及再由外国运还各种机器品至华之种种费用,又可免去一切税金。故在华之外国工厂之出品,更比舶来品之价,低而且贱。而我国工厂之出品,因有种种缘故,价值不得不较高。同一货物,一则价贱,一则价高,商业上之胜利谁属,亦可不必喋喋矣。此吾国商业受领事裁判权之影响,以故不能振兴三也。

第二关乎工业:

(一)外人因享有领事裁判权,故在租界开设工厂,无庸呈报农商部。故在华外国工厂,为数日增。且外国工厂成本较轻,或本轻则货价廉,货价廉则销畅广,销畅广则工厂能年有盈余,事业亦愈扩大。华厂因乏资缺才,又不能如洋厂之能享受领事裁判权之优越位置,乃不能与洋厂相抗衡,倒闭者年有数起。故上海之中国南洋兄弟烟草公司不能敌英美烟草公司,招商轮船局不能敌太古、怡和两轮船公司,华丝厂、纱厂不能敌日丝厂、纱厂。由是观之,中国于领事裁判权生存之下,欲兴工业,其能成乎?

(二)外国资本家因外人法权不及中国内地,而内地情形又杂乱多险,故不敢投资内地工厂。工厂乏资,失败必矣。

(三)外人在中国之工业是工厂工业。华人之工业是家庭工业。工厂之出品成本轻,家庭之出品成本重。故华厂绝不能与洋厂相竞争。

(四)外人既享有领事裁判权,则对于我国政府以后所颁布之固定工人工资之法令,可毋须遵奉。且外人更可将工资较华厂工人工资提高些许,致使工人群趋外国工厂内工作。而华厂遂将感缺乏工人之苦,工业不得振兴。故于领事裁判权未撤废以前,欲与工业,势不能有成也。

最后从社会方面而言:

(一)外人来华既不必服从中国主权,有恃无恐,可任意作紊乱中国国宪,妨害中国治安之事。例如,煽动中国人革命或帮助之。一旦败露,依其国律不能成内乱罪,华律又不能加诸其身。是徒增外人藐法好乱之心,而中国社会常有动摇之虞。[1]

(二)外人在领事裁判权保护之下,贩运军火,私售与亡民盗贼。因之中国今日土匪遍野,窃盗满城,使各地居民,时起恐慌。中国社会之不宁静,大半以领事裁判权之故。

(三)外人在华可兴学。对于入此学校之外籍学生,从外国人之领事裁判权方面看来,我国教育行政固不能及之。然对于入此学校之中国学生,则我国教育行政,当然可及之。但今理论与事实,并不相符。比如在沪工部局所设立之四公学,虽学生全我国儿童,而外人因延长其所特有之领事裁判权,不让我国教育行政干涉之。于是若辈得任意在校宣传英国如何如何的好,学生应如何服从教员,应如何用功攻读英文。且时用威吓手段,使学生常存恐怖外人之心。结果则在此等学校内所培植之学生,大半是失却国民性之"洋行奴",为社会上增添了几许媚外分子。尚有教会学校亦然。校中一切行政,悉脱离教育部之管辖。凡百科目,均由洋人用洋语教授。故该校学生,洋化极重。对中文则漠视不问,对洋文则日求进益。平时作书谈话,都以用洋文洋字为光荣。若我国教育部不即设法制之,则吾国文化将日见其被削,而外国文化将日见其来侵。其为害不至于灭国,且至于灭族,可不危哉?

(四)领事官之裁判也,不免多帮庇本国人民。华人既得不公正之判断,则对外人未免生厌恶之感。洋人往来口岸,经营航业,击沉民船,溺毙舟子,良民,不知多少。外交当局抗议往往置诸不答。光绪年间,广州美人逐逼华人死于江中。官吏同认其事,而不闻罪人受一文的罚金,或一日的囚禁。丙申年间,英人推华舟子于扬子江中,同舟华洋人士咸

---

[1] 《列国在华领事裁判权志要》第五十六页。

誓作证,而英判官于五分钟内,宣告该英人无罪(上二事皆见于《字林西报》周刊)。他若喇嘛之被杀于美人曼尼尔,贾邦敏之被杀于日人鸟羽,乐志华之被害于西捕头,上海学生之被杀于爱伏孙捕头,陈阿堂之被击毙于日水手,以及万县之惨案,亦无不暗无天理,无法定谳。华人吃此重亏,不得伸冤,乃自觉其在社会上之地位,自有动摇之虞,对一切洋民,不得不存排斥之念头。沪谚有云:"协盛兴,和时和。控外人,白噜苏。宁吃馒头不吃气,倒不如好汉不吃眼前亏来强得多。"此言协盛兴为面粉纠葛,与外人成讼。历时四年,曲直昭然,乃仍令认偿一半之损失。时和则听某洋行盗用其商标,含认不与计较。[1] 此亦足见领事裁判权实致近时社会上一辈国民之排外运动。

(五)外人在华之通信社及报馆,因不受我国法权之管辖,得任意谤诽中国。而受外人操纵之中国报章,稍作鸣不平之文章,即受重罚。外人所享之领事裁判权,竟得限止我国人之社论,群情愤慨,安可压抑。今日中国社会不欢迎外人,亦若辈自取之耳。

(六)各国领事对于重大犯罪,无权审理而送至本国惩办者(英美例外,因有特别法庭故),中国当事人,莫知其究竟,常生囚犯必释放之猜度。乃不能信任外人之办理,而起排外之思潮也。领事裁判权对于我国数方面之影响,深且巨矣。今且举多数学者之言,更以明其弊害。巴大耳奴斯曰:"领事裁判权者,分裂国家之统一者也。"康地曰:"领权者,纯然为裁判上之捣乱也。"勃冷去理曰:"主权上之制限,实足以破坏国家之统一,阻止公益幸福之发达也。"今井嘉幸博士曰:"各国于中国行施之领事裁判权,使中国一国内之司法,成无数独立小国之现象。"由是可知我国时势如此之乱,国家如此难能统一,大半以领事裁判权之故耳。

---

[1] 《商报》元旦增刊号(题忘)。

九、领事裁判权之不利于外国

领事裁判权虽有益于权利国，然亦未尝无害也。今举数端以明之：

（一）现在外国人在我国内地除教士外，一般在中国营业的人，只能住于通商口岸。这种住居的限制，于外国商业发展上，殊不便利，但是在领事裁判权存在期间，中国决不肯开放内地，许外人杂居。多数不服我国法权的外人，散居全国，不仅大损失我国法权之威严，并且于国内治安上，亦甚危险。此种情形，显而易见者也。[①]

（二）外人在华能享得司法上优越位置，而吾华人则不能与之站于同等地位。于是两方面，易起恶感，而使我国有排外行动。若使领事裁判撤废，则吾民将感戴歌颂，称谢不已矣。且中外人民杂居一处，同受一种法律之保护，更能互相协助，进于友善，而能促成世界之大同也。今领事裁判权仍生存于我土，实足阻碍世界之和平。迩来"大同""和平"之声，甚嚣尘上，若世人欲促其早日实现，撤废领事裁判权，殆为最要亟务。

他如法院之复杂，适用法律之参差，领事之无法律学识，上诉之跋涉，进行诉讼之不便，诸不利于外人之处，在上章已经详述之矣，兹不赘。

---

① 周鲠生之《领事裁判权问题》，《东方杂志》十九卷八号。

十、撤销领事裁判权运动之经过

领事裁判权之有害，既已如上述，则撤废此权也，更不容再迟，我国撤销领事裁判权最早之运动，起于一九〇二年当我国与英订结中英续约时。*Mackay Treaty* 约中第十二款云：

"中国深欲整顿本国律例，以期与各西国律例，致同一律。英国允愿尽力协助以成此举。一俟查悉中国律例情形及其审断办法，一切相关事宜，皆致妥善，英国即允弃其治外法权。"

一九〇三年之中美约第十五款、日续约第十一款、一九〇四年之中葡约第十六款及一九〇八年之瑞典约第十八款，均有同样之规定。然此不过为外交上浑括的声明，并未有切实的效果。

西一九一九年（民八）欧战终局，开和会于巴黎。中国以参战之故，得与会议。正式提出撤销领事裁判权之建议案。案中首述缔约之沿革，与列国意见废弃之情形，并条举中国近年来司法之成绩。然以大会限于时间，且所议以对敌条件为限，协约国相互条件则须俟诸国际联盟会议，故终无结果。

西一九二一年（民十）美国召集太平洋会议于华盛顿。中国代表提出撤废领事裁判权案。我国大使王宠惠首述中国司法进步所达之程度，随后提议撤销之进行办法。中国议案提出后，随即交付远东问题委员会讨论。经议决设立领事裁判权分委员会详细研究。此会开会后，遂议决诸案。中有一案则曰：

美利坚、比利时、不列颠、法兰西、义大利、日本、和兰及葡萄牙各国政府，应组织一委员会，（各该国政府，各派员一人）考察在中国领事裁判权之现在办法，以及中国法律司法制度暨司法行政手续，以便将考察所得关于各该项之事实，报告于上列各国政府。并将委员会所认为适当之方法，可以改良中国施行法律之现在情形，辅助并促进中国政府力行编订法律及改良司法，促使各国逐渐或用他种方法放弃各该国之领事裁判权者，建议于上列各国政府。

本议决案所拟设之委员会，应于本会议闭会后三个月内，按照上列各国政府，嗣后所定详细办法组织之。应令该委员会于第一次集会后一年以内，得报告及建议呈送。

华盛顿会议闭会未久，我国驻美公使施肇基，奉北京政府命令，以为中国政府翻译法律条文及采择各项备治外法权委员会参考的统计专门材料，非短促时期所能办成，曾用公文询问美国国务卿休士，可否将该委员会会集时期，延至民国十二年冬。中国政府旋得美国国务卿复函，谓各国皆赞同此议。及民国十二年十月美国政府，忽以照会至中国驻美公使谓尚有政府未能同意，故治外法权委员会不能开会。于是该委员会召集时期遂为无限制的延宕。查美国政府所指不能同意之政府，即为法国。当时法政府以要求中国政府用金佛郎交付法国庚款未能如愿，遂以不批准华盛顿条约、不派员赴华开治外法权委员会为要挟。华府条约须各签押国家一致批准，方能发生效力。故中法与治外法权毫无关系的金佛郎案，得阻止该委员会的进行。至前岁法国因北京政府变相承认其关于金佛郎案的要求，批准华会条约。去年正月各国治外法权委员会始得开会。[①] 开会不久，各国委员即从事实地调查我国各地司法情形，费时约四十余日。返京后即编纂一报告书，于六月二十一日由各委员署名承

---

① 曾友豪之《法权委员会与收回治外法权问题》，《东方杂志》二三卷七号。关于此章详情，可参阅《列国在华领事裁判权志要》。

认。该报告书对于中国司法情形，多指所摘，亦可知各该国政府对于撤销在华领事裁判权之态度何若矣。

十一、撤销领事裁判权之刍议

上章已略述吾国历来撤销领事裁判权运动之经过。然卒于不果者，究为何耶？则因我国对此问题，终不用正当之手段手续以解决之；但一味用外交上之圆滑手段，思给外人，以夺还领事裁判权。然外国外交人物，都老练狡黠，何至受我之欺哉？我国对此问题既不用正当手段，且无具体解决办法，无怪乎外人之终不愿骤然放弃其在华领事裁判权。然则所谓正当之手段手续，何所指耶？曰：实地的司法改良耳。当日本初拟撤废领事裁判权时，亦曾数度用外交手段，与外人交涉。而结果终归失败。俟青木周藏任外务大臣后，即立意先改善司法情形。一八八九年颁布国宪法，一八九一年颁布《民法》、《民事诉讼法》、《商法》、《法院编制法》等律例；然后再于各国改正条约，经阁议后，决定方针如左：

（一）日本之裁判所，不任用外国法官。

（二）法典之编纂及发布，不得订入条约。

（三）不动产之所有权在未撤去领事裁判权以前，不得许外国人享有。

（四）外国人在经济上或法律上之特权，须设限制。

此次改正案以开放内地许外人杂居为条件。至外国人之权利，则须设限制，领事裁判权即时撤销。青木秉此宗旨，先以所拟改正案与英使交涉，请其以此意转达英国政府。英政府亦容纳此议，乃于明治二十三年七月一日以条约草案提交日本，其草案即以日本之改正案为基础。唯附加二条件：（一）领事裁判权须五年以后撤销。（二）在满期之一年以前，须实行新法典。正当进行交涉之时，而青木忽以故引退。交涉遂暂告停顿。明治二十五年陆奥宗光为外务大臣，继续与英交涉。时青木为德使。陆以其能干精练，熟谙此问题，乃特令其兼任驻英大使，赴伦敦会订日英条约如次：

（一）开放日本全国。

（二）外国人受日本司法之支配。

（三）在日本之外国人居留地，编入其所在之日本国市区，为日本国地方组织之一部。其属于居留地之共有财产资本，皆交于日本国官吏。

（四）外国人现在居留地所置财产有永久代借地券者，仍有效力。

（五）自本约实施之日为始，以前所订修好通商条约，作为无效。领事裁判权全归消灭。

（六）本约自盖印以后，经过五年方可实行。

（七）废止领事裁判权之先，日本应先加入各国工业所有权版权保护同盟条约。

由是各国先后改约。至明治三十年，改正条约者凡十五国。领事裁判之制，遂归于消灭。①

我国欲撤废领事裁判权制，虽原则上不必全照日本办法，而精神上则实堪为我之借镜。总之，除实地的司法改良外，别无其他方法，可以达我们之欲望。

我目前清末叶，国政革新以来，大臣等亦知改革司法为亟务。迄今已二十余年矣，兹略举其成绩如下（以下数条为王宠惠氏在华府会议提案中所陈述者）：

———————

① 详见《列国在华领事裁判权志要》。

（一）中国有宪法，采三权分立之制。凡所以保卫人民生命财产之根本权利及保障司法官之审判权独立，不受立法行政两权行政之干涉，悉有明文规定，载在宪章。

（二）新《刑法》于民国后即颁布。《民法》《商法》尚未全体编制妥贴。《刑事诉讼条例》及《民事诉讼条例》现均由大总统公布施行。

（三）新式法院现已成立，采分三级：曰大理院，曰高等审判厅，曰地方审判厅。并经采用检察制度，各级法院均置有检察厅。

（四）关于诉讼法律之改良，其显著者，则民刑案件分庭受理，审判取公开主张，刑事案件注意证据，刑讯勒供早经废止，辩护制亦已仿行。凡业律师者，须经法庭考试或具有相当之资格。

（五）各级法院之推事检察官，感受有相当之法律教育。其中毕业于外国专门大学者甚夥。

（六）监狱警察诸制度，均经整顿改良。

以上列布之成绩，虽是我国司法界之好现象，然尚未能臻完善。此次各国法权委员，将以上数条推敲研究之后，检出许多缺劣之点（参阅《报告书》第三编）。若夫我国司法行政，则更黑暗腐败，为各委员抨击尤力。欲思改善，则不得不先揭其弊。今观其弊端，最大者有三：

（一）司法管辖权之不独立。

（二）司法经费之不充足。

（三）司法监督之失职。

关乎第一点，徐谟（现任上海临时法院推事）曰[①]：

“……现在普通法院的权力，常常受别的机关非法的侵犯。并且受了非法的侵犯，也不敢有所抗争。充其量只要法官有饭吃，就是夺尽了他们

---

① 《现代评论》一周年纪念增刊。

的权力,他们也一样会满意的。至于人民身体的自由、财产的保障,他们尽可置之度外。这样的司法机关,还有什么尊严? 还有什么效用? 你们若要我举出事实来证明我的话,下面随便列举的也就可以使你们相信了:

甲、上海公共租界内中国人犯了重大的刑事案件,照例由'会审公廨'送到'护军使衙门内'(从前的)交办。这类不幸的罪人——究竟是否罪人,亦不得而知——经过了'执法处'的审判,常常的'绑赴西炮台枪毙'。而上海地方检察厅的检察官,在他的管辖区域内,发生了国民犯罪的嫌疑,与官吏非法杀人的事实,竟置若罔闻,好像默认军事机关果有审判和处罚平民的权力。

乙、吸食鸦片与赌博,谁也知道是解犯刑律的。解犯了刑律当然应受普通法院的裁判,别的机关是绝对没有权力过问的。但是现在任何城市内穿黑衣的警察或穿黄衣的军人,常常因越俎代庖,行使法官的职权。对于赌博或吸食鸦片的罪人,往往一千五百元的敲他们竹杠。假如被敲竹杠的恢复了身体自由,向检察官处去告诉,检察官说:'你咎由自取'……他依然吃他的饭,睡他的觉。"

法权的管辖权,受了这样的蹂躏,说什么自由? 谈什么法治?

此种军人干涉政府机关之事端,于近年来更是层见频出,如山东高等审判厅厅长张志案、邵飘萍案、林白水案、成舍我案,莫不因军人一己利害之关系,而丧及平民生命财产。然则吾国欲补救司法管辖权之不独立,一在乎养成铁面无私,惟我独尊之法官;一在乎使军人不干涉司法机关。前者果属不难,而后者则在今日中国军人专政之下,安能有望其成。欲使中国司法统一,全国司法独立,戛戛乎其难哉! 关乎第二点,徐谟再曰:

"中国政府的机关,除去了极少数的例外,没有不成经费的拮据。……司法制度逃不了这个原则。因为经济的缺乏,就发生了下列的弊病:

甲、司法与行政混合——吾国法院的编制，原定的是四级三审判。自从民国三年，因为司法经费的缺乏，把初级审检厅裁撤后，直到如今，县知事还是兼理一种很重要的司法管辖权。

乙、司法官吏的不称职——司法的职务，大家认为最'清苦'的……有时这些微的'升斗之禄'，还要一年半载的拖欠。所以一些比较有真学问的人，因为他们另有适当的谋饭机会，对于这个穷苦的法界，打定一个裹足不前的注意，结果所得，司法官吏大半是中庸的人才。还有许多简直不知法律为何物的人，也得滥竽充数。

丙、监狱的黑暗——监狱的维持，又是靠着金钱。现在司法经费，既不能独立，各处监狱的设备，不得不因陋就简。有的是建筑不完全的，有的是卫生不适宜的，甚至有时监狱内犯人太多，预算的经费，不够买他们的米面。只得大批的举行"假释出狱"。听说段执政"登极"的时候，'大赦天下'，一半也是为了这个原因。……司法经费不充足的结果如此。"

现在中国政府钱财之来源，又多添一头，即二五附加税是也。欲思补救司法经济之不充足，亦惟有由此二五附加税款项下，划出一部分，专留作司法机关一切费用。无论军人政客，以其一切其他政府机关，对此基金，不得分意一厘，或投掷一毫，作为他用。若司法都能办到此层，则以上诸弊，立可消灭。撤销领事裁判权，亦有望也。关于第三点徐谟又曰：

"司法长官对于各法院诉讼的进行，应负监督的责任，倘有违法情事发生，当事人虽不抗议，做长官的也得查察纠正。现在各法院审理案件，常有违法的处分，而无人指摘。普通当事人，不请律师辩护，任凭法官命令，不敢争执。"

此条救济之策，亦惟有力促司法长官尽职监督而已。舍此而外，计将莫出。

我国司法情形，既如此浑沌黑暗，则外人欲坚持领事裁判权焉，固无足怪矣。若我国司法，一旦能臻完善，则可直截了当的将领事裁判权一笔勾销。至多不过如日本之办法，与列强订明：在中国实行新式法制后若干年，外人须得放弃其在华领事裁判权。切不可仿袭土耳其、埃及、暹罗诸国之运用"混合法庭"，或"国际裁判所"，尚使外人得插手国内一切司法事宜。若吾人能于一个时期内，将在华领事裁判权，完全撤废，果属决绝。但今国事纷乱，南北各行其政之秋，司法情形，极难统一。而此种决绝之办法，亦恐不能奏效。故不如以省区为单位，逐省逐区以废止领事裁判权。比如某一省之司法，已称完善，则外人遂不得再在此境内，享有司法上之特权。一切须受该省法权之管辖。而同时此域全境，完全开放任外人住居经商。今日中国苟在司法方面能革新而臻善，则外人亦必不过于执拗，坚持特权不放。撤废领事裁判权，固立可待也。

十二、结　论

以上所述，类多前人之言。然所以不避者，盖以吾人对领事裁判权一问题——尤其弊害——并无十分清楚详细之了解。今我以粗陋之见，陈以各学者对此问题之研议，将领事裁判权一题，分数论述，尤重其弊害及撤废之刍议，综成此文。想吾同胞读后，必生无限感慨。然感慨咏叹，于事何济？事之有成，全在乎努力实行而已。苟诸君能从吾议，不引用外交式之狡猾手段，不以感情之冲动，而胡乱起无理由之排外行动，反之专从事于整顿司法情形，则吾以诚对人，人亦必以诚待言。于是撤销领事裁判权有望，我国中兴有望；是不禁跂予之望，遂我为此文之愿矣。

（原文载于《清华周刊》1928 年第 29 卷第 4 期。）

连带债务立法之演变及趋向

一、引　言

连带之债，分连带债务及连带债权两种。是篇但论连带债务。

连带债权，其用处在便利债权人之追索，数债权人中之一人，请求债务人为全部之债之清偿，他债权人可免受索债之累。

但一人占有全部偿还之债，或竟挥用一空，显有以致危害于他债务人，其弊多而其利少，连带债权是以罕见也。

连带债务适其反，债权人得向数连带债务人中之一人请求全部清偿，既有利于债权人，亦裨益于债务人，在债权人方面，既免屡索之烦，复不致受一债务人乏支付能力之影响；在债务人方面，数人连带负责，乃予债权人以充分之保障，亦即以增高债务人自己之信用。连带债务，除因契约而发生者外，复可因法律之规定而发生（参阅中国新《民法》二八、一八五、一八七、一八八、一八九、三零五、三零六、四七一、六三七、六八一、七四八条）。是连带债务之发生所以必较频繁，其问题亦较重要矣。

二、罗马法

罗马法已有多数债权人及多数债务人之规定。关于后者,相传又别为为两种:曰完全连带债务(Obligation Korreale, Obligation Parfaite),曰不完全连带债务(Obligation in Solidum, Obligation Imparfaite)。最近意之庞丰德(Bonfante)、德之李维(Ernst Levy)发论疑难之。

首述完全连带债务:完全连带债务多半因契约而发生(契约之成立,采问话之方式,债权人逐一向债务人问"spondesne"……于问竟后,连带债务人齐声答"spondeo"),债权人及债务人间之关系为复数的,而债之标的为单一的。惟其关系复数的,故债权人可请求连带债务人中之一人为全部之债之清偿。债之标的为单一的,故一债务人既为清偿,他债务人对债权人之关系即因之消灭。若债权向一正式免除(acceptilatio)或换易新约(novatio),对他债务人之关系即不再存在。涉讼(litis contestatio)亦然,不论诉讼结果何若,被告之债务人是否有力支付,债权人即失去向他债务人追索之权。盖又依罗马定律,同一债之标的,不能发生两次诉讼(bis de eadem re ne sit actio),及优帝之世,以此有薄于债权人,而反乎设立连带债务之本旨,乃立明文,准债权人向连带债务人先后提起诉讼,以求得债全部之偿还。

至于债权人向一债务人作非正式之免除(pactum de non petendo),则须视连带债务人间有无合伙之存在。有之,则债权人向他债务人行使追索权,他债务人可以免除约对抗之。无之则不可。清偿与混同亦然。

若夫标的之丧失,非由于不可抗力,而由于连带债务人中一人之过失或在其迟延中,则对他债务人将发生何种影响,迄无定论。后人所发现之两残篇，内容矛盾。其一属邦卜子（Pomponius）云："alterius factum alteri nocet"（就一人所生之事项，得贻累他人）。其一属马相（Marcian）云："alterius mora alteri non nocet"（一人之迟延不得贻累他人）。今人无由确断，惟依罗马法连带债务之全部系统观之，苟有上述事情发生，当云只该债务人一人对物之丧失负其责任，他债务人得解除债务。

优帝之世，以实际需要，复规定债权人向连带债务人中一人中断时效，亦对他债务人发生效力。连带债务人中之一人，即为清偿，可回向他债务人追索各人所当负担之部分。惟此追索权之产生，不基于连带关系，而基于债务人间合伙关系或共有关系或委任关系之存在，或基于债权人请求权之移转。

就不完全连带债务而论之，其产生不由于契约，而由于法定，法律规定两人或数人共同致损害于他人，当连带负责，其一不能以他人犯过，而主张减轻自己责任。故受害人得向犯过人中之一人，请求全部赔偿；或向各人先后行使其请求权，至获全部偿额为止。他债务人不能以债权人已向一债务人追索涉讼（litis contestatio），而解除其债（non enim electione, sed solutione liberantur）。故不但两造间关系为复数的，债之标的亦为复数。但若数人犯过，并不触犯刑律则受害人只有权请求一次之赔偿。债务人中之一人已为给付，则他债务人之义务即以消灭。

给付赔偿之债务人，将主张债权人之请求权，向其他连带债务人追索以期分担均平。

三、法国法律

法国法承袭罗马法之规范，复加增改，独成其连带债务之制度。连带债务之发生，可因由于契约，亦可由于法律之规定。若由契约，则须明定，默示未足也（一二零二条）之性质，一如罗马法，关系复数，标的单一。关系复数，故连带债务人中之一人之债，附有条件者，他人的仍可为单纯的；或其一之债附有期限者，其他的可不然，而债务则仍不失其连带性（一二零一条）。一二零四条并规定债权人得屡次向各债务人行使其追索权。标的单一，故债权人得一人之全部清偿后，即无权再向他人请求（一二零零条）。

连带债务之效力分主要的副次的，主要的效力，大致已见于罗马法中，债权人有自由选择权，向连带债务人中之一人请求偿还全部（一二零三条）。苟不获所请，复可向他债务人追索，以期达于全部之清债（一二零四条，优帝时之罗马法已然）。惟一人既为全部之给付，他人即对债权人解除债务。其他诸消灭债之方式为抵销，换约，誓认，免除与给付发生同样效力。

又有所谓副次的劲力，乃法国法所添创。根据相互代表（representation mutuelle）之说，谓连带债务人默示互为委任。债权人对债务人中一人中断时效，于他债务人亦同样发生效力（一二零六条），因每一连带债务人，均被视为代表全体，或一债务人在迟延中，或因其事由而致标的丧失，他债务人当共同承受因该事项所发生之结果。其责备他债务人也，可谓苛矣。故为减免其责任起见，法有规定，谓诸连带债务人只在原来债务之范围内负责，至赔偿损失之责任由该犯过或迟延之债务人独当（一二零五条，alterius mora vel factum alteri nocet ad perpetuandam non ad augendam）。以后，判例复推演相互代表之说，更漱断债权人与连带债务人中之一人涉讼，其判决若非基于该债务人之个人关系者利与不利，一概对抗其他债务人。

若在债未清偿前，债权人先免除一债务人之债，嗣后向他债务人追索，他债务人可将其给付减去免除之部分。若有混同亦然，谓抵销则否。

苟甲为债权人,乙丙连带负债银三千元,嗣后乙对甲有债权数银两千元,若甲向丙行使追索权,丙不得举乙之债权主张抵销,谓付自己当担负之千五百元足矣,否则丙仍须付足全部之债银三千元(一二九四条末项)。此项规定,颇属奇特,不惟有背相互代表之说,并按法国法一二九零条,抵销自然发生,无须意思之表示,在丙还债之时,甲乙两人之债务,已在两方之限度内抵销,丙仅当付千元足矣。

连带债务人中之一人,既为清偿,得回向他债权人追索,以贯彻分担均平之原则(一二一三条)。追索权或基于委任关系,若基于无因管理之关系,或因承受债权人权利之关系,其中有不能偿还其分担额者,其不能偿还部分,由追索人与他债务人按照比例分担之(一二一四条)。

法德法是否尚承认有不完全连带债务,颇多争执。不完全连带债务,亦即罗马法中之"obligation in solidum"。其异于完全连带债务之处,在上述副次的效力,概不准用。加法定数人并不偕约,而共犯一过,贻害于人,此数人连带负赔偿之责。然此间绝不能假定有委任关系存在,副次效力亦绝不能适用矣。但晚近判案,多推翻连带债务完全不完全之分,主要的副次的效力一概准用于所有连带债务。

四、近代立法

近代立法,关于连带债务,有回返罗马法之趋势,德国法为最显之例。德国法避免法国法相互代表之说,故即无连带债务完全不完全之分,并拒绝罗马法之分法,以免冗繁。第四二一条云:"苟数人同负一债,每人负给付全部之义务,债权人可任意向任何一债务人请求偿还全部或一部。惟只有权获一次之清偿。债之全部未清偿前,债务人仍连带负责。"易言之,即规定关系复数,标的单一。此于罗马法已然,无新颖可言。

惟于连带债务之效力方面,德国法既不采纳相互代表之说,故颇有特异处,堪叙述者。第四二五条云:"除非另有规定,并除四二二条至四二五条外,就一人所生之事项,利与不利,仅对该人发生效力。此规定,于通知,迟延,过失,不能践约之因于一人之事由,时效中断及停止,时效,混同,确定判决,特准用之。"故连带债务人中之一人受确定判决,于他债务人无与焉。又一债务人在迟延中,或因其事由而致标的丧失,此丧失由他债务人方面观之,乃是一种不可抗力之情事,得解除债务。又债权人对一债务人中断时效,影响不及他债务人。种种比诸法国法,适成背道而驰。

债权人已得连带债务人中一人之全部清偿,不得再向他债务人追索。不问其清偿之方式为给付,为抵销,为代物清偿,抑为提存(四二二条)。若一债务人清偿其债,债权人不为接受,后者即属迟延,他债务人均得主张之(四二四条)。

但在债务未履行前,一债务人因债权人之追索,可否举他债务人之债权,主张抵销,以作抵抗? 第四二二条第二项答否。此规定并准用于混同。在德国法,混同并无消灭债之能力,惟使追索权不能行使而已。

债务人中之一人,已为清偿,可行使债权人之权利,回向他债务人追索,使平均分担义务。若债务人间另有规定,从其规定。

总观德国立法,束缚连带债务之效力,殆尽其极。回返罗马法不完全连带债务(obligation in solidum)之趋向,彰彰然也。

瑞士法债篇,规定连带债务,迹近德国法,惟于保护债务人之权利,则更进一层。第一四六条云:"就连带债务人中一人所生之事项,除非另有规定,不得加重他债务人之负担。"故反而言之,其事项于他债务人为有利,对之即生效力。接着之第一四七条即与吾人以证明。其第二项曰:"在债务未履行前,若连带债务人中之一人已解除其义务,其解除依情形或债之性质,在相当限度内,亦有利于他债务人。"故一债务人之债权,他债务人得举之以主张抵销。惟在不采用相互代表之说之瑞士法律中,特设此项规定,于理论有欠缺处。即此足见德国法于逻辑上为严恪矣。

最近(一九二七年)意法债篇草案,关于多数债务人之规定,亦有同样趋向。斥相互代表之说,谓其不合实际。一人之事项,除清偿外,不当涉及他人(一三四条讲迟延,一三五条讲认债,一三六条讲时效中断及停止)。惟第一三八条仿瑞法之一四七条规定:一债务人得举他债务人之债权,在后者当分担之部分内,向债权人提出抵销,混同亦然。

五、我国新《民法》

中国新《民法》,关于多数债务人及债权人一节之制定,悉参资晚近立法。数人负同一责任,而其给付可分者,依原则应各平均分担给付,连带为例外。故连带债务若由契约发生者,必须明白表示(二七一二条)。连带债务人对债权人各负其责,各有清偿全部之义务。而债权人向一人或数人或其全体请求给付,而不可得,可屡次向其全体任何一人再行追索,债权人由债务人中之一人得全部清偿后,不论其清偿之方式为给付,代物清偿,提存,抵销或混同,即无权再向他债务人追索(二七三四条)。第二七八条乃关于债权人对于连带债务人中之一人迟延,即德国法之四二四条,见前。

在效力方面,本法拒绝相互代表之说,就一债务人所生之事项,对他债务人不生效力(二七九条)。如一人之迟延或过失,或时效中断,不牵涉他债务人。

一债务人已为清偿,得向他债务人追索,使各平均分担义务。若另有法律上或契约上之规定,从其规定(二八〇一条)。其回向他债务人求偿时,于求偿范围内,承受债权人之权刊。如债权人之权利为优先权,或附有他种担保,求债权人得均主张之。比如乙丙向甲连带负债数银三千元,以不动产担保,乙已清债全部,得求丙偿还千五百元。此求债权乃基于承受甲之权利,故此千五百元依旧受丙之不动产之担保。若乙仅付二千元,以后甲复向丙追索余数。则乙尚可承受甲一部分之权利,向丙索还五百元。苟丙之不动产,仅卖得价银一千元,乙不能谓已承受甲之权利而先索五百元。此千元之数,依法悉归甲有,以作清偿。即第二八一条末行所云“但不得有害于债权人之利益”(nemo contra se subrogasse censetur,见德国法四二六条,法国法虽无明文规定,实际亦然)。

惟可特别标出者有数点,第二五七条云:“连带债务人中之一人,受确定判决,而其判决非基于该债务人之个人关系者,为他债务人之利益,亦生效力”(此条仿意法债篇草案一四四条)。反之,若判决为不利,对他债务人不生效力。若本法固绝对避用相互代表之说,则判决或利或不利,对他债务人当一律不生效力,德国法即如斯。虽然,若判决承认债已解除,则可与他项清偿方法并立,如给付,代物清偿等,同时消灭债务之一种方式,固无不可使其发生同样效力。本条规定,未始不可以理解矣。

第二七七条云:“连带债务人中之一人,对于债权人有债权者,他债务人以该债务人应分担之部分为限,得主张抵销。”

(此条仿意法偿篇草案一四〇条)此层于德国法又异其趣。不但理论上不能适合一人之事不涉他人之原则,复与本法第三三五条不相和谐。“抵销应以意思表示”,意思者,当事人之意思也。若第三者得举其债权为抵销,显乏抵销成立之一要件。法国法承认抵销之成立无须意思之表示,于连带债务复创相互代表之说,而于一债务人主张他人之债权向债权人为抵销,独不准之,同属推论失检。考罗马法曾允准一债务人,可主张他债务人之债权以为抵销,但须债务人间有合伙关系存在。然则其为抵销,乃基于共有合伙所产生之义务。凡为合伙人(socius),须慎理合伙义务(culpalevis in conoret)。此理论显于本法第二七七条不适用之。但第二七七条之规定,若为实际上之一种需要,如可不必斤斤于个人意思之表示,则本条制设,另有社会立场,未始不足取也。

第二七六条曰:"债权人向连带债务人中之一人免除债务,而无消灭全部债务之意思表示者,除该债务人应分担之部分外,他债权人仍不免其责任。前项规定,于连带债务人中之一人消灭时效已完成者准用之。"债权人之请求权不以时效完成自然消灭,尚须债务人本人表示主张之。诉讼时,若债务人不提出时效完成,法官不得代为提出而主张之。再本法第一四四条云:"若请求权已经时效消灭,债务人仍为履行之给付者,不得以不知时效为理由,请求返还。"可见时效完成,更不自然消灭债务。今准第三者主张之,适同犯关于上述抵销之弊。由上述数点,可窥见立法者处处顾全债务人利益之衷心,其牺牲理论上之一贯,未足为病也。

观乎上述连带债务立法之演变,在罗马时代法律拘于形式,无形中薄于债权人。及末叶优帝之世,始益其利。进及法国法,假相互代表之说,更扩张债权人之权利,护卫备至。晚届德法,趋势一变。废相互代表之说,而减降债权人之优越地位。及瑞士法意法债篇草案,中国新《民法》,承德之创业,更进一步,拔债务人于剥削中,而与以便宜焉。凡此种种异点,在法定之连带责任为然。其因契约而产生者,则在法若有愿规定削减连带债务之效力,在德在瑞在中有愿增加之者,胥可有之,律令所不禁也。(一九三二年六月于巴黎)

参考书：

LANIOL: TRAITE ÉLÉMENTAIRE DE DROIT CIVIL FRANCAIS. TOME II COLIN ET CAPITANT: COVRS ELEMENTAIRE DE DROIT. CIVIL FRANCAIS. TOME II.

GIRARD: MANVEL DE DROIT ROMAIN HUVELIN: COURS ÉLÉMENTAIRE DE DROIT ROMAIN TOME II.

FLINIAUX: REPETITION ECRITE DE DROIT ROMAIN DES OBLIGATIONSE SALEILLES: ETUDEE D'UNE THEORI GENERALE DES OBLIGATIONS D'APRES LE C. C. ALL. BUFNOIR, SALEILLES, LEVY−ULLMANN ETC: CODE CIVIL ALLEMAND, TRADUIT ET ANNOTE. PROTET FRANCO-ITALIEN DE CODE DESOBLIGATIONS ET DES CONTRATS.

（原文载于《法律评论(北京)》1932 年第 42 期。）

法律行为中之意思学说及意思表示学说

一、引 言

　　法律行为中有意思及意思表示两种不同学说。意思学说（Théorie de la volonte）者，以为一切权利义务，胥产生自人之意思，两人订立契约，立字为据，有争讼时，法院不重书面之解释，而必穷究两人当时之心理，获其共同意思，以定曲直；字据固为两方意思之表示，但非契约之构成分子，其效用仅能作法院推求两造意思之借镜而已。意思表示学说（Théorie de la déclaration de volonté）重在表示，以为一人之法律行为，他人得据为凭信者，惟在其意思之具体表示，意思而蕴藏于内心者，他人无由揣摸。有争讼时，法院不搜求两人当时之心理，但研究此具体之表示，在某时某地实际环境之中，依据社会正义，当作如何解释，而定断谳。故一切权利义务，不产自两造内心的意思，而根源于意思之表示在社会上客观之价值。

二、意思学说

　　意思学说乃从个人主义及自由主义演绎而来，此两主义在十八世纪及十九世纪初叶，披靡欧西，铸成法国大革命。《拿破仑法典》制于一八〇四年，为革命之杰作，受此思潮浸渍甚深，遂有意思学说之发明。

提倡个人及自由两主义者，以为社会上一切文物典制，其出发点在个人自由，其目的亦当在保障个人自由。在原始状态中，人本自由，不相拘束，随后组织之产生，国家社会之成立，乃个人相互间立有契约之结果，亦即自由意思运用之表现。卢梭在其《民约论》（第一卷第四章）中说："人既无天赋权威以制其同侪，而强力又未能产生权利，然则人间权威之根基，全在于约定耳。"《人权宣言》草案开章第一条亦谓："社会由人民相互间所立约定而来，绝非强权之产物"，即是此意，但其所以欲订此契约，成立社会，亦因在无组织状态中，人人绝对自由，结果人人反不得自由；有组织后，各人为契约所拘束，牺牲其一部分之自由，而后乃得到其余部分自由之安全与保障。

人既平等自由，故每人各有一法律范围，在自己范围内，个人意思绝对自主，仿佛南面王然，若非其自己意愿，其法律范围，绝不能有所损益。换言之，即绝不产生权利义务，所以从个人及自由两主义演绎，所得第一结论，即权利义务产生自当事人之意思。

上述法律范围损益，损者对他人负有义务，益者对他人获有权利。凡有一义务，必有一权利，故一方之法律范围缩小，必有另一方之法律范围扩大至相等之限度；范围缩小，须其人意思肯定，其扩大亦然，他人不能相强。由此推论，权利义务之发生，必假定有两个意思，其所取形式，舍契约外，将无其他。法国革命时名政论家谢叶（Sièyes）曾云："若不根基于订约人自由意思之上，义务决无产生之可能"（Preliminaire de la constitution lu les 20 et 21 juillet 1789 Au comite de constitution[Arch. parl. , ler serie, t. Ⅷ p. 257.]）。及拿破仑制法，更以债（包括正面的权利及反面的义务）与契约混论，不分彼此矣。

　　但有疑问焉,事实上权利义务亦有产生自法规者。侵权行为者,此乃显非出于权利义务人之自由意思矣。属于前者,则如两毗邻地主,虽无约定,相互间有立界范篱之义务;属于后者,如一人因过失而加损害于他人之身体财产,有担任赔偿之义务。

　　先就法定义务而论,谓其非出于当事人之意思,未免失于考虑。上述人在原始状态中,各各自由,以后社会国家之产生,悉由于人之意愿,盖社会既立,势不得无法,以保持其安宁及延绵。据卢梭之解释,法规即为"人民集合之条件⋯⋯人民固受法规之统治,但此法规必为人民所创制,此创制权仅属于参加集团共理社会情形诸人"(《民约论》第二卷第六章)。然则法规者,归根说来,实本于受此义务节制者之意思,奉守法规,即奉守对于其本身所自发之命令。法规与契约,实属同一性质,更可以法《民法》第一一三四条证明,"合法所订约定,作为两造当事人间之法律",所以如法定两毗邻地主相互间,有立界范篱之义务,骤视之似由另一权威所强加,实则仍产生自两造之意思。

　　法定义务尚有他端:如家人相互间之义务(法《民法》第二零三至第二零七条规定亲属相互间有赡养之义务,父母有教育子女之义务,夫妻间有互助等义务),亦无非发生自约定。家何所根基,于婚姻。换言之,于两造所订契约,卢梭云:"即家庭亦借契约而维持"。(《民约论》第一卷第二章)洛克在《民政论》中有云:"父之管领其子女,亦大约经子女之同意,或明示或默示"。(第六章论父权)最后再引证康德之说,"一人惟能受其自给之法规之辖治"(《法理学》巴尼法译本第三三页),此亦谓仅我所参加而制定之法规,于我始有拘束力。

　　至于侵权行为,其侵涉他人之自由时,即破坏民约。在民约订立时,彼曾表示尊重他人之自由,不问其表示为明示抑为默示。今违背前约,而负有赔偿之义务,或受惩罚,并非他人强加之,乃其自己往昔之意思惩罚今日之意思。法国法以侵权行为与契约并立,同为发生权利义务之方式,更可证由侵权行为所发生之义务,同是受本身意思之束缚。

狄骥不曾云乎:"民法学家因袭罗马法主张,以侵权行为(有故意的,有非故意的)与契约并立,同为债之起因。债之发生,终是由于意思,在契约及准契约关系中,此意思与法律无违;在故意或非故意侵权行为情形中,此意思与法律相反,在契约及准契约关系中,乃是合法事端的意思;在故意或非故意侵权行为中,乃是不合法事端的意思"。(Duguit: L'etat, le droit objectif et la loi positive p. 221)

总之,无有一权利义务不发生自当事人之意思。

个人及自由两主义复说,人之所以要缔结民约而牺牲其一部分自由,乃所以期望运用其余部分自由而无阻碍,故在此部分自由范围内行使其意思,绝无不合法者。自由主义派之格言云:"凡不在禁止之列者均属许可"(Tout ce qui n'est pas défendu est permis),故苟不非法侵涉他人自由,无不可为,而此意思之行使,并当享受社会之保障。故从个人及自由两主义演绎所得第二结论,即凡自由意思之运用,均属公平,合乎正义。康德曾说:"人自身即是目的"(La personne humaine est une fin en soi),其意思的行为,乃为追求达到自身的目的,应当受社会的尊视,社会无权假正义或他种名义,改替其意思。康德又云:"以一人主张,加于他人时,往往发生不公平情事,若其人自作主张,则绝无不公平事发生之可能"。(《法理学》法译本第一六九页)卢梭亦曾云:"绝无有对自身不公平者"(第二卷第六章),又谓"惟其为主权也,故主权始终得其所当(行其所当为)"(第一卷第七章)。此句原意固指国家而言,但亦可以解释个人意思的行为,人在其自己法律范围内,即自为主权。国家主权(即公意,volonté générale)既绝不能对公众有不允当行为,个人主权(即个人之自由意思)亦绝不能对其本身有不公平行为。

　　凡契约均属公允，不但见于法学中，抑且见于自由主义派之经济学说中。公平物价公平工资，无客观之标准。物价工资，悉由供求之不等而上落，供求之变化，则全根据于个人之需要，市场上之自由交易；然则除由自由交易中所产生之物价及工资外，更无其他公平物价或公平工资之所谓。法国法素不以契约内容失公允（lésion）为契约撤销原因之一，盖以两造因意思所欲，自由约定，即属公平，毋须再研究契约内容及其对于社会所发生之影响，另立幻象之公平价值。

　　人之心意所欲，既然系公允，则国家法规既为有意识的产品，亦必均是正义之表现。然则除主观的权利义务外，更无所谓客观之法律，亦可云，客观之法律，即发自意思之主观的权利义务。

　　权利义务固发生自意思矣，自由意思之行为固均属合于正义矣，惟尚待解者，如有违背义务情事，为何社会必集其全力援助受损之人，以强制恶意者践约？此无他，个人自由主义学派之理想，乃在使每人保存其自由至最高可能限度，非然者即不恤以一人之故而牵动全社会。法律之目的，据康德说，在使人群同存共荣；据谢叶说，其目的在发展及保障大众与公民之权利（Arch. parl. lere serie, t. Ⅷ p. 256）；白东（Oh. Bevdant）亦云："国家乃是团体的力量，所以保障每人才能之自由发展，而防御其相互侵权"（Le droit individuel et L'État p. 146）。根据以上数说，社会欲以团体之力，强制个人奉行契约，实所以保障意思之自由。但契约乃自由意思之表示，谓强制奉行契约，即所以保障意思之自由，此无异谓契约之有拘束力；即因契约有拘束力耳，追究此种问题，犹之追问为何画三角形必须三线，其中两线之和必长于第三线，均属不可分析解答，此乃如康德所谓纯理之定则。（参阅《法理学》法译本第一零六及第一零七页）

　　因个人及自由两主义之昌盛，故遂有意思学说之产生，"权利义务产自意思"及"自由意思之运用均属合乎正义"，乃此学说之两大根本原则。

三、意思学说之批评

观乎上述意思学说,吾人觉其有一特点,即偏重理论,而忽略实际,如谈玄学然。须知法律乃社会上之现象,其产生由于实际之需要,其所以能继续存在,由于吾人希望其依旧能尽和谐社会利益之效用,故法律乃为吾人所用。随社会经济情形之变化而变化,伊耶陵曾说:"法律上交易之需要及其发明之能力,时超越法律思想而占先,谓法律思想辄落于时代及实际生活之后,诚非诡辩,……人之生活,不当待法律思想演化而改变,须其先动,而后法律思想随之,观乎事实,诚如斯言"。(《罗马法之精神法》译本第四卷一三二页)若谈法者,不顾实情,紧抱法典,精用三节推论,以索求其理论上之效果,则虽亦为法律文献,洋洋大观,但脱离外界影响,既与正义无关,又与公允无涉,更与社会效用不合,仅一空洞的逻辑杰品而已。意思学说,其理论,其效果,或合于当代社会经济情形,惟时光已移,状况已变,在今日而犹尊奉此说,未敢或违,不免迂腐之讥,吾人之评此学说,亦根据于实情立论。

民约之说已具玄学意味,自来创拟此说者,并不具今科学家之态度。考求事迹,旁征博引,以实证社会之脱胎于原始状态,确由契约所致,其创此说也,仅为完善其理论上之系统,犹之一元论之哲学,推求初因,必虚构上帝,称之为"the uncaused cause"而止于是。故如上帝,如民约者,仅于玄想上有兴趣,而无科学上之价值。狄骥曾评云:"或谓此孤独之自然人,在社会以前,以人之资格,已有权利,以后身入社会,即与其权利俱,此观念与实情完全不合。谓人孤独,乃纯属虚构,有世以来,迄未有孤独之人。人为社会之生物,仅能生存于社会中,事实上人确始终在社会中生活"。(《私法一般之演变》第一八页)故社会与原始状态绝不成进化之两种阶段,社会之产生决非有意识的。

再以个人自由为一切制度之目标,亦非今日社会结构所能容许。十九世纪中叶以来,分工现象,普遍于人类各种活动,且有益趋深刻之势,人不能安于其法律范围中,闭笼自王,以鲁滨逊自许许人,其生存也非互相依赖不可,分工益烈,合作愈要,而社会组织之健全亦更感重要。在此情形中,人无自由之权,而有为社会工作之义务,法律之目的,不能在保障个人自由,而当在谋求公共利益,观乎实情。近年来欧西立法,屡有限缩个人自由者,如法一八八二年之强迫初等教育法案,在前人看来,乃侵及为人父者之自由,但立法者则不斤斤于奉守传统观念,而以社会利益为重。

意思学说之第一根本原则为,凡权利义务,均产自意思。若吾人从狄骥之说,谓人始终在社会中生存,绝未曾孤独一隅,而拥有权利,则权利必是社会的现象,且权利观念,必先假定有两人;鲁滨逊独处荒岛,虽具意思而一无权利可言,则更证明权利必应随社会而生。换言之,权利之产生,不自意思,而因于实需。

且以权利义务产自意思,则权利义务之主体,必须具有意思,今公司会社等等,均可为权利义务之主体,但意思安在?此种团体组织,近来日趋发达,社会上种种活动,有非个人力量所能胜任者,必赖社团力量始能举办。在昔社团成立,必须官厅准可,故或云官厅之承认,即等于赋以人格,使成为法人;既为法人,当有法律意志。惟近年来社团之成立,原则上已毋须官厅允准,或法律认可,则此人格此意思,将由何来?且所谓法律人格者,全系虚构,实际上非真有其物,据狄骥之意见,社团之所以能独立治产,主张权利,或负担义务,实以合社会之需要,固毋须乎必有意思。

以权利义务产自意思，则必主体确有产生之意思表示，但如禁治产人或未成年人，无行为之能力，由其代理人或监护人代达意思，然因而所产生之权利义务，法律认为直属于禁治产人或未成年人，或发行人已将无记名证券填写签字，在未发出之先，此券为人偷盗，而流通于市上，以后善意持有人执券向发行人提示，发行人有给付之义务，然此债务，岂其所意愿哉？

又意思既然自主，则只须其毋侵犯第三者之自由，其所产生之权利义务，即为有效，目的内容，毋须顾到，但事实上，如诲谣、节育，法律所禁；赌博、赊账，同为一种借贷，而法律不承认。

故考之实际，谓权利义务产自意思，极有斟酌余地。

意思学说派，更谓法定义务，亦产自意思。民约论之虚假，既如上述，则法律亦如国家，绝不具有契约性质，法定义务，亦绝不能谓为根据于意思。即使依据民约之说，人之入社会状态中，愿意接受法律之管辖，所以保障其余部分之自由，则国家立法，不能无限制，非为保障全体人民自由，不许制法规。但求之各国立法汇刊，在累万巨册中，大部分法规与保障全体人民自由无关，甚且有侵涉之者，例之最明显者，如法之禁自杀私斗或危险游戏，法定强迫初等教育等。在个人自由主义派视来，自杀及愚昧等，完全个人自由行动，毫不侵害第三人之自由，而法律竟强加以受教育及不自杀等义务，显然不能谓为由其自己意思。又如法定买卖租赁抵押以及其他种种法律行为之效力，厂主对于工厂须有相当卫生上之设置，工人工作时间须有一定限度等，均因全体利益须要如此，故而制定，其目的非在保障个人自由。

意思学说第二根本原则，为自由意思之运用，均属合乎正义。上述权利义务既不产自意思，国家法规又不在保障意思自由，然则一人之意思行为，无受社会无条件保护之理由。换言之，意思之运用，不必即是正义。再者，意思自由必先假定个人相互间，有相当的经济方面的平等，于是两方订立契约，乃得从长计议，自由论价，如此根据两方意思而为制裁，始有公正之可言。然此经济方面的平等，自十九世纪中叶以还，渐次消失。今日有一部分之契约，绝非自由意思所造成，如劳动契约，运输契约，水电契约，并不由两造自由议定。一方拥有极大经济势力，若工厂主人、保险公司、铁道公司，甚至国家自身；一方则为一介平民，契约条款，尽由前者预先单独拟定，后者只有接受无论辩之机会。若仍依旧说，谓凡契约终是两人自由意思之产物，不问债之内容，绝对循照契约条款而行制裁，则意思学说中理论上之公平，固然得到满足，而社会上之正义，自必受到莫大打击。

契约仅是社会生活的一种工具，交易上最普通的方式，人借以相依为生，社会亦因以而维持由分工合作所发生的连带关系。所以契约条款之公允与否，不能专问该契约是否由于两造自由意思之合致所造成，要须在考虑其内容是否无害于社会之连带性或公共利益。

至于契约之拘束力，在昔以为契约为两人意思合致之产物，故一方爽约，他方当然可强其履行，但事实上时有两人同意之事而绝不发生拘束力者。如邀客宴会，约友下棋，客友均已承允，而届时主人爽约，客友不能提起诉讼，强制履约；再如两人交易，详订条件，然在一方未正式要约，他方未正式承诺之前，已定条件，不生拘束力，然在此数条件上，两人已互相得到同意也无疑；又如男女两人在婚姻之前夕，订立契约，规定财产制，依法国法，此契约须采一定形式（《民法》第一三九四条），今契约违此形式，不生拘束力，然夫妇间已发生同意也亦无疑。夫拘束力之要素，在乎社会之制裁，若仅为维护一人之意思，则此庞大之社会组织，不但将为反复无常之任性而运用，且将为有害于社会生计之意思行为而运用，不亦俱乎。须知社会之所以欲干涉个人行动，必亦因社会自身利害有关,然则法律行为之有拘束力,非仅以其为意思之运用,实因此意思之运用,合乎公益及社会正义,伊耶陵标榜正义超出于自由之上,即所以针砭意思学说也。

四、意思表示学说

与意思学说立于相对地位者,为意思表示学说,前者为玄学的,专务理论,不顾实际,后者为写实的,故重实际情形,前者专维护个人权利,后者则主张社会正义,前者只承认主观的法律,换言之即主观的权利义务,后者假定有客观法则,法律而有客观的绳准,必是社会的产物,盖此绳准,舍取之于社会实况中而未由。法律既是一社会的制度,故其任务及目的,惟在和谐社会利益,促进社会生计。假定一人欲完成一法律行为,意思一经表示,即得到社会之注目,此表示之真正意义及价值,已不能再根据表意人之私意确定,而将由社会客观的估断。在今日分工精细之情形中,合作日益需要,社会各分子之关联,日益密接,公共信用遂日益重要。一人之行为,不只及于自身,时影响及于他人,此意思之表示,一获有社会之生存,他人必以为根据,而度量准备自身之活动;若意思之表示,不足为准,惟以蕴藏于内心之真意为凭,则私意反复变化,他人无由获知,结果必致欺诈百出,信用全无,行动交易无丝毫安全,社会组织沦于瓦解。且近今工商业特别发达,做事贵在敏捷,每件交易,事实上不许搜求当事人之真意;交易若以信件代达,两当事人可竟至无一面之雅,如犹不以具形之表示为凭据,事情更无法进行。即如在法国,原则上两人同意,即产生权利义务,但有时亦注重行为之形式,如不动产之转移,地役权、抵押权等之设定,若不经登记之手续,则对第三人不生效力。个人法律行为，既与社会福利发生密切关系，故其价值及效力，不能凭当事人之主观意思，当视其是否合乎社会目的而定，意思不表露者，仅属个人之事，无与社会，惟意思表示始为社会事实，而亦为权利义务惟一之根据。

总之，意思表示学说，看重信用及第三人之利益，故对于法律行为，不主张实现表意人之意思，而主张保护他人因此表示所发生之期望，或所获得之权利；不重在使表意人获其由该行为所希望得到之利益，而重在加重其对于自身行为所担负之责任。

法学上此种变化，亦见之于心理学上。在法学，问题在意志上；在心理学，问题在情绪上。心理学旧的观念，终以为笑仅欢乐的一种表记，战栗为恐惧的表记，笑及战栗，并非即为情绪的构成分子。近代学者，如詹姆士与郎蔼(James and Lange)，一反前说，竟谓人非以恐惧而战栗，实以战栗而恐惧，乃以外形之表示，为情绪构成分子；其结论实与意思表示学说之以表示为权利义务之构成分子，恰相符合。

虽然，涕泣能使吾人动心，喜笑能使吾人快感，并非仅在吾人所得见之客观表现，如生理上之分泌，肌肉之紧缩，同时亦在其内部之欢喜及哀恸。故在法学中，吾人亦不能即谓可将法律行为与意思截然分隔，人事变幻莫测，不如自然界现象之滞板确定，故从无绝对的规则，加以法律之目的，在和谐实际利益，非在强求理论上之绝对一贯，故若实际需要，无有不可牺牲体系之统一者。德国法采表示学说，但间亦容纳意思学说（如关于身份之法律行为，不准用表示学说），法国法虽标榜意思学说，实际上法院亦有采用表示学说之时，此可见立法用法者之用心矣。

五、两种学说及契约之成立

意思学说关于契约之成立，重在两方意思。在法国法中，契约成立之要件，首为同意（consentement），其结果，契约不必取一定之形式，亦无所谓要物契约（contrat réel），仅同意即足以发生拘束力（solus consensus obligat）。再两方意思，贵在同时归趋一致，窦墨龙宣言："同意者即两个意思具有同一目的，而同归于一点之谓，故同意成立之际，即实际上两个意思归合之时，此时者，乃要约及承诺因同时生存而发生接触或连接之一刹那，从此连接，即发生系结，而成契约……契约者，即两个意思同归于一点，即同意。今两个意思犹未同归于一点，则未同意，即无契约"（T. X XV no. 45ets.）。郭冷及葛毕当（Colin et Capitant）之解同意，亦谓可作意思合致（concursus voluntatem）解，但实际上两个意思之归宿点，绝对寻不到，此乃康德语吾人者也。彼云："此意思同归之一刹那，在实际之表示行为中，绝不存在，此行为在时间上有先后之区别，而绝不于同时发生，乃为必然。在事实上，若我要约，对方愿立刻承诺，不论在要约与承诺中间相隔时间如何之短促，我犹可以悔改前约。盖在对方未承诺前，我依旧保持自由，同时承诺者亦不当受其对于所发表示之拘束。往昔缔结契约，采用表面形式，如互触其手，共断一草菅，证明当事人竭力欲表现表示之发生于同一时候，即两方当事人所以欲时时证实以前的表示，亦表示当事人对同时发生表示一点，感觉为难，又安知表示在时间上之有先后，乃必然之理？总之，当事人决做不到此层，就因为此种行为在时间上有先后，往往其一之表示已发生，对方之表示或尚未发生，或已非为本人之原意"。（法译本第一零五页）

由此而论,在现实之世将无所谓契约矣。

但意思学说派不即自认入于绝路,而无办法,康德自己解难曰:"若欲得问题之解决,须抛弃契约诸现实条件,而仅保存知识之分子。"换言之,吾人须超脱现象之世界,盖仅在超现象之世界中,始有意思合致之可能,其理诚玄奥矣。

兹就现行法而论,在法国,一人要约,对方不即承诺,此要约不发生任何拘束力,债乃是两个意思共同的创作品。卜颠在其《债论》中有云:"要约人在确定对方未承诺前,可以撤销其要约。若对方犹未得到权利,以向担负义务者主张之,即不产生任何债的关系。若余以一物转让对方,对方并不意愿接受,则余不能凭一己之意思,强为物权转让;同时在对方尚未意愿接受前,余亦不能单以要约予人以债权,而对抗余自身也"(《债论》第五页)。假定当事人天各一方,于是结约须用非对话方式,如函件、电报等等,依意思学说,若一方要约,他方尚未承诺,要约人可以撤回要约;即使他方已经承诺,而承诺之通知犹未到达,要约人犹可行使其撤回权;盖要约人既未曾获知对方承诺,两个意思尚未合致,契约尚未能谓为已成立,要约不发生任何拘束力;若要约人在未接到承诺通知时,失去法律上或事实上之行为能力,或竟死亡,则要约无效;盖要约已失去其意思之后盾,不能再行存在,即使以后承诺通知到达,实际上只有一个意思,决无成立契约之可能。

在意思表示学说制度下,不但单独法律行为,有发生法律上效力之可能,且契约成立之要件,亦不在两个意思归趋于一点,表示为社会的事实,影响第三人之活动,由表示而发生之权利义务,全由公共信用之需要而确定,不必绝对要有两个意思。契约固包含两个意思表示,然此非谓契约之效力,必须有两个主观的意思合致。在意思学说中,契约之成立及其效力全凭两个意思合致;在表示学说中,只须两个表示并肩同存,使契约成立，至于以后契约发生何种效力，非两方意思之事也。假定当事人亦用非对话方式订约，若一人向其他一特定人要约，对方收到通知后表示承诺，则两个意思表示，已在此时并肩同存，契约即告完成，实毋须待至承诺到达要约人时也。如此要约人在对方表示承诺时，即不能再撤回要约，必不得已，须撤回之通知先于要约，或与要约同时达到对方（德《民法》第一三零条）。若要约到达对方，对方不即承诺，是否要约人在此延宕期内，尚可以撤回？根据德《民法》，要约到达对方，对方须立即表示其意思，否则（照第一四六条规定）要约即当然取消，是要约人无所再用其撤回矣；若要约人旋即死亡，或失去行为能力，要约不随之无效（德《民法》第一五三条，并阅第一三零条）；法律行为毋须意思永为其后盾，以维持其存在，惟若其继承人或代理人在要约未到时，已先将撤回通知送到对方，则其撤回当然有效，无有疑义。

有时要约人限定承诺时期，若对方不在限定时期内承诺，则要约失效；惟在此时期内要约人不得撤回，此在两种学说中均然。

再观意思学说，尚可揭出其不合事理处。如对方接到要约，尚未承诺，或已经承诺，而开始准备履约，其承诺通知正在途中时，要约人忽声明撤回，或死亡，或失去行为能力，则契约既不能成立，承诺者方面所受损失，亦将无法补偿矣。事之不合情理，诚显然也！故一部分学者，主张要约人当负赔偿责任，惟此责任在法国法理上，极难解说。法国法仅知有契约及过失两种责任，若谓要约人之责任为契约的，则两方固未成立任何契约也；若谓其根据于过失行为，则要约人撤回要约，乃行使其权利，固未曾犯任何过失；是以承认要约人在此情形中负担责任，不啻承认单独要约已有相当拘束力，且赔偿最圆满办法，莫过于不愿撤回，维持要约，此又不啻谓要约人不能随便撤回，须以不致损害于他人为限。要约人之责任，之义务，从此已不产生自其意思，而根据于客观的事实，即第三人之损失，是法国法已不自觉地向表示学说方面走去。所不同者，此损失情由在表示学说中，不能成为问题，毋须受害人证明；在法国法中，受害人须证明其所受损失。

当今法国学者，如郭冷及葛毕当，于此点上，其倾向于表示学说，极为显明。在其名著《民法通论》第二卷中（第二七三页）论曰，"在承诺人发出其承诺通知时，契约即已完成债的关系，乃此承诺所系结，在两个意思互相接触时，即已并肩存在，契约亦告缔结；至于此承诺之通知要约人，于法律上之效果，无所增益"，此乃所谓发信制度（systeme d'emission）与德《民法》之表示制度，极为相近。

意思学说必须两个意思始能产生权利义务，意思表示学说则承认单独法律行为能独立存在，而有社会的价值。如以广告声明（参阅中国新《民法》第一六四五条），乃非向特定人所发之意思表示，仍有拘束表意人之效力，其效果，在意思学说之法系中，无所谓片面意思束缚，债务移转；而在采纳表示学说之法系中则有之，关于无记名证券之法律性质，因此亦有不同的看法（俱见本志前号拙著两种不同的债的观念）。可见债的观念，与法律行为中之学说有密切关系，以债之要素为两方间人之关系，乃主观之见，生意思学说，以债之要素为两方间财产之关系，为客观之见，而生表示学说。

六、两种学说及错误

根据意思学说，契约之当事人，对于物之性质，有错误时，可以请求撤销。如购一镯，余以为纯金，返而察之，乃为镀金，非余之意思也，契约自不能存在。意思既为主观的，故是否确有错误，全凭主见。比如上述购镯,余并不在求其实质,而取其为古董也,若为镀金,余不得主张撤销;或镯之实质确为纯金,但为新品,而余则以为古物,余可以主张撤销。故法院每遇此等事端,须索求当事人之真正意思。

今观表示学说,若严格推论,错误将不能成为问题。一法律行为,其存在及其价值,全基于表示之上,当事人内心之真意,不能加以任何影响。但德国法以欲求合于事理,未敢采纳此逻辑之结论,苟有错误,在某种情形中,利害关系人可以请求撤销。在德国法中,错误可分为两种(第一一九条):(一)、错误之发生在表示之辞句上者(所表示者并非表意人在该时之意思);(二)、错误之发生涉及表示之内容者(所表示者确为表意人之意思,但其表示此意思,由于其对某一点发生错误)。

在第一种错误情形中,苟法院审察意思表示时之一切实际情形,发现固有错误,可以纠正之。如"余有一马,以其病也,故愿廉价出让,在未证实前,大约此为余厩中之白马",日后检验结果,若查出有病者非白马而为黑马,则约中"白"字,显系有误,余可请求更正,在对方亦明白表示愿购病马,此更正于其并无损害,诚无背乎维持信用之原则。

关于第二种错误,若表意人证明内容有错娱,可以请求撤销。表示之内容,不由法律客观规定,而完全由主观意思支配。表意人愿将何物包括于内容中,均可随意为之,若其将行为之动机,声明于表示中,此动机即属内容之一部分,苟有错误,亦成立撤销之原因。在此点上,虽然个人意思可以自主,但最要条件,此意思须表示于外,意思而藏于内心,仍不能得法律之承认。至于表意人仅证明内容有错误,是否法院即可允其撤销,据德《民法》第一一九条规定,表意人须证明,若其知当时实在情形,即不为此意思之表示,而其陈述当时情形,须合乎通常情理,不能绝对凭其主观之见。故法院遇有此等事端,须以客观的态度,估量表意人之解释,其意思是否合乎习惯理性。总之,意思表示之后,表意人犹得谓为与真意不合，提出撤销，非合乎绝对表示学说之学理。

七、两种学说与法律行为之解释

权利义务既产自意思，故制裁契约或法律行为，即制裁当事人之意思。若两当事人对于法律行为或契约，发生争执，讼诸法院，在法院惟有搜求两当事人之真意，以断是非，法官绝不准参加丝毫私人意见。在此种制度下，法官之最合理想者，应如一自动机，当事人将案件情节塞入机口，使变成判决书，然后抽出，自动机处于绝对被动消极地位，无积极主张之可能。法国《民法》第一一三四条第一项规定"合法所订契约为两造订约人间之法律"，又第一一五六条规定"解释契约不得只求字义，而须索求两造订约人之共同意思"，此两条实意思学说于契约解释之必然结果。

合法所订契约，既作为两造订约人间之法律，故约定之效力，与通常法律等，法官既有绝对遵循法规之义务，故亦有绝对遵循契约之义务，法规约定，其内容是否合乎正义，非伊所得过问。曾有争执水价案件，发生于一八七六年，原约订于十六世纪某年，规定灌溉价为十五生丁，法官以二三百年来，治理河渠费用已大大增加，故判决增加水价至六十生丁。败诉人将案件提至最高法院，其理由根据一一三四条，谓契约辞句明晰，不生疑义，法官仅得依约评判，无权更改契约之内容。最高法院审查之下，判其理直，驳斥原案。

常有工厂主人，严定规则，告示工人，谓有违背某某几条规则者，罚款若干，因罚款之过重，厂主工人间时起纷争。下级法院为求公平计，辄减低罚款，而最高法院则每驳斥之，谓工人入厂工作，已表示承诺条件，故此规则已成为两方之约定，今法官更改其内容，实触犯第一一三四条。

有时两方订约，言明有不践约者，须支付违约金若干，若违约金数目巨大，反乎常情，依据法典，法官亦不得削减。

近来保险事业极为发达，公司辄印成填单，先自订立条件，顾客就单填写，每无暇细究之，以后如有争执，虽公司条件苛刻，法院终以此保险单为两人契约，势必依约制裁，不得根据社会正义，另有主张，以易契约之条款，他如劳动契约、运输契约等均然。

法国法不以有偿契约内容之不公平（lésion）为契约撤销之原因，亦意思学说之必然结果。

设若契约之辞句含糊，或表示与真意有冲突时，当以真意为重。譬如在某法律行为中，一人述及其侄甥，平时在其谈侄甥时，同时包括其姊之非婚生子女。从严格讲，谓侄甥乃指其姊之非婚生子女，于字义为不通，然依据意思学说，该行为人可证明侄甥两字个人之用法，法官若以其证明确实，亦当舍形式上之表示，而取其真意。

再则法官解释契约，在搜求真意外，尚须顾虑当事人之含蓄意思。如两造订约并不完全规定其效果，则法官可引用法典以补充之；如法院之准用买卖租赁抵押及其他种法律行为之法定效力均是。此种法定效力，除有关公共秩序者外，当事人可以抵触之，今当事人不明订相反条件，即默示接受，法院引用法规，仍所以制裁当事人之意思也。

此种法规通常称为解释的法规（loi interprétatives），假定当事人若明白表示其意思时，大概必如所规定之表示，若无明白相反规定，此法规即代为解释其意思；与之立于相对地位者，为命令的法规（lois impérative），从自由主义派看来，其效果在限制各个人一部分之自由，使其余部分之自由得自在行使，故其效力为绝对的，不许任何个人契约有抵触之规定。在各国法典及法规汇刊中，属于解释的法规一类者有大部分,仅一小部分为命令的法规。

法官行制裁,既须根据当事人之意思,则除契约法典外,更无可引用习惯正义等,以实其判决。习惯与制定法不同,制定法固产自议会,然议会乃公意之代表,故归根法律仍本于意思;反之,习惯乃非有意识的产品,且在宪制制度之下,以立法权属之民意机关,习惯更无产生权利义务之可能,故若法院根据习惯而下判决,即不合意思学说之学理。若夫正义,除当事人所愿望者即为正义外,并无他种正义,若法院另有其公平之主张,不尊重契约条文,随意易其内容,是乃以法院之意思更替当事人之意思,且正义漫无标准,各是其是,若准法院以正义之名更改债之内容,必易犯专横蛮断之弊病,个人意思行将失其安全与自由。故从意思学说理论上讲来,正义如习惯,绝不能为法院判决之根据。

此种制度,严格施之于实际,时有悖于事理之处,故每于必要时,法院终想转圜办法,使学理事理,两得其便。比之一人完成一法律行为,字义含糊,以后若否认其表示,谓其真意另有所指,则必须证明其当时真意,确非其所表示者,以陈述于法院。然此证实大半不易做到,若行为人当时故意荒诞其词,结果只是自己先遭苦难;即使其真意证明确实,法院宣布撤销表示,但订约之对方,如因此而受到损害,请求赔偿,法院辄准许之;作伪之表意人,仍不得辞卸其责任。在此点上,行为人对于其本身行为所负之责任,不亚于表示学说中行为人之责任。

制裁契约,仅问其形式完美无瑕疵,而不权衡其内容,于今日时代环境为不宜。凡人订结契约,意欲某事某物,并非凭空任性之举,乃必有所图而发。在近代社会中,契约成为人事之重要工具,社会各分子联立之环,非契约自身即是目的,契约之效力,自须视当事人之借契约所达之目的,是否无害于社会联立之原则,而不能仅止于当事人之意思。解释契约,不但须从社会所由凭信之表示着手,必要时且须更改其内容,以使合于社会正义。故在意思表示学说制度之下，法官变成实际上个个讼案之立法者，其地位非消极的，而是积极的，其职责不在做书记员，纪录当事人之意思，而在维持法律交易之安定，协调社会之整个利益。德《民法》第一一六条规定"表意人在表意时暗中存心，不受其表意之拘束，其意思表示不因之无效"，寥寥数语，推翻全部意思学说，并为德法典采纳表示学说之第一声。第一三八条规定："法律行为违反善良风俗者无效，尤其乘他人之急迫轻率或无经验，使其为财产上之给付，或为给付之约定，依当时情形，其给付远超乎对方之给付，显有乖于公允者，其法律行为无效。"在此规条下，不承认当事人之所意欲即属公平；法院可以审察法律行为之内容，另立公平之标准，以为加减。故如保险契约、劳动契约、运输契约等，苟含有不公平条款，关系人可引用上述原则，以请求法院酌减。同法第三四三条，复规定凡约定违约金数目过巨，远超乎因违约而所致之损害，赔偿人可请求减少其数目，更无须乎急迫轻率或无经验等条件。苟于表示有争执之处，则第一三三条规定"解释意思表示，须搜求真意，而不得仅拘泥于表示之辞句"。此条非指法院解释表示，须放弃外形之表示，而惟穷究表意人当时之心理，不问其心理已由表示外达与否，若此则岂非全然标榜意思学说，与第一一六条恰正冲突，立法者当不致前后矛盾若斯。此条意义，乃解释除研究字义外，尚须注意表意时其他一切外界分子，如物质事实、事前经过、一向两人之关系、特种习惯等。盖表示之发，表意人不仅专心于辞句，并顾到当时整个情形，至收受表示之对方，其收受表示时，亦属同时理会辞句与其他外界分子。故欲获表示之真正意义，即表意人之真正意思，势不能仅限定于字义上推求，不过未具外形之心理分子，法院无权引用，上述卖马一端，即一例子。

　　苟表意人不完全明定该表示之效力，法院引法规以补充之，在意思学说派看来，仍不外乎制裁当事人之意思，行为人已预见该行为所能发生之一切效力,法院并未加以任何其所不意愿之义务。揆诸实际,一人出卖物件,抵押田产,租赁房屋,是否已事前熟读法典,料及其行为一切之效力,极难断言。迩来法学专门理论精奥,非专门学者,不易洞窥其要;若必谓此系行为人暗中意愿或假定意愿所生效力,乃无中生有,虚构而已。如夫妻间财产制契约、死人遗嘱,苟形式上要件不备,法律认为无效,必以法定财产制、法定继承制替代之,敢有云此种法定制度及法定效力,为当事人意愿者乎? 至于遗产,考之历史,先有无遗嘱继承,而后有遗嘱继承。表示学说只求表示为意愿的,不必表示之效力亦在当事人意思中;表示之效力,乃以公共信用及社会正义之需要而确定。所有解释的法规,如买卖、租赁、抵押、夫妻财产制、继承等等规定,非个人心理的表达,而是社会生计客观的条件。立法者非个人意思之纪录员,而为全体利益之促进人,且每个行为人有其特殊不同之需要,今以同一条款,概括一般人之心意,无稽莫甚。故法院之适用此类法规,亦根据立法者之意见,觉得在所处环境中,惟有适用此类法规,始能令某种法律行为达到合法的而切于社会效用的目的,当事人亦因信任法规之公平,而置身于法律保护之下。譬如保险单、运货单,其中印刷条件,亦与解释的法规具同样性质;填单者,虽不详明单中条件何所指云,然信任其必无有不公平处,苟日后发现信任被骗,自可请求法院酌改条件,以期合于公允。

　　法官之职责,既在维护和谐社会利益,故其评断一法律行为,除引用法典外,尚可引用习惯学理等等,以期社会正义,发露无余。

　　或谓法官权力若是之大,岂非易犯专断之病? 当其引用各种社会事实分子,因分子繁复,引用又漫无标准,结果恒因意气人情,随心折狱;法律问题之解决,遂无确定统一方案。如此是非无常,何足以言标榜正义? 反之,在意思学说制度之下,法官权力有限,仅可就契约法规条款论断,不准顾到其他非在当事人意思中之杂碎分子,另外主张正义,以改易契约法规之内容。故法律问题，犹之几何问题，其解决方案，极为严格，不因人而殊，但事实上岂其然哉？观乎每一重要问题，学者判案，意见纷歧，主张复杂，即以"为第三人约定"之法律性质一问题而言，在法国不知经多少时之争执，耗费多少墨汁，近年来始渐渐确定。所谓严正不偏之逻辑，暗中时为个人主见所利用，问题的一定解决办法，既于意思学说制度下为不可得，于是乃不得不转求之于意思表示学说矣。

此间有尚连带注意者一点，即此两种对于法律行为解释不同之态度，并见之于法律解释。在意思学说制度下，法律被视为意思之产物，解释法律，即在求立法者制法时之意思；在表示学说制度下，重在使法律之适用，适合其目标及社会效用。法律产自人之生活，乃为人之生活所利用，一经制定，即与立法者之意思脱离，在不悖乎情理范围中，自可伸缩其意义，以求切合于事实之需要。故解释法律，只知求立法者之意思，不能尽法律之效用，必也放弃立法者主观之意思，参考实际环境，以令其适合时代需要，尽其促进社会进化之功。法国当代诗人乏累里(P. Valery)于他人注释其名诗(Cimetiere Marin)时，作序有云："若夫辞句之解释，绝无一定真确之意义，作者于此，毫无权威，无论其意欲何云，落笔为文，即成定形，发行之后，其文即若器械然，各人可由其自己方便，随意受用，且其所受用，未必不若原著人也"。解释诗词如此，解释契约法律，亦无二致。

八、结　论

此两种学说，产生于两种不同的社会经济情形之中。十九世纪初，经济状况远不如今日，交通不便，分工不精，公共信用不著，加以个人自由主义昌盛,故可以债为两方间人的关系,以意思自主之说为法学之总纲领。十九世纪末,经济情形已因百年来科学空前之发达,经过极大变化,个人仅成全体之一齿轮,自身已非目的,而有为全体造福之义务,个人自由已不为人所乐道,反之,公共信用、社会生计,乃为大众所最关念,债之观念已成为两方间财产之关系,意思学说,因亦为表示学说所更替。

中国新《民法》关于法律行为,采纳表示学说,总则第八十六条至九十八条,全由德氏法典中斟酌取来。但中国经济情形,发展不齐,除少数城市工商发达需要信用外,乡间之农村社会,故步自封,既不须极膨胀之信用,各分子之关联又非甚密,当事人之意思,自须加以相当尊重。否则,一味推论学理,不但将蹈意思学说派谈玄之覆辙,行且妨害社会秩序之稳定。德国首创表示学说,犹不趋于极端,不但关于身份之法律行为,不准用表示学说,即关于财产之法律行为,亦承认多种例外。法律贵在发生调协社会生活之效力,不专在求理论上之整齐。吾国今既制定采用意思表示学说,结果是否适合,须视用法者之能否明通法意耳,德莫格(Demogue)教授有云"吾人应以人道论断人事",信哉斯言。

（原文载于《中华法学杂志》1933 年第 4 卷第 7 期。）

两种不同的债的观念

（一）总　论

中国法中之债，拉丁文为"obligatio"。在罗马法中，其定义为
"Obligatio est juris vinculum quo necessitate adstringimur alicuius
solvendae rei secundum nostrae civitatis jura."，意为债是法律的关系。
依照罗马法律，凡在此关系中者，必被强制为债之给付。此定义历经许
多补充，范围日益扩大。罗马法家包罗（Paul）曾说："债之本质，不在使
吾人为物之所有人或一地之地役权人（所有权、地役权均为物权），其本
质在强制其他一人，对于吾人为债之给付（如移交所有权，做或不做某件
事等等）。"依此说法，债的关系，遂如主之于奴，居上者之制下。债权人
于债务人有命令权，有强制执行权，于债务人之自由可予以相当限制。
根据萨维尼（Savigny）的罗马法解释，债务人竟是变相的奴隶。但此种
债的关系，毕竟是反常状态，人人自由而不受限制，方是通常情形。反常
状态之发生，须当事人表示愿意；故债之关系务必发生于两人的意思上。

此种债的观念，以个人自由为出发点，债者个人自由之束缚也，极适
合于十八世纪思潮。当时个人主义及自由主义，汹涌膨胀，社会一切制
度设置，须以个人自由为出发点，并以个人自由为归宿点。苟非本人自
愿放弃，其自由绝对不受限制。所以法人卜颠（Pothier，1699—1772 年）

写《论债篇》时，对罗马法中债的定义完全采纳。法国革命成功，个人、自由两主义，即被视为天经地义。一八〇四年之《拿破仑法典》，于债的观念，采用卜颠意见，间接即追踵罗马法，所以《拿破仑法典》之视债，亦两方当事人的人的关系（非财产的关系），债权人于债务人有强制执行权。债务人之自由固受相当限制，但其与人订约，已表示愿意接受此种限制。各人有处分其财产自由权，亦有处分其身心自由权，债务人自愿受人抑制，正是其自由权之行使，未可谓为有悖于自由主义之道。

　　但细翻《拿破仑法典》，于债字不见有一确切的定义。吾人说其采纳罗马法的观念，何所见而云然？查该法典于债法专篇，仅在契约部分中附带规定。法典第三卷第三部分之题曰："契约及一般由契约所发生之债。"第一章为契约引论，第二章述契约之有效要件，至第三章始及于债，该章述债之效力。而所谓债者，且仅由契约所发生之债。故债在该法典中看来，乃两造当事人的人的关系，发生于两造合致的意愿。甲愿以千金邀乙画像，乙愿作此画像而获千金之代价，甲乙两造意思归趋一致，债即发生。乙如爽约，甲可假法院之力以强制其履行。而甲施行此种手段，仅可限乙为之，盖仅乙曾意愿结下此种债务。他人既无此项意思，当不致更不耐受甲之强制。再则《拿破仑法典》之纳债于契约之中，乃根据于卜颠《论债篇》中分配的方法，卜颠又效仿罗马法，故谓法国法之债的观念，因袭罗马法殆非无稽。征之近代法国学者于债之定义，更可见罗马法陈迹迄今犹存。渥勃里与罗乌氏（Aubry et Rau），近代法国法学界之两大权威，论债谓为法律的必然，结债之一方必然于对方有践约之义务（L'obligation est la nécessité juridique par suite de laquelle une personne est astreinte envers une autre a donner, a faire ou a ne pas faire quelque chose）。白赖溺（Planiol）的定义：债是两人间的法律关系，其一曰债权者，对于其他一人曰债务者有索求权，索求某一相当事件。

郭冷及葛毕当(Colin et Capitant)的定义:债是两人间的关系。析求之,则债权人于债务人有命令权,并得强制其履行义务,以遂己利。最后两种定义,更表显债中人的分子的重要。而其解释债为一种上下的关系,居上者对居下者有命令权、强制权,更取罗马法中债的观念,发阐无遗。

其甚者,如白赖溺竟推此观念,以及于物权。自罗马时代迄今,素以物权为人与物之关系,以债为人与人之关系。在物权关系中,除所有人与物体外,无第三分子。所有人于物体有直接的绝对管领权。在债的关系中,有三种分子:曰债权人,曰债务人,曰债之标的。债权人于债之标的,并不发生直接关系,中有债务人为之媒介。白氏评谓以物权为人与物之直接关系,差讹莫甚。凡为权利,皆人与人间的关系。人与物绝对不能发生法律关系。故在物权关系中,除正面主体(即所有人)及物体外,并非即无第三分子,反面主体(sujet passif)即是。此反面主体,在债的关系中即为债务人,在物权关系中,为所有人以外之一切人众。此一般人于所有人之权利,有尊重之义务。故债权与物权,乃同一物,均表现人与人间之关系,所不同者,反面主体之在前者为一人,在后者为一切人。

此种债的观念,自十九世纪末叶起,已非人尽采纳,有新的观念发生。此新的观念,德国学者提倡甚力,一九○○年之德《民法》即采纳之。在法有萨赖(R. Saleilles)者,素极留意德国法学之演变,于新说极表赞同,并为文介绍于其国人。据新的观念,债不必是两人间的关系,而是两方财产的关系。债不仅指债权人及债务人,亦指债权与债务。此非言债即是财产之一分子,可与田宅物具同论。若然,债权与物权将无丝毫区别。谓债为两方财产的关系,乃以债之精要及价值,在乎债务的履行,使变成财产之一分子,而不在乎某人于此人则有于他人则无之强制权,将吾人之注意,完全引到两造人的方面去。然则据新的观念,债务由甲清偿亦可,由乙清偿亦可,若不清偿,由甲或由乙负赔偿责任均可。最精要者,而亦债之价值之所在,即在此诚意的清偿或赔偿。但亦有少数例外,债之价值有全凭乎人方面者,如约某画师画像,某伶人演剧,乃取该画师与该伶人之天才与技术,易其人,债即失其价值。但此等事不多见。

若追溯历史,稽考债之起源沿革,更可见此说根源深远。在罗马法最初期,法律的关系,舍绝对的所有权即无他。此不但对物体而言,即如家长与族人之关系,亦全系此种所有观念、管领观念的表示。以后有侵权行为,发生新的债的关系。但就此新的关系性质而言,依旧无新颖可言。一人于他人之身体财物,加以损害,苟不立予赔偿,被害者可置之为奴隶,对之可行施所有权及管领权。以后经济情形转变,每家不能自给自足,遂有货币假借,于是发生契约(nexum)。但契约的关系,依旧无新的发明。苟告贷者不按时给偿,借予者可直接强其履行(manus iniectio),或置为奴隶。归根说来,上述种种法律关系(亦包括债的关系),始终如人与物的所有权的关系;其着重点,全在其财产上的价值。随后法律改良制裁方法,不许置债务人为奴隶,而视之为财产之一分子,于是以债为人与人间关系的观念,逐渐产生,债与所有权亦截然成为两物。观乎上段叙述,可见债之要素,不在两造之人格,而在义务之履行,在债产生之初期已然。

谓债之精要,不在乎两造当事人,非即言债已不成为人之履行(prestation personnelle)。如某人贷金不还,非谓债权人即可直趋其家,启锁强取。其意盖义务之履行,不必限定某人。受义务履行之益者,亦可不拘任何人。义务之履行不必限定某人者,即言如某人当偿债千金,某匠人须收拾园圃,只须有该某人允偿此千金,或允收拾园圃,此债即有了价值,该某债务人为谁,可不必顾虑。苟以后债务人易人,于债之价值,不发生影响,亦如物权然。所有权之价值,在乎物体之物质存在,此所有权与彼所有权不同,在此,其物为房宅或田地,在彼,其物为池潭或米粟,进而问此债与彼债之不同,亦在此债中,其内容为千金而非千枚铜元,为收拾园圃而非建造房舍,当事人之人格,实无涉于所有权及债之内容与存在。

虽债务人之人格不能影响于债之存在(此处不谈例外,如约画师画像,伶人演剧等),然非先有某一确定债务人,债莫能发生也,其理至明。至债权人,即当时无确定之人,亦无害于债之发生。上述受义务履行之益者,可不拘任何人,即此意。从此点看来,债权更有与物权类近处。债不必须债权人确定后始存在,始有其价值,犹之物而无主,仍不失其物之存在。以后债权人确定,乃以接受债务人履行义务之利益及利用此已存在之价值,亦即物之有主,所以应用物之价值。并非债权人之确定,物之有主,能于债之价值,物之存在,有所加益也。

自萨赖氏在法提倡此学说后,法国法学家从和者日众,雷维于孟(H. Levy-Ullmann 今巴黎大学法科教授)亦其一。彼根据此观念,另下债的定义曰:L'obligation est l'institution juridique qui exprime la situation respective de personnes dont l'une (appelee le debiteur) doit faire bénéficier a l'autre(appelée le créancier) d'une prestation ou q'une abstention et qui correspond, sous les noms de creance et de dette, à l'élément particulier d'actif et de passif engendré par ce rapport dans le patrimoine des interesses。债是法律的制度,表明两人的地位,其一(曰债务人)须履行义务(正面的,如给予某件东西或做某件事情;反面的,如不做某件事情),以裨益其他一人(曰债权人)。此义务,在一方看来为债务,在另一方面看来为债权,而与两方财产因此债的关系而赢而负,适相吻合。

此两种债的观念,究竟孰是孰非,窃以为问题不在此。盖两种观念,观点不同,各见到一面。以债为人与人间的关系,乃主观之说。以债为财产间的关系,乃客观之说。法国因多数学者,以债权、物权之权,作特殊利益解,乃从受益人的立场观之。故如白赖溺者,不但以债为人与人间关系,即物权亦然。所有人之有物,对于其他一切人乃处于一种特殊地位。其对物而行使其使用权、收益权或处分权,他人不得侵犯干涉。至萨赖等,以权作客观的法律规条解。物权、债权之解释,须根据某地某时之实际情形及需要,诚不必紧随传统观念,固执不渝。故雷维于孟对债所立定义,但称之曰法律的制度,诚以制度乃为遂人之需要而产生,故亦因客观之时境而变迁,至今之实际情形及需要,如何能促成第二种债的观念的发生,后当论及。

此两种债的观念,虽不发生绝对是非问题,但从此两种观念所演绎之结论,大有区别,并可影响及法律上之交易。故某国法律之所以舍此而取彼,或舍彼而取此者,非为学理上真谛起见,乃纯以环境之需要也。

(二) 两种观念之实际上不同的影响

上述两种观念,各有其不同之实际影响,今请分节论之。

(甲) 债务移转——债务移转者,即一人所结债务,已由其他一人承担,原来债的关系,不因之受任何影响。但此移转,须通知债权人,而得其承认,惟其承认,非债务移转成立之要件。盖在承认以前,承担人对债务人已负清偿后者之债之义务;再则,债权人对承担人所行使权利,非根据于其承认,乃根据于承担人及债务人间之移转契约。当声明者,此间所论债务移转,乃指单个债务,非指概括债务。如子女继承父母遗产,并承担其所有债务,乃属另一问题。

根据第一个债的观念,以债为两方当事人间的关系,则一人所缔结债务,绝不能以后由另一人承担。上溯罗马法,个人主义极为膨胀,不但债务,即债权亦不能移转。债一产生,即始终成两当事人间的关系,直至其消灭为止。若易其人,即易其债。在最初时,有欲出让债权者(如以债权交换现金,父以一部分债权为女置妆奁等),引用更易新约(novatio)方式,但缺点甚多,最要者如新约成立,必须债务人承诺,旧债权的一切担保,原则上讲将完全消灭。故遂有发明引用委任的办法,由债权人委任第三者向债务人追诉,照例受任人须将所获权利交还委任人,惟在此处,委任人免其交代,并准其保留因起诉而获权利(procuratio in rem suam)。援用此法,固无上述缺憾(如债务人之承诺可毋须要,所让与之债权仍为旧债权,一切担保等,并不消灭),但亦有其特种不便,因其为委任,故委任人在受任人诉讼未到相当地步时(litis contestatio),有处分其债权之权;或另出让债权予他人,或免除债务人交付,或由自己出面起诉,或债务人直接向债权人以作清偿,再则委任关系可以一方面之死亡,或以债权人之撤回而终止,是均非所以遂合当时社会经济之需要。及至罗马法后期,始承认债权可不必假他种办法而为让与,债权移转遂成法律上独立一种制度。

债务移转,初亦用更易新约方式,但有上述同样缺点,为免除此类缺点,法律当亦承认债务移转为独立一种制度矣,但实际上罗马法始终未承认之。盖就普通而言,债权者易人,于债务人并无不便处,债务人绝不反对。反之,债务人之人格,债权人视为极重要,若易其人,必致影响于债之履行,此所以罗马法不能允准债务随便移转。近代如《拿破仑法典》,亦同此观念,仅承认债权而不承认债务移转。同时须认清者,即不承认债务移转者,乃不承认其为法律上一种独立的制度之谓,若更易新约,若代办(délégation),若"为第三人约定"(stipulation pour autrui)等,胥能达到移转债务目的。然上述诸方式均极僵硬,成立条件苛刻,并各有其他缺点,绝不能比德国《民法》中债务移转制度之有伸缩性,而应合实际之需要也。

根据第二种债的观念,债有独立的价值,债权人及债务人之人格,非债的存在之至要条件。故债当如其他各种财产,可以移转让与,非仅限于债权已也。然亦有几种债,其中人格分子,极占重要,则其不能随便移转,其理至明,惟此种情形,属例外。德国《民法》本采纳第二种债的观念,故承认一切债可以转移,不问其为债权抑为债务。关系债务承担,在四一四至四一九条中有规定,承担债务之方式有二:或由承担人与债权人立一契约,原债务人毋庸参与(参阅中国新《民法》第三百条);或由承担人与债务人订立契约,再经债权人承认(参阅中国新《民法》第三〇一条)。在事实上,采用第二种方式者为多。至移转之效力,债务人虽换,而原债仍不动;在承担人方面,则可援用债务人对抗债权人之事由,以对抗债权人;在债权人方面,则在原则上,可对承担人仍主张原有从属于债权之权利(参阅中国新《民法》第三〇三及三〇四条)。

若再返顾罗马法,其承认债权让与,即已相当的承认债可脱离当事人而继续不变存在。惟债之要素,在其财产上之价值,迄今以社会经济情形之变迁,实际之需要,更为显然耳。

债务移转在事实上时常发生。

(1) 出让营业——常有出让营业,受让人承担以前旧业主因营业而结欠一切债务之情事。根据第一种债的观念,如法国法,如有出让营业情事,除非两造当事人特别声明,受让人接受营业后,绝不承担丝毫债务。在法国,普通一种营业,不成一个独立的总体,包含存欠债账,而与业主其他部分财产不相关联。故营业之转让,自可不必及于其债务。但若受让人声明承担以前营业上之债务,此声明之条款,当作何解释?或者此条款仅表示受让人给助出让人清偿,于是仅对出让人发生效力;或则此条款于第三者发生效力，而与债权人以追及权，追索承担人为债之给付。惟此间又可有区别：或承担人与债务人同时向债权人负责，或从此仅承担人负责，债务人与债权人解除以前一切关系。在不承认债务移转诸法律（如法国法）看来，此条款只能作第一解，于第三者不发生效力。欲取第二解，即欲其于第三者发生效力，除非谓此条款即指更易新约。但更易新约之效果，债务人从此不对债权人负债，一切由承担人担负，而两人同时向债权人负债，当为不可能矣。且更易新约为一种极不圆满的债务移转方式，倔强而无伸缩性，已如上述，于此不赘。

　　根据第二种债的观念，营业上之债务移转，绝对不生理论上之困难。再则在实际上，使受让人同时或单独接承向债权人负清偿之责，乃巩固第三者之债权。若不然，营业转让，债务仍归出让人，第三者之债权，即失其最重要之担保；行见第三者各具戒心，不轻易放债，致信用流通阻滞，而为害于工商业之发展。故《德国商法》之规定，其第二十五条大致谓，凡本原来商号，继续他人之营业者，负担清偿以前因营业而发生之一切债务。受让人继续营业，而不假原来商号者，于以前债务不负清偿责任，除非有特别约定，并已发通告在案，在此约定中，两造可假债务移转方式，在不损害债权人权利范围内，随便伸缩其效果。第二十六条并谓，在债务移转后，债权人在五年内不向原债务人追索，其请求权因时效而消减（参阅中国新《民法》第三〇五及三〇六条）。

　　（2）联结运输——货物联运，亦债务移转实际适用之一端。常有运送货物，须数运送人相继为运送，而发生迟延遗失或损毁等情由，在法国，法院常责令最后运送人，根据托运人与原运送人所订运输契约，赔偿损失。不问受赔偿者为托运人抑为收货人，总之，最后运送人绝未与托运人或收货人订立契约，不发生任何关系。并且法国法不承认债务移转，即不承认最后运送人可承担原运送人所结下之债务。今令其负契约上之责任，试问法院何以自解。有一部分学者如李鸿冈（Ob. Lyon-Caen）等，囿于法国法律观念，不能赞同此种判决，主张原运送人，须负全部运输责任，苟有迟延遗失损害等情事，由其担负赔偿。在实际上，此主张失于公允。普通货物运输，托运人交货后，即不置问其他，而收货人与原来运送人，相隔辽远，请求赔偿，极为不便，而一方则又须给付全部运费予最后运送人，违背正义，自不待言，故另有一部分学者，维护此项判决，并立解云：在订立运输契约时，托运人约定运送人向收货人为债之履行，即法国法中之"为第三人约定"（stipulatio pour autrui）是也。以后原运送人将货交给另一运送人转运，亦约定后来运送人，向收货人为债之履行。故关于由此运输契约所发生一切问题，收货人得根据"为第三人约定"所发生效力，不但得向原运送人，并得向最后运送人主张其债权。故虽法律不承认债务移转，但可假"为第三人约定"之方式而达到移转之目的。惟有缺憾焉，若运送人有多人时（假定原运送人为甲，最后运送人为丁，中间又经乙丙运送），则收货人不但对甲对乙可行使其起诉权，对乙对丙亦然，实增无谓烦恼。查历来法国判例，从未承认收货人对乙丙有此权，然此项判例不能以"为第三人约定"之制度解释之，极为明显。其实法院为应付实际之需要，已无意中采纳债务移转之观念。在甲将货交乙运送时，为不完全之债务移转（cession imparfaite），甲并未因移转而解除其义务，于债权人仍旧负责；以后乙交丙，丙交丁，均为完全之债务移转（cession parfaite），即乙丙于移转后即免卸其契约上之责任，结果收货人仅于甲丁有起诉追求权。

（3）出让租约——出让租约（cession de bail）亦然，承租人向房主租赁，定期相当年限，在年限未终止时，原承租人可将租约让与他人，如此接三连四，可有数番之让与。依据"为第三人约定"之说，房主对所有承租人有追索租金之权。事实上，中间接租人以租约已让出，对房主已无行使其债权之可能，而对房主之债务，犹须负担清偿，实失允当，故法院仅准房主向原承租人及最后接租人追索租金，或请求履行其他债务。此又证明法院以环境之需要，在无意中承认债务移转。

（乙）片面意思束缚——片面意思束缚，法文为"engagement unilatéral de volonté"，凡一人表示其意思，不待另一人之接受，即受所表示之意思之拘束是也。在罗马法初期订约，用口头问答方式（Spondesne? Spondeo），须两当事人亲身在场对话，始生债的关系，绝无片面意思束缚之谓，以后法律因时境而演化，虽已无上述之严格性，但债非有两人同意不能发生之原则，始终未变。非但两人同意，其同意须取一定形式（即今之要式契约）。苟两人随便约定，此约不发生债的关系（nuda pactio obligationem non parit），债权人对债务人无起诉权（ex nudo pacto actio non nascitur）。今如有人单独表示其意思，谓有能作某事觅得某物者，予以某种报酬，以后有人满足上述条件，是否即可向悬赏人追求赏格否？若谓其起诉权根据于契约，则此契约既未取得一定形式，即不能得到法律之承认。悬赏人对应赏人，在原则上仅有道德上之义务而已。但亦有少数例外，如对神许愿，向城许作某事。

法国法以债为两人间的关系，故若无两个意思归合一致，即不发生债，单纯一方面的意思，无拘束效力。卜颠在其《买卖论》中，有如下之论述："La pollicitatio, aux termes du pur droit naturel, ne produit aucune obligation proprement dite et celui qui a fait cette promesse peut s'en dedire tant que cette promesse n'a pas éré acceptée par celui a qui elle a été faite, car il ne peut y avoir d'obligation sans un droit qu' acquiert la personne envers qui elle est contractée contre la personne obligée."。单纯一方面的意思，依照自然法讲来，不发生真正所谓债者。预约人在其认定的对方未接受预约前，可打消其预约。债乃为某一人缔结，以对

抗债务人。若犹无人得到由预约所产生之权利,即不能有债的发生。在此种债的观念中,即不能有片面的意思束缚。

德国法则不然,债之发生,不必即须确定债权人,债务人尽可受其单独意思表示的束缚。

(1)通告悬赏——通告悬赏,为片面意思束缚实际上之应用。法国法不承认其能发生债的关系,欲悬赏通告发生拘束效力,在原则上,须有人表示愿意接受该通告。法国法既不限定契约须具要式,此接受已使两个意思归趋一致,而成契约。债的发生,固仍不可谓为由于片面之通告也。德国法于通告悬赏,在《民法》第六五七条以下有规定,苟有失物悬赏情事,某人将物寻得归还原主,即使其事前不知有赏,于是初并无意于接受之,悬赏者对之仍须践行义务,不得食言,其债务之发生,在其出示悬赏之时,并不在应赏人接受之日。再则在此点上,片面的意思束缚,与契约中的要约不同。单独要约,固亦发生相当拘束效力,但债之发生须待对方接受。关于契约中的要约问题,涉及意思学说及意思表示学说之争,值得专篇研究,请待他日。

(2)财团——片面意思束缚,在事实上之适用,尚有捐助基金一端。时有人立遗嘱,谓愿将一部分遗产捐助某种公共事业之用(慈善事业、文化事业等等)。若其指定已存在之某公共事业机关,则此遗赠之举,不生以下所欲讨论的问题,然立遗嘱者,时有以一定之财产,为捐助创始某种事业之用。故在遗嘱发生效力时,尚无该种事业之合法机关,换言之,接受此项财产之受遗赠人,尚未产生。在法国法看来,是乃一种片面的意思束缚,遗赠不能发生效力。即使以后该项事业已成立机关,而为法人,亦无权追受此遗赠。故遗赠成立要件,在其发生效力时,须已有特定受遗赠人,即权利主体,须已有法律上的生存。德国法适其反。继承开始时,即使受遗赠之机关,尚未正式成立,遗赠不能即谓无效。以后正式成立,即可请求此项财产之给付。盖片面的意思,已有束缚立遗嘱人(及其承继人)之效力。再则德国法视捐助财产为独立的法人,此项财产之特定用度及事业之特种宗旨,已使其有一种独立的法律生命。故在遗赠人表示意思时,不但即发生给付基金之义务,并即产生一法律上的生命,有接受遗赠之能力(参阅中国新《民法》第六十条)。

(丙)无记名证券——上述两种债的观念,在实际上所发生不同的影响,观乎无记名证券,更为显明。顾名思义,无记名证券为一种证券,不记持有人之姓名,可以随手转让。有向发行人提示此券者,发行人当不问持有人为谁,即有为给付之义务。假定一无记名证券,数番转让,原来、中间及最后持有人与发行人相互间,究成何种法律关系?根据第一种债的观念,除两个意思合致外,债无发生之可能,则由无记名证券而能发生债的关系者,必因于发行人与原持有人间之契约,后来持有人之债权,乃承受原持有人之债权而来。每次证券换手,而有一次债权之移转。普通债权让与之效果是:关于债之原有一切对抗让与人之事由,债务人(即发行人)得以之对抗受让人。譬如发行人发券予原持有人,实受其欺诈,以后另一持有人提示此券请其给付,发行人得以欺诈事由对抗之,而拒绝给付。换言之,持有人于发行人所得主张之债权,完全凭靠让与人原有债权,若让与人之债权无效或犯撤销之原因,则持有人之债权,亦随而为无效或须撤销。结果得券人势必事先慎重调查当时发行人发券予原持有人时之情形,并检讨每次证券转让时手续是否合法,事实上此举绝不可能。证券曾经某人之手,非其所可得而知,盖随手转让,不留痕迹,再则证券亦必因之失其流通性,并失其辅助信用发展之道。

故欲维持无记名证券,以为发展信用之道,必须免去上述弊端,使持有人之债权为独立的,与发行人之关系为直接的。回顾以往历史,前人已知用无记名证券,并觉有免去上述不便之需要。古时法律,原则上不许令人代表涉讼，故债权人除亲身追逼债务人外，不能由他人代劳，但不无例外。实际上，遂有发明种种条款，如付款予持有人，或付款予某人或持有人，用处在其有委任契约之价值。因之持有人在法律所准许之例外的范围以内，得持券代债权人追索债务。但此委任乃属"procuratio in rem suam"（并见上），即受任人获债之清偿后，即可留为己有，不必交代予委任人。债务人并无权证明持有人得券来历之不明，或手续之不合法，见券即得给付。从最后一点看来，可知持有人之权，已成独立，而与原债权人之债权不相关涉。此种习惯，在中世纪时已极通行，迄乎近代，无记名证券之用度益广。公司股票、债券、定期金、公债票等，屡有取无记名证券之形式者，免去上述不便，于今当更为迫切而必需。

今观采取第一种债的观念之法国法何以措置，所决无改变可能者，即债之发生，必由于发行人及原持有人间在发券时之意思合致，故以后持有人之债权，其性质、其效力，悉根据原债而来。但欲免除上述缺点，故即谓在原先订约时，当假定即有附属默约一款，据此条款，若发行人于原持有人有对抗之事由，承认对于最后持有人，放弃其对抗之权利，但此种假定，极为勉强，盖当事人间决无此种意思。再则此默认放弃，不能发生十分圆满之效果。若原契约具有瑕疵，成立撤销之原因（如承诺有瑕疵，约因缺乏，或约因不法等等），则附属之放弃条款，亦必犯同样撤销之原因。债务人（即发行人）理当可以之对抗最后持有人。然则默认放弃制度，发生效果极微，究未能尽除缺憾。总之，若由第一种债的观念出发，以解释无记名证券之法律性质，不论其如何曲解诡辩，究不能使其发生切于实需之效力。

转而观德国法，债之发生，不必须当时即确定债权人，两个意思合致，在发行人签发证券时，已受其片面意思表示之束缚。债已存在，而有价值，日后有提示此券向发行人请求给付时，发行人始得其确定之债权人。然则发行人与持有人间之关系为直接的。发行人之债务,直接根据于证券内所记载之内容(参阅中国新《民法》第七一九条)。其结果,若债有担保证券上明白言之者,则不问证券经若干次之转让,持有人有享受此担保之权利。持有人并毋须顾虑发券时及让券时之情形,手续是否合法。是债既发生于发行人与持有人间之直接关系,则即使发行人于原持有人有任何对抗之事由,不能以之对抗持有人。

由此推论,如有一已填写签字之证券,尚未发出,而为人偷盗,流通于市上,以后持有人向签券人提示请付,签券人亦必须给付,当不能以偷盗事由对抗之矣。关于此点,颇有争论。依照义大利法律,证券发生效力,必在发行人自愿发出之时,而不在证券填写签竣之际,此种规定于第三者极为不利。第三者得券后,无从检查此券乃由发行人自愿发出者,抑为偷盗而流行者。故德国法为顾全第三者并市面上信用起见,主张另一说,即证券签写后,债即成立,而发生效力。德《民法》第七九四条云:"无记名证券发行人,即使证券因遗失被盗或其他非因自己之意愿而流通者,仍担负由证券所发生之债务。"同条第二段并谓,即使证券之发行,在发行人死亡或丧失能力后,亦不失其效力(参阅中国新《民法》七二一条)。义国学者渐有采纳此说之倾向。

尤其在近代经济状况下,无记名证券之发行,每次一张,而授予一特定持有人者绝少。公司之股票,债券,或政府之公债票,辄大批发行。公司政府绝无于发行时与某人订结契约之意思,其意思在销售是项证券,并承认有提示证券时,给付其券上明订债务。故在制造证券时,发行人已为其片面意思表示所束缚,并已处分其一部分之财产。以后由任何人处分用益,于此部分财产之价值,不生影响。最后持有人,可直接根据证券之内容,向发行人主张其债权,不受因已往持有人所发生之事由之影响。其权利为独立的,直接的。

（三）结　论

两种债的观念，在实际上所发生不同的影响，有如上述。第一种债的观念，不适乎近代经济情形，亦甚显然。在拿破仑制法时，一方面罗马法影响极大，个人及自由两主义极昌盛，一方面工商业情形，未臻今日之大观。财产以不动产为重，动产价值极微（res mobilis res vilis），遑论债权。故制法者，因袭罗马法之观念后，闭屋思索，只求其演绎井然，论理无疵，毋须顾虑其他。及十九世纪末叶，德国制民法时，经济状况已经大变，加以德国工商业发展猛进，生产加烈，运输益便，市面极需信用发达。故立法者第一须顾到第三者之安全，第二须使第三者对于在其自身以外所发生之债，能有接承之便利，是即与债以新的销场。其采取第二种债的观念，适以达到上述目的，而应环境之需要。

（四）附录——中国新《民法》中之债的观念

返观吾国新《民法》，制法得宜。关于债之移转，不分债权债务。债务承担，规定在第三〇〇至第三〇六条中。

第三百条云："第三人与债权人订立契约，承担债务人之债务者，其债务于契约成立时，移转于该第三人。"

第三〇一条云："第三人与债务人订立契约，承担其债务者，非经债权人承认，对于债权人不生效力。"

第三〇三条云："债务人因其法律关系所得对抗债权人之事由，承担人亦得以之对抗债权人。"

第三○四条云：“从属于债权之权利，不因债务之承担，而妨碍其存在。”

关于债务承担实际之适用，如营业出让，受让人承担出让人营业上之债务，则有第三○五及第三○六条规定。

第三○五条云：“就他人之财产或营业，概括承受其资产及负债者，因对于债权人为承受之通知或公告，而生承担债务之效力。”

第三○六条云：“一营业与他营业合并，而互相承受其资产及负债者，与前条之概括承受同。其合并之新营业，对于各营业之债务，负其责任。”

至于货物运送，第六三七条规定，数运送人，对于运送物之丧失毁损或迟到，负连带责任。

片面的意思束缚，如悬赏，新《民法》并无专条规定。但新《民法》于法律行为，采取意思表示学说（théorie de la déclaration de volonté，乃为意思学说 théorie de la volonté 之反）。一人单方表示意思，其意思之表示，即有拘束表意人之效力，不必当时有特定债权人，然后发生出债来。此不啻间按承认悬赏为法律上独立的一种债的泉源。关于财团，《民法》第六十条云：“设立财团者，应订立捐助章程，但以遗嘱捐助者不在此限。”从末句推论，遗嘱捐助，即使捐助章程在继承开始时尚未订立，即尚未有合法受益机关成立，亦不失其效力，盖与德国法相近。

无记名证券，规定于新《民法》第七一九至七二八条中。

第七一九条云：“称无记名证券者，谓持有人对于发行人，得请求其依所记载之内容为给付之证券。”

第七二一条云：“无记名证券发行人，其证券虽因遗失被盗或其他非因自己之意思而流通者，对于善意持有人，仍应负责。

无记名证券，不因发行在发行人死亡或丧失能力后，失其效力。”

第七二二条云：“无记名证券发行人，仅得以本于证券之无效，证券之内容，或其与持有人间之法津关系所得对抗持有人之事由，对抗持有人。”

反而言之,发行人不能以对抗原持有人之事由,对抗最后持有人。

归纳上述数条,可见新《民法》乃采纳第二种债的观念,以债之精要不在乎两人间之关系,而在其财产上的价值。虽今日中国实业不如他国之发达,穷乡僻壤,尚不能比法国一八〇四年时经济情形,但日后工商业猛进发展,乃可断言决无问题。且中国今日诸通都大邑,工厂林立,商务繁盛,交通亦便,上举数条,已日见应用,不但调剂实际上之利益,且更有促助实业发长之可能也。

一九三三年五月于巴黎

参考书:

Aubry et Rau: Cours de Droit Civil Fran, ais.

Colin et Capitant: Cours Élémentaire de Droit Civil Francais.

Fliniaux: Cours de Droit Romain—La Partie des Obligations.

Gaudemet: Le Transport de Dettes a Titre Particulier.

Girard: Manuel Élémentaire de Droit Romain.

Lacour et Bouteron: Précis de Droit Commercial.

Lerebourg-Pigeonniere—La Contribution Essentielle de r. Saleilles á la Théorie Générale de L'obligation et á la Théorie de la Déclaration de Volonté.

Levy-Ullmann: Cours de Droit Civil Approfondi 1927—1928.

Sa'eilles: Étude sur la Théorie Générale de L'obligation.

—De la Cession le dettes, Annales de Droit Commercial, 1890

Planiol: Traité Élémentaire de Droit Civil, revu par Ripert.

Pothier: Oeuvres de Pothier, Édition Bugnet.

(原文载于《中华法学杂志》1933 年第 5—6 期。)

新德意志立法原则

德自国家社会党当政以来，多所改革。一年之中，造成完全一新局面。在政体方面，则各联邦之独立渐被剥夺，异党敌派悉为解散。在社会方面，则提倡共同生活，合全国为一家，重新估定妇女之天职，专司治家育儿，不令入他项职业。在经济方面，则生产消费分配合作，在相当范围内，由政府统制。失业工人日益减少，农村情形尤特改善。甚至在文艺方面特设专部监导。一般人民日受无线电之党化，经各种集会之宣传，思想归于一统。去年十一月间德政府以退出国联外政问题付民复决(Volksstimmung)及国会选举，得票超百分之九十，为有史来所仅见，益见民心团结，国社党政治上效绩之深宏灿烂。不问其国情如何与我国不合，如此一自拔图强的国家，其政府的设施及民众的努力，在在足资吾人借镜。其中使吾人特别感受兴趣者，尤其是法律的变动。

欲讲到新德国的法制，当于"德国法律学院"(Akademie für deutsches Recht)先述数语。该学院于去年六月间由德巴哇里亚邦司法厅长富兰克(Justizminister von Bayern Dr. Franck)动议发起。九十月间全国法律家会议时，由其宣布成立，并任命会员。凡政学司法工商各界人才，多所包罗。十一月初并由其召集首次全体大会，行正式开幕礼，并开始进行工作。新德国全部法律问题，皆在其研究范围中。研究之结果，成为日后政府创制立法之根据，其地位之重要，可想见矣。

新德立法之原则有三：一曰公利先于私益(Gemeinnutz vor Eigennutz)，二曰维护发展德国种族，三曰法律入于民间，其详分述如下，并举最近一年来较重要之新法为例证。如去年九月二十九日《继承田产法》（Erbhofsgesetz），十月二十七日《民诉修正法》及十一月二十四日《刑典修正法》。其他当局及硕彦所发表私人意见，一并引用。

甲、公利先于私益——此原则为国家社会党最根本之要义，于一九二零年所宣布之二十五条党纲中，即明白言之。其第二十四条末节谓："本党相信我国久常健强，须自整理内部起；而内政之设施，当一本公利先于私益之原则。"（Die Partei…ist überzeugt, dass eine dauernde Genesung unseres Volkes nur erfolgen kann von innen heraus auf der Grundlage Gemeinnutz vor Eigennutz）希忒拉自己且曾云："个人必须慢慢觉悟：比之全国生存，小我实微细不足道。小我的地位，完全由一国共同利益断定之。"（Es ist notwendig, dass der Einzelne sich langsam zur Erkenntnis durchringt, dass sein eignes Ich unbedeutend ist, gemessen am Sein des ganzen Volkes, dass daher diese Stellung des Einzelnen Ichs ausschliesslich bedingt ist durch die Interessen der Gesamtheit des Volkes）

查德国国社党革命有一特种使命：即排斥种族中之犹太血统及拯拔国家于《凡尔赛条约》束缚之中。欲完成此使命，须全国团结，同心戮力，并准备个人牺牲，放弃一部分以前所享自由。故在此新国家中，无所谓人权思想。个人对国家，只有义务可言。个人价值几何，全看其对团体能值多少。再考德国政经社三方之组织，以工商发达，交通便利，已极臻严密。惟其愈严密也，单独分子之行动愈能牵动全局。在国家有特种重大任务及工作之时，单独分子亦愈有其确定之地位，一定之动作。若欲主张个人自由，擅作妄动，追索私利，行见全部转辗不灵，国是败坏。明乎此，知希忒拉提倡公利为先，限定个人自由，固有由来也。

去年十一月二十四日所颁布《刑典修正法》，即本此原则制定。德一八七零年刑典,出于普鲁士一八五一年之刑典;而后者又以法国拿破仑时所制刑典为圭臬,全然发扬个人主义。当时法国革命以后,君主专暴铲除无余,人民回复自由。一时立法,重在个人利益之维护,以对抗国家之侵涉。故一部刑典,亦处处顾念个人,限制国家权力。依当日理论家之说法,刑罚乃根据于社会契约(亦即于个人之意思)。人民互许将原始时期中之自卫权交与国家,并承认如违背契约义务,愿受处分。故法律(乃间按人民意思之表示)中须明定罪名刑名。不然人民相互间并未有意思表示,罪名、刑名即失其根据,不能成立(nullum crimen, nulla poena sine lege)。而科刑之一定不变(peine fixe),亦似普通契约中之违约金(clause penale)。所以刑法之成立,非为应合国家社会安宁之需要,乃本于个人约诺而来。

新刑典之修正要旨方针与前大异。其中心思想在增高国家之权威,在维护社会安宁福利之目的下尽量防止个人犯罪行为。除关于加重累犯者之罪名数条款外,最值得注意者,是该法案于现行刑法第二十四条之补充,关于保障治安及感化方策之规定。如有在丧失鉴别能力情态中干犯法纪者,法院可斟酌公共治安之需要,饬令拘入疗养院中。酗醉成习惯者,或进烟毒有瘾者,拘入戒酒或戒烟所中。以乞丐卖淫为生计或游荡无职业者,拘入工作场中。犯妨害严重之风化罪者,绝其生殖能力。操某种行业,而法院以其为有害社会,则虽其行业法无禁条,亦得勒令禁阻。

照以前观念,国家之施刑,须待个人犯罪事实确立,并已发生侵害之影响,否则有背个人自由主义。今则另有保障治安办法,个人之健康与行为,有妨害社会安宁者,即不成罪,国家亦可即加干涉。

此修正案,乃为应合目前之几种需要。大规模之改革,尚待后来。但此公利为先之原则,将来影响刑典之变化到别何种地步,可就最近普鲁士司法厅长葛耳(Kerrl)及其他诸人合著《国社党之刑法》一书（*Nationalsozialistisches Strafrecht, Denkschrift des Preussischen Justizministers*），得其梗概。

关于刑法笼统说来，则曰："国社党刑法，应责令个人于行为时，对国家生存及公共福利之维持，加以必要之考虑。"（Das Strafrecht im nationalsozialistischen Staate…muss den Einzelnen zwingen, bei all seinem Handeln die notwendige Rücksicht auf die Erhaltung des Bestandes der Nation und ihres Wohles zu nehmen,见该书第五页）

最足引人注意者有两点：一、迄今各处奉行之"罪刑法定"原则，有被遗弃之可能。以为善于作奸者，往往巧于趋避，作了许多侵害社会之行为而不能加之以罪。故主张在法律明条外，法院尚可以有相当自由定罪之权，尤其可以准用类推法。于是以前为个人自由所设保障，令因公利为先，多被去除（葛耳等的意见，见该书第一二七页。其文如次：若有某种行为，法律并未明文禁止，然从健康的民族观念看来，为道义所不容；同时亦为某一特定刑条内所含法律思想所责斥，则法官可在适用该特定刑条范围内，对此行为，加以刑罚。Ist aber eine nicht ausdrücklich für strafbar erklärte Handlung nach gesunder Volksanschauung sittlich verwerflich und wird ihre Bestrafung von dem einem bestimmten. Strafgesetz zugrunde liegenden Rechtsgedanken gefordert, so hat der Richter für die Tat eine Strafe innerhalb des Rahmens des entsprechend angewendeten Strafgesetzes festzusetzen）。二、向来刑法多采纳"结果"之说，即定罪施刑须根据已发生效果之侵害事实（Verletzungsstrafrecht 或 Erfolgsstrafrecht）。今葛耳等主张以"危险"之说（Gefährdungsstrafrecht）更替之，即犯罪尚未成立，而危害之事态已存在，亦构成罪名。据其解说：凡人作犯罪之行为，已造成侵害结果发生之可能性。照理当在其准备作犯时即禁阻之。侵害结果发生与否，乃凭力量，非行为人所能左右。所以从今应推广犯罪行为的疆域，以及于能引致侵害结果的行动（原文如次：Der Mensch kann nur in der Weise tätig werden, dass er Möglichkeiten（Wahrscheinlichkeiten）eines verletzenden Erfolges setzt. Nach strenger Logik kann man ihm nur die Vornahme solcher Handlungen verbieten. Ob der verletzende Erfolg sich an sein Handeln ausschließt, hat er nicht in der Hand. Dies hängt vielmehr von Kräften ab, über die er keine Gewalt hat. Es wird daher in viel weiterem Umfange als bisher auf des "Unternehmer" der Herbeiführung eines verletzenden Erfolges, auf die Vornahme von Handlungen, die geeignet sind, den oder jenen Erfolg herbeizuführen, abzustellen sein，见第一二三页）。照葛耳等意思，如此，非惟于法益保障能发生最大效力，并能教育人民以民族观念（Volksanschauung），坚强其国家觉心（Volksgewissen）。（见第一二三四页）

再观民诉法。德一八七七年《民诉法典》，同为个人主义昌盛时之产物。以为诉讼是两造当事人间的干系，法院乃处于消极地位。诉讼程序全由两造负责推进，欲迟欲速，亦遂全凭两人意思。尤其出庭限期可以时常展延。以是一件讼案，常可因当事人之刁难，稽延极长时日。此个人主义之观念，已先于法民诉法中见之。在法国，诉讼亦非法院直接干系，一切由当事人主动。故有戏拟法院为一自动机，两造将卷宗塞进，移时即可将裁判抽出。而平时法国法以裁判与契约并论（如 Res inter alios acta 与 Res inter alios judicata），更足见诉讼法中个人自由主义之充盈。

其结果，司法情形极不健全，法律保障成效不著，影响有及于社会之安定。一九二四年曾有《民诉修正法》，剥夺当事人自由延宕出庭期限之权。其时以金融混乱关系，法庭积案太多，故感觉到诉讼进行敏捷之需要。但此法案改革，仅及一部。旧日观念，尚深存不灭。最近所颁布《民诉修正法》（去年十月二十七日），始彻底改革。法院从此处主动领导地位，责任加重，集中争讼文件材料，增加与当事人直接接触之机会。不但进行程序加速，抑且真实之索寻，裁判之公正，更有把握，法纪亦赖以维持焉。至于改革细目，以有关乎另一原则，后再论之。

去年九月二十九日之《继承田产法》，包含同一原则。此法直接影响在保障农民生活，最终目的尤在促进全国福利。查德国年来生殖率降低（一九零零年生殖率为千分之三十六，今仅千分之十四），农产素以工业发达而减少。一国民众，对于种族传播保养之需要，认识最明白者，厥为农民，同时其气体亦较康强，实为一国生命之源泉。其地位利益，自当加以巩固保护。

该法所采方策有二：一、避免继承田产分割；二、禁田产出让，或以之作抵押品，或受官厅强制执行。

一、田产当视为家传之物，营养维持家族。不能随意划割，如钱币然，以丧失其生产价值。故田产之继承，独立成一种制度，与《民法》中之普通法定继承条款，截然迥别。此中主要原则，在保持田产为男家财物，避免入于他姓。故若死亡者有女无子，而同族兄弟中有子（死亡者之侄），则按法定田产继承程序，侄先于女，夫妻间亦不互相继承。死亡者固可不按法条，自己指定继承人，但须在特种情形之下，并须得田产继承特设法院之许可。其遗嘱自由权，固极受限制也。若继承人有数人时，一人继承田产，同继承人所当得之部分，不得以钱币折算，仅由继承田产人负责供养抚育。盖守田产者，收入无几，若犹须偿债，必致生计迫促，节制生育，于国为不利。

二、田产所有人既不能以遗嘱自由处分其田产，亦不能于生时出让，此两点盖相关联者也。在特别情形之下，可有例外，固不待言。至于以田产为抵押，亦法所禁止。官厅亦不能以索债为由，为债权人就债务人之田产强制执行。

从前个人主义中之绝对所有权观念（绝对用益处分，见法《民法典》第五四四条），已不复被承认矣。

至于民法改革，使之一例立足于新原则上，非一朝一夕所能竣事，故迄今仅有私人意见发表。也纳大学教授里德满（Prof. Dr. Hedemann）曾发表意见，谓将来《民法》是否照旧分为五编，尚属疑问。或有仅分人物两编之可能。至现行法第一编通则，尚称满意。国社党本无完全剥削个人权利之意，惟仅以加重个人责任而已。第二编为债，尚须调和个人活动及国家管辖。第三编物权，地产簿（Grundbuch）之设制，本侧重公利，毋庸更改，所有权观念不致承袭曩昔。抵押信用之规定，并将成为问题（党纲第十七条并宣布土地改革）。第四编亲属，已婚妇女为中心。第五编继承，则遗嘱自由将来必益加限制。

最近"德国法律学院"已设定委员会，分题研究。里德满氏主任研究人、社团及债权。至亲族继承法及不动产信用，另由他人主任研究。

德国新法律之精神，比之罗马法之以个人为出发点，适处于相对地位。将来罗马法分子被肃清排除，盖无疑义。按罗马法在德风行已久，影响甚大。以前除各邦各城有其特殊法制外，罗马法为全国所准用之普通法。以后一九零零年《民法》成立，全国法律统一，罗马法影响始终未减，盖《民法》中有其不少遗迹。百年来经济生活，完全受其控制，今欲骤然加以排弃，固一严重问题，值得特别标记。国社党一九二零年党纲中其十九条云："吾人需要一种德国的普通法，以替代罗马法。"

罗马法之适用，并为民众与法律隔膜之一大原因。国社党主张法入民间，自以从攻击罗马法着手，此层后当论及。

　　在此新法律精神中所产生之结果，又有一点值得吾人注意者，即阶级斗争（现今最时髦的名词，最普遍的事实，亦一国社会经济不景气的一大病根），可以消弭。以前法律视劳工为货品，价值随供求而上落。劳工契约，虽含有极苛刻条件，但为两造自己愿意缔结，固无不公平处。劳工结合遂失其根据，为法所禁。再工厂规程，被视为主工两方所订之契约。罚款一则，比之约定违约金。凡此种种，均足养成劳资敌对心理。今提倡促进公共福利，则厂主劳工两两相安，间接即为国家经济增色。且所谓劳资利害冲突，亦失其根据。劳资间可说仅有一共同利益，即在维持发展两方赖以工作生计之营业（德劳工部长水尔德氏 Seldte 于本月十七日因新《劳工法》之制定曾有演说。中有一段：Interessengegensätze gibt es nicht mehr，vielmehr haben alle um ein gemeinsames Interesse：den Betrieb，der ihnen allen Arbeit und Bort gibt）。故最近新《劳工法》（本年五月一日发生效力）一反从前劳资组织。其中心思想可见于德劳工部长于同一日之演说中。其对新法第一段之诠释谓："在本法第一段中，吾人存心永远排斥马克思说的阶级斗争，而以营业中全体人员之团结合作对抗之。吾人将对营业中之劳资两方拉拢而撮合之。"（原文如次：Im ersten Abschnitt des Gesetzes haben wir bewusst dem endgültig beseitigten marxistischen Klassenkampf die Gemeinschaftsarbeit aller Betriebsangehörigen gegenüber gestellt. Wir führen im Betriebe Unternehmer und Gefolgschaft zueinander）

　　乙、维护发展德国种族——种族之成为问题，实因犹太人混入过甚。其数字虽在全人口百分中仅占 1.5，但其在经济财政政治方面，势力甚厚。德国种族命祚，在他人掌握中，危殆莫甚。国社党早已见及此层，党纲第四条即云："仅同胞可为德国人民，仅属德国血统者可称同胞，信仰无与焉。凡为犹太人均非同胞。"（Staatsbürger kann nur sein, wer

Volksgenosse ist. Volksgenosse kann nur sein, wer deutschen Blutes ist, ohne Rücksichtnahme auf Konfession. Kein Jude kann daher Volksgenosse sein)。希忒拉亦曾发表如下之意见：血族之混合，致种族地位降低，并为古旧文化消灭之惟一根源。盖吾人不灭于战争之失败，而必亡于抵抗力之丧失。夫抵抗力仅血族清纯者有之（原文如次：Die Blutsvermischung und das dadurch bedingte Senken der Rassenniveaus ist die alleinige Ursache des Absterbens alter Kulturen; denn die Menschen gehen nicht an verlorenen Kriegen zugrunde, sondern am Verlust jener Widerstandskraft, die nur dem reinen Blute zu eigen ist.）。

为保护种族，先后已有不少法令，如去年四月七日、同月二十五日及六月三十日法规，规定国家官员种族上之条件；四月七日及同月二十二日法规，关于律师种族上之条件等等；而尤以九月二十九日之继承田产法为最特色。

依照此条法律，继承田产人：一须属德国国籍。故凡为外国人欲为田产继承人者，必先须归化入籍。二须是德国血族，或同种血族。属之者，为所有爱利亚种之欧洲人及匈牙利、芬兰依斯多尼亚人。于是犹太人（有色种人亦然）无为继承田产人之可能。

刑法方面，对于种族之保让，尚未有动静。或许将来亦立专条规定，如有破坏国家种族政策者构成罪名（见葛耳等所著国社党之刑法第十四页）。

与肃清犹太血统有连带关系者，为发达内部已清血族，如最近施行之消毒法（Sterilizationsgesetz）。凡犯花柳神经衰弱等病症者，绝其生殖能力。此乃为公共卫生民众康健上着想，属于公共福利方面，不再赘述。

丙、法入民间——乃使法益保护愈力，法令亦愈见其功效。现在司法情状，德人自谓"法律危难"（Rechtsnot）及"正义恐慌"（Justizkrise）时期。缘法律已变成一种职业的秘密，变成一种法律家的法律（Juristenrecht)，与民众不生直接接触。今国社党目的，乃欲使其主义深入民心，令人民具同一种世界观念（Nationalsozialistische Weltanschauung），则必须国家法律接近民众，毋庸置疑。富兰克讲到"德国法律学院"的工作时，曾如此说："法律不应当为一种秘密学问，法律家不应当为与生活隔离的在行人。反之法律家当为民众所信倚的媒介，重新撮合人民与法律于一处。"(Immer weniger darf das Recht eine Geheimwissenschaft，immer weniger der Jurist ein lebensfremder Fachmann oder Bürokrat sein. Vielmehr muss er der getreue Vermittlung sein，damit Volk und Recht wieder zusammenfinden)。

欲达到此目的，有两种办法，相辅而行。一、改革法律实质，剔去驳杂分子，使法律成民族之产物，于是于人民益觉亲切（Volkstümlichkeit）。二、改革程序法，俾法律之施行，权利之维护效力，更易表见。

一、改革实质最要一层，在解决德国法中的罗马法分子。富兰克在去年全国法律家会议席上演说即云："人民与法律隔离，其原因在灌输误解的罗马法的适用，而为本国法律。"(Das habe seinen Grund in der Einführung einer missgedeuteten römischen Rechtsanwendung als Rechtsordnung)此并非即言，凡属罗马法者，一概去除。其中有许多细节，已成为德国日常生活习惯，确有保留价值。惟罗马法之精神与德国民族精神，太不相同。罗马法以个人为中心，最显著者为其对债及债务人之观念（参阅拙著《债的两种观念》及《法律行为中之意思及意思表示学说》，俱载本杂志），而德国法素以社会为重。德国的《土地法》、《职业团体法》、《亲族继承法》等等，均有个人自由限制的规定，而侧重公共利益。故在今倡言舍弃罗马法，乃舍弃其精神也。欲使法入民间，必须其法产自民间，发自民族精神，自无疑义。

二、乃指修改诉讼法而言。去年十月二十七日《民诉典修正法》之

要点,约略缕述如左:

a 说实义务(Wahrheitspflicht)——两造当事人,应当据实陈述。如有欺妄情事,法固尚无明文规定制裁办法,但或可援用《民法》八二三条,请求赔偿损失。以后律师被委任办理诉讼事件,若明知理屈,不得接受,而在法院前强词辩护。

b 严格准备争讼文件——当事人所主张之事实,应于事先以书面准备就绪。一九二四年《诉讼修正法》,既将两造延宕到场期限之自由,加以严格限制;但尚有因当事人之刁难,而发生延迟之可能性,应加改革。有时一造临时忽然主张新的事实,对方律师不能即行对付,尚须先向其委托当事人详细盘诘,致法院不得不延长期限。今后则如有不事先准时送递书状陈述所主张之事实,法院即不能接受、予以效力。

c 直接调查证据——依以前《诉讼法》,凡调查证据,由受命推事或受托推事为之。全庭既无由亲自获得举证之印象,而仅就受命推事之笔录以辨定是非,则证据之价值,已丧失其大半。在受命推事方面,同时尚有其他任务,百忙之中,难以用心。于是当事人兢兢然惟恐有失者,往往重新提议举证,以致延滞诉讼。今后调查证据,法庭不得借故委托一推事为之(见未修正前《民诉典》第三七五条第二项)。除非法庭切实证明有不便处,不然证人举证,不得在法庭以外为之。

其他尚有关于发誓讼费救助等改革,不赘。

观乎上述三大原则及迄今已经制定诸法规,可预测新德国法律将成何种局面。富兰克在全国法律家会议闭幕词中以"一种民族,一个国家,一种法律"(Ein Volk, ein Reich, ein Recht)为口号。所谓 ein Recht者,岂只指一种法律而言,且是德国所特有的一种法律。

（原文载于《中华法学杂志》1933 年第 12 期。）

法国法中之非婚结合

一、问题之所在

男女结合天性也，文明社会，创制仪式固隆重结合之礼矣，于约束人之本性，则未能尽其功，于正式婚姻之外，更有非婚结合（如妾、如姘居），非我国为独然，他国亦有其事。虽彼此情俗不一，发生问题不必绝类，大致可相共同，乃草是文，备参资耳。

在罗马之世，婚姻（iustae nuptiae）为一种特权，惟罗马公民有之。苟非罗马公民，其结合为"matrimonium sine connubio"，只万民法认为有效；奴隶之结合，谓"contubernium"，奴隶非权利义务之主体，其结合亦绝无发生法律效力之可能；尚有"concubinat"，乃女方在社会上之地位低微，结合之后，仍未能升达至男女之地位，如一公民与曾被刑罚之女子或与一女奴结合，亦不生正式婚姻之效力。优帝时代，公民非公民之区别取消，"matrimonium sine connubio"亦从此绝迹。而"concubinat"始终存在，此种事实上结合，法律向来不置问闻，不问其为民事抑安或为刑事（依最近意国学者庞丰德 Bonfante 之解释）。自第四世纪起，耶教势力，逐渐膨胀，获得诸皇之信奉，影响及罗马之法制，既阻遏非婚结合之发展，并严禁人民并有妻妾，届及优帝之世，申禁男子同时与数女发生关系，一仍旧贯，但于事实上结合，知其不可尽免，予以相当婚姻之效力。

自此之后，其成为问题者，不在乎一人于同时是否得有数种结合，而在乎男女非婚结合，是否当予以婚姻之效力，予以何种婚姻之效力。

罗马虽衰，教势仍旺，男女姻事，不论身份或财产之关系，悉归管辖，非婚结合，素被认为不贞不德，教会排抗反对，始终如一，因循至一五六三年之当德主教会议，明定婚姻须公开之仪式，在教士前举行，违者坐罪。其不顾念实情，制法严酷，一时惹起诸国王之抗议，以后法王向教会夺回管辖权，于禁非婚结合，并不懈弛。一六二九年，法王命令如有婚礼不在当地教士前举行，婚姻无效。一七九二年后，教士之职，由户籍官代行。革命期间，发生激烈反应，从此婚姻以意思之表示而成立，亦以意思之表示而解除，非婚结合与婚姻之间，不存区别。及拿破仑制法，社会相定，复限定男女合法结合，须种种仪式，于非婚结合，不提只字。虽以后法令竭力谋改仪缛，以求简单，但非婚结合终未能免，若必执法森严，漠视实况，则既不能禁，又不能应，司法失当。非婚结合，宜予以何种婚姻之效力，时争执于法庭之上，迄今问题犹在。

二、非婚结合发生效力之变迁

男女性事，既不能尽受法律礼常之制限，非婚结合之效力问题，则在法规严紧之罗马时代已经存在。男女非婚结合，产育儿女，法庭不能以为非法，绝对漠视不顾。至少此产生之事实，法庭不能否认。所有母子间种种法定关系，于此一概准用，但父子之间，不生关系，优帝时代，立法仁厚，规定非婚生子女于生父有继承权。则在婚姻关系之外，两人亦有发生父子关系之可能矣。易言之，非婚结合可产生相当婚姻之效力。

教会占势，趋向一变，除籍罚金，刑措大施，严厉过于罗马法，非婚生子女于生父无继承权。女方除赡养费用外，不得收受男方丝毫赠与或遗产，甚至两方订有任何契约，亦假定为一种欺诈行为，以蔽赠与之实，而予以撤销，反之非婚结合在构成婚姻之障碍方面，造成相当亲属关系，可与婚姻同论（Affinitas ex copula illicita，姻亲亦以非法结合而成立）。届大革命时，婚姻与非婚结合，相混为一，发生同样效力。此乃反应旧制最剧时代。一八〇四年，制法者于非婚结合，默不一言，究竟其发生何种效力，须待考察判例，复百年后，国会通过请求生父认领案（一九一二年），初次明白谈到非婚结合，大战爆发，社会骚扰，秩序纷乱，一九一四年关于政府津贴兵士家属及一九一九年关于赡养费两立法，并含有惠泽非婚结合之家属之意思，其不明言之也，自有缘故，待结论中重提之。

三、分论现今法国法于非婚结合效力问题之态度

一八〇四年法典，于非婚结合缄默无言，概意存鄙弃，不欲鼓励之，无奈人民遗弃法规，非婚结合，层出不穷，法院对此社会上事实，不能再强为无睹，为调排社会私人利益起见，自非参酌各案实情，慎予相当之婚姻效力不可，故原则上，非婚结合固仍不发生法律效力，其发生一点效力，乃是例外，只能按个别情形准用，不能果一而概其余。

（一）血亲关系

两人发生父子关系，必因于婚姻之事实（Pater est quem nuptiae demonstrant），在婚姻之外，法律不假定有父子关系存在。一九一二年法律以前，于请求生父认领，且予以禁止，有时男方蛊惑，引女入彀，生产

儿女,法院迫于正义,虽可因男方有过,令其赔偿损害,于是事实上男子仍负担抚养抚育母子之义务;然在名义上绝不能宣告父子关系成立,一九一二年新法案,更改旧律,准非婚生子女,可请求法院宣告父子关系成立矣。

(二)婚姻之障碍

两人有血亲或姻亲之关系,在相当等级内,不得结婚,非婚结合既无法律上地位,自不构成婚姻之障碍,某年有某孀妇与人公然姘居,后姘男与姘妇之成婚,姘妇以婚姻之障碍对抗之,为法院所驳斥,而获败诉,惟学理方面,素持相反论调,法学者奥百里氏与罗氏(Aubry et Rau),谓法律既无明白规定,显见无意抛弃习常,自教法盛行以来,素认非婚结合在构成婚姻障碍方面,成立相当姻亲关系(见前),但一九一二年后,法准请求生父认领,非婚结合亦生相当姻亲关系矣。大战期间,复得政府相当之承认,嗣后自不容再见姘妇之女与姘男成婚矣。

(三)财产制

男女非婚结合,其财产若有契约规定,只须契约成立条件具备,即生十足效力,条件者,即意思之表示,能力,标的,合法之约因(契约中不明言其为继续非婚结合而立,则其标的既仅在规定财物,并无不合法),若无契约规定,则既非婚姻,依理论不准用法定财产制诸条规。某判决谓非婚结合,即延长至三十年之久,亦不能假时效完成之说,主张法定财产制,考之事实,时见男女非婚结合,各出其财产作生活费用,或一方之产业,得他方之襄理,年增富利。或如以汗血所得,购置地产房具,而无契约,明定各人对此项财产之关系,将来结合解散,此项财产,当如何分法,已早成一困难问题,某判决谓当假定其间有合伙之存在,但在合伙财产价值百五十法郎(于今改为五百法郎)以下,虽不必书面证明其存在,但遇此数,则必须焉。既无契约,即乏书面证明,故其他判决,更进一步,谓苟不克举出书证,法院准传证人,或采其他推论方法,以证明合伙之存在。故合伙存在时,产业属两人所有,合伙解散时,产业当对半分析,实际已得到法定财产制下所规定分析之结果,尚有其他判决复不以假定合伙之存在为满足,更直接以非婚结合为平均分割财产之根据,若男女共同生活,同营一业,始终无辍,两造间即生权利义务关系,分解之日,不能准一造独占由营业所获赢利,最近一九二二年某判决,亦循此宣断,于此点上非婚结合虽无婚姻之名,然已大有其实矣。

(四) 男女间之默示委任关系

法国已婚女子,无完全能力,所为法律行为,须丈夫准可后,方属有效,平时主妇买米购菜,剪料制衣,并非自己出名,乃受丈夫委托,因事实上,丈夫并不逐件事情明示委托,故法律乃有默示委任之说,故因上述等行为所发生债务不由主妇,而由丈夫担当。至于非婚结合,女方购备日常生活需要,积欠账目,届及偿还之日,债权者是否亦可以主张默示委任,向男方追索,若言其可,揆之法理,并无不通,二人共同生活,无不可假定其有默示委任关系存在,更为第三者着想,其惑于同居之事,与女方交易,其误其为夫妇也,非其过。其与交易也,乃为对方之便,实不可令其受损失,虽有少数判决,如此主张,大半则否。其解释默示委任,谓其基于婚姻所生法律之关系,而不基于同居之事实,结果姘男可不担负女方因日常生活费用所结之债务,其地位反优于丈夫,间接不啻鼓励非婚结合,其他判决有鉴于此,另觅路径,遂有共同犯过之说。男女非婚同居,使人误为夫妇,两人实同犯一过,负连带责任,第三者即有权向男方行使追索权。或假不当利得之说,准第三者向男方追还不当得之利益,或基于无因管理之说，第三者得因管理人之所为，向本人（即男方）清算。根据虽不一致，结果终在使男方担负责任，其不类似婚姻之效力，几希矣。

（四）女方因男方被害请求赔偿

父为人害，其子失养，所受物质上之损失，可请求赔偿，尽人知其为宜，但至亲被夺，哀痛伤人，法亦准有蒙受精神上之损害者，可另外提出，要求赔偿。死者为夫，其妇亦有同样权利。近年来有姘男被害，姘妇请求赔偿精神损害之事。非婚结合，既不生姻亲关系，法院似不当接受其请求矣。惟彼以为男女多年同居，情感深挚，今夺其所好，实直接予以一大打击，要求赔偿，实为允当。

（五）遗　赠

法国古法，以非婚结合为违反善良风俗，一切旨在维持促进此种结合之行为，都属无效，如男女两方互相赠与，素在不许。且在此情况下，男女最易用情，所为时出于滥，不顾自毁，自非加以制裁不可，此于遗赠亦然。只有赡养费用，法律认为有效（当时夫妇赠与亦在禁列，一八〇四年后始开禁）。自《拿破仑法典》成立后，以法无明文，学者于赠与效力问题，颇多争执，终于折中派之意见为法院采纳。非婚结合，本身不足以决定赠与之有效与否，要以赠与之原因（cause，在此间与动机 motif 相混杂矣）为准则。若赠与之因，在继续维持非婚结合或在报答女方之情意，则其因不合法，不道德，赠与遂为非法，而失效力。若其赠与本为结合终止，以赡养女方，或以补偿其所受损害，则其因并无不合法，赠与自然发生效力。大概遗赠，都因于供给对方残年生活费用，故法院都认为有效。但女者侍奉其侧，易施鬼蜮，男方年迈，须省亲，须扶助，更易感受惑乱；

遗赠或不免出于女方之伎俩。然则男方之继承人，可请求撤销其遗赠矣。法院以为撤销遗赠，证明女方之迷惑为未足，须证明其用诈术，单非婚结合之事实，不足以假定欺诈，请求者实有举证之责任。但此不独于非婚结合中之男者遗赠与女者为然，即兄遗赠与弟，夫遗赠与妇，亦均如斯。所不同者，有非婚结合之事实，易令人证信遗赠之实不出于本人健全之意思耳。或有男方以一部分财产遗赠女方，佯言本为女方所有。男方之继承人可请求撤销。非谓非婚结合之故，乃攻击隐匿之情耳。

总之晚近法律，已不如畴昔之严厉。男女互赠，不致仅以非婚结合之事，不生效力。若非旨在维持促进此项结合关系，所有赠遗，均属有效。虽不足以证明法院有撮近非婚结合与婚姻之志愿，然已可见其无绝对否认非婚结合之意思。

（六）结合之解散

婚约既立，不能随便解除。非婚结合，既是法外之物，自不受法律拘束，其撮合也极随意，其分拆也亦可随意。惟或男女同居，初由于男方之奸诱，过不在女，于今女者被弃，实可请求损害赔偿。某判决更进而宣称弃女请求赔偿，无须证明男方有过，并自身所受损失。盖假令男女无过，女方与之多年同居，极尽职务，不获酬报，既非赠与，复非一种有偿契约之履行，男方获利乏因，女方实可根据不当利得，请求赔偿。固如是矣，男方欲离，不无顾虑。事实上结合之解散，亦不能随一人单独之意思，绝无限制矣。

（七）大战期中诸法令

大战伊始，国会议给战士家属每日以相当额之津贴。战事终了，复议给以赡养费。政府执行议案，解释家属两字，包括一部分之非婚结合。其效力之日增，极显然矣。

四、结 论

男女结合,有关乎社会安定,种族康健,立仪式,设限制,所以郑重其事,杜绝流弊。即令主张人权,准个人自由行动,遑其所欲,但此等事,影响远大,非只及于一人已耳。又人权之说,非天经地义,终世不变。况今社会组织愈密,团体生活愈要。个人仅其中之一小机件,行动自须顾及众福为是。法国法律除一九一二年法案外,始终不欲以明白规定非婚结合,予以正式之承认,意盖不欲鼓励人民求性生活鲁莽随便。一八〇四年以来,婚姻缛礼之改简,已经数次。实欲引人尽入法中,此后非婚结合之事,固可得而减少,但究不能绝迹。立法者未尝不知之,亦颇觉遗漏规制非婚结合为缺憾。但事实情形过于复杂,莫能一概逆科,预制与律。故着法院审酌个别情形评判。又如大战期中立法,国会明有意于允准一部分之非婚结合有得津贴赡养费之资格,但不明直言之,交政府斟酌办理。事实上,确有男女遐近,逢场作戏者;有关系尚深,行为苟偷,令人不察者;有同居多年,立家成户,生儿育女,安分度日,俨若夫妇,考其最后一种结合,虽仅乏婚仪,实际已无随便撮合之弊害。于此等情事,为个人社会两方利益计,不但不当破坏之,且宜保护之巩固之。此所以法院之不惮予以相当婚姻之效力,已见于上述矣。总之法典不明定非婚结合,留让法院酌办,法院不坚持死文,参酌情形,仍能予以一部分之婚姻效力,俱为福利个人社会设想,自是得当。

(一九三二年六月于巴黎)

(原文载于《法律评论》[北京],1934 年第 11 卷第 38 期。)

法人之产生、解散及其能力范围

一、引　言

　　在今中国新陈交替的过渡时期中，待举的事业不知有多少。精神方面的改造，物质方面的建设，与国家新基本的树立，都有重大关系。此种事业之推动，当然非团体力量不能做到；其成效，有时亦非须数十年或竟至百年不能显著的。所以在今日之环境，而有许多团体各种组织的产生，乃是必然。尤其在最近局面下，大家感到改造建设的工作有加紧的必要，更见会社之结合，似雨后之春笋，并且看到中国应做的事不知其万几，忆料将来此种组合必定不断地产生。

　　固然此种组织，公家的不少，私人的更是无数。私人志愿不一，倾向各异，不免有时和公家政策发生冲突。则此种会社的成立，不但无所加益，并且还有损害。尤其在社会尚未稳定时，这是极危险的。这是从政治方面看来，应加顾虑的一点。再从经济方面看，会社益多，个人财产益减。个人的财产是自由的，活动的，团体的财产，却不常会流通，很滞板。法人形容此种财产为"biens de mainmorte"，德人叫它为"Vermögen in toten Hand"（在死手中的财产）。这不但闭塞了国家税源，并且削减各种生利。然则国家法律对于上述弊害，应当如何加以防御？

　　各国民法对于法人之产生和解散及其能力之范围，都有规定，宽严详略不一。本国法对于法人全部规定，也已有成文（见新《民法》总则第二十五至六十五条，《民法总则施行法》第五至十五条及法人登记规则。此外关于以营利为目的之社团，特制《公司法》）。今着手比较各国法制，正所以明本国法之性质及其得失也。（本文重于各国民法中之规定，公司条规在外。）

二、法人之分类

法人可分为公法的（如国家、省、市、县城及国营铁道公司等等）及私法的，但有时界限很难划清。比如律师公会、职工会，当算是私法的，抑或公法的法人，有主张从法人的目的方面去辨别，其有关涉公共利益的即是公法的法人。但有许多有政治色彩的会社，以及慈善教育事业的组织，却都由民法规定，未见尽是公法的法人。或有主张从会员之出入一点去辨别，公法的法人，会员强迫加入，私法的可以随便进退。但实际上，国籍之得失，亦未始不算很自由。有主张从法人产生的方法方面去辨别，私法的法人，由私人意思发动而产生；公法的，由国家权力造成，或由国家法律规定，引为公共机关之一部分。德 Enneccetrus 及 von Tuhr，法 Planiol 及 Ripert 均赞同此说。以此而准律师公会，则现今各国都有特别法律规定，国家引以为公共机关之一部分，可以当它为公法的法人。至于职工会，在苏俄及今日之德已并入国家之行政机关，系公法的无疑。在他国如法兰西，职工会虽初由私人发动组合，随后经国家赋予特种权力，便宜处置劳工问题，亦渐有引为公共机关的倾向。

公法的和私法的分别，其关系所及，不止一端。公法的法人，不但有财产权，并且有他种公法方面的权力。内部的关系，也和私法的不同。再如解散之时，财产之处置，亦因公私法之不同，而异其方法。

法人又可分为社团(Verein)和财团(Stiftung)两种。社团由多人组合，追逐一个共同的目标；其生存为独立的，有其自己的名称及执行机关，不因新旧社员进退而受影响。财团则并非是多数人的组合，而是为达到某特定目标的一个事务机关。在社团，利害关系人自己成立组织，以表达团体的意思，故利害的分子和意思的分子集合在一处。在财团，受益的一部分人，不是表示意思的。故此两分子各相分离，然仍归集于团体外的一个意思（即捐助人的意思）。这社团和财团的分法，始于德国一九零零年《民法》，以后他国效法之（本国法亦然）。在法国，此两种法人不相并立，财团并无法条规定，普通民法著作都纳之于赠与一章中。财团既不成为独立一种制度，其成立须假用他种法律程式，假道转辗，极其复杂。

英国法中，也并无财团这个名称。假使谈到伦敦大学，目之为法人，吾们不是指此学府而言，而是指说有法人资格的一个多人的集团，包括校长、副校长、教职员、毕业生等。英国法于法人(Corporation)的分类，极其特殊，吾们在此地毋须详细去研究。

三、关于法人的学理

关于法人的诸种学理，颇为复杂。各国实体法，对于法人的规定，都是因时因地制宜，并无有坚持一种学理，求其贯彻的。所以吾们此地用不着详加讨论，只简单地加以叙述，明其概要即足。

（甲）虚构之说(la théorie de la fiction)——拟团体为人，乃是法律上的一种虚构。以前人主张都以为权利义务产自人之意思，所以须有意思，然后可以享受权利（见拙著《法律行为中之意思及意思表示学说》，登载于本杂志四卷七号）。而意思却只人有之，所以照理，只人能为权利义务的主体。现在法律因事实上之需要，不得不承认一个组织也可为权利义务的主体，于是赋予人格，虚拟其像人一样，能思想，有意志。此说已陈旧，不复为今人采纳。

（乙）技术实在之说（théorie de la réalité technique）——此说主张除人以外，实在可有他种权利义务的主体。法律最终目的是为人。人是社会的动物，并且要尽他的使命，造成现今及将来的文明，单靠个人孤独的力量是不够的，事实上必须合群。所以集合成团体，乃是人类谋进化的一种技术上变化及必须。它可以独立成权利义务主体，国家用不到特别赋予人格，虚拟其与人同类。此学理在今法国极盛。

（丙）客观实在之说（réalité objective）——此说虽亦以实在名，但是另外一种看法。其理论谓权利之产生，固须假定意志之存在，但团体并非无意志。且其意志是独立的，不与组成此团体诸个人的意志相混合。比如房子用木质、石灰、铁属等造成，乃成独立一种物体，却不是单单一堆筑料，此说在德颇盛。

（丁）目的财产之说（zwect Vermögens Théorie）——权利义务不必以人为根据。事实上有许多无主的财产，单为特种用度及目的而存在。法人所有的权利，其实并不属于任何一人，乃为特种目的而产生。

（戊）团体所有权之说——法人不能算拟为人，其实是特别的一种所有权制度。所有权制度可分个人的和团体的。团体的所有权是独立的，超乎各个人所当有部分权利之上。

四、法人之产生

　　吾们先约略的叙述法人产生以前的经过及现在的情形。在十八世纪及十九世纪初叶的时候，国家的观念，比之于巡警（Polizeistaat）。国家的职务，不但在维持法纪，并且还在照管人民身心的发展。国家直接负谋进公共幸福的责任，是促进公益的唯一有组织的团体。在这个时期，所有社团，归入国家，受其监督与指导。其有脱离国家的，则不能得到独立法人的地位。

以后国家的观念改变，以法律的（Rechtsstaat）或文化的（Kulturstaat）观念，替代巡警的观念。国家对于结社所取的态度，不如以前的欲尽拢括之，而仅在防止其反常的发展及致富。所以其地位纯然是消极的。在此时期，结社自由的原则，才昌明起来。

但即使承认人民有结社之自由，在特种情形下，国家仍可予以严格限制，自不待言。

至于法人之产生，换言之，即权利能力之取得，综观各国法律，约略可分为三种不同的制度：

（甲）绝对自由制度（das System der freien Körperschafts und Anstaltsbildung）——凡多人集合，表示组织会社，以企图某种目的，则社团或财团所由发生之法律行为成立，法人即同时成立，而有权利能力。

（乙）许可制度（das Konzessionssystem）——法人之成立，事先须得官厅之许可。

（丙）法律条件规定制度（das System der Normativbestimmungen）——法人之成立，若满足了法律上所规定的条件，即获得法人资格。此种条件，大致不外乎向主管官署登记或向公众布告。

在此三种制度中，第一种足以鼓励会社之组织，但既无声明表示，第三者无从明其究竟，于交易安全颇有障碍。第二种可以免去上述弊端，但令人结社感觉困难，无第一种所具优点。惟第三种存利去弊，实三种制度中之至善者。法律规定登记声明等手续，若当事人依法完成，即可成立为法人,绝不致受到官署独断独行无理禁阻之弊。且登记公布以后,他人皆得知之,这不但是交易安全必须的条件,并且也是该法人本身的利益。

查各国法律,或偏重于此,或倾重于彼,绝少纯粹采取其中一种制度。事实上社团财团种类不一,对于社会大体影响亦殊,所以国家对其成立采取不同的对付手段,固极得宜。

《瑞士民法》,原则上采取自由制度。第六十条规定大致云:"凡会社在其会章中,表示结社之意思,即取得法人资格。"但此原则之准用,并非无限制的。在社团方面,只有不以营利为目的的 ideale Vereine(本国法译为公益的社团),得受此条规定所给予的便利,如以政治、宗教、科学、艺术、慈善、俱乐等为目的的组织。若社团以营利为目的,则须在商业簿(Handelsregister)中登记。即使其目的非为营利,然为欲达到目的起见,操作经商式的事业,亦须经登记手续,始取得法人资格。在财团方面,上述第六十条规定,仅限于教官的或家庭的独立财产。他种财团,亦须在商业簿中登记,以保证交易之安全。故在瑞士法中,许可制度,完全摈弃不用。

英国法适相反。Jenks 主编的英《民法条例》第十六条大意云:"会社只能由国家的权力(明示或默示的)而产生。"可见是采用第二种许可制度。英国法中此种制度,在一三七六年已经成立。当时有此一说:"没有一个会社的成立,不得到英王的许可的"(No corporation exists without the King's consent)。

取得国家的准许,有几种办法,或呈请英王由其颁给准许状(Corporation by charter),或由国会制定法律准可(Corporation by act of Parliament),或某会社许多年来已行使法人的权利,则假定其已得到国家的准许(Corporatoin by prescription),但在今日实际情形下,此许可制度只有理论的价值。第一因为会社如股份有限公司等,要获到法人资格,只须满足一九二九年《公司法案》中所规定的条件;在颁布上述公司法,英王已一劳永逸的准许该项会社成立。第二有许多无权利能力之会社,理论上与合法成立会社不同,实际上反占有颇优越的地位。故多有逃避法规不获国家准可而结社者。

除英外,最近义俄也采用此种制度,义俄行独裁制,国家的观念,已回复到以先的"Polizeistaat",在义大利所有社团财团,除营业公司另有法律规定者外,均须得政府准可。苏俄法律规定,法人之成立,除须先得政府允许外,有时当并向主管官署登记。《民法》第十四条大致云:"法人俟其会章一经政府审核认可时,即获得权利能力,若有法律规定必需登记者,则须俟登记手续完了时。"

日本于非以营利为目的的社团及财团,亦采许可制度(《民法》第三十四及四十五条)。法人资格之取得,在官厅准可时。至于登记,乃为对抗第三者之用。葡萄牙(《民法》第三十二及三十三条)及南美诸国(例如智利《民法》第五四六条),情形亦同(本国法亦然)。

法国关于结社的现行法规,上溯至一九零一年法案。此法案仅制定非以营利为目的的社团。第二条云:"结社可以自由为之,既毋须事先得政府承认,更毋须公布。"看来像是采用结社自由制度;其实不然。此种会社,没有法人资格,无权利能力。要成为法人,必须依法向主管官署声请。故实际上法国是采用法定条件制度。但同时也采用第二种许可制度。凡法人均可呈请行政官署特别予以认可。其经认可者,即名谓"association reconnue d'utilité publiqué"(公利的社团),权利能力亦即加扩大,此层后再论及。其以营利为目的的社团,统由一八六七年《公司法》规定。在当时他种社团取得法人资格须政府准可之时,此种以营利为目的的社团,仅须呈报官署,递缴章程,即有权利能力,实处于优越地位。

关于财团之取得法人资格，法采取第二种制度，即财团成立，事先须得官署之允准。

德国亦采用第三种制度。《民法》第二十一条规定此原则，谓会社欲取得权利能力，须赴主管法院在其所备社团簿中登记，但此仅限于不以营利为目的的社团。否则，除股份有限公司及他种合伙另有他法规定者外，须先得到政府准可，乃是上述第二种制度。关于财团，德亦采许可制度（见德《民法》第八十条）。

吾们再从法人种类方面来看。普通对于社团及财团之成立，都制以不同的规定。即以社团而言，也分以营利为目的及非以营利为目的两种。以营利为目的的社团，如股份有限公司等，各国都在民法外另立规定，采用第三种制度。此称社团，除逐利外，并无他种企图。对于国家安宁，本少破坏可能。其成立自毋须特别得到国家准可。但另一方面，营业公司，与外界发生关系极密，为保持社会上交易安全起见，当然亦不能任其自由成立，取得法人资格，必须事先完成公告手续，如向官署登记，或向报章声明，使第三者明了，故第三种制度最为合适。

关于非以营利为目的的社团，各国以本地情形不同，异其法制。大概在国体基础巩固，行思想自由及民主政治的国家内，采策宽仁，对于此种社团之成立，法人资格之取得，不加严密限定，如瑞法德（根据现行《民法》条文）等。反之，在日本，则法律规定必须国家之允准（《民法》第三十四条），可见自由观念向来薄弱。苏俄以国体新立，不得不从严。

关于财团，一般法制都取第二种严格制度。其理由，在财团一经正式成立为法人，捐助人的意思即发生法律效力。财团一日存在，此效力即一日不消灭。但是一国社会经济情形，随时变化，财团之适于昔日环境，应合以前需要者，环境一改，需要消灭，财团就失其功用。若听其继续存在，乃是靡费财币，甚且反增障碍。此在社团则不然，苟其不适合现实需要,则自然得由社员解散或改组。

并且关于财团,国家还有一种顾虑。假使某财团目的,为救济贫困,结果反会增加贫人数量,利未见而弊已彰。

德儒 Gierke 素主结社自由,然而对于此点,亦同意于严格的办法。

所以在德,财团取得法律人格须国家许可。在法国此许可取"reconnaissance d'utilité publique"(认可为公利的法人)的方式。

上面吾们只讲到原则,现在再略述各国法中所规定法人产生当经过的手续及程序。先述社团:

社团的组织,必须先有成立文件,出于立社团人。此文件有人目为一种契约,有人以为一种共同行为(Gesamtakt)。在瑞士,关于非以营利为目的的社团,除限定须有一书面的成立文件或会章外,即无其他手续。其采行第三种法定条件制度诸国,如德则规定社团登记,须向主管法院为之。其条件如次:

会章一份,载明宗旨、名称、事务所、地址、会员进退、会费数目等等。呈请登记,责在董事。主管法院接到请求书,若发觉应备之登记条件尚未完全,或社团之目的为营利,或违背法令及善良风俗者,可拒绝其登记,退回请求书,并附述理由。

呈请人方面,得在二星期中提起诉讼,推翻其决定。

若主管法院,接受呈请,即通知主管行政机关。若后者以该社团为公共结社法令所不准许或禁止者,可以于其登记提出抗辩。此抗辩,即由法院通达社团董事。董事可循行政诉讼程序,撤销此抗辩。登记在主管法院接受呈请,行政官署不加抗辩时始成立。

在法国,此项声请手续,规定于一九零一年法案第五条中。凡社团欲取得法人资格者,须由其董事向主管行政官署呈请,陈述其名称及宗旨,社团之地址及诸董事的姓名、职业、住址。呈文外并须附加会章两份。

在苏俄之社团，须先呈请政府许可。其手续，须将会章草案三份，呈交主管行政官署核验，并请求书一件。该书须有至少十人之签名。在会章中须载明社团名称、目的、活动范围及方式、社员之进退、会费之数目及交付方式等等。苟呈请不准，犹可向上级行政官署申辩。

关于财团，成立财团之法律行为，为一种意思表示，表明所设财团为独立的权利主体，并其所追逐之目的。财团创设可分两种：（一）、在捐助人生存时；（二）、在捐助人亡故后，留下遗嘱，指定其财产，作为成立财团用度。依照德瑞法，若捐助人生时表示意思成立财团，而正在呈请国家准许时，忽丧失行为能力（如成疯狂），或竟死亡，此法律行为，不因之丧失效力。以后国家准可，财团依旧合法成立。其代理人或其继承人，未能因之撤回此意思之表示。在法国法则不然（见拙著《两种不同的债的观念》，登载于本杂志四卷五六号合刊）。

成立财团之法律行为，既已发生，财团所当具之理事机关，既已成立，在德尚须要行政官署特准。若官署不准，则即不能成立，并无他法挽救。或云尚可第二次呈请许可，在捐助人尚生存时则犹可。但若财团之创设，由遗嘱指定，则捐助人已死亡，无二次呈请之可能。

在巴西（《民法》第二十七条）和罗马尼亚，若行政官署拒绝请求，法律犹准呈请人向法院提出告诉，以补救行政机关独断之弊。

在法国，因法典并无财团规定，故其成立，必假借他种法律程式，情形特殊，毋庸详述。至国家之许可，乃取"reconnaissance d'utilité-publique"的形式。

五、法人能力之范围

此节分权利能力及行为能力。

法人在权利能力方面,是否与自然人同,毫无限制。在此点上,各国法律颇有区别。

德国法主张在尽量可能的范围中,法人的权利能力,应当和自然人的一样,除有财产权外,法人尚可有非具财产性质的权利,如名称、住所等等权利。此主张,在奥国及瑞士《民法》中,且有明文规定。奥第二十六条中间有一段云:"合法会社,在对外关系方面,享受和自然人同样的权利"。瑞士《民法》第五十三条谓:"法人有各种权利及义务的能力,但以不专属于自然人者为限,如性别、年龄、亲属等等。"(参见本国《民法》第二十六条)

至于法国,在先法人虚构学说昌明,学者主张法人所享受权利,仅能限于法律所特别赋予者,以无能力为原则,有能力为例外。或根据特性原则(principe de la specialité des personnes morales)推论,谓法人的能力,绝不如自然人能力的范围广大。它终是限于社会生活中的某几种行为。会社的性质既不同,所以这种限度,也跟着而变动。所谓此特性原则,其意义为法人所取得权利及所作行为,须与其宗旨相合。但观近今各家之说,多未有根据此原则,以范围法人的权利,视法人之有权利能力为一种例外者。反之,如 Aulry et Rau、Michoud 及 Capitant 等,均持德国法中主张。尤以 Capitant 说得最明白,他说:"法人有和自然人同样的能力,能享受所有一切民权。"

英国法则不然。社团是一种变态的人,无充分权利能力。比如由国会法案所产生的社团,其权利及行为,仅限于达到其所企图的,同时为国会所认可的目的。他种权利及行为全属无效。此学说在英称为"doctrine of ultra vires",创始于一八四六年之 *Cotman v. The Eastern Counties Railway Company* 一判案。而此 ultra vires 名词之首次发现,则在一八五三年的 *The South Yorkshire Railway and River Dun Co. v. The Great Northern Railway Co.* 一判案中。判词有云:"一个社团的行为,假使超越其产生所根据的法律中的条款,则为越权行为,立法者所不能容忍的。"此学说之适用,不仅限于非以营利为目的的社团,且普及于各种营业公司。社团既不能有越权行为,当然亦不能越格取得权利。

日本亦采严格规定,《民法》第四十三条限制法人的权利能力。苏俄法亦然,颇与英美法中越权学说雷同。

现试分述法人所可享受的权利。以下所举,为多数国法律所承认的。

非财产的权利:

(甲)名称——凡法人都有名称的权利,自己立名,以别于他种法人。

(乙)住所——有住所的权利。要在决定其所受管辖的法院。

(丙)国籍——有国籍权。乃不必与社员的国籍相同。

(丁)保障非物质的利益——比如为保全本身名誉起见,法人可以采取有效行动。法人名誉,不必尽与经济有关。平时非以营利为目的的社团,其名誉根本无经济价值,然亦不能忍受他人之诋毁损伤。

财产的权利:法人所享受此方面的权利,不如自然人的充分。各国法律对于法人之动产或不动产权利之取得及赠与或遗赠之接受,都加以相当限制。其理由,因为财产一入法人手中,不易流通,有碍一国经济事业的发展。所以普通除营业公司以外,他种法人不能随意赢致富有。

　　先述德国。《民法施行法》第八十六条规定："凡各邦法律限制法人权利之取得，或其权利取得须邦政府之允准者，该项法规，继续有效。但以是项权利之价值超过五千马克者为限。"此项法规，普通称为"Amorti-sationsgesetze"，盖其旨在限制财产落入死手(Mortmain)中。

　　除外有特别法规定手艺公会及保险公司，不能随意取得不动产，事先须得官厅准可。

　　瑞士现行法中，并无明文规定，但在草案中，曾有如下一条谓："各州立法，可以自由规定法人不动产或他种利益之取得，须行政官署允准。"此条最后未曾采纳，理由为此事关及公法。公私法冲突之时，终以公法居上。故不论联邦政府或各州，在必要时，可断然有此项限制（我国《民法》亦缺乏是项限制的规定）。

　　法国法在这方面，分法人为两种：

　　（甲）向官署声报的法人——此种法人，无收受赠与或遗赠的权利。他可以征收会费，会费数目虽无限定，但间接受限制。法律规定会费收买最高价不能过五百法郎。关于不动产之取得，则限于社务进行所绝对不可缺少的。

　　（乙）被认为公利的法人——此种法人，有收受赠与或遗赠的权利。但根据《民法》第九一零条，每次收受，尚须呈请官署特许。官署审酌的时候，以特性原则为标准。有时赠与附带条件，若官署觉得此条件与该社团特种宗旨不合，可以拒绝呈请。

　　关于不动产之取得，则仍以在工作进行所必需者为限，不能多有。

　　至于营业公司，则法律并不禁止其致富，因其非死手的法人。所以除可以随意取得动产或不动产外，犹有无偿取得的权利。

　　英国一八八八年《死手及慈善用度法案》(Mortmain and Charitable Uses Act)，亦规定凡法人欲取得不动产者，须君王明示准可。营业公司不受此法限制。

法人除有财产及非财产权利外，犹可以为诉讼当事人（原告或被告），如有不法行为，并负刑事责任。

法人之行为能力，其范围随权利能力而定。在权利能力范围中，法人之行为能力可说并无限制。但是行为发生效力，先须社团财团的事务机关成立。法人是一种抽象的生命，事实上势必至于要中间人。在社财团，此中间人为董事，在营业公司，为经理。此种情形，不能与无行为能力人之代理人相比。

法国法因有特性原则，故法人之行为，出乎其特种宗旨所圈定范围以外，可由法院声判无效。比如职工会而行商，以医院产业而设立学校（见本国《民法》第五十六及六十四条）。

英国法中之越权学说，亦适用于行为能力，详见上。

六、法人之改组及解散

关于法人之改组及解散，亦可分社团、财团论述。

社团之成立，本为适应时代需要，若环境变更，社团失其意义，从本身利益看来，社员不致听其继续存在，任其为赘疣，或议改组，或竟解散。关于社团之解散，有三种方法：

（甲）自然的消灭。如会章内载明社团解散的事由成立，或目的达到，或目的不能达到，或社员或董事解体，或全部破产。

（乙）自动决议解散。

（丙）由政府的行为而解散。

第三种方法中之政府行为，又可分为立法的、行政的、司法的。立法机关有此权力,各国均无二致。至由行政机关主动解散法人,则见于德国法,义俄日本亦然。他如瑞士(《民法》第七十八条),法国,甚至英国,以此解散法人之权,归属法院。(本国法亦然,见新《民法》第三十六及五十八条)

但为免除官厅之任性武断起见,普通都将法人解散因由,在法律中规定。德《民法》第四十三条规定:"社团会议之议决或董事行为,有背法令及公共福利者,其法律人格可被剥夺。其社团之章程,规定本非以营利为目的,已而却以营利为目的者亦然。基于官署特许之社团,若其行为非为达到章程所指定的目的者,亦然。"

瑞士法第七十八条谓:"凡社团之目的不合法,或有违善良风俗,主管官署或利害关系人,可呈请法院解散之。"

法国一九零一年法案第三条谓:"凡社团基于不合法的因由,或具不合法的目标,违背法条及善良风俗,或旨在损害国家土地完整及共和体制者,绝对无效。"

苏俄《民法》第十八条之规定,更为严格,谓:"凡社团执行机关,追逐非会章或契约中所预定之目标,或其行为触犯国家利益者,由主管官署解散之。"

日本《民法》第七十一条,亦有上述第一节同样规定。

至于财团,如上已述及。财团一日存在,捐助人之意思即一日有效。时隔悠久,环境变迁,需要亦改。苟不想法改组,必于公利有碍。德瑞民法,都有规定。

德《民法》第八十七条谓:"如财团目的无达到之可能,或有碍公共利益者,主管官署可予以另一种目的,或竟解散之。"

瑞士《民法》第八十六条谓:"凡财团原来目的,变其性质及成效,致显然与立财团者之初意不合者,主管官署得因监督官员之提议,并传唤财团最高职权人员,听其意见后,改变其目的"。

在这种情形中，财团平时尤贵乎有官署之监视，此在瑞士有明文规定。《民法》第八十四条谓："财团处于政府监督之下。"德国《民法》虽无类似条文，但从财团产生须得政府许可及政府有改组财团之权，这两点看来，可知官署亦有此项监视之权。

至于财团之解散，除目的达到，或达到不可能，或财团无给付能力，均可成为财团解散之因由外，政府方面，也可因特种关系，而出解散之决断。在德法日等国，此解散权属行政官署（本国法亦然）。在瑞及巴西等，属法院。解散财团之因由，在各国法中规定，亦不一致。在德国法（《民法》第八十七条），官署可因财团目的无达到可能，或因其为害公共福利，而解散之。此条件，须从广义解释。即若财团之目的，在今日眼光看来，不合情理，亦成立解散之原因。在瑞士，则法律仅规定财团目的不合法或违背善良风俗，为解散之原因。

七、无法律人格之社团

此一问题，乃因各种法律不采取结社绝对自由制度而来。法人资格之取得，既然须经过相当手续，则不完成此项手续者，即绝对不能享受法人所有之权利矣。比如有许多团体，故意违避此种手续，或办理此项手续，而未蒙官署允准，却偏欲存在，法律对这种社团，顾念实情，应当采取哪种对付方法，很是值得讨论的问题。

德国法的态度，见于《民法》第五十四条，"无权利能力的社团，准用关于合伙的条款"。所以社团的会章，作为合伙契约看待。其成立并无一定形式，毋须用书面。社团的董事作为合伙的代理人。社团的财产，是一种特别财产制，处于总管之下。

但有三点，无法人资格之社团，与合伙不同。

（甲）关于社团之法律行为，照《民法》第五十四条第二项规定，不论行为人得到代理全权与否，其个人终负全责，行为人为数人时，则为连带债务人。

（乙）并照《民诉法》第五十条第二项，无法人资格之社团，可为被告人，其地位与有法人资格之社团等视，但法律却并不承认其可为原告。假使有向法院声请事项，须各社员全体出面。或由一人承办，但须证明获得其他同伙人所予以代理权。判决之执行，可直接就该团体之财产为之。

（丙）《破产法》并规定此项财团破产时的特别处理办法。

这几点不同，实因无法人资格之社团与合伙，性质上根本就有些差别。结社团者之意思，是要树立一个经久的组织，与社员之进退替换，不发生关系。并须要独立的财产及独立的名称。这种意思，乃非合伙人所具有的。

瑞士虽采结社自由制度，但此仅限于一部分社团，即非以营利为目的者。其他种社团，不经法定手续而成立，则照《民法》第六十三条规定，以合伙论。

在法国此问题，不甚严重。一方面因为法律规定极严，凡非法人，不能享受丝毫财产权利（见一九零一年法案第十七条）。一方面，因为取得法人资格，手续不繁，故实际上绝少有无法人资格之社团。但学者对此问题，亦颇加讨论。Planiol 主张以是项社团与共用财产（indivision）并论，而 Michoud 则主张应分社团之内部及对外关系。就内部言，应采总管制度（gesamte hand），社员不能凭一己意思处分其应有部分之财产，亦不能随便请求分析。对外则当作为共有财产论，社员之债权人，可就该社员之应有部分执行，以偿还债务。第三者既无从获知是项组织，当

不能受其限制。此乃欲求交易安全不易之理。（本国法无明文规定）

八、附录——中国法

至于本国《民法》，分法人为社团及财团两种，乃是依照德国《民法》。社团又分以营利为目的及公益的两种。以营利为目的的，另有十八年十二月十六日公布之《公司法》规定。所谓公益的，乃大概从德瑞法中的"ideale Vereine"译来，指非以营利为目的的社团，如以宗教、科学、艺术、俱乐、体育等为宗旨者。此种社团，固有为公益者，但不必尽然。比如一同学会，仅以联络同校校友及俱乐为宗旨，固与公益不发生任何关系；或译为理想的社团，但理想两字，普通另有一种意义，容易引起误会；或译为唯心的社团，此固可以用于宗教学术等团体，然俱乐体育等团体又如何。在未曾寻到适当名称时，本文姑以非以营利为目的的社团命名之。

关于法人的产生，则采严格的许可制度，兼法定条件制度。第四十六条规定："以公益为目的之社团，于登记前，应得主管官署之许可。"又第五十九条谓："财团于登记前，应得主管官署之许可。"

在今我国过渡时期，社会求臻稳固，经不起摧残。法律限定团体之产生，监视其行为（见后），吾人本表赞同。但有一条件，即负改造社会之责者，当果敢力行，为国为民，如今之俄义德之执政者（俄之实情不详，但至少义德如此）。若仅以为反对者无能随便再起，于是腐化败落，或竟无理专横，则反不如宽仁其法规，使相对团体易于露头，以制止当政自身之懈怠，而迫向正道努力之为愈。立法设制，无非为谋全国全民的福利耳。

但主管官署许可以外，尚须登记，始得为法人，为各国法中所罕见。《民法》第三十条云："法人非经向主管官署登记，不得成立。"普通行许可制度诸国,规定官署之许可,即为法人取得权利能力之根据。换言之,法人即成立。登记一项,乃纯以对抗第三者,例如日本法。我国此项规定,无形中与苏俄法规相接近。

再所规定法人登记所当投之主管官署,据《民法总则施行法》第十条释明,乃指该法人事务所所在地之法院而言。登记手续细则,详见十八年十二月二日司法行政部所公布之《法人登记规则》。

关于法人能力之范围,《民法》第二十六条规定,本极宽大。谓:"法人于法令限制内,有享受权利负担义务之能力;但专属于自然人之权利,不在此限。"但是本国法对于财产入于死手一层,似乎未曾顾虑到。《民法典》中,默无一言,岂当时立法诸君,有采取瑞士立法者之意思,以为此点有关及公法,若行政官署以为法人之取得不动产或承受巨额之赠与或遗赠有碍于公共利益时,可以命令禁止,所以《民法典》中,毋须特别规定,预料此点将来或可发生有兴趣的诉讼。再本国法第五十六及六十四条,迹近法国法中的特性原则。前一条规定:"总会之决议,有违反法令或章程者,对该决议原不同意之社员,得请求法院,宣告其决议为无效。"后一条规定:"财团董事有违反捐助章程之行为时,法院得因利害关系人之声请,宣告其行为为无效。"

此两条,与前述采取许可制度的态度可谓互相呼应。因为官署许其成立,予以法人资格,乃根据社财团之章程。假使其行为超越乎章程条款以外,则官署既事先未曾允可,此行为即出于无法人资格之团体,自可由法院宣告为无效。

关于法人之解散,其出于国家之行为者,《民法》中,社财团各有不同的规定。社团方面,则根据第三十六及五十八条,解散权属之法院。前条规定:"法人之目的,或其行为,有违反法律公共秩序或善良风俗者,法院得因主管官署检察官或利害关系人之请求,宣告解散。"后一条谓:"社团之事务，无从依章程所定进行时，法院得因利害关系人之声请解散之。"此乃异于德义俄日，而同于瑞英，比较能保证社团之自由。因解散权属之行政官署，不免专滥之弊。

财团方面，尚须有分别。假使其目的或行为有违反法律等情者，则上述第三十六条准用。财团之解散，必须经法院判决。但第六十五条规定："因情事变更，致财团之目的不能达到时，主管官署得斟酌捐助人之意思，变更其目的及其必要之组织，或解散之。"此间主管官署，乃指行政方面的。故行政官署在上述第六十五条情形中，亦有解散财团之权，此乃近于德国法。瑞士法在上述情形中，虽准行政官署改变财团之目的，但并未言可以解散之，足证本国立法者，对待已成立之财团，不如已成立之社团为宽大也。

国家既有解散社财团之权，自然亦有监督之权。《民法》第三十六条中提到"检察官"三字，更可为证。此层尤其于财团为要，理由见前。

最后关于无法人资格之团体，《民法典》毫未提到。尤其在采用许可制度兼法定条件制度之下，团体取得法人资格，手续较繁，定有许多非法人团体成立无疑。以此项团体作合伙论，乃最合理论（德瑞法均有明文规定）。但关于合伙的条款，当适用到何种程度，换言之，依照实际情形，是否亦许在相当程度内，以此项团体与法人同论，这一点将来诉讼成案可以给吾人以研究资料。但吾人可以预先断定的，即若以此项团体与法人同论，在以不有利于该团体者为限。

一九三四年春于柏林

写完上文以后，发觉本国《民诉法典》第四十一条，对于非法人团体之权利能力，关于诉讼方面者，规定与普通法人同论。其文曰："非法人之团体，而设有代表人或管理人者，亦有当事人能力。"

此条大概《从德国民诉法典》第五十条而来。该条第二项规定："非法人之团体，可为被告；在权利争执时，其地位与有权利能力之团体等。"（Der Verein, der nichtrechtsfähig ist, kann verklagt werden; in dem Rechtsstreite hat der Verein die Stellung eines rechtsfähigen Vereins.）但这一项着重点，在第一句，即非法人团体只能为被告，而不能为原告。故在德，此项团体实处于不利地位。今照本国法条文，该项团体不但可为被告，且可为原告，实无别于有权利能力之法团矣。

在本国全部法律系统中，对于非法人团体下规定者，只上述一条，可见其极偶然。我们是否即可从该条推论谓非法人之团体，在其他方面亦可与有权利能力之团体并论，窃甚疑焉。否则《民法》中关于团体取得权利能力种种规定，无丝毫意义，抑且无存在之需要也矣。

参考书

关于法国法的：

Michoud：La Théorie de la Personnalité Morrale.

Planiol et Ripert：Traité Pratique.

Capitant：Introduction à L' étude du droit civil.

Planiol：Traité Élémentaire.

关于德国法的：

Enneccerus：Lehrbuch

Vou Tuhr：Der Allgemeine Teil des B. G. B.

Staudinger：Kommentar.

Planck：Kommentar.

关于瑞士法的：

Rossel et Mentha：Manuel du droit civil suisse.

Hafter：Kommentar Zum Schweizerischen Z. G. B.

关于英国法的：

Jenks：Digest of English Civil Law.

Schirrmeister：Bürgerlicles Recht Englands.

关于苏俄法的：

Freund：Zivilrecht Sowietrusslands.

关于比较法的：

Rechtsvergleichendes Handwörterbuch für das Zivil und Handelsrecht. —Herausgegeben ven Dy Franz Schlegelberger.

（原文载于《中华法学杂志》1934 年第 5 期。）

约定违约金之比较研究

——法德瑞英法律中之违约金及中国《民法》之规定

一、绪　言

约定违约金，乃两方以契约规定之给付（普通为一定之金钱数额），附属于一正债；在债务人不履行债务，或不适当履行时，债权人得请求之。在欧洲，违约金之引用，时见于工厂规则、公家办货条例、私人购办契约、运输契约、保险契约及禁止营业竞争约定之中。其名称在法称"clause pénale"，在德称"Vertragsstrafe"，在瑞称"Konventionalstrafe"。其在各国民法典债编中所占位置，亦不一致。法国法（《民法典》第一二二六至一二三三条）及瑞士法（《联邦债法典》第一六零至一六三条）置之于债之变别（Variétés des obligations）一节中，与选择的债及条件的债并论。① 德国法（第三三六至三四五条）则置之于债之效力一节中，在规定契约之效力时涉之②。吾人以为违约金之附款，旨在逼迫债务人履行其债务，实于正债本身不发生丝毫影响。反之，在条件的债中，在条件未发生时，或债尚未成立（condition suspensive, aufschiebende Bedingung），或债虽成立，而效力未稳固（condition resolutoire, 德之

---

① 义法债典草案亦然，规定于第一六五至第一七零条中。

② 本国新《民法典》亦然，见债编第三节第四款第二五零至二五三条。

auflösende Bedingung 异于是）；在选择的债中，或债之标的，在债务人履行债务选择时始确定（obligation alternative，Wahlschuld），或债之标的，先已确定，然债务人仍可以他物或他事为给付，以完行其债务（Obligation facultative，Schuld mit alternativer Ermächtigung），显见债务本身，已发生变动，违约金条款，未克与彼等列为同畴。所以德国法以违约金归入于契约效力中，实较合理。

约定违约金名称，在各国字义中，咸包含惩罚之义，究竟违约金确是一种罚金，或是一种变相的损害赔偿金，各国法律主张不同。即在各国内部，意见亦不一致。法似乎采取赔偿之说，第一二二九条规定："违约金是赔偿债权人因正债不履行所受之损害。"①学者亦多谓违约金乃代替法院裁断之损害赔偿金，故发生之条件，亦与赔偿金发生之条件相埒。然而关于违约金，债权人因债务人违约，受到损害与否，毋须证明。即使债权人未受丝毫损害，若他种条件具备，债务人仍得给付违约金。此在损害赔偿，实不然也。

德国法似乎采取罚金之说，法典条规中并不明示。施都定格（Staudinger）称谓："违约金是真正的惩罚，是对于犯法行为一种确定的不利处分，此固与公家惩罚有不同处。在此乃为债权人私人利益着想，为私人惩罚。但其为惩罚也则一，决非损害赔偿。"故即使债权人并不蒙受丝毫损害，苟他种条件具备，债务人仍须为违约金之给付。他如博浪克（Planck）爱内塞罗司（Enneccerus）均同此说。惟欧德曼（Oertmann）主持异议，谓法律规定，债权人请求违约金，即不能再请求正债之给付，可见有意以违约金代替正债之给付，或损害赔偿之请求（见德《民法典》

---

① 法义债典草案第一六六条亦云：la clause pénale constitue la réparation des dommages que le créancier souffre de l'inéxécution de l'obligation。

第三四〇条)。若违约金固为一种罚金,则其请求决无阻碍债权人同时请求赔偿之可能,且如违约金额过高,法院得酌量情形减低至适当程度。益见罚金学说不当(此点欧氏有误说,详下文)。

若夫《瑞士债法典》起草时,于此点亦曾发生争执。或主张违约金作罚金解,或主张作赔偿金解。亦有主张或此或彼,同时有主张亦此亦彼者。结果以无法解决,置之阙疑,故法典对此无明确定义。虽然,《债法典》第一六一条第一项谓:"即使债权人并不蒙受损害,违约金仍可发生"①,可窥见其侧重于罚金之解释,杜尔氏(Von Tuhr)亦称"违约金乃加于正债的附属允许,为制裁之用"②。其在判例亦然。虽谓违约金代表债权人对于债务给付所具利益,但此与因债务不履行而发生之损害,不必关涉。

关于英国法中违约金,另节论之。

对于约定违约金之法律性质,意见固分歧若是矣,对于其功用,则异口同声。功用不外乎有二:

一、以威胁债务人完行其债务,不然当予以不利。尤其债务之不履行仅能发生非物质之损害,则在德国(见第二五三条。法则承认有非物质的损害赔偿[Dommages-intéréts moraux])普通不能请求赔偿。违约金之条款,亦所以补此缺憾也。

二、以省免债权人损害举证的烦杂手续。

可见违约金,要之为债权人之便利而设。

约定违约金极易与其他相似族类混杂,宜先辨别。

---

① Die Konventionalstrafe ist verfallen, auch wenn dem Gläubiger kein Schaden erwachsen ist.

② 杜尔氏为德人,所著"德民典总则编",极著盛名。于瑞士法亦深有研究,著有《瑞士债法》(Schweizerisches Obligationenrecht)一书。

一、独立违约金条款——缺乏正债，或其债之给付无强制执行之可能，比如不准高声噪闹，不准出席某种会议。此种违约金，且可以用以制裁道义的债（obligations naturelles），但以不违背强制法规及不抵触善良风俗为限。此固非真正违约金，但在德法院亦可以该金额数过高，而行其削减权。

二、弃权条款——比如某甲遭遇火灾，向保险公司有意误报损失数额。保险公司一经查明，可以保险单上弃权条款对抗之，剥夺某甲所应得赔偿之权利。其与违约金条款不同处，在债务人不履行或不适当履行其债务时，即损失其发生于同一契约应有之权利，而非对于对方负欠新债，如违约金。简言之，在弃权条款，对方仅剥夺违约人所应有之权利。在违约金条款，则对方另外获得一新权利。

三、定金——数额比之违约金为微细，目的功用亦较狭窄。再违约金仅是一种允许，而定金在订约时已先给付。

四、退约金——规定一方援用解除契约权利，当给付对方一定金额。而在违约金，则其发生并不消减正约之继续存在。

五、保证过去行为——比如买卖，两方言明若买者所购货物，一经后来查理，其品质绝非卖者当时所举说者，则卖者当给付若干罚金。此乃为过去行为作保证，缺乏违约金威胁之功效。

二、违约金成立之条件

今请缕析约定违约金，以明其成立之条件及其效力。先述前者。成立之条件为：

一、违约金须有正债——约定违约金乃是附属的条款，其产生悉凭于正债之成立。若正债无效，或可撤销，则违约金条款同此命运。在此一点上，各国法律，并无歧异。

（a）正债缺乏一定方式，而依法律条规，此方式为必须者。比如本国《民法》第七三〇条，规定终身定期金契约之订立，应以书面为之。若仅口头约定，则依照原条及第七十三条，契约为无效，所附违约金条款亦随之无效。

（b）正债抵触法律强制条款者。如以契约加长或减短时效期间，或预先抛弃时效之利益，则依本国法第一四七条及第七十一条（盖时效期间为法律强制规定），契约为无效。

（c）正债抵触公共秩序或善良风俗者。如约定一方须允承与对方结婚，或戏院雇用捧场喝彩者之约定，依本国法第七十二条，均归无效。

（d）正债标的不能给付者。比如一方以其灵性售于对方，依本国法第二四六条，此契约为无效。

（e）正债犯撤销之原因者。比如有错误、诈欺或胁迫等情事，则照本国法第八十八及第九十二条，可以请求撤销契约，违约金随之撤销。

违约金既随正债而来，故若正债因清偿、抵销、免除或混同而消灭，违约金亦随之消灭。

正债是否必须契约的，或亦可法定的，此一问题，各种著作中，极少见有讨论。在德国法中，欧德曼曾提到，谓："正债不必契约的，亦可以法定的，或有关乎侵权行为的。"关于瑞士法，杜尔谓："违约金亦可用以制裁因法定条款而产生之请求权，例如因不当得利所发生之请求权，因侵权行为所发生之损害赔偿金请求权。"拙见以为此问题，与另一问题相关联。即当事人是否可违弃法定条款，而本自己意思，订立契约。约定违约金，其功用固在威胁债务人履约，然一方亦限定正债之效力。盖正债不履行，债权人追索违约金，仅能得约中已定数额。故答解原题,正债可以法定的,惟以法律准许当事人放弃法定条款为限。但在何种情形中法律准许,非此间所宜论及。兹举《瑞士联邦债法典》第十九条,以明梗概。该条第二项曰:"当事人不依法定条例,而本自己意思缔约,以该条例不属于严格的条规,并以不抵触公共秩序、善良风俗及人格的权利为限。"

二、违约金内容——普通为金钱,故本国法称为违约金。但亦可以包括他事他物。从另一方面者,违约金又可分积、极消极两种。积极的,比如给付财物,或作一事;消极的,如不作为。在法,此两种违约金内容都能成立。在德只承认积极的,《民法典》第三四二条所用 Leistung 一字,应指积极的给付而言。施都定格诠释,谓惩罚须属一种财产的给付,且须是正债旁分外的财产的给付。故若债务人承允不为某种工作,或债务人承允不向债权人追求发生于同一契约所当得之权利,则均属消极的,不能作为违约金。后者乃更是上所指述之弃权条款。

在瑞士亦然。《债法典》起草时,有提议于违约金内容加于相当解释,曰:Übernahme einer Rechtsnachteil("承受一种法律的不利"),故比积极给付之范围为广。终于未被采纳。杜尔诠解瑞法,谓违约金为附加于正债新的债务,或正债加重。此外债务人所受他种不利,不能谓为违约金。比如债权人权利放弃或削减(卖价或酬金等),债务人债务给付期限之提早,债权人解除契约等。凡此种种,均属消极的。

虽然,在德在瑞,法院判决,亦有持异议者。在德曾有某石商承允,若交货误时,每迟延一星期,对方即可在所欠石价账上,折扣五百马克。法院以为违约金。在瑞士曾有某牛奶厂,承允如违约,尽丧失其已交送之牛奶。法院亦以为违约金,颇受学者方面之批评。

三、违约金之效力

约定违约金之效力，可分三点述论：

一、效力发生之条件——违约金乃占据损害赔偿金之位置（此并非即言违约金具赔偿金之性质），故其效力发生之条件，与赔偿金效力发生之条件，有相似处。

（a）迟延——在此点上，法与德瑞法律有不同处。在法，若债务人不履行债务，不问其债务之履行，是否定有确切期限，债权人须予以催告。债务人自受催告时起，始负迟延责任。特别关于违约金者，见第一二三零条谓："违约金之发生，不问正债之履行已确定期限与否，自催告之日起"。

至于德瑞法律，若债务人不履行债务，如其债务之履行，在约中已订明确切日期，则一过期限，债务人即负迟延责任（dies interpellat pro homine），并毋须经债权人之催告①。在瑞士曾有某商人，向某工厂借有装制啤酒之瓶，规定六星期间归还，违约金为一万法郎。法院判谓毋须债权人催告。

此一点不同，并非特别于违约金为然。普通损害赔偿金之发生，其条件在法与在德瑞，已若斯相异矣。

债务仅给付一部分者，债权人得拒绝之，与违约或迟延同论。

（b）过失——此点又须分两层论。若正债为积极的给付，如做某事、予某物，则违约金之发生，须债务人之违约，因缘于自己过失。若债

---

① 见本国《民法》第二二九条。

务之不履行，其因由不能归责于债务人者，如因于债权人之事由，或因不可抗力，则正债消灭，债务人不负给付违约金之义务。在此点上，三国法律，可说一致。

若正债为消极的，即不作为，则债务人违约是否亦须因于自己过失？在法则然。依照普通法，须债务人自己有过失，始于债务不履行负责。

在德则否。《民法典》第三三九条云："若正债系不作为，则违约金即因作犯而发生。"①在德《民法典》草案中，关于此层亦云："违约金仅因债务不履行即发生。"所以债务不履行与否，其评断标准，系客观的，机械的，并毋庸顾虑债务人犯过与否。一向学者，均同此见。故一九零二年有某甲将某处地产出让与波兰人，该地产前所有人，因曾与某甲立约，言明以后出让仅能与一德人，故向之追索违约金。法院并不审酌某甲有过与否，判其给付。惟施都定格表示异议，以谓债务人承允违约金，乃为给予债权人一胁迫债务履行之工具，而并无有加重自己责任之意思。假使依照普通法，债务人犯过负责任，则在普通情形中，其缔结违约金条款，绝不谓即对于非归责于自己之因由而致违约，亦负责任。普通债务人并不于因不可抗力而致给付不能之事负责，即其例证。所以施氏结论，正债之不履行，其因由不能归责于债务人者，债务人无给付违约金之义务。博浪克之主张，以后亦以债务不履行客观的评论为不允当。

于是其他拥护传统主张诸氏，或谓违约金之发生至少债务人须有负责之能力，或谓债务人之违约须是有意识的。种种限制，结果与原来主张，愈离愈远。

法院固执旧说。一九二七年某案，犹若是判决，谓正债系不作为，则

---

① Besteht die geschuldete Leistung in einem Unterlassen, so tritt die Verwirkung mit der Zuwiderhandlung ein.

违约金之发生，与债务人过失无关。若债务人对此原则之适用有所争辩，则必须证明当时两造缔约有反乎此意之意思。

瑞士法第一六三条规定："若正债给付不能，其因由不能归责于债务人者，债权人不能请求违约金。"显然表示债务人须有过失，不分正债之内容，积极的抑或消极的。然一部分学者，受德国法影响，主张相反，未获大众采纳。

(c) 损害——此点在损害赔偿为必要，在违约金不成为条件。违约金之功用，本所以省免债权人之损害证明。故《瑞士债法典》第一六一条谓："即使债权人未蒙损失，违约金亦得发生。"法德民法典，虽无明文规定，然均同此说，毫无疑义。

二、违约金发生后债权人之选择——债务人在迟延中，违约金即可发生效力。惟债权人尚可选择正债之履行或请求违约金。但在债务人方面，不能主张给付违约金，以消免其债务。不然附有违约金条款之债，将与选择的债，无所区别矣。此处又得分两点论：债务不履行或一部分不履行。

(a) 不履行或不适当履行——比如某营造公司，允某甲承造戏院一所，言明如有违约情事，允给付若干违约金，此乃指不履行而言。又某公司出售某甲汽车一辆，言明如公司不在某日某地交货，负给付违约金之义务，此乃指不适当履行而言。至于正债内容为不作为，比如某工厂技师，允该工厂，如将来退职，在若干年限内，不入类似之工厂中服务，或不创办类似之工厂与该厂竞争营业，则若违约金数额巨大，抵过债权人对于全部不作为所具利益，则当视为制裁不履行；若数额微细，抵过债权人仅对于一次不作为所具利益，即当视为制裁不适当履行。

在实际，若当事人不明白言定，则违约金条款为制裁债务之不履行或不适当履行，有时极难断定。此问题，须根据普通法律解释原则解决。

再违约金制此裁彼,法律效果,各有不同。故该问题未能漠然视之。

在违约金发生之后,债权人可以选择。若其声明请求违约金,则同时即不能再请求债务之履行。在此点上,三国法律,一无分别。

反之,若债权人请求债务履行,债务人允许履行,则债权人不能再请求违约金,其理至明。若债务人依旧迟延,则债权人不因其在先请求履约,即失其违约金之请求权。

但在不适当履行情形中,债权人可同时请求违约金与债务履行。比如上述汽车交易一例,约定违约金乃制裁公司不准时准地交货,或补偿某甲对债务准确履行所具利益。故公司过期尚未交货,债权人在请求违约金外,得同时请求正债履行。又比如在禁止营业竞争中,苟违约金数额不高,仅制裁每一次之违约,则显系指不适当履行而言。债权人除请求违约金外,并得请求债务人不再竞争,奉行契约。

法《民法》第一二二九条第二项谓:"债权人不能同时请求正债与违约金,除非违约金专为不准期履行而约定者。"①德国法第三四零条谓:"若债权人向债务人声明请求违约金,则绝不能再请求履行债务。"第三四一条第一项谓:"若债务人因不适当履行债务,尤其不准约定日期,而允给违约金者,则债权人在请求履约外,得同时请求已发生之违约金。"②《瑞士债法典》第一六零条亦云:"债权人只能请求两者之一。惟在不适当履行情形中,则可兼而请求之。"③

但在不适当履行情形中,比如债务人逾期交货,债权人欲请求违约

---

① Il(le créancier) ne peut demander en même temps le principal et la peine à moins quélle n'ait été stipulée pour le simple retard 法义债法典草案第一六六条第二项,亦同样规定。

② Erklärt der Gläubiger dem Schuldner, dass er die Strafe verlange, so ist der Anspruch auf Erfüllung ausgeschlossen.

③ 见本国法第二五零条第二项,包含同样规定。

金,依德瑞两法规定(见德《民法典》第二四一条第三项,瑞《债法典》第一六零条第二项),须(一)拒绝接受债务人正债之给付,或(二)接受给付时,声明保留违约金请求权。此层在法国《民法典》无明文规定,但不致有异议。

(b)一部分不履行——一部分不履行,在普通法中,即作全部不履行解,违约金即可发生效力。若债权人先前曾接受一部分,并不即因之丧失其违约金请求权。若其后来觉得此一部分给付于其为无利,可退回债务人,而另请求违约金之给付。此在各国法中,并无异处。若债权人受纳一部分债之给付,仍可因另一部分之不履行,而请求违约金。然法院可斟酌情形,减低原来额数,此点后再论及。

三、违约金数额之过高与不足——违约金由两方当事人在订约时确定数额,至将来债务不履行,违约金发生时,在债务人方面看来,或觉过高,在债权人看来,或感觉不足。在原则上讲,两当事人不能再有争执,向法院请求增减。故法国法第一一五二条谓:"若当事人约定一方有不履行债务者,给付若干金钱,作为赔偿,则法院不能判令给予对方高于或低于约定之数额。"其事先确定数额,本所以免后来周折也,但事不尽然。

(a)数额过低——若债权人请求增加,在法法院以《民法》第一一五二条(见上)之规定,绝不予以承认。德瑞法中均规定,若违约金数额过高,法院可酌量减低之。于是即有推论,谓若数额过低,法院当然亦可增添之,此乃谬论。德瑞法中减低数额之条款,乃为保护弱者而设。若亦允法院增添,适以己之矛,攻己之盾也。

然则债权人是否可假请求赔偿金之一道,以补违约金之不足,法与德瑞各有不同(此点本国法无规定)。

在法则否。第一一五二条规定明确,法院不能增减约定违约金。再法既以违约金具损害赔偿金性质,则两方确定数额后,依《民法》第一一三四条(合法缔结之约定,作为两方当事人间之法律),须恪守无违,不能另外再有所谓损害赔偿矣。四年前,法国某银行控诉某甲,缘某甲从前与该银行约定,在退职后五年间,不在该银行周围四十公里内之另一银行服务,如有违约情事,允给付一万二千法郎。今某甲破约,该银行除请求违约金一万二千法郎外,并要求损害赔偿金五万法郎,为上诉院驳斥。

在德亦然。《民法典》第三四零条明白规定。该条第二项曰:"若债权人因债务不履行,行使损害赔偿请求权,则其请求违约金,可算作赔偿一部分损害。损害赔偿之请求权,不因违约金之请求而丧失。"[1]

此并可见德以违约金为近似罚金。惟其为罚金也,故非专所以补偿损害。若损害重大,自得在违约金上,再请求赔偿。再违约金之设,乃所以便利债权人,若在普通情形中,债权人可以请求损害赔偿,有违约金条款后,反而不能,于事理为不合。

虽然,债权人在违约金上再请求损害赔偿,须证明债务人有过失,并所受损害超过违约金之数额。比如上举盖造戏院一例,假定违约金为万元,若某甲能证明该营造公司故意刁难违约,并证明自己损失超过万元(假定为万五千元),则某甲于请求万元违约金外,并可获得万千元赔偿金。

但第三四二条规定,若违约金内容,并非为金钱,而为他种给付,则债权人不能再请求损害赔偿金。

在瑞亦然,《债法典》第一六一条谓:"若债权人所受损害,超过违约

---

[1]　Steht dem Gläubiger ein Anspruch auf Schadensersatz wegen Nichterfüllung zu, so kann er die verwirkte Strafe als Mindestbetrag des Schadens verlangen. Die Geltendmachung eines weiteren Schadens ist nicht aus geschlossen.

金额数,可以请求此超过数额。但须证明债务人确有过失。"①该法典关于禁止营业竞争约定,特立专条。第三五九条第二项规定:"若竞争禁止,由违约金制裁,雇员给付违约金后,照理即可不再受禁止条款之束缚。但若损害超越违约金数额,彼仍负赔偿责任。"

在不适当履行情形中,债权人得同时请求违约金与债务之履行。三国法律均然,上已述及。若债务履行已不可能,则可请求损害赔偿。在此处,债权人在请求违约金外,复得请求赔偿金,自属允当(见本国法第二百五十条第二项)。

若违约金数额不足,尚有一补救办法,即放弃违约金条款,而引用普通法。在法国,一九二二年,有某雇员与铺主约定,在五年期限中,不向另一类似商铺服务,以二万法郎违约金为制裁。已而该雇员违约,照约给付二万法郎,意为可以了事,解脱契约之束缚而继续其职业,安知铺主不追求其违约金,依普通法损害赔偿原则起诉。实际上不同点,在铺主损失达五万法郎,若接受违约金,尚损失三万法郎。法院审酌之下,接受雇主请求,承认债权人可放弃违约金,而依普通法起诉。此在德瑞不成为问题,盖债权人接受违约金外,若证明损失超过其额数,尚可请求赔偿,固毋庸放弃也。

(b) 数额过高——债务人请求减低,在法不准,在德瑞则可。此为法与德瑞关于违约金规定最大不同点。德《民法典》第三四三条用意在保护经济之弱者,此辈人力量不足或又迫于生计,每与经济势力雄厚者订约,并无平等酌议之可言,俯首帖耳,唯命是听。于是为人作弄欺压,屡见不鲜,诚非社会安宁之现象。该条款在初时,即引人注意。法名法

---

① Übersteigt der erlittene Schaden den Betrag der Strafe, so kann der Gläubiger aus Mehrbetrag nur so weit einfordern, als er ein Verschulden nachweist.

学家已故萨赖氏（R. Saleilles）曾谓："该条款在社会观点及法律学说观点，表现一新倾向，诚为德新《民法》中诸最重要条款之一，无疑义焉。"①当时自由主义学说昌盛，而德立法诸氏，在创此款时，能独以社会为重，启发私法个人化（individualisation de la loi civile）之思想，在法学上实为一大贡献。

再观法国法律，个人主义，意味浓厚。两当事人订立契约，即成为该两人间之法律（第一一三四条第一项）。不问其对于全体社会发生何种影响，该当事人等，须奉行无渝，法院更无权主张更改。时有工厂规则，规定工人违此犯彼，应给付若干罚金，额数甚高，工人请求减低，而法院不可。厂主借此图利，而工人沦于鱼肉。立法失于平允，大非社会安定之道。

再者德瑞法律，允准法官裁减违约金，并不能即谓其于违约金视同损害赔偿金（见上欧德曼关于违约金法律性质之论说）。法院之裁减，并不以债权人所受损害程度之深浅为标准。此点吾人观乎下文自明。反之德瑞法律关于违约金，有采取罚金说之意思。惟其为罚金也，换言之为刑罚之工具也，故与公共秩序有关，不能听任私人随便施用。瑞士一八八一年法典谓法官"有权"裁减，而现行法则规定法官"必须"裁减（前法第一八二条"le juge a nèanmoins le droit de mitiger la peine qu'il trouverait excessive"；现行法第一六三条"le juge doit reduire les peines qu'il estime excessives"），可见此条规实具强制性质。至于德之第三四三条，亦属强制条款，私人不能有相反之约定。故法官若觉金额过高，必须裁减（见施都定格德民典释义）。而在法，法官不准改动违约金，适足

---

① Cette disposition est sans contredit l'une des plus importantes du nouveau code civil allemand par la tendance qu'elle manifeste au point de vue social et au point de vue des conceptions juridiques.

以表示其为一种赔偿金。损害赔偿，无关公共秩序，完全私人之事，故私人如此约定，法官即无法更动。

法院裁减违约金，有两主要问题：一为数量，一为时间。

(1) 数量问题——违约金数额过高与否，法院何由定夺？《德国民法典》第三四三条谓："若已发生之违约金过高，债务人可以请求法院裁减至适宜数额。在酌量适宜数额时，法院须考虑债权人种种合法利益，而不仅限于财产利益已也。"①瑞士法第一六三条第三项规定极简单，仅谓违约金过高，法院须酌量裁减（原文见上）。

德国法中所谓债权人种种合法利益者，以违约金乃制裁债务之不履行。故审定其数额是否过高，须以债权人对于债务履行所具利益(Erfüllungsinteresse, intérêt à Exécution)为根据。债权人此种利益，固不专指其因不履行而所受财产上损失而言②。债权人方面是否受有损害，或损害多寡，此不能作为法院之根据，于理明甚。一九二一年，德最高法院在某案中有判云："债务人请求违约金裁减，而仅声称因违约而所致债权人之损害未达违约金之数额以为论辩，本院视为不合事理。"

在瑞亦然。曾有违期解约一案，约定违约金三千法郎，虽债务人证明债权人并未受损，法院仍不以此数为过高。判词中有曰："赔偿是一事，违约又一事，债权人之利益，不即指财产方面之得失而言。"

---

① Ist eine verwirkte Strafe unverhältnismässig hoch, so kann sie auf Antrag des Schuldners durch Urteil auf den angemessenen Betrag herabgesetzt werden. Bei der Beurteilung der Angemessenheit ist jedes berechtigte Interesse des Gläubigers, nicht bloss des Vermögensinteresse, in Betracht zu ziehen.

② 欧德曼解释如下：Folglich ist zunächst suf die Höhe des mit der Strafe zu ersetzenden Schadens zu sehen—nicht in dem Sinne, dass nur eine erweisliche Schadenshöhe bei Beurteilung der Angemessenheit in Betracht käme…wohl aber in dem Sinne, dass das für Verhältnisse dieser Art normale oder doch objectiv mögliche Erfüllungsinteresse mit dem ausbeaungenen Strafbetrag verglichen wild.

　　鉴于上述两案,知债权人之利益与损失,并非即是一事明矣。

　　尤其在禁止营业竞争案情中,债权人之损失,有时不易证明,而仅能大概言之。

　　除财产利益之外,债权人于债务之履行,尚有情感上之利益,此层见于正债之无财产上价值者益明。在瑞士有某判决,其中法官之词云:"鉴于买者对于契约履行所具利益,此数并不过高(Ce n'est pas trop en raison de l'intérêt que l'acheteur attachait au respect delà convention)"。总而言之,债权人合法利益,乃指其对于债务履行所具一概的利益而言,并不专限于其财产上之损益也。

　　此外,法官尚须考虑违约轻重的程度,债务人过失之大小(若债务人故意毁约,照例不准请求裁减)及其因违约而获到其所企盼之利益,以及两方当事人之经济状况及给付能力①。

　　除此之外,当事人是否尚有他法请求裁减。违约金数额过高,似乎亦可视为违背善良风俗,予以撤销。在德有某化学技师,与其服务之公司约定,禁止在相当年限内,在另一同类公司中任职;并以自己名誉担保,如违约则给付十万马克违约金。法院认为有背善良风俗,判令契约撤销(德国法第一三八条)。其理由:一、违约金数额太高,按该技师年薪仅二千四百马克;二、债务人安得以名誉担保债权人纯粹财产的得失。以后亦有援例引用第一三八条请求撤销者,法院即解释谓,既有第三四三条裁减之规定,法官即不能随便准用第一三八条。仅违约金数额过高一理由,不能谓为违背善良风俗,必须加上其他理由。在前述一案,则为以名誉担保债权人纯粹的财产损益是也。

　　(2)时间问题——法院估量违约金额数过高与否,当根据哪一个时

---

① 见 Staudinger 及 von Tuhr。

候的情形为准？或云在两当事人约定之时，或云在违约金发生之时，或云在法院裁决之时（博浪克、欧德曼等主此说），莫衷一是，当民法典起草时，于此点曾加讨论，认为"违约金约定之时，不能作准。至少此点成为问题：若违约金在约定时数额过高，以后他种情形发生，已不能视该数为过高，若法院判令裁减，是否允当？再违约金发生之时，亦不能每次作准。因为吾人可以想到，有时债务人因债务不履行获到利益，若在酌量违约金额数时，不算计债务人此项利益（有时在违约金发生后，隔相当时期，始能觉察出来），亦属有失公允。然则法官必当采择更后时期，若追诉时，若判决时"。其意盖欲让法官于每一实际案情，自由斟酌舍取。

若债务人一部分给付，债权人受纳之，法国有第一二三一条规定，谓法官可以裁减违约金①。违约金本旨在赔偿损害，故在此情形中，仅须补偿未给付部分之债已足。德瑞法律虽无明文规定，但法院既可将数额过高之违约金裁减，在此间当然亦可裁减无疑，但其立场与法国法不同。

三国法律关于约定违约金之规定，固各有不同矣，但当事人可以立约明订相反规定。盖各国关于违约金之规定（除法官裁减一条为强制条款，当事人不可有相反规定外），均属非强制条款，当事人可以随便约定变化也。故德人之欲采纳法国法中之规定者，可在契约中明订之。推之，法人瑞人亦然。再者比如在不履行债务情形中，债权人除请求违约金外，又得请求债务之履行；或债务之不履行，其因由未能归责于债务人者，债权人仍得请求违约金等，当事人均可自由明订。但当事人主张由相反规定所发生之权利者，负举证之责任。

① 并见法义债典草案第一六七条及本国法第二五一条。

四、英国法中之违约金

英国法中之违约金，有特异处，故分章论之。约定违约金分两种：即罚金（penalty）及预定赔偿金（liquated damages）。其分别如次：

一、若正债无确定之价值，而两方约定一确定数额，作为债务人因违约而当为之给付，则此数额为预定赔偿金。若其数额过高，则当视为罚金。

二、若正债有确定之价值，而两方约定，若债务人违约，须给付超乎此价值之数额，则为罚金。

故罚金为一种恐吓的工具，与损失不发生关系。赔偿金则为两方对于将来损失预先诚意的估价。

自一六九七年法规后，罚金即已丧失严格性。且债权人有主张罚金之请求权者，法院绝不令照数给付，仍须债权人证明所受损失，而仅得此损失之赔偿。在实际上，罚金已一无用处矣。故在英国法中，非罚金而为预定赔偿金，具他国违约会之功用，而可与之比较。

再法官可以其本人主见，次定其为罚金或为预定赔偿金，而不为契约中命名所拘束。但若法官估断金数过高，可判其为罚金，否则即为赔偿金，而无所谓裁减。因罚金等于虚设，故其判决尤比裁减为劣。若额数不高，作为预定赔偿金，则法官不能再加以变动，债务人当如数给付。

五、本国新《民法》中违约金之规定

本国法关于违约金之规定，见第二五零至第二五三条。研究之余，颇觉其有采取赔偿金之说,第二五零条第二项谓"违约金……视为因不履行而生损害之赔偿总额",酷似法国法第一二二九条及法义债法典草案第一六六条。再本国法以"违约金"命名之,避免用各国法中之"罚"字,更可为证。

大概立法诸公亦存心保护弱者。惟恐经济势力雄厚者过分要求,故以违约金为一种赔偿金,使其不超过实在损害程度。若超过,则法官裁减之。惟违约金之数额,定之于前,不能必与日后实在损害程度相巧合。则每次违约金,可以请求法院审酌重改,违约金即失其功用矣。盖两方约定违约金,本所以免日后周折也。观乎法国,乃采取赔偿金之说。惟其如此,所以成为私人间事,无关公共秩序,契约既立,即不能由一方或由法官擅改。即在英,法官仅有罚金与预定赔偿金之选择。若判其为赔偿金,法官即当令债务人照数给付,不能再行裁减。

窃以立法诸公,欲表示其良好之用意,实不如采取罚金观念之为愈也。惟其为惩罚之工具也,故有关公共秩序,不能由私人随便援用。若有滥用情事,法官自可加以干预,且既非赔偿金,故法官之裁减,固不必以损害为标准。若德瑞之以债权人对债务履行所具利益为准则,此与违约金原理似较一致。盖如债务人违约,即使债权人未受丝毫损失,仍须给付违约金也。

本国法第二五一条,似为多余,有第二五二条已足,而对于违约金成立之条件及其发生后之效力,规定简赅,难能真确明了。则此比较之作,间接阐明本国法中违约金之学理及其实际上之运用,其效用固不仅限于纯粹学理之论已也。

参考书:

Enneccerus: *Lehrbuch des Bürgerlichen Rechts*: *Recht der*

Schuldverhältnisse.

Oertmann: *Recht der Schuldverhältnisse.*

Oertmann: Zur Lehre von der Vertragsstrafe, "Recht" 1913 S. 186 ff.

Planck-Sibèr: *Kommentar Zum Bürgerlichen Gesetzbuch : Recht der Schuldverhältnisse.*

Staudinger: *Kommentar Zum Bürgerlichen Gesetzbuch : Recht der Schuldverhältnisse.* 1929.

Colin et Capitant: Cours élémentaire de droit civil français. Tome II.

Josserand: Cours de droit Civil positif français, Tome II.

Planiol: Traité élémentaire de droit civil français, Tome II.

Planiol-Ripert: Traité Pratique de droit-civil français, Tome VII, ob'igations.

Niboyet: Cours des législations comparées. 1932-1933.

Projet franco-italien d'un code des obligations et du Contrat.

Fick: *Das Schweizerische Obligationenrecht.*

Oser: *Kommentar zum Schweizerischen Zivilgesetzbuch-das obligationenrecht.*

Von Tuhr: *Allgemeiner Teil des Schweizerischen Obligationenrechts.*

Anson's Law of Contracts. 1923.

Stephen's Commentaries on the Laws of England, vol. III Law of obligations 1925.

一九三四年三月于德蓬城绮瑞那

（原载于《中华法学杂志》1934 年第 5 卷第 4 期。）

中国《民法》及《票据法》的德文译本

书 名 *Zivil-und Handelsgesetzbuch sowie Wechsel-und Scheckgesetz von China*

译述者 Dr. jur. Karl Bünger

印发处 N. G. Elwert'sche Verlagsbuchhandlung，G. Braun. Marburg in Hessen

一九三四年出版，计三一八页，价值二十马克

中国新《民法》自有夏君等的英译本及何君的法译本（随后又有法人Théry 的译本）后，现在又添上德文的译本。新《民法》于民国十八九年制定。当时国民政府（奠都南京尚不及三载）为欲以新政晓示欧美，所以英法两译本，在原典颁布后不久即出版。德译本今夏才刊印发行，固然比较迟晚些，但新《民法》根源于德国《民法》。在精神及形式两方面，与德国法律较与英法任何一法系为接近。德文的译本，所以有其特种价值，值得我们另眼相看。

译述者白雍蔼氏，通汉文，兼习日文。研究中国法律，已历多年，著作颇富（见后注）。今年在柏林大学法科，担任讲演中国民法。此译述本，被列入为柏大法科教授 E. Heymann 所主编的"农工商法丛书"之一。

此部德译本，除《民法典》外，并包括《票据法》。书分两部分：第一部分是译述者对于两法典的分解述评，第二部分是翻译正文。卷首并有序

言,末附引得。译述者的旨趣,看他在序言中说,不特为欲供应德国远东商界的需要(这是译本的实际上的价值);并且在探讨德国法律在远东所发生的影响(这是译本学理上的价值)。一八九六年德《民法典》颁布以来,法学开一新纪元,各国新民法典先后以德典为蓝本,如日本瑞士巴西等法;其情势实有如从前各国之承袭罗马法及一八〇四年后,各国之尊奉《拿破仑法典》,以为圭臬然。德国法律其精神形式,既已披靡全世,有欲研究之而求其透彻者,即在德人自身,亦不得仅限于本国典制,有并顾到受其影响的他国法制的必要。

德译本既然不像英法译本之专以传达为目的,而带有多分的研究性质,所以其中分解述评一部分,在英法译本中所无。此部分占约九十页,首述中国近代立法的概况,继以现行《民法》,末为《票据法》,提纲挈领,颇为醒目。白氏在分编概述之余,并从德国法立场,择本《民法典》离异点,或法学上成问题处,特别提出,或加评语。本《民法典》中条款制度有袭自他国法的,亦多注明。除德国法外,白氏仅限于法瑞日本等法。但当时本国草拟新民法时,暹罗巴西等法,并在参考之列,似乎也值得我们相当注意。

翻译正文部分,包括《民法》、《票据法》及《票据法施行法》,占二百页左右。译笔简洁顺口,并能尽量表达原文意思。本来中国法与德国法,间接直接关系极深。拿德文来传译本国《民法》,自能比较美善逼真。在每一条款下,且注有各有关各国法律的条款,所以表明其来由或其间关系。假使欲从本国法出发,作比较研究,白氏的考注,可以引导其入他国法典,走正确的途径,实有极大价值。在这一点上,英法译本实有不如也。

但我们对于译本的题名,有一些怀疑。题名汉译为"中国民商法典及票据法"。其中"商"字,窃以为不妥当。中国既采民商法合一制度,即无独立商典。这层白氏自己也曾在译本中提到。固然自此后《民法典》并适用于商事,惟其适用不分民商,所以"商"法典不成其为物,名亦不存在。标题上自可省去。鉴于各国采民商法合一制,许多国家的法律,单叫"民法典"而不是"民商法典",更可以为信证。

此部译本,本来是一德国人,从德国法立场,来看中国法后,所成就的一本研究作品。其主要本在供德国学者之研读。然而在我们本国人方面,《民法》新订,将后实际适用,发生问题尚多。为要明了本国法条款真意并使法律实际上正确适用,以尽其调谐保护利权之功,需要参考德国卷籍之处,正无限度。译本表出两国法律处处的关系,指示我们以搜寻德国有关法条的门径,并且译本还包含他项材料,具有帮助比较法学研究的功效,为我们自身之益,不论在学理或实际方面,也值得我们时刻的借重。

此译本,不但在德国法学界中是一种贡献,在中国法学界中,也是一种有用的出版品。由是敢书数语,绍介之于国人。

一九三四年夏于柏林

附白雍蔼氏关于中国法律的译作品:

"Die Quellen des chinesischen Privatrechts" in *Blätter für internationales Privatrecht* 1929. Nr. 7.

"Das neue chinesische BGB. -Seine Entstehungsgeschichte und Systematik" in derselben Zeitschrift 1931. Nr. 11.

"Das Recht der Handelsgesellschaften in China" in *der Zeitschrift für das gesamte Handelsrecht and Konkursrecht* 1932 – 33 Bd. 98. Heft. Nr. 3 u. 4.

"Alte chinesische Rechtsgedanken im modernen chinesischen

Grundstücksrecht" in Sinica 1933. Bd. 8.

"Das Personenstandsrecht des chinesischen BGB." in *Blatter für internationales Privatrecht*. 1933 Nr. 3 u. 4

" Zum Internationalen Privatrecht Chinas " in *Niemeyers zeitschrift für internationales Recht*.

（原载于《中华法学杂志》1934 年第 5 卷第 6 期。）

保安处分与新刑法修正案初稿

新刑法修正案初稿,最值得注意的一点,概要算保安处分的采用。保安处分有系统的规定,在中国刑法上这还是第一次。

修正案在这一点上,能够利用他国的经验,规划防止犯罪更有效的办法,我们表示完全赞同。当时他国的经验:义大利在一八九〇年及一九〇〇年间,累犯占犯罪事件总数百分之三十左右,一八九一年至一九一二年累犯数目占总数四分之一。比利时自一八九九年起至一九〇七年,统计上所表记累犯事件数字,自百分之四十三左右起一直到百分之五十左右,与年俱增。当时防罚工具为惟一的刑罚。在此情形中,刑罚显然宣告功效不足。法儒 Salcilles 于感慨之余,颇疑刑罚反为促成造罪之主因。

吾们知道当时各国刑典都以道德上的责任为中心原则。认定人的意志是自由的,并有鉴别能力。所以假使有犯罪事实发生,法院只须审断犯人而非童年或心神丧失,毋庸再虑其他,即可按法科刑。童年犯或心神丧失犯,因缺乏自由意志,无鉴别能力,所以刑不及之。然适以此,反促成此类犯人再三犯罪。再者以前刑典纯粹是法律上的结构,多抽象的条规及程式。刑典视犯人,完全脱离现实生活,而单以理想拟成一种抽象的式类;其视犯罪,非以之为犯人感情品行性格之表现,而当为法律上的体系,抽象而固定不易的。所以刑罚责任,绝对是客观的。其根据在因犯罪所生损害,而不在犯人的心神状态。刑罚之用于同一件犯罪事实者,也全非一律,不因犯人之不同而更改。其用于初犯者如此,用于累犯者亦如此。结果累犯频增。

除当时各国实际情形对于从前刑典发生反应外,学理方面有意大利人 Lombroso、Ferri、Garofalo 等,亦竭力施以攻击,另成实证学派。该派称人意志不是自由而受定于外界的情形。外界情形加之于吾人,吾人亦各以性格的不同,发生异样的反应。所以欲对付人的行为,防止犯罪,不能单就客观的犯罪事实科刑,须审酌其人身内分子,如心神机体状态及身外分子、社会环境等。因各人所具上述种种分子不同,所以即使其所犯同一罪名,科刑仍不必一律。此即所谓刑罚个人化。同时又有社会防术学说发生,主张防止犯罪行为,须从保安社会立场看出。童年及心神丧失人固不负道德责任,然而负社会责任(或称法定责任)。其对于所作行为,担负责任,就因为他在社会中生活。社会为自己安全起见,有出防卫手段之需要。

所以依据实证学派,酌科制裁处分,不当以道德责任为根据,应当以社会责任为原则;不当以犯罪所生损害为标准,应以犯人的危险性为绳准。

保安处分即在上述情形中——一方面实证学派昌盛,一方面实际上感到需要——产生出来。

保安处分有系统的规定,首见于瑞士刑法学者 Stooss 一八九三年所拟瑞士刑法草案中。该草案以保安处分与刑罚并立。换言之,既不脱离古典学派,又接近实证学派,具折中色彩。该草案固开刑法学上一新纪元,却并未算问题最后的解决。反之,争论方兴未艾。

实证学派既以为人之行为非自由意志的结果,故即无所谓过失。既无过失,无用其报复或责备。所以以责备为功用之刑罚,无存在余地。一切对付犯人办法,都是保安或社会防卫的处分。简言之,实证学派只承认有保安处分,而不承认有刑罚。一九二一年 Ferri 所拟意刑典草案,即不分刑罚与保安处分,悉以"制裁"字样命名之。苏俄现行《刑法典》中亦不见"刑罚"字样,仅称社会防卫之处分。Mesures the defence sociale.(见该刑典第九条)。

一九二六年在比京所举行之国际刑法学会,在席间所讨论的,即有下列一题目:La Mesure de sûreté doit elle se substituer a la peine on simplement la compléter? ("保安处分是否当代替刑罚,或仅以补充之?")。当时议场态度,可分两种。实证派由 Ferri 阐明立场,折中派以法为代表。此间不便细析两方争辩演词,惟仅录当时决议案如次:

"本会脱离刑罚与保安处分之实质形式不同的学理争论,仅宣称单刑罚不敷社会防卫的实际需要。如对付具心神特殊状态或以犯罪为常习或职业之危险囚犯,如对付可施以感化之童年犯。

故刑典中,当亦具有保安处分的规定,对正犯罪人格,使其能重复适合社会生活。刑罚与保安处分系法院的行为。法官可自由审酌实在情形及犯人人格,准用刑或保安处分。"

此决议案以保安处分与刑罚并立,具折中色彩。当时 Ferri 于末项原主张"刑或保安处分",而其他更急进者,主张法院单可自由准用保安处分,而不提刑罚。

但观各国草案或新刑典,其有保安处分规定者,大都以之为补充刑罚之用。

我国新刑法修正案,在采保安处分之余,并未废弃刑罚,态度折中,我们以为十分得当。

第一,从民众观念方面看,报罚补罪的思想,一向极其深固。有问孔子以德报怨何如? 他就反问何以报德。史评家以君王民官能赏罚分明为上德,为有治国之才,此亦可为佐证。再宗教方面的善有善报,恶有恶报,亦表示人民以为为恶者受罚,正合乎公允之道。立法须无违乎人民正义的观念，然后执法有效，法纪以维。若不顾实情，一味随人采最新式主义而以为是者，其立法事业，等于纸上谈兵，在实行时，鲜有不失败者。刑罚在实际上，既尚能发生防止罪之效，我们无去除之必要。

第二，从设备方面看。行保安处分须要各项设备极奢。保安处分具感化监护功用。感化方面如对儿童犯须教育之，烟酒犯戒治之，心神耗弱犯医诊之等等。监护方面如对心神丧失犯须监候守护之，俾得善终其年。对以犯罪为职业而不能感化者，须强其劳动场所中工作。但试问根本上全国小学校仅有几所，医院几处，养老监护院之类更少，工厂仅为非犯人设想，还远不足敷。就从现有刑事设备说，改良监狱，已足耗吾人不少精力财帑。今亟欲思努力于为施行保安处分之设备，恐不免有来不及之感。固然上项犯人，有时作恶犯罪，结果能使社会所受损失超过于创立保安设备所需费用之上。但我们本未"因噎废食"，我们仅希望大家注意，一时绝对采用保安处分事实上的不许可，应当从渐。新修正案并不急进，所以我们表示赞同。

刑罚之作用，要在以儆效尤。所以是对于已成行为的一种反应。用刑而欲得其公正，得民众之折服，应在先法律明定罪名。

刑罚之产生，既然根据已成事迹，其轻重亦随过失及犯罪所发生损害之大小而变化。法律亦当事先有明白规定，俾民众有所警戒。

保安处分之作用，要在防止个别分子对于社会安全发生损害。所以保安处分之推用，即先因该分子之危险状态而成立，不在候其犯罪事实已发生之后。危险状态性质繁杂，且是心理上的征象，个别不同。危险性何时消灭（即保安处分之加于某分子，何时能达到感化的效力，俾其能适合于社会安宁生活）亦全是个别问题，无法普遍规定。所以上述关于刑名罪名法定主义，对于保安处分，似乎不能适用。若竟如此，岂非欲发生法官或行政官擅断之弊，妨碍个人自由矣乎？

请先后研究以下两问题:(一)、危险性的成立及其法定问题。(二)、不确定判决问题此,涉及刑之执行。

关于第一问题,一九〇九年国际刑法学会干事会,在荷京讨论下届大会议事日程时,就放进下列一题目:"在哪几处(由法律决定),犯人危险性的观念,可以代替已成行为性质的观念。在哪种情形中(亦由法律决定),此观念从社会防卫处分立场看来,与个人自由保障,能相和谐。"所谓下届大会,即一九一〇年在比京所举行者。全场大致可分两派,一以法国为代表,一以德荷为代表。

德国方面由 Von Liszt 阐明意见,大致主张危险性之断定,由法官自由审虑。在其审虑时,无须顾到犯人客观的行为。所以即使犯罪事实尚未发生,法官亦可宣告危险状态成立,而施以保安处分。

法国方面适相反。由 Garcon 代表述意见,觉法官自由审虑,漫无限制,于个人自由之行使,大有不便。所以主张危险性成立条件应由法律规定。法律之规定,应以犯罪客观的严重性及犯罪之频累为根据。危险性不能脱客观的犯罪的行为而独立。

总之,一方面主张标榜团体的权利,一方面主张须保障个人的权利。当时议决案,仍偏倾于后者之主张。

我们返顾实情,现行法既多以保安处分为补充之用,故自是刑罚之旁属。其准用(除关于未满十四岁犯及心神丧失犯外)不能独立,必随刑罚之后。然则危险性成立,不能脱离客观的犯罪行为。比如意刑典第二〇二条规定,保安处分只能准用于有害社会诸人,且须该人已作犯刑典所定为当罚之行为。

德国去年所颁布保安处分法案,亦以保安处分为刑罚之旁属,故必随之发生。危险性之断决,于是亦不能脱客观犯罪行为。

固然,危险性的法定主义,不能如罪名的法定主义绝对与确定。但今限定危险性之成立，不能脱犯罪之行为，已对于人权保障是一种进步。

返而及于我国，人民自由保障，已很单薄。保安处分之准用，再不由法限定，施行得法，固然收效无穷；施行不得法，则官厅专横擅断，不堪其弊。我们为杜绝弊端之发生，同于意德刑法之主张。新修正案固无专条（如意之第二〇二条）原则的规定，但细究第七十七条至第八十一条，保安处分之准用，必因于犯罪之行为，并是刑罚以外补充的办法，迹近德国保安处分法案。新修正案能体谅到个人自由，我们亦表同意。

但有一点，我们觉得还有疑虑。即新修正案第八十一条中，有犯罪之常习或以犯罪为职业者，是否即指累犯而言。我们觉得根据新修正案第四十条对于累犯之定义，对于以犯罪为常习者，不很讲得通。以犯罪为常习者，不比酗酒心神耗弱等犯，并不涉及医学生理学，很可以进一步地由法律客观规定。所以我们主张加以补充。

危险性与犯罪行为相连，可以有例外。换言之，即使某人并不作犯刑典所定为当罚之行为，法院仍可予以保安处分（见意国《刑法典》第二〇二条第二项规定）。比如不可能之犯罪，单承诺作犯，煽动作犯而未果，虽均不致使行为人罹刑，但已表示其人包藏祸心。

例外由法律限制规定。我们觉得在此点上，亦有考虑采纳意国法律之价值。

关于第二问题。采用保安处分，势必随而引用不确定判决制度。但不确定判决，也分绝对及相对的。如法律规定至少或至多时期，任法官在至少之上或至多之下判决，并准其斟酌情形，随时延长或缩短，乃系相对的。在这一点上，固然刑名法定主义比较绝对，但在不确定之中予以相当确定，也已经是人民自由保障的一种进步。

在此处要连带说到一点，即在他国刑典内有规定，保安处分之酌断，一概以判决时之法律为根据，此在刑罚为不尽然。普通都以犯罪时之法律为准（新修正案第二条虽规定犯罪应准用裁判时之法律，但行为时法律之刑较轻者，仍当适用较轻之刑）。观意《刑法典》第二百条称：

保安处分之酌科，以准用当时之法律为根据。若保安处分正欲执行，而法律更改，则准用执行时之法律。

其理由盖保安处分，非为过去行为之反应，而为防止将来犯罪行为，所以主要即在除去现在的危险性。新修正案中，无明文规定，我们主张可以添补。

现在我们欲进而研究从防止或减少犯罪观点，研究刑罚及保安处分单独及相辅的功效。

"Minimum of Effort, Maximum of Effect"的原则，普天下而准用。在此处我们的态度，也是怎样可以最简省的制裁办法，加于犯人最少痛苦，而达到最圆满防止犯罪的目标。

我们以为犯人可粗分为三大类：第一类，偶犯，犯人心神情形都呈常态。第二类，变态犯，然神思尚相当清楚。第三类，犯人心神完全变态。对于第一种犯人，刑罚最有效，并且单刑罚已够。不但可防止本人再犯，并且还可防止他人效尤。对于第三种犯人，刑措完全无效。只有施以保安处分，加以诊断，以治其心神变态情形。

惟有对付第二类犯人，如未满十八岁之童犯、精神耗弱犯、烟酒犯、累犯等，刑与保安处分可以并用（因而亦可以不并用）。而其问题亦就在此两者如何能相调节，使执行时，对于犯人施以最少痛苦，而得到防止以后犯罪最大效果。

不解决上面问题以前，我们就得先问刑罚及保安处分互相代当，能到什么地步。

先述刑罚代当保安处分之可能。比如因酗酒而犯罪，或游荡或懒惰成习而犯罪，假使罪大刑重，则长期监禁之后，酗酒之习惯自然会消灭，懒惰之习惯自然可改变（监禁中自须工役）。新修正案第八十条及八十一条所规定禁戒及强制工作之保安处分，自毋庸再予以执行。简言之，假使刑罚的结果，使犯人于刑之执行完毕后，适合社会安全生活，则同时可代当保安处分之执行。

又述保安处分代当刑罚之可能。这一点上，意见颇不一致。或谓刑罚是一种恶性，对于犯罪行为表示吐弃态度。保安处分在德行上，毫无褒贬色彩，又非一种恶性，所以以之而代当刑罚，为不可能，但以吾人意见则为不然。比如一窃偷，以犯罪为常习，执行短期徒刑以外，法院又判决令入劳动场所强制工作，期间三年。在此点，我们以为徒刑之执行，实为赘疣。三年强制工作，对于犯人实际上所加痛苦或恶性，或较短期徒刑为过，然则单保安处分之判决，实际已足徽效尤。同时三年强制工作，已能达感化犯人之目的。刑事政策，不在求刑之严酷，而在求犯人之不再犯罪。

我们根据上述代当原则，进而观察新修正案修文。

第七十七条未满十八岁犯罪宣告三年以下有期徒刑拘役或罚金者，感化教育得于刑之执行前为之，法院审酌感化情形，得于处分后，免刑之执行。此乃有意以保安处分代当刑罚。其所以限定三年以下有期徒刑者，因为徒刑期短，对于犯人绝少警惕功效。而其罪轻，社会亦不求必施以罚则。然而三年期限，尚不为短，并且法院已因特别情节减轻。若在普通情形中，其罪当得三年以上甚至五六年之拘役，情节较重，当予罚则。所以我们主张减三年为一年。

第七十八条关于精神耗弱或喑哑而犯罪，我们主张与未满十八岁之童犯并论。假使宣告一年以下有期徒刑、拘役或罚金者，保安处分得于刑之执行前为之，且得审酌情形免除刑之执行。

第七十九条我们完全赞同。

　　第八十条假定因酗酒而犯罪,被宣告两三年有期徒刑者,在此受刑时期,该犯即自然改变其习惯。酒无瘾,久不饮,则自戒。此乃刑罚,而同时发生保安处分之功效也。在此情形中,自无再执行保安处分之必要。(新修正案第九十条准法官免除处分之执行,我们认为得当。)

　　第八十一条若罪小而刑轻,则刑可并入保安处分一起执行。此处保安处分大可代当刑罚。短期刑毫无防止犯罪功用,自不必多此一举。第八十一条规定刑执行后再施以保安处分,所以不问刑之轻重,势在必行,我们觉得不得当,宜改。若罪大刑重,则其事响动全社会,为表示国家不齿其行为,并警戒他人效尤,刑在必行。此处刑罚并生保安处分之功效。拘役年代久长,游荡懒惯之习自灭,且并学得工作技能,自无须再强令入劳动场所工作,故主张以刑代保安处分。(新修正案第九十条准法院可如此办理。)

　　关于保安处分执行期限问题,在意刑典采取"至少"办法,即保安处分之执行,其久长不得少于法定期限。若依照犯人情形当酌加者则增加之。我国法采取"至多"办法,德亦然。法院在此限数之下,随便酌夺。但新修正案第八十九条又规定,法院认为保安处分之执行有延长之必要者,得就法定期间之范围内酌量延长之。法律且不规定延长准可次数,于是当假定可再三为之。如此"至多"办法,已失去其一部分作用。我国法官在此点上,斟酌之范围,比意国者为广,我们认为可以保持原案。

　　本案保安处分有两种功效,一种是感化,一种是监护。若其效在感化,则吾人原希望感化有效,犯人以后能适合复度社会安宁生活,所以当确定处分期间。若其效在监护,则犯人已无可救药,自当永远受保安处分,使其无可为害社会,是无所谓期限矣。但我们觉得新修正案对于规定期间一层,伸缩极大,法院于每三年觉有必要可酌量延长,已等于无限期的准用保安处分,故主不必改。

最后我们还要讲到保安处分的类别。有以保安处分作如下分法：

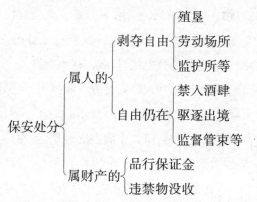

我们以为除发生自由剥夺效果的保安处分外，其他不应都纳入保安处分类内。若谓没收违禁物，公布判决未始非所以保安，则徒刑拘役死刑等，亦均所以保安，所有一切制裁处分，当尽罗入一类，悉为保安处分矣（如苏俄刑典即是）。新修正案或以为其案内所规定之保安处分，均有从刑性质，换言之，均附属于刑罚的，所以可统归在一起。殊不知如没收违禁物公布判决等，并不针对犯人个别人格的处分。其性质，与以感化或监护为功用之真正保安处分不同。或难之：刑罚亦发生自由剥夺的效果，岂非可将刑罚与真正保安处分归合一起？否也，两者作用大有不同。前者要在普遍防止，后者要在个别防止。所以我们结论主张以第七十七条至第八十一条内所规定之保安处分，与以下数条内之制裁加以分别，以清面目。

我们总说一句。起稿者在参考他人学理实情之余，并未忘弃本国的情形环境，所以采撷他人之处，多能得当，不犯迂阔之病；且其规定之富有伸缩性（以第八十九及九十条为尤），使法官能顾到实情之利弊缺需，随时变化，显见用心周到。所以除上面指出几小点当再加以斟酌外，大体上我们表示赞同。

赞否不能仅一字即已,应当述其理由。此所以吾人不惮烦劳,从长讨论,亦所以与读者共商榷之。

柏林,六月中

(原载于《中华法学杂志》1935 年第 6 卷第 4—5 期。)

未来之德国刑法(分则)[①]

刑法委员会起草总则意见书既告竣事,乃续议刑法分则。迄今岁正月议成,即将拟定之条文及意见书,合印成册,分发司法部职员、国社党法律部、德国法学院及德国法学人士协会,征求批评。同时司法部自设之委员会,亦拟定刑诉及刑事执行法草案初稿,以期在最短期间,将德国刑事方面全部法规拟改完毕。

兹根据该刑法分则意见书分四节论述。

一、分则之结构

德国现行《刑法》分则内各章之编次,混乱失宜,既不以法定刑之高低以定先后,亦不以被侵害法益之程度而为排列。例如首列各章,均以直接侵害全体法益之犯罪行为为内容,至第五章则忽就妨害国民权利行使之犯罪行为而规定之(在十九世纪,人咸以国民权利行使之保护为私人法益之保护)。自第十四章至第十八章,关于毁谤罪、决斗罪、杀伤生命之重罪及轻罪、伤害身体罪及妨害个人自由之重罪及轻罪,在个人主义昌盛时代,均为侵害个人法益之行为,但其占据分则编之中部地位,实

---

① 此文根据 Das kommende detusche Strafrecht, Besonderer Teil, hrsg., Von F. Gürtner, 1935. 一书编译。

无任何理由。关于宗教罪及妨害风化之重罪及轻罪，凭空介在上述两类犯罪行为之间，亦见现行法对于该两种犯罪行为之性质，未曾十分明了。列于第十八章之后者为窃盗及侵害罪、强盗及勒索罪、庇护及赃物罪、诈欺及背信罪、伪造文书罪、破产罪。此等罪名，均以直接侵害个人法益为目的。但法律予以处罚，亦不单因其侵害个人法益之故。随后即为第二十五章。其以利己与破坏他人秘密罪合并规定，实无根据。第二十六章规定毁弃损坏罪。继之即为公共危险罪及渎职罪两章。综观上述，谓为分则各章之排比，毫无一定之标准，信非诬也。

关于分则之结构，仅有一点，较为一贯，即关于犯罪事实内部之构成及各个犯罪事实相互间之关系，专着重于个别自然人及其生活环境。此固合于现行法产生时之观念也。又有一点，亦堪注目，即现行刑法不以国家为有生命之机体，而为脱离人民之形式上机关，于是如种族与民族之保护，家庭之保护，工作力量之保护等等；在现行法中，均无规定。

各法学教授及作家，以分则之各章编次欠妥，遂本己意，重为归类，但无一惬吾人之意者。至于历次刑法草案，对于此点，并不加以慎重考虑，故亦无足为吾人参资之处。吾人所以注重分则之结构，非因结构本身有何价值，实因其足以表示全部刑法之精神及其对犯罪问题所采取之政策。

兹先就欧洲各国新刑法而研究之。波兰刑法以普通犯罪与违警罪分隔，此不独于分则中如此，即在总则中亦然，实与德国未来刑法相合（关于意欲刑法以普通犯罪与违警罪分拆之主张，另见本刊创刊号拙编之《未来德国刑法》一文）。但分则之其余部分，仍根据德国现行法编订，毫无新颖可言。

至于苏俄刑法之分则，包括下列七章：

（一）、违抗国家罪

（二）、违抗行政罪

（三）、渎职罪

（四）、违抗关于宗教与国家分权规定之罪

（五）、经济罪

（六）、对抗个人罪

（七）、违抗关于保护人民健康、公共秩序安全规定之罪

苏俄倡行共产主义，自应以直接侵害公共利益之罪先于直接侵害个人利益之罪而规定之。但一观上列分类，其第六章侵害个人利益之罪，反先于第七章侵害公共利益之罪，实属不解，出乎吾人意外。再就各章命题而论，并见苏刑绝未摆脱旧日观念，视国家为形式上之集团，而非有生命之机体，实不足以供国社党德国之参考。

意大利新《刑法》分则之结构，以直接危害公共诸罪置于前，以损害个人诸罪列于后，编次井然，毫不混淆，实较苏刑为一贯。间有数章，其命名证明意国《刑法》仍未放弃形式权威之观念，然其承认国家为人民天然之生存表现，已稍表露其新的趋势。分则中第十章规定种族之完整与健康，显见意刑亦以有生命之机体为保护之目标。

未来之德国《刑法》，于此层将更发挥之，以求贯彻。其规定犯罪事宜之构成，将以有生机之国家观念、国家发达之生物学观念及有生机的生物学的法律观念为基本原则。

兹进而论普鲁士邦司法部长 Kerrl 所著之国社党刑法意见书。该书分刑法分则为两大编：（一）国民全体之保护（Schutz der Volksgemeinschaft）；（二）同胞个别之保护（Schutz der Volksgenossen）。就上项命名而论，已见该意见书有意以生物学之国家观念（biologische Auffassung des Volkes）替代形式权威之国家观念（formal-autoritäre Auffassung des Volkes）。再者，其分上列两编，并非欲以公共及个人利益

相对抗,仅欲以国家生命被侵害之程度,为各章先后排列之准据。并以犯罪行为之性质,为副次标准。至以妨害精神及风化之罪,置于妨害经济罪之先,所以表示国社党于风化及生物之价值,较物质之价值为重视耳。

第一编"人民共同生活之保护",又分三节:(一)种族及国族(Volkstum 之保护);(二)家庭之保护;(三)国民财产(Volksgut)之保护。所谓国民财产,乃指国民工作力量、公用物体、交易安全及对于德国经济之信任心等而言。

第二编"同胞个别之保护",亦分三节:(一)人身之保护;(二)工作力量之保护;(三)经济活动之保护。关于工作力量之保护,规定繁多,如妇女及童工之保护、灾害防止、劳工卫生、工作时间及报酬之保护等,均包括在内,而为现行刑法所无。

上项关于分则结构之意见,固非无疵可揭,但其代表国社党之观点,而指示未来德国刑法以正确之途径也,实不容吾人忽视。

刑法委员会,根据该意见书所指示之途径及方针,而规定四种保护:

(一)、国民之保护(Schutz des Volkes)。

(二)、国民领导及国家秩序之保护(Schutz der Volksführung und Staatlichen Ordnung)。

(三)、国民财产之保护(Schutz des Volksgutes)。

(四)、同胞个别之保护(Schutz der Volksgenossen)。

上列国民之保护一类,先于国家之保护,正所以表示未来刑法标榜有机及生物学之法律思想。虽然,未来刑法并无意以国民与国家相对抗。人民为天然之生物,国家为人民天然之生存表现,人民及国家之保护,本无重要之内部不同。

第一类国民之保护,乃指敌对下列六种犯罪行为:

外患罪

内乱罪

叛逆国家罪（即破坏国家令誉罪，Volksverrat）

妨害国防能力罪

妨害国民心灵生活罪（Angriffe auf die geistige und seelische Haltung des Volkes）

妨害经济能力罪

外患及内乱罪同为直接侵害国家之犯罪行为。顾一国在世界上争生存，尤较保持国家内部秩序为重要，故置外患罪于内乱罪之前。又次为叛逆国家罪，如诽谤国家，亵渎国徽，贱污国家之历史，侮辱德国之习俗等行为均是。此等行为，旨在毁坏德国令誉，实为外患内乱罪以次最严重之罪。国防能力在最后三章中，占据首位，此乃合乎生物学的国家观念。盖依此种观念，国防意志，为自存性之变态，实为人民生存之要件，应先于国民心灵生活及经济能力而保护之。保护国防能力一章之后，似应即设繁殖力之保护一章，以表重视人民生命力量之保持；又次则为国民心灵生活之保护。究竟如何分章编排为较妥，将由刑法委员会于二读会时决定之。

关于经济能力之保护一章，其内容自应为详确之规定。有人主张经济能力既以工作能力为基本，则本章应以妨害工作能力罪名之。再者第三大类之国民财物之保护，与此章将如何区别？个人工作能力，从公共福利观点而论，又将如何规定？凡此种种均成问题，留待以后解决。

刑法于有机体之保护，既立定办法矣，应随即注意国民意志之重心，故第二类即规定国民领导及国家秩序之保护。在国社党之德国，国民领导归属于一。但此一归之领导，非由国家及运动分工合作，无由表现。刑法委员会初拟分国家统治之保护及运动之保护而为规定，但此容易引起误会,人将以为国民领导,分归两处执掌。故经慎重考虑之后,决由领袖希德勒裁定。若彼以为国社党运动,已与人民内外结系不解,则此休戚关系,已成运动最好之保障,刑法毋庸再为规定。故关于此类保护,仅就国家统治予以规定即足。将后刑法委员会举行二读会时,或将索求一较高之名义,冠于国家及运动之上,如本国元首及总理希德勒生命之保护。但元首之保护应归入第一类与外患内乱罪并论耶,抑或归入此类耶? 则悉以各个处罚之事实而定。

今姑置上述种种不论。吾人于第二类之犯罪行为得分为九章:

(一)、破坏国民领导罪

(二)、妨害国交罪

(三)、妨害投票罪

(四)、妨害职守廉洁罪

(五)、违抗统治权罪

(六)、妨害法律生命罪(包括妨害民刑事执行及司法行政罪、伪造文书罪及假誓罪)

(七)、伪造货币罪

(八)、妨害人民安宁罪

(九)、决斗罪

第二章妨害国交罪,所以不归入第一类者,盖以德国刑法,其主要功用,不在保护他国。然而是项行为,究亦能在物质及精神两方面损害德国人民及国家,故应否移归第一类,由二读会决定之。

上列各章之编排,次序井然。国民领导之保护一章冠于首,进而及于补助领导诸机关依法成立之保护(选举及投票之保护);再进而规定各机关职守廉洁之保护及违抗统治权之防止;终则及于国家主权个别行使之保护。第八章为妨害人民安宁罪,此种安宁为国民领导之基础,亦其目的。举凡扰乱公共治安、强力解散会议、恶意扰乱居民、煽动人民、成立妨害国交之社团等行为,均成立此章罪名,毋须以违抗某一具体命令为要件。但此种行为,若从危害国家一统观点看来,亦可移归第一类,是否有当,将由二读会决定之。至于第九章决斗之规定,亦具暂时性质。此种名誉行为,应否在刑法中予以规定,亦再由二读会慎密考虑后定夺。

第三类乃关于国民财物之保护。归于此一类者,为公共危险罪、妨害国民健康罪、妨害工作能力罪及妨害国民有体财物罪等。所谓国民财物,非今日之所谓法益。法益之观念(Begriff des Rechtsgutes),未来刑法将摒弃而不用。盖彼以为与实质上之合法不合法观念,不相吻合。国民财物,本可专指有体财物,今刑法委员会并以之指说国民健康及工作能力等,因彼以为国家如他有机体然,在其发达过程中,彰显一种有生气的力气凝结,故凡一切工具,其有能使国家发扬生存者,均系国民财物,不仅有体财物已耳。此类犯罪行为,固亦可移归第一类,但第一类之犯罪行为,具有直接摧残国民生存之危险,此类犯罪行为则否,是其不同耳。至于工作能力之保护,吾人在述第一类时,已曾谓其有与经济能力保护一章合并之可能矣。设使其独立成章,则其内容将包括下列种种行为:摧残国民工作意志,拒绝劳工服役,扰乱营业安全,雇用外工,国外受雇,自相残害,欺骗工作,剥削工资,封锁,罢工,懒惰,游荡,乞丐,等等。此章与经济能力保护一章,最足以表现未来刑法社会主义之倾向。在保护国民健康一章中,将规定花柳性病之传播、防疫设备之破坏、必需物品之药毒、麻醉物品之输入等犯罪行为。至于此章之可移归于第一类也,上已论及。

关于国民有体财物保护一章,专以敌对下列诸犯罪行为,如使森林荒芜、占取地底宝藏、损害疗养泉池、破坏纪念品物、妨害挖掘古物及无权网钓等,凡此均为对于有形物体之损害行为。

此一类之犯罪行为，其尚待分解者，仅余公共危险罪（Gemeingefährliche Handlungen）。有人主张以此章与第二类第八章（关于妨害人民安宁罪）相联系。如从其说，并以工作能力及国民健康之保护与他章合并，则上列分则各章归类排比，将有变更。例如第一类（国民之保护）之分章，将更改如次：

A、国民整个之保护

第一章　外患罪

第二章　内乱罪

第三章　叛逆国家罪

B、国民生命及意志力之保护

第一章　国防力之保护

第二章　繁殖力之保护

第三章　工作及经济能力之保护

C、国民风化及心灵生活之保护

第一章　妨害上帝信仰及宗教罪

第二章　尸体之保护（孝亲情绪之保护）

第三章　风化之保护

第四章　婚姻与家庭之保护

D、妨害国民健康罪

E、公共危险罪及扰乱国民安宁罪

F、有体国民财物之保护

其次为第二类，即关于国民领导及国家秩序之保护，其分章如旧。至于原有之第三类，因归并第一类，失其存在。兹进而论述第四类"同胞个别之保护。"

在委员会讨论时，有人主张可以免去此类保护，国社主义之刑法，不容个人之保护独立成为一类。盖所谓侵害个人法益者，实即侵害全体民众。"个别同胞之保护"，其命名易使吾人以个人主义之观念而解释属于此类之犯罪行为。此外团体法益及个人法益，尤其在妨害工作能力罪或妨害风化罪方面，绝对不能区分。

其持异议者则称吾人所需要者，乃一通俗刑法。今以个人为全体之一部，而不予以独立生存，因此以杀人罪为非侵害个人之行为，实为通常人民素不解。且承认个人为其本身生命之守有者，而予以保护，并非即在标榜个人主义。吾人仍可认为个人同时负有社会方面之使命。

今从实际而论，吾人若否认个人为其本身生命之守有者，则对于在德国居留之外人之保护，势必用极曲折而虚伪方法解释之。即对于在外德人及在德外人之依德律处罚而欲搜寻其根据也亦然。刑法不应为求贯彻原理学说而违反人民天然情绪。且国社党亦并无泯灭个人一原理。然则何以不可就个别同胞而保护之哉？委员会引用"同胞个别"之保护字样，以名其类，已足见其对于个人之估计及观念，全以个人与社会之关系为根据，绝不致使吾人以个人主义观念，解释属于此类之犯罪行为。

至于团体法益及私人法益间区分之不易，吾人非不知也。但有多种犯罪行为，依其性质，仅能施之于自然人者，如杀人罪、伤害罪、妨害名誉罪、妨害个人自由及平安罪、妨害精神创作罪、则吾人自应专设一类以归纳之。

此类诸犯罪行为，其分章如左：

（一）、杀人罪

（二）、伤害罪

（三）、妨害名誉罪

（四）、妨害个人自由或平安罪

（五）、妨害精神创作罪

（六）、侵害财产罪

（七）、秘密之保护

上列分章，无一贯统系。前五章根据被侵害之人格以为排比，而第六章之命名，则已根据于一法律观念（所有权观念）。其中妨害名誉罪之列入第三章，可与第一类叛逆国民罪之列入第三章相比拟。

第六章侵害财产罪，又分下列数节：

（一）、重利罪、不法抬价罪

（二）、强盗罪、偷窃罪、背信罪、侵占罪、攫取电力罪、未经准许而应用汽车罪

（三）、恐吓勒索罪、诈欺取财罪

（四）、私捕鱼鸟罪

（五）、赃物罪

（六）、毁弃损坏罪

（七）、败坏法律罪（使法律无效 Rechtsvereitelung）

（八）、赌博罪

在委员会讨论此章时，即有人以为侵害财产罪，不必为对抗个人之行为，应以之脱离个别同胞之保护，而独立成为一类。彼并主张酌用 Kerrl 所著《国社党刑法意见书》对于此层之命名及分章。按该意见书中以"经济活动之保护"而为命名，所以表示此类犯罪行为之处罚，并不即以其损害财产或破坏所有权之故。良以财产为整个国家（包括国家之机体、各种法人及自然人）经济活动合法的自然的形式耳。该意见书又分"经济活动之保护"为三章：（一）　违法利己罪；（二）　经济生命中诚实及信用之保护；（三）　所有权之保护。若刑法委员会于二读会时，果主采用上述命名及分章，则每章之下，复将分节如左：

第一章、违法利己罪

第一节　重利罪，不法抬价罪

第二节　败坏法律罪（Rechtsvereitelung）

第三节　私捕鱼鸟罪

第四节　赌博罪

第二章　经济生命中诚实及信用之保护

第一节　背信罪

第二节　恐吓勒索罪，诈欺取财罪

第三节　赃物罪

第三章　所有权之保护

第一节　强盗罪，偷窃罪，侵占罪

第二节　毁弃损坏罪

至于此类保护，应列于个别同胞之保护后。盖必整个国家及其个别分子得保护后，始能言及经济活动之保护也。

二、分则之位置

现行德国《刑法》及各国立法例，均分总则及分则两编，而以总则冠于首。但总则尽是理论，一般人不易了解，多有倦于索解，废然不愿卒阅者，于是与日常生活极接近之分则，反因而埋没，实非所以贯彻法律入于民间之道也。故 Kerrl 之意见书，即列分则于总则前。虽然，一种法典，自有其基本原则，吾人欲了解全部法典，应于此种原则，先有相当认识。故刑法委员会遂主张由总则中择其首要者，以通俗简洁文字表达之，以置于法典之首，名为原则编，然后分则，最后为总则（包括现行法总则中较专门之部分)。在该原则编中,将说明意欲刑法诸根本原则,例如实质上合法不合法之观念,成文法与健康的人民观念同为法律认识之渊源,法律之解释应以全部法律之目的为依据,以风化度量测断刑事责任,以刑事责任为处罚之条件及原因,对于弱者不优遇之,等等。该原则编,又将述明刑罚及保安处分之作用,并列举最重要刑之种类。

三、分则之作用

关于分则之作用,有两种极端学说:其一以为法典之规定完整无缺,法院执法,应单以法典为根据,而不得另觅其他准则,或准用类推方法。于是刑事法典,反变成犯人之大宪章。其相反之说,主张删去个别犯罪事实之规定,如一九一九年之苏俄《刑法》。其一九二六年之《刑法》,虽恢复分则,但分则仅有举例说明之功用,无拘束法院之效力。

由国社党立场观之,第一说与国社党之法律思想不合。一因国社党刑法以实质上之合法不合法观念为基本原则,二因国社党之法律思想,不专以成文法并以人民之习俗为法律认识之渊源。至于第二说,亦不致为未来德国刑法所采用。盖此说势必以法院为个别案件之立法者,与国社党之分权原理(立法之权属于领导者即元首,法院为国民领导之一机关)不相吻合。未来刑法将承认分则规定有规范之功用(Normenfunction),但否认其完整性(或无破绽性)。若法院确定犯人已构成法定之犯罪事实,应即处罚之,不能如苏俄法院之随便。若法院认为犯人未构成法定之犯罪事实,未能即开释之,应根据第二种法律认识之渊源,即健康之人民观念,判其应否处罚。法院得在此援用类推方法也,固无论矣。(至于类推方法之适用条件及限制,详见本杂志创刊号拙编之《未来德国刑法》总则编）。

四、关于法定犯罪事实构成之模样

刑法之根本原则，于个别犯罪事实之构成，极有影响。吾人此处不能为详尽之论述，仅提其两三端，以窥一斑。未来刑法以实质上之合法不合法观念为判断犯罪之根据，又以为法律云者，并非即是成文法典，法律乃发自人民道德观念。最后，未来刑法又承认立法者因事实上必然之限制，不能预料一切。因上述种种，法律规定个别犯罪事实，难免不无疏漏简略之处，而法官之补充工作，遂为必需。

意欲刑法，既以犯罪意欲为国家安宁及国家生命力之敌者，则其规定个别犯罪事实，必趋于主观化。

最后法官之补充工作，除在实体刑法方面外，并及于刑事裁判。其于法定刑范围之政策及规定，自有重大影响。

根据上列三端，吾人于分别犯罪事实之构成，得概述如次：

未来刑法，将仍保持个别犯罪事实之规范性质（Normencharakter）但略变其构造。此项变更可从三方面说：（一）在个别犯罪事实中采取及增加规范之事实要素①，（二）全部犯罪事实之形成，在根本上规范化，（三）以规范之方式，重立犯人典型。

新刑法在个别犯罪事实中，采取规范之事实要素，但并不即予法院

---

① 依照德国近代学说，犯罪事实构成之要件，分规范之事实要素及形容之事实要素（Descriptive und normative Tatbestandselemente）。凡法官能以认识力确定者，谓之形容之事实要素，如死亡偷窃等。至规范之事实要素，则需要法官之估值判决（Werturteil）以为补充，如淫乱过失等。

以任意估断充实之全权。法院之估断充实规范要素，必须根据国家领导之政策。但如何能使法院之估断充实，合乎立法者之本旨，或使司法者之宇宙观及心灵观点与立法者一致，此非法律范围内之事，而为人民教育问题。近年以来，各处盛倡自由法意说（libre recherche du droit, freies Recht），准法官以成文法为法律认识之渊源，据以求觅正义。吾人此处所谓规范之准用，即此。

　　国社党以前之刑法，几无规范要素可言。如国家福利及人民福利之两规范要素，自国社党政府成立诸新法案颁行后，始被采纳。关于社会估值方面之规范要素，其见之于现行法中者，可分两类：一为亵渎蔑视之观念（现行《刑法》第一三一条、一三四条甲、一六六条、一六八条、一八五条及一八六条）；二为剥削之观念（现行《刑法》第一八零条三项、一八一条甲一项、三零二条甲及三零二条戊）。现行法关于根据风化估值方面之规范要素，并不多见，亦无系统，如第二二六条甲中之"善良风俗"，第一七四条，一七五条、一七六条及一八三条中之猥亵观念，第一八二条中之处女观念等。关于生物学估值方面之规范要素，仅见于第二二四条中（健康及疾病之观念）。尚有关于经济估值方面者，如第二五三条、二六三条及二八八条中财产之观念，第二六六条中之不利益观念（该条二项："全权人关于授予全权人之请求权，或其他财产利益，故意为其不利益，而处分者"）。

　　未来刑法，一方面将增添规范要素，一方面因其基本原则与现行法不同，故将变更一部分现行规范要素之意义。新添规范要素中之最重要者，将莫过于此；法官应直接由国民良心求估值之标准，以判断个别行为合法与否。故凡法官根据法典以外之法律认识渊源而为谳断者，均此规范之准用。"健康之人民观念"（gesunde Volksanschauung），为犯罪事实之重要规范要素，未来刑法以之应用于不为紧急求助、危害生命、妨害名誉及破坏秘密等犯罪行为,并将在总则编应用之于正当防卫及紧急状态。其他如违背风化、特别怙恶(关于杀人罪)、名誉动机(关于勾引自杀罪)、正当理由(关于破坏名誉罪)等,均为健康之人民观念之变名,若不根据该观念,吾人无由估断充实之。再如"合理之愤激""诚意自动谢罪或媾和""激烈讨论""对于少年性觉过分刺激或诱入歧途"及事物之经济上、美术上、历史上及工业上之意义等,均为需要估断充实之事实要素。此处不便一一列举,上述者仅其一部耳。

未来刑法,既于个别犯罪事实之构成,采收规范要素,其于概括犯罪事实(Generaltatbestand 指各章章名)之规范构成,留二读会时决定之。

上述立法者欲假法官之力,于法定刑范围之政策及规定,求实质上平衡之实现,兹请申其说。依照现行刑法,刑之范围,均由法律明定。但限定刑罚之高下,势难免于实际个别案件发生不公允之弊病,盖日常生活变化多端,立法者奚能一一逆料。故在委员会中讨论时,即有人主张废弃法定刑,亦有主张虽不限定刑之范围,但于每一个别犯罪事实,由法律设定一南针刑(Richtungsstrafe),作为法院酌科刑罚时之出发点。但所谓南针刑者,是否以对付常常发生之案件之刑为根据,抑以对付不轻不重犯罪行为之刑为标准,颇难圆满解答。故最后咸以为刑之高低,仍由立法者规定,但不依照现行刑法之办法,仅于同一种刑设高低之限度。有时较轻自由刑之最高度,比之较重自由刑之最低度为重。例如:十年监禁,比一年有期徒刑为重。故未来刑法将在设定高低限度之时,若认为必要,得集合数种刑罚于一栏。其结果,未来刑法将不如现行法之定有五十六种自由刑范围,而仅有十种:一曰死刑,二曰死刑或无期徒刑,三曰死刑或无期徒刑或五年以上有期徒刑,四曰五年以上有期徒刑或无期徒刑,五曰徒刑,六曰徒刑或六月以上监禁,七曰监禁,八曰二年以下监禁或拘役,九曰要塞禁锢,十曰拘役。若吾人以后取消分则中之决斗罪,则第九项之要塞禁锢,亦可取消。

刑之范围之种类,固大为减缩矣,但刑之范围上下两端,反因而伸拓,较现行法宽泛多多。

意欲刑法不为犯罪既遂未遂之分或正犯从犯之别,既如上述(见本杂志创刊号),但实际上有止于未遂之境,而不再勇进者,辄表示行为人犯罪意志之薄弱,法官酌科刑罚时,自应择其轻微者。其于从犯也亦然。即就同一犯罪行为而论,刑事责任亦时有轻重之分别,故刑之低度有直往下沉之必要。最低刑之规定于未来刑法者,有下列几种:无期徒刑、五年以上有期徒刑、一年有期徒刑、六月以上之监禁、一月之监禁、一周之拘役。返顾现行刑法之最低刑,内乱罪、故意严重伤害罪或累犯重大窃盗罪,其最低刑为两年有期徒刑(新刑法改为一年);重大强奸罪为十年有期徒刑(新刑法改为五年);杀害尊亲罪为十年有期徒刑(新刑法改为六月之监禁);必需物之药毒为一年有期徒刑(新刑法改为六月之监禁);等等。此项刑之范围之政策,将来二读会时或将加以复审。

此外有人主张加添三月之监禁一类,并在徒刑及六月之监禁之间,添设一界限,以防免科刑过轻之弊。又主张于法典中规定一刑之酌科之普遍原则,并准当事人对于法院科刑之决断,提起第二次上诉。关于上述及其他种意见,旨在妥保刑事裁判,刑法委员会举行二读会时,自当予以考虑。

(原载于《现代司法》1935年第1卷第3期。)

未来之德国刑法[①]

德国之现行刑法,系于一八七一年依照普鲁士一八五一年之《刑典》而制成。普鲁士《刑典》之制定后于法国《拿破仑刑典》四十年,受其影响甚深,法国大革命所标榜之个人自由主义,其表现于法国刑法中者,亦见诸普鲁士刑法及德国现行刑法内。

自一八七一年后,德国之刑法前后修正达二十余起。大战后,以经济政治社会之重大变化,十数年中,竟有较大修正案七次之多。

刑法全部之改订始于一九零六年。是年,司法行政部特设委员会研究此问题。于一九零九年,拟成新刑法草案。嗣后于一九一三年、一九一九年、一九二二年、一九二五年、一九二七年复成立五种草案,但均未能成为法律。此次国社党当政,标榜国家社会主义,一切采革命手段。法制之全部改造,已着手进行,在最近期间,均将先后实现。刑法有关新革命国家之安全较其他种法律尤为密切,故自始即在国社党当轴注目中。一九三三年秋(希德勒当政在该年正月),希德勒特令司法部长 Gürtner 设立刑法委员会,研究刑法改造问题,俾适合新德意志之观念及需要。司法部长自任该会主席,普鲁士司法部长 Kerrl 及排因司法部长 Frank(现为德国法学学院院长,国社党法律改造运动之首领)为该会副主席。委员中有刑法学者,有刑事实务家,均德国第一流人物。该委员会于一九三三年十一月三日正式开始工作,经四次连日会议,草成刑

---

① 此文根据 Das kommende deutsche Strafrecht, herausg. von F. Gürtner. 1934. 一书而作。

法总则暂时草案及意见书一篇。此意见书已于去岁由德司法部刊印发行。

本篇所述,仅限于总则。

未来德国刑法与各国现行刑法最大不同之点,即在德国刑法系以防卫社会福利为出发点,而现今各国刑法则倾重于个人自由之保障也。国社党主义,本以提倡公利先于私益之原则为重心。无论关于何事,如公共福利与私人利益不能相容,则必须牺牲后者以成全前者。往昔因重视私人利益,故刑罚必以犯罪之事实为根据。假定犯罪事实尚未成立,而国家即施以刑罚,则用刑既无确实根据,自难免专横之弊。其结果必致人民之自由,随时可被剥夺。现在既以公利为前提,则意欲损害公利之人着手实现其意欲时,国家即可开始采取防卫行动,无须待犯罪事实确立。将来德国刑法重在人之犯罪意欲,故名曰"意欲刑法"(Willens-strafrecht)。吾人欲明了此种"意欲刑法"之由来,请进而加以详解。

兹先说明国社党对于刑法之观念如何,刑法究竟有何功用,国家运用刑法之原意是否为制裁已发生之不法行为。换言之,即制裁对于国家安宁及社会中之财物所加之损坏,或侵害之行为,或国家适用刑法乃于相当限度内,为国家本身制成永久涤瑕荡垢之工部耶。

依国社党观之,刑法之主要目标,在保持德国民族之生存、国家之能力、社会之平安、国民之繁殖力及其工作之安宁。从根本与内部方面着手,以对付种种不法侵害。故刑法乃一种战斗之法律,其战斗之对方,即破坏德国民族生存力量及和平之人。此对方不专指事实上个别破坏和平之人,并指具有破坏和平倾向之人。(事实上发生之个别案件,不但为制裁犯人之根据,亦为消灭此同类之人及防止相类行为实现之参考。国家在敌制个别犯罪事件时,实应运用一切适宜之防卫工具,以求彻底。)

刑法之目标,既如上述,则其功用,自当为国家本身永久涤瑕荡垢之工具，用以肃清一切反社会意志及不法捣乱分子。而刑法之制裁，不仅限于已发生之事实，且及于犯罪之意欲也。犹之园丁之芟割野草，不专及于地面之草茎，且及于地下之草根，毫不足怪矣。

德诗人雪勒曾云："若我该为之，我并欲为之，则我即能为之。"若谓不能，咎由自取，不可归责他人他事。此种意志自由之说，亦今国社党对于意志的哲学讨论所采取之态度。世界上之一切，不论善恶，合法非法，信仰社会主义或无政府主义，胥由意志推动。所以刑法之以和平破坏者之意欲为其对象，有由来也矣。

但是意欲刑法对于过失，不准用之。在此种情形中，刑法仍应以犯罪结果为根据。

意欲刑法之根据及中心原则，既与现行各国刑法大相径庭，则关于刑法上之其他问题，不论总则或分则，其观察点及解决方法亦自与之不同。兹分四节简述如下。

一、意欲刑法与未遂犯及已遂犯

吾人对于意欲刑法，有一疑问焉，刑法敌制准备违法之意欲，究应在某一时刻及某种范围中。凡犯罪事实之成立，大抵经过下列诸阶段：意图，决断，准备，实施之始，实施以迄于结果之成立，结果确立。现行法对于上述疑问之解决，以攻击犯罪结果为原则，而以早期发动为例外。此例外在大半情形中，且须法典明为规定。今若以意志为人生一切之推动力，则于此问题之答案，必主张刑法应于早期发动，并于敌制犯罪意欲时，竭全力以赴之。

在吾人思想转动或主张成立时，刑法未可加以干涉。但在吾人对于犯罪意图决取态度时,如不能克服之,而决意作扰乱社会安宁之行为,则其态度,带反社会色彩,国家有制裁之义务,虽然国家犹未可立施以刑罚。一则在此种情形中,证据不易调查,二则在社会安宁未切实被扰乱前,彼之意志,仍能左右环境。其有准备实施,而其实施行为并未带丝毫反社会色彩者,亦不当受刑法之处分。固然在某种情形中,实施之准备,已构成社会上绝大之危险,刑法有立即发动抑制之必要。于此点现行法已予以相当注意,未来刑法亦决无忽视之理。更进一层而论,若犯罪行为已经开始,则行为人已成社会之积极敌人,国家有立施以刑罚,竭全力扑灭之的义务与权利(现行法则以着手实施而未曾得到结果者为未遂犯)。

苟如上述,则采用意欲刑法,其结果自难免扩大施用刑罚之范围。但有一部分情形,依理不能以着手实施与已遂行为并论者。譬如伤害身体罪、诽谤罪、破坏婚姻罪等等,未来刑法,必明白规定,需其实施已遂,而后加以罪名。未来刑法将不包括违警罪,违警罪之成立,亦以行为已遂为要件。

如吾人已确定国家在刑法中所采取之防卫阵线,他如关于命名刑罚所系结之行为阶段,乃是技术问题。一九三三年普鲁士司法部长 Kerrl 等所著《国社党刑法备忘录》一书,弃现行已遂犯及未遂犯等术语不用,而发明"Unternehmen"(行动)一字以代之。此字似可为将来刑法所采用。从此犯罪不复有未遂已遂之分,而仅成立准备与 Unternehmen 之区别矣。

关于客体及手段之不能犯,在今学理上有客观主义及主观主义之分。新刑法既以意欲为出发点,则即使意欲假不能之手段以求实现或行之于不能之客体,仍不能改变刑法对于此项意欲所采取之敌制态度。此显为主观主义之论调。德国判例,向来采取主观主义,恰与未来刑法之观念暗合。

三、意欲刑法与刑事责任

意欲刑法既重在消灭犯罪意欲,故主张无责任不处罚(keine Strafe ohne Schuld)。至于犯罪行为之圆成,亦以行为时有责任能力为要件。(无责任能力者之犯罪行为,既亦破坏社会秩序,从社会福利观点看来,不能不有以对付之。故新刑法将增加保安处分之规定。)

责任能力,实包含两种分子,鉴别行为不法之能力及依据鉴别而指使其意欲之能力。尚有所谓减轻责任能力,现行法并无规定(一九三三年十一月二十四日之法律除外)。自十九世纪末叶起,学者始盛倡此说,认为减轻刑罚原因之一。其后诸刑法改革案,无不予以相当考虑,一时成为风气。但在个人主义创盛时代,减轻责任能力,专以行为人人格为根据,在国社主义国家中,则并注意于社会福利。如有减轻责任能力之人,为同侪之大害,社会应要求彼十分努力,达到理智情感平衡境地。若彼不此是图,因而构成罪名,自不能根据减轻责任能力,而为减刑之请求。反之,彼对社会负完全责任。

刑法委员会以减轻责任能力人,分为两类(异于一切其他刑法草案):(一)长期低能之人,此类人大抵为患精神病者,法律希望其能以超过寻常的抵抗力,抑压犯罪之倾向,俾为善良公民。如有作犯情事,不得减刑。(二)在暂时变态中之人,此项人(亦包括喑哑)于社会无大害。其减轻责任能力可以成立减刑之理由。

酗酒是否亦在无刑事责任能力范围之内,须分别答复。(一)预有犯罪之意而借酗酒以遂行之者,以故意犯罪论。(二)因酗酒丧失责任能力而犯罪,但初无犯罪意者:a. 依据意大利法,以有责任能力论;b. 以过失论；c. 立为特种罪名。未来刑法，采第三说。（三）因酗酒减轻责任能力而犯罪者，不因减轻责任能力而减刑。四，在酗酒状态中操作业务，得致危害于人，而实际上幸未成立犯罪事实者，（例如酗酒之司机人，幸未闯祸）将在分则内予以规定。

附暂拟条文：

a. 行为时无责任能力者不罚，但应施以保安处分。

b. 儿童无责任能力。

少年在行为时，以其身心发展无鉴别不法之能力，亦无根据此鉴别而作为之能力，为无责任能力。

c. 行为时因患精神病，或意识错乱，而无鉴别不法能力亦无根据此鉴别而作为之能力者，为无责任能力。

d. 喑哑因心神发展不全，而无鉴别不法能力亦无根据此鉴别而作为之能力，为无责任能力。

e. 行为时有减轻责任能力者罚，并加以法文中所规定之保安处分。

行为时因患精神病或意识错乱，或因喑哑而减轻鉴别不法能力及根据此鉴别而作为之能力，为减轻责任能力。

减轻责任能力，因于暂时状态或因喑哑，得减轻其刑。

f. 因欲犯罪而饮酒或使用他种麻醉品，致失责任能力者，其所犯之罪，以故意处罚。

出于故意或过失饮酒或使用他种麻醉品，致失责任能力，而犯罪者，予以监禁或罚金之处分。但以不超过因故意犯罪所当获之刑为限。如故意犯罪以告诉乃论，或得被害人之同意始成立者，则该罪之追诉，亦须经告诉或同意始成立。因归责于其本人之酗酒状态致减轻责任能力者，不得减刑。

再进而论故意与过失。未来刑法将如现行刑法，以刑事责任限定故意与过失两种。过失行为之处罚,则以法律明白规定者为限。新刑法并将于故意及过失,在法典中确立定义(本国新刑法亦然)。缘故意等词语,具有专门意义,已非普通一般人所能了解。关于故意之定义,将如下列:"凡明知意欲而作犯者"。换言之,有意识的惹起构成犯罪事实成立之行为。此定义,伸缩性较大,并不表明其对于意欲主义或认识主义偏向之态度。关于未必的故意(dolus eventualis),意义向来模糊,介乎确定认识犯罪情况(即故意)及确定不认识犯罪情况(即过失)间,尚有其他种不同的刑事责任。或者犯人料到犯罪情况必然存在,或料其有存在之可能,或料其或许存在。刑法委员会以第三说范围过狭,而主张采第二说;凡料到犯罪情况有实现之可能,而任其实现者,以故意论。德一九二七年刑法草案,虽亦采上述第二说,但限定犯人须于情况之实现表同意(Einverstandensein)者,方得谓为故意。但时有认为犯罪事实有发生之可能,虽不同意于其结果,然本其轻浮的冷淡态度,任其发生者,或违反一切合理的经验基础,本其轻浮的或迷信的态度,确信该事实不致发生者,则依照一九二七年草案之规定,仍不得谓为故意。在今德国主张公利先于私益时代,该草案之规定,未免过狭。未来刑法,对于未必的故意之成立,以任(in-den-Kauf-nehmen)犯罪事实之发生为已足,毋须于其发生表同意焉。

关于过失,分认识的及不认识的两种。认识之过失与未必的故意相接毗,其分界处,在乎前者行为人在认为犯罪事实可能发生,而确信其不致发生时,毫无不负责任之轻浮举动,可令吾人认为任其发生者。将来刑法,对于认识及不认识之过失,是否分别予以规定,或为笼统之规定,尚未定夺。

意欲刑法,既以敌制犯罪意欲为重心,所以故意及过失之分,要言之,全在乎行为人之犯罪,是否系自觉。

此种故意与过失分别之标准，对于错误问题之解决，颇有关系。如有事实上错误，或于构成犯罪事实之情况，或于正当免责，或犯罪不成立之事由发生错误者，行为人实缺乏犯罪之意识。如有他种错误在法院方面，只求确定该错误是否有影响于行为人之有意识的犯罪。若否，则对该错误可不予以顾虑；若是，则可认其为一种过失行为，但以其错误因于注意不足者为限，否则无罪。至于犯罪意识之存在与否，由法院斟酌审断。

附暂拟条文：

g. 仅处罚出于故意或过失之行为。

除法律另有规定者外，仅处罚出于故意之行为。

过失行为之处罚，以有特别规定者为限。

h. 行为人明知并有意犯罪或对于为非作恶干犯法令之事，明知或任其发生者，为故意。行为人认为构成犯罪之事实能发生，而任其发生者，与明知并有意犯罪者同。

错误之根据于行为人之措置，而此措置与人民对于合法及不法之康健观念不相和谐者，不顾虑之。

i. 如法律对于某种犯罪之处罚，以明知为要件，虽行为人认构成犯罪事实之发生为可能，而任其发生者，不得处罚。

k. 行为人有应注意之义务，能注意而不注意者，为过失。

因不注意而不识其行为为违反法令者，亦同。

在上述第二款过失行为中，法律无处罚之规定者，得予行为人以监禁或罚金之处罚，但以不超过因故意犯罪所当获之刑为限。如故意犯罪以告诉乃论，或得被害人之同意始成立者，则该过失行为之追诉，亦须经告诉或同意始成立。（上列暂拟条文，无认识及不认识之过失之别。）

l. 行为人有应注意之义务，能注意而不注意，或未曾预见犯罪之事实能发生,或预见其能发生而确信其不发生者,为过失。(上列暂拟条文,包含认识及不认识之过失之分别。)

m. 因犯罪致发生一定之结果,而有加重其刑之规定者,须该结果之促成,至少因于行为人之过失。

n. 行为人错认情况。而依法该情况不成立罪名者,其行为不以故意论。

行为人错认情况,而依法该情况得减轻刑罚者,适用该减刑条款。

三、意欲刑法与罪刑法定主义

意欲刑法,不步苏俄刑法之后尘,于罪名法定主义将仍保持之,但未必即予以如今日广泛之适用。刑法委员会认为接受罪名法定主义之后,未始不可同时采用类推方式。罪名法定主义,本是自由主义之产物,但一般人过于神圣视之,故即由该主义所发生之流弊,竟亦一并收纳。常有利用法文疏漏之处,而为非作恶者;虽该行为忤违订立刑法诸公之本意,或触犯道德及正义观念,但因并不与法律明文发生正面冲突,故不能处罚之。昔最高法院曾判决以偷电为无罪,盖依《刑法》第二四二条,偷窃必以"物"为客体,而电则非"物"也。但最高法院亦曾采用广义解释办法。譬如《刑法》第三五四条中"信"之一字,亦包括明信片、汇票及包裹等等。合法的广义解释与不合法的类推之间,其界限究不易确定,并且为顾全法律确定,而牺牲实质上之平衡,亦殊不值得。

同时国社主义之国家,其对待个人,不致如自由主义国家之采取绝对消极态度(若依法个人并未实际破坏和平秩序,国家即不得干涉其行动)。国社党之国家,需要人民一致奋起,为公众而用其力。其有用力以为害公众者，自非国家所能容忍，必当予以制裁。

根据于上述原因，刑法委员会决主张采用类推解释，今试拟其条文如次。

"行为无法律明文规定处罚，但类似之行为，由法条规定处罚者，适用该法条，但以该法条所根据之正义观念及健康的人民观念有处罚之需要者为限。"

今请申其说。依照上列条文，类推之合法适用，须具下列三种条件：

一、该疑难之行为，应与由法律规定处罚之行为相类似（ähnlich）。

二、规定处罚相类行为之法条，其所根据之正义观念，应适合该疑难之行为，并应需要予以处罚。（如法禁两男人为反自然之猥亵行为，该法条于两女人间所可有之相类行为即不准用之。）

三、最后，处罚应合乎健康的人民观念。法院应考量该行为是否与人民共同生活之需要相和谐，或为大众所诟病。

再进而论刑法效力回溯问题。刑法委员会提出如下之建议：

a. 行为之处罚，依据行为时之法律。

b. 裁判时之法律，与行为时之法律不同者，适用较轻之法律。即使裁判在最终一阶段中，（现行法以事实之审判为限）亦适用此原则。

c. 行为在有限期的法律有效期间发生者，虽该法律以后到期废止，亦准用之。

d. 保安处分适用行为时之法律。

关于刑法效力之回溯又可分两层说：（一）新法律所定罪名，是否亦包括该法律未成立之不法行为。（二）加重刑罚之新法律，是否亦准用于以前所发生之犯罪行为。关于第一点，国社党中极端分子主张正面之说，以为极权国家之法律理想，欲以法律及道德、成文法及人民之正义意识，冶于一炉。如有某种行为，众以为有害公利，则必予以处罚，不因行为时之刑法无规定，而不追究之。但欲准此而行，事实上必多困难。故刑法委员会主张原则上不承认刑法效力之回溯，但立法者仍得于个别情形中，明订回溯效力之规定。关于第二点，刑法委员会亦具同样主张。原则上不承认加重刑效力之回溯，但立法者仍得于必要时在个别案件中，规定加重刑罚（譬如一九三四年三月一十九日法案，对于烧毁国会之"van der Lubbe"加重其刑）。

反而述及减轻刑罚之新法律，则依据正义观念，自应承认其有回溯之效力。

关于效力有期限之法律，不以该法律到期废止，而案件尚未终结判决，即停止适用。苟如是，犯人将故意延滞诉讼程序，以迄于法律废止之日，俾得逃罪。

四、意欲刑法与刑法上其他诸问题

以上所述各点，乃为较重要者，是以不避冗长论述。关于其余诸点，今仅为简短之说明，以完成此一篇德未来刑法总则全部之介绍文字。

关于正犯及从犯之分，自来学理纷繁，但迄无一圆满之说。四十年前，有挪威刑法学家名 Getz 者，主废止从犯之说，谓构成犯罪事实之行为，无不可以正犯论。一九零二年之挪威《刑法典》，即从其说，不为正从犯之区别，而仅分直接（即今所谓正犯）及间接（即今所谓教唆犯、帮助犯）行为人。但规定于某种情形之下，某共同作犯人，有减轻刑罚之可能而已。一九三零年之意大利《刑法》，于此点亦效挪威《刑法典》而规定。至于德国刑法，亦将采取同样之观念也，实无疑义。采取意欲刑法，势必扩充刑罚区域，既如上述。然则扩充"正犯"之观念，并加重个人对于社会之责任,亦无非出乎国社党意欲刑法一贯之理论耳。

但促成同一犯罪结果确立之几种行为,从因果关系看来,固有同样价值,从科刑处罚方面讲,则不必处于同等地位。譬如帮助犯,无有不承认应减轻其刑者。一则帮助行为纯系外表,不及直接实施犯罪行为之严重;再则帮助行为实表示强度低弱之犯罪意欲。普通对于帮助犯尚有主观主义及客观主义之分,新刑法将采主观主义,而以客观主义限缩之。

意欲刑法既不为正犯、从犯之区别,从犯之附属性,当亦不能存在,然此仅以主观之附属性为限。关于帮助犯之成立,则仍以犯罪事实发生为要件。关于教唆犯,依据上述学说,将不分别未发生结果及发生结果之教唆矣。但以上述两种教唆并论,扩大刑罚区域以及于未发生结果之教唆,实际上毫无此种需要。故未来刑法仅将于图谋教唆犯罪者处罚之。

最后关于特种罪名之共犯。假定一非公务员人,共同作犯公务员罪,是否亦因正犯观念之扩张,于处罚时,以公务员视之。新刑法主张如有共犯中(或正犯)一人具特种资格者,其余诸犯,均视为具有此特种资格,但法律可规定对于此种人得减轻其刑。

附暂拟条文:

a. 实施犯罪行为或教唆或帮助他人或以他种方法共犯者处罚之。

欲促成他人犯罪并予以帮助者,得减轻其刑。轻微过失之帮助不罚。

每一共犯之罪刑,对于其他共犯之罪刑为独立的。

b. 行为之处罚,因于特种资格或关系而仅一人有此资格或关系时,于对其他共犯亦处罚之,但得减轻其刑。

依法对于特种资格或关系应加重或减轻其刑或免责任者,仅准用于有此特种资格或关系之犯。

　　c. 图谋引诱他人犯罪或接受犯罪请求者,视为共同作犯,应处罚之,但得减轻其刑。自告奋勇(自荐)犯罪,或对于他人犯罪请求表示准备者,亦同。

　　关于刑名,将从各国立法例,于刑罚外,并设立保安处分规定,所以维护社会福利也。

　　关于并合论罪,新刑法将废止想象上犯罪竞合及实体上数罪竞合之区别。若吾人由犯罪事实一点观之,想象上之犯罪竞合,确较实体上数罪竞合为轻。但若从犯罪意欲方面观之,则在两种情形中,有时无轻重之分,尤其想象上犯罪竞合之几种结果为同样的。譬如(一枪击死两人)两人前后贴紧,以一枪杀之,较之两人左右排定,以连续两枪杀之,犯罪意欲之强度无彼此高低之分,自不应独于前者减轻其刑。至于想象上犯罪竞合之几种结果为不同样者(一枪发出,死一人,伤一人,破坏玻璃窗一块),有时更觉有并合刑罚之必要,采用吸收主义,实过宽恕。故即就实质上平衡看来,亦不应有两种不同竞合之分别。

　　关于刑之酌科,未来刑法不至于如从前充满自由主义诸刑法草案,以特别预防为重心。刑罚应适合维护社会之需要。犯罪行为损害人民生活条件愈甚,刑之酌科,亦愈应加重。对于行为人之人格,仅得在上述社会根本观念范围内,予以考虑。欲认识犯罪之意欲,应以侵害社会和平之手段,行为之有罪结果,并(在相当范围内)犯人于犯罪后之态度为标准。至于各刑法草案更进一步之列举法院于科刑时应行注意事项,新刑法将不为此规定,以免过于束缚法院酌权限。上述乃以故意行为为限。至于过失行为,则应注意行为人之轻浮及冷淡之态度。

　　对于刑之加重,新刑法将在总则中予以概括规定,并举最重要之例以资说明。如一犯罪行为其侵害或危及人民福利极严重,而行为人曾预料及此者;第二,由某种犯罪方法或故意致重大损害于人,显见行为人犯罪意欲过恶者。习惯犯刑罚之加重,将采一九三三年十一月二十四日法案之规定。

依照现行法,减刑几成惯例。意欲刑法将以减刑为例外。虽犹不免规定特种减刑事由,但此项规定无强制性。

关于时效问题,新刑法将主张不以时效而消灭刑事责任。但此原则,并不妨碍国家过相当时期,因情形觉无追诉之必要时,得宣示不进行追诉。现行法时效之规定,过于呆板。过某确定时期后,所有犯人均能得到免罪之保障,不问其在此时期内已否改悔为善,或仍为非作恶;并且有时为公共利益起见,即在时效完成后,有继续追诉之必要。现行法于此层,未曾考虑及之。新刑法之立法,大抵将以在相当时期中,追诉为强制的;过该时期,追诉为可能的,由检察官酌量裁夺。

个别犯罪行为,其有罪之性质既不同,则其从强制追诉以迄于禁止追诉之过程,亦应有分别。死刑之罪,应永久处于强制追诉之下。徒刑之罪,强制追诉以五年为限,过此即永入可能追诉时期。其他中等轻微之罪,强制追诉以三年为期限,可能追诉时期,不得过犯罪后十年期限,过此即入禁止追诉阶段中。行刑权之时效问题,将不成立。但在某种情形中,国家觉无继续执行之必要时,可免赦之。此乃本属国家权力范围内事。

最后关于地域有效问题,现行法以属地主义为原则,而以保护主义及属人主义为例外。未来刑法将采属人主义,盖依照国家社会主义,凡德人均为德国思想之载荷人,德国文化之急先锋,其在国外之行为,应与在国内之行为相同,不得触犯刑法。

采纳属人主义以后,实际上可发生种种问题。假定一德人在国外所作犯罪行为,亦受该国刑法之禁止及制裁,则困难不生。反之,若该行为不在该外国刑法申禁范围之内(在俄国堕胎),如为德国健康之人民观念所不许，得于该犯遣返德国时，依照德国法处罚之。但有时因他国风俗习惯及人地之不同，某行为在德为犯法，在国外并不为犯法（在爪哇与本地十三岁女子性交），如必严格适用属人主义，而援用德国刑法实属不智。

至于意欲刑法于原则上采用属人主义外，将并采纳属地主义及保护主义以为补充也，自不待言。

（原载于《现代司法》1935 年第 1 期。）

调解制度之比较研究

一、调解之采用

调解制度在欧最先采用者为荷兰。法国大革命时,改制务新,以荷兰调解制度素为人所称颂,乃袭用之。当时法儒 Voltaire 对于调解制度曾赞之云:"我所见最好的法律,最好的习俗,并且最有用者,莫如荷兰之调解法。如有两人争执,应先至调解法院。调解法官名曰和平之制造者。若当事人偕律师或代理人同来,则必先屏除此等人,犹抽釜底之薪。和平之制造者乃语当事人云:'尔等耗费钱财,互致不幸,实属大愚。'今吾辈调解尔事,不使耗去分文。如两造意气太盛,则搁置其事,俟诸异日,使病象以时减消,然后再为调解。如其愚诚不可救,则准其起诉,亦犹医士之宰割腐肢耳。"一八〇六年法制《民诉法典》,以调解制度规定于第四十八至五十八条中。其他各国亦遂先后采用。奥则规定于《民诉法》第四百三十三条及四百三十九条中。德国于一九二四年始援用之,规定于《民诉法》第四百九十五条甲至五百条甲中。采用调解之目的,一方面在息事宁人,如 Voltaire 之所称述;一方面在简速了结轻小事件,以减少法院之积案。通常诉讼程序,形式繁多,费用浩大,往往一轻微案件,胜诉方面之所得,远不足以抵偿其因诉讼所为之费用。此既非当事人之利,抑且非法院之便。盖凡轻微案件,亦须经繁杂之形式而得解决,实不胜其烦累也。

二、调解与诉讼之别

调解非诉讼，调解法官亦非判决法官。所以因诉讼所发生的结果，不必尽准用于调解。判决法官所有的权限，调解法官不必尽有之。

调解不发生法院系属效力。譬如一造提起诉讼，而对造声请调解，不能以法院系属为理由，因起诉而对于调解，或因调解而对于起诉，提出异议。

调解不公开为之。

调解中无提出反诉之余地。

调解中之认诺舍弃及自认，并无诉讼中所为认诺舍弃及自认之效力。但可在调解不成进行诉讼时，引为参考材料用。

法国《民诉法》且不赋予调解结果以执行效力（德奥法律反是，本国法亦反是），亦不加以诉讼消灭之限制。调解效力以三十年为期。如调解因当事人之久不进行而停止，在三十年之内，旧事重提，可毋须再经调解程序，得径向法院起诉（德国法律反是，本国法亦反是）。

但调解亦发生一部分诉讼的效力，如时效之中止及期限之遵守是也（包括法定利息之开始）。

调解法官权限，不如判决法官权限之宽大。调解法官不得讯问当事人及进行大规模之证据调查，但为准备调解进行起见，得为必要之处分。

依法国法，调解法官且无权令当事人本人出席（德国法反是）。如当事人提出管辖错误问题，调解法官亦无权径为裁断，必呈交法院审理（德国法反是）。

故调解之法律性质与诉讼不同。虽其不同之程度，因国而殊，在法更远,在德较近(依德国法,调解程序在有特殊规定外,适用通常程序之规定,但以不违背调解之本旨为限),但其不同则一也。

调解为私人利益而设,无与公共秩序。故如有遗漏调解程序而直接进行诉讼者,被告当于进行本案言词辩论前提出异议。如不于此时提出异议,则诉讼以合法论。再从实际言,若以调解为因公共秩序而设,遇有遗漏调解程序情事,准当事人或检察官于上诉法院且在诉讼任何一阶段中提出异议,试问将从前判决撤销,案卷送回,令两造重新开始进行调解,此项调解,有成功之希望乎?

三、调解之开始

法国法规定凡属第一级法院,治安推事及劳资争议所管辖范围内之案件,须先在治安推事前进行调解。德国法规定凡属初级法院管辖范围内案件,须先经调解。但亦有例外,非每一如此案件可经调解或必经调解。

可经调解之案件。须当事人有调解之能力,所争执之权利可为调解之标的。如当事人为未成年人或禁治产人,则可不经调解。依理而论,监护人可以代理未成年人进行调解,但需得亲属会议之核准,法律家三名之咨询及法院之裁可,手续繁多,费用浩大,根本违背调解之本旨(见法国法)。如争执之权利属身份的、能力的、国籍的、亲属关系的或其他须准用有关公共秩序法条之权利,绝对不能为调解之标的。故以此等权利为争执标的之事件,可不先经调解。虽然离婚与离异,固亦关涉身份的及家属的权利,但须先经调解。

上述两点,法国法有明文规定,德国法无之。但德国法第四百九十五条甲第一项第六款规定,如法院审酌情形,认为直接提起诉讼确有理由,尤其顾虑到请求权之种类,当事人之关系,或特种环境,觉调解无成立希望者,可以免调解(并见本国新《民诉法》第四百零九条第五项),实亦可以包括法国法明文之规定而有余矣。

其他案件,虽当事人有调解之能力,其争执之权利可为调解之标的,然以他种理由,可以不必经调解程序。此节在德国法规定于第四九五条甲中,在法国法规定于第四十九条中(关于本国法见第四百九条)。德国法所规定可不必经调解程序之事件如下:

一、在最近一年中,曾由邦司法行政部所设或所认可之调解所因调解而未有结果者。

二、曾经提出调解声请而被驳回者。

三、因证书及票据涉讼者。

四、系提起反诉者。

五、送达于被告之传票应于外国送达或为公示送达者。

六、法院酌量情形,认为根据于其他重要理由直接起诉确有理由,尤其顾虑到请求权之种类,当事人之关系,或特种环境,觉调解无成立希望者。

法国法中所列举免经调解事件,有如:其一造当事人为国家、村市、公共机关、未成年人、禁治产人、无人继承之遗产管理人者,对方有两人以上且有同一利害关系者(盖对方当事人在两人以上,意见往往分歧,调解发生事实上困难)。

德国法于第四百九十五条甲第二项又规定,凡经调解不成立者,过一年后如欲起诉,应再经调解。故在一年中起诉,毋须再经调解。(亦见本国法第四百九条第二项。法国法以三十年为期,即在三十年中,可不再经调解,直接提起诉讼,为期诚不免过长。)

　　调解因当事人提出调解声请书而开始,亦因两造共趋法院而开始(亦见本国法第四百三十条)。德国法复规定如不先经调解,径行起诉,其起诉书状,以调解声请书论。对于此项裁定,得为抗告。复依第六百九十六条,进行督促程序,债务人提出异议,因一造之声请,指定日期,得开始调解。

　　如有依法得不经调解之案件,当事人仍请调解者,法院得视其毋庸先经调解情形,系由于私人利益或由于公共秩序,而以裁定分别准许或驳回之(法国法)。如当事人声请指定诉讼日期,而法院则指定调解日期,当事人得提起抗告。

　　调解声请书应记明两造当事人姓名,请求事项及请求所根据之各种事实。声请人并得提出证据及对方否认请求所根据之理由。如有有关文件,亦得将其原本或抄本附呈。

　　送达由法院依职权为之。时效之中止及期间之遵守,则已于调解声请书送入时开始。

　　法官指定调解日期时,得先审查调解法定条件是否已经完备。若声请书中缺少请求事项,或请求所根据之各种事实,法官得以为不合法而驳回之。如诉讼手续不合法,或当事人无调解能力,或其请求显然无理由,法官认为自始即无成立调解之希望者,得驳回之。对于驳回,不得声明不服。但如不附带理由,当事人得提出抗告。调解驳回后,可以径行起诉。

　　在德国,调解日期指定前,除非声请人释明其经济状况困难,须先付清调解费用。调解费用为诉讼费用之半。如调解不成,进行诉讼,再由调解声请人先交清其余半数,而后由法院指定诉讼日期。为欲避免迟延由调解程序当场进入诉讼程序起见,法院于送达调解日期时,得便告调解声请人随带诉讼必要之费用。先经督促程序者,调解毋须费用。

　　调解日期,既已指定,即由法院向当事人为传唤。依德国法,若送达限于法院管辖区域内,传唤当事人到场,至少需予以三日期限。在本国他处者,至少一周。在外国者由法院酌量情形定之。

关于调解管辖问题,如声请调解之对造,提出管辖错误之异议,在法国,调解法官无为裁定之权,仅得做成笔录,移送第一级法院审理。如第一级法院认为管辖确系错误,应即移送该管调解法官调解。在德国,调解当事人得于调解进行中随时提出管辖错误之异议。当事人提出土地管辖错误之异议,如法院认为有理,应将案卷移送该管初级法院进行调解。对于此项裁定,当事人不得声明不服。事物管辖错误,实际上绝少发生。果经当事人提出此项异议,如法院认为有理,得向当事人建议,声请进行诉讼,然后移送该管法院审理(盖属于非初级法院如地方法院所管辖之案件,毋庸先经调解)。对于此项裁定,不得抗告。若当事人不声请诉讼,初级法院只得以裁定驳回调解。调解当事人对于此项裁定,可以提起抗告。若在其他法院发生事务管辖错误问题,而将案件移送该管初级法院,则不能以在其他法院已经进行之诉讼,移送初级法院而为调解,该管初级法院应继续受理诉讼。调解可进而变成诉讼,诉讼不能退而变为调解。

调解以债务人住所所在地之法院为有管辖。普通法中所规定之例外,尤其关于继承方面,于此当亦准用。但关于不动产之案件,在法国则有明文规定(第五十条),仍属债务人住所所在地之治安推事管辖。盖以治安推事,熟悉债务人,调解自较顺利而易奏功。

四、调解之进行

在调解进行中,调解法官得以促成调解为职旨,本一己之意见,于程序方面,为必要之措置。其职务在开导劝喻,不在判断。受劝导者,亦必须当事人本人,劝导始易奏效。故法国法规定(第五十三条),除非别有事故,当事人应亲自到场,不得派代理人出席。关于代理一事,一七九一年法案,曾禁诉讼代理人、书记官、承发吏为调解代理人。但民诉法典中已不重申此禁。一八三八年法案,仅不准承发吏为代理人。若当事人无故缺席,委人代理,法官得以缺席论,判以罚锾之处分。罚锾数额,不得逾十法郎(合华币两元左右),故实际等于不罚,但法官不能强其到场。德国法并无不可委托代理人之限制,但第四百九十九条又规定,法官得随时令当事人本人到场。如违令而仍不到场,法官得处以罚锾,但其数额不得逾一千马克。奥国法则规定调解法官不得强迫当事人到场,亦不得竟处以罚锾。

德国法规定(第四百九十九条丙)法官在调解进行中,酌量情形,如认为必要,得传讯证人,但以一名为限,并可调查其他证据,但以能即时调查而不致迟延者为限。法官亦得用电话及其他简便方法讯问证人。但讯问当事人,法所不许(参阅本国法第四百十八条)。

五、调解之结局

调解之结局,可分四项言之:

一、传票既已送达,届期两造均不到场,或到场而不进行调解,在德,调解法官得为裁定,以此等事视作撤回调解声请。对于此项裁定,得为抗告。在法,书记官毋庸做成笔录,视为其事从未发生,但未始不发生相当效果。即在三十年之内,调解声请人得径向法院提起诉讼,不必再经调解,其不到场之罚锾十法郎,须于事先付清。该罚锾不由治安推事而由第一级法院宣告。

二、若一造不到场,或到场而不进行调解,在德,到场之一造得声请进行诉讼,而成立一造辩论之判决。调解声请书,即视作起诉书状。诉讼系属效力,视作自调解声请书送达或通知时已发生。在法,即由书记官记录其事,缺席之一造受罚锾之处分。

三、若两造均到场,调解未有结果,在德,可有两种下场:(1)撤回调解声请(其实撤回调解声请,可不得对方同意随时为之)。撤回后,过去种种,视作从未发生。(2)进行诉讼由一造声请,而由法院裁定之。若事实上可能,得当场进行。否则应速另定日期,进行诉讼。依奥国法,径行开始诉讼程序,须得对方当事人之同意。如不同意,则须正式提起诉讼。声请进行诉讼者如为调解之声请人,则于诉讼日期指定前,应付清其余一半讼费。如为声请调解之对造,则法院可不待余半讼费之付清,径行开始诉讼。盖在诉讼程序中,该对造仍不失为被告,被告素无先缴讼费之办法。调解声请书,得予以更改补充,作为起诉书状。关于更改补充诸点,其诉讼系属效力,须自在调解中主张时始。有时调解以种种原因而中止,如在调解进行中发生调解成立之障碍,或调解条件之丧失,法院得以一造之声请,驳回调解。对于此项裁定,得为抗告。

上述两种下场及调解中止情事,亦可在法国发生。关于笔录之做成,在法则仅限于记述调解不成,而不详细记载其经过:两造之供述及其承认和否认等。

四、两造均到场,调解成立,当由法院制成笔录。依德国法,调解笔录有执行名义。奥国法亦然(亦见本国法第四百二十一条第一项)。法国法则反是。依第五十四条规定,调解笔录仅有私人债务之效力。当时作如此规定,实由于公证人等之请求,因公证人等反对予以执行效力。若调解笔录与公证书有同样价值,行见人人以俭省之费用,求调解笔录,而避免公证书,是乃损公证人之营业。故在法,如执行调解笔录发生困难,须向法院求得一判决,并且再须经过调解程序。第二次调解之目标,为第一次调解之结果,非即第一次之调解目标。法国学者,对于调解笔录之无执行名义,均论谓违背公允。

凡上述调解不成诸情事,法院得付与当事人以证明书,记载所主张之请求权。在一年内,重提往事,毋庸再经调解。

六、调解在各国之已往成绩

调解之成立,以在乡村为最易,在小城为次,在大城为最难。盖在乡村之间,法官尚具相当威信,其意见易为村民所尊奉。且村民大抵互相结识,多有数世共居一处者,不愿涉讼,结不解怨。在城市中则情形迥异,且时有利用紧急程序以逃避调解者。依照法国统计,经调解之案件成立者,十分之四强。依照奥国统计:

调解传票之数额	1923	15 645	11 489	6 320	2 239	8 967	5 832	5 250	1 778
	1910	11 633	16 676	7 003	2 532	22 185	5 331	17 404	1 621
	1900	7 295	10 912	4 526	1 777	17 448	3 725	12 125	966
区域	京奥奥 奥下上	Salzburg		Steiermark		Kärnten		Tirol	Vovalberg

关于上列字数须注意一点,即每一调解需传票两纸。在欧战以前之十年中,调解事件,各处增加。欧战以后,除维也纳外,他处均不见有增。如 Steiermark 及 Tirol 两处,因失地关系,区域面积缩小,调解案件亦遂大减。

七、法德调解制度比较与中国调解制度

　　法国调解制度,其性质去诉讼过远,调解法官权限亦太小。如关于管辖错误问题,调解法官不得自为裁决,而必须移送法院审断,致迁延时日。罚锾限于十法郎,数目过微,失罚锾之效力。故当事人有意拖延者,仍可以无故不到场。调解笔录无执行效力,故调解结果几近于无结果。煞费心机,得一解决,而实际仍不得解决,令人对于调解丧失信仰。若必须经第二次调解或诉讼以获到第一次调解之执行,诚不胜其烦累,徒予恶意者以刁难延宕之机会,大非采用调解制度之本旨。

　　调解制度之援用,当以不阻碍案件之迅速解决为原则。故德国调解制度,实较法国者为优。上述法国调解制度之缺点,为德国法所无。但实际上如关于管辖问题之异议,使一案件分开数次期日了结;证据之调查,迁延时日(盖不调查证据,不能提出对于两造均能满意之建议),亦犯迟延之弊。

　　本国法之调解制度,迹近德国法。第四百十六条规定当事人及法院得选任调解人协同调解,乃法德两国法律之所无。关于管辖问题,第四百十条规定准用通常程度之管辖规定,亦发生迟延弊病。且依本国法规定,法院如认为管辖确有错误,不能如德国法院之将案件径行移送该管法院调解,而仅得驳回声请;调解声请人,须再寻觅该管法院请求调解,显然误时失机(依本国法,调解不发生事务管辖问题。自各省推行三级三审制后,高等法院只为第二审,日本国亦乏民事特别法院,事务管辖绝不致有错误)。关于调查证据,第四百十八条规定法院得于必要时为之。但此间是否亦准用通常程序中之调查证据办法,既无明文规定,自不无疑义。通常程序中之调查证据，旨在确定真伪，手续严密繁重。调解不在判断是非曲直，且旨在简速了结案件，准用通常调查证据办法，实有背乎调解之本旨。然则第四百十八条所规定调查证据，究当加以何种限制？第四百十九条规定调解不成立时，一造声请为诉讼之辩论，他造如声请延展期日，法院应许可之。究竟可以延展若干日，亦生问题。第四百二十条规定法院以两造或一造不到场，得另定调解期日。究竟期日相距若干日，可以另定几次，若不明定限制，均可以发生迟延之弊病。现关于调解尚须调解细则，草拟细则时，似应在可能范围内，设法予以补正也。

二十四年夏于南京

（原载于《中华法学杂志》1935 年第 4—5 期。）

债权与留置物之牵连关系

一

《民法》第九二八条，规定债权人占有属于其债务人之动产而欲留置之者，除应具备他项要件外尚须债权之发生，与该动产有牵连之关系。所谓牵连之关系，究作何解，颇滋疑义。例一，甲买受乙之马，请乙交付，乙以未受价金之清偿拒绝之。例二，甲涉讼请律师乙代为辩护，一切有关文件悉交乙收存检阅。事寝，乙以未受公费之清偿，留置其文件。例三，甲以织锦料三匹，交乙制裁。衣料原主丙向乙请求返还其物。乙以未受工金之清偿，留置其衣料。例四，甲以金表交乙修理，复向乙购买墙钟一只，约中载明如甲不清偿钟之价金，乙得留置其金表，后乙固留置之。就上列四例而言，乙所占有之动产，与其所享有之债权，是否均有第九二八条所称之牵连关系。

我民关于留置权各条，原参考他国立法例而制定。考德民第二七三条，关于留置权，规定债务人基于与其债务之同一法律关系（aus demselben rechtlichen Verhältnis），对于债权人有已至清偿期之请求权者，自非因债务关系有特别之规定时，则未受清偿前，可以拒绝其所负之给付。瑞民第八九五条规定债权与留置物有自然的牵连关系。其原来法文为"un rapport naturel de connexité"，原来德文为"die Forderung ihrer Na-

tur nach steht mit dem Gegenstand der Retention in Zusammenhang"。
但德瑞条文中之语意,亦未见明显。所谓牵连关系,究无一定标准[1],自
非研究各家学说,探讨历来判例不能明其真义。

二

　　吾人研讨之结果,就牵连关系,可粗分为三种,曰法律上之牵连关系
(connexité juridique),曰实质上之牵连关系(connexité matériellé),曰约
定上之牵连关系(connexité conventionelle)。

　　法律上之牵连关系,指两造给付发生于同一法律作用,其关系系理
智的,应于当事人之意思或两造请求权之密切性质搜求之。同一法律作
用,并非仅限于同一契约,更非指同一双务契约;纵其请求权发生于数次
不同契约,有时仍可认为属于同一法律作用。在昔留置权之观念尤其晦
涩,不履行契约之抗辩(exceptio non adimpleti contractus)尚未确立之
时,此两种制度,时相混淆[2],此尤于法国为然。盖法国《民法》关于动产
所有权之取得,向采意思主义[3]。例如甲买受乙之马,一经合意,即取得
其所有权。乙虽未交付,但其所持有者,已属甲之马矣。苟甲未付清价
金,而请求返还其马,乙拒绝之,此岂非留置权之行使乎?但买卖系双务

---

① 参阅 Rossel et Mentha, Manuel dv dr. cir. fr. T. Ⅲ. no. 1659。

② 此两种制度,原由罗马法中"exceptio doli"脱胎而来。债务人在未受属于自己之给付前,
得拒绝向债权人为债务之清偿或交付某物。

③ 法民第七二条:"所有权因债之效力而取得或移转"(la propriété des biens s'acquiert et se
transmet par l'effet des obligations)。又第二八三条第一项:"债以交付物为标的者,于
当事人合意时,即发生交付之效力。"(l'obligation de livrer la chose est parfaite par le
seul consentement des parties contractantes.)

契约,依契约一般原则,因契约互负债务者,于他方当事人未为对待给付前,得拒绝自己之给付①,则乙又岂非提出不履行契约之抗辩乎? 又如上例二,载律师乙,拒绝交还各种文件,其乃实行不履行契约之抗辩乎,抑亦留置权乎?② 自一八九六德民颁订后,此两种制度,截然分清。留置权规定于第二七三条中,不履行契约之抗辩见于第三二○条以下。依第三二○条之规定,凡为双务契约,当事人得提出不履行契约之抗辩。其基于其他法律关系者,当事人一方,仅得行使留置权。盖凡双务契约,当事人之缔结债务,有其特定之法律目的,此不外乎同时接受对方之给付(Leistung Zug um Zug)。

如其犹未受对方之给付,而强其履行债务,未免有违其本意。③ 故依其意思,应使有提出抗辩之权利。但此项意思,仅于缔结双务契约时有之,如系其他契约则无之。例如寄托,乃系片务契约(但事后可发生不完全双务契约[contrat synallagmatique imparfait],委任契约亦属之),受寄人之目的,不在请求偿还将后可发生之保管费用而在向寄托人效劳④。故如受寄人在未受保管费用偿还之前,拒绝交还寄托物,不能认为不履行契约抗辩之实行。故此项抗辩,仅限于双务契约之当事人始得提出之。上例一,载马之出卖人乙,以未受价金之清偿,拒绝将马交付与甲,此际马与债权虽有牵连之关系,但究非第九二八条所称之牵连关系。

---

① 参阅我民第二六四条。

② 法学者 R. Cassin 认为乙乃实行不履行契约之抗辩。参阅其有名之博士论文 De l'exception tirée de l'inexécution dans les rapports synallagmatiques. p. 447 ets。

③ 参阅 Capitant: De la cause des obligations, 3 éd. no. 124. or, en ce qui concerne notre exception, c'est dans l'acte de volonté qu'il faut en chercher l'origine. cet acte... ne comiste pas seulement dans le fait de s'obliger, c.-à.-d., dans le consentement, mais se compose également de l'intention d'atteindre un lut juridique determiné, c.-à.-d., d'obtenix l'exécution de la prestation promise en retour de l'obligation contracteé。

④ 参阅 Capitant: op. Cit. no. 128 et n。

乙之拒绝交付,仅能认为实行其不履行契约之抗辩,而非行使留置权也。再者留置权必假定留置权人已占有他人之动产,而不履行契约之抗辩,则不问当事人所负义务系以交付物体抑亦以作为或不作为为标的,终得提出之①。

留置权之行使与不履行契约抗辩之实行,虽能达到相同目标,但其区别,非无实益。依我民第九三七条之规定,债务人为债务之清偿,得提出相当之担保,以消灭债权人之留置权。此于双务契约之两造当事人则不可。德民第三二○条(关于不履行契约之抗辩)第一项末句,且明文规定之。留置权与不履行契约之抗辩,既系两物,各有其存在之根据及适用之范围,可知法律上之牵连关系,并非指基于双务契约所发生债权与动产之关系。

其基于他种契约或法律关系所发生债权与动产之关系,是否可认为法律上之牵连关系,例如甲以一钟一表交乙保管(无报酬之寄托系片务契约,见上),乙因表机件有损,曾支出相当修理费用。以后甲请求返还,乙以未受修理费用之偿还拒绝之。此际乙得留置其表,固无疑义(此乃关于物质上之牵连关系,详见后),但其是否有权留置其钟。又如上例二,载律师乙,代甲辩护,甲未给公费,乙是否得留置甲之各项文件,以督促其给付②。考当事人之意思及其事态之性质,应认为钟及文件之归还,与修理费用及公费之给付,属于同一法律作用,成立法律上之牵连关系。德儒戈须泌(Goldschmidt)曾试立一定义曰:凡两方之请求权,属于法律关系之集合体,而依事态之性质或当事人之意思,其法律关系造成自然或意欲之一体性者,即成立牵连关系。此项意思,如因相反意思有

① 参阅 Capitant:op. Cit. no. 126。
② 参阅 Civ. 10 août 1870 s. 70. 1. 398。

悖乎诚实及信用，即应替补之，而认为存在①。

此外附属债权，如契约之杂碎费用，偿还之请求权，担保义务，与契约所发生债权之标的物，亦可认为有法律上之牵连关系。

以上所述，其牵连关系均发生于同一契约。但请求权发生于数次不同契约者，复将如何？ 昔在德有一讼案，事实大要如次：某私人创办之铁道公司，与一营造公司，先后成立三次约定，各规定不同之工作，但均以建筑同一路线为目标。第一次契约乃关于山洞之掘凿，第二次关于一部分路线铁轨之铺置，第三次关于水泥工作。随后营造公司以铁道公司未履行第一次及第三次约定之义务，即留置其所占有之铁轨（其占有乃基于第二次约定）②。叶那（Jena）高等法院否认营造公司有留置权。上诉至最高法院，原判决废弃。其理由谓高等法院欲以留置权之适用，仅限于基于同一契约之债务关系，对于牵连关系之观念，未免太狭。留置权之根据，不在两方请求权之相互因果关系，而在事实关系之自然或意欲的一体性。因此一体性，一方不同时履行其义务而请求债务人给付，实际有悖诚实及信用，如基于同一契约之请求权然。就本案事实而论，三种契约所具之共同目标，即表现其自然一体性③。

此讼案虽发生于一八八五年，但现行《民法》，关于留置权之规定，曾以此判例为根据。第二七三条中载"同一法律关系"，即该判例及戈须泌

---

① Dass Anspruch und Gegenanspruch einem Komplex von Rechtsverhältnissen angehören, welche, nach der Natur der Sache oder dem Willen der Beteiligten, eine (natürlich-gewollte) Einheit bilden, Dieser Wille ist auch dann vorhanden, wenn er unterstellt werden muss, weil sein Gegenteil gegen Treu und Glanben vergrößen würde. 参阅 Goldschmidt, Hand buch des Handelsreclts § 94.

② 营造公司曾主张其商人之资格，而欲享有商法所规定之留置权，（其性质与我民第九二九条相似）为法院所驳斥。盖不动产营造社团不以商人论。

③ R. G. 14. 231.

氏所称自然或意欲的一体性。

自然或意欲的一体性，不止于此。契约因形式有瑕疵，或因当事人无行为能力而无效，其给付之相互归还，亦可发生留置权。契约虽不存在，而其牵连关系则甚显然。在法曾有已婚女子，不得其丈夫之允准，向人借款。其借贷契约虽被撤销，法院仍确认借与人在未受清偿前，就属于该妇女之证券（原作为借款之担保）有留置权[1]。

以上所述，其牵连关系，悉基于契约或准契约关系。此外牵连关系，亦可基于某种法律制度。依据此项法律制度，两方当事人有相对之权义。一方不履行其义务，他方得行使其留置权。例如德国法中所谓后继承人之指定（Einsetzung eines Nacherben），后继承人在先继承人未依德民第二一二八条提供担保前[2]，得就属于继承之财产在其占有中者，留置之[3]。

法律上之牵连关系，既以两方给付是否成立自然或意欲的一体性为绳准，则失此绳准，即无牵连关系，自不发生留置权。但少数学者[4]主张如两方互有请求权时，不问其是否成立一体性，其占有对方之财物者，即享有留置权（le droit de rétention ex dispari causa）。

此乃以留置权与抵销相比拟，根本否认牵连关系为留置权之要件矣。我民第九二九条规定商人间因营业关系，而占有之动产及其因营业关系所生之债权，视为有牵连关系[5]，实承认商人间留置权有较广大之适用范围。谓其采用留置权（ex dispari causa）实不远矣。

---

[1] Req. 25 Arril 1900. S. 01. 193 et la note de Ferron.

[2] 第二一六条规定"因先继承人之行为，显有侵害后继承人权利之虞者，后继承人得请求提出担保"。

[3] R. G. 59. 200.

[4] Colin et Capitant: Cours élémentaire de droit civil fr. Téd. no 1052 et n.

[5] 参阅瑞民第八九五条第二项。

三

实质上之牵连关系,为当初留置权之唯一根据,非似法律上牵连关系之基于同一法律作用,而乃基于物质观念。或加工作于他人之动产;或为他人动产之利益支出费用,发生对于动产所有人之费用偿还请求权;或受他人动产所加之损害,发生对于动产所有人之赔偿请求权。其请求权与动产之牵连关系(debitum cum re junctum)纯系物质的、客观的,故不如法律上之牵连关系捉摸不定也。

物质上之牵连关系,可于数种不同情形中发生,上已述及①,兹分别论之。

加工作如他人之动产者,其加工人就占有之动产,享有留置权。但其效力所及,以债务人之不同而有异。如债务人系契约当事人之对方,则根据法律上之牵连关系,加工人在未受债权清偿前,不但得就更改之物料留置之,即犹待工作之物料,留置权之效力亦及之。如其,对方与加工人无契约之关系,例如被加工作之物料,非加工人所有或非使其加工之人所有,已而原主向加工人请求返还其物料,加工人留置权之效力,是否如前不变。法国法韪之,德国法则否。依德国法,加工人在未受费用偿还前,仅得就已更改之物料留置之。其他未经更改者,应返还原主。故就开章第三例而论,如其中一匹织锦料,犹未剪裁,乙应以之返还于丙。盖此际加工人所享有之留置权,系根据于物质上之牵连关系。此项

---

① 在德法等国,留置权亦得以不动产为标的,故如有建筑物于他人不动产上,或就他人之不动产加以改良者,因物质上牵连关系(并其他要件)之成立,得就占有之不动产,行使留置权。

关系,在债权与未经更改之物料间,显不存在。再加工人之请求权,不以契约上所定价值为标准。加工人与使其加工之人间之契约,对于物之原主,为"res inter alios acta",不生效力。加工人仅得因更改物料所支出之有益费用,于其物现存之增加价值限度内,请求原主偿还[1]。其解决似较法国法为合理也。

为他人动产之利益,支出相当费用,纵其费用并不增加动产之客观价值,其费用偿还请求权与该动产仍成立物质上之牵连关系。故如占有人缴纳关于该动产之税捐,在其未受偿还前,得留置其动产[2]。

受他人动产所加之损害,因此损害所发生之赔偿请求权,与该动产显然成物质上之牵连关系。故如他人之牛马,误入田园,毁其嘉谷,受害人得留置其牛马,以督促牛马主人之赔偿。

四

契约上之牵连关系,因两方合意而产生。此项人造的牵连关系,是否法所准许,在法论说不一,在德则学理判例均以为可。盖德国法既不以留置权为物权,同时当事人又有订立契约之自由,苟契约不背公共秩序、善良风俗或其他强制条款,当然发生效力。故以上例四而言,甲以金表交乙修理,复向乙购买墙钟一只,言明如甲不清偿价金,乙得留置金

---

[1] 参阅我民第九五五条。德 Marienwerder 高等法院,于一九〇七年,曾为此判决。某甲以机器交某乙修理,原主某丙,向甲请求返还之。甲亦请求给付约定之修理费。法院驳斥之,仅依第九九四条以下(即我民第九五五条),判令丙偿还其费用(见 O. L. G. 15. 358)。

[2] 在德法,留置权之标的物,既不以动产为限,故自称继承人,既清偿继承债务,苟其继承请求权以后由法院驳回,在未受偿还前,得就继承财产,不分动产不动产,而留置之。

表,此际金表与钟价虽不成立法律上或物质上牵连关系,但经人造,发生契约上之牵连关系,乙于必要时,自得行使其留置权。返观我民留置权为物权之一种,而物权之数有限(numerus clausus)其内容亦经法律规定,故如当事人随意创设牵连关系,依法为无效。是乃与德法等法,异其旨趣矣。

(原载于《国立武汉大学社会科学季刊》1936年第7卷第1期。)

各国之民事特别法院

一

特别法院，乃对普通法院而言，仅有限定之管辖权（即于某种限定事件，有管辖权），非似普通法院之有一般管辖权（即于一般之民刑事件，除法律另有规定外，有管辖权）也。各国特别法院之设置，因历史的沿变，事实之需要，其种类互有不同，数额亦有多寡之别。在法有商事法院、劳工法院、治安裁判所等；在德有劳工法院、房租法院、莱茵及爱勃河航法院、地政法院、自治区法院等；在俄有同侪法院、乡村法院、劳资争议裁判所等；在奥有商标法院、清算法院、劳工法院、房租委员会、交易所仲裁法院等；在瑞士有劳工法院、商事法院等；在匈牙利有乡村法院、交易所仲裁法院、商标法院、劳工社会保险法院等；在英有铁道水渠委员会、测量法院、教士法院等。此外有因国际关系，依据条约，而有特别法院之设置者，例如德国之混合仲裁法院（参阅《凡尔赛条约》第三零四条乙、《德国法律汇报》第一一七卷第二八五页）、英美等国在华之领事法院，该法院等虽亦受理民事案件，已非本文讨论所及矣。

二

各国特别法院,种类虽颇繁多,但其设置之重大理由,要不外乎下列各端:

(一)具技术性质之案件,由具专门知识之推事审判之。近来科学发达,技术飞进,社会关系,经济情形,随之趋于复杂。争端讼案,往往非熟悉某项职业或具专门学识者,莫能明其事理,判其是非;普通法院之推事,以限于法学之造就职务之履行,势不能专心于此项知识。故必有特别法院之设,以专门人才组成之。例如法之商事法院,其推事由商人充任,受理一切商事海事案件。德之劳工法院,除普通推事一名外余为劳资职业界人,担任审判一切有关劳资争议事件。最近颇有主张刑事法官专门化者,以通犯罪心理学社会学法医学之推事,专理刑事,而反对民刑庭推事轮流充任(roulement des juges)之惯例。可见推事专门化,非仅于民事为然也。

(二)减轻普通法院之工作。人事日繁,讼案益多,若一一必由普通法院判断,行见案件充塞,无法清理,故除规定简易程序外,有时尚须设置特别法院,以受理轻微案件,例如法之治安裁判所,于民事上之对人之诉及动产之诉,其标的价值在三千法郎以下者(合华币五百元左右)有管辖权。德之自治区法院,于财产事件,其价值在一百马克以下者,有管辖权,但以原被告在该法院区域内有住所事务所或长期居所者为限。俄之同侪法院,于工人间财产争执事件,其价值在二十五卢布以下者有管辖权[1]。

---

[1]　Sie (Kameradengerichte und Schlichtungskammern) verdanken ihre Enstehung dem Bestreben, einmal die ordentlichen Gerichte von den kleinsten straf-und zivilrechtlichen Angelegenheiten zu entlasten. (Der Zivilprozess in den europäischen Staaten und Ihren Kolonien. Bd. Ⅰ, Li ferung 2, S. 340.)

（三）企求社会和平。依普通法院之组织及程序，诉讼之手续繁而费用大。往往案件未决，而已两败俱伤。且两造论辩之后，依刚性之法律以为谳断，更非消怨释嫌之良策。谚云，讼则终凶，此之谓欤。于是有特别法院创设之议，既简易其程序，且特殊其组织，使以迅捷之方法，从事争议之调解，息事宁人，为社会谋和平。例如法之劳工法院、商事法院及德之劳工法院，其程序较普通法院为简省。一切由当事人口头陈述，毋须为书状之准备。至于期日，亦较短促。遇有紧急事项，并得限定于传票送后若干小时内到场。该法院等之组织，亦与普通法院异，推事大抵系当事人同业中人，素孚众望，于两造之争议，能洞察其症结，而求两全之解决。

三

兹就各国民事特别法院之组织，分别叙述如次：

法　国

法国特别法院，有商事法院、治安裁判所及劳工法院三种：

（一）商事法院　其推事悉由商人充任。历史悠久。其在巴黎者，设于一五六三年；其在里昂勃里香班等处者，成立更早。大革命后，经明令维持，并予扩充，现计有二二六院。

商事法院管辖区域，以州（arrondissement）为单位。但一州有时不得一院，有时竟得数院者，要观当地事务之繁简而定。无商事法院之州由普通法院代行其职务（现计有一六五院执行商事法院之职务）。

商事法院至少由院长一人、推事二人、候补推事二人组成之。赛茵之商事法院,规模最大,计分十一庭。

推事选任之方法,几经更改,现制以一九三三年之法律为根据。法官由商人选举。所谓商人,包括实业家、厂主、船主、银行家、代办商、经纪人、有限公司经理等在内。彼等必须执业满五年,并在该法院区域内居住满五年。此外,商会之过去及现在会员,商事法院之前任及现任推事,劳工法院之前任及现任院长,亦有选举权。破产商人,自破产宣告之日起,三年内,不得行使选举权。

至于被选举者,须年届三十,并在选举人簿册中登记。过去商人亦得被选,但以在该区执业满五年者为限。妇女无被选举权。破产商人应于复权后始得被选。在和解程序中之商人无被选举权。

推事任期两年。每年另选其半数。为院长者,须曾充任推事两年;为推事者,须曾充任候补推事一年。院长推事,各得连任两次。然后隔一年,得再被选。候补推事,得无限连任。

选举人名簿,由各县长做成,呈请省长或副省长核阅之。该名簿至少于选举前三十日揭示之。

商事法院开庭,至少须有推事三人(其一须系正式推事)、书记官一人。院长因故障不克出庭时,由年限最长之推事代行其执务。

商事法院对于一切商务行为(actes de commerce)有管辖权(至于何谓商务行为,乃商法上问题,兹不论述)。他如合伙人间或股东间之争议,关于本票汇票之诉讼,破产及海事案件,由其管辖。关于地方管辖,普通以被告住所地之法院为有管辖权。但商事案件又不同。除被告住所地之商事法院外,要约成立及货物交付地之法院,或银洋支付地之法院,亦有管辖权。原告得任择其一起诉(《民诉法》第四二〇条)。

商事法院院长,并有特种权力。彼得令准短限传唤、保全扣押、指派相当人员出卖质物;遇有运输物收受发生争执情形时,得指定鉴定人,令提存或保管其物,有必要时,出售之。一九二四年法律更扩充其权限,与紧急程序中之普通推事所享有者同(《民诉法》第四一七条)。

关于程序,凡商事案件,毋庸先经调解。到场期日,依当事人之住所而定。其在商事法院区域内者三日,其在邻近省份者八日,其在他处者十五日(《民诉法》第四一六条)。遇有紧急情事,院长得令缩短期日。

再者商事案件,无延代诉人 avoué(《商法》第六二七条)代理缮状之必要。当事人得躬自负责推进,并陈述一切,或委托他人代理,亦无不可。辩论结论,不用任何书状,仅由口述。商事案件,亦无通知检察官之必要。(但在普通法院代行商事法院职务时则不然,颇引起学者间之批评。)

上述院长为保全扣押命令之权颇大(《民诉法》第四一七条)。纵债权人不证明其权利,院长仍得依声请,就债务人之动产扣押之。但院长得命债权人提供担保,以保证债务人不测之损失。保全扣押之命令,当事人不得声明不服。盖此项扣押,一则系非讼事件,再则系片面的程序[1],此虽与法国《民诉法》第四一七条明文不甚相适,但系多数学者之主张也。

商事法院之判决,依职权,予以假执行(《商法》第六四七条)[2],毋庸当事人声请之,盖亦合乎商业之需要也。

对于商事法院判决提起上诉,应于宣告后一周(普通为两月)期间内为之。

学者之论法国商事法院者,辄以其组织为病[3]。推事既尽由商业界中人充任,往往对于法律问题复杂之案件,例如关于公司、运输、交易所、

---

① P. Cuche, Précis de Procédure Civile et Commerciale. 1934, no. 255.

② P. Cuche, op. cit. no. 333.

③ Glasson et Tissier, Traité Théorique et Pratique de Procédure Civile. T. Ⅰ no. 92.

票据、破产等事件,感觉难于应付。似应加入普通推事一名,协助办理。但观乎历年上诉案件之鲜少,亦无人积极主张,必予改组。

(二) 治安裁判所。治安裁判所,始于一七九〇年,以英荷之制度为圭臬。当时革命后,立法者对于该项法院,所抱希望颇大。不惟欲以之解决轻微案件,抑且使以调解之方法,减少重大案件①。原则上每村设置一所,由治安推事一人、候补治安推事两人及书记官一人组成之。

凡充任治安推事,须年届二十五岁、法学士、在律师或公证人等处实习满两年并经法官考试合格者。

治安推事,由大总统任命之,其审判权亦独立的。

治安推事之职权,其范围甚广,包括司法的、警政的、行政的。兹就其司法上之管辖权而论,分普通及特别两种。凡民事案件,关于对人之诉,或动产之诉,其标的价值在一千法郎以下者,由其一审终结。在三千法郎以下者,得提起上诉(一九〇五年七月十二日法律第一条)。故对于不动产之诉及商事案件,无管辖权、此其普通管辖权也。其特别管辖权,法律采列举之方式。条文繁琐,不及枚举。大凡旅店主人与旅客或旅客与运输公司间之争讼(同法第二条)、不动产出租人与承租人间之争讼(第三、第四两条)、雇用人与受雇人间之争讼(第五条)、关于田禾被损请求赔偿之诉(第六条)、关于请求扶养之诉、占有之诉、划界之诉(第七条)等,均由其受理。此外于一部分非讼事件有管辖权。例如召集主持受监护人或禁治产人之家属会议,对于死亡者及破产人财产之加封启封等是。

治安裁判所之地方管辖,亦以"actor sequitur forum rei"为原则,但

---

① 当时政府令治安推事胸悬橄榄枝,手持拐杖(上镶象牙头雕一目)象征公正,橄榄枝者象征和平。

当事人得选定任何一治安推事受理其案件。

治安裁判所之程序，须先经调解，俗称小调解（petite conciliation），以别于普通法院之调解也。遇有特殊紧急情事，亦得免去之。如调解无效，当事人得不俟传票之送达，自动到场。如有传票之送达，应于收到后三日内到场。其住居远省者，延长其期日。有紧急情形者，得酌量缩短之。

代诉人之延聘，亦非必要。当事人得躬自陈述辩论，或请他人代理，亦无不可，一切俱由口述，不用任何书状，故程序至为简单。

治安裁判所之判决，得依职权或声请，命令予以假执行。

治安裁判所之判决，如诉讼标的价值在三千法郎以上者，得向普通第一审法院提起上诉。上诉应于判决送达后一月之期间内为之。宣告后三日内，不准提起上诉。如有越权或违法情形者，并得径向最高法院提起非常上诉。

（三）劳工法院（conseil de prud'hommes）。劳工法院，旨在调解劳资间之争议。调解不成，则以极简单之程序，不收费用，迅予判断。劳工法院之设立，始于一八〇六年。该法复几经修改，现制则以一九〇七年法律为根据。一九二四年《劳工法》颁布后，即以该法收入于第四编中。其第二条规定，司法部长、劳工部长及农业部长，向有关系之商会、工艺咨询会、农会及当地市参议会征求意见后，得因各地农工商业发展而有设置劳工法院之必要时，得以命令依行政条例之方式设置之。

劳工法院至少由推事十二人组成之，劳资各占其半数。

劳工法院以市为单位，并得以市之大小，事务之简繁，分设数庭。

推事由农工商各界选举，任期六年，每三年改选其半数。选举人须具下列之资格：一、于公民簿册上登记者；二、满二十岁者；三、执业三年，而在法院管辖区域内，执业已历一年者，性别不分。

　　被选举人,除须满三十岁、知书识字、在法院区域内居住历三年者外,尚须具下列之资格:一、在特别公民簿册上登记,或满足该项登记之条件者;二、在法院区域内满足上述登记所必要之条件已历五年者。性别不分。

　　法院在特定区域内所管辖之农工商各业,种类甚多,归并数类,每类成一选举团。劳(工人或职员)资两方,分别选举其推事。每类至少选出四人,劳资各半。

　　推事选出后,由其推举院长副院长各一人。院长应由劳资两方推事轮流充任之。院长系资方之推事时,副院长应为劳方之推事。反之亦同。院长副院长任期各一年,但得连任。法院分数庭者,由各庭长副庭长于每一年就庭长中推举一人为院长,专理一院行政事务。

　　劳工法院之职权,向有三种:司法的,警政的,行政的。自工厂视察制度成立以后,其警政权,已不复保存。故今仅有司法上及行政上职权。

　　劳工法院分为两处:曰调解处,曰审判处。调解处由推事二人组成之,劳资各一,旨在息事宁人,防患于未然,每周至少开庭一次,不公开之。审判处至少由推事四人组成之,劳资各半,盖始终以维持两方之平等地位也;遇有两方票数相等,事件不决之时,再请由该区治安推事为审判长,重予审判,以明其是非;开庭取公开之形式。

　　凡资方与工人职员或学徒间之争议,统由劳工法院管辖。其诉讼标的之价值在一千法郎以下者,由其一审终结。逾此数者,得提起上诉。

　　劳工法院之程序,与治安裁判所之程序相类,一切从简,不限定任何种形式。

　　劳工法院之判决,予以假执行。但法院得依声请,令原告提供担保。上诉之提起,应于判决送达后十日期间内为之。宣告后三日内,不准上诉。上诉法院系普通第一审民事法院。有越权或违法情形者,并得径向最高法院提起非常上诉。

德　国

德国民事特别法院，有由联邦法律规定设置者，有由其特准者。

联邦法律规定设置之法院，有劳工法院及房租法院两种，其特准者，有莱茵及爱勃河航法院、地政法院及自治区法院三种。分述如次：

（一）劳工法院（Arbeitsgericht）。德国之有统一劳工法院组织，乃近年来事。以前有工业法院（Gewerbegericht）及商人法院（Kaufmanns-gericht），前者专管辖雇主及工人间之一切争议，后者则管辖雇主及职员或学徒间之一切争议。欧战后，政府即欲从事改组。经多年之商讨，始于一九二六年制定劳工法院法律而颁行之。

劳工法院，分为三级，与普通法院之分级相符。其程序以迅捷鉴察平衡为原则。有当事人能力者，除自然人及法人外，在某种事件中，亦包括资方之团体及劳方之团体。在初级劳工法院，当事人得自到场或请他人辩护，但不准律师代理；在地方劳工法院及最高劳工法院，则有请律师代理之必要。（有地方劳工法院亦得请同业公会或工会之代理人代理。）

诉讼费用，其数极微。诉讼标的价值二十马克者，收费一马克；诉讼标的价值六十马克者，收费二马克；诉讼标的价值六十至一百马克者，收费三马克。以后每百马克，收费三马克。以五百马克为最高度。

初级劳工法院之管辖区域，原则上与普通初级法院者同。同业公会及职工会，得于设置前，尽量贡献其意见。该法院由审判长若干人、代理审判长若干人、陪审官若干人及书记处组成之。陪审官劳资各占其半，法院分庭。关于雇主及工人或职员间之争议，分庭受理。于必要时，复得设专庭，专以受理特种职业或工业之诉讼，例如手工庭是。每庭由审判长一人、劳资陪审官各二人组成之。行政事务及法官监督，由省司法当局,会同最高社会行政官署担任之。审判长须系普通推事或具有充任推事之资格者,由各省司法当局,会同最高社会行政官署指派之,陪审官须年满二十五岁,性别不分,最近一年内在法院区域内执业,并享有公民之权利者。彼由各省司法当局会同地方法院院长就该区域同业公会及职工会所推荐之名单选任之,任期三年。陪审官为名誉职,仅支相当补偿费及车马费。其有无故缺席或迟到者,得处罚锾。

地方劳工法院,受理对于初级劳工法院判决之上诉案件或对于其裁定之抗告。其管辖区域,原则上与普通地方法院者同。审判长由普通地方法院推事担任之,高等法院推事亦得偶然充之。陪审官之选任,与初级劳工法院者同,但须满三十岁。事务及人员之分配,由普通地方法院院务会议决定之。各审判长得参加其意见。至于法院分庭及庭之组织,与初级劳工法院同。

最高劳工法院,设于莱切希之最高法院内,由审判长、代理审判长(由最高法院庭长充任之)、推事、陪审官(由最高法院推事充任之)及非法官陪审官组成之。非法官陪审官,劳资各占其半,由劳工部会同司法部就全国劳资团体最高组织所推荐之名单选任之,其年龄须满三十五岁者。事务及人员之分配,由最高法院院务会议决定之。

劳工法院之事务管辖权,法律采列举方式,兹不详述。要不外及于劳资间因劳工契约、雇佣契约、学徒契约或其他法定关系所发生之争议。其管辖权较曩昔之工业法院及商人法院为广大,盖其不仅及于工商业之劳资争议,抑且及于农业及家庭方面雇主与受雇人间之争议。

劳工法院之地方管辖权准用《民诉法》之规定。

劳工法院之程序,准用关于普通初级法院程序之规定。为简捷起见,法准两造不经传唤,径向法院请予受理。如案件未经他处调解者,审判长应于言词辩论开始时,谕知进行和解,并协力求觅两全之解决。

劳工法院之判决,得予假执行,但被告释明因假执行恐受不能回复之损害者,法院应依其声请,宣告不准假执行。

如初级劳工法院所确定诉讼标的之价值逾三百马克者,或因争议意义之重要准予提起上诉者,对于其判决,得向地方劳工法院提起上诉。上诉程序,准用《民诉法》相当之规定。如其价值逾四千马克者,亦得径向最高法院提起上诉,但以被上诉人认可并劳工部认为最高法院之即时裁判于公共利益有必要时为限。

如地方劳工法院(或初级劳工法院)所确定诉讼标的价值逾四千马克者,或因争议意义之重要准予提起上诉者,对于其判决得向最高劳工法院提起上诉。但第二次上诉,仅得以地方劳工法院对于某法律规定或团体协约中某条之适用有疏漏或错误时提起之。

上述乃关于劳工法院之判决程序,尚有裁定程序,仅遇有于营业咨询处之设立,配置、组织及选举发生争议时举行之。

(二) 房租法院(Mietgericht)。房租法院之设置,根据一九二六年六月三十日之法律,乃普通初级法院,参加陪审员数人组合而成。房东房客各占陪审员之半数,由当地房东房客联合会分别呈请任命之,任期至少一年。其同时为房东房客者,不得充陪审员,总以不偏不私,克尽厥职者为最合格。

房租法院,对于在其区域内房屋租赁关系之废止请求权,有专独管辖权。例如房客不以适宜之方法使用其房屋,致房屋蒙受重大损失,或房客积欠房租,或房东因特种理由亟欲收回房屋自用,因而请求废止其契约是。

房租法院于进行审判前,应促成两造调解。判决之执行,不得使房客感受重大痛苦,但同时应顾到房东之利益。对于判决声明不服者,得向地方法院提起上诉。

（三）莱茵及爱勃河航法院。莱茵或爱勃河中航行发生之争议，分别由该法院等受理。

（四）地政法院（Agrargericht）。地政法院专以适用执行关于地政之法规。此种法规，在十九世纪初叶，已颇繁杂。徒以德国各邦，习惯互异，故不仅法规之内容不一，即地政法院之组织亦相悬殊，不能一概而论。兹以普鲁士为例，地政法院之设立，始于一八一一年之敕令，当时称土地分割官署，要在调和地主与佃户间之关系。欧战后，情变境迁，有改组之必要，乃另制定一九一九年六月三日之法律规定之。现制以初级垦殖官署署长为重心，凡有争议，由其第一审受理。第二审归地方垦殖官署诉讼庭担任，该庭由推事一人及陪审官六人组成之。第三审则由高等垦殖官署担任裁判。

（五）自治区法院（Gemeindegerichte）。自治区法院仅 Württenberg 及 Baden 有之，其组织互有不同。在乌登堡者，由自治区参议会组成之，故系合议的。但参议会有权委托其中一人专司其事。在巴登者，其职权由区长执行。该项法院于财产事件其价值在一百马克以下者有管辖权，但以原、被告于该法院区域内有住所、事务所或长期居所者为限。

其程序分三种：通常程序、督促程序及一般扣押假处分程序是也。一切概凭良心之自由裁量推进，不拘形式。裁判前，应使两造和解。其判决得径予假执行。在巴登，判决书不必具理由。

对于判决不服，得向初级法院提起上诉。在乌登堡十日期间内为之，在巴登两周期间内为之。

此种法院，以简省之手续公正解决轻微民事案件，颇有功于社会和平之维持，故两邦政府迄无意取消之。

瑞　士

瑞士系联州制,各州制度互异。关于法院组织情形,颇为复杂,难以概论。兹仅就商事法院及劳工法院论述,盖亦多数州所设置者也。

（一）商事法院。历史最久者推 Zürich 之商事法院,最近 Aargau 及 Bern 等州亦设置之,其他各州城如 Waadt 及 Basel-Stadt 等。商人为欲避免民事法院程序之累赘及费用之浩大,要求设置之呼声亦甚高。故瑞士法制,纵然民商合一,终以民事法院受理商事案件,未能尽合人意,而有特设商事法院之必要,而日内瓦反因商事法院之存在,易与民事法院管辖上发生冲突,诸多不便,已经一八九一年法律废弃,并入民事法院矣。此亦仅见者也。

Zürich 之商事法院,由高等法院推事两人以上及商人推事三十人组成之。后者由州参议会就商会所推荐之名单中选任之。法院开庭,由高等法院推事两人及商人推事五人担任审判。商人推事担任审判之轮流程序,由高等法院决定之。商事法院对于注册商人间之一切争议有管辖权。如仅被告一方系商人时,原告亦得向民事法院起诉。对于其判决,不得声明不服。因违法而向联州法院提起非常上诉者,不在此限。

（二）劳工法院。劳工法院于工业发达之州城有之,如 Basel-Stadt 及日内瓦等是;由公证人一人、推事两人或四人组成之,劳资各占其半数,由劳资团体分别选举之。公证人或由普通初级法院推事选举之,或由法律规定以初级法院院长充任之。凡一方系企业家、商店或厂主,他方系受雇之男女工人或学徒等间之争议,其诉讼标的价值在三百法郎以下者,统由其管辖;其价值超三百法郎者,由普通法院审判。

据各地之经验,此项法院,结果未见良好。其设置之宗旨,如阶级对抗之减弱、普通法院事务之减轻、判决之公允与迅捷,均未能贯彻。

苏　俄

苏俄之民事特别法院，有如下三种：劳资争议裁判所、同侪法院及乡村法院是也。

（一）劳资争议裁判所。劳资争议之受理，分为两级：普通法院劳工庭为一级，特种劳工法调停机关又一级。调停机关之目的，在调解两方之冲突。如调停而无结果，其争议移送由普通法院之劳工庭或临时组成之调停庭或仲裁法院受理，视其争议是否有关现行法之准用，抑亦有关劳工法规之创制而定。

（二）同侪法院（Kameradengericht）。同侪法院之设置，始于一九二八年，其目的在受理轻微民刑案件，减轻法院之担负，并养成人民自治之习惯。凡轻微刑事，劳工纪律之违背及劳工间财产上争议，其价值在二十五卢布以下者，由其管辖。同侪法院仅于工厂、官署及他项企业中有之；在乡村者有乡村法院，其职务与劳工法院相类。

（三）乡村法院。乡村法院之创设，始于一九三○年，其目的除减轻普通法院之负担外，并使人民与法庭相接近。该法院由常设推事及参审员组成之，与普通法院同，对于财产上争议其价值在五十卢布以下者、儿女抚养之请求权与土地分割及用益事件，有管辖权。其程序取公开之形式，极简易，费用不收。对于乡村法院之监督权，属普通法院及检察处。

综观各国民事特别法院之组织，有下列诸共同点：

（一）民主精神。特别法院之推事，大抵由受裁判者选举之。纵不由其选举，至少有参与表示意见之机会。

（二）推事系非职业的。特别法院由非职业的推事担任审判。纵有以职业的推事（即普通推事）为审判长者，仍以非职业推事之意见为主要。

（三）程序简省。特别法院之程序，较普通法院者为简省。或到场上诉等期日，予以缩短，或代理人之延请、辩论书状之准备、证据之调查、费用之征收及他种形式，予以减省。其甚者，竟废弃一切法庭程式。法院之判决，以假执行为原则。

（四）以和解为宗旨。特别法院，大抵以息事宁人为其主要使命。在审判以前，必使两方，平心静气，进行和解，或受法院或他人之调停。纵然和解不成，亦以简省之程序，迅速结案。

四

特别法院与普通法院之关系，尤其在管辖方面究何若，乃一重要问题。特别法院专为受理法律明定或列举之事件而设，故对于法定以外事件，绝对无管辖权（incompétence absolue）。如以法定以外事件向特别法院提起诉讼时，该法院之判决无效（nichéige Entscheidung）。在未确定判决前，当事人之一方，得随时声请移送管辖，法院亦得依职权为之[①]。

至于普通法院，具有完满之管辖权（La plénitude de juridiction, die Fülle der Gerichtsgewalt）。对于特别法院所管辖之事件，虽名义上无管辖权，实际上仍有相当管辖权。故如当事人间合意将属于特别法院管辖之事件呈请普通法院审判，彼有权审判之。或原告将该项事件，呈请其审判，被告不于本案言词辩论之始，提出抗辩，即以其为有管辖权之法

---

① 法民诉法第 170 条规定："Si le tribunal est compétent à raison de la matière, le renvoi pourra être demandé en tout état de cause; et, si le renvoi n'était pas demandé, le tribunal sera tenu de renvoyer d'office devant qui de droit."

院,随后不能再以其无管辖权而提出抗辩。吾人称此种无管辖权,曰相对的(incompétence relative),非绝对的。法国最高法院,对于民事法院受理商事法院所管辖之事件,屡有判例,作上述之解释。此种解释,更因普通法院,在缺乏特别法院处,得代行其职权,而确立无疑。但若法律规定对于某种事件,特别法院有专独管辖权者(例如法国商事法院之于破产事件),普通法院对之,即绝对无管辖权矣。

以普通法院为有充满之管辖权,有相当实益,从此当事人应及早提出无管辖权之抗辩,在本案辩论开始后,即不能提出之,以免拖延,而杜流弊。

(原载于《现代司法》1937 年第 4 期。)

物权变动立法主义之比较

一

物权之取得、设定、丧失及变更,其依法律行为者,各国立法例所采主义,互有不同。有采意思主义者(法国《民法》),有采形式主义者,其采形式主义者,又分两派[①]:其一,物权之变动,除债权行为外尚须独立之物权行为,始生效力(德国《民法》);其二,虽亦知有物权行为,但不承认其具有独立之性格(奥瑞《民法》)。我民舍意思主义而取形式主义,固已毫无疑问,但究属形式主义之某一派,在解释上系一重要问题。而各家著作,语焉不详,爰加研讨,以就正于有道。

二

意思主义,虽较陈旧,然奉行之者,除法国外,尚有比、葡、希、意、布、加、利及罗马尼亚等,所谓属于法国法系之国家是也。法民第七一一条

---

① 刘鸿渐:《物权法论》,第四十页。

规定:"所有权之取得与其移转,以债务关系而发生效力。"①随后第一一三八条、第一一三九条、第一一四〇条及第一一四一条,均阐发此旨。尤以第一一三八条为最明显:"以交付其物为标的之债务,因当事人之合意而视为完成。"其第二项载:"此项债务之成立,使债权人变为所有人。纵其物未经交付,在应交付时,关于其物所生一切危险,仍由其承受。"以之而准用于买卖契约,在当事人两造对于标的物及价金合意时,纵其物未经交付,价金未经清偿,买卖仍告完成,买受人取得应有之物权②。总之,物权取得之生效,除当事人两造合意外,既毋须他种行为,更毋庸形式上之手续,所谓但有意思,即为移转是也。

　　法民舍罗马法之形式主义,而为上列之规定,事非偶然。在昔罗马时代,交付已不专指占有之现实移转,他种办法,如简易交付及占有改订,纵不移转其物,亦以交付论。复依法国古法,物之出让人,如在约定中声明放弃占有,由受让人取得之,该种条款(通称 Clause de dessaisine-saisine),亦得以代现实交付。一般以其手续简省,遇以约定移转所有权时,辄援用之。该种条款之明订,遂成极普遍之现象。一七八七年 Argou 所著 *Institutes au Droit Français* 一书内已称:"吾人既时在买卖契约中置一条款,言明出卖人自己剥夺其买卖标的物之所有权及占有,使买受人取得之——此之谓虚假交付——则在契约完成时,属于出卖人之

---

① 此项债务关系,以发生于契约者为限。参阅 Bufnoir,propriété et Contrat,p. 53 "Toute cette théorie du transfert de la Propriété par l'effet des obligations suppose une obligation ayant sa source dans un contrat."前巴黎大学教授 M. Planiol 亦主以"债务关系"改为"约定",较为确切。参阅氏著 Traité élém. de dr. civ. fr. T. Ⅰ,no. 2590。

② 法民第一五八三条规定:"La vente est parfaite entre les parties, et la propriété est acquise de droit à l'acheteur à l'égard du vendeur, dès qu'on est convenu de la chose et du prix, quoique la chose n'ait pas encore été livrée ni le prix payé."

一切权利,即移转于买受人,如出卖人系所有人时,买受人即变为所有人。"①

以后法民编纂诸公,以该条款既极通行,遂予省略。故其大体规定,皆本之当时实际情形,实未有所特创也②。

若就出卖人与买受人间之关系而论,意思主义乃系法律上一种进步,毫无疑义(un progrès juridigue certain)③。从此意思解脱形式之束缚,不受形式之限制,而获自主。法民中除所有权之取得一层外,尚有其他各点,亦偏重于意思。例如关于法律行为,盛行意思学说,而不知有意思表示,关于占有之要素,以心素(animus)与体素(corpus)并重,不以事实上之管领力为已足。甚至法官断案之时,亦以搜求当事人之意思为要④。可见处处以当事人之主观为重,而弃客观之表征于不顾。

题后工商业发达,法律上交易频繁,第三者利益之保护,遂成立法上一重要问题。盖第三者之利益不予保护,交易上将无完全可言。物权有对抗一般人之效力,关于其发生及移转,尤应公示于大众。于是近代立法例,又渐恢复曩昔形式主义。关于物权之变动,非经一定程序(登记或交付),不生效力。

----

① "Comme, parmi nous, on met toujours une clause dans les contrats de vente, par laquelle le vendeur se dépouille et se démet de la propriété et de la possesson de la chose vendue, pour en saisir l'acquéreur, ce qu'on appelle tradition feinte dès le moment que le contrat est parfait et accompli, tous les droits qui appartiennent au vendeur passent en la personne de l'acquéreur; de sorte que, si le vendeur était propriétaire, l'acquéreur le devient galement. " T. Ⅱ, p. 238.

② 刘志敫氏以为法民脱去罗马法侧重形式之窠臼,因于革命一役,盖非尽然。(见氏著《民法物权》(上)第七五页。)

③ Planiol, Ripert et Picard, Traité prat. de dr. civ. fr. , no. 625.

④ 法民第一一五六条"On doit dans les conventions rechercher quelle a été la commune intention des parties contractantes……"

　　我民随近代立法例之趋势,亦采形式主义(《民法》第七五八条及第七六一条)。但形式主义,又分两派,已如上述。兹分别论述之,以为解答我民问题之参考。

<h1 style="text-align:center">三</h1>

　　其一系德国法,依德民之规定①,物权之变动,其依法律行为者,除债权行为外,尚须独立之物权行为或物权契约②。物权行为,以直接发生物权变动为目的,由两种事态构成之③。其一,当事人对于物权变动之表示(如系物权契约,则两造当事人间之合意 Einigung);其二,公示物权变动之表征(登记或交付)。缺其一,物权行为或契约即不成立。

---

①　关于不动产物权之变动,德民第八七三条第一项规定:"因移转土地所有权或在土地上设定某项权利,或就此项权利而为移转或设定负担,若法律无特别之规定,非经权利人及相对人一致合意,发生权利变动,并登记其权利变动于土地册,不生效力。"第九二五条专于不动产所有权之取得而为规定:"让与人及取得人因让与土地所有权,依第八七三条所必要之一致合意(合意让与),须当事人之两造同时出席于土地册官署前表示之。"关于动产所有权之取得,规定于第九二九条中:"因让与动产之所有权,须所有人将物交付于取得人,并两造约定转移其所有权。取得人已占有该物者,只须约定移转其所有权。"(以上系朱德明氏之译文)

②　物权契约,德文称 dinglicher vertrag,在德民第一次草案中,曾明言之。第二次草案,虽全采纳第一次草案所定之原则,但对于"物权契约"一名词,有意搁置不用,听学理发阐之,而代以 Einigung(一致合意)。物权行为与物权契约之区别,亦即普通契约与片面法律行为之区别。

③　物权契约,是否指合意及登记(指交付)联系之事态,抑或仅指合意一事,学者间之主张,颇不一致。其持前说者为多数,有 Rosenberg, S. 174 ff., Tuhr, Ⅱ S. 221, Ennec-cerus, § 137³, Wolff, § 38 Ⅱ, § 66 Ⅰ, Kober bei Staudinger, Einleitung Ⅶ B 1 d., 等本国学者如刘志敭氏等从之(见氏著《民法物权》[上]第九十二页以下)。而 Ph. Heck, § 29, 5ff. 颇不以为然。

　　（一）其关于不动产物权者——当事人两造对于物权变动之合意^①，原则上不拘任何种方式，暗示亦可。往往权利让与者，以登记许诺证（Eintragungsbewilligung）授诸权利取得人，经其接受，而合意完成，合意并得附有条件及期限。例如物权契约之有效，以债权契约之有效为条件。

　　但关于所有权之移转，法律以不动产所有权社会上意义之重大，并更求事态之明确，以防免当事人之急迫^②，对于合意，另规定特种方式。依德民第九二五条，当事人两造应同时出席地政机关，而为合意之表示，法律术语称 Auflassung。其不欲或不能躬自出席者，得使他人代理，但其授权状，应经审判上或公证上之证明或认证^③。再依同条第二项之规定，此项合意，不得附有条件及期限。

　　合意是否发生拘束力，易词言之，当事人是否从此不能再撤回其合意，而阻止登记之进行。从原则上言之，合意无拘束力，盖亦所以免当事人之匆促轻率也。但如当事人之意思表示，已具法定之形式者，（已经审判上或公证上之证明，或于地政机关前为此项表示，或呈递此项表示于地政机关，或权利人已向相对人交付合于土地簿册规则之承诺登记证书，参阅德民第八七三条第二项）具拘束力。所谓拘束，仅指不得撤回。在未登记前，物权仍未发生变动。如欲解除拘束，应另订新约废止之。

──────────

① 如所有人在自己不动产上设定物权，例如所有人土地债务（德民第一一九六条）或权利人抛弃不动产物权，则以片面之意思表示，以代合意，乃系物权行为，而非物权契约矣。

② 为达到同样目的起见，法律规定债权契约，亦须审判上或公证上之证明（德民第三一三条），如不具此种形式，其契约无效（第一二五条），当事人不取得任何权利。但若两造为物权上之合意，进行登记，该债权契约因物权契约之成立，而发生全部效力。

③ 以上所述，始终以法律行为取得所有权为限。其因继承、强制执行、公用征收、法院判决等取得所有权者，毋须此项合意。权利人声请登记时，提出遗嘱、确定判决书或其他有关之公文书已足。但如分割共有之不动产，而互让其应有部分者，或受不动产遗赠者，仍须合意。

　　合意普通成立于登记之前，但亦得发生在其后。如其须在地政机关以明白之表示为之者（例如关于不动产所有权之移转），则必须成立于登记之先。其后于登记成立之合意，不得撤回。

　　合意之外，尚须登记。否则物权契约不能谓为完成，物权不发生变动。登记因当事人一造之声请为之。地政机关应履行其审核义务，以视关于合意或登记许诺证书等之条件，是否具备，而准予登记。但其审核义务，不及于债权的取得名义。纵原因行为无效，地政机关不得据以驳回登记之声请。

　　物权契约，既须具相当形式，并经过种种手续而完成，故与债权契约，判别分明，不相混淆（其关于动产物权者则不然，见下）。

　　（二）其关于动产物权者——两造当事人之合意，亦不拘形式。合意之外，当须交付①。事实上合意与交付往往同时发生，或竟由交付表示之。虽然合意有时亦得先交付而发生（antizipierte Einigung）。例如甲于旅次向乙购得书一部，照价付清，以携带不便，着乙当场包扎付邮寄至其家。此际交付之发生，在该邮包送达到甲寓所时。合意既可发生在交付之前，是否亦具拘束力，一部分学者否认之，以为合意须在交付时存续；交付之前两造合意，犹未足也②。另一部分学者则承认之，以为两造

---

① 交付得以占有改订，代位求还等等替代之，不专指占有之现实移转也。

② "Das Fahrnisrecht erfordert das Einigsein bei der Uebergabe; die vorherige Einigung ist bedeutungslos, sie muss bis zur Übergabe fortdauern."见 Rechtsvergleichendes Handwoerterbuch Bd. 2 zu "Einigung" S. 808. 并参阅 Wolff，§66 Ⅰ 4. "Es genuegt nicht, dass die Parteien sich früher einmal geeignet haben, Die Übrgabehandlung muss Ausdruck des Übereignungswillens, der Besitzerwerb Ausdruck des Eigentumserwerbswillens sein."

既经交换表示,应信赖其效力之发生①。就上例而言,如乙于寄送后,因他人愿以高价购之,忽声明撤回其合意,遂阻止物权契约之成立及所有权之移转,宁得谓为合乎诚实及信用?

合意得发生于现实交付之后,此乃实际常见之事。例如甲因借贷关系,占有乙之书籍而向乙买受之。甲乙对于所有权之移转合意时,物权契约即告成立。

物权契约得附有条件及期限,其以直接移转所有权为目的者亦同(此与以移转不动产所有权之物权契约异)。例如甲向乙购买汽车一辆,言明分期付款。乙交付其车时得附条件,即在甲未付清款项前,乙仍保留其所有权;或言明物权契约之生效,以买卖契约之生效为条件(详见下)。

物权契约与债权契约有时不易辨别,此与关于不动产方面之物权契约异。不动产物权之变动,非经登记,不生效力,故物权契约,事实上必与原因行为异时发生,因此亦易于判别。其在动产物权之变动则否,此尤于特定物之现实买卖为然②。例如甲向乙购书一册,当场付款交货。此际物权契约与买卖契约,实混合而不可分,吾人称之谓行为之一统性(Geschäftseinheit),其中各部分相互依赖(详见下)。

物权行为系处分行为,当事人应有处分权限及能力,自不待言③。此外并准用德民总则编第一〇四条至第一八五条之规定(包括行为能力、意思表示、契约、代理、条件及追认等数节),但《物权法》另有规定者,

---

① "Jeder Tei soll nach dem Austausch der Erklärungen sich auf ihre Wirkung verlassen duerfen. Diese Erwägung muss auch beim Übereignungsvertrag Platz greifen."见 Heck, §557.

② 参阅刘鸿渐,第五八页。

③ 参阅同书第五五页。

从其规定。假如关于不动产所有权之移转,物权契约中之让与合意(Auflassung),须具一定之形式,并不准附有条件是也。

物权契约,系无因契约,与原因行为(例如买卖、遗赠、赠与等),分离独立。德国法学者阐发此项主张之理由,在维护交易之迅速及安全。若以物权行为之效力依赖债权行为,则第三者欲取得所有权,势必调查对方以前就同一物所为之债权行为是否有效,岂非使交易之进行,受多方之阻滞。纵令第三者取得所有权,仍有蒙不测攻击之可能,故不能安枕。例如与其对方缔约之业主,以契约之缔结,出于错误,而请求撤销所有权之移转是。

以物权行为具无因性格,固牺牲业主之利益,但法律认为交易之利益(Verkehrsinteresse)更有保护之价值。物权行为之独立及无因性格,发生效果如下[①]。

(一)纵原因行为无效,物权契约只须其本身条件具备时,仍发生效力。其受损失者,仅得依不当得利之规定,行使其请求权。例如甲向乙购买地基一亩,并与之成立物权契约移转所有权;但乙对于价金实发生错误,如买卖契约被撤销而失效,对于地基所有权之移转,不生影响。乙仅得依第八一二条之规定,请求返还其地基。

(二)物权行为,应合于其本身应具之条件。如当事人无行为能力,或因意思有瑕疵而被撤销,不问债权的原因行为是否有效,不生效力。物权行为之瑕疵,固可与债权行为之瑕疵互异,但事实上往往相同。于此债权行为之瑕疵,遂致影响及于物权契约之有效性。

例如甲向乙购买坐于东首之地基,乙误以为西首之地基,以后复出于同样之错误以西首之地基为物权契约之标的物。乙不但得就买卖契

---

① 参阅 Ph. Heck, §30, 5ff。

约,同时得就物权契约,请求撤销。

（三）当事人之两造,得约定以原因行为之成立及生效为物权行为生效之条件。（但关于不动产所有权之移转,法律规定不准附有条件者除外。）

上列三种效果,人所共认,但以下两种,颇有讨论:

（四）物权行为与债权行为有时构成一体（并见上,关于特定动产之买卖）,于此,吾人是否仍以物权行为具独立之性格,抑或准用第一三九条之规定①,而认为原因行为之无效,使全部（包括物权行为在内）皆为无效。曩昔学者之主张,均以为应维持其独立性格,最高法院判例亦然。但近来渐发现相反之趋势②,判例亦有同一之倾向。

（五）物权行为是否有违背善良风俗之可能,而准用第一三八条之规定③,学者间之主张,大多以为否④。最高法院虽不一致,多数主张亦如此。但持相反之说者,亦颇不乏人⑤。彼辈以为法律采物权行为无因学说,而保护交易之利益,乃以交易之利益与业主或处分者之利益相权衡,则前者之保护,自较后者之保护为重要矣。但若以之与社会上善良

---

① 德民第一三九条规定:"法律行为之一部分无效者,其全部皆为无效……。"并参阅我民第一一一条。

② 主张严格的无因性及独立学说者 Tuhr, Ⅲ, S. 210 Rosenberg, S. 181 等。其持相反之说者 Planck zu §138 368. Enneccerus, Ⅰ. §178 A 17. Wolff, §38 Ⅱ 4 Anm. 16 und Aufführung, §669. "die Unwirksamkeit der einen Abmachung zieht die der anderen nach sich."

③ 该案第一项称"违背善良风俗之行为为无效"。

④ Tuhr, Ⅲ, S. 210 Rosenberg, S. 179, Enneccerus, §178 Ⅱ 3, Planck, Ⅰ zu §138 3b, Rechtsvergleichendes Wörterbuch zu "Auflassung", S. 808, "Ob die Sittlichkeit des Grundgeschäfts die an sich farblose Einigung beeinflusst, ist zweifelhaft."

⑤ Dernburg, §127, 2, Wolff, §38(6), Heck, §30, 9.

风俗之利益相权衡,则应牺牲交易之利益,而成全善良风俗,实属无可置言①。

四

奥瑞《民法》虽亦采形式主义,但不以物权行为具有独立及无因性格。依瑞民之规定,不动产物权之变动,固非经登记,不生效力②,但只登记,不足以使物权发生变动。登记仅具形式上价值,而无创设之效力。登记之外,尚须他种条件③。其最要者,莫如有效之法律上原因(cause juridique valable,例如买卖、互易、赠与等)。故所有权得丧变更之生效,不仅以两造之合意及登记为已足(Konsensprinzip),且须视债权行为是否有效(Legitimitätsprinzip)④。如因无拘束力之法律行为或无法律上之原因而为登记,其登记为不当(第九七四条第二项)⑤。任何物权主体,其有因该项不当登记蒙受损害者,得请求涂销或更正其登记(第九七

---

① Heck 举一例如下,某甲欲炸毁某官署,以造成恐怖状态,向某乙购买炸药一桶,该官署位处于热闹市场中,若不幸而某甲之行为成功,杀人将以百计。乙知其事。此际买卖契约之无效,依第一三八条之规定,固不待言。但移转所有权之物权行为,是否亦属无效?若并假定该桶炸药,系某丙所有,但为乙侵占,而让与甲,纵甲为善意者,是否仍准其取得所有权,俾进行其恐怖行为?善俗利益之受到危险,而应予保护,就上例言之,无有以为当者。

② 物权之得丧变更,其因先占、继承、公用征收、强制执行及法院判决者,不在此限。

③ Wieland, Les droits réels dans le code civil suisse, trad. par H. Bovay, I P. 144.

④ 瑞民第九六五条。

⑤ "Ungerechtfertigt ist der Eintrag, der ohne Rechtsgrund (sans droit) oder aus einem unverbindlichen Rechtsgeschäft erfolgt ist."

五条第一项)[①]。

不动产所有权之移转，不得附有条件。如约定于登记后移转所有权，其约定无物权上效力。

在登记之前，受让人尚未取得物权，仅有债权。因此项债权，彼得请求出让人进行登记。出让人拒绝时，得请求法院判断以所有权与之(第六六五条第一项)[②]。

债权行为之成立生效，准用关于法律行为一般之规定，固毋庸赘述。但有应予注意者一点，以移转不动产所有权为标的之契约，应具公正证书(acte authentique)之形式，始生效力(第六五七条第一项)[③]，此层与德民规定同。盖亦以不动产交易，对于私人及社会经济之影响颇大，自应规定要式也。此项公正证书，既为交易有效之要件，复为土地簿册登记之要件，同时亦系契约发生物权上效力之要件及关于契约内容之证明文件，其效用实甚广也[④]。

关于动产所有权之变动，虽亦以交付为必要条件，但只交付犹未足。其他条件尚多，尤要者为法律上之名义(titre juridique)[⑤]。如法律上名义或取得名义无效，纵然物已交付，物权仍未发生变动。关于此层，瑞民虽无明文，但九七四条第二项关于不动产物权之规定(见注二十八)，自应类推及于动产物权。况不动产所有权之移转，因有公正证书及土地簿

---

① "…… so kann jedermann, der dadurch in seinen dinglichen Rechten verletzt ist, auf Löschung oder Abänderung des Eintrages klagen. "

② "Der Erwerbsgrund gibt dem Erwerber gegen den Eigentuemer einen persoenlichen Anspruch auf Eintragung und bei Weigerung des Eigentümers das Recht auf gerichtliche Zusprechung des Eigennums. "

③ 关于地役权之设定，其契约应以书面为之(瑞民第七三二条)。

④ Rossel et Mentha, Manuel du dr. civ. suisse, II. no. 1232.

⑤ Wieland, I P. 423 et s.

册登记等形式,物权契约与债权行为之区别对抗,比较容易辨认容纳。今法律既未予容纳,自不能谓反于动产物权予以容纳,其理明甚[1]。

奥国《民法》,虽以物权之变动非经登记或交付不生效力(奥民第四二五条)[2],但并非即以登记或交付即生效力。当事人两造之合意移转所有权乃根据于债的关系(例如买卖、互易、赠与等)。故不动产所有权之取得,除登记外,尚须有效之债权行为。一九一三年有一最高法院判例称:"无名义而登记,不创设所有权。所缔结之契约无效者,不发生合法之名义。"[3]关于动产所有权之取得亦然。一八九〇年一判例称:"无法律上原因而交付,不创设所有权。"[4]

德民创立物权行为之独立及无因性格,其理由要不外乎维护第三者之利益及交易之安全。但欲达到上述目的,是否非倡说无因的物权行为

---

[1] 以交付移转动产所有权,是否具无因性格,而与德民第九二九条所规定(见注七)者同。因瑞民无明文规定,故学者间之意见,颇有出入。依 Rossel et Mentha（Ⅱ, no. 1332 et 1333）之主张,应认为具无因性格,盖为交易之迅捷及安全起见耳。故债权行为之有效与否,对于所有权之移转,不发生任何影响。其受损失之出让人,对于受让人,仅得请求返还其物,享有一种债权而已。瑞士最高法院之判例,正复与此契合。但 Rossel 及 Montha 复释,两造对于所有权移转之合意,明示默示不拘,事实上往往发生于创设行为即债权行为。再就债权行为之无效或得予撤销而言,事实上亦往往连带及于交付,此尤于有诈欺行为时为然。窃以为彼二氏既承认债权行为与物权行为,事实上往往互相牵掣,则分离之又有何实益欤。此其采无因性格之说,不能令人折服者一也。瑞民关于不动产物权,既明文规定以登记之效力,坐基于原因行为,若谓关于动产物权,不以交付之效力,仰赖于债权行为,是乃破坏立法上一贯之主义,此其说不能令人折服者二也。以物权行为具无因性格,难免赘疣之讥(详见后),此其说不能令人折服者三也。反顾 Wieland 之见解,实较有力。

[2] 奥民第四二五条规定:"仅名义不发生所有权,所有权或其他物权,除法律另有规定外,只得以合法之交付与接受取得之。"

[3] "Durch Einverleibube ohne Titel wird das Eigentum nicht begründet. Der nichtig abgeschlossene Vertrag gibt keinen rechtlichen Titel"见 Heller, usw., Systematische Darstellung der Oberstgerichtlichen Entscheidungen, S. 284.

[4] "Die Übergabe ohne Rechtsgrund begründet nicht Eigentum."

不为功,窃深疑焉。夫第三者之利益,因法律对于善意取得人之保护,已获得充分之保障。例如甲向乙购得汽车一辆,复以之出售于丙。当甲向乙买受该车时,因某种事由,其买卖契约,应属无效,而此种情形,丙不知焉。丙既为善意者,依德民第九三二条之规定(瑞民第七一四条第二项),仍取得车之所有权。如买卖之标的物为不动产,其情形初无二致。依德民第八九二条之规定,登记具公信力,对于登记之信任,得替代必要之处分权限或能力①。故如丙查明乙之登记不动产无误,纵乙与甲所缔结之契约无效,因而无处分之能力,丙仍取得其所有权②。瑞民第九七三条且明文规定之:"其善意信任土地簿册中之登记而取得所有权或其他物权者,其取得应予维护。"③若并采物权行为无因之说,岂非招赘疣之讥。

且以物权行为与债权行为分离独立,与当事人之意思不相契合。盖出让人之移转财产权,不仅为移转己耳,必另有其目的(或原因[cause finale])在也。其在出卖人,则企图获得价金,其在互易当事人之一造,则企图获得对方向其移转金钱以外之财产权。是故物权之变动,与其所根据之债权行为,不应分离独立④。再就实际而论,瑞士法学家 Rossel 及 Mentha 曾称两造对于所有权移转之合意,不拘明示默示,事实上往往发

---

① "Der gute Glaube an das Rechtszeichen kann die sonst erforderliche Verfügungebefugnis ersetzen."见 Ph. Heck, § 29 b.

② "So erlangt der redliche Erwerber das Eigentum, auch wenn der eingetragene Veräußerer nicht Eigentümer war, und er erlangt es lastenfrei, wenn die auf dem Grundstücke ruhenden Belastungen zu Unrecht gelöscht worden waren."见 Wolff, § 45 Ⅰ 2a.

③ "Wer sich in guten Glauben auf einen Eintrag im Grundbuch verlassen und daraufhin Eigentum oder andere dingliche Recht erworben hat, ist in diesem Erwerbe zu schützen."

④ 或驳难云,吾人之问题,不能解释当事人之意思,而在确立法律规范,以维护交易之安全。纵令如此,交易之安全,已经法律中他项规定予以维护矣(详见前)。

生于创设行为即债权行为。又债权行为之无效或得予撤销，事实上亦往往连带及于交付，此尤于有诈欺行为时为然（见注三十三）。并据德国学者 Heck 称，物权行为之瑕疵，固可与债权行为之瑕疵互异，但事实上往往相同。于此债权行为之瑕疵，遂致影响及于物权契约之有效性（见前）。然则无因性格之说，实际上之用度，究属有限。

最后德国学理，反使情形复杂。如出让人因被胁迫而让与其物，究竟物权契约是否亦受胁迫之影响，极难断言①。

六

我国学者，根据第七五八条及第七六一条之规定，称我民采形式主义，固极确当，但并断谓从同德国立法主义，亦采取物权行为独立及无因性格之说②，颇有疑问。上述两条之规定，试与德民第八七三条、第九二五条及第九二九条诸条文相比较，其间显有不同。

况德民第一次草案明称物权契约，立法理由书中且详述其性质，而我民立法理由书中，始终未曾提及。充其量，吾人只能认登记或交付为物权变动之必要条件，而不能径谓其与债权行为分离独立，具无因之性格。

一部分学者及判例，又认《民法》第七六〇条，即系明定独立物权行为之形式③，愚则以为该条乃明定债权行为之形式。盖不动产之交易于社会经济及私人经济均有深切关系，故关于不动产物权移转或设定之约

---

① Wieland. Ⅰ, P. 424.
② 参阅余棨昌第十页、柯凌汉第二十页、刘鸿渐第六十页、刘志敔第九十九页及第一百页。
③ 参阅余棨昌第八页及民国二十年上字第一二〇七号最高法院判例。

定，必使具要式，以昭慎重而免急迫。试观各国立法例，德民第三一三条规定，不动产所有权移转之约定，须审判上或公证上之证明，否则其契约为无效。依瑞民之规定，关于不动产所有权之移转及不动产质权之设定，应以公正证书为之（第六五七条及第七七九条），关于地役权之设定应以书面为之（第七三二条），始生效力，其旨盖亦无非使当事人慎重将事耳。如债权契约不需要式，则口头约定，即生效力，当事人一造，即有移转或设定不动产物权之义务，是岂立法之本旨哉？或难之曰，第七六〇条既规定债权行为之形式，应收在债编中，德民第三一三条即如此。但此项书面，在我国法律中，不仅为债务关系成立之要件，抑且为登记之要件，同时亦系债权行为发生物权上效力之要件，《土地法》岂不规定云："声请登记，应提出证明登记原因文件"（该法第六十五条），然则以之置于物权编中，固亦未始不相宜也。以此观诸瑞民第六五七条、第七三二条及第七九九条等规定，均置于物权编中，益可信矣[1]。

　　总之，依据我民各条规定，未见立法者有从同德民之意，而应认为与瑞奥《民法》所取主张相若。即以直接发生物权变动之行为，与其所根据之债权行为相联系，而成为一体。如债权契约无效，或被撤销，物权纵已发生变动，其受损失者，不但得依不当得利之规定，请求返还其物，且得进而行使物上请求权，而享有物权上之保护。就缔结该项契约当事人两造间之关系而言，吾人对于受损失之一造，许以物权上之保护，于情于理，均无不合。但如对造已将其物出让，则受损失者之物上请求权，不影响及于善意取得人之权利。如系动产，第八〇一条已明文规定维护善意者之权利；如系不动产，因登记有绝对之效力（《土地法》第三十六条），纵

---

[1]　刘志敫氏对于第七六〇条之解释，与吾人同。见氏著《民法物权》（上）第九三页及第九四页。

让与人无移转所有权之权利,受让人仍取得其所有权。故就受损失者与第三者之关系而言,亦未尝不以保护第三者之利益为重。交易上之安全,固不待采取物权行为之无因学说而后达到也。法之立法主义,倾向于私人利益;德之立法主义,则侧重于社会利益,均不免失之过偏。惟瑞奥之立法主义,于私人及社会利益,兼筹并顾,洵制之较善者也。反而及于我民,纵立法者初有从同德民之意,但法律一经施行,其解释应以其对于社会生活所发生之实际影响为根据,则就实际效果而言,自有采取奥瑞立法主义之道也。

二十五年十一月于南京

(原载于《国立武汉大学社会科学季刊》1937 年第 7 卷第 3 期。)

德国之种族法理学

　　国社党自掌握政权以来,以革命之精神,进行社会之改造。法律乃所以贯彻当轴之政策,奠定其设施。既有新制,自必有新法律应时而生。该党执政以来,未及四载,而《刑法》、《刑诉法》、《民诉法》等,早经次第修正;《家传农田法》、《新劳工法》等,亦先后颁布施行。其他各种法律,靡不在审核重订之中。并设立德国法学院(Akademie für deutsches Recht)专掌研究改革之事。

　　国社党于革新法律以应实需之外,并创一新异之法理学,以种族为出发点①,故亦名种族法理学(Rassengesetzliche Rechtslehre),与所谓分析法学派、哲理法学派等各异其旨趣,尤与脱胎于罗马法之现实法主义,

①　国社主义之全部哲学,建于种族之上。尝谓国运之昌盛及文化之发扬,靡澄清之种族,则缺乏一必要之条件。去岁九月十五日德政府乘全体党员大会于 Nürnberg 举行会议之便,颁布重要法律,都凡七条,以保护德国血统及德国名誉为目的。兹择要迻译如次:
《保护德意志血统和德意志婚姻法》(Gesetz zum Schutze des deutschen Blutes und der deutschen Ehe)——"国会鉴于德国血统之澄清,为德国民族永年之要件并为立志永保德国国祚起见,一致决议如左:
第一条: 犹太人与德国公民或同类血统之人结婚,禁止之。其为避免本法在他处结婚者无效。
第二条: 犹太人与德国公民或同类血统之人非婚性交禁止之。
第三条: 犹太人不准雇用四十五岁以下之女性德国公民或同类血族之人以为家庭仆役。
第五条: 其触犯第一条者,判处惩役。
男性触犯第二条者,判处惩役或有期徒刑。
其触犯第三条或第四条者,判处一年以下有期徒刑,并科罚金,或判处上列两刑之一。

背道而驰。故国社党党纲第十九条即载云:"吾人主张以德国普通法,替代促进物质世界之罗马法。"又近年来一般法学家,对于罗马法,肆意攻讦,不遗余力,盖亦为创立新法理学之张本耳。

罗马法之精神;所以与国社主义之法律观念,不相吻合者,实因罗马法系一混杂民族之产物。罗马人之先祖,原系北方种族。纪元前七五三年,罗马城成立时,其统治阶级为"patricia",乃一纯粹之种族;已而与"plebs"通婚,血统渐混,复以罗马势盛,疆土日拓,南欧近亚,悉为包有,种族交错,愈益纷乱。皇帝自身,已非真正罗马人,其帝国亦成一无灵之机构。至于人民既无天然之血缘以资联系,遂不得不借国家权力,以维持共同生活。

表现此项国家权力者为法规。及优帝之世,始集其成,今所称"罗马法"即指此。以非纯粹民族之产物,故缺乏民族精神,并与民间习俗相隔离。虽其结构井然,理论谨严,极尽人类思想之能事,但究属冷酷无根之物,不合人民法律感情。复以民族意识消沉之故,法律从不计及人民全体福利之保护,仅以个人之利益、自由为重,盖亦迎合当时赢利之风耳。

罗马虽亡,其法犹存,流传他国,影响及于其法制殊深。德国亦于十五世纪开始接受之(Rezeption)。其时外族移入,德国种族已渐呈溃崩之现象。洎乎十九世纪,以个人资本主义之昌明及唯物观念之流行,本族生产率降低,异族之势力日厚。就中犹太人操纵立法、司法及法律教育,控制德人法律生命,威胁尤甚。而罗马法之影响,因此情形,益巩固而不可拔矣。

十九世纪末叶,德草订民法典。其初稿以罗马法为圭臬,唯其用语准确,理论精密,鲜求应合民需。其后一八九六年所颁布之《民法》,虽不如初稿之独断,罗马法之精神犹在,盖仍以个人为中心;且人们间之关系,尽于法律规定中;若无规定,则得任意作为或不作为。此乃就立法而言。以言法理学,则一般学者,公认法律系国家权力所创造。凡国家所命令者不问其实质如何,均称"法"。故法律处于国家权力之下(princeps legibus solutus)。国家权力之行使,从不发生合法与否之问题。

国家既为法律之惟一渊源,故唯成文法为法——Positivismus。如有争讼,而欲定其曲直,仅须翻阅法典,指出相当之编章条文,依其字句解释判断即可。无明文规定时,则根据字句,反复推论,毋庸顾及实益——Begriffsjurisprudenz。故法律与国民感情、流俗习惯,漠不相关——Juristenrecht。

至于国社主义者,认为一国之法律,与其民族之血脉精神,同得之于天。当人初生于世,其合群天性,即指使其应如何行动,俾共同生活,得以调谐;种族命脉,得以绵延。故规矩之遵守,即所以维护生命。法律与种族之命祚,其关系盖甚深焉。此种正义之观念及公允之感觉,与血脉连同遗传于后裔,世代不息。但因种族所禀之于天者,以土地气候关系,各有不同。故法律之观念及感情,亦因地而异。就德国立场而言,知晓法律者,仅北欧种族之嫡系而未受异族血脉之侵入者能之。他族之人,虽智慧极高,亦未能也。此所以国社党既有排除罗马法之议,复有驱逐犹太人之举动也。

法律非可由理论发明之,而为民族精神之产物也。昔历史法学派,已有此论。但民族精神,究系何物,该学派未予解释,不免神秘空泛之讥。国社主义者以民族精神与种族相联系,实一新发明,其说亦较历史法学派为切实。

法律既与血脉同得之于天,故相同血脉之人具相同之法律。血脉之相同,首表现于家族。而一家族人之互助共存,相安无事,其间已有法在。父母长幼夫妇间之关系,已天然形成,固毋待强制条款予以规定。推而及于宗族民族,亦何独不然。各人行为,一本良知。虽无成文法规,但因具相同法律感情,无形中已有相当标准,历久而成风俗习惯。故法律与论理习俗实有不可分解之缘也①。

故一国之法律,非国家权力所创制,于其人民降世时,已同日产生。国家权力,既不创法,故不居于法律之上。反之其有维护培养之义务。所谓法,亦不专指成文法规(去年三月间颁布之刑法修正条文,其第二条明文规定,以健全国民感情为法律渊源之一),其于法律理想符合者,皆曰法——Rechtsidealismus。

以种族为根据之法律,自必以种族之维护为其重心。种族存,则法律感情法律良知生,法律之渊源亦以荣。个人仅为全族之一分子,其利益之保护,悉视公共福利之需要而定。罗马法系之法制,以为如法无禁令者,则凡事皆可,而不为罪(tout ce qui n'est pas défendu est permis),乃伸张个人权利之必然结果,非促进公利之旨也。至于所有权,将具社会色彩。如个人财产,应为供养其妻子及维持其家族之用,非所以遂一己之奢欲;传之后代,亦必如此,庶祖先之血统繁殖滋荣,而无断炊绝食之虞(此即一九三三年九月所颁布《联邦家传农田法》之要旨)。

试细究此新法学理论,未始无相当真理。人为社会(或政治)动物,先哲已有明训。如子女之需要育养、成年人之追求配偶,莫非社会天性之表现。故人各以其民族合,乃天然之事实,非强为者也。其有以鲁滨逊自许者,不啻自取灭亡,其以个人如思想系统之中心者,亦显然抹煞事实。至于法律,系人类共同生活所必需,亦一自然现象,因于同族之共同法律感情及法律良知而发生。若谓发源于理性(Ratio),则全世界各族,应具同样法律,征之事实,岂非谬甚。虽然,世有确有发自理性之法律,

---

① 希德勒在一九三三年于 Leipzig 所举行之法界人士全体大会中演说时曾云:"法律与道德之间将不复有任何区别"。(Von nun an gibt es keinen Unterschied mehr zwischen Recht und Moral.)

此乃杂种人之产物。凡杂种之人如犹太人,感觉不确切,良知不纯挚,于事之善恶,不能直觉辨别之,必深思密虑而为断。故法必以成文者为限,且必求其良善,否则茫茫人众,既无精神上之联系,将乏结合之方。至于执法者,亦仅得就法文字句解释之,以为曲直之判断。但种族混杂,系变态之发展,究非常情也。

依此新法理学,法律与国家或与法官,其关系将如何,法律内容将如何,连带问题,何止一端,兹择要节述如次。

(一)法律与国家。法律良知及社会天性,虽示吾人以善恶曲直,为吾人行为上之指导,但不足为法律详确之规定。个别条文之措辞排比,犹待思考后为之。此项工作,由国家担任,通常所称立法即指此。故国家并不创法。彼仅予以定形而维护之。现实法主义者以国家为无上权威,得为所欲为,盖非尽然。昔 Walter Merk 已称:"立法者不能以独断之行为,无中生有。仅得就民族之法律意识,搜求有生命之法——Volksrecht——予以外形,并借国家强力防卫之。……成文法者,仅实现法律思想之一工具而已。"

国家既不驾临法律之上,故有非法行为发生之可能。如其违背法律理想,与其谓立法毋宁谓违法。其法规亦不应以"法"名之。谚云:"百年非法,不能变为一日法。"(Hundert Jahre Unrecht macht nicht ein Tag Recht),斯之谓欤。在现实法主义者视之,此项问题于立法者不致发生,而仅于法官有发生之可能。凡法官背法而行者,皆属犯法。

(二)法官与法律。立法者为一般而制法,司法者为个别而用法,均不能脱离法律理想,武断从事。正直之宣告,不问其由法官抑或由立法者为之,实际上并无区别,立法司法,实殊途而同归者也。是故法律之制定,非所以为法官审判时不易之根据,其效用仅在减省其求法之工作耳。法规合乎法律理想者,适用之可也? 其显然有背公允或其于个别案件之准用可以发生不平衡情事者,法官得不受其束缚。立法者盖亦人类,知识能力,均有限制。虽竭全力以赴其立法工作,挂漏之处,仍所难免。法官不能一味盲从,将错就错。法官之职权,究不限于条文之解释,而在正义之发扬也。

近今立法,明乎此道,准法官自定法律规范。一九三二年《普鲁士公务员惩戒法》之第二条,即其例也。该条载公务员违反其义务,或其职权内外之行为,不合其职业上应有之尊严或信任者,得付惩戒。公务员之行为,如何始得谓为丧失其荣誉,其事虽不易断定,但此法施行以来,事实上究未发生任何困难。惩戒法院亦能依其伦理观念,凭公处断。再如通常法典中所载"诚实及信用"(德民第二四二条、我民第二一九条)、"善良风俗"(德民第一三三条、我民第七二条)、权利滥用(德民第二二六条、我民第一四八条)及"于能为之限度内"(德民第一九九六条)等等,亦均法官运用其法律良知之处。最近一九三三年《普鲁士家传农田法》第六十三条称:"应裁决之问题,在本法中无特别规定者,法官应根据该法规目的而为裁判,尤之普通真诚之立法者,在联邦强制法规范围内,对于该事件自为规定然。"又一九三五年《刑法》修正条文之第二条规定:"所作行为,法律宣布有罪者,或依某一刑事法规之基本思想及健全的国民感情,应受罚者,处罚其行为人。于其行为无特定刑事法规可得直接准用者,依法规中其基本思想与该行为最合者处罚之。"更明文准许法官代行立法者之职权。

(三)法律与习惯。法律既为生命之天然要件,故在国家权力尚未发生时,法已存在。因其时与风俗习惯不分,故称习惯法。习惯法亦以民族之法律良知,民族精神为其渊源,原与成文法规无异。彼具成文法之效力,得改变成文法中之规范。习惯未尝无善恶之别。其善者,其合于种族法律思想者,始有拘束力。盖习惯法系天然演变,未经独断权力之制定,故不合法律理想者,为较罕见耳。

（四）种族刑法学。现行刑法学理,以为人受环境之支配,其触犯法纪,乃环境使然,非可归咎于其本人。故刑法之目的,在保护个人,以抵抗国家权力;其方法亦重感化,使犯人复能适合社会生活。种族法理学之说,适反乎此,以为环境乃由人造。各地人民,依其秉性,造成其特种环境。有故蹈法纲者,显然表示其根性之恶劣,不宜合群。刑法为保护社会及民族计,自应处罚之。于必要时,且得绝其繁殖,以免不名誉之品性,传至后代,贻害将来。或谓人道之刑法,乃文化高超之表征,实则刑罚愈轻,抑制犯人之效力愈减。感化云云,成效亦殊有限。谚云:"江山易改,本性难移",信哉斯言。若刑法不以肃清血统维护社会为任务,行见纪纲败坏无已,民族消灭无日。

国社主义者创此新说,不无特种动机,此不外为国社党辩护,表扬其为合法之政府耳。国社党所推翻之政府,肇端于一九一八年之革命。其时各党虽攫得政权,但其一切设施,自罗马宪法以下,绳以种族法律思想,均有未合。今国社党实现种族法律,以为民族生存国祚绵延之图,是乃以合法之政府,易不合法者耳。

种族法理学,除为国社运动辩护之用外,其在学理上究有何等价值,一时当难评判,要视今后德国法律生活之发展以为断。兹草斯篇,亦以绍介国外新异法学思想乃耳。

（原载于《中华法学杂志》1937 年第 10 期。）

近代国家中法官之地位

一、序　言

近年来德国革新法制,颇有广采非职业法官之制,扩大其职权,以辅助职业法官之趋势。《联邦家传农田法》第四十三条第二项规定:"家传农田法院,由审判长一名、推事两名及农人两名组成之。"一九三四年五月三十日之《刑法》及《刑诉法》修正条文,规定设立人民法院,专以受理内乱外患各罪。而其组织,除审判长及法官一名系职业法官外,余则不必具充任职业法官之资格。职业法官在法院组织上之地位,不惟过去已成为一中心问题,今后将更如此,吾人实有加以深究之必要。

各国之有职业法官,亦近数百年来事。过去历史,并不悠久。德国自十五六世纪接受罗马法以后,法官职务,始渐由深通法学之士掌理,非职业法官,尽被淘汰,盖执法断狱,已非专凭常识,人尽能为之事;须熟读罗马法,运用如意者,方克胜任。从此法官即变成职业及公务员之一种,法院审判人员,亦均由研究法学之官吏充任。

在君主专制时代,政权统于一人,司法权亦为君主所垄断。法官与普通行政官无别,职权之行使,受多方之牵掣。不问形式上实质上,均无独立性格可言。

洎乎自由主义昌盛,人民因需求身体及财产上确切之保障,遂创为

司法独立之说,兹就各国关于司法独立学说及运动之概况,叙述如次:

二、自由主义时代

英 国

英国司法独立运动,可谓始于大宪章,其中虽规定人民不经判决,不得被处死刑,但国王对于司法权,仍未完全丧失,司法官得由国王任意调派。一六二七年之权利诉愿状,禁止特别法院之设立,乃对于国王司法权进一步的限制。一六四零年之司法改革,人民曾要求法官独立,未果。其时洛克之政治学说,传诵于世,影响颇大。迄一七零一年,有 Act of Settlement 者,即规定司法官独立。因此其职权之行使,亦得不受牵掣矣。

卢梭及孟德斯鸠之学说

英国法官在宪法上之地位,流传他国,颇为人所称颂,且被认为新政治学说之中心点。卢梭及孟德斯鸠受洛克之影响,对于司法独立一点,更详加阐发。卢氏以研究法律之本质为出发点,认为法律并非国王意思之表示,而系理性之产物。此项理性,依卢梭之见解,得由一般意思揭示之。一般意思仅有一个,以求达大众福利为目的。故法律之内容,莫非为全民之利益,其效力及于一般人,无所轩轾。法律之前,人皆平等。政争标语中有所谓平等者,即出于此。

至于孟德斯鸠对于法律,亦具同样之观念。依自由主义者之见解,一国政府之最重要工作,原在保障个人之自由及安全。其法莫如使人民之法律生活,受恒久不变法律之支配。此项法律,具普遍性,对于个别生活行为,预为规定。此外法官执法,应按个别事件,就法律条文,谨严演绎,不背逻辑,以为适用。独断之流弊既除,安全之感觉以增。孟氏尝谓"法官者,宣示法律内容之唇舌,无生命之机关,既不能改变法律之效力,又不能缓和其刚性。"

法官之工作,既限于一般法规合乎逻辑之适用,自不容外界任何方面之干预,此一定之理也。如使立法权与司法权相连,人民之生命自由,将受独断之弊;行政权与司法权相连,则法官具有压迫之势力。故司法权必与其他各权分离,然后法律之神圣性,得以维持,人民之自由及安全,始获保障。司法独立之说,由是生焉。

美国法官之地位

美国独立宣言以前,各邦宪法,多有奉行司法独立之说者。如华杰臬邦一七七六年六月十二日之《权利条例》,其第五条即规定:"立法权与行政权应予分立,而与司法权相隔别。"随后一七八七年之《联邦宪法》,于孟氏学说,明加采纳。法官独立之地位,保障极为周全。任期终身之法官,由总统得上议院之同意后任命之,而其免职则须经弹劾程序,始得为之。同时司法权,依孟氏之说,为消极的,而在美宪中,适掌握权力均平之枢纽。盖最高法院有权宣告法律违背宪法,使立法机关,不致在权力之天平上,较行政机关为重。美国此项宪政,显受当时自由主义之深切影响。个人基本权利之保障,除使司法独立以脱离立法行政之干涉外,别无良法。

法国革命时期宪法中法官之地位

法国革命,受卢梭及孟德斯鸠等学说之影响甚深。草宪之时,该项学说，曾酌予采纳，以期实施，自不待言。一七九一年九月三日之宪法，其第三章，以两人之学说冶于一炉。一方面规定主权在民，他方面复规定发于主权之三种权力——行政、立法及司法，分立而不相混杂。其结果，法官只得适用法律，而不得解释之。所谓适用者，根据法规之字句，以严谨之逻辑论法，而以法律实施于个别案件也。故法官之任务，颇多消极性。若此外复欲解释法律，难免更改立法原意，而有干涉立法之嫌也。故最高法院遇有法律疑难之点，必行文立法机关，请求解释。

法官职权独立，既获保障，其任免亦不应受行政或立法之影响，故宪法规定由人民选举之。殊不知法官由人民选举，必使法官偏袒党派利益，而不能秉公判断，其祸害亦甚深也。虽该宪法施行未久，即被废止，但颇有历史上价值，故予叙述。

德　国

关于德国，可分三期叙述：（甲）一八四八年以前；（乙）一八四八年至一九一八年；（丙）一九一八年至一九三三年。

（甲）、一八四八年以前——德国司法独立之沿革，其情形与美法迥异。美系新土，故新政之设施，未遇障碍。法经革命以后，旧制悉被废弃，故新制之创立，理想之实现，亦较易着手。惟独德国则不然，传统思想既深入民间，当代学说之实施，又乏革命为之先容，几经挫折，始获确立。初法律之概念，由裁判性变为规范性，法官之任务，亦趋于纯粹逻辑的理智行为。以法规为大前提，个别案件为小前提，裁判为断案。但学说对于实际所发生之影响，其势甚渐。君主干涉司法之权，仍确立不移，于刑事为犹然，洎乎一八零四年，威廉第三始明予放弃。盖以为司法而有擅断之弊，不足以昭公允也。法官职务上之独立，虽见眉目，但其进退，犹系于君主之任意，且当时法院组织，始终被认为行政之一部，而缺乏特种法令予以规定,故每有特别法院产生,掠夺普通法院之管辖权,司法独立,亦遂未能贯彻。

随后《普鲁士民法》制定,法官进退之独立,始于第一零三条第一项第十款规定之,称司法官之处罚及免职,应由其上级法院为之。各方对此项规定,维护甚力,且认为近代宪政一大原则。一八四八年革命之前数年,关于此层,法令迭出,规定尤详。惟仅禁对于法官随意免职,并不禁任意调动,实系美中不足。

一八四八年之革命,在德宪政史上,为一大转机。因革命而产生之《佛兰福联邦宪法》,代表个人自由主义之胜利。对于司法独立规定,颇为彻底。其第一七五条第一项载:"司法权应独立由法院行使之。"第一七七条禁止随意免法官之职,或不得其同意而调迁之或退休之。至于法官职权之剥夺,或特别法院之设置,则由第一七五条第二项规定,予以禁止。第一三八条及第一八二条,复分别司法及警察之职权。关于侦查等事宜,由独立的法官为之。警察无丝毫刑事上管辖权。行政裁判所,予以废止,所有违法行为,由普通法院受理(第一八二条第一项)。

(乙)、一八四八年至一九一八年——一八四八年革命以后,司法独立,益有进展。法官行使职务时,仅受法规之节制,已不受其他任何方面命令及言论之支配。而其进退,亦不能一任行政官之心意矣。惟因行政方面对于法院内事务之进行及分配,仍有相当影响,故犹不免干涉司法之嫌。例如以某个别案件,分由某推事受理,冀其依政府方面之意思,而为判断。司法独立,显未臻于至善之境。故即有人在议会中提议法院事务之分配,应使法院自为之。经热烈之辩论,卒于一八七七年之《法院组织法》中,予以规定。司法独立,遂达于鼎盛时代。

自十九世纪末叶以来,因一般学者关于法律之概念及法官之任务,另具新异见解,司法独立之说,亦遂自全盛而渐趋衰落。曩昔均认为一般性或规范性为法律之要素，而公法学者拉般氏首辟其谬，以为法律亦得包括个别之裁判。他如叶理臬楼宁等，均附和其说。法官行使其职务时，既亦得受立法者特种命令之节制，则向所谓法官受理个别案件时，应不受其他任何方面之具体命令者，事实上，亦非尽然矣。至于法官之任务，曩昔固根据孟氏学说，以为仅立法者有创法之专权，故法官不得以制定之法，为有缺陷，而即采取立法上之行为。但近代从事自由搜求正义运动者，颇主张法官于法规之外，得另觅根据，而为裁判，以期公允。法官既亦有一部分创法之权，则孟氏三权分立之说，根本不能存在，司法独立，亦遂失其根据。

此外在政治方面，各政党有对于司法独立横肆攻讦者，卒因俾斯麦所造成之帝国，巩固稳定，法官之独立地位，得未受挫。

（丙）、一九一八年以后——欧战告终，德改国体为共和，并制定《魏玛宪法》。司法独立，虽仍定有明文，但该项宪法，由社会民主党看来，仅系一种达到该党目的之工具。苟为图达其目的而有摧残司法独立之必要时，当亦不惜予以摧残也。纵就《魏玛宪法》而论，关于司法独立，其规定颇有疏漏。例如普通法院之组织及其管辖权，并无宪法上之保障。于是颇有人主张修改法院组织法，规定刑事法官由司法部长选任之。同时司法部长对于法院院长所为之事务分配，得提出异议。再者宪法第三四条规定有审查委员会之设置。此项委员会，时可与普通法院发生管辖上之冲突。此外特种法院（如劳工法院）之设置，亦使普通法院管辖范围，日趋狭隘。以上种种，严格言之，初无背乎宪法上之规定也。虽然司法独立之说，于总权主义昌明后，始失其大部分之意义。

三、总权国家时期

（甲）德国以外之总权国家鲍尔雪维主义

总权主义，系自由主义之反响，创行之者，首推苏联。其国家机构，与其他奉行自由主义国家之机构，根本上有不同。苏联经一九一七年之革命，无产阶级一跃而登统治地位，利用国家以为阶级独裁之工具。司法系国家机构之一部分，自被列为贯彻无产阶级统治政策工具之一，殆无疑义。

无产阶级，既排除其他阶级，独执政权，自不便采纳分权原理。分权之说，其旨原在使国家各种权力互相牵掣，不使发生独断压迫之弊，以保障人民之根本权利。今苏联之政策，独在无产阶级利益之促进，则国家各种权力之行使，咸应以此为目的。苏联法院组织法之绪言，载明法院之设置，在维护无产阶级革命及保障国家之利益与夫劳工暨其团结之权利，可为例证。如因此而牺牲人民之自由安全，在所不惜。于此而谈司法独立，岂得不招迂腐之讥？迄今苏联人民法院及政府法院之法官，由执行委员会任命之，任期一年。如其所为判决，因有背劳动阶级之利益，屡被废弃者，纵任期尚未届满，仍得予以免职。至于最高法院法官，虽由中常会任命，不定期限，但得随时被免职。故法官进退，由党部任意决断，苏联政府为确保苏维埃色彩审判，更以服务党部而有劳绩之人员充任法官，并准对于普通法院之判决向附属于党部之执行委员会提起上诉。此外复设 ogpu（秘密警探），予以种种方便，俾铲除反对政府之敌党，以维护苏维埃之政体。

法西斯蒂主义

法西斯蒂主义,虽与鲍尔雪维主义,就其内容而言,各有不同,但意国之国家机构,与苏俄之国家机构,均系总权制,则初无二致也。三权分立,与总权制度,不相和谐,业如上述。在意国,行政权高于一切。墨索里尼认为欲保障生命及其发育之条件,惟有使主权归属政府。故不问立法司法,均处于行政权威之下。法官行使职权,毫无独立可言。一九二四年墨氏演说,彼称法西斯蒂政府之尊重司法独立,并不后人,但考诸实际,则非尽然。一九二三年之某敕令,授权政府。遇有最高法院法官自隳其尊严,或丧失履行其职务应有之权威者,得不经法院判决,径予免职。随后一九二五年某法律,复授权政府,遇有公务员(法官亦包括在内)抵触政府之一般政纲,或不真诚履行其职者,得径予免职,此项法律,虽具暂时性格,翌年即被废止。但类似之法律,仍颁布有案。例如一九二六年某法律,规定公务员(法官包括在内)加入秘密组织者,免其职。此法迄今犹存。此外普通法院之审判,又受特种政治法院设置之限制,该项法院之设置,始于一九二六年,由上将一名、军官四名组成之。凡反抗法西斯蒂政府,破坏其一统及安全诸政治上及得处死刑之重罪,均由其受理。同时警察权限,复予扩充,遇有政治上不良分子,得押送其至南意群岛居住,毋庸先经法院判决。司法独立,亦未免大受打击。夫分权之说,系法西斯蒂国家组织之根本原则,法西斯蒂主义者,虽未加以否认,但其以之为有用之组织上原则为一事,以之为天经地义亘世不变之宪法上原则为又一事。司法独立,显已丧失其在自由主义国家调节各权之作用矣。

（乙）德　国

国社主义与法西斯蒂主义，所具目的，虽各不同，但就组织而言，两者均系总权制，盖甚显然。关于司法方面之改革，两者颇有相同之点。例如法官不得随便调迁之原则，已予废弃。一九三三年（四月七日）关于公务员调迁解职之法律，于法官亦准用之。若法官非亚利安种人，固得令其解职，设使职务上有必要时，亦得暂夺其职权。此项法律，虽具暂时性质，但其有效期限，迭经明令延长。在新公务员法未颁布前，将继续有效。司法官既不独立，其职权之行使，自受牵掣，当无独立性可言。又如普通法院之管辖，因有各种职业及特别法院之设置，大受限制，此亦与意国情形相仿。此项职业法院，举其最著者有出版界、联邦劳动、社会劳工阵线及法律阵线等法院。至于特别法院，有继承法院、家传农田法院、党及冲锋队法院暨人民法院等多种。从此普通法院法官大部分之活动范围，被划入其他法院，归属无独立性法官职权之内矣。

此外警权之扩张，亦影响及于法官之职权。一九三三年（二月二十八日）关于人民国家保护之大总统命令，规定警察得于必要时，在法律规定外，限制个人之自由。

吾人欲知政治生活之革新，与法官地位间之连带关系，自非研究目今之法学思想不为功。最近之趋势，在排除罗马法而以德国普通法替代之。按此两法之争，概不外乎畴昔自然法学派与实在法学派之争。后者以为人间之关系，尽于法规中。事理法理，无待他求。前者则曾主张法律之渊源，不仅法规而已。此种观念，在德国中世纪，已极昌盛。自接受罗马法及自由主义以后，始渐湮灭，迨者法律改革运动起，此德国固有之观念复以兴。法官之地位，曩昔认为独立而仅受法规之限制者，今则认为受法规所由生之具体秩序之限制。其结果，立法者之职权，将尽为司法者所吸收。盖两者之职责，既在维持法律生活之具体秩序，则事之合法，不问其由立法者抑或由法官宣称，究无任何区别也。甚至法官抵牾与具体秩序相违背之法规，凭己意而为宣判，亦无不可矣。

虽然国社主义者认为仍有以立法司法两权分立之必要。盖社会组织，形式繁复，若不预定规范，以资遵守，难期法律统一。此项规范，并非必以一般性为其要素。其目的仅在启导实现人民生活秩序之途径。故于必要时，得为个别组织而颁布特别法规。制定规范之权，属于领袖。盖惟领袖，深知国家之需要，而为确定国民在国家中生活方式之适当机官。戈林于某次演说时，曾谓"法律与领袖之意志，一而二，二而一者也"。回忆当初君主专制时代，法令亦由君出。此项裁判性之法律观念，极为通行。但君主之意思上行为，仅以其君主之地位为法律根据；而领袖之制法颁令，乃基于人民生活秩序之实现，此其不同耳。至于法官只得在领袖所立规范之限度内创法，此非云法官之职责，限于逻辑工作，以保法律之固定性，似昔实在法学派所主张者然。乃谓法官应本法规所具之基本思想及其揭示之方针，而为谳断。纵其根据习惯或国民之健全感情以从事，只须不背乎法规之根本思想，亦非不许。

虽然裁判性之法律观念，既复流行，特别法规又得任意颁布。昔日盛倡之司法独立主义，遂致大受影响。盖立法者从此得为个别事件，颁布特别法规，以束缚法官耳。且根据国社主义者之领袖原则，国家权力，集于一人之身；兹以行政立法司法分属不同机关掌管，实为组织上便利起见，非为求达三权分立之传统目标也。

司法独立，在今日之德国，是否完全消失？苟犹存在，何以解之？该项问题，前人业已论及。一国之领袖，既集行政立法之权，又复行使审判，司法独立，究已丧失否？曰，未也。盖领袖自身，系独立之法官，彼仅对于人民及良知负责。此间所谓独立，固非孟德斯鸠学说中独立两字所具之意义。且依国社主义之法理学,仍系独立无疑,且适因领袖与法官之合一而完成。人民共同法律生活之保障与改进,既系司法及政治共同之任务,法律上价值与政治上价值,自不应相对颉顽。前人主张法官应不受政治上之影响而享有绝对自由,亦遂失其意义。总之领袖主义,于司法上亦准用之。一九三四年六月三十日,希德勒枪杀楼孟,自称为德国人民最高裁判员(der oberste Gerichtsherr des deutschen Reiches),亦即领袖与法官合一之事实上证明也。

(原载于《现代司法》1937 年第 8 期。)

抗战期中之法官与法律

最近十五个月,变际非常,社会骚动,各地发生特殊的案件,为承平时期所料想不到的很多。特举数例,以见一斑。

例一,某甲向某乙定制某种货物若干件,言明买价若干,嗣后因战事发生,交通阻梗,原料价金、运输费用突然飞涨,致某乙赔累甚巨。在某甲则反可以把某乙处买来的货,提高卖价,坐收重利。且定制人除某甲外,还有别人。假使某乙——严格履行契约的义务,势必破产。但若判令某甲增加定制货物的价金,也难使他折服。盖如有相反情形时,以某种事故,原料价金大跌,此时,某乙获得意外重利,而某甲却无法减轻他的债务。

例二,最近各地人民,避险趋夷,于是未罹战祸的区域,住屋全告客满。但往往发生积欠租金事。或避难而来生活无着,渐告囊罄。或因交通阻隔,远地汇款,非短时能获接济,致一时无法践其诺言。且房客中亦不乏前方工作人员之眷属。是否应依《土地法》第一六六条办理,勒令迁出。

例三,自外汇统制、法币贬价以来,当事人为免不测损害计,于缔约时,往往订明以外币或按金价给付。国人相互间有此现象,国人与外商间订立此种合同,亦属意料中事,是否应予法律上之效力?

例四,住居上海租界之律师,在伪组织下之法院(如苏州之法院或沪市最近成立之法院),为当事人出庭辩护。此种行为,依现行刑法,不构成任何罪名。但此风不可长,应否由上海特区法院检察官予以检举?

上列数例，如必严格适用法条，对于国家社会可发生不良之影响。且目前尚无战时单行法规，以资救济。纵以后颁行，难免挂漏之处，自应使法官享有相当自由裁量之权，制为公正的判决。

法官自由裁量，发生一个学理上的问题。就是五权分立的原则，不容司法干涉立法。

学理是否不许司法干涉立法，当待研究。在三权分立说盛行之时，为贯彻司法和立法分立的主张，法官适用法律，就有两个特点：（一）法官判案，严格求合逻辑，他的唯一方法，是三段论法。以法条为大前提，案件事实为小前提，判决为结论。不使法官的感情私心有活动之余地，而影响其判断。如此，则法官之所判，即人民所预期者。孟德斯鸠说过："法官是宣示法律内容的唇舌，无生命机关；既不能改变法律效力，且不能缓和其刚性。"（二）法官适用法律，依立法者之意思为依归。意思有不明白的地方，就根据立法理由书及会议录，从事搜求。若法官依他自己的意思来判断，那就违背了三权分立的原则。

这种解释法律的方法，发生了许多事实上不公平不人道的情形，它的毛病就是把法律科学当作一种自然科学来看。其实法律科学是一种规范科学或目的科学。其目的不在研究社会现象，考其因果，而明其所以然（sein），乃就社会现象，研究是否合乎法律规范或吾人生活目的，而下一应然与否（seinsollen）的判断，以示褒贬。所以在适用和解释法律时，法官不需要传统的逻辑，也不去研究立法者之意思何在，以明法律的真伪。只要法律的施行，能发生有利于社会的效果，纵抵触传统的逻辑方法，违背立法者之真意，都没有关系。

所以在十九世纪末叶，就发生了自由法的运动。法有 Geny，德奥有 Ehrlich，认为现行法形式上的渊源，不能尽满足我们法律生活的需要。立法者也是人类，他的智慧和意志必有穷时，自不能就社会上各种复杂情形,悉凭之以为解决。因此法官判案,有时不得不自居于立法者的地位,以科学的精神自由判断。

瑞士《民法》第一条的规定,足可代表近代关于法律解释的潮流。该条第二项称:"如无法律规定可资适用时,法官应依习惯法;无习惯法时,从己身为立法者所应设定之法则而为裁判。"

总之,三权绝对分立已是陈旧之说。从学理上探讨,法官行使相当立法权限,未始不当。

同时我国《民法》的精神和自由裁量的学说,亦相吻合。例如第二五二条和第三一八条,均为法官留自由裁量之余地,而有标榜"民法个别化"的倾向,其他如诚实信用、公序良俗、过失故意及事件之性质等橡皮式的名词,都是法官根据社会的当前需要,而为自由裁量的机会。

法官的职责,依近今学理,既不限于法条呆板的适用和立法者意思的搜求,而自有其自由裁量之权,以完成其创法的任务,那么关于上述数例,法官尽可不受法律严格的束缚,而随案酌量裁判,使合于时代的精神,社会的需要。所谓自由裁量,不是随便裁判。自由裁量,法文原名为"Libre Recharche Scientifique"(可直译为科学的自由裁量)。自由者,无外界现实权威逼迫之谓;科学者,法官审判工作,以法律科学所启示于彼之客观元素为根基之谓。使自由裁量权之行使,而能发生有益于国家社会的效果,包含两个问题:方法的问题和人的问题。

关于方法问题,法律之目的,无非在求人类生活中正义及功利的实现。故法官自由裁量时,也不外以正义和社会功利为其南针。一方面,法官应研究社会现象,并顾到国家政策,以认清时代的需要;他方面,应根据理性和良心,以发现正义的真意。这两种工作,相辅而行。观察社会事实之后,还须经过一番理智上程序,基于我们直觉和情绪所认为正义者,在实际常识的引导及监视之下,节节推进,而得到一个正确的判决。假定在意思自主的场合，应研究特定法律行为的社会环境——道德的，心理的，经济的——以调谐各方面的利益。在公共秩序的场合，应就文化程度、政治组织、经济环境加以研究，确定国家社会的生存要件，阐明其最高利益，以限制当事人之意思上行为，而谋社会之安定。在其他场合，应就各种冲突之利益，作一正确估计，凭其高下，而分别予以效果，使相互间归趋平衡。或云法官自由裁量，只能在法无明文的时候才可运用，这是错误的。自由裁量，系审判工作固有的性质。如无形式上的法源可资根据时，自由裁量行使的范围广；如仅使此种法源发生实际上效果，则自由裁量行使的范围狭。

关于人的问题。法官既然不是一架无生命的机器，则判决的好歹和他的人格便很有关系。自由裁量之权愈大，法官人格表现的机会愈多，这是必然的道理。尤其目前非常情形，非当初立法者所预料到的，处处需要法官拿特种的眼光来解决案件，所以法官本身的问题，益见重要。

第一，法官应具相当学识和经验。这不单指法律知识实务练习而言，且包括其他社会科学的修养。欲适用法律而求达社会功利和正义实现的目的，无广博的社会认识不可。

第二，法官应具有与时代相配合的特种宇宙观（Weltanschauung）。"中国现正从事于四千余年历史上未曾有的民族抗战。"一方面，"以救国家民族于垂亡"，一方面，以完成建国之任务。抗战建国之最高原则，不外推行三民主义、总理遗教、"军事第一"、"国家至上"。至于抗战建国之实施，今春临时全国代表大会已将其纲领揭示吾人，司法人员均应熟读。放弃从前的个人主义、家族观念，那么对于案件之看法，自可别具灼见。我们讲正义和社会功利，究无一定之内容，随时地的需要而予以充实者也。

各地法官懂得自由裁量的方法固然很多，其学识经验足以运用该种方法,而同时也能认清时代的需要,具有适当的宇宙观的,亦不在少。对于上列疑案的解决,必能有公正的判决。例一和例二,法官应斟酌具体案件中的事实,分别判断。这原和中国《民法》的精神相合,上已述及;至于例三,本国人间之契约,应认为无效。因其效果可以破坏政府经济政策,减弱抗战力量。国际间的契约,应使其有效。否则中国与外国私人的贸易,将陷于绝境,其不利于抗战明甚。最后是例四,律师在伪组织下之法院出庭,此风不可长。盖于人民抗战心理有不良影响,不妨就现行各种刑事法规,择其较可适用者,从广义解释而治其罪。或谓刑法解释,不许比附援引。不错,但不是没有前例。从前法国有一件名案:一个母亲,没有工作,偷了一块面包,法院固然可以从轻发落。宣告缓刑,可是那法官直接宣告她无罪。并且目前时期不同,我们也等不及新的法令,只有靠法官来救济。

　　称职的法官固多,不称职的也不少。还把法律科学看作一种形式科学,法律概念当作几何中的点线和圆圈,而可以拿几何的方式去表现它,所以至今沿用传统的逻辑方法,结果只知死用刻板条文,以为就此尽了法官的职责。这种现象,司法当局应予纠正。第一,要改变培养法官的方法,并改订法官的资格。不是说条文背得熟,实务上有过练习,便可做法官,其他社会科学也要加以相当的研究。从前 Ehrlich 说过:"经考试及格和实务上的练习,而能摸索法条路径的,不就证明他有做法官的能力?"这一个法官资格的问题,平时已很重要,何况现在?

　　第二,要使法官具有适当的宇宙观,其办法约有两端,可同时进行:(一)在可能范围内,分批召集各地法官来渝,编列各种讲演题目,聘请适当人员轮流主讲,使法官对于当前国民的任务及政府抗战建国的政策,有透彻的明了。如召集来渝,事实上发生困难,则由各省高等法院,分别在本省内组织集训,亦无不可。(二)年终考绩,应由司法当局就法官经办案件，严加评阅，而予赏罚，所以鼓励其对于新时代的精神，努力去认识。以上所述，仅限于原则，详细办法，自可由司法当局拟定。

此次抗战，司法方面，因于其工作的固有性质，不能与军事、外交、财政、经济等比美，而有甚大之直接贡献。但如司法人员克尽厥职，则去奸除邪、伸冤扶直，有安定社会而维民生之功；间接增加抗战力量，促进建国工作，自不待言。

十·廿八，南温泉

（原载于《民意》1938年第48期。）

抗战建国与法治

一

我们提倡法治，从清末到如今，有四十多年。最近几年，提倡法治的呼声，比较微弱。是否大家因为推行以来，成效不著，还是因为没有这项需要，所以不再鼓吹，不得而知。目前我们忽然老调重弹，或者以为是和着其他关于抗战建国的文字来凑凑热闹，希望看过这篇文字之后，能不作如此看法。

其实我们提倡革命，也有四十年以上的历史。至今革命未成，所以大家还在谈革命，不厌其烦。总理提倡革命的目的，一言以蔽之，要建设一个独立的近代的中华民国。凡是一个独立的近代的国家，不问是英法等民主政治或德意等集权国家，都有一种特征，这就是法治精神。我们既然在革命进程中，显然还要在法治上努力。我们可以说法治实行的一天，也就是革命成功的一日。因此法治问题，尚有一谈的价值。

二

法治的意义，顾名思义，乃以法为治。俗话说，照规矩做；用术语来解释,指切实施行法律,使在法律之前,人人平等。过去我们侧重法典的编订,以为六法具备,便去法治不远。所以太讲究了法,而没有讲究治。欲谈到法治,尚需一个统一的政府机构。这个机构一方面须配置合理,使各部分职权分明,不致发生积极的冲突或消极的推诿。职权分明以后,同时可以避免政出多门的弊病,不致使人民对于政府失却信心,不予合作。他方面,须各部分有紧密和健全的组织,使不守法令者应获处分,受冤屈者得有救济,以免窃法舞弊、枉法徇情等情事之发生。芮沐先生在他《法律与建设》一文中(《新蜀报》星期专论,十二月四日)说,为一种建设事业之促成,而设立一个机构,应求各部分摩擦之减少和事实行为的取消,正和我们上面所说的意思相合。因此我们所讲的法治,不单指消极的依法做事,并包括积极的有个健全合理的组织。

过去的情形不必讲,目前国家的组织,是否已经合理健全? 例如立法权限,向属之于立法院。现因在抗战期间,设立最高国防会议,使享有甚大的立法权限,原合乎实际上的需要。但两者之职权,学理上虽似划分颇清,行使时,据说常发生抵触。最近成立国民参政会,政府要向它报告过去工作,它也可以向政府提出质问,俨然一个国会,但是它的决议案,却不生实效。因此驻会参政员,听说也要求立法权,这更使立法权限的归属问题,趋于复杂。又如军事委员会隶属下有个政治部,其职权之一部是组织民众团体,指导民众运动。随后中央设立一个社会部,它的职权的一部分,似乎也在做上述的工作。这不过随便想到的几个例子,足证政府各部分职权的划分和合理的配置,尚是个待决定的问题。

至于执法机关,已否健全,仅举数例,已可想见。刑法规定有配偶而重为婚姻者犯妨害婚姻罪,而各地数见重婚,却不见检察官予以检举。房租问题,时生纠纷,土财主的刁滑,避难的人对之一筹莫展。诉讼上的救济,显然失去一部分作用。这是关于民刑方面的。政府推行所得税,而狡猾商家逃税，未见财政机关有防止的办法。自从编制外汇以来，法币的出口，曾规定每人不得超过五百元，而从内地去得香港的人，大概没有被检查过的，这是关于行政方面的。因此虽然有了良法，而不能治。

三

从前我们苟安偷懒，因此推行了多年法治，成绩不甚良好。际此存亡关头，我们并不能蹉跎从事，应具有一种决心去励行法治。政府已经颁行了兵役法、军事征用法和其他各种民事法规，我们就希望这些法规都能切实施行，人人恪守。公共和私人团体，常有各种募捐慰劳运动，我们也希望它们能够彼此联络，互通声气，定个有效办法，切实做去。法治的精神，不限于国家举办的事；私人团体推进的事业，也要有同样的精神。如此，民众才有献才出力的机会，政府也能把力量集中起来，雄伟发挥。凡是力量的产生和发挥，必须有一座发动机。发动机愈健全愈巧妙，发生的力量愈强大。这个道理，看来很浅近，但我们却还没有做到。就拿寒衣捐一项来说，政府发动，民众响应。政府方面，有些机关捐衣，有些机关捐钱，像是不很一致。民众方面，士兵、童子军、中小学生，队伍纷纷，连天跑旅舍闯饭馆去劝募。有些人竟可被募二三十次之多，有些人尤其是实财雄厚的商家，却没有给他们充分机会去表现，其间显然缺乏一种严密的组织。捐到了钱，欲发衣服，有的竟没有办法发。有的裁制衣服，种种浪费；并且喜欢贡献劳力的女同胞们，不一定都得到出力的机会。结果政府民众提供了一两个月寒衣捐，据说军政部还嫌寒衣不足。我们抗战一年多，有了一年多募捐的经验，觉知现在募捐还是这样的没有规则。至于政府颁行的许多的战时法规，我们也不相信能够实施到那种地步。

在抗战期间，法治精神，确有进步而引起我们注意的，系军法的执行。赏罚分明，一秉大公，这是事实上的需要，非此不足以利抗战。但军事方面有此需要，政治方面难道无此需要？然而政治方面却没有这种精神表现，政治显然跟不上军事，可见从政者之不努力。

四

我们目前重提厉行法治，不但事实上有这个迫切的需要，并且环境也比较有利。我们现在有一个最高领袖，为全国人民所拥戴。中央和地方之间，隔阂已尽消减。这种统一的情况，为前此所未有。在这种情况下，调整政府机构，以期职权分明，组织严密，自比较从前易举，否则领袖的意旨，既无法实现，失去我们拥戴的意义，统一的局面，也无法固定，难免昙花一现。不但抗战发挥不出力量来，建国也奠定不下一个牢固的基础。

我们对于目前厉行法治，因此有下列三点意见：

A. 政府机构，亟应调整。政治上居于领导地位者，应当具有这种决心。在此非常时期，往往须采非常手段，并不可一味因循，仍以内部人事问题，牺牲了合理的健全的组织。

B. 公务人员，亟应使具"法律头脑"。负实施法令之责者，上自秘书长，下至警察，都应当有相当法律上的训练。否则办事成绩有限，厉行法治，亦难期有成效。过去我们对于法律人才的培养，颇为疏忽，质与量，都不够用。譬如法国，每年毕业的法科学生，数在一千左右，却不见得学法律的□样充塞。在一个法治的国家，不问公事私务，虑与产生法律问题,在需要法律知识。我们对于法律人才的培养,从今起应格外注意。

C. 民众守法习惯,亟应养成。法治的国家,是有秩序的国家。秩序的维持,固然靠国家的力量,同时也需要民众方面的合作。我们几年来推行新生活运动,主要目的,就在民众生活的改进使求合规则。但一句对于私的生活注重,而于团体生活的改良,却颇忽略,以致戏院买票,还是你先我后,蜂拥而上;车站上车,妇孺常被排挤一旁,大家的公平直觉,似乎毫不受到刺激。公共场所的有条不紊、秩序井然,比较难是细节,却是厉行法治的初步。

抗战急需法治,建国也需法治。这可说是个不易之理。我们在抗战期间厉行法治,同时即为建国事业,奠定稳固的基础。有了这个基础,不久将来,第三期革命结束;建国大业,短期内可告成功,那时我们是个独立的近代的国家了。

(原载于《中央周刊》1939 年第 26—27 期。)

审级制度改革问题

我国现行审级制度和诉讼程序之不适时宜，早为社会所诟病。一方面，人民有冤不得伸，有理不得直，司法机关失去保护社会与个人之作用；他方面，各级法院，案积如山，忙碌非凡，莫不诉苦。四年前全国司法会议时，已有倡议改革者，但虽有决议，从未实行。近闻司法当局有采积极步骤之说，参政会也成立了一个审查改良司法问题的特种委员会，故不揣简陋，略陈管见。

国家司法职务的最高任务，在保护私权而维护社会安宁。达到这种目的，可有两种不同的手段：一、调解，二、正式诉讼。这两种手段，性质不同。调解是用劝导的方法，排难解纷，使两造不甚伤害感情之下，互相让步，而消怨于无形。其结果，一造的私权，虽不能得到绝对的全部的保护，可是纠纷消弭后，人群生活仍得继续维持其正常状态，施于争执轻微的事件，颇易见效，且可免扩大。在农村社会中调解的效用尤著，盖乡间居民，相邻关系密切，不免崇尚感情而稍淡于权益。至于诉讼，则须严格适用法律，不徇私，不徇情，以公正的态度，判定事之曲直。理直者，其权益得到全部的法律上保护。国家且得于必要时，利用其权力，以实现此种保护。如果诉讼者对法院解释事实及适用法律的结果，表示不满，他尚可申诉上级法院要求重新审判。诉讼在工商业发达的都市中，较为通行。盖在都市中，权益的观念很浓，单靠感情难以解决纠纷。

调解和诉讼的两种方法，是相辅而行，相需以成。明了了调解和诉讼的作用，则最理想的一种司法制度，在未讼之前，应设法使调解成立。

既讼之后,应尽量使两造在法律规定的范围内,争取正义。

关于调解,现行民诉法,已有简易程序的规定。这种制度,如能善于运用,不但大部分民间纠纷,可以得到相当圆满解决,就是第一审法院的法官,也不致每周要办百件左右的案子。现在地方法院案件堆积,添设法院,以资解决,既为国家财政所不许;禁止人民打官司,更是绝对做不到的事。唯有设法健全调解机关,才是最好解决办法。依现行制度,负责进行调解的法官,都是些刚出茅庐的年轻人,经历甚浅。而调解所需要的技能,却在能从人情上婉转劝导,和缓两造紧张的空气。所以英美的"justice of peace",不必读律出身;法国的"Juge de paix",亦不必严格的依照法律规定,而凭常识常情来解纷。年轻人经验不足,缺少社会上权威,令之从事调解,常不足以令当事人起敬信任,因此调解颇难获有成效。若能提高调解法官的资格,则社会上许多纠纷,就可不经诉讼而得解决。

调解不成而进行诉讼,则两造已放弃和平解决的手段,而从事法律上之争斗。法院一审之结果,对于事实之认识及法律之适用,不必全无错误,此所以有二审三审的制度,以多添搜求正义的机会。审级之多寡,无抽象的准标,各国均不一致。我们现制为三级三审,因此当事人可有请求三次审判的机会。采三审制者,固非中国所独有,德国亦然,但依中国现状,似不相宜。依历年的经验,费一年半载,能完成三审程序,以了结讼案,已算极快,甚有三年四年而不结案者。当事人纵然获胜,时间上金钱上的损失,已极可观。并且胜诉者是否能向败诉的一造,强制执行,而获效果,还是个极大疑问。也许在一年半载之间,预料败诉的债务人,早已把财产隐藏起来,使人无法调查。司法机关在名义上虽然判了债权人理直,而事实上究未使他得到满足,其效用实在有限,因此未免失去国家保护私权,维持社会安宁的本旨。欲避免上述弊病,在审级方面,我们便主张减少一审。第二审终了,胜诉的一造,便可请求强制执行。

　　我们主张二审终结,和我们上面所标榜的原则——给当事人以争取正义的充分机会——似有抵触,其实不然。因为主张二审,并不就说二审以后,败诉而受屈的一造,绝对没有救济办法。他仍可向最高法院提起进一步的控诉。有人不免要问我们的主张,究与现制有何区别。我们主张二审后,就可强制执行,而现制则否,这是极重要的区别。但为什么第一审的判决在上诉期间,暂停执行,而第二审的判决,许其立刻执行。这乃因为最高法院的审判工作,性质上和第一第二审法院的审判,有显著的不同。最高法院的职务,在监督国家法令准确的适用,以期统一。所以它如下级法院的判决违背法令,它就可废弃之。至于应如何适用法令,仍须发回下级法院更审。它既不审事实,又不为正面的判决,自与下级法院的审判迥异。因此我们虽然可以保护当事人权益为理由,而使第一审判决在上诉期间,暂停执行,可是以同样理由,使直接确定当事人权益之第二审判决,不予立刻强制执行,就讲不通。

　　但执行之后,最高法院如经败诉之一造提起上诉,而将原判决废弃时,则被上诉人因强制执行所得,复须返还上诉人。这岂非横多一次手续? 并且被上诉人如在上诉期间,已将财产挥霍殆尽,岂非使上诉人白白蒙受损失? 这一点我们也未始不考虑到。因此我们更进一步主张第二审终结后,以强制执行所得,暂保存于公家机关,或径由法院保管,庶几对于两造利益,可以兼顾并筹。

　　或云,我们假使欲为债权人利益着想,《民诉法》中已规定债权人可以声请假执行,结果岂不相同。殊不知假执行之声请,须债权人释明在判决确定前,不为执行,或提供相当担保。经过两次审判,还须释明种种,或提供担保,才得假执行,实失之太苛。

　　以上所述,乃专着眼于债权人正当权益之保护而有所建议。但是对于最高法院目前案积如山的问题，没有解决。而现在司法当局提议改革审级制度，一部分的动机，也就在减少最高法院案件。假使依据我们所说，对于诉讼当事人两造不应剥夺其争取正义的机会，当不能禁止其向最高法院提起上诉。那么，案件不但不能减少，恐更积多。其实，这也不是必然的结论。我们不妨依照法国的制度，在最高法院，设立一个审核庭（Chambre des Requetes）。凡是上诉到最高法院的案件，先由该庭审核，是否有正当理由。如无正当理由，立予驳回。如有理由，即接受其声请，不附加意见，遂致民庭或刑庭，继续审判。如此则最高法院民刑庭的案件，可以大减，自可断言。假定这种限制还不够，不妨再多设一层限制，不妨更规定，上诉到最高法院的案件，须由具有十年以上经验的律师代理上诉人提起之。如此，败诉人即可不致随便以违背法令为理由，来麻烦最高法院。

依照上述种种，现行法院等级制度，大体上似乎可以不必改。不过我们既认清了最高法院的工作，是严格的法律审，其性质及作用，和下级法院的审判，截然有别，则下列附带几点，尚须有所改正。

最高法院和地方法院高等法院等名称，排列一起，人将以为一种制度的三个审级。我们的意见，以为最高法院的审判工作是特殊，它不是一个普通的审级，不是法文所谓"Juridiction"。我们不妨把各级法院的名称改为县法院、省法院，而最高法院改名为中央法院，一方面仍可以表明最高法院的地位最高，他方面不致使人误会它和高等法院的关系，犹之高等法院和地方法院的关系。因于同样理由，我们以为第三审的名称，应当废止；向最高法院控诉不应称为上诉，而应另换一个名称，以示有别于普通上诉。这种分别，法德已有前例：上诉，法文为"appel"，德文为"Berufung"；向最高法院控诉，法文为"pourvoi en cassation"，德文为"Revision"。

至于审级制度的改革，近来各方已经有意见发表。其中两种意见，值得我们注意，特提出来研究一下。

一部分人士主张取消最高法院，而改现行制度为二审，庶几将来的诉讼，不致迁延时日。我们主张，采二审制和其动机我们都表赞同，但因为要采二审制，而主张取消最高法院，怕不是个适当办法。他们所提出的理由，其中有一两点，可先拿简短的几句话撇开。例如说判案专恃阅览卷宗，不甚可靠，那么不妨使举行言词辩论，法国的最高法院，便是如此。又说我国并非联邦制，毋须三审制。但联邦制与三审制并无必然的联系；至于联邦制与最高法院，更谈不到有任何联系。其最重要的理由，莫如第一第二审之判决，有错误之可能，因此而有第三审，但第三审判决，何尝就无错误。现在既没有第四第五以至无穷的审，那么如可让第三审判决有错，不如让第一第二审去错。但我们认为判决固然不包含绝对真理，亦应使它尽量近乎真。依人类的经验，我们敢说二审以后，再经最高法院审判，往往更可减少判决中的错误。若在不减弱债权人正当权益保护限度内，自不应剥夺当事人争取正义的机会。否则当事人之正当权益，虽不因诉讼的拖长，而遭损失，亦必因鲁莽的速结速决，而丧失应有之保护。依他们的建议，如果判决有重大错误，尚可向司法院请求复核，以资补救。此即等于承认有一个事实上的最高的法院存在。又何必斤斤于名称之取消呢。

但是读者不可以为我们主张保存最高法院，便是坚欲维持现在的机构而不变。最高法院之可贵，在其特种职务和它的独立性。它的职务，我们说过，在监督法令适用，以期统一。没有这种统一的司法工作，纵然有了统一的立法，仍是等于半途而废。此所以各国都少不了一个最高的法院。假使为调整行政机构，而须把现在的最高法院改头换面，只要它的工作能予保存，它的独立性，能予维持，我们也不反对。

　　另一部分人士主张对于第二审判决不服，提起上诉，以上诉得受之利益，逾三千元或四千元者为限，因此把原来五百元之额数提高。最高法院的积案，从此可以减少。但专着眼于减少积案而谈审级制度及诉讼程序的改革，所见不免过偏。并且我们既然认定最高法院的审判工作，在监督法令适用的统一，则上诉之准驳，应以判决有无违背法令情事为唯一的标准。若再定一财产上的标准，理论上绝对讲不通。难道不满三四千元的案件，判决就不会有违背法令的情事？普通我们拿诉讼标的之金额或价额来决定是否可以向第二审法院提起上诉，乃假定标的轻微的诉讼，案情比较简单，经过一次调查解释，便能确定，故不许上诉，而标的重大的案件，案情比较复杂，一次容或不足，所以须要两次。至于最高法院的审判，根本不是事实审。对于一审终结的判决，也可以违背法令为理由，而径向最高法院提起上诉。因此怎能同样的拿财产上之额数来作向最高法院上诉准否的标准呢。

　　再者具有资本主义色彩的立法，在外国或有其社会上背景，但和我们的国策民情，显有不合。现行《民法》，根据民生主义及我国固有的济穷观念，颇多保护经济上弱者之条文。《民诉法》须具有同样精神，来和实体法配合起来，国家政策，始有贯彻之望。

　　除了上述关于审级制度改革的主张外，我们更主设民事小标案件法院（美国称 Court of Small Claims）。现行繁复普通诉讼程序，本专着眼于关系较重大之案件。因此，当事人显然理直者，往往因系所争标的太小，讼费太巨与费时太多，而不愿诉讼。比如最近一年来，房屋承租人为出租人不法敲诈剥削，屡受欺侮，而无法伸冤者，不知凡几。贫穷之人，因无力进行费钱费时的诉讼，而不能得保全权利的机会者，又不知凡几。中国贫穷的人，既如此之多，若不为大批民众，谋生计之安全，不但有背民生主义，怕亦不易使社会稳定安宁。这种弊病，美国名律师 R. H.

Smith 曾痛论之:

"普通法诉讼程序,用于小标的案件时,久已失之于笨重迂缓与靡费。……复杂之程序,非由律师进行不可,而律师所需之巨费,每使争讼者裹足。……再者法院之费用。足以禁止小标的诉讼之提起。设有人焉,约定为他人工作,每周之工资为七元,但受雇后,未及一周,即被无故辞退。按诸法律,彼固得向雇主要求三十元之损失,但其夹袋中往往无一元之现金。支付律师公费,固所不能,即缴纳讼费,亦非力之所逮,盖彼尚未取得其工资也。就他方面观之,惟其未取得工资,故诉讼非进行不可。……此类小标的之案件,每被轻视为涉于琐事之诉讼。殊不知法院在政治上之作用,最易由此类案件而宣示于社会。"(参阅杨兆龙《美国最近改革法院组织运动之略述》一文,载《现代司法》一卷一期。)

关于小标的案件,法院之组织,或设一独立机关,或附设于地方法院,均无不可,其管辖范围,吾人亦无成见。至于诉讼程序,应竭力求其简单通俗,不须律师,而由法院指定职员,指示当事人为诉讼行为,讼费免除,或限定一极低之额数(俱见杨君一文)。上诉应予限制,以免拖延,一审终结亦可。但遇有判决违背法令情事,仍准径向最高法院控诉。

制度的革新,仅仅做到改革司法行政的一部分工作。余如人才的选拔经费的筹划,要一并积极推进,然后制度的推动,始收宏效。我们主张二审终局判决,即可强制执行,则二审法官的资格待遇,须要提高,自不待言。纵使二审法官之俸给,一律简任待遇,亦不为过。际此非常时期,一切改革,容易着手。深盼司法当局,要抓住这千载一时的机会,来一番刷新的工作,完成国家一部分极重要的建设事业。

(原载于《今日评论》1939 年第 1 卷第 12 期。)

过去培养法律人才的失败

一

　　法律教育的提倡和法律人才的培养，似乎现在大家在注意起来了。钱端升先生在新经济发表一篇"建设期内的行政改善"，末段关于法律人才之培养，说得很恳切。梅仲协先生也在新政治发表了"改革法律教育与提高司法官待遇"一文。这是对于最近七八年来重理工轻文法的教育政策一种反响。

　　理工的重要，我们是不否认的。比如开发富源，振兴实业，建筑工事，发展交通，确是救亡图存，自力更生所绝不可少的几件事情。但因此而偏废文法——至少是法律——似乎还须斟酌。我们物质上怎样产生力量，运用力量，以图抗战胜利，建国成功，固然要靠理工；但形式上怎样产生力量，运用力量，那就需要法律，因为我们物质上产生了力量，必有一种目标，达到这个目标，必有一种计划；这种计划，我们必使具有定形；这种定形，在国家举办的事业，就是法令，在私人兴办的事业，称之为规则决议案，均无不可。我们有了法令，就希望能够切实施行；要实施法令，就得有一个配置合理组织健全的政府机构。否则我们的计划——抗战建国的计划——无从实现，目标无法达到。理工虽很发达，怕是孤掌难鸣，于事无济。所以理工愈发达，愈需要法律的合作。理工与法律之间,实有一种连带关系。

并且理工发达的社会,人民需要增加,私人关系复杂,各种利益的冲突,远超乎农村社会。在农村社会中,生活简单,单靠情谊可以相安无事,可是一个工业社会,没有超乎感情并具有正确性的成法以资遵守,就无法调谐各种冲突的利益;社会中各个分子,既无法维系,秩序也就难维持。综观现代国家,没有工商业发达而法律之学落后的。因此,我们在提倡理工教育,培养理工人才的时候,应当赶紧提倡法律教育,培养法律人才。

二

法律人才之培养,在清末民初曾一度有大批学生去东洋学法律,一时习法风气颇盛。以后学法者,数字锐减,近十几年来,各大学法学院的学生,学经济和政治的,终是比学法律的多过几倍。法律教育之所以不发达和学生选习法律之所以少,推其原因,不外两点:(一) 学生对于法律方面的出路,觉得不甚乐观;(二) 学生对于法律之学,感觉不到兴趣。我们现在要提倡培养法律人才,应当就过去法律教育失败的原因,指点出来,以供参考。这样我们才能对于今后所欲提倡的,知道从何下手。

我们上面说,近年来法律教育之所以不发达和学生选习法律之所以少,不外两个原因。如何产生,我们不妨研究一下。

(一) 学法律出路不好——我们研究一种学问,终希望日后能够致用;学了没有用处,或不能尽量应用,谁都不愿意白费时光,因此必然转换方向,这是人情之常。学法律的人的出路:(1) 做司法官;(2) 做律师;(3) 做普通行政人员。这三条出路,比较最自然。

（1）司法官——大学法律系毕业生欲入司法界服务，最多做个书记官。有时仅得到一个候补书记官，俸薪等于一个录事。书记官委任职，共十三级。假定每年晋级一次，须过十三年才达到委任之最高级。欲从书记官进而充任推检，其间缺少一个自然进阶。假定不依法院组织法第三三条之规定另外取得推检资格，终身就做个书记官。但是我想一个大学毕业生，依照他的学识、他的训练，只止于充任书记官，未免有些委屈。《法院组织法》第三三条中规定之推检资格，从大学生的地位看来，以第一款（经司法官考试及格，并实习期满者）和第六款（有法学上之专门著作，经审查合格，并实习期满者），为最相宜。但司法官考试的举行，并无一定期间，而法学上之专门著作，也谈何容易。因此只有第五款（执行律师职务三年以上，经审查合格者）是捷径。依第五款的办法，一出校门便独立的执行律师职务，恐怕也只有极少数的干练学生才做得到。所以照一般情形说来，一个大学生欲想做推检，没有一个适当的进程。幸而做到推检，至少要在毕业以后，努力五年以上。

推检俸给，地方法院自一百六十元至三百元；高等法院自二百元至四百元。但因各省经费支绌，往往要打折扣，实收数目，因此大减。而推检责任之重，远超乎普通行政人员以上。往往一字一句的出入、办事缓急之差别，可以影响及于人民之生命自由财产。以如此微薄之俸给，使负如此重大之责任，自不能谓为相当。于是做司法官不是一条好出路。

（2）律师——学法律而做律师，照理是条适当出路。但在中国做律师，具有法律知识，往往不一定成功；而没有相当法律知识的律师，有时在社会上却极占优势。拿律师业务最发达的上海来讲，没有特种势力，或是当地的势力，或是本身前任显职所构成的势力，作为背景，莫想成功。于是背景愈狠，辩才愈好，法官也认为他的辩护愈有力量。这是尽人皆知的事情。别处的情形，虽然不像上海那样，但土豪劣绅及地痞土棍的势力,也往往比书呆子法律上的理由为强。因此大学生怀着多年法律上的修养和训练,想跑律师这条道上去,却是此路不通。

（3）行政人员——行政人员,负实施法令的责任,应须相当法律知识,殆无疑义。因此大学法律系毕业生入行政界服务,不但相宜,并且机会应较别人好。但是中国的行政机关、办事处,着重人的关系,不必全照规矩做。往往人情上说通了,法令规则可以撇开不谈。所以才引起各方许多健全政治组织和提高行政效率的文章。就拿司法行政机关来说,工作人员学法律出身的,百分数恐怕也不高。行政机关办事既不重在法令之遵守和实施,自无录用习法学生的需要。习法学生,纵在行政机关服务,也不一定能较他人见长。因此,做普通行政人员,也不是一条有希望的出路。

（二）对于法律之学不感兴趣——有时出路不好,可是因为对于某种学问发生兴趣,因此不求实用,单为学问而求学问起见,也就选它作为努力研究的学科。可是目前中国法律一学,说是学生对之能发生兴趣,我们颇难相信。何以见得,试分三点论述。

（1）法律不是形而上学,它本身是一种实用学科。因此欲使法律科学发达,单靠玄想是决计没有用的。一定要使法律在实际上适用,愈适用,问题愈多,法律的科学也愈发达。法学上各种理论的产生,大半由于不完全的法律,适用于实际生活,或旧时法律,适用于新的环境,因此发生种种问题,以求解决所致。其他一小部分的理论,纵因首创者罕有的天才,纯然一种学理上的发明,但其能否确立,还看它是否合乎实际情形,所以需要实际情形来试验它究竟含有几分真理。

我国输入新法,虽历有年所,但因中国人遇事喜欢调解,素来讲情不讲律,有时还要讲势不讲理,所以法律适用的机会实不为多。不过这二十多年来,各法院——尤其最高法院及从前的大理院——的判决书,包括历年法律适用的成绩,也可作为我们发展中华法学的一部分良好资料,可惜无从获读。因此不晓得我们的六法究有多少实际上的价值。

我们大家知道,法国的法学十分发达。它发达的原因,便在能够把揭示法律适用状态的判决书刊印出来,任人研究批评。每一个比较重要的上诉法院或废弃法院的判决书披露以后,终有一篇学者方面极详尽的评注(note),附在下面。有时一个问题须几次判决,数审评注,方始法律适用,达到完善境界。法民第一一二一条关于"stipulation pour autrui"的规定,适用于人寿保险,就是个适例。法律科学就在这种情形中发达起来;研究的人也就感觉到莫大兴味。现在我们在中国研究法学,唯一的对象,唯一的材料,就这几种法典。实际上适用情形怎样,我们不能全晓得。这样的研究——只研究死的法条而不研究活的法律——我们的兴味,也就有限了。

(2) 法律在中国是一种新兴学科。以前虽有法家之言,名刑之学,但不是近代所称的法律科学。因此法律术语,均须取诸东瀛,读之颇觉生硬,意义亦欠明显。法律既是实用的社会科学,用语自应求其通俗,然后法典与日常生活容易打成一片,否则就要感觉到书上所读的和实际所发生的不尽一致,而有隔膜。读法律书,自不易感到兴味。术语生硬,不是没有补救办法,常用便熟。例如政治学中所讲的国会内阁等,也是新的名词。因为常用,所以一见到一听到这两个字,立刻唤起一种正确的印象。假定法律常常适用,使成一种"Volksrecht"(民间的法律),生硬的术语,也可变为日常生活用语的一部分,习法兴趣自增。

(3) 研究法律的外国材料,也极有关系。普通所习外文,终是英文。可是英美的法学著作和法律材料,根本因为法制不同,所以在参考上于我们无多大直接的效用。所以入了大学修习法律,就得把从前所学的英文,暂时搁置一边。这是大多学生所不愿的。日本的法学,近年来颇有进步,我们的法律,也有好多地方仿效它。但是日本学人虽然学得很好很像,发明很少;我们既然要参考别人,就得参考原来的最好的,这是一般学生的心理,未始不当。可是大学两三年的法文、德文程度,不够参考法德载籍,因此本有意于学法的人,就改习政治、经济或其他社会科学了。

志向高超的学生,欲求深造,终想找个机会留学。但是学了外国的法律,往往对于中国法学的研究少直接的帮助。一国有其独自的法律生活、法律制度。我们纵然在德国学了法律,还得对于本国法律作相当时期的更深探讨,方始应用德国材料,知所抉择。其他社会科学如经济等,世界性比较显著;易言之,国家色彩,不甚浓厚;所以在外国学了经济的原理原则,回到中国直接适用,这不至于发生大毛病。政治学的国家性,比经济学稍强,较之法律,仍为薄弱。所以在国外学社会科学,据作者自己所经历的,不问在法国或德国,学法律者远较学政治经济者为少。

我们当前既感觉法律人才之缺乏,如何培养,鉴于过去情形,应知何从着手矣。其详容于下文述之。

(原载于《民意》1939 年第 59 期。)

今后培养法律人才的办法

一

今日法律人才的缺乏,既然因于学法出路不好,同时对于法律之学不感兴趣,如上文所述;那么我们现在欲培养法律人才,自必对于上述两种问题设法解决。否则我们尽管提倡法律教育,广招徕者,而应者寥寥,不易收效。我们认为解决上述两种问题,在目前情形,比较容易。我们现在感觉法律人才缺乏,因此欲提倡培养之,就因为我们感觉,目前和今后的中国非以法治不能达到救亡图存的目的,本杂志前一期中,作者说以理工致国于富强,必须法律的合作。所谓法律,不是具文的法律,而是发生实效的,国家社会借以为治的法律。这个法治就是解决上述问题的总关键。法治的重要和法治与抗战建国的关系,我们前在《中央周刊》中已经述明,想读者均有同感。我们从前忽略法治或不致有大害,际此国家民族存亡之秋,绝不能长此马虎下去。关于厉行法治,我们曾主张三点。其中一点,就是需要在政治上居于领导地位者有决心,不要再为人事交谊问题,牺牲组织和法律。有了这种决心,行政机关必能多多录用法律人才,律师界的情形定能逐渐改良,司法界方面亦非容纳大量新进人才,便其进取之道不可。并且厉行法治,法律适用必较以前认真频繁,法律生活和法律科学,即随之发达活跃(参阅本杂志前一期作者之文)。

我们提倡培养法律人才，不但容易见功，并且具有莫大效用。

我们对于法律学生的出路和兴趣问题，不止于上文之消极指摘，还有几点积极的建议，提供参考。

（1）推检的资格应另予规定。我们培养出一个大学生，使他终身充任一个书记官，甚为可惜。我们应当为大学生铺好一个做推检的自然进阶，才算合理。做书记官，似乎不必需要大学程度。各法院现任书记官，没有读过法律，甚至中学没有毕业的，怕也不少。大学法律系毕业以后，不妨使在法官训练所受训一年，作种种专题研究，然后派赴法院实习，以一年为期。期满从推检最低级叙俸任用。

（2）中央和地方的行政机关，应任用具有相当法律知识之人员。如以考试录用，应将民刑诉讼各法，列入应考科目之内。钱端升先生在他"建设期内的行政改善"一文内，论行政问题，认为（一）战后的行政组织中，须充分发展半独立性的业务法团的制度，（二）半司法性的机关及半司法性的方法，应广为采用。因此今后需要大量法律人才。我们认为战后行政机关，如不依照钱先生所指示的方向走，我们仍然需要大量法律人才。我们不走法治这条路则已，欲走法治这条路——法治精神是现代国家的特征——必定认真适用法令。则负责施法令之责的行政人员，哪能不具有法律知识？

（3）最高法院与高等法院之判决书，应择要刊载。不但要把判决书全文刊印出来，被废弃的原判决，也得一并刊载。因此不但我们有一部分极重要的材料，以助中华法学的发展，同时也对于司法官有一种监督，以助法治之推进。从前只刊印判例要旨，我们认为不够。此外虽然有最高法院判例汇编刊印，怕是极小部分。

以上三点，是我们认为比较重要而特别提出的。

二

我们为学法律的学生谋出路，为其提高为学兴趣，是诱进学生研习法律的一部分工作，不是培养法律人才的全部工作。我们招致徕者，有了量，还须求质之改进。这一层，我们也有几点意见。

（1）研究一门学科，不能无材料。材料务求其丰富，应无中外之区别。中文方面，容易采辨，如将来最高法院和高等法院之判决书能择要刊印出来，也是一部分重要资料，外文方面的材料，其重要性自不待言。我国现行各种法典，或仿效德日，或取诸法瑞，大部分系舶来品；则外文的法学册籍，我们应当尽量搜集，以备参考。至少各国的法典、法院判例汇编和法学名著，应设法齐备。过去各大学的法律参考书，据作者的经验，较其他社会科学的参考书为少。除英美和日本者外，德法之书寥寥，瑞士的著作更其罕见。从前司法院图书馆藏书较为可观，不但有巨著，并且有不少专著，各国法典粗备，可惜留在南京。总之，我国的政制法制既都仿效欧西，欧西的材料自然绝不可少。为发展法律教育和培养法律人才起见，购买外国材料的一笔钱，怕是省不了的。

对于我们学法律最有用的材料，或者要算德法文。而德法文不是普通大学生所能应用的，因此我们需要翻译来救济。这部分工作在所必做。我们不能希望学法的必识几种外国文，这是很不经济的。翻译以后，大家可以参考，不识外文的，也可以利用外国材料，外人思想，以补助自己知识之不足。譬如瑞士《民法》及《债法》和我们很有关系，可是据作者见闻所及，还没有一本完全的中文译本。德民的中文译本已颇陈旧，种种名称术语，非现在所通用，须加修正。其他日本英美的法律及名著，应翻译者尚不少。但翻译工作似易而实难,费时很多而销路甚狭。私人举办,力所不逮。因此,我们认为国立编译馆应担任一部分这种工作。他如立法院的编译处和司法行政部的编查处,未始不可帮一部分的忙。否则另由政府津贴私人从事翻译,促其成功,亦一办法。

(2)培养法律人才,须要师资目前我们师资似乎很缺乏,假定我们决心厉行法治,则抗战期间和建国期间,诚如钱端升先生所言,必需要大量法律人才;则在此四五年中,尚须着意于师资的培养和维护。这一点对于中国法律科学的发达,并有深切关系,如能减少教书的一部分时间,使有余暇作更深研究,未始非良好的办法。

(3)今后几年来恐怕我们不能不继续派遣学生出洋,他种学科还须吸收西洋知识,法律方面,更不用说。最近的十年间,在欧西读法律的人可谓甚少。民国廿三年左右,作者在德国,想在留学生中找几个学法律的同志,百不得一。因此我们认为教育部应每年举行公开留洋考试,凡法律系毕业生在社会上服务满两年者,均得参与。就成绩优良者,选定两三人,分别派赴欧美,专攻私法。至于中英庚款考试,每年至少也应派送一人。不但我们将来师资不感缺乏,并且因生力军之源源增加,法律科学必能日益发达。

(4)关于大学课程方面,我们认为不可太繁琐。主要课目应列为必修。我们提倡大学法律教育的目标,不专在养成司法官,这一点我们要明白。有人专着眼于司法界的充实而办法律教育,我们未敢从同。我们培养了法律人才,一方面固然是为充实司法界,他方面也在改进行政界。同时我们希望从事实业的都具有相当法律知识,一般国民也多少有些法律常识。一个法治的国家,国民活动跑不出法律的圈子。生死是法律事实,结婚是法律行为,各有其法律上效果。我们认定了这个目标,觉得各大学的法律课程,往往太琐碎繁多,司法院监督国立大学法律科规程所定的必修课目,已经是最高限度:"(一)三民主义;(二)宪法;(三)民法及商事法;(四)刑法;(五)民事诉讼法;(六)刑事诉讼法;(七)法院组织法;(八)行政法;(九)国际公法;(十)国际私法;(十一)政治学;(十二)经济学;(十三)社会学;(十四)劳工法",大致尚可。其中政治学一门,似可省却。读了宪法和行政法以后,我们不知道还有什么再可从政治学里去学。劳工法可以列为选修,因为关于职业团体、罢工、劳动灾害等法律问题,熟读了民法总则和债权,就可迎刃而解,至于经济学,同时应着重财政学。商事法仅读公司、票据两法即可,海商、保险两法,不妨列为选修,我们不求学生什么都多念,但希望读得少而学得精。假使他有多余时间,可选习些其他社会科学,甚至哲学或论理等。根据上列修正的标准,一个大学毕业生,做个普通行政人员或在工商界服务,颇能胜任愉快。欲做司法官,则已有向上发展的良好基础,如学识上或实务上有欠缺,尽可在受训时或实习时设法补足。

三

最后我们还有两点意思要提出,作为结束。我们对于学生选习法律原取一种诱导的态度,所以欲一方面为其谋通畅之出路,他方面为其谋求学之兴趣。虽然我们认为就目前情势来讲,上述两问题的解决并不顶难,但仍需要相当时日。所以在今后几年内,我们怕要用强制手段,对于学生志愿修习社会科学者,定一个百分数,强其入法律系。固然国家达到法治之境,学法律的出路好了,法律之学也发达了,不问量与质,都能自然进展了;可是反过来讲,法律人才增多,必能渐渐造成一种浓厚的法治空气。在上者纵欲违背法令做事,拗不过民众和其下属的法律意识,不得不有所顾忌了,因此非逼着走上法治的路不可。所以法律人才之增添,自身就是解决出路和兴趣问题的一个要素。我们对于选习法律学生,加以强制,为推进法治起见,因此也有必要。

修习其他社会科学的学生,我们为必制其修习一部分主要的法律课目,例如民刑各法。以前政治学和经济学的学生,藐视法律课目,但这种情形往往怪不得学生。从前如清华等大学,就只有政治和经济两系,却没有法律系。以后添设法律系,又经教育部命令裁撤,因此就勉强在政治系附设几门法律功课,不免轻重倒置了。我们既然认定在抗战建国期间,有厉行法治之必要;厉行法治,必须普及法律教育,尤须负实施法令之职者都有相当法律知识;则政治系学生,将来预备在政治上活动服务的,自应多习几种法律课目。至于经济和法律的关系,更是血肉与形体之密切,经济系学生理在必修主要法律课目,目前各校课程之编排,已逐渐有此趋向,但希望能加强之。

（原载于《民意》1939 年第 60 期。）

修正《民事诉讼法》的几点意见

在今战时,敌机滥施轰炸,生命财产,横遭摧残,大家对于打官司,不免看得冷淡。但国家司法上职务,有安定社会的功效,而社会的安定有序,是国家进步及一切建设的基本条件。既不能因人民冷淡而国家自毁司法的效能,更因战后的纷乱社会,须司法机关担负大部分的整理工作,而有加强效能的必要。一方面使社会正义有尽量实现的机会,他方面应力求当事人及法院的劳力时间及费用之节省。我们本于斯旨,特就民诉法中应加修正者数点,贡献如下之意见。

一、关于缺席判决

一般的见解,以为现行《民诉法》,只知有一造辩论判决,而不知有缺席判决。何谓缺席判决,法院所为不利于缺席一造之判决也。至于一造辩论判决,对于缺席一造,不必为不利(这是两种判决的主要区别,其他不同,容后论述)。我们对于一般的见解,未敢赞同,举其理由,约有三端:

(一) 现行《民诉法》第三八五条,比之于《民事诉讼条例》第四五七条,未见有甚大之区别。

第三八五条:"言词辩论期日,当事人之一造不到场者,得依到场当事人之声请由其一造辩论而为判决。

如以前已为辩论或证据调查，或未到场人有准备书状之陈述者，为前项判决时应斟酌之未。到场人以前声明之证据，其必要者并应调查之。"

第四五七条："言词辩论期日，当事人之一造不到场者，依到场当事人之声请由其一造辩论而为判决。

前项判决，应斟酌以前辩论及调查证据之结果，并未到场人准备书状之陈述。未到场人以前声明之证据方法，其必要者应调查之。"

除文字上略有变化外，大致相同。尤其第一项，除日期两字倒置以外，却是一模一样。但在《民诉条例》时代及以前有缺席判决（二十年院字第四二七号解释例称"因当事人缺席之效果而为不利于缺席人之判决，固应为缺席判决……"），而依现行法说是没有缺席判决，实颇费解。

（二）《民诉条例》与现行法之大体相同，不能证明从前主张有缺席判决的见解为必对，而目前通行的见解为不对，诚然。兹特提出第二点理由。现行法第一九五条规定称，各当事人对于他造提出之事实及证据，应为陈述；如不为陈述，可推定为自认。盖依第二八〇条，当事人对于他造主张之事实，于言词辩论时，不争执者，视同自认。既经自认，则他造主张之事实，应毋庸举证（第二七九条一项）。法院得根据此事实，为不利于一造之判决。以上论断，假若不错，则到场而对于他造提出之事实，不为陈述或不予争执，或根本不为辩论，法院定欲为不利于彼之判决。今彼如不到场，则依到场当事人声请，由其一造辩论而为判决，其判决自应不利于缺席人，方为合理。但通行见解，既不承认有缺席判决，则到场当事人就其所主张之事实，尚须证明。如其不能提出强有力的证据，将受败诉之判决。是则缺席人颇有获胜之机会，不啻承认缺席人之地位较到场而不为辩论者为优越。其结果不但助长缺席之风，且与第三八七条（当事人于辩论期日到场不为辩论者，视同不到场）发生抵触。通观《民诉法》各条规定，可见第三八五条未曾否认缺席判决。

（三）各国立法，以德法两国对于缺席判决制度，适用上较少限制；奥国民诉法为保护缺席人之利益，对于缺席判决，限制较严，但仍未根本否认此种判决。我国《民诉法》以奥《民诉法》为圭臬，似亦以解释有缺席判决为当。此点理由，固不如第一二两点之强而有力，但亦未始不可提供参考。或以为吾人之主张，不合第三八五条之规定。因该条一项明定"由一造辩论而为判决"，显系一造辩论判决，而非缺席。但一造辩论判决究应作何解？一造辩论判决之概念，是否排斥缺席判决？称一造辩论判决者，乃于期日仅由到场之一造为辩论，法院即在此情形中所为之判决。到场人就诉讼关系为事实上及法律上之陈述，此后因一造不到场，可推定为自认，即不待举证而为不利于缺席人之判决，概系一造辩论判决，同时亦是缺席判决。若缺席人已有准备书状之陈述或他种要件具备，而可适用第三八五条二项时，虽亦由一造为辩论，故应认为一造辩论判决，但已非秩序判决矣。盖法院斟酌未到场人之准备书状等，认其为有理由时，可为不利于到场人之判决，故系通常诉决。因此，依吾人观之，一造辩论判决可为缺席判决，亦概为通常判决，其相对为两造辩论判决，故仅与两造辩论判决在概念上互相排斥。一造辩论判决既包含缺席判决在内，则一般见解，以为现行法知有一造辩论判决而不知有缺席判决者，显然认为此两种判决在概念上不相容纳，实系错误。第三八五条之规定，并不如一般所见，否认缺席判决。

缺席判决在德称"Versäumnisurteil"，一造辩论之通常判决称"Entscheidung nach Lage der Akten"，其他判决简称"Urteile"。后两种复总称"Kontradi ktorische Urteile"，乃对缺席判决而言者也。

吾人既认定现行法并不否认缺席判决，其适用要件何若？依现行法之规定：

（1）须一造于言词辩论期日不到场，或到场而不就本案为辩论。

（2）须由到场当事人声请为缺席判决。如其不为此声开而愿延展期日，未始不可从其意而许其展期。

（3）须以前未为辩论未调查证据或缺席人无准备出状之陈述。否则应适用第三八五条二项。此种判决已非缺席判决而系通常判决，不必对于缺席人为不利。

（4）须无第三八六条中各款情形之一者。

以上所述，系根据现行法的一种理论。再就实际而言，缺席判决未始非一妥适制度。凡与人发生纠纷，引起诉讼，自己不去法院为攻击防御，何能期他人代劳？况民事诉讼系采不干涉审理主义（或辩论主义），当事人不声明所用之证据或不为陈述，法院不得代其主张。故对于缺席人为不利之判决，未见其不宜也。再者推考当事人缺席之原因，往往在延滞诉讼。若法院因一造缺席而延展期日，适以迎合该缺席人之心理，大有背于迅速结案的要义。故缺席判决并具防免诉讼延滞的效用。

故意延滞诉讼因而缺席者，固系多数，但因未可归责于当事人之特殊情形，致未克到场者，亦有其事。好在我民诉法许当事人于第二审提出新攻击或防御方法，第一二两审程序，性质上并无不同，缺席人仍有救济之方，以求事理之平。奥《民诉法》并许缺席人声请回复原状，于是可在原第一审法院重开辩论。当事人所花劳力费用与时间，自较上诉为节省，此于保护缺席人利益之旨，亦甚相合。前《民事诉讼条例》规定迟误言词辩论期日，可以声请恢复原状（第二○五条），立法旨趣，颇似奥民诉法。而现行法第一六四条规定仅于期间（而非期日）之迟误始得声请回复原状。以今比昔，未见其进步也。

二、关于假执行

就未确定之判决，付诸执行，此之谓假执行。判决未确定者，指判决尚得由上诉法院废弃之谓。故原告之假执行与被告之上诉实相对抗者也。败诉一造之提起上诉，固在求得一更合理适当之判决，使己之利益，能受合法之保护，但意图延滞诉讼而提起上诉者，亦属常见。为防免此种流弊并保护胜诉一造之利益起见，遂有假执行制度之发明。

假执行之效用，既在防免诉讼延滞，其影响于法院之积案遂颇大。假执行之效用，如能显著，败诉一造必难借上诉以期延滞，而法院亦因此可减少案件。年来司法当局以最高法院积案过多，思所以减少之，曾想了许多方法，可未见到假执行制度之加强，也是一个有效办法。现行法关于假执行之规定，未见尽妥。第三九五条二项规定被告因假执行所受之损害，原告须予赔偿。则原告为避免赔偿或然之损害计，往往不敢声请假执行，假执行之功效，于是大减，当事人借上诉以延滞诉讼，便得畅行无阻。第三九五条二项之立法理由，在防免假执行之滥用，使债务人不致无端受损，固未可厚非，但在某种情形，假执行之运用，决难认为有滥用之嫌，此尤于第二审法院之判决，维持第一审判决者为然。盖一案而经两次之审理，获两次相同之判决，是非曲直，几有定论。就此种判决而予假执行，不应再使债权人负第三九五条二项所定之赔偿责任，亦至合理，何况债权人在上述情形中尽量运用假执行制度，债务人便无从借上诉于第三审法院，以图延滞，第三审法院（即最高法院）之讼案，也可减少很多了。此外第四五四条亦不如改为依职权之为愈。

三、关于第三审程序之要件

第四六三条一项规定对于财产权上诉讼之第二审判决,如因上诉所得受之利益,不逾五百元者,不得上诉。立法理由以为第三审程序,花费国家经费甚大,如轻微案件,都有适用第三审程序之机会,未免得不偿失。他国本于同一旨趣,亦有类似之立法。但因中国法官程度低劣,第四六三条一项之适用,便现出极大毛病。据说有下列的事发生。原告因买卖标的物有瑕疵,声请解除契约及赔偿损害。经地方法院判决契约解除,赔偿之诉驳回。原告对于驳回部分不服,上诉于高等法院。该法院竟判减少价金。又屋三间,三人所共有。因分割而涉讼。经地方法院判决归其中一人专属所有。他共有人不服,提起上诉。高等法院除维持原判外,复称为杜绝将来纠纷计,该三屋之地基(本分属三人所有)由该院主张,一并划归被上诉人所有。以上两案,高等法院之判决,未本于当事人之言词辩论,显系违背法令。但两案均因标的轻微,不合第四六三条一项,不得上诉于最高法院,结果当事人无端受损。此在最高法院,固然少了一部分讼案,可是人民对于国家司法职务,便要丧失信仰。中国本来穷人多,富人少。穷人打官司,不能享有最高审判机关审判的权利,其利益势难得合法之保障。此不但有背于三民主义的建国精神,并且现在我们全民抗战,穷人也积极参加(恐比富者出力更多),而在法律上的保护,贫富之间,却有厚薄之分,与抗战前途,亦深有影响。在各地法官程度未提高以前,吾人主张废止第四六三条一项。两年前司法当局为欲减少最高法院积案,主张由五百元增为一千元,致使最高审判机关与民众隔绝更深,诚不知其可也。此办法专替最高法院一面着想,而不想到大部分人民的利益,不想到国家司法的威信,可谓只知其一,不知其二。

四、关于陈述真相义务

民事诉讼向采不干涉主义,行之既久,流弊渐显。近代立法,推广采职权主义,但仍以济穷,而非取不干涉主义而代之。民事诉讼程序既在保护私权,调谐私人利益,而与公益无直接影响。国家自毋庸积极参与其间。但最近学说,认为民事诉讼同时影响于社会之法律安全,亦至深且大。国家不应采姑息或超然之态度。例如事实之陈述,依不干涉主义,应悉听当事人之便。当事人可尽量说谎,只须其能证明为真,或他造不反证或不能反证为伪,法院须以其谎话为裁判之根据。形式上虽云是非已有定论,实际上一造含冤不白。国家司法不啻为狡猾之徒,便其诈欺。此外当事人说谎可无端加重法院审判工作。人民对于法院,既有请求法律上保护之权,则对于法院平直之工作,自有协助之义务。当事人陈述事实之真相,亦协助之一道,奥《民诉法》第一七八条规定当事人有此义务,德国一九三三年十月二十七日之《修正民诉法》,亦于第一三八条一项规定"当事人应就事实状态,依其发生之真实情形,无丝毫之隐匿,向法院为陈述"。其有违背陈述真相之义务(Wahrheitspflicht)者,得适用德民第八二三条二项及第八二六条(该两条相当于我民第一八四条),令其赔偿损害。我国人民素视诉讼为畏途,而刀笔吏之乱是非,尤属习见,令人咋舌。人民对于司法,向少信仰,民国以来,虽制度一新,而精神如旧。数十年来进步甚迟,法律威信,迄未树立。改进之道,固有多端,但以吾人研究民诉法之立场而论,如能仿奥德民诉法规定陈述真相之义务,或亦能稍变风纪乎。

(原载于《今日评论》1940 年第 8—10 期。)

整饬法界风纪

传闻数月前,某地法院院长将没收归官之烟土,私自搬出发卖,在其妻之户名下,在银行中存款累累。某次偷运烟土,以事机不密,被侦知缉获,事遂败露。该院长现被羁押,案在侦查中云。于未证实前,我们不敢说必有其事。所可确知者,该院长已不在职。但征诸司法界之风纪,此类事件之发生,非绝对不可能。二三十年来,司法界的情形,人皆云其黑暗。或因过存奢望,故失望亦大。但其未能尽满人意,实亦不容讳言。司法人员正直廉洁者,固不乏人,但贪污失职者,亦不在少。有趋奉权贵的,有收受贿赂的。过去的权贵,还有上台的希望,也要敷衍。法官登门拜访曾任司法界要职的律师,已习以为常。在上贪污之风一开,在下争相效尤。书记官、执达吏都可成为肥职。甚至法院内律师休息室的茶房,替法官、律师牵线,数年之后,竟成小富。监狱方面情形,亦复相同。囚犯如有孝敬,待遇可以破格从优,且可吞云吐雾。在这种情形下,哪怕打官司的人,不专以运用钱势为能事。一诉讼当事人或嫌疑犯,欲求有利的结果,往往不在法律上用功夫,而在研究怎样走脚路。自知理亏或犯法者,固欲如此做,即理直而气可以壮者,却也须用这番脑筋。这种心理,恐非出于偶然;设非环境使然,何至如此的普遍,如此的惯见。一般人民对于司法界不很信任的态度,于此可见。

国家情形,几十年来如此凌乱,不上轨道,原因当然很多,但是司法界也负很大部分的责任。如司法人员都有操守,执法严峻,则公务人员,咸存戒心,兢兢职守,不敢违法。行政上腐败的情形,可以减免不少。至于一般人民,知无侥幸规避制裁之可能,亦能养成守法习惯。上述都能奉公守法,做到法治,有何难处?固然司法界风纪的败坏,本身也受到一般政治的不良影响,但是司法界影响到一般政治,却是情无可宥,因为司法机关的职责,在伸张正义、维护纲纪,故持正不阿、廉洁自守,是司法人员应有的操守。我们不久便应要施宪政,鉴于过去的失败,大家认为今后应认真发扬法治精神。司法界风纪的整饬,既与法治有至密切之关系,所以我们欲特别提出,引起一般注意。

宪政之实施,是抗战期中一桩政治上重要的建设工作。同时物质上的建设,也正在积极推进中。但建设事业,有了稳固的基础,方能继续进展。社会如不安定,基础便难确立。安定社会,须使人民有冤得伸,有理得直,各种冲突的利益,得获谐调。政府司法权的职司便在此。一八〇四年拿翁制定《民法》,其时法国社会和经济情形,都很简单。罗马法中各种法律制度,多半被采用。随后工商业发达,新的制度应运而生。例如人寿保险契约,受益人对于保险人有直接请求权,无记名证券,于发行后即生效力,都与罗马时代契约的概念不合,但法院在不违背法律限度内,卒解释为有效。对于汽车肇祸,亦不坚持过失责任说,而采用危险责任说。百余年来,法国社会的进步、经济的繁荣,因于司法界主持正义及保障人民生命财产之功实多。我们这次的建国,前途将不可限量。将来社会上必有许多新的问题发生,均须法律上解决。应使在保护私权限度内,仍予各种企业以向上发展的机会。否则建国进程,可以时时遭受阻碍。但这种具有较深学理的审判工作,仍必法官先有最低限度的操守,庶不致利令智昏。目今大家努力建设,司法当局亟应先从整饬风纪着手,来一番革新的事业。

记得半年前报载纽约上诉巡回法院推事 Manton 因图私利,枉法失职,被判有期徒刑两年,罚金一万元。美国司法界引为奇耻大辱。Manton 曾任推事二十二载，其资望之高，仅次于最高法院法官。判决书中有一段，颇足为训：

"值此经济情形不景气，为避免自己财产上之损失，而不幸采取非法方法者，固往往有之，但在被告而出此，断难原宥。公家的职务，系公共的信托；但司法的职务，尚不止于此，乃系神圣的信托。人民对于法院操守之信仰，应予维持，此与吾人之政体，有休戚关系者也。兹者被告枉法失职，不但一般人民骇异，司法界人士，尤觉愤恨。此案虽数百年来所仅见，但吾人愤恨之情绪，不因之稍减。在英美司法史中，仅倍根（其时任英之大判官）于三百年前因同样情形而被革职。"

现代国家的法治精神，于该案中表露无遗。法官公正清廉之风，亦可见一斑。

法界风纪之整饬，办法固然很多，但能做到下列几点，也能发生颇大功效。

（一）改良司法官的待遇。司法官的待遇，较之其他行政人员，向来是很差，因此易为利诱，实为风纪败坏主因之一。我们对于司法官的舞弊，固然不能原谅，对于其生活的清苦，却寄无限之同情。政府各机关有独立收入者，对于其办事人员，待遇往往独优。即在目前薪金打折扣，也比人家小。可是司法机关，每年法收，虽颇可观，却在司法官的待遇上应多花些钱而不花。听说目前经依公务人员俸级条例叙俸。这是最低限度的改良，我们的希望，还不尽于此。

（二）严加考核，信赏必罚。如经考核成绩操守，确属优良，必予升擢。则司法官附炎的思想可以排除，幸进的心理可以消灭。正直廉洁之风，亦借以助长。如有枉法失职者，查有确据，必依法严惩，以儆效尤。

（三）社会监督。成绩操守，是否优良，大半以法官所为之判决为凭。往往不必读律出身的司法部职员也参加评阅，考核何能期其准确周详。故应就判决书择要刊印，受社会的评判，也可使法官下判决时，感觉到众目睽睽，不敢违背良心的驱使。

　　上述第一二两点，已有人迭次决议，但迄今独未认真实行，故不避重复，再加评论，以促司法当局的注意。

　　　　　　　　　　　　（原载于《今日评论》1940年第3卷第2期。）

司法人才之培植问题

司法独立是总理五权宪法学说中的一个重要部门。欲使司法行政达到总理的理想，就必须有优良的司法人才，对于司法权的行使能以胜任愉快。可是现在司法界人才，异常缺乏，实不能不亟图补救之策，以维持司法独立之尊严，而厉行总理的遗教。

本年八月间政府曾举行高等考试司法官临时考试，定额五百名。所谓临时，是额外的意思。据说司法当局因人员不敷应用，特商诸考试院，举行这一次临时考试。名额为五百，其数目可说很大，同时也见得司法人才，目前甚为缺乏。回忆不久以前，曾见到报上登载司法行政部的通告，要自沦陷区退出的法官，向法部登记，以便任用。大概登记的人不多，所以又接着第二个通告，并希望具有法官资格的其他人等（无非指教授与律师）向法部登记。结果如何，虽不确知，想来大家不会踊跃的。别的政府机关，往往人浮于事，长官也□人家的介绍推荐，惟独司法机关，公开求贤，大家还裹足不前，不能不说是一种独特的现象。可是这就已潜伏着司法界的危机。恐怕五权中司法一权，不久将因人才大缺，无法行使，纵然勉强运用，也不能应合国家和人民的需要，决难发生它应有的作用。司法当局最近种种措置只是治标，而且不是治标最好的办法。因为，第一，设使学习法律的人根本上很少，不要说定额五百名，便是增加一倍，定为千名，也不中用。拿西南联大来说，今年法律系毕业生，为数不到十名。今年的毕业班，是抗战开始的那一年投考大学的。除了内地各校以外，其他大学在那年招收新生，多少受点影响。联大不到十名，其他学校也可想而知。臆断今年全国法律系毕业生总数不致超过一百名。全部录取，也不过此数。固然去年、前年毕业的一样可以投考，但是去年的情形，联大毕业生二十名中，入司法界者，只有三数人。际此所谓非常时期，从清苦的司法界转就可以发财的其他职业者有之，已经享受较优裕生活，再回头来考司法官者，怕是很少。即以入司法界门三数人而言，他们现在已是司法人员，纵然考试录取，全国司法人员总额，不会有所增加。法官固然添了几个，他们原有职位将出缺，还须从他处想法弥补。可见定了一个很高的录取名额，并不是个妥善办法，假使考试院硬要凑足额数，因此也准学经济政治的（总称法学院学生）投考，胡乱拉人，其后果也是不堪设想。

第二，设使司法界过于清苦，在这个年头发财容易，哪个愿意向法部登记，再俟任用？司法当局自以为可以法官职位为饵，吸引一部分人员，殊不知他人不尽如此看法，不肯上钩。若不根本上从司法官的待遇着眼，以求改进，便多登几次广告，也是无济于事。

我国是个新兴的国家，一切都在建设之中，各方面都需要人才，不仅司法界为然。但是司法界感觉人员的缺乏，要比他方面深切些。因为法律这一种富有技术的专门学问，在若干方面，颇像自然科学。不费上三数年的工夫，认真研读，不会懂得，更不识如何运用。比如学工的可以教他办教育，学文的可以叫他办外交，并且都可以有相当成绩，但是要使他们开庭问案，充任法官，必致瞠目结舌，不知所措。终究断案有呆板的手续，裁判要依一定的法律，不是任何人都会干。所以他方面人才缺乏，可以别处设法，以求弥补，司法界人才缺乏，绝对无法他处通融。

近年来学法律的同志愿在司法官服务的人，怎么会这样少？据说下学年，武汉大学的二年级，将无一人选习法律，云南大学仅二三人，联大虽尚未有统计，大致景象也不会很好。推究其原因，不外下列数点。

（一）国民以还，一二十年中，变乱相寻，纪纲败坏。政治不上轨道，凡事都没有规则。虽有法院之设，不过为完成现代国家的面貌，实际上能做□伸张正义保障民权的工作的，诚不为多。有钱有势的人，与人涉诉，终占优势。一般人民对于国家司法，早已失信仰。法律既失其效用，不为人民日常生活的需要，就不会有人去学法，此乃理所当然。民国初元，研究法律的风气，曾一度隆盛，当时反觉得留学日本习法者过多些，这因为一方面承清末变法之大业，期竟全功；他方面革命成功，建立现代的法治国家，大家认为前途远大，都抱无穷希望之故。自从国府奠都南京，力图振兴，三数年间，民刑各法齐备，国家已向法治之途迈进，努力不可谓不大。但旧日政治，积习太深，矫正颓风，一时难以奏效。此时正可企图挽回从前习法的风气，但因为他种原因，仍然没有办法。

（二）最主要的原因，便是美国人在中国办的教会大学。它们因为不受国内波潮影响，加以经费相当富裕，办学认真，一般学生成绩也较好，所以很得到社会人士的信仰。但这些大学有政治系经济系，从没有法律系，东吴大学的法科是唯一的例外。就以清华大学而言，虽不是个教会学校，而与美国关系独深。自民国十七年变为国立大学之后，直至民国廿七年才创办法律系，未及两载，又为教育部命令撤销。这些学校中对于学术研究较感兴趣的学生，是其他学校以后师资的重要渊源。然而其中几乎没有习法的人，对于其他大学法律系的创办和发展，当然发生了莫大影响。虽然还有一批较先进的留日生，但当时除专读以外，很多还参加革命工作的。纯粹研究学问而有志于教职的就很少。近年来国立大学，成绩卓著，地位信誉，已驾乎教会大学之上。成绩优良的学生，得获深造者，仍以赴英美者为多。一则以时尚所趋，再则以机会较多，例如清华留美考试及中英庚款等是。终因中国学生之在英美向无习法风气，所以政治经济的人才，年有增加，而法律人才，并未增多。至于英美法系和我国所采用的大陆法系，各有不同，学法年限尤特长，更是缺乏习法学生的主因之一。

（三）现在各大学法学院，法律系学生终较政经两系为少，其中还有一个原因，便是法律系功课比较繁重。本系必修科目，将近二十种。依现行学制，大学一年级不分系，所读均系普通科目。自二年级开始分系，便须在三年期间，把二十种必修科目赶完，平均每年须习必修科目六七种，比诸政经两系不能说不繁重了。加以毕业后，出路并不太好，待遇又不高；前途的发展，复以资格派别甚严，未见乐观，这更促成各校法律系的萧条景象。此外法律各科，因内容关系，不容学生多参考英美著作。在中学修习英文有相当成绩的学生，程度绝不会太劣。文字的造就，绝不是侥幸的，须下长时间的死功夫。既入大学之后，对于外文求进境之心，当然愈切。而入法律系，不使他有这种发奋图进的机会和余暇，这也是年来的法律系学生不太多的一个原因。

（四）司法机关待遇菲薄，资格甚严，入法界服务，目前既无好处，前途也不甚乐观。四年学成，终想找个好的出路，不但可以自立，将后还须有发展。现在的青年，不愿依赖家庭，只愿凭借己力，打出天下，确实有志气。但拿司法机关与政府其他部门一比较，显然比出个高下来。从原则上讲，青年应当刻苦，不应专求享乐；应当依次求进，不应存侥幸猎等之念。这话诚然不错，但假使在政府其他部门服务，可以不如此清苦，进阶不如此迟缓，我们便不能怪他们舍避法界而他就，也不能怪他们在校时不选修法律而读他科，我们应怪政府的措置不适当不公平。我们不能希望青年都是圣贤，坚执理想而不为环境所冲动所刺激，应怪我们自己太理想。假使同年两人，智力才能机会都相差不多，其一因习他科而事业进展，生活优裕，其他之习法律者，自将悔当初选系之不智，此乃情理之常，不能责怪青年没有理想。

　　目前司法界干部人员缺乏,上列各点,相信不失为几种主要原因。第一种原因,慢慢当可消除。国府成立以来,纪纲逐渐整饬,各种建设,突飞猛进,尤以最近四年为然。进步的趋势,当然是对着工业化这个方向。将后实业发达,城市蜂起,大家都讲生意经,不能不摆脱礼让的虚伪表示,而有一种"Business is business"的精神。人民相互间和人民与国家间的关系,只能用法律来维持,其纠纷也只能用法律来解决,礼教只管制人民生活中极有限的一部分。那时,法律当为日常生活所必需。法律既若是之重要,我们不必劝说人学法而人自学法。干部人员,亦将无匮乏之虞。试观欧美工商业先进诸国,大学各学院,最兴盛的,医学院之外,便算法学院,并不感人满之患。经济环境,固然迫使我们走上法治之路,但我们相信人的意志和努力,也可影响到法治之成败。在这方面,司法当局与司法人员可以下些工夫。如法界上下,能本于司法独立精神,忠于职守,为其他政府机关之模范,法治当可逐日完成。司法界自身的努力,当为消灭司法界危机较有效的办法。

　　关于上列第二种原因,现各国立大学,受教育部直接管辖,是否每校均应设一法律系,或仅指定数校办法律系,而充实其内容——图书与师资,当可由部统筹办理,不难消除。此外各庚款主持之留学考试,每届至少法律一名,将来各地战事结束,应以公款派送学生赴德法留学,因为它们的法律体系为我们现代法系所自出。

　　第三种原因,关于课程一点,可由司法和教育当局会同商议修改。若者应予合并,若者应列入选修,不拟在本篇短文内论列。总而言之,应较现在课程减少为是。法律教育的目的,固在灌输知识,此与其他学科的教育同,而尤在训练学生,使具法律头脑,此为法律教育所特有。这种法律头脑,对于以后问案谳断,功效甚大。训练的方法,虽有多端,而绝不在必修科目的繁多。何况高考及格之后,须训练六个月,训练之后,尚须学习六个月,然后被任为正式推检。在此一年期间,很可以从容补习次要各科目。在学校里少读几种科目,绝不信以后做了推检,不克胜任愉快。

至于上列第四种原因,以言原理,司法人员责任重大,他可予夺人民巨额财产、生命自由,依理他的酬劳应当较相等级的普通公务人员为高。以言实际,司法行政部因有状纸印诉讼法费用等收入,历年来颇有积储,提高司法人员待遇,亦非力所不逮。纵不然,国家的司法职务,其效用在调谐利益,安定社会,抗建伟业亦有赖乎司法权能的发挥;若商诸财部添加预算,拨付巨款,则政府处于它的立场,必不致以金钱为有形而特加爱惜,以安定社会之功用为无形而藐视不顾,短视若斯也。司法人员的薪给,一向较普通行政人员为低。年来虽经调整,然关于各项津贴,较之其他机关,仍颇落后。自沦陷区退出的法官,不愿登记再讲登庸,具法官资格的不愿做法官,其理由概亦不外乎此。

司法机关中的晋级,一向有资格上的限制,确是很好的制度。我们相信政治上了轨道以后,其他政府机关,也一定照样办理。我们爱护之不暇,岂能再加攻击。不过假使法官待遇能比例其责任而增加,法官的地位,在人民心目中,渐渐提高,资格的限制,当不足为服务法界的障碍。

上列各种办法,如能一一做到,我们相信以后司法干部人员可以逐年添加。若为一时救急起见,司法当局可以用种种方法诱进学生入法律系,如给予津贴资金等等,均无不可。

人才缺乏,什么事都做不成做不好。在法界方面,其结果是承审员,审判官,甚至于法院中的推检,往往都不是读法律出身的,当然很不称职。廉洁的固属不少,舞弊纳贿的却也大有其人。是非黑白,可以由他做主,败诉的当事人欲提起上诉,他可以用尽方法加以阻挠。裁判书做成后,他可以压着,俟逾上诉期间再送达。上级法院所发传票,县里可以随便篡改，往往把开庭日期涂改，使当事人迟误日期。二审之后，判决确定，当事人声请执行，他可以置之不理。固然高等法院院长在行政上可以监督命令兼理司法的县长，但他们不能任免县长，这是民政厅的职权。县长如不听命令，院长也就莫奈何他。地方司法情形若斯，试问司法威信怎能树立起来，又怎能希望人民服从政府，爱护国家？司法当局现欲普设法院，我们当然希望这计划能早日实现。但若不先从根本上培植人才着手，结果各县长纵不兼理司法制度或司法处改设法院，仍然是换汤不换药。

　　我国的司法，不但是国家内部的问题，同时也是一个面子的问题。司法人员工作，不但要做给国民看，还要做给外国人瞧。郭新外长已尽他的最大努力，使美国务卿赫尔表示战事结束以后，即可放弃其在华之领事裁判权。这或许是一个原则上的表示，将来切实放弃，或者当须以我国彻底改革司法为前提。领事裁判权之撤销，是否能早日竟其全功，以后就要靠司法当局的努力。这是司法当局参与提高中国国际地位工作的很难得的机会。纵然于战事结束后，美国立即无条件放弃领事裁判权，我们也要不辜负人家的美意才好。在这方面，我们的司法干部人员，不但量不够，质也不够。我们各种法典，固尚称完美，但还需要适当的人员来推行。我们在别处早已说过，一种制度之良善与否，靠制度本身者半，靠推行制度的人员者又半。审判工作的特征，是依法办理。法官本人的学识经验及品德，随时随地可以影响到他的执法工作，所以人的分子，仍是很重要。我们上列的几点办法，不但可以增加量还可以提高质。

（原载于《三民主义周刊》1941 年第 3 期。）

替法律辩护

本年度的清华留美考试之科目，原定有法律一门，后来据说经政府审核时勾销了。很明显，当局认为法律不是重要的学科。这样看法，本为一般人的通病。试观近年来各大学的法律系，景象如此萧条，甚至本学年有好几个大学在分系时法律系竟说将分不到一个学生，令人不胜惊异。这种现象，不是国家社会之福，我们已为文申论。欲知法律的重要，应先明法律之为何物。人是社会的动物，社交是一种天理。他和配偶联系，即成立了家；和邻居联系，成立乡村，造成经济上的初步合作；进一步而与同民族之人联系，便造成国家，以御外侮，以求心身之发展。鲁滨逊的故事，毕竟是小说。鸡犬相闻，老死不相往来，这仅是老子的幻想。事实上没有愿意隔绝尘世孤岛独处的人。只要人类间相互交往，便需要相当的秩序。否则任意抢劫屠杀，还有什么社会？维持秩序，要在树立行为的准则，使每个人的行动，不能太随便，而须与他人的行为相洽合。法律便是这一种准则。人类的行动，固然不仅以法律为准绳，有时亦欲与时式、习惯、礼教或道德相符合，比如男子不垂辫是从时式，途中与友点头招呼是按习惯等。但今日之世，法律究为行为准则中最重要的一种。以法律与他种行为准则相比，其优点在确切而不游移，在富有强制性而不放任。农村社会生活简单，仅凭习惯、礼教等维持秩序，已可奏效。时至今日，工商各业发达，人的关系随之复杂绵延，且团体活动亦增繁，于是个人行动愈应增加限制。假使每个人的权利义务，不予详密规定，复杂的关系，将无由维系。又若个人行动，在一定限度内不予积极的强制或消极的限制，则以一发而牵动全局，团体目的，将遭破坏。在此情形下，他种行为准则显少功用，只有法律始能维持秩序，确保社会安宁。

我们旧时，虽不崇尚现代所谓之法学，但极注重孔教。历史上礼教最盛时代，天下亦大治，犹之现在法学最发达的国家，社会秩序亦最良好。礼与法虽有形式上的区别及不同的适应场合，但都是人类行为的准则，它们的作用都在振纪纲、维秩序，使社会能存续进取，达于至善之境。

国家必须法律，其他团体也自有其法律。凡人具共同目标而集合一起时，必须一定规则规律各人的行动，使与共同目标不悖。如社团公司有一定章程，自治团体、教会等也有一定法规。吾人于出生后必参加一种或多种团体，则法律与吾人生活关系之密切，可想而知。复依现行《民法》，出生死亡，均系法律事实。因出生之事实而有权利能力，因死亡之事实而继承开始。结婚系法律行为，本于行为人的意思而发生其意愿的法律上效力。人生三件大事，莫不与法律有关。至于为维持生活而与人交易，或以公民资格行使公权，在在牵涉法律，更不待言。

法律既是人类行为的准则，其功用在维持社会秩序，纵在承平时代，法律也是任何社会求进步求完善的必要条件。其重要如此，本已不容吾人藐视，法律之学当然值得不断研究。何况目今实业猛进，私人相互间、社会与个人间利益的冲突，因而也愈尖锐化。欲事谐调，诚非易事。稍一不慎，可以阻抑实业之发展、文化事业之精进，更影响及于秩序之维持，法学之提倡与研究，于是绝不能视为与国计民生无关痛痒。再者，法律必须切实施行、为人恪守，其效用方显。以法律规范人的意志和行动，并非为的是方便或习惯，实是出于社会的必需。除非各人的意志、行动，能互相配合，像机器的各部或有机体的各官能一般，社会是不能存续的。因此，不但须研究法学，精益求精，且须普及法律教育，养成人人奉公守法的习惯。

在战争时期,法律的重要性,是否要减少,因而暂可不加注意,我们一面抗战,一面仍在建国。不论抗战也罢,建国也罢,法律从未因之丧失它丝毫效用,反之,吾人认为法学之研究与法律教育之普及,更有其必要。

抗战的基本条件在军令统一、纪律严明,否则无以克敌制胜,这是极简明的道理。此所以最近发生了违抗军令的情事,大家觉得事态严重,影响抗战,愤慨之余,严加指摘。此外,赏罚予舍,应求其当,此断在综核名实。所谓"严考课之法,审名实之归",然后将士用命,而可有壮烈之战绩。整饬纪律,综核名实,这些是我国旧时法家学说的精髓,也是现代法治国家的特色;至于《兵役法》之制定施行、有关军队之成立补充,既是军政,也是法律范围内事。法律与抗战关系之深,可见一斑。

法律与建国的关系又如何? 建国工作,奉其要领,不外三项:(一)实施宪政,这是政治建设;(二)发展实业,这是经济建设;(三)推行新生活运动,这是社会建设。

(一)宪政实施之尝试,此非第一次。民国成立以来,有过约法、宪法等,但全国上下,"行动是行动,法律是法律",法律等于具文。二三十年来,无一些宪政成绩,这固然是一政治问题,但何尝不同时是一法律问题。欲求宪政之成功,亟需制宪的初步工作,并须官民奉公守法的精神。宪政之制定,如何方能适合国情,以期施行无阻,须待精密研究。欧西的良好制度,舶入中国来,不一定便会发生良好效果。橘过淮而为枳。何况三民主义是抗战建国的最高指导原则,怎样使三民主义澈透于法律之中,这是一种创造的工作,并非可以抄袭敷衍了事的。这种工作,若非由精通法学者参与其事,恐难底于成。四五年时,立法院奉命制宪,草案披露之后,引起了许多批评的文章。固然有反对的,也有赞成的,但已见制宪工作之匪易。这份工作,至今不能算已完成。在政府方面,自应对于法学之研究，更加鼓励督促，希望在最短时间，可以有一部通当而不至流于具文的宪法，以为实施宪政的基础。

官民奉公守法的习惯，对于实施宪政之成败，关系重大。人民不守法，可由官厅加以制裁；假使官厅不守法，曲徇私情，枉法贪赃，那就为害无穷。这种情形，以今较昔，虽有进步，仍不免随时随地发生。最有效的办法，莫如普及法律教育，发扬正义公道的观念。这可发生两种效果：一、人民本身的行动，自然合乎法律规则；二、人民有了相关法律知识，可以发挥监督政府的权利。从前桀纣暴虐而汤武革命，乔治第三横征暴敛而引起美洲人民的反抗，以后的君王，遂不得不有所警惕。假使一般人民都受相当法律教育，我们相信政府官员绝不敢有越轨违法的行动。有上述两种效果，实施宪政，断无不成，造成法治，前途亦甚乐观。

（二）发展工商业，以完成经济建设，本是一件重大工作。现代战争，工业进步的国家取胜的机会较多。我们要抗战胜利，提倡理工，乃是天经地义。但是造就了一批理工人才之后，工商业并不自然而然发展起来。工厂、公司如何设立，管理如何措手，以期每一员工的行动能与他员工的行动协调，而图达团体的目的，这就需要具有法律知识的人了。设使管理不良，内部秩序纷乱，纵有天才的工程师，也无以展其长才。至于鸠工集料，雇用职员，都得取契约的方式，纯是法律上问题。欧西各大公司的董事经理，大半是读律出身，盖非无因。这可以说是很浅近的说法，表明理工愈发达，愈需要法律的合作。

再者，在一工业社会中，已如上述，人际关系非常复杂，远非农村社会可比。关系愈复杂，利益冲突的方式愈多，形势愈益严重。此所以在通都大邑，工商各业，都要聘请法律顾问，而在乡村根本就没有这回事。一个工商业社会，假使没有发生实效的法律，势难存续，了无疑义。欧西工商业先进各国理工各科发达，法律科学也极昌盛。盖未有社会秩序不良好,而民生可以充裕、国力可以强大的。

（三）近年来新生活运动,推进甚□。新生活的要义,在明礼义、知廉耻。礼义廉耻,是道德的教条。法律、道德,虽是两种不同的范畴,但同有维持社会秩序的功用。法律既不明究□□□道德,道德□□□法律以传播。虽实证法学家企图硬把两造隔绝,可是终未成功。近人德国公法学家 G. Jellinek 仍认为法律是伦理的最低限度。昔罗马名法学家 Ulpian 对于正义所下定义称"处世诚实,不加害于他人,给人以应得",这三点虽然都是道德教条,但都可用之于法律。第一点的法律意义,就是人人须做一个奉公守法的公民。第二、三点的法律意义,不加害于他人是刑法和民法中关于侵权行为的基本原则;给人以应得,可说是全部私法的基础。讲到我们的礼义廉耻。礼,依照一般的定义是规规矩矩的态度,也就是做一个奉公守法的公民。义,是正当的行为。权利滥用,自罗马时代以至十九世纪,都认为正当,但从道德方面讲是不义,因此现行《民法》设专条禁止。行而不正当为不义,知其正当而不行也是不义,这在刑法上就成立不作为罪。廉,是清白的辨别,知其是而取之,知其非而舍之。如乘人之急迫轻率或无经验而事榨取,或约定过高额的违约金,都是不廉,得依《民法》加以制裁。若公务人员贪污,则刑法中设有专章,严予处分。最后,耻是切实的觉悟,即有羞耻之心。无耻的人,易触法网,法律绝不容忍,必使负民刑一切责任。可见法纪伸张,礼义廉耻,没有不张之理;社会建设,也就得到一很大的助力。

政治、经济、社会的建设,可以包括建国计划的全部。欲完成建国工作,处处用得着法律,此外因于我国在国际上所处地位的特殊,更有积极提倡研究法学之必要。我以一完全自主的国家,而法权尚不完整,尤其最近英美政府已正式表示于抗战结束后,放弃其领事裁判权,所以我们应在这几年中努力改进司法以孚中外之望。但是目今司法人才,量与质都不够。记得本年度司法行政部曾两度登报要沦陷区退出的法官,向部里登记,以候任用。今夏又举行司法官临时高考,录取名额定为五百名。诚可谓竭泽而渔,这证明量的不够。至于质的不够,兼理司法各县固不必多说,行政事项,可作为裁判的对象;判决尚未确定,可以任意强制执行。若不从此积极提倡法学,司法将永远无法改进。取消不平等条约的革命外交,将来是否会受到严重影响,实不容吾人乐观。

最后,国家有如一个有机体,主持国政者,应统盘筹划,以谋各方面的平均发展。法律既颇重要,而后进人才又如此缺乏,单供应司法机关之需求已甚感不足。故不久的将来,司法界将遭遇到极严重的危机,势必因人才之缺乏,而司法机能陷于软瘫。十九世纪的政论家反对政府干涉个人行动,竭力减削政府的职权,却终不能废有安内之功的司法权。欧西各国社会安定,凡百进步,于是而有今日之繁荣,莫非百余年来司法权运用无阻有以致之。苟竭力提倡理工,而置社会秩序不顾,敢言纵有千百个爱迪生担当起建国工作来,亦不会有很大的成就的。

(原载于《当代评论》1941 年第 1 卷第 14 期。)

中国的法律科学

我国旧时,崇尚礼义,鲜谈法治。虽然有过刑名之学,力主综核名实,信赏必罚,但未为历朝采纳以为治国的重要方针。汉律、唐律以及大清律例,专为除暴惩奸之用,包含刑法的成分多,虽其内容颇具特色,并有足为世人称道之处,但仅是今日所称法律之学的一端;在中国文化中,且不是一个重要的元素。以观根源于希腊、罗马、犹太的西洋文化,以法律为其文化的特征,则法律在西洋人生活中所占地位之重要,可想而知;法律科学在西洋若是之发达,亦毋足怪。

清末欲图建立一现代国家,于是倡议变法,仿效欧陆,修订六法。从此时起,中国开始有法律之学。民国初元,习法读律之风颇盛。负笈留学者,以赴日本者为多,所习科目,亦以法律为最合时宜。其时法律人才济济,法律科学似颇有前途。不久留英美之风气开,但一则以英美法系与我国所抉择采用之大陆法系,截然不同;再则以习法年限较学其他社会科学为长,因此多半攻读政治或经济。近年以来,研习法学之士,益形减少。学校深感师资之缺乏,法院亦觉物色法官之不易。最近司法行政部一再登报布告,欲自沦陷区退出之法官,以及具有法官资格之其他人等(如教授、律师是),声请登记,以备录用,足见目前司法人员大有供不应求之势。有上述之情形,可想见中国的法律科学不甚亦不易发达矣。

中国的法律科学,比不上欧西,那是意料中事。欲求与欧西媲美,自是一种奢望,至少目前可这样说。但依一部分人的意见,以为中国法学的落后,因于中国的经济情况不及先进的国家。一旦工商业发展到较高的阶段,政治社会以及一般的经济情形,亦随之进步,法律科学必自然而然发展起来。所以不必如杞人之忧天,也不能勉强它现在必进步。其论中国所以不能臻于法治之境,也因于同样的理由,就是经济的客观条件,未全具备。在此种条件未具备时,欲求法治之实现,等于空想,其态度极不科学。此种论调,吾人未尽赞同。思想往往受实际环境的启发与影响,诚然不错。尤其社会科学,常随时代而进步。但外界的经济事实,并非决定一种社会科学进展的唯一之重要因素。在客观条件限制之下,我们可以加上一番心力。观吾人努力程度之高下,其社会科学之进展,亦有迟速之别。譬如瑞士的法律科学极为发达,其《民事及债务法典》系二十世纪立法上一大杰作,甚有誉谓胜过德国民典者。此法典固然不能想象在十七八世纪产生,但二十世纪,欧陆之经济情形及一般文化程度,如瑞士者,何止一国。若非瑞士人士特别加上一番心力,何能在法学上之贡献,较众优异。又如英国之法治精神,数百年前,已极发扬。我国目前的经济情况,较之数百年前的英国为何如? 然而中国纪纲不振,非不能也,是不为也。推而及于法律科学,因种种限制,不能如欧西之发达,固毋足怪,已如上述;但以为法学之进展,悉听命于外界的经济条件,吾人无能为力,则又不然。如能多加一番努力,至少当比现在多一点贡献与成绩。

经济学或政治学同系社会科学之一种,近年来在中国,似有突飞猛进之势,为法律科学所不及。吾辈学法之人,只能自怪努力奋勉之不如人。但法律科学之发展,在中国所受到的限制实较多。吾人试阐述种种限制亦即法学落后之主要原因于后,非以求谅解于人,而勉同好之更戮力耳。

一、我国之有法律科学,既为时尚暂,且由欧西输入,今后尚需参考欧西,以求发展,当无疑义。上述我国属大陆法系,所以对于欧陆先进国如德、法、瑞士等法学,尚须续加研讨。但不幸我国之于欧西,与英发生接触最早,以后与美在文化上教育上发生联系又最密切,所以一向以英语为最通行。而英美法系,是一种独特的东西;学英美法,不能说没有进益,但帮助不能说最多。我们前此虽未能尽量直接求教于大陆各国,固亦曾转求之于模仿大陆颇为成功的日本。留日学优之士,为数甚多,对于我国法学之发展,贡献独多,此系无可否认之事实。但日本法学,虽甚进步,究未进到独立创作的阶段。所以日本各大学法律学系尚设有英美法组、法法组、德法组等,以便学生更求深造。假若以彼辈在日研究之精神,更进一步或转而直接研究欧陆各国之法学,其贡献必更伟大。

我国的经济学或政治学,近年来发展甚速,其主要理由,也在能直接受益于先进之国。英国系近代议会制度的发祥地,其一般政治制度,也最完善。美国是现代经济最发达的国家。这两国在政治学、经济学各是世界的最前锋。我们能直接观察彼邦制度之运用,摩挲彼邦有价值之著作,获益自宏;对于这两种科学在中国之发展,自能予以极大的推动。

我国与英美的因缘既独深,其愿学习英语以外之西洋文字,以求了解其国文化或其文化之一部者,为数遂甚鲜。因这特种的限制,以致赴欧陆读律者,向不多见,近年来几至无人。其影响及于我国法学之发展,自不待言。有主张凡以后习法者,应自学德文或法文一种,其程度须能阅读不甚易解之法律典籍,盖非无因。

二、一国法律科学之发展,不专凭其所颁布法典之新颖,而要在法典能切实施行。施行而遇有窒碍难行之处,或与国家政策有违或与风土人情不合,则研究如何修正或解释法典,以求与事实需要相应合。就在这种进程之中,法律科学逐渐发展起来。所以法律科学与法律哲学不同,不专限于抽象的思索,以求正义之发现,并须脚踏实地,研究如何调谐社会上各种利益,以求得事理之平。譬如法国现行《民法典》,就是订于一八〇四年而素负盛名的拿翁法典，其形式与内容，可以说已陈旧不堪。至于我国现行《民法》，十余年前始颁行。草订时，曾借镜于德、瑞、巴西、暹罗以及苏联等国最新立法例，可谓无处不求合于世界最新学说，但不因此而大家便说中国的法律科学较法国的为胜。法国的法典，虽已陈旧，而该法典之施行，从未遭受到严重的阻碍与牵掣；施行的情形，也能布之公众，一任学者的批判。因此一则以法官之独立审判，再则以实务(la jurisprudence)与学理(la doctrine)之通力合作，旧法典仍能适用于新时代。法律科学便在新酒灌入旧瓶的情形中积极发展，所以法国的法律科学，至今仍是很先进的。

我国只有崭新的法典，固不足以言法学已有发展，但前途的发展，可说已有一开端。我们看到他国法学发展的情形，但可感觉到法学在我国的发展，复受到其他种种限制。

（一）、法官审判之未尽独立，以及司法监督之不严。审判既不独立，法律便难切实施行。审判之所以不独立，或由于行政机关妄加干涉；或因人事关系，以致法官枉法徇情，各种讼争，应依法律解决者，便往往草率结案。这种情形，现在或者比过去已有进步，但仍不免时时发生。以一部民法或刑法而论，其在实施时发生多少困难或问题，便无从知晓。因此条文应如何解释或如何修正，始能促进国家之安宁、谋社会之福利，也无从着手研究。一种法学的著述，如专以外国所创各种学说为根据，而不能依本国国策、人情及其他特殊环境另有创见者，决难提高一国在法学上之地位。今审判未尽独立，法律切实适用的机会便要减少，吾人于从事上述研究工作时，且将感到材料之缺乏，更何能有所创见。

此外司法监督之不严，也能发生同样结果。例如以前边远省份之法院，往往不依国府颁行之法律为审判之根据。法院如不依法而为裁判，当事人固可提起上诉，但上诉既非无知乡民所惯习，而其所需费用、时间与劳力,又往往非一般人民力量所能及。此外小标或轻微的案件,还不能向最高法院提起上诉,仍由本省高等法院为最终之裁判,结果现行法适用之机会因而减少。假若司法当局对于法官职务之履行,能严予监督,于不称职者,则罢免之,情形当可改善不少。吾国疆土辽阔,各省风土人情,亦有不同,本难以现行各法到处施行而无窒碍,但不能因此而即排除现行法之适用,以破坏立法之统一。惟其适用后而发生困难,始可发现立法缺点所在,加以修正,以迎合本国的特殊情形与需要,因而在法学上也不难有独到的见解与特殊的供给。最近各省努力整顿司法,在职法官,程度较前提高。即以云南一省而论,情形已见良好多多,这是可欣幸的一件事,但我们仍希望以后司法行政当局,在不违背审判独立原则之大前提下,切实行使其监督权。

(二)、实务与学理之缺少合作。法律实施之情形,负责施行之责的司法机关,应尽量使外界明了,以为学理之印证,并为学术界探讨之资料。此莫若将疑难或有意义之案件,详予刊布,经实务与学理两方切磋琢磨,法律科学,自有进步。各国法学之发达,其情形都不外乎此。法国自一八三一年起,每年较疑难或有意义之案件,不问经上诉法院或原审法院裁判确定者,集成一巨册,刊印于世。学术界如有意见发表,即详注于该裁判之下。此评注(La no c)词简意赅,精彩非凡。法院受学术方面之启发和影响,其审判工作,日益进步,而学术界得到实务方面材料之供给,亦不致发为迂阔之论调。专家撰述,靡不有独到之见。再论德国。一九〇〇年的《民法典》,乃集数十名专家的经验和智力,并经数十年之详尽商讨而订定。德国法学家当时均认为规定详密,毫无遗漏。凡私法上关系,无处不可以该民法为绳准的。不料颁行未及四载,柏林一律师即发明积极的契约违反(positive Vertragsverletzung)一学理,认为除给付迟延、给付不能及有瑕疵的给付以外,积极的契约违反也是给付上变故一种独立的原因，而为德民所漏未规定者。他的学理，对于德国的法学，系一重要贡献，毫无疑义，而其能有此发明，也无非以有充分实务方面材料之故。就拿英美来说，英美的法律，根本上就是判决，所有重要判决均予公布。其判决书，有长至数万言者，对于案件的法律点，发挥无遗。初学者以之为唯一的读本，教学者以之为立论的根据，实务学理，互通声气，法律科学之发展，遂借获推进。其形式虽与法德不同，其方法之大要，则初无二致。我们从前有《大理院判例要旨汇览》，所载仅系要旨，简略得无从评判，现虽有最高法院判决择要汇编成册，但为数仍微，尚无法借窥法律适用实情之全豹。学术界既无由搜集本国所发生之事实，以为思考的适当资料，自难怪其附和外人学说，以为著述之能事。

上述种种限制，或为其他社会科学所无，此所以法律科学在中国之进步为较迟缓也。其中有因我国一般政治之不良而发生，于是须俟一般政治情形改良后，方能除去者，如审判之未全独立及司法监督之不严；有为吾辈习法人士能力所及，可予消除者，如外文之研究、实务与学理精神上之合作，其事维艰，其功甚伟，愿与同好共勉之。

（原载于《当代评论》1941 年第 1 卷第 3 期。）

今后管辖在华外人之办法与中国司法

最近英美宣告放弃在华治外特权，当然包括领事裁判权在内，不久新约缔结，此陈旧之制度，便可归于完全消灭。新条约草案，已由英美两国政府提交我方，准备开始谈判，草案之内容如何，固不得而知，但我国应采取如何之立场，不得不缜密研究。

关于此问题，在从前取消领事裁判权的运动进展中，早有许多意见发表。这些所谓过渡办法都系陈旧之说，于今不值一顾。但民国廿年所公布的《管辖在华外国人实施条例》，乃为实行我政府所为废除领判权之片面声明，系我国关于管辖外人办法的官方意见。虽未实施，仍未经明令废止，颇有研究的价值。我们即于批评该条例之便，同时表露吾人之积极主张。

该条例都凡十二条，重要各点如次：

一、在外商麕集各都市，特设专庭，受理属于外国人（专指享有领判权之外国人民而言）为被告之民刑诉讼案件。（《条例》第三条）

二、专庭设法律谘议若干，不派于中国，由法部遴选法律专家派充之；法律谘议得用书面陈述意见，不得干预审判。（第六条）

三、外国人为民刑诉讼之当事人，得委任外国律师代理或辩护。（第九条）

四、外国人之拘提或羁押及其住宅或其他处所之搜索，依刑事诉讼法行之。（第七条）

五、关于外国人之监禁、羁押及拘留处所，由司法部指定之。（第十

一条）

六、外国人与外国人或与其他人民，得订仲裁契约，以解决民事纠纷。（第八条）

关于上述第一点，以言原理，国家法律对于私人之保障，不因其为原告或被告而有疏密之分。人民所希望于国家者，亦不因己为原告或被告而有疏密之分。人民所希望于国家者，亦不因己为原告或被告而有厚薄之别。如居于原告之地位，所为请求，理所应得而不能得；或有所主张，理应成立而遭驳回，其所受损失，与为被告时，不应给付而被判给付时，初无二致。其在刑事，可以新资及于被告之生命自由，关系因属重大，但实际上，最近二十余年来，中国法院受理俄、德、奥国等人民如被告之刑事诉讼，并无可为人批评指摘之处。再者，外国人为原告或自诉人时，中国人之被告，可以提起反诉。若得反诉移远于专庭管辖，不但有误时机，并且本诉与反诉有事物上之联系，如只就本诉而不就反诉为裁判，于公平之原则显有违背。非专庭之法院，既可受理依反诉方式对于外人所提起之诉，则依起诉之方法将外人列为被告之诉讼案件，又何得必须设专庭以受理之哉？故从法律技术上讲，专庭之设，实有未可。

关于第二点。专庭之制，既不采用，附丽于专庭之法律咨议，当亦不再成为问题。若我们在以后的一定期间，仍许外国律师在华执行职务，则外国当事人，如以其本国律师为高明，不妨请其代理或辩护。在撰状及辩论时，尽可陈述意见，以供法院参考，固毋需此重复之机构也。

关于第三点，外国律师在内国执行职务，各国固鲜其例，但在以后的一定期间，仍不妨许可外国律师在中国执行职务，此于国体无损。盖外国律师及一切中国律师，同受我国律师法及其他有关法令之拘束。若不定一期限，而仅限于以前在华执行职务之外国律师，准其继续在华做律师，亦无不可。今后在各方面，我们需要和他国合作，在司法方面，当非例外，要以不损及本国主权为限。以前在华之外国律师于我国律师教育及司法，不无贡献，彼辈如本同一之旨趣与精神，协助我国一方面之司法工作，我们固仍颇欢迎也。

关于第四点，外国人之拘提、羁押及搜索，依我国刑诉法行之，固属不错；但此间连带发生一个问题，即过去各地租界及租借地，因其行政权（包括检察职权与警权）属于外国人所组织之政府，故不但对于外人，即对于居住该地域内之华人，亦得实施拘提、羁押及搜索。外人在租界及租借地所享有之行政权，固另有其条约或章程上根据，初与领判权无涉，但实际上彼此有极密切之关系，实毋庸置疑。照过去的办法，我们不但不能对于外人充分发挥我们的司法权力，即对于一部分中国人，亦不能充分行使我们的管辖权。好在此次美英政府所声明放弃的，系在华治外特权，而租界与租借地，在法理上讲，系外人在华所享有的一种治外特权，乃纯无疑义的，将来亦必在取消之列，届时我们当能将检察职权与警权收复。

关于第五点，外国人之监禁、羁押及拘留之处所，暂时不妨由司法部指定之。这不是对于我国人特别优待，不久各地监所都加改进之后，本国人将与外国人一律待遇，可不再受苛待。

关于第六点之仲裁，此原为外人设想，使其自选适当之仲裁人。以解决民事纠纷，免受中国法院之审判，此必为美英乐于接受无疑。此制度在外国极通行，德国以之规定于民诉法中，盖所以补国家司法之不及。因此在外国之中国人，也可以利用此制度，以免受外国法院之审判。但在中国，仲裁除于处理劳资争议有其适用外，似无一般的规定。前北京政府时代，曾有民事及商事公断条例各一种，既未经明公废止，亦未经明令援用。公断与仲裁，不异而实同。将来不妨以原有的民商事公断条例为蓝本，关于仲裁另外立法，或制定为特别法，或仿德、奥之例编入民诉法中，均不失为适当之办法。

《管辖在华外国人实施条例》系于十年前公布，在这十年来，不但中国的立法与司法均有长足进步及重要改革，且因我国抗战之坚毅，国际地位之高，已非曩昔可比；今视该条例，自不能再认为满意。好在此是国内法而不是国际条约，我们随时可以明令废止之。

在我们对该条例的批评中，即可窥见吾人之积极主张。在此次谈判中，为对方之利益，所可让步者，大致不外下列三点：

一、在一定之限制内，仍许外国律师在华执行职务。

二、为外人指定监所。

三、准许外人以仲裁办法，解决民事纠纷。

上列三点让步（其实第三点不能算让步），全为迁就事实起见，绝不能订明于条约或类似之文件中，既与美英人士近数月来历次许我以平等地位之诺言有背，且与吾人废弃不平等条约之宗旨有忤。在此次谈判中，不妨就上列三点，彼此得到谅解，由我方以单独行为公布实施之。

但为我方利益，所应坚持者，亦有两点：

一、不设类似专庭及法律咨议之制。中外一切诉讼，依中国现行法，一律办理。

二、将曩昔租界当局所享有之检察职权及警权收复。以上是一种过分的要求。根据我国立法、司法现况，对于外人之身体财产，已能予以法律上充分保障矣。自从民国十五年列国派员来华调查司法以来，迄今已隔十五年。这十五年中，立法、司法改进的结果，使该调查团指摘之四点，今已均不存在。（见十月九日各报所载居院长觉生所著《收回法权之切要》一文。）

谈到领事裁判权的取消，不得不连带一述中国司法改进的问题。我们为求建设一充分现代化的法治国家起见，司法方面，仍应益求进境。

司法历来最成问题的，一是经费，二是人才。经费现已归国库统筹拨付，此时且在设法增加，以厚司法人员之待遇，以便新式监所之添置，根本已无任何严重问题。至于人才，现在十分缺乏。量固须补充，质也须格外提高。量的补充，当不难办到。每年司法官高考，可提高录取名额，以广招律者。最近在大学内添办司法组，也不失为一种办法。不问这种措施，从大学教育理论上讲有无问题，从添办该组的目的讲，现在换了一个新的名目，居然动听些，据报投考各校司法组者，极为踊跃。

至于质的提高，比较困难。司法官中学校资历高深者，固不乏其人，但不称职者，亦复不少，裁判常有很大的错误。例如配偶可以代位继承，票据行为却追究其原因；被告未曾提起反诉，而判令原告为给付等。这些错误，有时高院推事，亦不能免。至于法官对于国际私法认识之浅，我们亦亟需求改进。战后中外贸易，必日趋隆盛，中国内部发展，亦必从简单的农村社会而入于复杂的工业社会。困难的诉讼条件，尤其复杂的海外条件，必然有增无已。司法官现在的素质，或能应付目前，势难应付将后。

年来政府的措施，好像侧重于量的补充，而对于质的提高，似未尽最大努力。愚见以为质的提高，应先之以作育，继之以奖励。目前法律系学生之通病，对于外国语文既不甚讲究，对于其他社会科学，亦无暇细加研读。考其原因，良以法律系本系功课之繁忙，使学生无暇旁顾。法律系之必修科目及总学分，较任何一系为多。实则许多次要功课，相对不必列入必修。假使基本科目读好，具有法律头脑，其余不难通达。何况做司法官，尚须经过一度训练一度学习，诚不妨在此期间，渐渐补足。一方将本系功课减轻，他方即勉励多习外文及其他社会科学，尤其经济学及财政学之类。最近各大学于法律系添设司法组，虽已议定以洋文列为四年之必修科目，但并未同时注重其他社会科学。盖法律系外壳，其内容均取之于其他社会科学。读法律的人而不通其他社会科学,将来做法官时,不能添用法律以求合于社会需要,必致为条文所束缚,而制成实际上很不公允的裁判。

此外多定名额,考选留学,也是有效而必要之举。教育部的留英考试,明年希望能添加法律一门。

作育之外,尚须奖励。两者相辅而行,相须以成。奖励之旨,莫非鼓促在职法官继续用功研究。八年前作者参观德国最高法院,见有规模宏大之图书室,举凡主要法律材料及著述,不问国别,无不毕备。其在德国最高法院之法官,尚须继续研究,何况我国的法官呢?为行奖励起见,以后对于法官的工作,应严加考核。其成绩特优者,应予破格升擢,甚至予以进修之机会,如派赴国外考察,种种办法不等。其不称职者,定予淘汰。数年之后,不信法官之素质不提高。

法官之质,除指其学识外,复指其操行而言。法官最忌贪污。今日司法界之风纪,固有进步,待努力之处尚多。至于法院行政效率,也急需提高。

近今之人,侈谈制度,甚而只求制度之完善,完全忘却推行制度的人,影响于制度的运用,至深且巨。很好的制度,可以因人的关系,而发生恶劣的效果。譬如第二审所为关于假执行之裁判,不得声明不服,此系仿效欧西立法,原则上无可警议,其在欧西以法官之素质高、行政监督严,故行之有万利而无一弊。其在中国则不然,时可造成冤狱。不如第三审上诉程序,有一定金额或价值上限制,此亦仿效欧西立法。在欧西之情形,一案经过两审,是非曲直,几有定论,所以轻微案件,便不许再三上诉。但在中国则不然。高院推事,亦可铸成大错。当事人往往明吃亏而无救济之道。受这种委屈的人,也就是得不到国家充分法律上保障的人,都是社会上低等阶级、最出力而有功于抗战的人。所以目前与其专用心于诉讼等法之改良，不如多注重于人才之作育与奖励。古人云，百年树人，惟其如此困难，故不得不早为之计也。

普通谈司法，往往忽略了律师。律师一方面协助当事人，他方面也协助法院。如律师高明，则法院工作可以减轻，裁判也可较为确当，其对于司法的影响实甚大。我国律师界一向为社会上一般人所鄙视，而律师本身，似亦不求进展，始终跳不出他自己的圈子。及观美国的律师，过去如林肯，今日如威尔基、史汀生、赫尔辈，都可以在政治上展其才力。英、法、德国的政治家，也有许多是律师出身的。可见我国的律师界，需加整顿无疑。新颁行的律师法，严其资格，这是整顿的第一步。不能进一步依法严加甄别，仍是一件憾事。从前发给律师证书太宽太滥，不学法律的人，现在挂着律师照牌在社会上混的颇有其人。例如报上常可以见到律师代理一方，片面声明脱离夫妇关系或代理房地买主声明否认就房地已议定之各种物权。此不但有扰乱社会、纷乱司法之嫌，并且使在职司法官不能安心任职。盖粗知法律，可以做律师，因而丰衣足食，则彼辈法官，又何苦仅守此清苦之职。不满之情绪发，因循玩忽之恶习因而生。其影响及于法司行政，不得谓不大，我们为改进司法，对于律师界的整顿，亦刻不容缓。

国人一向藐视法律、忽略司法，现在正可乘取消领事裁判权之时机，协助政府，督促政府，益求进境。

（十一月廿日于陪都）

（原载于《世界政治》1942 年第 17 期。）

对于今后民法的一点意见

司法院居院长,前在本刊发表《三民主义的民法》,一方面检讨现行《民法》的得失,他方面复提供民事立法的几个原则。作者对同一问题,也略有几点意见,以供参考。

现行《民法》,于国府成立后短短数年间制定。当时政府因为亟欲取消不平等条约,"尤其废除领事裁判权制度,不得不先从制定民刑及诉讼各法着手"。同时又因为改制共和以来,十余年间,没有正式法典以资遵守,影响人民权益及社会秩序匪浅,亦不得不积极从事于立法工作,以为各项建设之始基。但因事出仓卒,往往无暇仔细研究。就《民法》来讲,实际是摸模现成,尤其仿效德国和瑞士的《民法》。这两种民法,制定于十九世纪末叶或二十世纪初叶,故系资本主义昌盛时代的产物。较之拿翁法,个人自由主义的色彩虽不甚浓厚,然仍不脱个人自由主义的窠臼。因当时社会问题已经发生,所以已容纳一些社会主义思想在内。所谓我国《民法》之特色,如抑强扶弱及注重团体利益,早在德国和瑞士的《民法》中有其表现。假定是社会主义的立法,则在分配社会化、生产社会化的经济制度下,既无阶级之分,更无竞争现象,上述的特色,根本上都不成问题。

讲到三民主义的民法,发生一个先决问题,即在三民主义的社会中,民法是否有存在的余地? 假使依中山先生的说法,民生主义的理想是共产主义,则在共产主义即完全社会主义化的社会中,不但国家是多余的,法律的强制也是不需要的,根本就不会有民法。在这样的社会,人的生活完全社会化了。国家的组织,等于一个大合作社,为促进整个社会的利益,得支配每个人积极合作的方式。因此,国家已不是一个超越私人的组织,也不是发号施令限制私人自由的权力,而是财物之保管者、生产程序之指导者。至于个人,是全部组织的重要成分。他是社员,同时也是社会的公役,只能本于公役或社员的资格,才可享有权利,负担义务。他无独立的法律上地位,因此也不会有私人自由与私人的法律范围;假使于秋收季节,国家延长人民的工作时间,因此减少了人民的闲散时光,还不是对于人民的自由加以限制,因为国家本可以随时确定人民合作的范围。人民的闲散时光,初不受任何法律保障。至于现在国家的组织,以个人为单位,个人自由自始即受法律的保障。故国家对于个人行动予以干涉,便是对于他的自由加上一层限制。

国家的意义,既已发生根本上变化,法律的本质和作用,也全然与今不同。非社会主义化的国家,有组织法(如宪法是)和行为法(民刑法等是),更有公法和私法的区别,在社会主义化的国家,便无此区别。国家所定个别分子合作的方式和范围,工作和财物的分配,一方面是内部组织的规定,他方面也是个人行为的规定。并且这种规定,并非具有一般性的抽象规范,似今日之所谓法律,而是一种服务训示、工作指南(Dienstinstruktionen)或技术条款(technische Repeln'),具体而无一般拘束性的。在现在的国家组织,须先使人民抽象的知道何种行为为法所准许,然后方可具体的防止不法行为,或行为已成立者,处罚其行为人。法律的制定与法律的适用,必然分离,而成先后的两个步骤。在完全社会主义化的国家,国家对于人民的作为与不作为,自始可以随便支配,即可借具体的规定,随时拘束人民的行动,既无先立抽象规范之必要,因此亦无立法、司法两个不同步骤的区别。以例说明之,私人如何方得使用爆炸物,必先抽象地决定,晓示罪人,俾私人决定使用时,可不至于犯法纪。

但若爆炸物之使用,系国家所专独,则国家可以随时具体地决定于何时何地由何人或公家机关使用之,自毋须先有抽象之立法。一种措施,包括立法、用法两种工作在内。若以上例爆炸物之使用,易为一国之全部经济生活,其情形初无二致。

总之,在一完全社会主义化的国家,所谓国家,所谓法律,吾人纵保存其称谓,究与目今通行的观念不同。而且,为促进共同幸福起见,国家可以完全支配个别分子的行动,当无私有财产及契约自由可言,因此根本不会有民法。

但是理想终究是理想,距离现实还很远。居院长说得好:"依照总理对于民生主义所定两个办法来讲,曰平均地权,曰节制资本。既称平均与节制,可见并未绝对否认私有。又私有财产不过为发挥个人聪明才智的工具,亦足见民生主义的社会,并未完全否认私人自主(Privatautonomie),即私人可以自己主张,借法律行为,以定其私人生活之方式。"故民生主义的社会,仍不得无民法。

居院长对民事立法所提供原则上的几点意见,我们深表赞同。但还都是限于内容方面。于形式方面,我们却有几点意见。今后的民法,可分为三编:即物权、债及团体组织是也。物权编包括不动产物权、动产物权及无体财产权。债编以契约及单独行为债发生之原因;至于无因管理、不当得利及侵权行为等,系责任发生之事态,实际非债之发生原因。团体组织编,包括各种私法上法人如公司之类;至于财团亦归属之。

亲属法与继承法,其性质与财产权法不同。在后者的领域,当事人双方以平等地位相处;在前者的领域,个人系家庭之一员,与其他人员间之关系,不必平等,而时有上下之分。因此亲属法与继承法,不妨由民法中取出,独成一法。

原来之总则编,因其内容复杂,且无系统可言,似可取消。其关于自然人各条规定,可归入亲属法;关于法人之规定,可归入团体组织法;关于物之规定,可归入物权编;关于法律行为、期日、期间、消灭时效及权利之行使(包括权利滥用在内)各条规定,可归入债编,同时规定准用于物权编及团体组织。至于商法,仍毋须独成一法典。民法债编之总则与分则,可尽量包括商事行为在内。其因特殊之商事性质不便收容在内者,如《交易所法》、《银行法》、《海商法》、《票据法》等,不妨仍保持为单行法规。

于此有一连带的问题,即三民主义的民法,要靠精研主义及学术湛深的推事去适用,然后民法的实施,可以得到预期的效果。古人云:"徒法不足以自行。"其意盖良法美意,使有实效,一半还得靠人去推行。故负推行之责任者的素质,很可以影响到良法美意的效力。往往很好的制度,因为不得其人,所以反见其弊而不见其利。民生主义的国家,与社会主义国家实同。国家的职权大,责任亦重。例如法院可以变更契约及遗嘱之内容,可以评判所有人权利之行使,是否合乎社会需要、国计民生。此种职权,为前所罕见。法院对于一国经济生活所负责任之重,可想见矣。因立法与司法关系密切,故顺笔一提此问题也。

(原载于《三民主义半月刊》1943年第3卷第10期。)

近代民事立法的沿革

——从《拿破仑法典》说到德国《民法》

一、引言

我国有近代民法，历史尚浅。第一次民律草案，成于光绪末年。在列国派员来华调查法权之前夕，有第二次民律草案。国府成立之后，法制局又草拟亲属法及继承法草案。随后立法院成立，始有现行《民法》之颁行。历次草案及现行《民法》均非本国文化的产物，乃系仿袭欧西法典而来。欲彻底明了现行《民法》中各种制度的意义，自不能只求之于我国的传统思想或社会经济实情，否则难免穿凿附会。我们既承认仿效他国的典章制度，自应以同样诚实的态度去研究欧西法典的时代思潮及社会背景，方可以对于本国的民法，有正确的了解。但了解是一回事，采用又是一回事。了解之后，不必即予采用。但我们是否要继续采用外国的制度，那非先对于它有正确的了解不可。欧陆的法律，在近代以《拿破仑法典》及德国《民法》为最重要，影响世界各国的法制也最深，实是人类民事立法史的两大记程石，故特择为本文论述的题材。本文的目的，虽似叙述从《拿破仑法典》到德国《民法》的民事立法沿革及两种法典的不同，实际却希望借此能够帮助国人对于本国现行《民法》，有一正确的认识，对于今后应如何修正《民法》，有一大致的意识。

二、《拿破仑法典》的思想及社会背景

　　《拿破仑法典》,在一八〇四年颁行。制定这部法典的时候,国务院先后开了二百次会议,其中五十七次由拿翁亲自主持。可见他本人对于这一部立法上的杰作,有不少的贡献。虽然后来他毁灭共和国体恢复帝制,自己专政,但当时的膨胀革命思潮以及社会环境,和行专制政体的旧制(Ancien regime)时代,已大有不同。他本人的意见,也处处受了时代环境的限制。法国大革命之后,平等、自由、博爱的主义已变为金科玉律,天经地义。拿翁权威虽隆,却也不能把它抹煞。至于终究哪些精神上及物质上的因素,决定了拿翁法典的方法与内容,怎样的决定,这是以下所欲论述的。

　　甲、拿翁法典的方法,乃深受笛卡哲学及十七八世纪理性派的影响。笛卡的哲学及其方法,其实最可以代表法国人的性格和特长。法国人好为抽象的讨论,善于运用演绎方法,凡是各种思想或制度上的体系,终是根据若干先天的原则(a priori principles),逐步推论演化而成的。十七八世纪理性派盛行的时代,同时法学方面也就是自然法学派的鼎盛时代。自然法学派认为世界上有若干基本的自然法则,这些法则,也就是绝对正义的原则,可以人类的理性去发现。因为人同此心,心同此理,所以这些法则是亘古不变、四海皆通的。在这种思想笼罩之中,第一点的结果,便是采用了成文法典的形式。因为法典的形式,适于运用笛卡的哲学方法。以有限的条文,规律无穷尽的事物,势必仅限于抽象的规定,但这些规定不能没有一个系统。欲立一个体系,便得先确定若干基本原则。有这些原则作为出发点之后,便可应用演绎方法来把它们化开来。假使听法律随时代环境慢慢演变长成,在偶然的无系统的许多案件中,去找法律的体系,那是不合乎法国人的性格的。在大革命之前,法国原分南北两区。南方系采成文法制,北方系采习惯法制,势力相埒。可是拿破仑到底采取了成文法制。固然未始没有其他原因,但仍不能不说受了当代哲学的影响。第二点的结果,便是摧毁旧时一切,创立崭新的制度。因为人类的理性,可以发现自然法则,绝对正义,则何贵乎传统之保存。何况旧制时代的一切,大部分是要不得的。这辈深受卢骚影响的革命志士,都认为他们的革命道理才合乎自然法则,所以应当重新创建,另立新法。第三点的结果,便是否认习惯法为法律之渊源。习惯法是在无意识之中长成的,不是理性的产物。只有根据理性所制定的成文法,才是法律唯一的渊源。

乙、内容方面,拿翁法典深受革命思想的影响,更是毫无疑义。但大革命所揭示的三种主义——平等、自由、博爱,其思想上根源,无非出于自然法学派。卢骚受了它的影响,所以创说人们生来是平等的自由的。革命初期的时候,岂非有过人权宣言。所谓人权者,即是天赋的权利(natural rights),是人们根据自然法则(natural law)所应享有的权利。既是天赋的权利,因此不是任何人所可剥夺的。依自然法学派所引申出来的思想,适足以对抗旧制时代的情形。当时阶级森严,有贵族与平民的区别。贵族享有特权,平民则横遭其欺压。因地位之不平等,所以在平民也无自由可言。尤其当时政治黑暗,君王贵族可以随时逮捕人民,加以刑戮,以致人民行动处处遭受牵掣威胁;深觉若无自由,则人生毫无价值与意义,毋宁死矣。但若不把封建制度毁灭,阶级取消,在法律前不平等,仍无自由。所以就标榜平等、自由,并加博爱,发动革命,以资号召。革命既成,一切典章制度,自以个人为出发点,并以维护个人自由为最高原则。故在政治方面,国家的职权,应减缩到极低的限度。除了维持国家之独立安全及内部秩序外,应听个人自由行动。若国家的职权范围扩大,个人自由的范围便要于相等程度缩小。故国家干涉私人,实非尊重个人自由之道。在经济方面,国家也应采不干涉主义,亦称放纵主义(laissez faire laisaez passer)。这种思想,自然也贯透在拿翁法典里。兹就物债两部门说明之。

1. 关于物权者,尤其所有权,法律规定所有人有使用、收益、处分其物之绝对权利。第三人不得对于其权利之行使,加以任何干涉。至于国家,则除非为维护国家最高利益,得对于个人所有权之内容与行使加以限制,但仍以必要时为限。财产为个人发挥其自由意思的必要条件,完成其人格的外在境界。否认所有权,是抹煞了个人的人格,固与革命解放个人的目的不合;限制所有权,也是限制了个人的自由,仍与革命思想有背。因此个人本于其自身利益,认为应如何行使其所有权才好,实有绝对的自由。若因此而妨害他人,固然可以不管,便是于己无益、于人有损的行为,也不负任何法律上责任(Qui suo iure utitur neminem laedit)。权利滥用的原则,自身就有矛盾——既是行使权利,便无滥用可言。

物权的变动,本于当事人的意思,便可发生效力。所以买卖的债权行为既然成立,买卖标的物的所有权,即因之而移转,毋须再有物权行为。甲向乙买受机器一架,契约成立的时候,不但发生了双方间的权义关系,同时该机器的所有权,即由乙移属于甲。甲毋须经乙之交付,才取得其所有权。如系不动产,也毋须经登记。登记虽有对抗第三人的作用,却不是物权变动的要件。因为当事人既自由决定了他们的意思,为尊重其自由起见,便应当尊重其意思。并且有了意思,即足发生法律上效力,毋须他种形式。否则个人的意思,便受了他种因素的限制。

2. 关于债的关系者,也是采取意思主义。债的渊源,以及契约的成立与拘束力，都发自个人的意思。上述物权的变动，也是采取意思主义。意思主义者，指一切典章制度，都以个人意思为依归；个人的法律行为，也以意思为基础。意思之有无，应从当事人的主观认定之，而不得从客观情况强为认定。凡人的意思，都是自由的。尊重他的意思，即所以保障他的自由。从政治方面讲，国家的组织，乃本于民约（contrat social）。民约是个人本于其自由决定的意思而订立的。所以个人在有组织的国家中生活，并受国家法律的支配，都是出于其本意。国家的法律，考其性质，是人民的一般意思（volonté générale），所以个人受法律的管辖，也是出于其本意的。个人自由，虽不容许外界所加的限制，但自己限制自己（auto limitation），却无不可。从经济方面讲，便有自由竞争的制度，即各人本于其自身的利益，自由决定其营利的方式与范围，不容许国家以统制之方法，加以干涉。因此关于物价，应听社会上供求两方面的意思所发生的交互作用而定。这种物价，是最公平的价格，政府不得加以统制。这种十九世纪初叶的政治经济思想，当然也在法律方面有其表现，而表现得最显著的，莫如关于债的关系。兹分债的渊源、契约的成立及拘束力、法律行为的解释三方面论述。

a. 债的渊源，也就是债发生的原因，除法律外，只有两种：契约（包括准契约）及不法行为（包括准不法行为）。契约是本于当事人之合致意思而订立的。双方意思既经合致，一方有权请求给付，他方应负给付之义务。至于不法行为（相当于我国《民法》中之侵权行为），也是出于行为人负担赔偿损害义务的意思。因为加害人加入有组织的社会中，即表示如故意或过失地以不法行为加损害于他人时，负赔偿其损害之责。所以因不法行为而发生债的关系，仍不外乎本于当事人的意思。此外因不当得利所发生债的关系，乃根源于当时受益人与给付人之间的一种默契，即所得如系不当得利，受益人负返还的义务。这种默契，称为准契约。

至于因无因管理所发生的法律关系,亦系一种准契约。总而言之,凡债的关系的发生,无有不本于当事人之意思者。因此便发生了两种结果:

其一,单独行为不足以发生债的关系。盖单独行为只是一方所表示的意思。一方的意思,虽似可以拘束该方,但有义务而无相对的权利,这义务也没有法律上的价值。简言之,单独行为不能发生权义关系。法国《民法》虽也承认悬赏广告的制度,却不认其为广告人的单独行为。

其二,因不法行为而发生损害赔偿的权义关系,以行为人的过失为基础,所以是采过失责任主义。与过失责任主义相对的,称客观责任主义,即不问赔偿义务人有无过失,如其物或动物加损害于他人者,即负赔偿之责。这种主义,不但与上述法律上结构(即称不法行为所发生债的关系,仍本于当事人之意思)有背,即对于个人主义时代的伦理观念,亦有未合。

b. 进而论契约的成立及拘束力。债的发生,既是本于当事人的意思,所以契约的成立及拘束力,也系于当事人的意思。而当事人的意思,可以自主(autonomie de la volonté),不受任何限制。对于一个人加以拘束,即是对于他的自由加了一层限制。假使以外界的力量对于他的自由加以限制,那便违反了革命所标榜的个人自由主义。除非是他自己的意思,才有拘束他本人的力量。当事人的意思,有时经确切表示,有时虽未表示,却应认为有这种意思包蕴着。例如甲乙买卖房屋,法律就该项买卖所赋予之一切效力,应认为包蕴在甲乙买卖的意思表示内。易言之,甲乙默认法律所规定的一切效力,而愿意受其拘束。因为契约的成立及拘束力,系于当事人的意思,所以也发生了下列几种结果。

其一,契约是否成立,内容如何,应依当事人的意思,而不得依其所表示者为准。表示者,只是使其人的意思表达于外。故仅在其正确表达意思的范围内,才有价值。万一所表示的,不合于他的真意,即意思与表示不一致，应看重其意思。否则所表示者既非其意愿，遽以强加于其身而拘束之，那就违背了自由主义。惟有尊重其意思，使其意思实现，才是保障其自由的适当途径。

其二，要约系一方的意思表示（simple policitation），无独立的法律上价值，不发生任何的拘束力。故须经相对人承诺，契约才告成立，权义关系才因而发生。此外要约的通知，虽经发出，在相对人尚未承诺时，假使要约人死亡了，或变成无行为能力人或限制行为能力人，其要约也因而消灭。因为如有上述情形，意思已经消灭，或已变为不健全，其要约自不再存续。

其三，契约的效力，只及于契约当事人双方，而不及于第三人。故契约当事人之任何一方，与第三人间不发生任何权义关系（res inter alios acta, aliis nec nocet neque prodesse potest）。嗣后保险事业发达，尤其关于人寿保险，往往双方约定于一方（即要保人）死亡后，他方（即保险公司）应将保险金给付于一方之配偶或子女（即受益之第三人），而该第三人亦有向他方请求给付之权。法国学者，使企图以原有的法律制度来解释这种新现象，竭力想法把新事实纳入于旧典型中，终使该第三人与他方之间，未见得无契约的关系存在。因此权利义务关系之发生，仍不外乎出于该第三人与他方之合致意思。

其四，契约一经成立，双方即应依契约之所订定，履行其义务。不问一方所为财产上之给付，或给付之约定，依当时或目前情形，是否显失公平（laesio enormis），一方仍应诚意履行。因此一工人于每日做极长时间的工作，而得极微小的工资，或一营造商，因战事关系，工料需费陡增，为初料所不及，如依原约完成一定工作，将受到极度的意外困难与亏折，也不能请求法院减少其给付，或修正或撤销其约定。因为这仍然是当事人所意愿的，他自愿受这种拘束的。假使法院自作主张，加以干涉，那便漠视了当事人的意思,限制其自由了。

c. 关于法律行为的解释,也就是讲到法官的地位者。法官系个人促进其私益的一种工具。他的职责,莫非在使当事人的意思得以实现,因此也发生了两种结果:

其一,遇法律行为之内容有疑义时,应探求当事人的共同真意。探求时,应从当事人订约时的主观去认定。假定从订约时或订约后的各种客观情况去推定,只能证明一般人在该当事人等的地位或可有某种意思,而不能发现他们的真正意思。至于法官解释法律,亦属同样情形。法律是人民的一般意思,由代议机关表达之。如遇法律有疑义时,应探求当时立法者的真意。至于因此对于社会上是否可发生不利的效果,非所问也。

其二,法官依上述方法决定了当事人间的共同真意后,即应本于其真意,运用三段论法,适用法律,而为裁判。不得自作主张,把他们的共同意思修改了。所以法官的工作,是纯粹机械式的,几何式的,呆板而无生气。有人以之比拟为一架自动机的活动,即当事人把诉讼资料塞进洞去,这架机器便自然而然的转动起来,一会儿就可以抽出一张裁判书。至于只根据当事人主观的真意所为的裁判,是否合乎社会正义,可否增进社会效用,都不是法官所应考虑的问题,否则又犯了国家干涉个人自由的弊病。

三、拿翁法典颁行后社会经济的变化

自从拿翁法典颁行之后,时代也很快很剧烈的变化着。十九世纪科学的昌明,为前此所未有。交通日益便捷,工商业也一天一天的发达。

不但个人相互间交往日密,即个人与国家间的关系,也趋于错综复杂。个人的行动,时时可以影响及于大众。正所谓牵一发而动全局。一向盛行的个人自由主义,渐渐不尽适于新的环境。同时工商业既经发达,非凭信用,不足以致交易于迅捷安全。个人意思系其内在的心理,变化无常,实难使人凭信。向所奉行的意思主义,也不能全合时代的需要了。此外因工商业的发展,大规模的公司,风起云涌,社会便发生了两种新的现象。其一,公司虽是个法人,与自然人在法律上的地位是平等的,但它拥有非常雄厚的经济力量。以它这种力量与消费者交易,往往可以它一方的意思去支配一切,他方只有受其支配。其二,它与劳工间的关系,也因为它是经济上强者,工人是弱者,所以极尽其剥削的能事。尤其妇工、童工在各矿厂中工作之繁重,情状之惨酷,实非人道主义所能容忍。于是发生了严重的社会问题,破坏了国家社会的安全,危害它了的利益,影响所及,不堪言喻。往昔封建时代贵族平民阶级,虽然废弃了,可是现在富者贫者的阶级产生了。因为双方力量有强弱之不同,所以虽然在法律上、名义上讲,地位是平等的,在经济上、实际上讲,地位却并不平等。因此实际上地位低劣者,也无自由可言。我们举三个例子,便可说明上述新的社会现象所发生的问题,不是旧时的主义或思想所产生的制度可以解决的。

其一,铁道公司或保险公司,常把运送契约或保险单以一方的意思厘定后印刷好。上面往往有免除或限制公司责任的记载,或公司获得额外利益的条款(clause leonine)。因此万一托运人受到某种损害,不能归责于公司而请求其赔偿,要保人也受公司的剥削。托运人或要保人向别家公司订约交易,别家公司也同样的拿印就的契约请他填写。欲和公司交涉磋商,另订契约,那是办不到的。他只有鸟附公司的意思,受它意思的支配。

其二,矿厂雇用工人,也终是由前者一方订定雇佣契约的条件,后者因为迫于生计,纵属条件苛刻,也只能接受,无法商请修改。否则便找不到工做,就要挨饿。上述两种契约(学理上称鸟附的契约[Contrats d'adhesion]),假使仍依旧时观念,认为托运人要保人或工人本于其自由的意思订定,因此为尊重个人自由起见,应强其严格依约履行,那就有背社会正义。久而久之,在劳工方面,便结成团体,以对抗资方,而求自卫。结果便引起了劳资双方的斗争和社会的骚动。法律原为维持社会的秩序,此时它的功用也全丧失了。

其三,因为劳方以结合的力量,与资方相抗衡,所以又产生了另一种新的事实,也非依旧日法律观念所能了解的。这个新事实,便是团体协约,由工会与同业公会或单独厂家所订定的。其中规定各种工作条件,例如工资之多寡、工作时间之短长等等。以后工人受资方雇用,订立个别的雇佣契约,即以团体协约所厘定的工作条件为标准。因为工人方面系以结合的力量来对付资方的,所以这些工作条件,对于工人,不会吃亏。这样便减少了不少双方的磨擦与纠纷。假使工人是工会的会员,或者还可以说团体协约之订立及内容,也出于其本意。但也有不加入工会的工人,受资方的雇用,而订立了不合乎团体协约所定标准的个别雇佣契约者。若仍依该个别契约发生效力,团体协约的作用,便要消失大半。若依其标准来定双方的权义关系,则不但不能说是出于该工人(即契约当事人之一方)之意思并且显然与他在个别雇佣契约中所明示的意思有违背。但事实上,却不能不以团体协约来定他们法律关系的内容与效力。

法国的法院,因为维持社会秩序,职责攸归,所以对于拿翁法典中的若干条文,不得不极尽曲解之能事,使社会上纠纷的解决,能得事理之平。因此法院所著成的判例,已有和缓革命时代思想而不走极端的趋势。并且实际上,有许多地方是修改了当时立法者的真意。这种工作,固然对于拿翁法典为不忠,但极有功于拿翁法典之存续。假使严格依法典的精神与条文适用,势必法典与社会格格不相入,法典便只有被废止。一八〇四年的法典,在今日仍能存在生效者,盖亦无非法院曲解之功也。所以研究今日的法国《民法》,专读拿翁法典,绝不能得其真。必须同时研究判例,也就是说应从判例中去认识拿翁法典。为表明拿翁法典与法国现行《民法》之区别,官方已正式改称拿翁法典为《法国民法典》,简称C. C. ,即"Code Civil"。

　　一方面法院曲解法典,迁就事实,他方面,因为事实对于法典发生了反动,学者也开始对于拿翁法典所采各种立法主义,重加检讨,评其得失。尤其关于契约之成立及拘束力,说是基于当事人的合致意思,颇难成立。盖契约之要约人,向他方为要约,在未承诺前,他的意思,或许已经变了。至于承诺人,在承诺的通知未到达要约人时,他原来的意思,或许也已经变了。事实上,双方的意思,绝难合得起来,也可以说绝不会有绝对合致的意思。以此而为契约成立或拘束力发生的基础,其基础实在是很脆弱而站不住的。再从社会上发生的实际情形而论,好比受益第三人对于保险公司所享有的直接请求权,以及工人与资方雇佣关系之应受团体协约的限制,显非均基于当事人的意思。至于不法行为的兼采客观责任主义,同样的不能以当事人的意思去解释损害赔偿请求的成立与有效。可见旧时以个人自由意思来说明一切典章制度,现在已讲不通;旧时以为一切典章制度在保障个人自由为最终目的,现在也不能绝对这样讲。

　　不过判例是支离破碎的,而学理又是顾到法国过去一段极光荣的革命史,以及大革命对于本国及世界的伟大贡献,往往不忍也不愿随便把革命以来的传统思想放弃。非等到另一国家,研究法学成熟之后,且没有旧时的传统思想来范围它，才可以有一种新的合乎时代的法典产生。这个国家，便是德国；这部法典，便是《德国民法典》，简称 BGB。

四、德国《民法》的思想及社会背景

德国《民法》于一八九六年公布，一九〇〇年施行。但早在一八七四年已成立了起草委员会，由司法官、行政官及大学教授组成之。经过十四年的工作，才把草案议定，于一八八八年公布。殊不知此草案深受各方的不良批评，被指为迂阔不切实际。所以在一八九〇年，另成立了第二次起草委员会，并聘经济学家、商业专家为委员，于一八九五年公布了第二次草案，翌年颁布。所以从年代上讲，德国《民法》原比拿翁法典迟了将近一百年。一个是十九世纪初叶的产品，一个是十九世纪末叶的产品。

在这一百年中，因为个人自由主义的盛行，资本主义发达至于极点。随着资本主义的发达，发生了许多社会问题，业如上述。以其问题性质严重，若不予妥善解决，颇有发生社会革命的可能，因此政府不能再袖手旁观。解决这些社会问题，目的无非在促进社会共同的利益。于是势必需要牺牲个人的利益，尤其限制他的自由了。

一般人的道德及正义观念，也随时代而变化。以前以实现个人意思为公正，国家对于当事人双方间的权义关系，不得妄加干涉，自作主张；现在却认为个人的行为，须并增进社会效用，方是合乎正义，而受法律的保障。至于人道主义的发达，也促使政府对求形式上虽合法，而实际上是一种剥削的行为加以必要的修正。

故德国《民法》，考其本质，虽仍是一种个人主义的立法，但已在最大限度内,促进社会共同利益(包括交易之臻于安全,经济上嗣者之保护等数项),表露了社会化的趋势。以下也分别就德国《民法》的方法与内容论述。

甲、就方法而论,德国《民法》既采取成文法典的方式,于是也重在原则原理上的探讨,以及演绎方法的采用。在十九世纪初叶,关于德国民法应否编为法典,曾有一场剧烈论战。主积极说者为狄包(Thibaut),主消极说者为萨维尼(Savigny)。后者认为一国的法律和一地的文字、言语、风俗、习惯一样,是慢慢长成,而不是根据理性,可以一下子造成的。所以主张应听德国的法律,自然而然地发展,竭力反对依立法程序来制造法典。萨维尼声誉虽隆,权威虽高(一般誉之为法律科学的牛顿或达尔文),却终归失败。但仍经过了二十年的苦战,才把他打败。其致败的最大理由,因为德国人的性格,向来对于群众不加信任。德国的保守头脑,绝不能相信群众可以创造法律的。群众是盲目的,只有情感而没有智慧,故必须由才识卓越的人去领导他们,抑制他们的冲动,然后国家的事情,可以办得好。国家尽可以民有民享,但绝不能民治。萨维尼的主张,显然认为群众可以创造法律,这是不合德国人的脾胃的。而萨维尼的历史法学派,以后移植到英国去,反而在英国发荣滋长,在德国本土却衰微下去了,也是因为这个道理。(希特勒采取领袖主义[Fuehrerprinzip],把德国民众当作一群绵羊,随意驱使,亦是出于德国人的根性的。)

乙、就内容而论,也可以分物债两部分说明之。

1. 关于物权者,尤其所有权,因为德国《民法》是资本主义鼎盛时代的产品,所以仍以维持私有制度为其立法精神。但同时,因欲顾全社会公益、国家经济,故所有权观念,已不如往昔的绝对,所有权的内容与行使,往往受到法令的限制。例如为求四邻安居,特规定在自己土地上不得发出重大的声响或臭污的气体;在一定情形下,并须容忍他人将电线筒管通过于其地面之上下；等等(亦即我国《民法》中关于相邻关系各条规定所由来)。尤其关于权利滥用的禁止，定有明文。所有权的行使，损人而不利己者，不受法律上保障，行为人且须负损害赔偿之责。德国《民法》对于所有权所加的限制，从目前看，固尚嫌不足，但从旧时立场来看，已是具有革命性的立法。德国此种立法，颁行以来，颇为各方所赞许。因此在一九一九年《魏玛宪法》制定时，即明定所有权包含义务(Eigentum verpflichtet)，并称所有权之行使，须并促进公益。

同时关于物权的变动，为交易安全起见，特舍意思主义而采形式主义，并以物权行为为独立的、无因的。所谓形式，在不动产为登记，在动产为交付。两者均有公示的作用，所以使第三人易于明察权利之所属。又物权行为，既是独立的、无因的，其效力不因基本的债权行为无效或被撤销而受影响。因此第三人与权利人交易而受让其物时，也觉得安全多了。

2. 关于债的关系者，当事人双方权利义务，不尽是根源于他们的意思，有时亦根据社会正义或社会效用而发生的。纵然出于当事人双方意思所发生的权利义务，其效力如何，或其拘束力之强弱若何，往往并须根据社会正义，或社会效用来决定，分述如次。

a. 债的渊源，除契约外，并认不法行为、不当得利、无因管理及单独行为，为其发生之原因。其因不法行为等种种原因而使成立的权义关系，完全本于公平的观念，并非因为双方有使其发生权义关系明示或默示的意思。事实上这种意思，的确不会存在着的。至于一方的单独行为，尚未经他方合意，而即能发生债务，致权利尚未产生，而义务已经产生，也是出于公平的观念，并合乎社会上的需要。例如悬赏广告，既以公告的方式，表示悬赏的意思，纵然行为人不知有广告而完成广告所定之行为者，仍应使广告人对之负给付报酬的义务。行为人要不要报酬是一个问题，确定广告人有给付的义务，是另一个问题。根据同样的理由，德国《民法》关于不法行为,并采用客观责任主义。加害人纵无过失,亦应负损害赔偿之责。

b. 契约之成立及拘束力,并非如拿翁法典之认为基于当事人的意思。因为当事人的意思,是一种内心状态,究难得其真。惟有当事人所表示的意思,他人可以捉摸,可为凭信之根据,因此才有社会上生存的客观的价值。故理应以其所表示的为契约成立及拘束力之根据。学理上称之为表示主义(Erklärung Theorie)。并且在十九世纪末叶,德国工商各业发达,问题的重心,也已移动。从前在力求实现表意人的意思,今后却在保障其意思表示对于他人所可引起的希望,或所可发生的权利。从前在使表意人尽量从其行为取得利益,今后却在加重他对于社会所负的责任。所以万一意思与表示不尽一致,原则上应以其所表示者为标准。必如此,社会上交易才有安全之可言。同时其意思表示发生若何的拘束力,不能专凭表意人的主观,须并从客观去认定,以期个人的行为,能增进社会的效用。兹特举德国《民法》中规定各点,以资说明。

其一,要约未经承诺前已发生相当的拘束力。要约之通知,一经发出,即脱离表意人而为社会法律生活之一部。个人的行为,同时已变为社会的事实,属于共同的利益,而不许表意人随随便便把它撤回;也不因表意人死亡或丧失行为能力,而其意思表示丧失效力(我国《民法》第九五条第二项所自来)。

其二,契约对于第三人,并非绝对不生效力。故规定契约当事人得为第三人的利益订立,而该第三人且可直接向义务人请求给付(我国《民法》第二六九条所自来)。该第三人既未曾参加契约之订立,当初更无意于取得权利,而法律仍使其与义务人间发生直接的权义关系,这完全因为事实上有此需要。属于这一类的契约,其最重要者,为人寿保险契约。人寿保险制度,对于社会经济效用甚大,法律自应明白承认这种制度,使它更能发挥其效用。此外租赁契约,对于租赁物之受让人,仍继续存在(我国《民法》第四二五条所自来)。这也因为承租人利益之保护,不但有事实上必要,抑且合乎社会正义。

其三,契约一经成立,其内容及其拘束力,也不专以当事人所表示的意思为准。若一方对于他方有自私的、剥削的行为,对于整个社会为不利,特规定法院得不顾当事人的合致意思,径行免除或减轻债务人的责任。例如违约金额过高者,得酌减之,乘他人之急迫轻率或无经验使其为财产上之给付或给付之约定,而依当时情形,显失公平者,得宣告其无效。(我国《民法》第二五一条及第七四条所自来,但第七四条仅规定其得撤销而非当然无效。)

c. 关于法律行为的解释者,亦即谈到法官的地位,也与前不同。法官所应探求的,不是表意人内心中究竟欲些什么,有什么意思,而是表意人以其行为使人确信他欲些什么,有些什么意思。这其间颇有区别,因为对于一种公式,各人依其思想环境的不同,其懂法亦各有不同,表意人所了解者,可与相对人所了解者不符。法律既重在交易上安全之维护,则关于法律行为的解释,便不应从行为人或表意人的立场,来探求他的真实意思,而应从大众的眼光及懂法,去探求他的意思。德国《民法》中规定称意思表示的解释,不应拘泥于文句,应探求当事人之真意云云(我国《民法》第九八条所自来),真意两字,便是指从客观情况所推定及认为当事人应有的意思,而不是从表意人一方的主观,认为曾有的某种意思。

同时关于法律的解释亦同。法官适用法律,其目的并非在探求立法者当时的意思怎样,而在研究立法者处于当前的环境,对于某一法律问题,可能的应有何种意思。这样才可以使死的条文变成活的法律,使过去的法律能适用于当前的环境,而尽法律调协社会各种冲突利益、维持社会秩序的功效。

又依德国《民法》的精神,法官的审判工作,不像从前似的具消极性而很机械式的。从前采意思自主说,所以契约全属个人的私行为,与公家无涉。法官仅是个人达到他自私自利目的的工具,故其行使职务,完全以个人意思为依归。今后视法官为公平正直的象征,而视个人为能力欠缺的人。所以时时需要法官以解释的手段去协助他,补充他的意思,甚至把他的意思取消,代以公平正直的主张。易言之,法官可以积极的修正当事人的约定,使发扬契约属于共同利益的性质,而完成其维护社会正义的使命。

五、尾语

自从德国《民法》颁行以来,有瑞士《民法》,亦系立法上一大杰作。对于德国《民法》,在立法技术上有甚大之改进,在立法主义上也有相当的修正。但就大体而论,其与德国《民法》间,仍不无子母的关系。至于中国现行《民法》,也源出于德国《民法》。上述各节,或可协助国人正确认识现行民法中各种法律制度的背景及其真谛。但德国《民法》,是资本主义的立法,而三民主义的国家,多少是一社会主义的国家。则将来三民主义实行贯彻之后,全部立法(包括民法在内),势必改弦更张。经过七年的抗战建国,国家的各方面设施,已很明显地向三民主义的大道迈进。不过今后如何从新立法,一方面需要我们自己创作,他方面他人的经验,亦足资借镜。好比苏联各邦(尤其苏俄)的民法,是历史上第一部社会主义的民法,有许多地方和资本主义的立法不同,容俟他日,另文介绍。

(原载于《中华法学杂志》1944 年第 1 期。)

论典权之法律上性质及典物之回赎期间

一、典权之法律上性质

典为我国独有之制度习用已久,且甚普遍,不仅沿海各省,即后方滇黔川康各地,亦极通行。我国历来向不讲究民法,故对于此一民事上制度,亦无系统之规定。第一次民律草案,视我国之典,为西洋之不动产质权,所见谬误,早为学者所指摘。第二次民律草案,遂另设典权一章。现行《民法》因之,典权亦从此有系统的规定。但典权之法律上性质究何若,此一问题,先人所未研讨而亦无研讨之必要者。在今法律科学逐进于昌盛之际,不得不加研讨。但二三十年来,学者对此一制度,就其法律上性质而言,尚无一致之见解,颇属憾事。兹就管见所及,论列于后,以就正于高明。

典权系物权之一种,殆无疑义。其系不动产物权之一种,亦属无疑。最后,其非所有权而系其他物权之一种,亦以成为定论。其他物权,亦称制限物权或定限物权,向有用益物权及担保物权之别。典权究竟属于何类,亦即学者间争论之所在,而本文所欲解决者也。

其主用益物权说者,以《民法》第九一一条为最重要之根源。该条称:"典权者,谓支付典价,占有他人之不动产,而为使用及收益之权。"可见典权与地上权、永佃权、及地役权等,均以使用收益为其内容,而属于同一性质(刘志敫氏著《中国物权法论》,置典权于地役权之后,认为用益物权之一种,即采此说)。愚见以为不然,使用收益,即非典权之主要功效,亦非典权人取得典权之主要目的。盖典权之发生,无非因出典人缺乏资金,但又不愿将祖遗产业割爱,乃以之出典于人,而仍保留回赎之权利。其在典权人,辄系拥有资金之人,生活优裕,原无用益他人不动产之必要。纵然典受其不动产,其最终目的,仍希他日能取得其所有权。至于使用收益,仅具附带之作用,典权人借以补偿其典权之利息而已。此在以使用收益为内容之其他物权则不然。例如地上权人等,原有使用收益他人不动产之需要,或为建筑房屋,以谋居住问题之解决;或为耕耘畜牧以谋全部生活之解决;或用益他人之土地,以促进自己土地之经济上效用。于是分别有地上权、永佃权或地役权之设定。而其支付租金或其他对价,惟一目的,无非欲就他人之不动产为使用收益,以应所需也。又就典之关系而言,不动产所有人(即出典人)辄为经济上之弱者,而典权人为强者。反之,地上权人等往往为经济上之弱者,而不动产所有权人为强者。故不问从经济上效用或制度之社会上意义而言,典权与地上权、永佃权及地役权实乏共通之特点,究难依第九一一条之表面上规定,而认为同属于一种类型也。

其主担保物权说者,以典权一章在《民法》中所居之地位,为其所最重要之根据。盖典权一章,介于质权与留置权之间,于是即认为与具有担保作用之其他物权,如抵押权、质权及留置权等,属于同一性质。典权之担保效用,固较其使用收益之效用为显著而重大,但亦不得遽认为即属担保物权之一种。按担保物权系从物权,以主债权之存在为前提,如无债的关系存在,当不生担保之问题。此在抵押权、质权及留置权之担保债务履行,其情形至为显然。惟其为从物权,故法律规定其不得单独让与(《民法》第八七零条参照)。反之,典权之发生,并不假定债的关系存在。典权人所支付之典价，并非一种贷款，而系取得典权之对价。否则径称贷款或借款，何必改称典价？又出典人备原典价将典物赎回，法律根据民间习用之名词，称回赎，而不称清偿债务，亦足见典权并非倚凭于债之关系存在，而自独立发生。惟其系独立发生之主物权，故法律规定得为让与（同法第九一七条第一项），此其一。又担保物如变为价金，犹不足抵偿债务时，债务人仍负清偿余数之责。反之，如典物之价值降落，而不及典价之数额时，出典人于典期届满时，可抛弃其回赎权，而使典权关系消灭。典权人因典物贬值所受损失，出典人无补足之义务，此其二。有此二点不同，当难视典权为普通之担保物权，而与抵押权、质权及留置权等，属于同一类型也。

典权既非用益物权，又非担保物权，则究何所属。按其他物权之分为用益物权与担保物权，乃外国学者根据其自国法律所为之分类，而外国无典之制度。今以我国独有之制度，强绳以外人所为之分类，宜乎其不能为圆满之说明也。实则典权既具使用收益之内容，亦有相当担保之效用，询为独特无偶的一种物权。

于此有一连带问题，即典权一章于《民法》中所处地位，应否予以修正或更动。按典之最初发生，固已甚难稽考，但大致不外旧时伦理观念，以出卖祖产，表示家道衰落，于祖先为不孝，于门庭为不光。遂倡典之制度，一方面可取得现款，以应亟需，他方面仍保留回赎之机会，而维祖产于不坠。故典之行为，虽非卖，而实已近于卖。俗称出典为典卖（称出卖为杜卖或绝卖，以示与典卖有别），称典之对价为典价，犹之出卖之卖价，可资证明。从而因受典而取得典权，与因买受而取得所有权，其间区别，究不若所有权与其他物权之甚。则典权一章，如能置于所有权一章之后，在其他物权各章之首，毕竟较为合理也。

二、典物之回赎期间

典物回赎之期间，《民法》于第九二三条第一项规定期限届满得回赎典物外，于同条第二项，复规定"出典人于典期届满后，经过二年，不以原典价回赎者，典权人即取得典物所有权"。曩昔各地习惯，出典人于典期届满后，虽不回赎，典之关系，依旧存续，出典人得随时行使其回赎权。所谓"不拘年月远近，银到田房归"是也。但典之关系，如年代过远，往往因文件丧失，证据湮灭，而无由证明。于是民间常因回赎远年典当田宅，发生纠纷。纵诉诸法院，裁判执行，均极困难，此所以司法部于民国四年，特公布《清理不动产典当办法》，以为法院排难解纷之依据。迨立法院制定《民法》时，有鉴于此，特设第九二三条第二项之规定，盖亦所以杜免过去之弊害也。自《民法》施行以来，以其规定与习俗相去甚远，结果原欲消弭一种诉讼，而他种诉讼发生，但此不足为《民法》规定之病。盖凡一新法令，旨在打破民间通行之习惯者，于初施行时，容或于社会格格不入，难尽人意，但此系暂时之现象。施行既久，预期之效果，自将逐渐显彰。又民智闭塞，不谙法令，于是不预为自己之法律上地位为妥善之策划者，系一民众教育及法律常识问题，究与法律本身之价值无关。

愚以为第九二三条第二项之立法意旨，原无可訾议。但尚应研究者，即此两年法定期间，是否略觉短促，此其一；两年法定期间，在何种情形下始得谓已经过，而典之关系消灭，此其二。前者系一立法问题，后者系一司法问题，较前者为复难矣。

关于两年法定期间之立法上得失，无一定绝对之说，悉视社会实情如何而定。若谓民间习惯，于典期届满后，仍可随时回赎，则欲加以限制,能略为展其期限,似较适宜。根据年来各地实情,常因出典人不谙法律,于是听两年期间,忽忽消逝。迨以后再请回赎,而典权人以已取得典物之所有权对抗之。出典人被判败诉,衷心自难甘服,但尚以为官应富户,串通作恶,欺压良民,其影响于国家司法之威信实大。尤其今时房田价值高涨,以战前之典价回赎典物,自于出典人甚为有利也。而因逾期不得回赎者,其事亦遂屡见不鲜。各地商会及其他自治团体,纷纷向司法当局呼吁,卒以碍于法律之规定,无能为力。如能依立法程序,将两年期间修正为五年,同时将此立法意旨,广为宣传,深入民间,亦足以补救时弊于万一。

在法律未修正前,自仍以明定之两年为准。但在何种情形下,始得谓其期间已经过,而典之关系消灭,查回赎权依司法院之解释,系形成权之一种(司法院三十年院第二一四五号解释)。回赎权行使之期间,应属一种除斥期间,而非时效期间(最高法院二二年上字第七九零号判例),亦为理论所当然。既系除斥期间,则无中断或不完成之可能。故自典期届满时算起,已达两年,犹未回赎,不问其出于何种原因,典权人即依法取得典物之所有权,此系理论上《民法》第九二三条第二项正确适用之情形。但密查年来社会发生之事实,关于此一规定之适用,可发生下列两个问题。

其一,自七七以还,国人西迁者日众。有自抗战开始即以远离家乡者,其在后方之出典人,故无由向居于沦陷区之典权人回赎;反之,在沦陷区之出典人,亦无由向居于后方之典权人回赎。而两年法定期间,颇有在抗战六七年中届满之可能。如因兵灾发生事实上障碍,致出典人虽有回赎之心力,而无回赎之可能,仍使法定期间届满,由典权人取得典物之所有权,其有背于社会正义,毋待深论,若使期间中断或不完成,于是出典人仍得以回赎典物,则又非理所许。故欲坚执理论,不得不牺牲事实上之公平，如欲达事理之平，不得不牺牲理论之一贯。此乃学理与事理发生抵触，究应如何解决，至堪研究。若战后另立特别法，以资救济，则法院之裁判工作，自较省便。若无特别法之制定，势必有待于法院之解决。于此有一先决问题，即学理与事理有抵触时，在法院之立场，应何所适从？愚以为法院应尽量谋求学理与事理协调，如有显著之抵触，而无法予以协调时，应以事理为重。此为法院适用法律应有之态度，亦为裁判之最高原则。则于上述之情形，自应仍许出典人回赎其典物。但此问学理于事理是否果有抵触？如依司法院解释及最高法院判例，常不能认为其为无。但回赎权是否系形成权之一种，于是回赎期间，是否系除斥期间，故不无商讨之余地也。按上述出典，其性质及效用，甚似出卖。则回赎者，亦近于买回。依《民法》第三七九条以下之规定，买回系债之一种。根据此债权，买回人对于原买受人享有请求权，则以回赎为一种请求权，从而以回赎期间为时效期间，于学理亦未始为不通。如能采此见解，则事理与学理，可以并行不悖矣。

其二，出典人在法定期间备原典价回赎典物，典权人往往以币制贬价，要求升值，而后始肯放赎。于是双方可以对于典价，发生意见上之冲突。有时经人调解，往返劝说，仍无效果，而其事已拖延颇久。迨出典人具状起诉，典权人即以二年法定期间已过为理由，主张得典物之所有权，而请求驳回其诉。如法院竟驳回其诉，此起违背正义，有失公平，实至显然。盖出典人于二年期间内，原已备价取赎，故法律上应使其回赎。至于从社会经济立论，出典人应否增加典价，实系另一问题。至于典权人不肯放赎，此其在法律上实有未合。不合法之行为，自难发生合法之效果。故若典权人借此拖延时间，纵两年之期间已过，亦不得依法主张取得典物之所有权。易言之，法院不得认为期间已过，典之关系消灭。否则出典人虽有回赎之名，亦无回赎之实，此岂立法之本质哉？

　　但若法院准出典人回赎，则又碍于第九二三条第二项之规定。盖起诉时，两年之期间早已过去。但自公平正义观点立论，法院应判准出典人回赎，实属毋庸置疑。不过如何使其判决有合法之根据，尚待研究，且系一实际之问题。愚以为典权人不允接受原典价，要求升值，因而暂不放赎，至少应认为典权人对于出典人得回赎典物，并无争执。不过对于典价尚有异议而已。依法律解释，典权人应认为有抛弃第九二三条第二项中规定之权利之意见：即典权人抛弃主张该条所赋予之利益。既经抛弃，则于出典人诉请回赎时，自不得再主张已取得典物所有权而为抗辩，此亦法律上一大原则。典权人既不得主张已取得典物之所有权，纵二年期间已过，典之关系，依旧存续，兹者出典人备价回赎典物，自无不许其实行回赎之理。

　　吾人假构典权人抛弃第九二三条第二项中权利，而为法院判准出典人逾期回赎之理由或解释，在法律上固可通，在事实上未见绝无流弊。盖若出典人于法定期间备原典价回赎不果之后，历时甚久——假定有三四十年之久——始起诉请求放赎，法院固亦将以同样之理由准其回赎矣，此与典权一章之全部立法旨趣，实有违忤，抑且重启远年典当之诉讼。故愚见仍以为能以回赎权为请求权之一种，并以法定之二年——或五年——期间为时效期间，则有百利而无一弊矣。盖出典人既经为回赎之请求，只须其于请求后六个月内起诉，时效即中断，于是仍可实行回赎。如其不于六个月内起诉，即请求不生中断之效力，一俟时效完成，出典人不得再行使其回赎权，其典物之所有权，应由典权人取得，亦至合乎公平之道也。

（原载于《国立中央大学社会科学季刊》1944 年第 2 卷第 1 期。）

最高法院二二年上字二一号判例评

最高法院二二年上字第二一号判例要旨称："不动产物权之移转，未以书面为之者，固不生效力，惟当事人间约定一方以其不动产之物权移转于他方。他方支付价金之卖买契约已成立者，出卖人即负有成立移转物权之书面，使买受人取得该不动产物权之义务。"依此判例所见，《民法》第七二〇条中规定之书面，系指物权契约（或物权行为）之方式而言，至于不动产物权变动之基本债权行为（即该判例所指之不动产买卖契约），则系非要式行为，当事人双方就买卖标的物及价金意思一致时，契约即告成立，双方即负有依约履行之义务。（二九年上字第一五一三号判例关于书面两字系指物权行为之方式，似亦采肯定之见解。该判例称："不动产物权之移转或设定应以书面为之，《民法》第七六〇条设有明文规定。纵令当地移转不动产所有权，确有交付老契以代订立书面之习惯，依《民法》第一条之规定，亦无适用之余地。"）

我国《民法》，关于物权之变动（取得、设定、丧失及变更），系采形式主义，而不采意思主义，已为学理判解所公认。故除债权行为（例如买卖契约）外，双方尚须成立物契约，而后物之所有权，即由卖方移转于买方。惟《民法》第七六〇条中规定之书面，究系指物权行为之方式，抑亦指债权行为之方面而言，尚多疑义。依多数学者之见解，书面系指物权行为之方式（甚有以书面即指物权行为而言，并认为我国《民法》采用物权行为之法律上根据者）。上述判例，即采同一见解。穷其所主张之理由，不外三端：其一，第七六〇条称不动产物权之移转或设定，应以书面为之。

移转者、设定者,莫非发生物权变动之行为(即物权行为),故根据该条文义解释,应属毫无疑问。其二,第七六〇条系规定于物权编中,若该条中书面两字系指债权行为之方式而言,则此规定应置于债编中。今在债编中关于不动产之买卖契约,既无特殊之规定,自应依债编之通则,认其为非要式契约,即诺成契约。其三,旧时判例如三年上字第九一六号判例(不动产卖主有立契之义务),四年上字第八一三号判例(不动产物权契约须订立书据),五年上字第二〇八号判例(物权移转以立契为成立)等,早已采同一之见解,于今亦无修改之必要。

愚见以为不然。《民法》第七六〇条中之书面,非指物权行为之方式,实指基本债权行为之方式而言。查《民法》中规定须以书面为法律行为成立之要件者,有不动产之租赁契约,其期限逾一年者(《民法》第四二二条),终身定期金契约(同法第七三〇条),夫妻财产制契约之订立、变更或废止(同法第一〇〇七条),协议离婚(同法第一〇五〇条),收养子女(同法第一〇七九条),抛弃继承(同法第一一七四条第二项)及遗属(同法第一一八九条)等。其所以规定必须书面方生效力者,不外以某种法律行为,关系重大,甚且有关公益,设非限定书面之方式不足以示郑重,且无以妨免当事人以浮躁轻率之态度,承担重大之义务,或牺牲重大之利益也。此外尚有一种附带的用意,即设非限定书面之方式,日后如有纠葛,无法以获确切凭证,而定双方之权义关系也。至于不动产之买卖及其他以不动产为标的物之交易,适属此类关系重大之法律行为。不动产之价值,自来较动产为高。动产价贱(res mobilis res vilis),自古已然。故若房地之买卖,在当事人间,究系一件大事,远非动产如书籍衣服等之买卖可比。则不动产物权变动以前之债权行为,即应使具书面之方式。至于实践原约之物权行为,其关于不动产者,应经登记,始生效力。则其程序尤较一纸书面为繁重。上述书面所图达之目的,未有登记不能达到者,则登记之外，更何用书面，而遭叠床架屋之讥。故书面系指债权行为之方式而非物权行为之方式也，不仅为全部《民法》之旨趣，抑亦为事理所当然。考诸各国立法例，其规定亦莫不如此。吾人自不能一味采取文义解释反（对说之第一点理由）致以辞害意。第七六〇条中所指者，既系债权契约之方式，置于债编中，固属最为适宜；但债编中既无适当之地位可以容纳，则置于物权编中，自无不可。《民法》各条，未必均属位置属当（例如代理权之授予，理应置于总则编，与代理一节合并，而今则置于债编中，误认为债发生原因之一种），自不能以第七六〇条之位置，为解释之根据（反对说之第二点理由），致丧失立法之真意。又旧时判例，主张不动产物权契约须订立书据者，盖以其时尚未有登记制度（《不动产登记条例》于民国十一年公布施行，《土地法》于民国廿五年施行），设非有一相当之形式如书面者，实不足以示物权之双动耳。于今既有登记制度矣，更毋庸书面，业如上述。若于旧时情形，不加细究，一味因袭（反对说之第三点理由），亦未见其宜也。

　　法律规定书面之方式者，实有深长用意，而非事出偶然，业如上述，则若以书面为债权行为成立之要件者，立法用意，均可以表现，否则即无从表现。何以言之？若其为物权行为成立之要件，则债权行为，将属非要式行为，仅须口头表示，即告成立，本文所评之判例，显作如此主张。殊不知债权行为，虽仅发生债之关系，但一经发生，义务人应依诚实及信用之方法履行其义务。故若未加深思，一时口头允承将祖遗产业出卖，纵事后有所反悔，仍须依约履行。若竟违约，买受人自可请求损害赔偿，而负损害赔偿责任者，原则上，应回复他方损害发生前之原状（同法第二一三条）；易言之，回复未违约前之原状。除非出卖人业将祖产重复出卖，登记有案，或因其他情事，致给付不能，否则法院仍应判令出卖人依约履行，使买受人取得该不动产之所有权，盖亦为该判例明白承认者也。夫债权行为与物权行为，在理论上虽各自独立，但事实上，一为基本行为，一为实践行为，关系至密。若以为债权行为，仅发生债之关系，而不立时发生物权之变动,遂认为无关重要,可使口头成立,所见未免不周。观乎上述,足见事后之书面方式,未能发生书面应有之作用,于事亦究无补益也。然则必须不动产买卖之债权契约,取书面之方式,而后双方有作深长考虑及从长计议之机会。若书面犹未完成,买卖即未成立,自不发生买卖的法律关系。卖方不得请求支付价金,买方亦不得请求将不动产之所有权移转于彼。反之,若经考虑成熟,协商成议,进而订立书据,以后即应依诚实及信用之方法践约。纵有纠葛,亦有确证,书面应有之作用俱显,而法律规定应采书面者,亦遂富有意义。

抑有进者,若第七六〇条所指者系物权行为之方式,则根据遗嘱(系单独行为,仅发生债之关系),而受不动产之遗赠者,于请求不动产所有权移转时,应与遗赠义务人订立书面矣。其内容何若,殊属不解。而事实上亦未见受遗赠人与遗赠义务人间,尚须订立书据,亦未闻学理判解,以其未立书据,而以为不合法者。

更从物权行为本身而言,其关于不动产物权之变动(例如所有权之移转),实包括两个要素:一、当事人双方间授受之合致意思;二、权利之登记。此意思之合致,无一定之方式,但因须行登记程序,而登记须由权利人及义务人提出共同之声请书于地政机关(《土地法》第五八条、第六五条第一项第一款),故此合致之意思,事实上即以登记声请书表达之。但此声请书,仍系登记程序之一种方式,究非不动产物权变动之一要件也。如以第七六〇条之书面,强指为上述登记声请书而言,则殊不必规定于《民法》中,而与他种书面相混淆也。

综上所述,愚以为不动产物权变动之基本债权行为,应以书面为其成立要件。第七六〇条中书面两字,实非指物权行为之方式而言也。二二年上字第二一号判例,殊属欠妥。

（原载于《中华法学杂志》1944 年第 3 卷第 1 期。）

司法院卅二年院字第二四八八号解释评

司法院卅二年院字第二四八八号解释称:"《民法》第八二一条之规定,于公同共有不适用之。"依上开解释,《民法》第八二一条,显见仅适用于分别共有。但是否亦适用于公同共有,仍不无疑问。欲明上开解释之得失,宜先就同条适用于分别共有之场合及其立法理由,详加说明。

第八二一条规定,各共有人对于第三人,得就共有物之全部,为本于所有权之请求,此条一特殊亦可谓例外之规定。盖共有人对于共有物,各自有其应有部分,如由于共有物所生对于第三人之请求,各共有人仅得限于其应有部分,向该第三人提出之。例如甲乙共有之房屋,价值一百万元,因丙纵火,致遭全部焚毁,如甲起诉请求损害赔偿,应以其应有部分二分之一为限,易言之,甲仅得请求丙赔偿五十万元。若就共有物之全部为审判上之请求,则须由共有人全体起诉,或依《民事诉讼法》第四一条第一项之规定,由全体选定一人或数人为全体起诉始可。故凡对于他人有所请求者,以一己之权利为限,如非属于己之权利范围,自不得提出任何请求。若竟起诉,因当事人不适格而其诉遭判决驳回(Pas d'interet, pas d'action.)。但第八二一条称如系本于所有权之请求,则各共有人对于第三人得就共有物之全部提出之,而得不限于其应有部分,此所以吾人称其规定为特殊为例外也。所谓本于所有权之请求者,指依《民法》第七六七条有所请求而言。例如丙未得甲乙之同意,在其共有房屋上通过电线或筒管,致妨害甲乙之所有权。或丙之高厦,年久失修,如不予修缮,即将倾覆,势必甲乙之共有房屋被重压坍塌(即有妨害甲乙所有权之虞）。有上述情形之一者，甲即得以其一人名义，就房屋全部请求，对于甲乙之共有权，加以法律上之保障，至不必仅限于其二分之一之应有部分也。若共有物为第三人无权占有或侵夺者，各共有人仍得以其一己之名义就共有物之全部依第七六七条之规定请求返还。但须声明向共有人全体返还之。故如上例之共有房屋，如为丙强行霸占，甲虽得独自起诉，但须声明请求判令丙将房屋返还于甲乙两人。如不为此声明，而判决将房屋返还于甲一人，则甲可以此判决对抗乙。是乙原失之于丙者，今复失之于甲，法律原为便利乙所设之规定，今反为其害，此所以有第八二一条但书之规定也。

考第八二一条之立法用意，在保护正当合法之权利。盖共有物被无权占有或侵夺，或共有权被妨害或有被妨害之虞者，如就共有物之全部行使物上请求权，必使共有人全体起诉，当事人始为适格，则遇共有人中一人远行他适，或与被告有谋，故不同意起诉时，即无法提出审判上之请求。任使第三人之不法行为赓续，不受法律之制裁，其对于社会之安全，私权之保障，必有甚恶劣之影响，殆无疑义。若共有人中一人起诉，获有结果，他共有人因均受其益。如竟败诉，不问败诉之原因是否出于该共有人之故意或过失，其判决不得对抗他共有人，易言之，他共有人仍得以第三人为对象，就共有物之全部在审判上或审判外行使其物上请求权。故第八二一条之规定，对于共有人有百利而无一弊，对于私权之维护亦有甚大之功效也。

以上所述，仅限于分别共有。如系公同共有，第八二一条是否仍有其适用。查分别共有与公同共有，均系一种共有状态。所不同者，在分别共有，数权利人之连合纯粹基于人或物结合之事实。故共有人各有其应有部分，并得自由处分之。其在公同共有，数权利人之连合，辄基于人之因素，并为图达共同之目标起见。故共有人对于共有物虽各享有一部分权利,但不得自由处分之。《民法》所承认之公同共有财产,不外四端:一、各合伙人之出资及其他合伙财产为合伙人全体之公同共有(《民法》第六六八条)。二、在共同财产制下夫妻之财产及所得,合并为共同财产,属于夫妻公同共有(同法第一〇三一条)。三、继承人有数人时,在分割遗产前,各继承人对于遗产全部为公同共有(同法第一一五一条)。四、阖族设置之祠堂、公产、营田、祭田、祀产、祖营树木等,经前大理院判例认为系公同共有(前大理院四年上字第九七七号判例)。上述二三四之三种公同共有,全基于共有人间之亲属或配偶关系,至为显然。至于合伙之组织,须各合伙人一心一德,有始有终,方克有济。虽合伙人间不必有亲故关系,亦必志同道合,意气相投。是则人之因素,未始非合伙组织之重要基础也。又上述一三四之三种公同共有,或为维持共同生活,或为经营共同事业或为祭拜祖先,各共有人图达共同之目标,其情形至为显然。至于共同继承,各继承人既不请求分割遗产,显见有维护祖遗产业之共同意思。或以彰美德、光门楣,或以寄哀思,固亦未尝无共同之目标也。除此之外,在诉讼法上分别共有仅发生通常共同诉讼,公同共有则发生必要共同诉讼,其间不同如此而已。然则上列之各点不同,是否即可为排除《民法》第八二一条适用于公同共有之理由,窃有感焉。以上述甲乙之共有关系而言,如将分别共有改为公同共有,即假定该房屋由甲乙共同继承,或为甲乙之合伙财产,则第八二一条之适用,未见有背于该条立法之至意,于他共有人仍有百利而无一害也。盖甲于必要时,在诉讼上为本于所有权之请求,如获胜诉,乙自同受其益,若不幸败诉,其判决仍不得对抗乙。故不问甲是否与丙(即被告)有通谋,致故意自取失败;或本尽攻击防御之能事,致遭失败,乙本于同一事由,对丙之请求权,仍不因而丧失。《民事诉讼法》中关于必要共同诉讼,虽规定诉讼标的对于共同诉讼之各人,必须合一确定,于是法院之判决,不能对于共同诉讼之各人各异,但此以共有共同诉讼之存在为前提。兹甲乙先后起诉,形式上并未有共同诉讼,当不能以甲与丙同之判决,使乙同受其拘束。此亦诉讼法上一大定则。而法院受理乙之诉讼,亦不必为相同而有利于丙之判决也。

但主张上开解释者,或有下列两点理由:

一、公同共有物之管理处分往往专属共有人中一人或数人,例如有执行合伙事务权利之合伙人(亦称经理),或房长等是。经理或房长,既有管理及处分之权,则在其职权范围内之行为,应视为代理全体。而他合伙人或族人,自不同享有其权利。若使第八二一条适用于公同共有,则他合伙人或族人亦得就共有物之全部,而为本于所有权之请求,此与公同关系所自生之契约或习惯,不相符合,抑且对于经理或房长之权限,颇有妨害。愚以为合伙人或全体族人,本于契约或习惯,既将共有物之管理处分权,授予其中一人或数人,纵为相反于上开之解释,除经理或房长外,他合伙人或族人,仍不得主张援用第八二一条,而为本于所有权之请求。故此点理由,实不足恃,抑且公同共有关系,除合伙及阖族之祠堂等外,尚有共同继承及夫妻之共同财产。其在共同继承之遗产,未必即有单独处分权能之人,其在夫妻之共同财产,于处分时,应互得同意。则上述理由,对于此两种公同关系,尤难成立矣。

二、若公同共有人中一人(尤其指共同继承人中一人或夫妻之任何一方),依第八二一条而为审判上之请求,不幸败诉,他共有人仍得就同一事由对于同一之第三人起诉,则诉讼连续不断,势将无从解决矣。故必使公同共有人一同起诉,或依《民事诉讼法》第四一条第一项办理,上述弊害,庶几可免。愚以为上述弊害,不以公同共有为限,亦见于分别共有。以此为上开解释之理由,实不值一辩。何况上述弊害,于公同共有不若分别共有之甚。盖如合伙之财产及阖族之祠堂等,理应由经理或房长等起诉,他合伙人或族人,不得援用第八二一条行使其权利,业如上述。经理或房长等,既有代理全体合伙人或族人之权,其与第三人间之判决,他共有人自愿同受其拘束,而不致有诉讼连绵不绝之弊。

综上所述,上开解释,似有重新斟酌之必要。特续引管见,评述如右。

（原载于《中华法学杂志》1944 年第 3 卷第 4 期。）

条约与法律

　　中美、中英新约签订之后，中国在国际上已取得完全平等地位。以后遇有涉外案件，依国际公法或国际惯例，应由中国法院管辖时，即由中国法院受理。中国法院除应依中国法律（包括中国的国际私法在内）外，有时尚须依条约之规定而为裁判。故法院适用条约，今后将较过去频繁。但条约应具备何种条件，始得为法院所援用，又法院适用及解释条约之情形何若。简言之，条约与法律在中国法院之立场言之，究有何种区别，系今后实际上一重要问题。

　　民国十七年，中央政治会议对于民法总则编立法原则审查案第十端说明载："凡条约经双方批准公布后，两国家间当然有拘束力。但对于一般国民，有认为同时直接发生效力者，有认为仍须经立法院手续方能直接发生效力者，兹拟采用第一种手续。故将原案第十端'外国法人之认可，依法律及条约之规定'句内'及条约'三字删去。（是凡中外条约，一经中国政府批准公布，对于中国人民，即直接发生效力，与一般法律无异。）"

　　但民国二十年司法院训令司法行政部第四五六号称："原则上，条约与法律抵触时，应以条约之效力为优。若条约批准在后，或与法律颁布之日相同，自无问题，若批准在颁布之前，应将其抵触之点，随时陈明候核。"

　　上述两种文献，前者以条约之效力与一般法律无异，后者以条约之效力较法律为优。前者之审查案说明，固无拘束力，后者之训令，亦不发生如法律之拘束力,惟得作为法院之参考而已。但现时对于条约与法律,尚乏一致之意见,已可想见。实有待于吾人之精详研讨也。

本文所述,仅以条约为限,至于国际公法之定则或国际惯例与内国法之关系,虽系至值得研究之问题,但不在本文讨论范围之内。

一、条约须具备何种要件始得为法院所援用

其要件得分两个时期论述,在条约缔结时者,与在条约缔结后者,分述如次。

(一)其在条约缔结时者

在其缔结时条约应具备之要件,又得从两不同之观点申论:(1)从宪法之观点;(2)从普通法律之观点。

(1)就宪法之观点而言,条约应合乎国家根本法之规定。此根本法,通称宪法。但我国现在训政时期,仅有《训政时期约法》,其第六七条规定:"国民政府行使宣战、媾和及缔结条约之权"(《中华民国国民政府组织法》第四条作相同之规定)。至于《五五宪草》之规定,颇有不同,其第三九条称:"总统依法行使宣战、媾和及缔结条约之权。"第六一条第三款称:"提出于立法院之……条约案",应经行政院行政会议议决。第六四条称:"立法院有议决……条约案……之权",其规定较为鲜明矣。

如条约之缔结,不合于根本法之规定,法院于当事人声请适用该条约时,应否适用之?易言之,法院对于条约之违宪,有无审查之权,有正负两说:或以为法院无适用宪法之权限者,或以为宪法既系法之一种,自应与其他法律,同由法院适用之者。此一问题,实即另一问题(即法律

违宪)之变相。各国解决之方法,互有不同;即在同一国内,各学者问之意见,亦不一致。法国采消极说,认为行政机关之命令,是否合法,在普通法院无审查之权。行政机关之命令,如超越其权限,而侵入立法之范围,固合不合宪法,但毋庸普通法院为之操心。如其对于行政机关是否谨守其宪法中规定之权限,加以预闻,实至不当(参考一九二三年六月十六日冲突法院关于 Septfonds 一案之判决)。法院对于法律之违宪,既无审查之权,更不得对于行政机关条约缔结之行使,加以干涉,抑且其所发生效果,可以影响及于国际关系。盖如条约为法院排除,该国有被视为违反国际义务之虞。但此一判决,法国学者,几一致施以攻讦。至于美国普通法院得适用宪法,依宪法第六条第二项之规定,殆无疑义。其词曰:"本宪法及依照本宪法所制定之合众国法律及以合众国之权力所缔结或将缔结之条约,均为全国最高之法律。……各州法院推事,均应遵守之。"法院既得适用宪法,则其对于法律是否合乎宪法,自有审查之权。至于条约之违宪,是否亦在审查之列,虽学理方面有持反对说者(前中国驻美使馆顾问美国法学家韦罗贝氏亦其中一人),美国联邦最高法院及各州法院,仍迭次认定有审查之权。虽事实上条约从未以其违宪而遭排除,但法院固亦未尝放弃其审查权之行使也。(参考下列三成案:*1890 Geofroy v. Riggs*, *1920 Missouri v. Holland*, *1924 Asakua v. Seattle*)

以言我国现制,法院对于法律之违宪,是否得予审查,《训政时期约法》并无规定,最高院亦未著有判例,学者对于此一问题,更鲜研讨。至于《五五宪草》第一四〇条第一项则规定,法律与宪法抵触者无效;又第一四一条称,命令与宪法或法律抵触者无效,但其无效是否得由普通法院主张之,即法院如遇法律命令违宪,应否拒绝适用之,系一待决之问题。盖认定违宪之法律无效,是否仅限于第一四〇条第二项所定之程序,即由监察院于该法律施行后六个月内,提请司法院解释,尚有研讨余地。此系宪草规定之得失,应俟他日另文详论。由此应提出而予注意者,有下列两种文献。

其一,民国十八年六月十七日第三节中央执行委员会第二次全体会议通过之治权性质之规律案。其第一条载:"一切法律案(包括条例案及组织法案在内)及有关人民负担之政府案等,属于立法范围者,非经立法院议决,不得成立。未经立法院议决而公布施行者,立法院有提出质询之责。其公布施行之机关以越权论,立法院不提出质询者,以废职论。"此议案会由国民政府于同年契约三日令行各机关遵照。但行政机关以此越权行为所为之法令,法院是否得排除之而不予适用,刑未议及。是否仅应由立法院提出质询,司法机关不得预闻,抑司法机关,亦有审查之权,尚多疑义。

其二,民国三十二年九月廿八日司法院院字第二五七四号解释称:"各行政机关所定管制物质之规章,具有应罚性质者,除合于《非常时期取缔日用重要物品囤积居奇办法》之规定,得依该办法办理外,如未经过立法程序或呈转国防最高委员会核准之规章,殊难据以援用前开办法办理。显见认定法院对于法律是否合乎根本法,有审查之权。按司法院虽非审判机关,但往往代法院做解释法律之工作,即法院适用法律有疑义时得请司法院解释,予以协助。故实际上司法院之解释,无有不为法院所适用者。法院既得审查法律之违宪,而依前中央政治会议之见解,又称"条约与一般法律无异",则谓法院亦得就条约之违宪为审查,当不致与误谬矣。

(2) 从普通法之观点而言,现行法律是否可影响及于条约之效力,即如法律业已就某种事项而为规定,以后条约就同一事项有相反于法律之规定时,于此,法院应适用法律欤,抑应适用条约? 或是否尚需另订新法以废止现行法,俾条约得以施行无阻? 自来有两种说法:一说认为仅法律得废止或修正法律。盖依法理,若将一种行为,予以废止或修正,须由具有同种行使之行为完成之。条约既不经普通立法程序,自无废止法律之效力。另一说认为条约须经国会或立法院议决(《五五宪草》第六四条参照),如其规定与法律抵触时,自有排除法律之功效。依前司法院之训令,我国系采第二说,殆无疑义。但所根据之理由,仍不无研究之价值。如以为国会或立法院参与条约之缔结,因此即认与普通立法具有同样之效力,而得废止法律,所见未必正确。愚以为国会或立法院之议决条约,其性质与议决法律案,迥然不同。法律得由立法机关提出,而条约案仅得由行政机关提出,此其一。立法机关之议决条约案,应就其全部为可决或否决,而不得加以任何修正;而其议决法律案时,则不然,此其二。立法机关之决议,如其关于条约案者,系对于行政机关(尤其一国之元首)所为之授权行为,即授予全权批准条约;如其关于法律案者,则加于元首以公布之义务,此其三。最后条约得以元首制单独行为废止之,而元首不得以同法废止法律,亦条约与法律各异其趣之处。故条约纵须经立法机关之议决,但其缔结仍系一国元首独有之任务,立法机关之承认,不能影响及于条约缔结行为之本质。尤其依《训政时期约法》,条约不必经立法院议决,而司法院之训令,仍认为条约得排除现行法律之适用,益见上述见解之不足恃。从而中央政治会议称条约与一般法律无异,亦有重加检讨之必要。然则条约之所以能排除现行法律之适用者,其理由固何在? 愚以为,条约自成一种独立之法源,与普通法律同须具备根本法所规定之要件。两者之间,就效力言,并无优劣之别。司法院之训令称"原则上法律与条约抵触时,以条约之效力为优",吾人实难苟同。至于条约虽得排除法律之适用,但并不废止之。此与新法废止旧法情形,迥然不同。盖条约得由行政机关之单独行为废止之,远不如法律之耐久。故其如与前之法律抵触，仅使法律在条约存续期间停止发生实效。一旦条约失效，法律即恢复其原有的效力，毋庸再经立法机关之议决也。

（二）其在条约缔结后者

如条约业已合法成立，缔约国应即依约履行其义务。但法院是否即得予以适用，应视条约之种类分别而论。关于此点，得分条约为两类：第一类之条约，依其规定，缔约国有为一定措置——如制定某一法律——之义务，例如《洛桑条约》第十八条规定："缔结国应各修正其法律，俾本约之实行得获保证。"或缔约国有发布命令，组织公务或事业机关，支出费用等义务。有上述之情形者，内国法院适用条约之问题，根本不致发生。第二类之条约，直接创设一新法律规范，此如条约对于国籍之赋予，人之身份，或外国人之权利能力等所为之规定。《中美新约》第四条及第五条、《中英新约》第五条及第六条均属之。但在何种条件下，法院始得予以适用？案条约一经批准，批准书亦已互换，行政机关应更为一定措施，俾条约得生实效。其最要者，莫非条约之明令公布。此与法律之须经政府明令公布者，初无不同。但公布之法律上性质及效用究何者？公布系一国最高行政机关之行为，为执行条约或法律所发布之命令。或以为公布之效用，在使国际条款变成国内法律，于是得在国内发生效力，此说在学理上并不正确。按条约系一独立之法源，有如上述，则不必更使其变为国内法而后始发生拘束力也。又公布者，仅系对于人民及法院所为之命令，使各遵守条约，故经公布后，条约始得执行，但并未因此而变质也。故公布之行为，仅系条约生效之要件，如不具备，不仅在内国法上，抑且在国际法上，得发生问题。

上述条约须经公布后，法院始得予以适用，考诸他国法制，何莫非然。前法国发生一颇有趣之诉讼。缘一八三四年法国与西班牙缔结四国同盟条约，规定以"Don Carlos"为法西两国之共同敌人。有一法人协助该敌人，竟以外患罪被诉于法院。法院以该条约未经明令公布，认为无援用余地，该"Don Carlos"自不得以敌人视之。至于美国甚且以国际法为国内法之一部（International law is a part of municipal law），但条约如未经美国总统公布者，法院不受其拘束。

二、法院对于条约之适用及解释

条约既经具备合法条件，发生效力，而得由法院予以适用矣，其更应研究者，即法院对于条约适用及解释之问题耳。

（一）关于条约之适用者

依中央政治会议之说明，条约之效力，与一般法律无异，则关于条约之适用，应得下列之论断：

（1）条约应如法律，须经行政机关明令公布。

（2）法院之裁判，有背条约之规定者，得为第三审上诉之理由。或以为条约规律国与国间之关系，则仅国家为条约之当事人，个人系第三者，个人不得直接主张适用之（res inter alios acta），亦系法理所当然。但以条约与私法上契约等视，所见未甚正确。个人之于国家，并非一第三者。至于第三者之概念，在公法上所发生之效果，与私法不同。盖行政机关之行为，一经公布，对于国内任何人发生效力。则条约经合法缔结后，亦对缔约国人民，生发拘束力也。

引渡条约，则较特殊。个人不得为己之利益，在审判上主张适用之。

按引渡条约每次之适用,须经行政机关之特别决定,而后法院始自认为无管辖权。若准个人主张适用引渡条约,不承认法院就引渡事项得对于行政机关之决定,予以抗争,殊有背于治权分立之说也。

(3) 法院应不待当事人之声请而依治权适用条约。

(4) 依行政诉讼法,人民因中央或地方官署之违法处分,得提起诉愿或行政诉讼。但其处分(尤其属于外交方面者)有背于条约时,是否亦得据以提起诉愿或行政诉讼。愚以为关于外交问题,应使行政机关之自由不受任何限制,若在进行中之交涉,为题外之争执所阻挠,自非所宜。但若行政机关为执行法律所为之措施,其有背于条约之规定,致人民之权利受损害者,自得准其提起诉愿或行政诉讼。

(5) 不溯既往之原则,其应用于条约者,与应用于法律者相同。如系解释之约定,则与为解释对象之本约合成一体,自溯及于本约发生效力。

(6) 新法与旧法抵触时,旧法即遭废止。但新法与条约抵触时,是否亦有废止条约之效力。司法院之训令,仅称条约之批准,在法律颁布之前,应将其抵触之点,随时陈明候核。至如何核定,根据该训令,无由推知。以言理论,废止之情事必假定有两个连续而抵触之行为,或处于同一机关,或处于两个不同机关,其中第二个,系一上级机关。至于条约与法律,依现时情势论,系在两个不同场合之两个行为,由两个不相隶属之机关制成,则新法自无废止条约之效力。若不顾条约,而竟施行新法,可发生国际法上责任问题,或依外交方式仲裁方法解决之,或诉请国际法院予以裁判。国际法院前曾著有判例两种:其一关于 Wimbledon 一案(该法院一九二三年第一号判决)。其判决称:"德国以公布于一九二〇年七月廿五日之中立命令,适用于 Kiel 运河,实属有背凡尔赛和约第三八〇条。德国政府对于因此而受损害者之各船舶,应负赔偿责任。"其二关于 Chorzow 工厂一案(该法院一九二六年第七号判决)。其判决称:"本法院自无权解释波兰之内国法,但未始不得审查波兰于适用该法时,是否违背其国际法上义务,即依《日内瓦公约》,波兰应对德国所负之义务。"该法院于为积极之认定后,即判令波兰赔偿德国所受之损害。但国际法院系以国际法所定标准为依据。至于国内法院遇有上述情形,是否亦应适用条约,抑或应适用法律? 于条约与法律有极明显之抵触时,其问题尤难解决。处于内国法院之立场,宜尽设法协调两种文献。盖吾人究不应推想一国之立法机关,有违背该国国际法上义务之意思。美国国际法学家牟核氏(Moore),于其巨著《国际法汇编》中称:"除有明确之规定外,法院不应解释国会所议决之法律,认为其有修正或废止条约之意思。"其所称明确规定,例如《洛桑条约》第一条是。该条于规定缔约国间绝对互惠之原则后,即称:"缔约国中一国,依其法律或其他行为,对于土耳其人民拒绝予以同等之待遇时,该国人民及团体,亦不得在土耳其依本约享受同等之权利。"

今将上述情形除外,若新法与条约有抵触,果能协调之,自属幸事。如其不能,依我国法律之现况及法制而言,以适用新法为是。考其理由,不外下列数端:

a. 契约当事人之行为,如违背其义务,固侵害他方之权利,但其行为仍有法律上效力。此乃债法上一大定则。

b. 条约非根本法之一部,纵法院得审查法律是否违宪,但不得以法律不合于条约而排除其适用也。

c. 如法院不适用法律,试问其根据何在,是否因其有背于国际法? 但内国法院除采用内国法所定标准外,他非所知。

查美国判例,亦探同一见解。联邦最高法院于一八八九年关于排除华人案(The Chinese Exclusion Cases)所为之判决称:"条约之拘束力,未见较法律之拘束力为强。故不论其为条约或法律，主权之最后意思表示，应为有效。"

法国之判例亦同。一八五三年之《法美条约》，规定美国人民得在法国享受关于不动产之权利。此与法国人民在美国所享受之待遇相等。一九二五年，法国政府公布一新法，规定房屋所有人如系法国籍人民者，就己出租之房屋，得行使其收回自用之权。有一美人，不顾法律之规定，欲根据条约，主张行使收回自用之权，其请求为法院所驳回。

但学者间亦有持相反说者，其理由不外三端：

a. 条约一经缔结生效，非经新的约定，不得予以修正。同时非经双方同意，或一方生命废约，不得予以废止。

b. 新法自国际公法立场而言为不合法，应不予适用。

c. 如新法得排除条约，则条约之效力，甚至国际法本身之存在，将遭严重之威胁。盖此不承认条约之订立，均附有随意解除条件，缔约国任何一方，不愿受其拘束时，即得表示其意思，使条件成就而条约解除。

但欲采用上述见解，必先使条约与宪法有同等之效力。于是不合于条约之法律，即等于不合于宪法之法律，法院得排除之而不予适用。此非我国现时之法制，殆甚显然。

（二）关于条约之解释者

关于条约之解释，有特为解释之约定，而与本约合成一体者，有由缔约国一方政府为解释者，此间专论内国法院对于条约之解释。

法院既得适用条约，自有解释条约之权。盖适用与解释，虽属两种不同行为，但事实上往往甚难划分。此在法律之适用与解释，已可证之。吾人既认定法院有解释条约之权，其待研究之问题，得分三点论述：

（1）法院是否对于各种条约有解释之权——关于此点，普通分条约为两种：有属于公法者，有属于私法者。仅属于私法之条约，始得由法院解释。此种分类，至不合理。盖条约之缔结，多少系一种公法上行为。又近代重要政治条约，如《凡尔赛和约》及《洛桑条约》等，其所规定之对象，往往包括公法上私法上事项在内。于是有主张改就诉讼事项之本质为区别者，盖就其本质而言，有涉及公益者。但吾人能想象民事法院所受理之诉讼，其有不涉及私人利益者乎。

愚以为法院解释条约，应无上述限制。法院适用法律时，既得就法律之各部门（不分公法私法）以探求立法者之意思，甚且有解释宪法之权，则使其对于一切条约有解释权，又何悖于法理哉？抑且依中央政治会议之见解，以条约与法律同论，则更不应对于法院解释条约与法律之权限，有所轩轾也。

（2）法院对于政府所为之解释，应取何种立场——如系解释之约定而与本约合成一体者，其解释对于法院自有拘束力。如系政府一方之解释，法院是否亦受其拘束。有正反两说：其主正而说者，称外交部有权确定其外交行为之涵义。故其解释，对于法院应有拘束力。主相反说者称条约系双方之行为，而政府之解释，纯系一方的，自不能使一方之解释，发生相等于条约之效力。外交部之通令，固得拘束其下属机构，但对于法院则无同等之拘束力，抑且部分非法源之一种，除有参考之价值外，不应有其他意义。

如系司法院对于条约所为之解释，各级法院，是否受其拘束？司法院解释法令之权限，在学理上之根据，固尚不无研讨余地，但事实上，各级法院对于司法院之解释，靡不遵守唯谨，视同法律者也。

（3）法院解释条约，应具何种态度——如以条约为双方之约定，则应探求双方当事人之真意（《民法》第八九条）。但愚见以为条约者，系国家法律之一部，应以纯然客观立场，并依一国全部立法旨趣，而为解释。

但有关国际事业之公约如《邮政公约》者,不得以之为内国法之一部,而应认为国际组织之一部,则公约之解释,自不得以内国法为据也。

关于条约与法律一题,论述既毕,更为数言,以作结语。即条约与法律之问题,系相对的,随国际公法之趋势及国内法制之推移而变化。依现时情形,仅国家具备实施法律之机构。故势必由国内法院之审判及行政机关之执行,始得使国际公法发生充分之效力。吾人本文所持各点见解,即为此种现实情形所范围。如将来抗战结束,能建立较国际联合会议国际法院更完善有力之国际组织,向世界大同之目标迈进,则条约与法律之问题,将随之变化,问题之解答,自不同于本文所论述者矣。

(原载于《中华法学杂志》1944 年第 3 卷第 3 期。)

国际私法中外国公司的问题

八年抗战，胜利在望，其信不出一年半载，战事可以结束，一切恢复常态。国际经济，究将发生如何变化，非本文所应及，但深信此后列国互助互赖，比往昔为尤甚，国际交往，亦将更为频繁。其在工商金融方面者，列强向有公司之组织，推广其业务于国外。战后外国公司，将向中国作更积极之发展，当在意料之中。平等新约既经签订，外人在华所享特权亦告废绝。此后对于外国法人，尤其工商金融公司，在法律上应采取如何之政策，系复员后有关吾国法律之一大问题。兹就法人之国籍，国际私法上外国法人的问题及超国家之法人三端，略抒所见，以就正于有道。于此须声明者，即本文仅以外国公司为标题。其所以然者，良以问题之涉及公司者为多而重要。但本文所论，仍及于一般外国法人。

一、法人之国籍

在解决国际私法上外国法人问题之前，应先确定何者为外国法人，何者为内国法人，盖两者之法律上地位，不尽相同。事实上各国为顾及其要本身之重大利益计，无有不为此区别者。此即关于法人之国籍问题，可分下列数点论述。

（一）法人是否有国籍

法人是否有国籍，年来对此问题，争执极烈。多数学者，采消极说，其所持理由，各有不同。或根本否认法人具有真正之人格，于是亦无国籍之可言；或虽承认法人有真正之人格，但以为国籍仅系自然人之特赋，非法人所得有。

上述之第一派，原以法人为法律上设置或虚构之人，而非实有其人。早在一八六九年，比国民法学家 Laurent 氏，在其所著《民法原理》一书内论述："对于虚构之人，探讨其是否有祖国国籍及其他构成国家之德智体各种条件，实属毫无意义……不论人类想像力如何之强，我人断难称此虚构之人为法国人或德国人、英国人或比国人也。"德国公法学教授 Von Seydel 亦称，法人纯系应合实际交易之需要所虚构之制。若有三十人合组一法人，国家不因此而多得第三十一个国民。

上述之第二派关于法人之学说，多采实在说，或有机体说。故承认其有实际上之生存，并有人格，但否认其如自然人之具有国籍。盖国籍者，系国家与个人间之双务关系。一国国民在一方面，应矢志忠诚，而有服兵役之义务；他方面亦有参与制造民意，在外国受外交上保护之权利。此种关系，并非一纯粹法律上之关系，亦是一种政治上及伦理上之关系。故仅自然人始得与国家发生此种关系，而法人则不能。吾人有敢谓法人得服兵役或行使政治权者乎，可见法人不能如自然人之具有国籍，彰彰明甚。综观各国之国籍法，仅就自然人国籍之得丧予以规定，而不涉及法人，愈益征信。

但事实上势不能不对于法人确定其国籍。不过国籍两字之意义，应予修正。其关于自然人者，系一隶属之问题；其关于法人者，系一联系之问题。盖法人既系法律之产物，势必基于特定一种法律，而与此一法律发生联系。若以德文区别之，自然人之国籍称"Staatszugehörigkeit"，法人之国籍应称"Stastshingehörigkeit"。此联系之问题，至为重要，盖即所以分别本国法人与外国法人者也。为尊重习用之名词起见，本文仍将援用国籍两字，但予以修正之意义。

（二）法人国籍之确定

一法人究与何国联系，其在公法上法人，问题至为简单，盖其往往为地域上之分区，联系问题，迎刃而解。例如国家本身以及省份，地方自治团体等，与某一特定国家之联系，当可不生任何问题。他如大学商会等，亦与其所在国发生联系。其在公司及一般私法上法人，标准之采择，较为困难，历来学说，颇不一致。

有主张以组成法人社员之国籍以定法人之国籍者，此说既不合理，又不切实用。以个人之国籍，直接加于团体，此其所以不合理则也。如遇社员之国籍分歧时，是否须取决于多数。若系一股份有限公司，此多数指人，抑或指股份，均系难题。纵勉强解决，当可发生离奇现象，即该公司今日具有德国籍，明日可变而取得法国籍，后日又复回德国籍，如此善变，此其所以不切实用也。

有主张以法人之设立地，定法人之国籍者，乃根据国际私法中"locus regit actum"一原则而来。但此原则只适用于创设行为之方式，不应同时采为决定法人国籍之标准。若有多数英国人在巴黎市立一公司，不问其是否合乎法国法律所定程式，而即以之为法国公司，在事理上，至欠通达。

有主张以法人设立时所根据之法律，以定其国籍者。此说在英美尚为通行，偏重于公司发起人之意思。至于事务所或行政机构何在，则设行为于何处成立，均非所问。故若英国人依法国法在英国订定章程，市立公司,此公司即系一法国公司。但国籍即系公法上关系,不得仅凭发起人之主观而定,必须采一客观之标准始可。此外有依据公司章程所订定者,即章程定为中国公司,若认其具有甲国国籍,亦偏重于主观,颇欠允当。

上列各种学说之争论,犹之战争之边际接触,其主力战则发生于下列三种学说间,分述如次。

(1) 许可主义——视许可法人成立而赋予其人格者为何国,即以该法人与该国联系。英美两国之学理与判例,均从此说。在英国有一成语称"不得英王之同意,不能有法人之成立"(No corporation exists without the King's consent)。故仅根据英国法取得人格之法人,始为英国法人,否则为外国法人。考其理由,国家既赋予法人以人格,则其与该国之关系,至为密切,以后是否许其继续成立为权利主体,其权悉采于该国政府之手,但此说可发生事实上困难。盖一国对于某一法人许可其成立,其许可之行为,对于其他各国,无对抗之效力,因此其他各国,亦可同时赋予该法人以人格,而认其为己国之法人,此是非可发生两重国籍之问题乎。

(2) 业务中心地主义——即以法人经营业务之中心,定其国籍。各国法院判例以及国际条约之采取此主义者,颇不在少。但此说亦可发生事实上之重大困难。各一公司之业务有数中心者,则应以何处为标准,例如依法国法创设之公司,在罗马尼亚、伊拉克、伊朗等国,采取石油,而各该国均为其经营业务之中心,则究以何国为其国籍。有主张应由法院酌定之者,其说称,法院酌定时,应视该公司究为何国之利益创设,即认为其重心在该国,应以该国与该公司联系。但事实上一公司在各地之业务,往往具有同等之重要性,此际法院应如何酌定,至难解决,此其一;再某种公司连续在各不同之国家经营其事业,尤其专事建筑修理港埠,或建筑铁道之公司,时将其业务之中心移动,是否每次移动时,即须改易其国籍,此其二;又若一采矿公司,创设于德国,从事业务于苏联,若苏联政府禁其采矿,是否将变成无国籍之法人,因而丧失其存在,此其三。有此三点,足见以经营业务之中心,定法人之国籍,实有未当。

(3) 事务所所在地主义——德国学理判例以及瑞士、法国、意大利之判例,均以法人事务所所在地(siège sociale, Vernaltungssitz)为定国籍之标准。良以事务所在某国,则某国政府得对之行使其权力,并控制其组织与生存。因此权力关系,该外人自应与该国发生联系。但所谓事务所者,可于公司章程所载明之地点而言,亦可指公司执行机关实际行使职权之地点(即行政中心)而言,依德民第二四条,瑞民第五六条,公司得不以实际行使职权之地点,而于章程中另指定一地为其事务所。此种规定,仅得适用于内国。盖不问章程所定之事务所与行政中心之地,是否同一,仍不越出己国之地域,而终由己国控制。其在国际私法,情形自极不同。若一公司在其章程中规定设定事务所于巴黎,而在柏林实际进行其业务与行使职权,绝不能援用德国《民法》第二四条而主张为法国法人,否则可发生窃法舞弊之现象(fraude à la loi)。故自以采取行政中心之实际事务所为较适宜。德国最高法院于一九〇四年,曾就下列一案,著有判例。一在华盛顿登记之公司,在墨西哥经营商业,而在汉堡管理。易言之,其章程中虚构之事务所在华盛顿,其行政中心之实际事务所则在汉堡,股东大会亦在汉堡召集。德国最高法院即以该公司为德国法人,并依德国法定其行为能力。因其未在德国声请登记,致被目为非法人团体。

行政中心地之确定,有时亦可发生疑问,例如一股份有限公司,其组织包括股东大会(相当于国家之议会)、董事会、监察人及一定数量之职员以执行公司业务。上列各组织部分,如均在同一地点,则该法人之行政中心,即在该地,殆无疑义。如在不同地点,即股东大会在甲国召集,而董事会为指导督促业务之进行另设于乙国时,应如何确定其行政中心地,则以股东大会为最高权力机关,即应以股东大会之召集地为标准。

但此主义,忽视法人创设之地点,亦有未妥。一公司创设于甲国,而由甲国法律赋予法律上人格,并受其管辖。若因其行政中心设于乙国,于是将后关于认股股本之缴纳及其他事项,不依甲国法律,而均依乙国法律定之,亦至不允当。

我国法制亦采事务所所在地主义,但《民法》第二九条、《民法总则编施行法》第一〇条第一项中载主事务所或事务所及《公司法》第四条中载本店者,究指章程中所订定之地点,抑亦指实际管理业务之地点,似难悬揣。不过依《民法总则编施行法》第一条之规定,称"外国法人在中国设事务所者……",其事务所三字,系指实际管理业务之观点而言,在该条规定既作如此解释,则同一名词而见于他条者,若无其他形容词,亦应作同一之解释,殆无疑义。

于此不得不并述第一次欧洲大战时各国所采用之控制主义(théorie du contrôle),凡公司之控制,出于某一国者,即认其为该国公司。盖双方交战国于从事经济战时,往往不注重公司之国籍,而重视其敌性。故凡在己国创设之公司,而由敌国人民管理或控制者,不问其管理或控制采任何方式,均视为敌国公司,其财产为敌国财产。其交易之全部或一部促进敌国人民之利益者,亦同。法国政府于一九一四年颁布与敌通商之命令及英国政府于一九一八年颁行之《修正与敌通商条例》,均采此说。此外之交战国,亦莫不尽然。德国一九一四年九月四日之命令,其规定亦同。

但控制主义之采取,系一时权宜之计,且其指在确定公司之敌性,非为确定公司之国籍。一旦经济战结束,该主义亦应放弃,故战后已不为采用矣。

　　上述参与主力战之三种学说，均有所偏，未见全妥。应如何定一更适宜之标准，使列国一律采用，洵为国际私法中一大问题。自一八八九年起，即有国际会议研讨之，以期订定国际协约。是年南美各国举行会议于 Montevideo。同年巴黎举行世界博览会，乘此时机，有股份有限公司国际会议之召集。一八九一年国际法学会，对此问题，亦有所决议。一九〇〇年股份有限公司国际会议举行第二次会议于巴黎。历次会议之解决方案，均欠妥善。迨一九二六年国际联合会所属编纂国际法专家委员会集会，由波兰法学家 Rundstein 提出报告书，主张"……公司之国籍，以其创设时所依据之缔约国一方之法律及其实际事务所而定。其实际事务所，不得设于该国领域之外"。申言之，法人国籍之确定，采取两重标准：一、须视赋予法人人格者为何国，不问该国系采特许主义、准则主义或自由主义；二、须视法人之事务所即行政中心之实际事务所，是否设在该国境内而定。其解决方案，至为确当，抑且调和英美及大陆两派所通行而相异之学说及法律。其意见虽未有采入国际协约中，但为以后继续研讨此问题时，最可宝贵之意见。例如国际联合会于一九二九年发动召集之国际会议，旨在草拟关于外国人地位之协约，就法人之国籍一点，即有相同之结论。至于一九三二年在荷京海牙举行之比较法学第一次国际会议，突有转采许可主义者，良以负责研讨此题而提出报告之人，系属于英美法系之法学家。

　　Rundstein 之意见，其实还在十九世纪末叶已在国内立法，露其端倪。惟以其国弱小，未为人重视而已。例如西班牙一八八八年之《民法》，其第二八条规定称："法人（包括财团及社团）为法律所认许，而设事务所于西班牙者，是具有西班牙国籍。但以依本法取得法人资格者为限。"又洪都拉一九〇六年关于外国人地位之法律，其第七条称："……法人依本共和国之法律创设者,系洪都拉法人,但须该法人并设其事务所于本共和国领土内。"随后既由 Rundstein 作详尽之报告,并由国际联合会之专家委员会赞同,其意见即被世人注意。以后之国际条约,采用此两重标准者渐多,已造成一种新的趋势。例如一九二七年八月十七日《法德条约》第二六条称:"股份有限公司及其他公司,⋯⋯设事务所于缔约国之一方,而依其法律生存者,缔约国之他方应承认之。⋯⋯"又同年八月七日土耳其与瑞士所订条约,其第十条亦称:"依缔约国任何一方之法律所创设之工商或金融公司,而设事务所于其境内者,他方应承认之。"独我国于一九四三年一月十一日与英国所订平等新约,竟未采用,殊属遗憾。其第一条称:"⋯⋯'缔约此方(或彼方)公司'字样,在本约适用上,应解释为依照本约所适用之各该方领土之法律而组织成之有限公司及其他公司合伙暨社团。"仍采英美通行之许可主义,显未参照目前国际条约之新趋势,抑且依我国《民法》之规定,系采事务所所在地主义,而《中英新约》忽又改采许可主义,显见订约之时,颇欠斟酌,尤少独立主张,实不无随声附和之嫌。至于《中美新约》,则未涉及此问题。

此外关于法人设有分事务所或分店者,自法律观点言之,此分事务所或分店,并无独立人格,而依主事务所或本店同其法律上命运,故不能有其独立之国籍。

(三)法人国籍之变更

法人国籍之变更,不仅与一国之经济财政有重大之关系,在学理上亦系一争执之问题,各国因欲对于法人争取管辖权,致往往发生法律之冲突。法人国籍之变更,得分自愿变更与非自愿变更两种。

(1)自愿变更——法人自愿变更国籍,往往须其事务所或本店迁移他国,以脱离原来国家法律之管辖。故国籍之变更,与事务所之迁移他国,颇有不可分离之关系。否则原来国家,以法人事务所并迁移,仍得对之行使其权力,而不发生国籍变更之问题。自愿变更国籍,仅限于私法上法人始有此情形。学者间对此问题,为说不一。其采法人拟制说者,认为法人之生存,既本于国家法律之许可,而系一种虚构,则于法人迁移事务所于国外,而与本国断绝关系时,其人格即当然消灭。故严格言之,就法人而言,并非国籍之变更,实际上系旧法人消灭,而新法人产生,此与自然人国籍之变更,迥不相同。但亦有持相反说者,认为事务所虽然迁移,法人之本国法依旧如故,因此其国籍亦不变更。有认为事务所之迁移,当然影响法人之本国法。但若新事务所所在地之法律,就法人取得人格所规定之要件,于该法人迁移时即具备者,其身份仍予保持,其人格继续存在,即不因事务所之迁移,而其人格当然消灭。故法人国籍之变更,有时可与自然人国籍之变更同其情形。际此法人有机体说通行之时,自以后说为较合理。但种种事实上考虑,不得不并顾及。例如法人变更国籍之后,若其身份仍予保持,则法(尤以公司为然)前此之债权人,得因新国法律规定有异,而蒙受不测损害。同时,法人前此对于国家所负之各种义务,亦因新法之适用而获免除。为解决此种实际上困难情形起见,有主张事务所之迁移得发生清算之效力者;易言之,事务所既经迁移,即丧失其原来法律上人格,并其原来国籍,但在清算之必要范围内,仍视为存续。如其具备外国法律所规定之要件,而取得法律上人格时,则系一新法人之创设,原来国家或债权人对于该法人所享有之权利,或所得为之主张,则可于清算时,仍依原来之法律规定以求实行,而获充分之保障。德国最高法院于一八八二年关于罗马尼亚铁道有限公司一案,首创此说。依我国《民法》之规定,其欲在中国取得法人资格者,须该法人设其实际事务所于中国境内。若其嗣后迁移事务所于国外,即缺乏法人成立要件之一,即当然丧失人格,并丧失其国籍。法律上人格即告消灭,等于解散,因此必需清算。因《民法》第四〇条第二项及《公司法》第五二条、第七一条、第二一四条及第二一六条第二项之规定,称在清算范围内,视为尚未解散,则谓法人国籍之变更或事务所之迁移国外,实发生清算之效力,一似德国最高法院所主张者,未见其不当也。

国际条约,有对于法人国籍之变更,特设专条规定者,例如奥国一九二二年与意大利、一九二三年与罗马尼亚所缔结之条约,订定缔约国一方之公司,迁移其事务所于缔约国他方境内者,得不经清算程序,而直接发生国籍之变更。

(2)非自愿变更——法人之事务所,因国家疆土之让与,而处于新主权之下时,即发生非自愿之国籍变更。法人之事务所固未移动,但国家之疆域已变。上次欧洲大战之后,列国疆土更改甚多,此问题颇具实际上重要性,此次战事结束后,此同一问题,势将重复发生。

在第一次欧战之前,各国之学理判例,多已主张因国家继承所发生之主权变动,不影响于法人之存续。其法人资格,虽不受影响,但其国籍,则随之变更。一八七一年法国将亚尔萨斯及鲁伦两省,割让德国时,法国之学理判例,均认为在该两省境内之法人,均当然取得德国籍。一九一三年土耳其割让土地予希腊、保加利亚时亦然。至于一九一九年之和约,对于在割让土地境内法人之命运,如何规定,亦值得注意。例如《凡尔赛和约》规定亚尔萨斯及鲁伦两省,既经由德割让法国,则在其境内之法人,随之取得法国国籍。其余一部之法人,因由德人控制,均经清算(和约第二九九条B项)。盖虽因疆土易主而变为法国法人,但仍富有敌性,依和约第七四条,得予解散清算。但在该两省之德国法人,为保持其与德国原来之联系,仍将其事务所迁出而移至德国境内。鲁伦省碎仑水泥股份有限公司,即其一例。该公司虽经依和约之规定而解散清算,但不及于其在德境内之一切财产。

二、国际私法中法人之问题

（一）法人之本国法

法人既经成立，应依何法定其权利能力，复依何法而生存、而行动、而解散，此均系关于法人之国际私法上问题。学理实务方面意见，颇不一致，一似其对于法人国之问题然。但有一点，似均认为无疑义者，即一法人，应仅受一种法律之管辖，并以定其身份（statut personnel，我国法律适用条例中称"本国法"者即指此）。否则为权利义务主体之法人，将无由推进其事业矣。

定法人之本国法，应以法人之国籍为标准。其具有中国国籍者，即以中国法为其本国法。惟因定法人国籍之标准，历来颇有争执，已如上述，故定法人之本国法，其问题亦同样之繁复。吾人上述关于法人国籍之确定，既已主张采取两重标准，则此两重标准，同时即为决定法，人身份之依据。

定法人本国法之标准，即经确定，其适用范围何若，亦得研究。盖法人之本国法，并不管辖该法人之一切法律关系。关于物权之取得丧失或变更者，依物之所在地法（lex rei sitae，参照《法律适用条例》第二二条第一项）；法人之侵权行为责任，依行为地法（lex loci delicti commissi，同条例第二五条第一项）。

至于法人之创设行为、组织、章程、管理等，均依其本国法。此包括机构之额数，职务、内部及对外之权力，代理法人之权限，对于债权人所负之责任及法人与社会间之关系等问题。外国法人之行为能力，亦依其本国法。但内国有禁止之规定者，从其规定。但外国法人如依其本国法为无行为能力，而依内国法为有行为能力者，就其内国之法律行为，视为有行为能力。我国《法律适用条例》第五条第二项前段，即订有明文。此一规定，实际上颇为重要。盖依英美法制，法人尤其股份有限公司之行为能力，以及董事或经理之代理权，以其事务或行为合于章程所定之目的者为限，始生效力，否则因越权（utra vires）而其行为为无效。故除非一英国公司可以得国王之特许（Royal charter），而有一般能力（general capacity），或经章程明白订定，否则不得处分公司之财产（尤其不动产）。但若该英国公司在中国有越权之行为，则自中国法律观点而言，就其此一法律行为，该英国公司仍视为有行为能力。

外国法人之权利能力，包括当事人能力在内，亦依其本国法。但内国法律有禁止之规定者，并从其规定。例如外国公司不得取得或承租在中国境内之农地、林地、牧地、渔地、盐地、矿地、要塞军备区域及领域边境之土地（参照《土地法》第一七条）。

最后法人人格之消灭（包括解散及清算），亦依其本国法。俄国于共产党取得政权后，将所有私人银行与企业归为国营。在国外之分行或分店，是否随之丧失其生存，一时学者，颇多议论。一九一七年十二月十四日银行国营之命令及一九一八年正月廿六日取消各股份有限公司股份之命令，虽未明文规定银行或公司之原来人格业经消灭，但事实上银行或公司已均不存在。但各国为顾及自身利益计，有继续维持分行或分店之生存者；或托词银行及企业虽归国营，但其人格仍未消灭者；或称苏联政府之命令，放弃发生域外之效力者；或以苏联政府未经本国政府承认为理由者，莫衷一是。但近时德国与瑞士之判例，仍重视理论，一贯主张认为分行或分店，应以本行及本店之消灭，而丧失其生存。

（二）、外国法人之承认

业经在外国适法成立之法人，其在内国之法律上地位究何若，此即涉及外国法人之承认一问题。称承认者，谓对于法人之人格，予以认可；易言之，法人依外国法所取得之法律上人格，内国亦承认之，故自内国法律而言，彼亦具有独立之人格，得为权利义务之主体。承认无创设之效，仅有认定之功。故言承认，必先假定法人业已依法成立。

公法上法人如国家等之承认，在国际私法上，问题较为简单。依国际惯例，凡国家经列国之承认，即同时被认为私法上权利义务之主体。所谓承认其国家者，同时承认其国库是也。故甲国经乙国承认时，即得在乙本于其法人资格，发生私法上关系。

私法上法人之承认，系一较复杂亦较重要之问题。查考各国法制，凡依法设立之外国法人，其人格之取得，系一种既得权利，本于其法人之资格而取得之其他权利，亦系既得权利，原则上，内国辄予承认。惟若外国法人尤其公司，欲在内国积极活动而发生各种法律关系者，或为推进其事业起见，欲在内国特设分店者，各国立法，规定不同，得分三种。

（1）外国之公司无条件，并充分予以承认。德、奥、比、意、瑞士及英国，采用此制，最为宽大。

（2）内国政府以个别行为，认许外国法人成立。此为苏联所采用（参照苏俄《民法》第八条）最为严格。盖苏联在实行社会主义之初，政治经济基础，尚未稳定，深恐欧美资本主义国家，借公司之组织，伸长其势力于苏联，而破坏其国策，此所以对于外国公司在苏联之活动，不得不严加限制也。

（3）外国公司之承认，须经条约订定，或经法令特别规定。西班牙、古巴及法国采用此制，实为一折中办法。法国一八五七年五月卅日之法律,其第一条称:"经比利时政府特许成立之股份有限公司及其他工商金融团体,得依法国法律,在法国行使各种权利,并向法院起诉。"故仅比利时法人为法国法律所承认。但同法第二条规定法国政府得以命令之方式,规定对于其他国家,适用前条之规定。易言之,使比利时以外其他国家,同受其惠。按诸事实,多数欧洲国家,已因法国政府尽量还用同法第二条,而与比利时享有同一之权利。此外他国与法国订有条约者,其条约与命令有同一之效力,其法人亦获法国之承认。

反观我国法制,其有关外国法人之承认者,有《民法总则编施行法》第十一条至第十五条之规定。虽仅寥寥数条,而所行起之问题,颇为繁复。关于承认之一般原则,规定于同法第十一条,称"外国法人,除依法律规定外,不认许其成立",可谓属于上列第三种体系。该条原根据中央政治会议民法总则编立法原则审查案第十端而来。该端原案称:"外国法人之认可,依法律及条约之规定。"嗣因认为条约亦法律渊源之一种,法律一词,即可包括条约在内(故将"及条约"三字删去。此所以第十一条即不载明条约字样)。中外条约涉及法人承认之问题者,有最近之《中英新约》。其第一条称:"……'缔约此方(或彼方)公司'字样,在本约适用上,应解释为依照本约所适用之各该方领土之法律而组织之有限公司及其他公司合伙暨社团。"并读该条约其他各条,可见依英国法律创设之公司,中国政府不仅认许其在中国境内亦有法律上人格,并得设分事务所,积极经商,纵在该条约前依法设立之英国公司亦同。若无条约可据,自应依法律之规定。但自民国十八年十月十日《民法总则编施行法》施行之后,该法律迄未制定颁行。仅有十九年七月五日国民政府第三九四号之训令,称"查外商在我国设立公司,不问本店分店,均应依照我国法规呈请注册,方取得外人资格"。而"其在我国注册之准驳,以对方国家允否我国同类公司在彼国注册为先决条件",可谓采取互惠原则。当时信赖裁判权尚未废弃,凡遇华原洋被之案件,中国法权不及于外国法人,故不得不对外国法人之承认,略有所限制。但今后外国法人在中国所为法律行为,将绝对受中国主权之管辖,其情形与过去自极不同。抑且衡量今后形势,国与国间唇齿相依,其关系之密切,将远较往昔为甚。中外之商业关系,亦将更为发达。在原则上,似不宜对于外国法人之承认,再加以不必要之限制。我国之工业固尚在萌芽时代,商业之规模,亦远不如欧美之宏伟,未始不可于特殊情形,另订特别法令,而为保护之规定。

《民法总则编施行法》第十一条称"……不认许其成立"者,其意义究何若,是否根本否认有外国法人之存在,此说与国际私法之基本原则有背,自不足恃。外国法人既经适法成立,而取得法律上人格,此其取得之权利,他国应予尊重。且其在外国之种种活动,均属合法,他国亦无绝对否认之理。如因其活动而在中国境内发生某种影响,例如在中国取得特权,或在中国投资,负担债务,吾人实无任何理由,加以否认,并拒绝其入中国法院之门。则所认"不认许其成立"者,其意义或仅指其不得在中国境内有种种活动,例如积极经商或设分店等。

外国法人依条约之规定,或依上述国民政府之训令,认许其成立时,自得在中国设事务所或分店,而积极进行其文化、社会、经济或金融等事业。此与我国之生存,关系至巨,自不得不另有所规定,此际应分别情形论述。若所谓外国法人者,仅虚设事务所于他处,而其管理事业之实际事务所在中国,则依上述定法人国籍之两重标准,如该法人业依《民法总则编施行法》第十三条而准用《民法》各条,具备法人成立之其他要件时,即可以该外人为中国法人。

若外国法人仅设分事务所于中国时,依同法第十三条之规定,仍须准用《民法》各条,完成登记等手续,与一般法人创设时之程序相似。既经完成登记等手续,在法律上究有何种意义? 或称系新法人之创设,此不仅依同法第十三条并该条规定准用之《民法》各条,应作如此解释,即依十九年七月五日之国民政府训令,亦足见呈请登记后,方取得法人资格。愚以为不问从常理或实际而言,此说殊不足恃。吾人上述分店者,仅系法人之一部,无独立之人格,与本店同其法律上命运。兹承认其取得独立之人格,其不通者一也。若因向中国主管官署呈请登记,并具备其他要件,即取得法人资格,此法人势必与中国联系,易言之,其分店即取得中国国籍。同一法人,其本店属外国籍,而其分店为中国籍,其不通者二也。更从实际而言,外国法虽设分事务所于中国,其仍为外国法人无疑,其在中国所为一切法律行为,应认为该外国法人所为。因而发生之权利义务,仍以该外国法人为主体。若谓分事务所经中国主管官署,准予登记,即取得法人资格并中国国籍,与实际情形,亦殊不符。考《民法总则编施行法》第十三条之立法理由,原以外国法人在中国设事务所者,其与我国工商金融各业,影响至大,故不得不在分事务所设立之程序上,略加限制,例如向主管官署呈请登记等是。但此登记,并非要件主体,而仅系行政上手续。故一般新设之法人,如不依《民法》第三〇条等,向主管官署登记,即欠缺要件之,不得成立。而外国法人之分事务所,如未向主管官署登记,仍不失为外国法人。若业经依法律或条约之规定,认许其成立时,仍得在中国独立享有权利,负担义务。分事务所之是否业经登记,实属无关宏旨。但为贯彻立法之意旨起见,不妨更规定分事务所不依法登记者,应处以若干元之罚锾,以示警戒。甚且勉强适用《民法总则编施行法》第十五条,使工作于分事务所之人,以法人之名义与他人为法律行为者,其行为人就该法律行为与该外国法人负连带责任。该条之适用,原限于未经认许其成立之外国法人。若既经认许其成立,易言之,承认其有法律人格,而仅设立于中国这分事务所未经依法登记,初无适用该条之余地,既予适用,自属勉强,上已言之。但衡量法理,亦未见其不可通现。

　　经内国承认之外国法人，应受同国法律之限制，与内国法人无异。纵该外国法人之本国法，并未有此种限制之规定，亦不能在内国主张不受限制。盖关于公序良俗之规定，在一国境域，不分当事人之国籍与事件之性质，一律有其适用。《民法总则编施行法》第十四条之规定，称"依前条所设之外国法人事务所，如有《民法》总则第卅六条所定情事时，法院得撤销之"，亦即本于此原则而来。

　　反之，外国法人本国法所设之限制，有时内国维持公共秩序，并保护内国人民之权利起见，得不予考虑。前此论述英美法系之越权说时，业已述及。故若一英国公司，与一中国公司，在中国订约，才有越权情事，就该条约而言，该英国公司仍视为有行为能力。纵依英国法该英国公司不得越权订此契约，中国法院可不予顾及。

　　最后经认许之外国法人，原则上固与同种类之内国法人有同一之权利能力，但并非种种方面，均与内国法人同化。关于外国人地位之法令，往往对于外国法人之活动，设种种限制，此所以我国有《民法总则编施行法》第十二条之规定。其主要目的，无非为保护国民经济，以防免外国之侵略也。

　　关于外国法人之承认，既无国际惯例可循，各国遂以条约之方式，谋求解决。在通商友好条约中，往往订定互惠原则。凡在缔约国一方设立之法人，他方应予承认，《中英新约》第一条即其适例。此外尚可举下列两条约，以资说明。一九二二年六月二十六日之《波兰瑞士商约》第三条，载"公益社会或商业公司，依缔约国一方之法律有效设立，而设事务所于其境内者，缔约国他方，应承认其法人资格。但该社团或公司须不追逐违法或有背良俗之目的。其在缔约国他方，得依法令随时请求法院救济，或起诉，或应诉"。一九二七年八月十七日《法德条约》第二六条称："股份有限公司及其他企业公司……设事务所于缔约这一方，并依法成立者，缔约国他方，应承认其为适法成立之公司。"

各国于外国法人承认之问题所解决之方法，即各不同，故有企图以国际公约规定统一之办法者，其事始终一八八九年南美各国在 Montovideo 举行之会议，主张采取宽大之承认主义。国际法学会自一八九七年起，亦不断研究此题，仍采同一主张。一九二九年在纽约之会议，亦有决议。一九二七年国际联合会专家委员会讨论此题时，有 Rundetein 提出报告，但并未定为公约。第六次泛美会议于一九二八年二月间举行，通过接受《布斯德曼法典》。其第三一条至第三五条及第二五二条于本题有关，特迻译以供参考：

"第三一条　每一缔约国，以法人之资格，在他缔约国境内有权利能力及行为能力，除当地法律设有明文限制外，不受其他限制。

第三二条　法人承认之意义，由当地国之法律定之。

第三三条　除上列两条所设限制外，行政机构之私法上能力，依承认或创设其机构之法律定之，财团之私法上能力，依其捐助章程，而该章程，依本国法，往往应经主管官署之赞许；社团之私法上能力，亦依其章程。

第三四条　除受同样之限制外，工商业公司之私法上能力，依公司成立时章程中所订定者。

第三五条　法人丧失其生存时，其财产之归属，依当地国法律。但其章程、捐助章程或管辖法人之现行法令，有相反之规定者，从其规定。

第二五二条　在一缔约国合法创设之商业公司，在他缔约国，于其法令限制内，享有同一之法律上人格。"

最后，一九二九年在巴黎举行关于外国人地位之会议，亦制有草案，其第十六条规定缔约国间应相互承认在各该国适法成立之公司。

三、超国家之法人

近百年来,以交通发达,国际交往密切,列国休戚相关,往往非专设国际组织,不能达一定之目的。上次欧战结束之后,为维持世界永久和平起见,还有国际联合会之组织,即其一例。最近飞航技术之进步,一日千里,地球旅程,愈益缩短。各国经此次战争之惨痛教训,设置强有力之国际组织之必要,以切实维持世界永久和平。同时为求有无相通,共存共荣,必尚有其他目的与任务较为单纯之次要国际机构出现,殆无疑义。依过去已成立之国际组织而言,得分两类:(一)有为图达一绝对而超乎国家之目的而设者,辄系一政治组织,前次之国际联合会,即其适例。过去一七七六年至一七八七年之美洲邦联,一八四八年以前德国及瑞士之邦联亦然。均系数特定国家合作之中心,具有独立的政治上意思。(二)有专为图达各会员国之目的而设者,其自身并无一超然之目的。国际清算银行及其他国家行政机构,系其适例。此类组织,不得为国际公法上承认之对象,在国际公法上亦无负担义务能力。除上述两类系属于公法上之组织外,尚有私人之国际组织,分述如次。

(一) 超国家之公法上组织

属于上述第一类者,以国际联合会为最显著。虽在《国际盟约》及其他条约中,并未有明文之规定,承认其为私法上法人,但事实上,国际联合会仍不断为私法上之行为,如购买租用房地,出卖印刷品,受领馆赠与及遗赠,订立各种承揽及雇佣契约等,从未见有对于其法律行为之有效性,或其权利能力,发生疑问者,列国中惟瑞士与意大利对于国联之私法上人格,予以明白之承认。瑞士与国联邦会于一九二一年之约定,称"瑞士联邦政府承认国际联合会具有国际法上人格及行为能力。依国际公法之原理,原则上,在未得其明白之合意前,不得以之为被告向法院起诉"。意大利于一九二六年三月卅一日至国联行政院之函中载:"国际私法统一会议(国联之直属机关)取得之财产,尤其在董事会督导下所保存之档案及交件等,属国际联合会所有。"其他各国,虽未为明白之表示,未有不承认其私法上之人格,而具有能力者。

事实上列国固已承认国联有私法上人格矣,但学理上究有何种根据? 有以为国联与列国并论者,一国在他国境内,既认为有权利及行为能力,则国联在任何一国境内,应同认为有权利及行为能力。但国联与列国间,颇有不同。列国之所以有其私法上能力者,盖依其内国法,彼系一有法人资格之组织。至于国联并无内国法律秩序,故无本国法之可言。理论上,自不能以此例彼。有主张以私法上一般法律秩序以定国联之身份者。故毋庸国联本身有内国法律秩序,得根据国际常设法院组织法第三八条中载"法律之一般原理"(principes généraux du droit)搜求之。故一九三〇年五月二十一日国联秘书厅为设置无线,而与瑞士无线电股份有限公司所订合约,其第十二条第三项称:"本约定之解释,应根据法律一般原理。"但所谓法律一般原理者,其为物究属十分空泛。各国雅不愿其人民与国联发生私法上关系,不依据一种特定之私法,致双方权利义务陷于不稳定之法律状态中。

以上之常理上解释,似均有欠缺。依原有之法律观念,以解释新事实,固难名于牵强附会也。故惟有根据事实状态,而为解释。夫国联之组织,既有独特而绝对之目的,一似列国之组织,则国联与列国实处于平等地位。列国为图达其目的,而需要私法上能力;并在他国境内活动时,需要他国承训其人格或能力,则自应使国联同具有私法上人格,并受列国之承认。衡之事理公理,实属当然。

　　兹既承认国联有私法上人格矣,其身份能力及本国法又何若。有以为以其事务所所在地之法律为其本国法即瑞士法者。有认其为无国籍之组织,故应经常适用行为地法(lex loci actus)以定其身份者。但若认为国联之需要私法上人格,其理由与列国同,则上述之论争,即无实益。盖一个国家在他国境内活动,而为私法上行为时,事实上不发生本国法与身份之问题也。

　　属于上述第二类者,有国际清算银行等。此种国际行政机构,专为促进各会员国之特定若干种利益而设,并无独特绝对之目的,故不得与列国并论,亦非国际公法上之主体。其私法上能力,须待各会员国赋予之。往往其组织法订定该机构事务所所在地之国家,应赋予法律上人格,例如设在 Bale 之国际清算银行,在巴黎之卫生协会及度量衡事务所是。其组织法中无规定时,以事实上需要,列国亦未有不承认其有不法律上人格者。

　　国际组织,亦有由不同国籍之私人构成,而以图达某一国际目的为宗旨者,亦得称为超国家之组织,应否认为有国际上人格? 如其目的与经济有关者,例如原料之分配,国家往往不愿私人操纵,常亦无意赋予国际上人格。如其目的具公益而无政治性质者,例如旨在促进科学、文艺、宗教等,则各国无有不深表赞助,而承认其有最低限度之能力。一九二三年国际法学会在比京集会,经 Totitis 提出报告,通过国际社团法律上地位之草案。规定其社团须具私人性质,另在促进国际目的,而不以营利为图。其章程须呈请驻在比京之常设委员会注册,并由该会分别转送各缔约国。届四个月期间,而不提出异议时,该社团在各缔约国境内,即取得法律上人格,有取得动产及一定数量不动产之能力,在一定限制下有受领赠与及遗赠之能力及诉讼能力。各缔约国亦得超过此最少限度,而以国际社团与国内社团并论。为其从事商业，或宣告破产，或其有背公序良俗者，各缔约国得取消其法律上人格。但该社团得向国际法院起诉，以求救济。此外国际商会亦于一九二八年拟定类似之草案，以期列国对于此一问题，有统一之见解，而订立公约也。

（原载《中华法学杂志》1944 年第 3 卷第 9 期。）

《民事诉讼法》修正条文述评

去年十二月廿六日国府颁行《民事诉讼法》修正条文,系就现行法加以补充或改进。据司法行政部长谢冠生氏在参政会之报告,得知修正条文系该部长所拟,送请立法院审议通过者,其旨在简化程序,全国一律推行。但新条文对于原有的立法主义,并无根本上的修正,诚非吾人殷切期待之有系统的创作的立法,而是根据司法官若干年来的经验,认为应行修正的若干点而已。

全部修正条文,就其意义而言,可分为五类,逐类评述如次。

一、立法技术之改进者

第一一零条第三款及第一一四条第二项,原文称执达员之规费。"规费"两字,在全部《民诉法》中,仅见于该两条,颇有疑为一种专门名词者。而事实上,执达员所收取之费用,其主要者为送达费。兹修正为执达员"应收之费用",较通用而无特殊意义,实为文字上之改进。

第一三八条原文称"公安局或邻长处"。现公安局之名称已不习用,而全国各地又实行保甲制度。经修正为"自治或警察机关",自较妥适。

第一八六条经修正为"中止诉讼程序之裁定,法院得依声请或依职权撤销之"。查法院裁定命中止诉讼程序,或依声请或依职权为之,均无不可。则认为有撤销其裁定之必要时,亦得依申请或依职权为之。纵如原文之规定,解释上亦不致有疑义。兹为如修正文之添加,以促注意,自无不可。

第二四九条之修正,除添列第二项,系为程序之简化,容后评述外,其第一项第七款,将原文"第三百八十条,或第三百九十九条",改为"或其诉讼标的为确定判决之效力所及者",意义并无变更,惟文字略有修正耳。

第二六五条于原文"各当事人因准备言词辩论"之下,添加"之必要"三字,亦系文字上之修正。

第四四零条第二项原文之"被上诉人提出之书状,并前条第二项命补正及宣告假执行之裁定",经修正为"其他有关文件"。原文词句冗长,而所指者有限。修正文词简意赅,亦一改进。

第四五一条原文称"判决书内应记载之事项,得引用第一审判决",原只以当事人未在第二审提出新攻击或防御方法者为限。如其提出之,则为判决基础之事实及辩论,与原审判决内所载者,不尽相同,自不得引用第一审判决所载之事实,即算了事。过去或因第二审法院多有未明其真义者,故经修正为"判决书内应记载之事实,以当事人未提出新攻击或防御方法者为限,得引用第一审判决",以促注意。

第四七三条第二项修正文,于原文"……及以违背法令确定事实……"之下,添加"遗漏事实或认作主张事实"等数字。查所谓违背法令确定事实者,所指甚广。误认契约之性质,例如误租赁契约为使用借贷契约,自亦包括在内。其误认之结果,使原为租赁之事实,被确定为借贷之事实。法院于违背法令确定事实时,往往于当事人陈述之事实,有所遗漏,或于其主张之事实,颇有错认。例如甲主张其房屋系贷与乙使用,以乙未经甲之同意,许丙使用,于是声明终止契约(《民法》第四七二条第二款),诉请确认借贷关系业已不成立。乙则主张系向甲租用,其未经甲之同意,转租于丙，于法并无不合，声明驳回原告之诉，并提出租金收据一纸，以为证明。如该收据确可证明为租金之支付，第一审法院竟不之顾，武断为借贷契约，而为消极确认判决；第二审法院亦竟维持原判，其误租赁为借贷，显为违背法令。而法院于误认之际，同时亦遗漏租金支付之事实，并认甲主张之事实为真确。愚见以为原文所载，涵盖甚广，殊不必为如修正案之添加。

第四八七条有两处修正。第三项之修正，容于下节评述。原第一项经修正后，但书全删。查原第一项之规定，应为第二三八条、第四八零条及第四八三条第一项等规定合并读之。第四八零条既规定诉讼程序进行中所为之裁定，不得抗告，自不发生抗告有无之问题。若该裁定经法律明定得为抗告者，则依各该规定及第四八零条之规定，仍得为抗告。但依法其抗告应由直接上级法院裁定。是则原第一项但书中，关于"但以……该裁定系于诉讼程序进行中所为者为限"一段，颇欠妥适，应删。又第二三八条规定关于指挥诉讼之裁定，或别有规定者，为该裁定之法院，不受其羁束，而未称不得抗告。既经当事人抗告，如认其为有理由者，可自更正原裁定，不必送交直接上级法院裁定。则原第一项但书中关于"但以不受该裁定之羁束……者为限"一段，自系妥善之立法。修正文并此亦删，不知是否以其为赘文。审如是，则修正文与原文之意义，将无出入，不过为文字上之修正而已。惟修正文既将原有之但书全部删除，或疑修正意旨，不论任何裁定，经当事人合法抗告后，原法院或审判长，认抗告为有理由者，应更正原裁定，毋须送交直接上级法院裁定。依此解释，则第四八七条之修正第一项，将与第二三八条前段及第四八三条第一项，有显著之抵触，破坏民诉法中一大定则，实系不当之立法。修正意旨，当不至于此。愚见以为原第一项但书前段，如能保存，其意义较为明显，且可免滋疑义。

第六一三条第二项原文"撤销之"三字，修正为"主张无效"自是立法技术上的改进。盖禁治产人无行为能力（《民法》第一五条），其意思表示无效（同法第七五条），绝不发生撤销之问题也。

二、规定之补充者

第十五条经添列第三项，载"因航空器飞航失事，或其他空中事故，请求损害赔偿而涉讼者，得由受损害航空器最初降落地，或加害航空器被扣押地之法院管辖"。良以现代航空发达，因飞航失事，或其他空中事故而涉讼者，自在意料之中，理应比照同条第二项而为如修正文第三项之添列也。

第五一条原文，仅以对于无诉讼能力人为诉讼行为时为限，于一定之情形下，得声请为之选任特别代理人。现以惨遭八年战祸，死亡众多，孤儿陡增，未必均有监护人设置。如其为保障合法权益，而有为诉讼行为之必要，以其无诉讼能力，其诉必遭驳回，殊非国家保护死难军民遗孤之旨。故特添列第二项，规定其亲属或利害关系人，待声请受诉法院之审判长，为之选任特别代理人，以附诉讼要件，并以便遗孤之获得法律上保障也。

第七零条第一项经修正后，于"领取所争物"之下，添加"或选任代理人"等数字。视其添加之地位，可推知系指在强制执行程序时选任代理人而言。查在强制执行程序时，往往在选任代理人之情事。可债权人声请强制执行，或法院执行庭传询债权人、债务人之两造或一造，或实施执行时，法院书记官、执达员会同债权人前往执行，以上均属关于强制执行之行为。最后所争物业经法院执行到手，通知债权人领取之。于上列情形之一，如债权人或债务人不欲自己出场，均可委请他人代理，过去根据第七零条第一项之原文，已须由当事人特别委任之，兹添加数字，颇嫌赘疣。

第九四条经添列第二项，载"诉讼行为须支出费用者，得命当事人预纳之"，自系补充的规定。

第二三三条原文包括三项，经修正后，原第一项不动。原第二项及第三项前段合并为新第二项，复经修正后补充。至于第三项末段，则自成一项。新第二项载："声请补充，应于判决书送达后二十日之不变期间内为之。当事人就脱漏部分声明不服者，以声请补充判决论。……"（以下悉照原文）除将原定之十日伸长为二十日外，复表明其为不变期间，以免疑义。至于"当事人就脱漏部分声明不服者，以声请补充判决论"数字之添加，察其词意，必系法院曾为判决，否则当事人根本无从声明不服。又此其判决，必经法院宣示，而未经载明于判决书内者。盖未经宣示，尚不成其为判决。惟其未载明于判决书内，始为脱漏。对于此脱漏部分，原被两造，如认为受其不利，均可声明不服。惟其情形，各有不同。其在被告，原无声明不服之必要。盖宣示之判决，既未载明于判决书中，纵有不利，被告尚不受其约束。如系给付判决，原告尚无执行名义，据以请求执行；如系确认判决或创设判决，原告尚无所据以主张其权利。若竟以声明不服，致使法院为补充之判决，是不啻自投罗网，依常情言，绝不为也。其在原告，自将声明不服。既系对于原判决声明不服，应以上诉论，而由上级法院受理。上级法院对于经宣示而于判决书中脱漏之部分，虽有判决宣示笔录可以查考，但判决之效力，究以判决正本所载者为限，实未使以原告之声明不服作为上诉，而予受理。故修正文特明定以声请补充判决论，使原法院先为补充之判决正本，然后再对之提起上诉，以符程式。惟兹尚有应行考虑之手续上问题焉：当事人之上诉状，例须向原法院提出，并先经其核阅。如发现其中有对于脱漏部分声明不服时，应否即为补充之判决，送达于当事人，而后将卷宗汇齐送交上级法院？此其一。原法院如未发现，而由上级法院发现时，应如何送交原法院为补充之判决？均未明定，颇属缺憾。盖其手续之繁简，可影响及于程序进行之迟速也。又声明不服，有时既可以声请补充判决论，则声明不服（即上诉）之期间，与声请补充判决之期间，不能互异，此或系原定之十日伸长为二十日之理由欤。

第三八零条原文仅有一项，经修正后，添列两项，而第一项亦有修正。新第一项载"和解成立者，与确定判决有同一之效力"，与原文之意义，并无出入，可视为立法技术上之改进，并与第二四九条第一项第七款之修正文，前后一致。添列之第二项称："和解有无效或得撤销之原因者，当事人得请求继续审判。"盖审判上和解，虽由法院主持其事，并经制作笔录，但竟系出于当事人两造之合致意思，未可与法院之判决相提并论，故不能对之提起上诉或再审之诉。且既系当事人两造之合致意思，故如有意思表示无效及得撤销之原因，或依民诉之规定，认为未经合法成立者，自可向和解时该诉讼系属之法院请求继续审判。过去最高法院就此点曾著有判例，今则明定于法律中，以补条文之缺陷。又修正正文添列第三项载"第四百九十条及第四百九十八条之规定于前项情形准用之"。可见请求续审，有一定时间上之限制。而法院究其请求为审判时，如认为其请求不合法者，以裁定驳回之；如认为其显无理由者，得不经言词辩论以判决驳回之。均系补充之规定。

第三八九条第一项第五款以一百元提高为五百元；又第四零二条第一项及第四三三条以八百元提高为二千元。恐仍以战前之生活为标准。

第五三五条第一项经修正为"申报权利之公示催告，以得依背书转让之证券及其他法律有规定者为限"。原文仅载法律规定者为限，故为指示证券或无记名证券遗失被盗或灭失者,持有人得向法院为公示催告之声请。(《民法》第七一八条、第七五二条。又关于被继承人债权人之报明债权者,第一一五七条;关于继承人之承认继承者,第一一七八条;关于死亡宣告者,《民事诉讼法》第六二一条一项。此外同法第五五四条第一项规定无记名证券或空白背书之指示证券,得由最后之持有人为公示催告之声请,乃系《民法》第七一八条及第七二五条之补充规定耳。)指示证券固得以背书让与之(《民法》第七一六条第一项),但得以背书让与者,不以指示证券为限。依《民法》第七一零条解释指示证券之意义,可知其证券之成立,至少必须有三人:指示人、被指示人及领取人是也。但票据中之本票,其所发生之法律关系,可仅存在于二人之间。至于汇票、支票,虽通常系指示式,但其所发生之法律关系,亦可仅存于二人之间(《票据法》第二二条、第一二一条第二项)。上述三种票据,均得以背书让与,而事实上亦最需要依公示催告程序宣告无效,但依原文,未必即可,应分别情形而论;而依修正文,则一律可行,不得谓非补充之规定也。

三、程序之简化者

第二三条第一项经修正为“有左列各款情形之一者,直接上级法院应依从当事人之声请或受诉讼法院之请求,指定管辖”。故今后法院得不待当事人之声请,径依职权请求指定管辖,实与第二八条“修正立法”前后一贯者也。

第二八条第一项经修正为“诉讼人之全部或一部,法院认为无管辖权者,依原告声请或依职权,以裁定移送于其管辖法院”。故原告如声请者,得斟酌其声请,否则亦得依职权移送之。盖诉讼事件,应由何法院管辖，法院之认识，自较当事人为正确。由其依职权移送，自不致有误，抑且简省手续。不过有数管辖法院时，仍不妨命原告指定其中之一，盖此于原告有相当之利害关系。修正文将其删去，未见尽妥。又原告之声请，既无必蒙核准之理，有时亦有被驳回之可能（同条第三项），故原第一项中之"应"字，亦经删除。

第三八条经添列第二项载"推事有第三十三条第一项第二款之情形者，经院长许可，得回避之"。故毋须必待当事人之声请，不得谓非简化也。

第六四条第二项经修正为"参加人承当诉讼者，其所辅助致当事人脱离诉讼。但本案之判决，对于脱离之当事人，仍有效力"。故今后其所辅助之当事人脱离诉讼，毋须经法院之裁定，未始非程序之简化。

第一六六条经修正将"添具意见书"数字删除。今后原法院于受回复原状之声请，认为应行许可，而将该事件送交上级法院时，可毋庸添具意见书，以省手续。

第二四九条第一项第七款之修正，系立法技术上之改进，前已评述。此外修正文复添列第二项载"原告之诉，依其所诉之事实，在法律上显无理由者，法院得不经言词辩论，径以判决驳回之"。立法用意，原在简省手续，并以杜健讼之弊，未始不可取。惟事实上，原告起诉，纵自知理亏，但于诉状中，绝不承认。往往歪曲事实，强词夺理，以表自直。故非经言词辩论，不易认定其起诉为显无理由也。该项之实际效用，预料必甚微薄，反之其流弊则可能甚大。法官而欲枉法循情，即可以之为凭借。第一审既如此，第二审难保其不如此也。是则原告无一次公开陈述辩论之机会，即可永丧失其应有的法律上保障。查现行《民诉法》，原则上系采言词审理主义，言词辩论，原则上应公开法庭行之。其所以如此规定者，乃以示执法之无私，并以隆法院之威信。故除第三审因与第一二两审之审判工作不尽相同，改采书状审理主义，不经言词辩论，即可判决外，其他仅限于极特殊而例外之情形，始规定得不经言词辩论，径以判决驳回之。例如再审之诉显无再审理由者（第四九八条第二项），或和解成立后，请求继续审判，而显无理由者（第三八零条第三项）。上述两例之再审与继审，实系非常之法律上救济，应于万不得已时始予准可。否则不必命开辩论，徒滋纷扰。兹更规定于原告通常之起诉，亦可不经言词辩论，径以判决驳回之，实有背于民诉法之基本原则，期期以为不可。且若原告之诉，果无理由，则一次辩论，即可结案。并此亦略，则所节省之时间，劳力与费用有限，而立法精神、司法威信所遭受之牺牲则甚大，至非所宜。

第四八七条第一项之修正，业于前节评述，关于原第三项者，规定应添具意见书，经玫"应"字为"得"字，文句先后，亦略有变动。

四、程序之加速者

第三七条之原文包括两项，经修正后，改为一项，称"推事被申请回避者。除因有急迫情形，应为必要处分，或以第三十三条第一项第二款为理由外，应即停止诉讼程序"。原文以停止诉讼程序为原则，须推事回避之声请，违背第三三条第二项或第三四条第一项或第二项之规定，或显系意图延滞诉讼而为者，始认为例外情形，得不予停止诉讼程序。修正条文，就其文义解释，似亦以停止诉讼程序为原则。惟例外之规定，较原文所定为广。凡声请推事回避以第三三条第一项第二款为理由者，概不停止诉讼程序。此外如有急迫情形，仍应为必要之处分。故仅以第三三条第一项第一款为理由时，始应停止诉讼程序。然则依论理解释，毋宁谓修正文系以不停止诉讼程序为原则，较为正确。夫停止诉讼程序，有碍结案。兹改以不停止为原则，自有加速程序之效用。

第一四九条于原第二项外，添列第三项称"原告或曾受送达之被告变更应为送达之处所，不向受诉法院陈明，致有第一项第一款情形者，受诉法院得依职权命为公示送达"。查公示送达，原则上应依声请为之，如有上述情形，无法送达，必待声请而后为公示送达，难免稽延时日。今后得依职权为之，亦可加速程序之进行。

第二七三条经修正后，原第一项末句删。第二项改为"前项情形，除有另定新期日之必要者外，受命推事得终结准备程序"。故今后行准备程序时，如于指定期日，当事人之一造不到场者，受命推事，得不另定期日，传唤两造；于对于到场之一造行准备程序后，即得终结准备程序，以利结案。

第三八五条经添加"不到场之当事人，经再传而仍不到场者，并得依职权由一造辩论而为判决"等语，以殿于原第一项之后。过去须依到场当事人之声请，始得由其一造辩论而为判决。如不到场之当事人迭传不到，而到场之一造，亦始终未为此声请，该诉讼势将久悬不决。今后法院得依职权由一造辩论而为判决，以利结案。

第三九五条经添加"被告未声明者，应告以得为声明"等语，以殿于原第二项之后。法院废弃或变更宣告假执行之本案判决，事实上虽颇习见，但同条条同项规定被告得于上级受诉法院，为命原告返还及赔偿之声明者，向少为被告或其代理人注意。被告既未为此声明，法院自无从为命原告返还及赔偿之判决，被告亦无从据以向原告为返还及赔偿之请求，势必向第一审法院，另行起诉，求得执行名义而后可。费时失机，莫此为甚。兹规定上级受诉法院（第二审法院）于被告未声明者，应告以得为声明，从而据以判决，不仅节省时间与劳费，抑且使被告合法之权益，早日得获保障。

五、程序之其他改进者

凡不属于上述各节者,均归入此类,题为程序之其他改进,逐一评述于后。

第五三条第三款经修正后,于原文"管辖区域内"以下,添加"或有第四条至第十九条所定之共同管辖法院"数字。查原文规定,仅以被告之住所在同一法院管辖区域内者为限。故若重庆一股份有限公司,添募新股,原股东甲乙两人,先后认股各若干,而未依限缴纳股款,迭经催缴,均置不理。公司因而受有损害者,依法得向甲乙请求赔偿其损害。公司对于甲乙之请求权,不得谓非同种类,而本于事实上及法律上同种类之原因。如甲乙均有住所于重庆,依原第三款,公司自得列甲乙为共同被告,向重庆法院起诉。如甲乙之住所不在同一地,公司依第九条之规定,固得仍向重庆法院起诉,但应分别提起之。兹经修正于上述之情形,仍可将甲乙两人,列为共同被告,诉请赔偿,以省时间、劳力与费用,未始非一改进也。

第一零九条经添加第三项,称"前项释明,得由受诉法院管辖区域内有资力之人出具保证书代之"。此予贫苦之人多一获得诉讼救助之机会。盖释明之工作,仍须提出一切证据,以使法院信其主张为真实,故往往不易成功。今后声请人如能取得有资力之人或商号之保证书,即可毋庸释明,而获得诉讼救助。但使一贫苦之人,取得有资力之人之保证书,有时亦非易事,或且较释明之工作更难。执法者不得以有第三项之添列,即置第二项于不顾。应体察立法者保护经济上弱者之至意,于本条各项,善为运用。

第一九零条原有之两项，经合并为一项，另添列第二项。修正文之第一项称："休止诉讼程序之当事人，自陈明休止时起，如于四个月内不续行诉讼者，视为撤回其诉或上诉。"原文之"一个月内不得续行诉讼"，既经删除，则当事人于陈明休止之翌日，即可续为诉讼行为，尤其请求续行审理。此时仍可再度陈明休止，翌日再请续审。如此纠缠不清，至有碍于结案。原文设一个月之中间期间，其意即在使当事人有充分之时间，成立和解。盖既陈明休止，足见两造有和解之意。但当事人之意气，可因偶然事件，于短期内有甚大之变化。设不限定一相当期间，使各按兵，即不易遂休止诉讼程序，另求解决途径之初衷，且于法律创设休止程序之宗旨，亦有违件。所幸事实上当事人续为诉讼行为，尚须法院之协力。例如请求续行审理，便须法院指定期日。如法院于协力为诉讼行为时，能体察原第一项之立法用意，则虽经修正，尚无大碍。

修正文添列之第二项载："前项规定之效力，法院应于其效力发生前十日，通知当事人。"此固予法院以一新工作，但通知之事，轻而易举，而当事人则因此而知所适从矣。

第二四八条经修正为："对于同一被告之数宗诉讼，除定有专属管辖者外，得向就其中一诉讼有管辖权之法院，合并提起之。但不得行同种诉讼程序者，不在此限。"实较原文所定许可合并起诉之场合为广泛。例如（一）甲以机器一架出租于乙，租期届满，机器未获返还。（二）甲之房屋，被乙故意毁损，而未获赔偿。设乙之住所在重庆，甲被损毁之房屋在成都，上述甲对乙之两宗诉讼，依原文之规定，仅得向重庆法院合并提起之。但依修正条文，亦得向成都法院合并提起。若甲对于乙更有第三宗诉讼，比如（三）甲售货于一无限公司，乙系该公司之股东，因公司被宣告破产，甲未受全部价金之清偿，乃请求乙清偿之。如该公司设于贵阳，依修正条文，甲不仅得将三宗诉讼向重庆法院，亦得向成都（或贵阳）法院合并提起。而第一、三两宗诉讼所自生之法律关系，固根本与成都无涉也。修正意旨或以为重庆法院，既可合并受理第二、三两宗诉讼，而该两宗诉讼所自生之法律关系，根本与重庆无涉，则不许成都（或贵阳）法院合并受理，殊属毫无理由。

　　前例所述三宗诉讼，均系非专属管辖事件。如其中一宗诉讼定有专属管辖者，是否得与他宗诉讼合并提起。依原文应为肯定之解释无疑，但依修正文，因其规定中有"除定有专属管辖者外"等字样，故颇有疑应除外，而不得合并提起者。愚见以为果如其说，则前揭之句，应置于但书中。故欲得立法之真意，不应以前揭之句与条文中之前句相连，而应以之与后句并读。其意盖谓对于同一被告之数宗诉讼，如其中之一定有专属管辖者，原告即不得随意向就其中一诉讼有管辖权之法院合并提起之。否则专属管辖之事件，可能由他法院管辖，不仅专属两字将无意义，抑且专属管辖之名词，亦有内在之矛盾。但若原告向就其中一诉讼定有专属管辖之法院合并提起，于法即无不合。为说明起见，更假定甲对于乙有第四宗诉讼。比如乙所有在衡阳之田，甲主张为己所有，因而诉请返还。此际甲得将四宗诉讼合并向衡阳法院提起之，其他三宗诉讼所自生之法律关系，固与衡阳一地根本无涉，但前既许成都（或贵阳）法院受理其他两宗诉讼，于此亦无否认衡阳法院合并受理他宗诉讼之理，至为明显。

　　修正条文之立法，是得是失，诚难一言而决。依照法理，一国之民事法院，对于国内发生之任何民事诉讼，均有权受理（其定有专属管辖者除外）。惟在其法定管辖内之事件，并有受理之义务与责任。征诸第二五条、第一九七条第一项，实可凭信；尤其第四四九条第一项前段，规定第二审法院不得以第一审法院无管辖权而废弃原判决，尤足为吾人立论之根据。是故使上例之衡阳法院合并受理其他诉讼，诚未悖于法理，从而修正条文在理论上亦非不足恃。抑且事实上甲将四宗诉讼合并提起,而由衡阳法院受理,亦可免当事人两造往返奔走,另案起诉。对于时间、劳力、费用之节省实多,但其他三宗诉讼所自生之法律关系(租赁关系等),均未发生于衡阳,诉讼资料之收集,究属困难。在当事人难免各自函电催寄证明文书,在法院亦难免嘱托他法院调查人证,于是反增手续,而碍结案。好在原告如不欲合并提起,亦可分案起诉,法律固未尝加以禁阻也。总之修正条文于法理有据,其有法意旨亦可嘉,未始非一改进。但其能否发生善果,断视原告之如何运用耳。

　　第二五七条经以原第一、二两项并为一项,称:"诉之变更或追加,如新诉专属他法院管辖或不得行同种之诉讼程序者,不得为之。"原文之规定,系与原第二四八条前后一贯。第二四八条既经修正,本条理须修正,以期配合。故如前例之甲,既向成都法院起诉,随后又发生贵阳之事,纵该事件,原告如独立起诉,成都法院无管辖权,于是依原第一项不得追加,但依修正条文,得追加之。

　　第四四三条第一项中之"第三款",经修正为"第四款",故今后遇有诉讼标的对于数人必须合一确定者,亦得在第二审程序追加其原非当事人之人为当事人矣。原第一项既未将第二五六条第四款包括在内,如于第二审发觉必要共同诉讼之当事人有脱漏时,即可不再就其他实证上事项为审判,应废弃原判,驳回原告在第一审之起诉。原告如仍欲诉讼,必须添补其他共同诉讼人,另案向第一审法院提起,殊属费时失机。例如甲乙丙三人共同继承之田,为丁无权占有,仅甲乙共同向丁诉请回复占有。如丁不服原判,于第二审程序言词辩论将终结时,忽以被上诉人(原审之原告)之当事人不适格提出抗辩,第二审法院必将废弃原判,而驳回被上诉人在第一审之起诉。其在甲乙,势必添列丙之名,重行向第一审法院起诉。同一事件,只因偶有当事人不适当情事,而使当事人重行起诉,第一审法院(甚或第二审法院)重新审理,殊属不合情理。至于时间劳力及费用之浪费,尤属余事。今后于上述情形,甲乙于丁提出抗辩时,即可在第二审程序,添列丙为共同原告,续请审理,自较省事多多。修正条文未始非一重大之改进也。

第四五四条经添列第二项,载"前项宣告假执行,如有必要,亦得依职权为之"。查假执行之制度,系为抗辩债务人之上述而设。债务人有时自知理亏,为欲拖延诉讼,往往利用上诉,以图达其目的。故未经判决确定前,先使债权人就债务人之财产为执行。债务人之无理上诉,不仅影响债权人之利益,仰且加重上级法院之工作。故如《德国民诉法》,即规定关于财产权之诉讼,第二审法院之判决维持第一审判决者,于其范围内,一律依职权宣告假执行。盖事件经两次之审理,是非曲直,大致已明。如系给付之诉,应许假执行,以免拖延,并以减轻最高法院之工作,立法意旨,殊属可嘉。于我国今日之情形,尤有采用之必要。原文仅规定依声请宣告假执行,较德国之立法,已有不如。更依司法院之解释,法院于宣告假执行时,得依第四六零条准用通常诉讼程序之规定,尤其第三九零条至第三九二条,则假执行制度之效用益减矣。兹添列第二项,自是进步之立法。今后甚希第二审法院,体察立法之用意,广为运用,于无疑义之诉讼,勿再附条件宣告假执行,或准免假执行,将以宏修正文之实效也。

六、尾语

修正条文,虽嫌枝节,仍系现行《民诉法》施行以来第一次之重要修正,可能为以后根本修正之初步工作,大体上较原来条文有甚大之改进,至堪称道。惟现行法中尚有应修正之处,而为修正条文所未及者,顾以一得之见,以供研讨。

查诉讼要件有欠缺时,审判长认为可以补正者,应定期间先命补正。至若当事人不适格,则系属于实体上事项,无法补正。有此情形者,法院应依判决驳回原告之诉。就法理言,固应如斯也,但事实上,当事人之不适格,在必要共同诉讼为最常见。若漏列共同诉讼人中一人,即可使当事人不适格。经法院判决驳回原告之诉之后,原告势必添列前此漏列之共同诉讼人,重行起诉。同一事件,只因当事人之一,偶有漏列,故须重行起诉,重新审理,诸多浪费。修正条文,会因此而将第四四三条修正(详见前节,关于该条之评述),则于上述之情形,似应为类似之补正,以期一贯,方为妥善。故拟于第二四九条添列一项,称:"诉讼标的,对于数人必须合一确定者,如共同诉讼人中一人或数人有欠缺时,法院应于判决驳回原告之诉。但其情形可以补正者,审判长应定期间先命补正。"此系关于程序之改进者一也。

第四九六条设有两重期限,除三十日之不变期间外,复设五年之期限,亦属不变期间,具有除斥效用。立法理由,莫非为维护法律上之和平。若时隔五载,犹许提起再审之诉,难免引起许多无谓而难决之纠纷。但此五年期限,应自何时起算,方为适当?法律规定自判决确定时起,但其再审之理由发生于判决确定后者,自发生时起(同条第三项)。夫再审之理由,既可能发生于判决确定之后,则如于确定后十年或二十年再审之理由始发生者,依现行法之规定,仍应许其提起再审之诉(即自第十年或第二十年发生时,起算三十日或五年)。此与上述重设五年期限之立法意旨,已有显著之抵触。何况自发生时起,应于三十日内,抑应于五年内提起之,更属无从决定。虽同条规定三十日之期间,应自知悉再审理由时起算,五年期限,则自再审理由发生时起算,但笔者不敏,不知此际之"知悉"与"发生",其间究有若何之区明。普通所谓知悉者,系主观之活动;发生者,系客观之情况。此种区别,是否亦适用于此。如其然者,则假定当事人事后发见未经斟酌之证物,应否于发见时即认为知悉有再审之理由,抑须后其确知其得为再审之理由时,始认为知悉之;又应否于发见时,始认为再审之理由发生,抑或应认为于证物存在时已发生;均可发生甚多无法解决之难题。如其不然,而视知悉与发生为同一事者,则何以自知悉时起,仅算三十日;自发生时起,可算达五年,又系不决之谜,益可见同条之规定,必有重大之瑕疵。法律设两重期间之意旨,既如上述,则五年期限,应一律自判决确定时起算,然后同条第二项之意义始显,上述之种种困难亦全消。以前例言,即当事人于判决确定后始发见证物,而知悉得为再审之理由者,即自知悉时起算,应于三十日内提起再审之诉。但若三十日之期间,距离判决确定时已逾五年者,其逾越部分作废,应以五年为限。如全部期间逾五年者,其全部作废,当事人即不得提起再审之诉。愚见以为此系同条应有之意义,故同条第三项中"其再审之理由发生于判决确定后者,自发生时起"数字拟删。此系关于立法技术之改进者二也。

第五七八条第一项列举若干种婚姻事件,规定对于第三人亦有效力。盖婚姻事件,大多系创设之诉,法院所为之判决,其效力自不应以当事人两造为限,但同条同项独未见列有离婚之诉,岂以为离婚之诉,非创设之诉耶?故拟修正为:"就婚姻无效,撤销婚姻,确认婚姻成立或不成立,或离婚之诉所为之判决,对于第三人亦有效力。"此亦系关于立法技术之改进者三也。

第四七六条规定第三审法院,仅于两种情形中,应就该事件自为判决。愚见以为尚有他种情形焉。即提起于第二审法院之上诉,逾越上诉期间者,经第三审法院发觉后,于废弃原判外,如发回或发交第二审法院，仍不得更为审判，应自为判决。或驳回原告于第一审之起诉，或维持原一审判决，视其系原告抑亦被告向第二审法院逾时提起上诉而定。故拟就同条添列第三款："三、因违背第四三七条向第二审法院提起上诉而废弃原判决者。"此系关于规定之补充者四也。

上述数端，仅就忆想所及，拟予修正者，兹特提出，以就正于有道。

（原载《中华法学杂志》1944 年第 5 卷第 4 期。）

司法行政部顾问庞德(R. Pound) 法律教育第一次报告书

研究到如今的结果,我愈觉得应维持以前在初步报告中所竭力提出的主张,即今日中国司法行政所最需要的,莫过于关于中国本身的法律,要有充实的统一的教育。兹分四端申论之:一、现代立宪政体中法律教育的地位;二、统一法律教育及写作充实的学理上论著的必要;三、关于中国法律教育的特种课题;四、关于促进中国充实的法律教育的课题。

一、现代立宪政体中法律教育的地位

现代的宪法,可以有几种看法。其在美国,宪法首先指一种法律文件,为"国内最崇高的法律"。不仅规定政府的组织,同时是规律全部官方行动的法律条款。其中规条,经法院依通常法律程序,予以承认及施行。其在法国,宪法指政府的组织,其中立法权与行政权分立,各行其素。在这种政治团体中,政府各部门,借传统的经过讲述的一套规条(其中一部分是习惯上的,一部分是法学哲理上的),而得到实际上合理的和谐。其在英国,宪法指不成文的沿习的政府组织,具有沿习的一套法律,为法院所承认及施行,以定个人的权利及行政机关的权力,但均受一个万能立法机关的支配。专制君王,亦可制定宪法,以定政府的组织,但往往可因他的独断独行,而随时被修改或排除。虽然如此,在这样一个专制的国家,法院仍得依法令从事于日常关系的调整和行为的规范。同时政府的通常事务,亦得依照作为一套法律看的政府组织来进行。

第一次世界大战之后,迷信绝对主义的心理,弥漫全球。因此有许多人以为凡是官方所做的一切,不问是有系统的或独断的行为,都是法律,但这不是我们在现代立宪政体下所说的法律。我们所说的法律,指有系统的社会管制,易言之,有系统的使用社会(有政治组织的社会)力量来调整关系,规范行为。法律不是社会管制的描写,而是社会管制的南针。这是在有政治组织的社会中很专门化的社会管制。

立宪政体最发达的两个民族,罗马和英国,也是法律发达到最高度的两个民族。立宪政体的最大特色,便是一切都依照法令来做,此其与专制政体为不同也。英国宪政史在十三世纪到十七世纪的一个时期,法院和法律家坚持,英王的统治权应受上帝的支配及法律的限制(借用白拉登氏语)。此一特色,很有意义。直到十六世纪,法院又坚持议会应遵守宗教管辖和政治管辖的这一基本区别。中世纪的政治团体,便建筑于此一观念之上。远在十四世纪,英国法院坚持英王及其官员,应依法律指定的方式行事,不得剥夺臣民在文明社会中对于生活的合理的愿望,即所谓权利者是也。又远在爱德华三世执政期间,英国法院,已主张国王捐税的征收人员应凭授权状行使其征收的职权。同时英王不得以私函,戳盖私章,停止法院的诉讼程序或阻挠法院判决的执行。十七世纪,法院在一连串的判决中,始终坚持,议会不得使某一人,就其自身事件,自为裁判。在同世纪柯克氏著《大宪章诠释》一书内,即根据普通法法院在中世纪的这种坚决主张,确立英国人普通法上权利的学理。这些权利,政府必须予以尊重。嗣后法院与王权发生争执时,此一学理,卒被一般所拥护。一六八八年革命之后,遂被确定为英国宪法内容之一部。

美洲殖民地,在一七七四年大陆议会拟就的《人权宣言》中,主张上述业经确立的普通法,为它们的天赋人权。美国革命的主要原因,便是在伦敦的英国政府,专断妄为,不依法律规定统治殖民地。在立宪政体下,一定的权利,应受保障,这在柯克氏的第二部《法学原理》及百里希东氏的《英国法律诠释》中,都曾论述。美洲殖民地的人民,都已读到,而英伦政府,却不加注视。美国宪法的起草人,借柯克氏在其《大宪章诠释》中的用语,称宪法谓"国内最崇高的法律"。因此所谓宪政者,照英美人士的说法,是依照法律上基本原则而为治理的政治。其在英国,这些基本原则,相沿成习,一致公认而明示于重要的宪法文件中,由法院解释而发扬之。其在美国,定有成文宪法,经宣示为国内最崇高的法律,而由法院解释适用之。

宪政团体,是法律的政治团体。这个命题,便是我们的出发点。

英国的法律体系,在历史上无所谓公法。只有关于人的法律,属于私法范畴,但亦适用于公务人员。如其逾越法律所认许的权限,或法律强制其对于私人履行义务而有违反时,应负责任。臣民对之,得依通常起诉方式,向普通法院,根据法律的通常条款及原则,提起诉讼,以求救济。近年来,产生了一种观念,认为国家是公用业务的机关。而职权庞大的行政机构,也应运而生。这便促使一般人承认行政法在英美法系中的地位。行政法连同宪法,造成了独立的罗马式的公法。但在英美法中,公法仍是分析法学派所谓的法律,易言之,指导人们决断的一套有权威的南针,为法院所承认及施行。至于罗马人早将公法由私法中分离,其对于公法的解释,要认为一套有权威的规条,以限制行政官吏的权力。罗马帝国末期,绝对的理念确立,竟在十六世纪之后,为大陆尤其法国所采纳。在十七及十八世纪,专制政体盛行期间,更予发扬。但在法国革命之后,这种的公法,即经过重大修正。一部法律史及宪政史所记载的,无非是对于在政治组织的社会中的统治者,限制其专断行为的历次过程。

立宪政体需要法律,法律也需要法律教育。有宪政而无法律,其效不宏;有法律而无一批有系统的法官、行政官及法律家,也不能发生宏伟的效力。彼辈系受学校或类似学校中讲述的训练,以研究如何适用法律,并阐发法律的意义。

我在初步报告中,曾经对于法律原理及法律条文,加以区别。兹再简单地重复一遍。法律原理,实不仅指法律条文的汇集。法律条文,如无法律教育,即法律讲述,固仍不失其存在(此于法律原理则不然),但若无法律原理(因此亦无法律教育),终难切实有效地达到它的目的。古希腊时代,立法虽极繁赜,但无法律及法律教育。此之法律,乃有体系地对于法律条文予以解释发扬及适用之谓。此外复缺少有权威的传统的技术。至于罗马,自从纪元前四世纪法律通俗化之后,迄于纪元后五世纪的"万邦教师"及东帝国的法律学校时代,法律和法律的讲述,终是平行地发展着,到了六世纪,优帝编订罗马法时,更对于法律教育,予以充分的明白的规定。目今多数国家法律所根基的现代罗马法,便源始于十二世纪罗马法的讲述。当时意大利各法律学校,都根据优帝编纂的法典,教授罗马法,传播及于法院。至于后世的现代罗马法,亦莫非大学里的产品,在欧洲大陆上的法律,都拿它为基础。

苏格兰在十六世纪之后,法律学生多有留学荷兰而在荷兰各大学研究者。结果,现代罗马法,也变成苏格兰法律的基础。苏格兰的大学,好久便在教授罗马法了。

在英国,自从法院通俗化之后,普通法即君王法院的法律(与地方性法院的习惯法有别),即在法学院里教授。法学院者,系依照英国大学各学院组织的律师团体。高度的法律教育,从此发展,大致到十五世纪,乃

发展达于顶点。从十六世纪起,法学院专事训练大律师。至于较低级的
如小律师等,则在其他执业小律师事务所内,受学徒式的训练。

　　美国系采取英国低级律师的训练方法,律师无大小等级之分,而是
混统的。因此直到二十世纪,大多律师,或最初在律师事务所内阅读教
科书及判决汇报,而受学徒式训练的,或以后改在学徒式训练的学院中
求学。但美国在殖民地时代的有名律师,都是在英国法学院受过训练,
或在法学院出身的律师之训导下学习的。可是美国革命之后,法律的传
授,已逐渐开始依牛津大学为百里希东氏所设讲述的办法,为学术性的
法律讲演。例如魏得氏在惠廉玛利学院,韦而生氏在费城学院,百克氏
在哈佛大学,耿德氏在哥伦比亚及雅鲁大学,施笃理氏在哈佛大学等讲
座,为其最显著者。同时独立的法律学院,也开始设立了。其最主要者,
厥为法官李夫氏在考乃第克洲李芝菲一地所设的学院。从大学及法律
学院里的讲演,产生了各种教科书,同为律师事务所训练学生之用。大
学的法律学院,经不断的积极发展,迄于二十世纪,卒至盛行全国。如今
学法的人,可在大学法律学院,受到统一的训练了。

　　法律讲述的发展,不但和英美法的发展相平行,同时也和美国立宪
政体的发展相平行。柯克氏为学生写的第二部《原论》(尤其关于大宪章
诠释者),在美国的影响,恐较在英国为深远。十七世纪以来,这本书在
个人自由方面,一直是宪政发展的南针。英国在十九世纪,有司徒白斯、
戴西及安生等氏的著作(全是牛津大学的出版品),都是英国宪政史或宪
法学的权威说明。至于美国,则有哈佛大学法学教授施笃理氏的《宪法
诠解》,密希根大学法学教授柯定氏关于宪法上限制的论著,均被接受为
教学的基础,并为法院所顺从。洎乎二十世纪,宪法方面所表达较新的
理念,也多半是戴煜氏在十九世纪末叶及本世纪初期,在哈佛大学讲学
的结果。

英国的法律,过去曾在英国法学院的法律教育制度下滋长。但这种教育制度,有一个时期,也颇衰败。在十八及十九世纪,欲为大律师者,改赴大律师处研读,往往更在特殊辩护士事务所,学习很难的技艺,即普通法上辩护。但早在十八世纪下半期,百里希东氏已在牛津大学教授英国法。他所写的一本原理上的著作,便是他讲学的结果。这本书是英国法律体系的导论,为学生所必读。尤其在美国,直到如今,还是如此。新的现代化的版本,不断的印行。到了前世纪后叶及本世纪,英国各大学,均已逐渐地在教授英国法律。一方面,法学会(为小律师而设)及法学院(为大律师而设),仍维持有系统的法律讲述;他方面,牛津、剑桥及各省的大学,都设有法律学系,日求进步。结果大学的训练,现已为法学会(负收纳小律师之责)及法学院(负训练及收纳大律师之责)所认许。

欲明了近代英国各大学教授法律以前的法律教育情况,必须记得十六世纪,法学院停止收纳较低级律师之后,其欲为小律师者,只能受到学徒式的训练。至于有志于为大律师者,往往是乡绅们的幼子辈和同行中的儿子,而能在他们准备独自执业前,得到幼子的津贴的。因此他们可以从容不迫,在法学院上堂读书,或在教师处研读,摹仿他们的先进,花上了十年工夫之后,再开始执业,谋独立的生计。在美国,无所谓幼子的津贴,因此学校必须早为学生们日后执业做充分的准备。今日的英国,也只很少数的人有这份资力,在加入律师公会后,仍然长时间的继续受训。这种情况(即迫使学生于所受的法律教育,在形式上完成后,及早独谋生计),遂逼使今日的英国,提倡完备的职业或专科教育,也像美国一样。若仍以为英国律师,加入律师公会时,只受半熟的训练,静候十年,始有执行业务的能力,以谋生计,这不是在讲英国今日的情形了。

今日世界各国中,具有发达的法律制度者,莫不有统一的法律教育。其具有发达的宪政团体者,同时也有发达的法律制度,与之一并滋长。

在这次世界大战之前,有几种理念,极为流行。这种理念和上面我们所说的很不同,乃根据于不同的政府和法律的概念而来。标榜这种理念的三个政府,虽然业经消灭,但这种理念,仍不乏主张拥护的人。其中一说,以为凡是官方所做的,都是法律。因此人们只需学习做,毋需知道怎样做。又一说,认为法律是政治领袖就个别事件所颁发的指示,以作人们决断立意的有权威的南针。又一说产生于过去"职业团体的国家",其政府系各职业团体的委员会所组成。各团体有权裁决团体内部团员间的纠纷。此外从全数的团体,产生一委员会,解决属于不同团体团员间的纠纷,乃均就单独的问题,依照直觉来决断的。既无体系,亦无理性,并无预定的规律或标准。最后一说,系数十年前一苏联著述家所主张的,即除行政命令之外,他无所需。马克思的主义,认为宗教是人民的麻醉品,今则更有人毫不犹豫地添加一个命题,说法律是更毒更危险的麻醉品。这些理念,都不合于立宪政体。如我们依附其说,就无需提倡法律教育了。假若一种宪法,有权威的指示官方行动的方向,它不仅规定了政府的组织,同时也成了一宗法律文件。因此凡是执行解释及适用宪法的人,一律都要受法律的训练。

法律教育,是法律的基本问题;而法律,是宪政的基本问题。所以依我的看法,从头第一件事,也是中国建立永恒立宪政体的关键,就是要创设并维持一个法律训练的体系。这一体系,须好好组织,求其统一,以保证中国法律整体地讲述传统的发达,并以保证稳妥的有效的司法行政及人民与官员间公正的和谐的关系。此一步骤,颇为重要。

二、统一法律教育及写作充实的
学理上论著的必要

兹假定中国将仍用现行法典（可能再加修正），则我早在初步报告中说过，中国法典，至为完善。其中有好多显著的长处，可与任何现代法典媲美。我始终认为中国应当采用法典制度，虽然我自己学的是英美法，且有一个时期，曾经在本省最高法院担任审判工作，教授英美法，也已达四十七年之久，因此对于英美法系，衷心钦仰；但我以为它对于缺乏英美法系历史背景的国家，并不合用。抑且英美的法律家，对于立法工作，并不擅长，而中国在建国时期中，却必须有很多的立法。又英美法，缺乏系统。现代的原理上的法律书籍，亦甚缺乏。致使学生深感学习不易。尤其中国人既已受过另外一种法系的训练，或业在这种法系下从事审判工作或执行律师业务，将更感觉学习英美法的艰苦。这两种法系是很不同的，尤以技术方面为然。何况将英美法移植他土，结果必将许多不合理的历史上陈迹连同搬入。此种陈迹，即英语国家自身，已逐渐在把它们消除。例如对物所有权与对人所有权技术上的区别，普通法与衡平法的区别，普通法与成文法的区别。又如契约中须有"约因"，现在却有许多例外了。他如建设性的信托、建设性的诈欺及其他类似绕弯方法，其实以简单的类推理论，同样可以达到所企求的目的。最后，自古老英国程序所产生的理念，使法律对于不当得利的问题，颇感难于解决。至于英美法中可取的东西，例如民商合一、信托概念，中国都已采用了。这些特色，原很容易配合到大陆系的法典制度里面的。

中国与英美的关系，固甚密切，今后谅必继续如此，但我仍未见有更换法律体系的必要。苏格兰、魁北克及南非诸地,都采用现代罗马法系,但在联合王国或帝国中,仍能很好的繁荣着。罗易西亚那、普托李可及运河地带,虽然采用法国或西班牙的成文法,但它们在北美合众国里,好像过得很好。在南美的拉丁美洲共和国,很多和英国有密切的商业上关系,都不因为这些国家采用了法国《民法》的制度,而其关系的发展,遭受挫折。

纵然中国改用英美法系(我深信不致如此),我所主张的统一的法律教育,仍是必需的。全部的重新教育,恐更需要一个统一的办法。

因此我假定中国法律,将仍编纂成为法典。中国的法典,大体上照现在所颁行的,将继续是中国法律的形式。而中国的法律教育也将仍是根据这些法典的一种教育。

但最好的法典,亦非不待解释而自明。拟得最好的条文,对于由其管辖的事件,并非都当然的适用得上。优帝禁止对于他编纂的法典,加以注释,认为毋待法律文献,加以阐明,即足适用。哪料到优帝法典,得成为世界的法律,却全靠注释与学理上的阐明。凡包含成熟法律的法典,没有不靠着这些助力而得以维持的。一七九一年《普鲁士法典》的起草人,主张遇有疑难争点时,送由法典起草委员会解决。希望有了这种官方的解释,可以免却学理上的写作。这种试验,不久便告终止。凡具有现代法典的国家,莫不有丰富的法律文献,这足以说明法律端赖法律文献而发扬。如今还有许多不在行的人,梦想完全自足的立法,于是不需要法律家,这不啻憧憬着一个乌托邦。没有法律家,实际上等于没有法律。

《法国民法典》,规定宽泛而不细腻,足见起草者见地之高。盖规定无论怎样细腻,终不能预见对于所有将来可能发生的事件都能适用。但同时他们也见到,在法典所未规定或规定不详的事件,必须仰求于某种萨维尼所说的辅助品，以达到一定预期的结果。因此在《法国民法典》颁行之后，若干起草委员及大学教授，所发表的演讲稿（奥斯丁称之谓"关于法典的讲词"），都指明，除了学理上的写作及判例（系最主要的凭借）之外，他如罗马法法典以前的旧法国习惯法，法律正义的一般原则，公平的道理和自然法等，随时都可用以补充法典本文之不足。以后他国法典，往往就上列辅助品，选择若干种，载明如遇法典未予规定的事件，或不能以解释与有权威的法律适用技术来解决的事件，应以这些辅助品为解决案件的资料。《德国民法典》，并未对于辅助品有任何规定，显然以学理上的写作（在法典颁行前已持续不断）及判例为可恃。《法国民法典》演词中所列的辅助品，业被公认可以适用于任何现代法典。瑞士法典，从社会功利立场，又添加了一个有用的辅助品，即法官得设身处于立法者的地位，视其应如何立法，以解决所受理的事件。中国《民法》则规定两端：习惯与法理。此际，研究比较法学的人，将疑习惯这一名词，系指法典以前的旧习惯法而言，或指地方习惯，或商业上或其他经济活动上的习惯（许多条文明定依这些习惯来解决细小节目）而言。后者限于一定情形下，得取一般的法律条文而代之；前者当然不能这样，但可能是有用的辅助品。

　　至于民法中规定的另一辅助品，即法理，其意义何若，在其他法典，聚讼纷纭。或可予以广义的解释，就是处于社会功利立场，根据法典的整体，现代罗马法及比较法，并根据适合于中国的理想的现代法制（即我们惯常所说的"自然法"，其合用于中国者），所为的类推论断。认许它这样一种解释，也可给予学理上讨论一个范围，而能得到丰满的结果。总之，辅助品还只是不重要的角色，最重要的，仍是学理与判例，必须靠它们法律才能阐明。

　　我们必须牢牢记着，一个现代法典的主要用意是：在供给法律上新的开端及后世推陈出新的基础。它的条文,并不专在供应规矩,以解决在其范围内的事件;同时仍待吾人以类推解释的方法,加以阐明,以应合于新事件与新事实。此将有赖于学理上的写作、法律讲述和判例了。

上述种种,受过现代罗马法系或大陆法系训练的教师及法律家,颇易了解。但是英美法律家,则未必能领会。因为关于立法条文之适用,现代罗马法系的技术和英美普通法系的技术,有显著的不同。依照英美法系所采用的技术、法典或立法条文(除非仅系不成文法的一种宣示),仅供应一规则,对于特定的详细的事实状态,系以特定的详细的法律上效果。对于在它范围以外的事件,不得作为类推论断的根据。纵然是宣示不成文法的立法(即对于传统的法律加上立法的外形),类推论断,亦不以立法条文,而仍以普通法的原则为根据。英美法律家,认为有类推论断的必要时,即仰求于普通法(即从判例中所提取的原则)。现代罗马法系或大陆法系,适得其反。盖判例得就特定一点的法律,确定其意义;亦得为某一事件,创设一规则,可能用于以后发生的类似事件,但不供作类推论断的根据。类推论断,只是以立法条文为根据的,在英美法系,学理上的写作,系从适用普通法法院(即英语国家的法院)的判决中提出的原则,加以阐明。至于在现代罗马法系,学理上的写作,系就法典中规定的原则,加以阐明。

但不论哪种法系,遇有新的事件,而为类推论断时,必须就具有同样权威的各出发点中,选择其一。所谓具有同样权威的出发点,其在英美法系,指具有相等说服力的判例;其在大陆法系,指具有相同拘束力的法律条文。这种选择及类推论断的技术,必须经过讲述,才能了然。目前美国法律学院,甚且把教授英美法的重心,置于技术上。在采用法典的国家,如欲充分讲述这种技术,必须有探讨原理或学理的教科书。这种书籍,原系讲学的结果。法律既是不断的进步着,这种书籍也始终是必需的，转而对于以后法律之讲述，亦能有甚大的裨益。夫讲学形成著作，著作改善讲学，两者同使法典的解释与适用，达于更完善之境地。

此际可特别指出，非官方的学理上写作，实胜于细腻的立法。学理上论著，若信而有力，得作为法院判案的南针。假使他们是统一法律教育的产品，并可促使法律统一的发展和适用。但就因为它们不像法典的具有拘束力，所以可以不同的方式（新版、新著、或判例），随时予以必要的修改或更正，殊无仰仗立法的必要。

我在初步报告中，曾讨论到统一法律教育的需要，并主张须有初步原理上的著作，好比《中国法律原论》一书，可将中国法律展陈为一完整的体系，并提供一统一的研究方法。在他处习惯于统一法律教育的人，见到中国法官、法律教师及律师等所受训练的分歧，殊觉惊异。有在美国受的训练，也有在英国、法国、苏格兰、德国受训练的。多数却从日本，间接地由德国传统孕育出来。就是在本国学习的，也非从同一传统去认识法典，乃由说不同法律语文的教师们所传授的。在此杂乱情况中，实在需要绝对统一的中国法律教育，以讲述中国本身的法律。

现时法律工作的首要之图，应当是放弃研求他国法律中的理想规定，不再就每一细小节目，力图摹仿外国，以求最时髦的法律。因为今天看来是时髦，可能明天就变成落后了。一九二二年，我在剑桥大学讲演时，曾说法律必须稳定，但不能停滞。变化是经常在各地发生，但变化与稳定，须两得其平。过去的经验，指示吾人最好的办法，莫过于由学理（法学家对于立法作学理上的探讨）及判例（将法学家的理性置于经验中试验），来维持这个均平，但仍须有优良的法官和律师为其前提。这些法官和律师，应由统一的讲述传统中孕育出来。此讲述传统，须根据经验（经理性启发的经验），以配合于一时一地的生活。若将他人之制度、原则及规律，移植于本土，而不了解其过去的历史及经验的过程，其错误莫

甚。尤其"法律中新的理念",在未置于经验中试验之前,即予采用,更属
不智。此时亟须对于中国已有的法典,施以理性与经验,使变成为完全
中国所有的法律。

三、关于中国法律教育的特种课题

中国法律教育的首要课题是统一,至于其范围和目标,乃系特种课
题,论述如次:

我曾被提请考虑下列问题:法律教育的目的应否专在作育法官和
律师,还是应当同时培养师资,训练普通文官及外交人员? 又是否应设
专门化学校或学系,分别为法官、律师、法律教师、普通文官及外交人员
等,施以不同的训练,抑或仅须有一种共同的法律教育,使每一种人,受
到全部或部分满足的训练?

关于法官者,应否像欧洲大陆那样,对于法官、法律教师和从事实务
者如律师等,多少加以区别,而分别施以专门化的训练;或像英国那样,
法官由律师中选拔,或像中国的办法,法官同时从律师和法律教授中选
拔(美国近来亦很实行这种办法)? 这个问题,对于中国应作为法官遴选
与职守及法院组织的一部分,来特别加以研究。经研究欧洲大陆的现行
制度之后,我深信英国由律师中选拔的制度,较为妥当。但观乎中国的
情形,犹之今日美国的情形,不妨同时由法律教授中选拔,亦可使担任上
诉法院的审判职务。但无论如何,一般的法律学院训练,既为日后专门
化训练之所本,自应一律施诸法官、法律教师及其他从事实务的人。

关于普通文官者、行政官员,应当好好的受一番法律训练。这一点,
实很重要。他们必须了解什么是个人的合法权益,法律规定了哪些保障

权益的救济办法。差不多在所有的国家,都有一种趋势,行政官员,尤其属下人员,因不能称地体察他们所担任的工作,往往以武断的态度,对待个人。同时他们常假定政府与人民必然处于对立的地位,辄忽视个人的权益,而认相反的主张请求,与想象的公益为一致。以国家为公用业务机关的这一概念产生之后,行政机构及行政裁判所,随之倍增。而上述情形,亦愈益频繁。因此这些官员,必须好好的受一番国内全盘法律的训练,俾能悟会其工作在整个法律系统中所占有的地位。法律教育,应教导人们,凡所有政府机构,都是很专门化的社会管制体系中的一部分,应协同一致,向指定的目标迈进。

因此行政法的基本原则,应当在民刑法导论里就要教授,以便教养法官、行政官员及律师等,各认为自己是单独一架政府机器的一部分。法官、律师和行政官员,既同受全部法律的讲述与教育,合作的精神,可在他们求学时代即启发,并有保证日后司法上与行政上行为和谐的功效。在英美法的政治团体中,大半以历史上原因,法律与行政双方,各具着猜忌和误解的心理,有时甚且相互抗争。其所造成不幸的结果,立法亦觉甚难措手加以消弭。欲避免这种情形,惟有使法官和律师,都学习行政法的基本原则,以为统一法系课程的一部门。同时使日后为行政官员者,也学习民刑法的基本原则。经过了整个法律体系的训练之后,乃再依各学生的志愿,分别予以特种训练,或教以高深的民刑法,或教以高深的行政法,使其明了如何运用。

意大利的法学院,虽然规定有志于普通文官者,限于某几种学科,必须出席听讲若干次。但一九二二年我到意大利去访问各法学院时,注意到这些有志于普通文官者,出席听讲,至不踊跃。他们姗姗来迟,只要使点名人员记下他们都未缺课便行。一俟讲演开始,点名人员便不再留神。往往讲演开始未久,他们即先后偷偷溜跑,当然连作笔记的假的姿态也没有,好多简直在看报。反之,志愿做法官、法律教师或律师的学生,从不迟到。谨严地,专心一意地听讲,一直到讲演结束为止,并且做成详尽的笔记,他们都坐在前排。而有志于文官的学生,都跑到教室后面坐下。足见对于必修课程必须出席听讲的规定,很容易流为一种纯然形式上的训练。

如另设学校或学院以为训练普通文官之用,是否行之有益,窃深疑焉。健全而广博的教育,似乎是最有成功希望的一种教育。对于政治学及其他社会科学有了很好的学养之后,接着至少要研读各种基本的法律学科,再进而选修高深的宪法、行政法或他门功课,胥视其日后所做何种事业而定。如对于要做普通文官者,单从政治的叙述的观点来讲解宪法、行政法,而对于要做法官、法律教师及律师者,只从法律的观点来讲解,殊属错误。在一宪政国家,纵然需要了解政府的组织和它政治上的运用,但宪法和行政法,究系国内法的一部,由法院予以承认及施行的。因此不问法官、律师或行政官员、文官,对于政治和法律的两个方面,都得通晓。做文官的忽视法律方面的训练,只有造成法院和行政机关间的冲突。这种现象,在美国很显著,在英国亦非罕见。

计划法律教师的培养,牵涉到许多同样的考虑。法律的每一部门,都要涉入。此并非为了解每一部门本身起见,而是欲了解其与他部门及整体的关系。因此有志于法律教师者,在校时,无法对于整个法系或各别的部门,有顶透彻的学养。既做教师,讲授某种专门甚至很专门的学科,还须根据广博的知识背景来研究和讲学。他须认识法律整个体系及他的专科在这体系中的地步,并须认识其他专门科目,俾便了解其他法律学科中的问题与其专科间的关系及与他法律学科和其专科中问题间的关系。

但培养法律师资的问题,终究不若训练普通文官的问题来得困恼而难决。毕竟师资的培养和法官律师的训练，是相仿佛的。不过他须更进一步研究法律哲学、法理学和比较法。这些科目原不在初步原理的科目范围之内。普通一般学生，有志于司法界或律师职业者，毋须学读。假使他们欲多知道些，学养很好的教师，会讲解给他们听。他在说明法典时，辗转会把这些学科里的原则和实用放进去。

我们在美国，觉得法律学院于本科科目（为从事实务者而设者）之外，再加上研究院的科目，足可确保师资之培养。实际上很多有名法律教授，对于法律哲学、法理学及比较法等，都是自修，并未受过正式的教导。但中国法律学院，在草创时期，可以甚且应当对于法律教师特设进一步的训练。对于教师的这些设置，在目前中国的学理上写作尚未很发达时，对于欲为法官者，亦颇有用。

因此以作育法官律师为主要任务的法律学院，增补了研究院的科目之后，足可培养师资。这些科目，对于以后不想教书的人，只要他们能多花时间与费用去学习，亦颇有用。同样地，如欲造成学识广博的教师，并为训练普通文官，可以规定须受行政法、宪法和立法学方面专门化的训练。欲入外交界者，亦可为之设研究院的课程，规定须受国际公法、国际关系和国际贸易与财政的法律问题等专门化的训练。

在法律学院中设置研究院的课程，有这么个长处，就是本科的学生，可各依其所需，准其选修。这在哈佛大学，行之甚为有效。

在初步报告中，我曾说过，美国有几所独立法律外交学院，专以训练外交人员。本人曾在其中一所和哈佛大学合作的，讲学了几年。这些学院，或为普通文官而设的类似学院，大致是国内大的法律学院，采取短视政策的结果。它们较为忽视国际公法、行政法（最近以前）和公法，而让许多学生，到文学院和哲学学院里去学习。这样就发生了这些科目的重复教授，这对于学生未见有利。须知英国的传统法律教育，最先是职业的，而非学术的。美国的法律学院，起初便依照学生在律师事务所中求学的模样办理。以后由大学接受过来，犹保持律师的观念及理想。结果把法律分散于各不同的教学部门。中国实不宜模仿之。

独立法律外交学院教授的科目，有国际公法、国际关系与组织、国际贸易与财政的法律上及外交上问题、外交史和外交领馆的组织及实行等数种。假使一般法律学院愿意改组，在施以透彻的基本的法律训练之后，再教授上列科目，我相信所得的结果，更为美满。但美国的法律学院，并不就整个法律体系，为基本上教导。它们依照英美法系法律教育的一向办法，专在训练律师。至于独立法律外交学院所授的一切专门化的课程，牵涉到许多法律，并先须懂得许多法律。因此正如本人所观察到的，所教每门课程的法律方面，势必单薄。我以为在法律学院里奠定了好的法律基础，继之以特种训练（犹之美国的法律外交学院所施予者），由受过法律方面及政治外交方面良好训练的教授教导之，其结果必较满意。我谨以此意见，供献于中国的大学。关于此一问题，中国与其仿效美国式样，不如仿效大陆之为愈。

国际公法，有法律的一方面，同时也有一方面不是严格法律的，乃有关外交的惯例和实行。第一方面，在法学家的主持下发达，法学家努力使其变为法律（和民法同一意义的法律）。于今国际组织产生，国际司法创立，以后或将更明白指出须从法律观点（其相对的为政治观点）来治国际公法。

教育部所交给我的撮要里，并未提到犯罪学、刑事立法与刑事行政。但这些都是重要的科目，在研究法律教育的范围及目标时，不能不在考虑中。美国对于这几种科目，颇为忽视。一则因为美国法律学院具窄狭的职业性，已如上述。再则因为大城市里执行律务的经济情形，有以致之，即刑事案件，往往送到阶层较低的律师手中去办理。这对于司法行政是最不幸的，中国应慎免之。在我所主张的统一法律教育的系统里，刑法和刑事立法、刑事行政，自然也有它们的地位。这可在初步原理的法学书籍里，因此也在法官及律师的训练中显示之。但法律教师、行政官员及立法者，关于这方面，除受了法官律师所受的一般训练之外，应进而作高深的研究，俾法律教师在教学时，遇到适当的场合，得将科学化的犯罪学与典狱学放进去。所有这些科目，在训练检察官时，尤需予以充分的讲述。

刑法的适用，较之任何其他方面的法律，容易引起公众的注意。社会一般人士，往往即以他们所见到、听到及读到关于刑事案件的审判情形，来判断司法行政之良窳。因此为使一般人尊敬及服从法律起见，必使刑法的适用，能示威信于大众。这是天大重要的一件事。同时为社会安宁起见，应使其发挥可能最大的效力，这也是十分重要的。中国法律教育，在这方面，不论对于一般的专科训练，或增补的专门化训练（即对投身于此方面专门事业的人所施予者），必须不失为充实的供应。

立法学也应在法律学院好好的教。立法原则，值得作为甚至最狭义的专科训练的一部分。立法原则，过去是放在法律的哲学导论里教的。在中国法的初步原理或全部中国法律导论内，它们至少应在上述限度，占有一个地位。事实上这还不够，立法预备程序的机关，其组织与功用，起草的技术，修正与废止的技术及实效，可以合成一个学科，在普通课程表中，列为选修，研究生亦可选读之。这不但对于立法者，即对法官、律师，同样有益。甚至对于普通文官，这一科目，也是有价值的。

我要重述一遍，美国法律学院专门一味地造就法官和律师，从大处着眼和远处着想，我认为是很不智的。其结果是造成不幸的隔阂。一方面是法律家，他方面是行政官员、社会科学教师、社会工作人员及犯罪学家、典狱学家。终于双方时多误会，不能合作，已如上述。更有甚者，这种情形,使双方的发展,均蒙受阻碍,不能达于至善的境地。假使社会科学有可以教法律家的地方,法律家也有很不少的地方可以教社会科学。其实我应当说其他社会科学,因为法律科学也是社会科学之一种。过去美国纯然的专科训练,固曾证明对于普通文官及外交人员有甚大益处,但我相信假使从事这些专业的人,也像律师法官一样地受这种训练,将受益更多。中国的法律教育,正在重新改造和谋求统一,应抓着这个机会,使法律训练,对于法律、政治和经济三方面,都发生最高度的效用。

美国法律学院的训练,居然对于普通文官、外交人员甚至社会工作人员及立法者,也很成功,盖非无因。它供给很透彻的训练,受过了这种训练之后,甚且知道如何克服在其专科以外的科目。所以纵在其他许多场合,都能表示卓越的成绩。这种透彻的训练,虽限于较狭隘的目标,但其重要性,实不容忽视。虽然如此,法律学院的主要任务,究在训练法官、律师及培养师资,不应当为了在其他方面试作许多企图,而使其任务遭受影响。

如何消除十九世纪美国法律教育的狭隘目标,这一问题,在美国今日讨论得很热烈。许多的方案,仍在提出来。许多的试验,也有人在主张着。或延长学年,俾得扩充课程,或将社会科学灌输入规定的课程表中,或让法律学生到文学院或哲学学院去学习一部分课程,或定一个各学院间合作的计划,以确保法律家及法官得到一个更圆满的训练。这一问题,容俟下面研究是否应设置独立法律学院,抑或以法律学院作为大学之一部时,再从中国法律观点,详为论述。

二十年前,哈佛大学募到一笔额外巨款,为添设法理学、比较法、犯罪学、刑事立法与行政、立法学及法制史等科目之用。我当时发表了一个计划,把我自己对于扩充法律教育的意见,充分的吐露出来。现正设法觅取一本,送陈司法行政部,以示在美国法律教育情形下发生怎样的问题。我希望这问题，在中国容易应付解决。因为中国的法律教育，尚未因深长的历史上发展而具定形。

兹特就下列各种法律学科申论之。下列学科，经特别提出，要我表示意见。

（一）国际私法。此在英美法系，称法律冲突，是一套国际性的法律上学理，为各国（具有发达的法律体系者）所接受，作为其法律之一部。

既是各国法律之一部，则关于一切细节，在适用于特定一国时，仍将受该国立法及判例的支配。在中世纪，意大利各城市的地方立法，甚相悬殊，而当时各城市人民间的关系，亦至繁复。为应合时需，意大利各大学，根据了罗马法里几种特殊条文，把它引申出来。至今还很好的维持着它的国际性格。

接着便有中世纪后叶的注释家，十七、十八世纪的一连串法学家，十九世纪的有才具的学理上著述家（其中以萨维尼及施笃理为最著），把它发扬，并编为系统。从此法律冲突，在欧洲就变成首要的一门专门科目。因为在欧洲，个人间所发生的关系，往往超越国界，密切繁复，加以各国的立法判例，甚至学理上写作，至为分歧，因此常发生何种法律应予适用的问题。

在美国，法律冲突这一科目，已煞费脑筋。四十八州各有立法机关，各有其判例，除了有关联邦宪法的问题外，不受任何方面复阅。现时美国最高法院主张，凡联邦法院以当事人州籍不同，因而有管辖权的事件，应依各州立法及各州判例来审判。如今地方立法愈益悬殊，各州判例日趋不同，又因国家经济统一，稍具规模的工商业，其活动均不限于一州。大都市如纽约、芝加哥等，实际上伸展及于三州（虽然每州有一分立的市政府）。更因人民流动不居，所以哪一种地方法律，应适用于某种事件、法律关系及事实状态，这问题在各州时常不断的发生。在十九世纪末期,美国各法律学院,还不很晓得这门学科,现在却在课程表中占了主要的地位。

在面积广大的国家,政治统一,法律及司法行政,亦经统一,这问题便不像在美国及欧陆那样重要和复杂。说到欧洲,面积原甚广大,但经分裂成许多独立的统治权,相互间发生各种繁复的关系,其立法及判决,亦各不相同。至于中国则不然,恐怕惟一可能发生的法律冲突问题(姑置国际关系不论),只是民法规定应适用地方习惯时,适遇各地习惯不同,则应适用何处习惯,势不得不做一番选择的工夫了。在罗马,以各省的地面习惯法的不同,于是产生了最初的法律冲突上学理,但那时情形,只需要些基本原则就够了。

欧陆惯用"国际私法"这个名词,在中国看来,是很相宜的。因为在中国,实际上仅限于国际关系,始有这种问题发生,而需解决。在国内并没有像美国那样的法律冲突情事,因此无须有关于法律冲突特殊的中国学理。

国际私法,不适宜于立法。这一学科的产生,主因是为了各地立法的不同,若国际解决冲突的办法,复生冲突,只有使人更伤脑筋。本世纪在国际私法方面,有甚佳的学理上发阐与说明。所以最好听它继续如此发展。至于它在中国法律教育计划中的地位,我以为它应是整个中国法系中的一部,在初步原理的一课中,即应为良好的基本的讲述。此外应增设选修的或研究院的课程,不但为培养法律教师,同时也为训练法官和外交人员。因为他们的工作或职位,有时要牵涉到国际间私人关系(或国际间事件或状态)的考虑与判断。

(二)商法,在现代罗马法系中,是独立发展的。在欧洲大陆及以欧陆法律为蓝本的国家,都有分立的商法典、商事法院及商法的学理上文献。此原系大陆法系的特色。民法与商法的区别,往往是技术上的,从而产生的双重制度，也是很矫伪的。在起源时，纯系出于历史上原因。盖在中世纪时，商人是游方的，自以为一独立的阶级，受其自身习惯的统治。商业的经营，往往跨越封建政治团体的治权界限。故在十六世纪以前，即有万国海法及万国商法。欧洲自十六世纪以来，国家的思想、土地主权及国家法律的观念，始慢慢坚强起来。英国在十七、十八世纪，君王的法院，开始采用商人习惯，以受理商事案件。这些案件，原先由设在对外贸易中心的地方上法院所受理的，因此商法遂被吸收入普通法中。我在他处曾经说过，中国《民法》的设计者，排弃民商分立，将商法归并于《民法》中，合为一体，犹之英美法院所为者；此一举措，殊足表示其见解之卓越。但这门法律，在现代罗马法系，有过重要的学理上进展。不仅在一般初步原理课程中需要讲述其基本原则，说明其在整个法系中的地位，并须连同《民法》中关于商事的条文，为透彻的阐明。此外关于票据的及商业组织的立法如合伙公司等，应在教授初步原理课程之后，续为分别充分的讲述，以为本科课程表之一部。

最后，商法在许多方面，既犹保持着它的国际性，而英美法院（在中世纪将商法吸收入普通法之后），又大量利用大陆上的商法著述；同时商业上制度及习俗，一向跨越国界，而颇具国际性，则为培养法律教师，并为训练领馆人员起见，不妨设比较商法一科，作为选修的或研究院的课程。学养优良的法律教师，会好好利用这一科目，来讲述《民法》、《票据法》及《公司法》等。此外这种科目，可以引起各种论著。中国商事法规之积极发展，实利赖之。

（三）法制史。在初步原理课程中，应予一般法制史大纲及中国法的历史上导论，以相当的地位，以表彰法典前中国法律的特征，并以启示旧法对于现行法律的关系。现代中国法律，还说不上有历史，因此甚至对于法律教师，亦毋须详述其史的沿革。假使我们从美洲殖民地时代有意义法律制度的期间起算,像如今的美国法律,只有二百五十年的历史。至今它的历史,还待写作呢。至于英国法制史,美国各法律学院,也从未好好教过。但研究美国法制史,势须进而及于英国法制史。总之,直到如今,我们还没有发阐普通法体系的历史,但这是应做的事。至于中国,实毋庸亟急于法制史的讲述。观乎上述美国情形,此说当非误谬。但现代罗马法史的科目,详述上古时代其内容和材料的发展,中世纪时这些内容和材料的被采纳,随后在现代罗马法中,又最后在现代法典中的被采纳,却是很有用的(尤其对于法律教师)研究院课程。

此际,将更引申我屡次提到的初步原理课目或一般导论的课目。这种课目,在美国法律学院不受重视。这也有很大的理由。一则因为全部英美法,并不这么系统化,因此无由产生一部足用的现代的初步原理论著;同时英美法的传授,须着重于技术,故法律教育的内容方面,势必被疏忽了。至于美国法律,不能全部的展陈出来,只能将各部门分裂而为讲述,同时在本科的合理年限内,始终无法将所有重要的法律部门都教完,这是美国法律教育真正的瑕疵。结果,许多学术上的基本问题,只能在从事实务时学到。纵然是富有经验的律师和法官,有时也懂得很不彻底。依照中国法律训练计划所能容易做到的事(假使能有适当的初步原理论著作为开端),如欲想在美国做到,这真正是美国法律教育的一个难题。

我在初步报告中已充分的指出,什么叫充实的初步原理论著。我的意思,不仅指改合于中国法的法理学绪论(包括分析学派、历史学派及哲学派),好比本世纪初的德国式的"法律科学绪论",这仅仅是我所说的书的序论中之一部而已。我也并非指法学研究导论,或法学入门等,这些书在美国多得很,可是没有什么成效。我所指的是像白拉乌氏著《民法要论》这种书。不过依法国法律教育的需要,这种书仅以民法为限,而我则愿意见到全部法律,都大体上依白拉乌氏的方法来撰述。如宪法、行政法、国际私法、刑法及民刑诉讼法等,在各部相互关联的中国法律体系的初步原理论著中,各占有一个地位。

四、关于促进中国充实的法律教育的课题

关于这一方面,向我提出了九个问题,依次论述于后:

1. 应否设置独立法律学院,抑或以之为大学之一部,或两者并存。

假使是定最后的政策,无疑地应当把法律学院放在大学里,成为大学之一部,而不设与大学分离的独立法律学院。欧陆、苏格兰、近代美国及大体上近代英国等处的经验,都指向着这个方向。

律师业务,是一种学识渊博的职业,最好在求学年代,便使受学术空气熏陶,毋使具有短视的职业上利害的心理。同时须使法律教授,为大学一学院之一员,俾生活工作于鸿儒群中,获切磋琢磨之益。最高法院法官荷姆氏说,法律学院,应当以伟大的方式来教授法律。这在学术空气中,才有此可能。天天和具不同学术上兴趣的同事们接触,可以增广见闻,并以利讲学。任何职业学校,往往视专科教育为纯粹职业性的。这种趋势,在独立法律学院,较为显著。但若以法律学院为大学之一部,使法律教授与其他学院的教授发生日常的密切关系,这种趋势,便可阻却。

我说法律学院应为大学的一个学院时,我的意思,是它应真正是大学里一个学院,和文理学院(或哲学学院)及医学院并驾齐驱。它不依附其他学院,亦不应被视为文学院或文理学院(自以为并被认为真正的大学)的附属品。同时也不应由文理学院以收养的方式把它收纳。审如

是,则法律学院为大学之一部的优点,将尽丧失。文理学院因为有了这样一个法律学院,固可自誉为一大学,但这并不是真正的大学,仍然是两个分立的学院,其间不发生上述有利的接触,并无由阻却窄狭的职业的态度(这在纯粹职业的空气中必然会发生的)发生。

目前中国或许以特殊的地方情形,一时还需要若干独立法律学院的设置与维持。但在政策上,仍应鼓励以法律学院置于已成立的大学中,使它们为大学里真正的学院,而不仅仅是名义上的联系。在大学正在发展着,以便将法律学院归并时,以这些独立法律学院作为权宜的办法,固无不可。

我们从来主张得不够积极,凡是学习法律的,要养成一种情绪,不以律师业务为纯然赚钱的行当。纵然它也是维持生计的方法,但仍是一渊博的技艺。操此业者,应具有为公众服务的精神。因此法律学院,应当不只是个买卖性的学校。根据美国的经验,独立法律学院,常易发生这种流弊。十九世纪时代,独立法律学院昌明,律师业务所中教学的办法也盛行,影响所及,不仅促致传统的职业上精神的衰败,并造成法律与社会科学间的隔阂。律师公会和法律教授们,也发奋了二三十年,以图力矫此弊。

启发律师们真正的职业上精神,是件十分重要的事。欲达到这一目的,我无疑地认为法律教育,应当由真正大学里的法律学院去办。

2. 学生名额多少的问题。

依大陆的制度,学生在中学或大学预科毕业之后,即升入大学,选择其所欲研读的学院。至于英国的大学,分为学院,并行导师教诲的方法,故英国的制度,遂为此种情形所断定。旧式英国大学的特色,已不合于法律的传授。英国的大学,现正在发展法律学院,这点颇有意义。美国的大学,至少在法律学院方面,仿效大陆的模样。但第一次世界大战之后，争相改仿英国。限制注册学生的名额，也逐渐通行。一部分理由，乃因讲堂及实习室的地位有限。但限制名额的制度，牵涉到若干的假想，这应从时地人各方面来说明。

上述假想如次：（甲）只限于有法学才具者，始准入法律学院。是否有此特种才具，可以某种方法测验之。（乙）在大的班子中，杰出的学生，将被多数的中材拖下。（丙）导师制乃以少数学生（或者五个）为一集团而训诲之，这是最理想的制度。导师的数额既有限，学生的名额也当然有限定了。（丁）加入这种专科的学生名额，应予限制，以免过于拥挤。

我并不自以为知道，终究这些假想，或其中一部分，对于大学录取学生，有几分可靠。但我做了二十年的哈佛大学法律学院院长，对于这些假想，可否适用于法律教育，曾彻底研究过。我今毫不犹豫地表示我的主张。

谓某人有"法学才具"，并可以某种方法测验之，这是荒诞之说。读律者的业务，包括许多不同的方面，他也许是个审判官；或是个法律顾问，专门供献法律上意见；或指导各种企业以执行其法律上事务；或在上诉法院专事辩论法律问题。此外，他也许专办法律上各种契据、产业移转及撰拟文件；或专办商事调解；或办很疑难的税捐事件。无论如何，他多少需要些特种才具，固然用不着说，但说有一共同的法学才具，便没有这回事。学习法律的人所应具有的，不过是智慧、勤劳、正确的习惯和优良的训练而已。依我的经验，习法律的学生，如在一良好的学校，于毕业得到优良的成绩，实最合格。

我教了四十七年法律所得到的经验，使我不能接受第二个假想。我教过的班子，有大致二百五十人者，亦有小至二十五人者。不论班子大小，成绩优劣的比例，终是差不多。小的班子，并非都是些超人。假使教师知道怎样把握大的班子,则许多学生想到并提出的问题亦多。其提供考虑及作为论据的论辩亦繁复。这有引人入胜的刺激作用。二十五人的班子,绝不会像二百五十人的班子那样踊跃地把教师所讲的都提出来。此外,多数中庸之才,绝不致阻碍杰出学生(在大的班子往往容易找到)的进步。大的班子中,其程度良好的比较多,可互收切磋琢磨之功。至于对于程度较差的学生,固然须多花些时间,但对于程度好的学生,并非一种损失。在班上和程度良好的学生讨论时,不妨以深入浅出的方法,俾程度较差的学生,亦能了解。结果双方都可受益。

导师制需要大量的导师,而学生名额势必有限,殊属浪费。抑且导师具有杰出法律教授的学养、才能及力量者,至难觅至,像魏立斯登那样的学者和大师,使其教授一个大的班子,实较十个导师教导小的班子为更有价值。他对学生,更有教益与助力。

在美国所谓拥挤者,并非指教学严格的头等法律学院的情形,而系指程度较低的学院。在这些学院,学生程度既差,所受的训练亦低劣。许多学生不能立身求进,许多混迹于职业较低阶层。须知像哈佛大学法律学院的那些毕业生,并非都是永久执行律师业务的。一部分在工商界担任董事、经理职位,一部分入银行及金融界服务,一部分入政界,又一部分从事文艺写作,而有显著的成就。一个良好法律学院的训练,不仅对于执行律务,即对于许多其他事业同样的有用。

中国现在需要足量的经过良好训练的法律家,以充实司法界、学校及行政、外交机关。除了应具备良好的预料教育(良好学校出身而成绩优良的毕业生均属之)之外,我觉得对于习法学生的名额,没有加以其他限制的必要。

3. 学习法律的年限。

此一问题,牵涉多端:法律学院入学的条件(留待下面详论)、专科课程表的范围与内容(上已述及)及即时专科训练所须花的期间。

我以为最有关键的考虑,有下列两端:(甲)法律是渊博的专科,并非只是敛财妙计。法律家应受良好的教育,俾与其高尚的职业相称。果能如此,司法行政必能有最完美的结果。(乙)学习执行律务,应在二十五岁以上。既加入学习这种职业之后,大致仍须十年工夫,才能达到充分完善的发展,而在法律广大活动的范围中,造成一个有保障的永久的地位。假使我们采纳圣经所定人的寿命,即七十岁,那么他在二十五岁加入,大致到了半生,就达到他职业上的地位和最高的用度。从二十五岁到三十五岁,是人一生体魄最强盛的时期。因此可以用他全副精力,来争取他的地位。罗马时代以二十五岁为成年,在那个年龄,他很可以为他日后的行业做准备。假使更经充实的训练,必能老练地有把握地完成他一番事业。

假定法律学生已经受过良好的预科教育,能保证其成为一知识成熟的人及通才,则在法律学院攻读三年,即已足够。这是一向被视为严格的专科教育的标准年限。美国一部分人,常想把法律教育的年限加长,这是出于二种原因:第一,一般觉得在前世纪末叶及末世纪初期美国法律家所受的训练,不够圆通;第二,英美法的训练,须要在技术方面花过分的时间,因此主张要把前所未有或教得不够的新科目及新法律部门,编入课程表内。所以一方面是外界的压力,来自其他学院,欲把原属于一般预科教育的东西(以保障造就一个法律家,同时一个学识渊博的人),推到法律学院课程表中;他方面是内部的压力,来自法律学院本身,欲把原属于严格专科的训练的一部分东西,推到其他学院去,以便为新的科目留余地。否则便须伸长法律教育的年限,以期补充传授这些科目。

我看中国不见得有这些问题,即有之,亦非急迫尖锐的问题。批评美国法律教育的人所最关心的,是中国方面大学教育的主产。这似乎尚未见有被忽视之虞。否则可规定在入法律学院之前,需受过全部大学教育。同时在现行中国法典之下,不致像美国法律教育之须着重于评断法律判决的技术。因此中国法律体系的全部充分说明,只要学生具有良好的大学教育,未见得在三年之内,不能教完。

总之,欲从事法律实务方面工作者,不能迟于二十五岁,或中国算法的相当年龄。

最理想的办法,在二十岁的时候,受到全部的大学教育,然后再入法律学院,受三年的专科训练。

关于这一个建议,日后我将撰拟一特种报告,以评述一九四五年教育部公布的法律学系课程表。

为培养法律教师,并为训练从事于某种专业的人,可增设研究院,年限较短,毋庸于本科卒业后立时继续。若为上述第二种人设想,读了一般基本科目之后,继以选修科目,亦已足够。

4. 关于入学条件者,下列两点考虑,至关重要:(1) 学生必须相当成熟,俾法律讲述,得有良好结果;(2) 学生是在学习一种渊博的专科,故应将其专科的研究,建筑于良好圆通的普通教育之上。

过去的经验,指陈学生学习法律,需要相当的成熟。照我们美国的教育制度,中学毕业生,均尚未见成熟。现规定至少需要两年大学教育,犹未可保证其是否足以养成苦思及细析的能力,以应付法律功课。总之,我们认定这是最低的限度了。

上述第二点考虑,须加引申。在初步报告及上述各节,我已将法律家须是受过良好教育的人(不仅于法律有学养)的理由说明。第一,前所举理由中说过,法律业务系一种高尚职业,而非商业。这一点对于全部司法行政,有很深切的关系。第二,法官既是从律师中选拔,绝对必须具有圆通的训练,对于(牵涉到他所受理的争端的)人类关系,能具开明的见解。关于法条之运用,能悟解其理想。不仅应知维持公道的重要,更须使公众共睹确已做到公道的维持。第三,法律家必然与立法有密切关系,或由其供献意见,或起草法案,其事项不以法律自身为限,并及于其他许多方面。至于改进法律,尤其是他们的特殊使命。如系法官或教师,必须从事于法律的发展和适用。须知法律的生命,即在其适用之中。此所以吾人主张他们应当具有广博的普通教育,俾对于各种问题,能从许多方面观察,而不仅以其纯粹职业上的见解为限。第四,纯粹职业的训练,容易促成各种事业或行业间的猜忌、误会与狐疑,这是社会秩序最严重困难的根源。人类大凡都是习于一特殊的行业,而从此观点以判断事物。假定这种行业,纯粹从狭义本行立场来训练,则每人将根据他自身的打算,来估量他人,致不能领略其他方面的问题和理想。此在各种行业,均无例外。教育对于这些猜忌、误会和狐疑,具有绝大的融化功能。教育愈是广博普通,融化的功能愈大。我们固不能苛求每一种行业的人,都受过完善的普通教育。但其志愿入司法界充任法官职务,而以维持人间公道为职责者,我们对之有此蕲求,实非苛刻。尤希其看待其他职业,能超脱一般人狐疑误会的水准。我们主张整个司法界及律师界,须经过一番好好的教育,不仅以具备执行实务的纯粹本行方面条件为已足,乃系十分重要的事。且司法界及律师界中人所受普通教育的程度,不宜悬殊。若一部分在上者有广博的普通教育,在下者只受狭义的本行教育,至于大部分在中层者,虽不致有狭隘的本行见解,但他们的普通教育,恐未必能达到相当的标准,而使其对于社会有最高度的价值。此种程度之等差,实为切实维持正义之一障碍。

　　前人对于人类才识的看法,认为每个人天然地有负担一种工作及职业的能力。随后又流行着一种错误的民主观念,将各种职业放在同一基础上,以为都是个人生财的立法。这使美国在立国初期,忽略了各种职业中人必要的普通教育。其所产生的结果,我们正在切实予以纠正。现在业经公认,两年的大学教育,是必要的最低限度。目前各州又日益严格,以大学毕业为入学资格,一般觉得这是应当面向着的目标。

我们是积极地主张广博的普通教育的。若将本行的科目,借以为预先必修的法律科目,而以之伸展到大学里去,则属错误。美国所以有人鼓励这一办法,其理由已如上述。即一方面因为十九世纪法律家所受的训练,至为窄狭,致使法界对于社会立法,从而对于新兴社会科学,加以漠视;他方面,因为硬欲将新的科目,编入业很繁重的法律学院的课程表里,因此不得不把其他科目排挤出去。

假使要设法律预科的话,仍应谨慎计划,毋使加强纯粹本行的看法与态度,而应设法避免之。在中国,预科的课程,似乎无设置之必要。

我们应当切记,在任何法律预科的课目中,学习法律者,对于文字的训练,应特加注意。对于应用语文,须力求其通达。一旦起草法案,撰拟法律政治制度的修正及改进方案,或草拟条约、公约等,均须在文字上细中斟酌。若日后为法律教师,将从事著述;其从事实务者,则将草拟各种文件,如契约遗嘱、和解文约及合伙与公司等章程。若能做得完美,其对于社会的价值,不言自明。许多不必要的浪费的诉讼,往往都因文件措辞含糊,有以致之。此外律师尚须具有一种本领,即在法院中能花极短的时间,而为极有力的辩论。苟非语文通达,不克臻此。欲语文通达,惟有受健全的语文训练。

此外,司法人员以维持一民族间之正义为职责,理应了解该民族的文明及其性格与理想。如求之于它的文学中,谅不致有失。古希腊罗马的文学,流传到西欧及美国,已变为它们文明的主要成分。在中国则不然,中国有其自身的经书子集,纵无决定中国文明的功效,至少已经渗入在中国的文明中。圆通的中国教育,绝不能把中国的经书子集漏掉。

最后一点,学习法律的人,必须懂得层次思索,推陈出新。又须知道怎样的细细分析,明辨类别和正确演绎。我做了多少年法律教授所得的经验,觉得在大学里数学成绩优良的学生,学习法律,特别成功。这颇耐人玩味。

以上所述,其目的在说明对于促进特种科目(即法律家所应熟谙者)的热诚,不应让由败坏另一个重要目标,即需要学生在入法律学院时,具有良好圆通的大学教育。

5. 关于第一科目应需若干小时。

在讨论本问题时,我将参照我过去的经验。我在六个美国法律学院教过书,也在剑桥大学教过一个学期,并将参照我在欧陆对于法律教育观察所得的。因此我写这一节,是根据上述的设想和目标,而不是根据一九四五年教育部公布的课程表。这个课程表,似乎应当为过去的时期拟的。那时中国的法律,尚未形成,或仅部分形成,而未统一;同时关于欧美法制材料的介绍,也比中国法典的发扬和解释适用的启发为更重要。我在写这一节的时候,这一时期,已成过去,中国法律教育是以中国法律为内容的教育,固仍不妨从世界的、历史的、有系统的,并实际的立场,以研究之。我在上面已经提到,关于现行课程表之得失,将另草报告详陈之。

此际,美国法律学院的经验,不能作为唯一的方针。因为美国的教学,是采取例案方法,并着重于解决法律适用问题的英美式技术。英美适用法律,系根据判例,而欧陆诸国则根据法典及法律条文。但是我根据美国经验所得到的若干结论,证以我在他处所观察到的,益见强而有力。我自觉有相当的把握提出来作一贡献。

关于初步原理科目,我觉得每日一小时,每周六小时,定为两个学期,实属必需,俾整个体系,得获透彻之说明。其原则与适用原则的技术,亦须加以注释譬解。民法、刑法及民刑诉讼法等,我认为每天一小时,每周六小时,亦属必需,俾得有充分之时间,细加阐述,详为批评。其中民法的分量较重,只能分为数部讲述。至于其他的及选修的科目,每周三小时,可定为一学期两学期不等。这些比较高深的科目,我深信隔日授课,实较每日连续为愈。隔日的办法,使在两次演讲之间,有温习功课的机会。或加以思索,提出问题而解决之;纵不解决,可保留之,提出于下次班上讨论。依我的经验,这是很有益的,美国法律学院过去便是如此。数年前竟改为每日连续授课,或在周初或在周末,这并非因为从有效讲学的立场来说它胜过隔日制,而是出于教授的意思。盖于周初或周末完课之后,其余时间,可在美国法学会工作,或从事其他校外活动。从教授的立场,这无疑是个很有利的办法。但从讲学的最佳结果来说,不若采隔日制度为愈。

以上所述,仍必以标准课程表之式样及细目为依归,容他日另拟报告。

6. "例案方法"。

这种教导方法,是为英美法而设的。在英美,除非有立法规定(比较很小一部分的法律是采取这种形式的,美国各州亦如此),裁判的根据及方针,须从英美较高级法院已刊印的判决里去找。以法律上论断方法,从判决里去找法律的根源,这是英美法中一种根本上的技术。因此为欲训练学生,使能善于运用起见,美国的法律教育,不得不为达到此一目标,而定其形式。例案方法,对于达到此一目标,经证明极为成功。学生并不依赖他人已从判决事件中推演出来的原则及其适用,他学习怎样由他自己去发现这些原则及其适用。一英国或美国的立法,很快地会经法院的判决予以注释及适用。例案方法,很合于这种技术(即由注释中摘取裁断或法律上意见的根据)的传授。此外,这种教导方法,还有一种好处,它能启发学生分析的能力,并使其根据原则及观念,而为正确的演绎,与精选类推理论的始点。

但这种方法,受到它遭际及目标的限制。它假定吾人手边没有法典,或其他法令,所给予现成的原则,而须从复杂且无系统的一堆各级法院判决中去寻找。因此所花时间,势必冗长。教师很少能在科目合理的时限内,把全部功课讲完。这两点考虑:(1)这种方法原为教授英美法的技术而设;(2)每门功课的讲述,须慢慢进行,往往不能在规定年限将全部法律讲完,或在规定期限将每门功课分别讲完,可以说明其不能用为唯一的甚至主要的教导方法,以讲述依欧陆方式经编纂为法典的全部法律。有了法典之后,原则大抵是现成的了。所要教的,不是原则之发现,而系原则之适用。固然法典条文,需要解释,俾其所确立或预料的原则,得获界说。但以解释条文的方法确立一原则,予以分析判决的方法而发现一原则,究属两事。

虽然如此,例案方法,也有它世界性的一面。大陆法学家加以研究者,曾注意及此。在法典的制度下,欲以条文适用于具体事件,不外以分析及类推理论为法律家的重要工具。但其对于法律上推论力之启发,究不能与例案方法相比拟。据云中国亦曾利用例案方法而有优良之结果。所成为问题者,倒是不易获致适当的"例案汇编"以为中国讲学之用。具有世界性的科目,如国际公法及国际私法等,现行《美国例案汇编》,可以译成中文(如学生通解英文者,可直接应用),以供应用。其他科目,例如契约法、刑法总则、票据法及公司法等,纵然各国法律对于细目规定不同,但实际上所发生的问题,大致是世界性的,亦可利用例案汇编。不仅为表露法典或法律案之适用情形,且可与英美法作一比较,以明法典的立法理由。

　　但为训练法律推论力所花的时间,势必有个限度。最好的办法,或许就某几种科目,特设练习班。在大陆各国教授法律,往往增设练习一班,以补讲演之不足。同时亦可利用练习方法,以讲述若干科目,例如国际私法是。关于这方面,经证实良好的美国例案汇编,随手可得,相当的通用于各国。关于这些科目及民法中若干问题、刑法总则,如能编印良好的《中国例案汇编》,亦一佳事。大致最初载在美国例案汇编中的事件,其关于事实部分者,可资利用,自以其事实状态得适用于中国者为限。至于法官的论断,亦可供作班上讨论的绝好资料。编纂良好的例案汇编,需要丰富的经验、正确的判断力(即判断关于特种事实状态所可能引起的讨论)及精细的鉴别力(即对于冗长的案件报告,加以鉴别,以去其不必要者)。欲发展良好的《中国例案汇编》,实在需要一个长的时间。我相信目前可以设法将少数标准美国例案汇编,撮要译成中文,改合于中国的用度。其结果,在某几种科目,必能令人满意。

　　7. 法律研究院。

　　设置法律研究院的重要,其所涵盖的范围目标及其与本科之关系等,上已述及,已毋庸置疑。但是否以设分立的法律研究院,或在法律学院内设一分立的研究学系为愈,窃深疑焉。在一个良好的法律学院,本科和研究院的课程,合成一整体。天赋独厚的学生,如准其选修研究院科目,以适合其特殊需要,殊属有利。又本科和研究院,可以相互受惠。教授经在研究院讲学后,对于本科学生讲学时,必有进步。同时其在本科教授所得的经验,可以指引其在研究院教授时,决定教些什么,如何教法。这至少是我在哈佛法律学院的本科及研究院教了几十年书的经验。例如教过了英美法的科目,便晓得对于美国法律教师讲述比较法时,应教些什么。同时教了比较法后,于讲述英美法时,愈有良好的成绩。已故毕倪教授,系国际私法大师,他对三年级学生教这门科目,同时对同校研究生,则教授国际私法问题一科,成绩均佳。许多美国法律学院的法律教授及美国与世界各地之法律学院毕业生,都到他那边去学习。须知毕倪教授,究系凡人,无分身之术,如彼仅限于教授本科或研究院,则两方面都要蒙受损失。纵然法律教授仅教授本科或研究院,则在同一校舍内,他们易与法律学院其他同仁发生接触。此于彼辈自身之学养及讲学,都有价值。教授每日相互间,在图书馆或教授休息室内,作非正式的商谈和讨论,对于讲学及学识之增进,均有极大裨益。年轻同仁,往往都业营求他们的见解。法律是一变体,若分裂之而设独立学院,讲述分立的科目,或具分立的教育等级,实是浪费。不但上述接触无由发生,教授兴趣趋于狭隘,同时校舍图书馆及教授,势必重复。如研究院教授,不知本科教授讲过或漏讲些什么,难免重复讲述之弊。

设置独立学院的唯一理由,据我所见,是因为妒忌研究院的工作,它把应当用于法律学院最初目标的财力及心力分散了。我有时见到人家感觉着研究院的功课,多少是法律学院真实工作的附属品。但这种感觉,在美国法律学院里,已经被克服。这种感觉的发生,考其原因,大致由于原先律师事务中的老学校,招收大量学生,而以教学为律师大部分的工作。中国关于法律教育方面,向无学徒或训练的办法,自不受旧时观念之累,更无克服旧时观念之必要。因此中国教育对于法律学院的态度,自始就该不同。

设置独立的法律研究院,自盖校舍及图书馆,并自聘教授,将发生许多重复,实属得不偿失。

8. 法律教授的地位。

在现代中国法律的草创时期,师资及法官的培养,实为极要之图,这是用不着说的,此尤于法律师资为然。因为他们以训诲日后的法官和律师为职责。此辈法官、律师,连同日后的法律教授,将真正是制造法律,以及使法律达成其目标的人。边沁说过,法律是由大伙儿和法官制造的。其意盖律师在法院的辩论及因其辩论而法院所为的判决,造成过去英国的法律。采用法典制的国家(就在英美法制,亦非边沁预料所及),学理上的写作,法律教授的著述,对于法律之形成,影响尤大。在罗马,法律大学士同时是教师、著述家及顾问。中世纪时,法院所适用之法律,由大学法律教授所给予。法律教授在法律政治团体中的这种传统地位,随后流传到现代罗马法的世界中,而造成了大学法律教授较法官更为崇高的地位。假使查阅欧陆各国名人录,可以找到主要的法律教授之名,而很少见有法官之名,此种现象,殊属不当。盖法官司直,形成法律,其地位也应当是十分尊严的。至于欧陆方面法律教授的尊严、独立及其固定的地位,使法律教育能得到才能训练及学识俱臻上乘的教授,此于法律积极发展,实属必需。

在英国,法官行使君王司直的职权(在学理上君王的法院系在英王殿前开审),具有压倒的无上尊严,致使法律教授,屈居下位。中世纪时,法学院的领导者及治理者,就是法学院的教师。领导者的教授职务,至为显著。法学院既经衰落,法律教育于十六世纪之后,即由大律师肩负,招收学生,在其事务所学读。俟百里希束氏给它在大学中一个新的地位之后,始重新被认为法律家的重要工作。在本世纪,各大学愈益重视法律的教授。法律教授以其工作重要,其地位亦日益崇高。

美国系接受英国的法律并律师事务所教读的制度。故法官崇高的地位,过去也长使法律教授的地位,无由进展。但在开始的时候,大法官如魏德、耿德、施笃理及以后的柯立诸氏,同时也是杰出的法律教师。法官于退休后,执教于法律学院,其事系属常见。一部分的法律学院,居然能吸收第一流法律家。如葛林、百卜生、华煦本、麦诺、田卫第、卜墨昧及麦格林诸氏,都给予法律讲述以应有的尊严。一八七〇年后,专任法律教授的制度产生,法律学院在训练法律人才方面,也逐渐达到优越的地位。结果使法律教授与最高法院的法官,从职业人士及社会一般人士看来,居于相等地位。法律教授,现享受应有之尊严、独立及职位之固定。在许多州省,其薪给与法官相等,退休后受到优厚的养老金。近几年来,联邦法官及各法官的薪给大增,因此有名法律教授,多有脱离教职,而被吸引到法院去的。目前正在全盘调整工薪的时候,必须将美国法律学院的薪给表,重加调整,犹之在二三十年前之须将薪给增高一样。俾法律学院,得从最近成绩卓越的毕业生中,征求师资。须知大城市中的律师事务所,正在争着欲找成绩最优的毕业生呢。总之,美国法律教授的地位,业经确立固定了。

目前中国的主要课题,在统一法律,并使它的法典,在尽可能范围内,成为公道正义的最佳工具。因此便需要最好的法律教授和法官,他们都可以训练及造就出来的。教授和法官的职位,必须稳固。并须设法诱致从事法律职业中最有才能的人。从今起,用于研究外国法典及外国法律制度(以确保纸上最新立法及最后法律制度)的心力、财力,最好改用于扶掖法律学院及法院,使能充分发达,以造成统一的中国法律。

9. 法律图书馆。

法律自来是经教师讲述的一种传统,而这一传统的最大库藏,是法律图书馆。法律学院而无充实的法律图书馆,不免有所残缺。好久以前,美国法律学院协会,确定最低限度的法律图书馆,为法律学院承认立案的要件。现对于最低数量及素质的书籍,复经规定增加。教授与学生,均须随手有参考书,以便参考查阅。其在学生,尚须同时自修,阅读他书。惟其如此,才能保证教读的完满结果。在中国未有完满法律文献之前,法律图书馆,不仅应包含现有的中国法律书籍,至少尚须具有上选的关于现代罗马法的基本论者和主要大陆国家的学理上著述。盖两者均有助成中国法典之功效。法律学院有了这最低限度的基础,慢慢自可建立一座宏伟的图书馆。

如认为必要的话,我很愿意为中国法律学院草拟一最低限度的及一较长的书单。这些书单,将包括国际公法、国际私法、英美法的古旧的初步原理书籍、比较法及法理学等。但开始的时候,具有现代法典国家的法理上著述,究为说明中国法典所必需,亦为写作充实的中国学理上论著所必参考,自应首先备置。

（原载于《中华法学杂志》1947 年第 5 卷第 8 期。）

评有限公司立法之得失

一

公司之类别，向有人合团体及资合团体之殊。人合团体，信用在人，如无限公司是。资合团体，信用在物，如股份有限公司是。随后有限公司发明，既非纯粹人合团体，又非纯粹资合团体，而系一种混合体，在公司组织中，独创一格。

有限公司，起源于英德两国。在英称"Private Company"，制定于一九〇八年之 Companies Consolidation Act。但就该法颁行之前，有限公司实际上早已存在。德国于一八九二年制定有限公司之法律，以有限公司为一种新的独立的体制。颁行以来，即为世人所注目。随后奥国、捷克、波兰、保加利、法国、葡萄牙、匈牙利、苏联、瑞士等国，均先后纷纷采用。至于其他各国，有已拟具草案，正在考虑立法，公布施行者。我国旧《公司法》于十八年十二月二十六日公布，二十年七月一日施行，尚仅认可向所公认之两种公司类别。去年四月十二日公布施行之新《公司法》，始仿欧西先例，添设有限公司一章，未始非一进步也。

有限公司在德称"Gesellschaft mit beschränkter Haftung"，当时为应合经济上某种需要而制定。初系一种尝试，以观后效。不意一经创制，居然颇为风行。不仅有限公司之数量，日见增多，抑且其适用范围，亦愈益广大。原来只是一种家庭组合,资本金额有限,随后如 Cartel 及 Syndicate 等(资本主义极发达国家的最新组合),亦竟以援用有限公司之组织为便。

二

我国新《公司法》,添设有限公司一章,其理由据该法起草人张启元氏之说明,在便利政府与人民合组公司,或政府与外人合组公司,或中央政府与地方政府合组公司,然亦不禁人民组织有限公司。虽非脱胎于特种股份有限公司条例,可谓特种股份有限公司条例之蜕变(笔者按:其然岂其然乎?),可谓别具理由。其是否能发生如预期之便利,只有待诸他日以事实证明,此时实难臆测。惟人民之组织有限公司,根据我国社会经济情形,参考他国实际状况,将来必甚发达无疑。其理由如下:

按我国工商业,尚未十分发达,法律保障亦未切实有效。一般人对于信用之观念,向不着重某一工业家或商人之物的价值,如英美或德国然,而尤注重其本身之殷实、信誉及其他道德上价值。故投资于股份有限公司者,向不踊跃。其有合股经营者,往往彼此均系懿亲密友或相知有素。第以合伙或无限公司之组织,合伙人或股东之责任,并无限制,风险太大,素称不便。兹有有限公司之体制,规定股东责任有限,其必为国人乐予采用,殆无疑义,此其一。我国宗法制度,在法律上虽已不再承认,而家族观念,事实上仍深固如昔。家人合资创设一工厂或商号,或因祖先遗业,其子若孙,继续共同经营,事属常见。此种极密切而不公开之组合,原不求外人参加,自无成立股份有限公司之必要,今后必纷纷采用有限公司,可断言也,此其二。关于股份有限公司,立法规定各种手续綦繁,费用亦大。至于有限公司,手续简省,费用亦小。我国一般财富,远不如英美之雄厚,工商业之规模,亦远不如他国之宏大。类多小本经营,不胜营业上意外开支之负担,抑且官署办事,往往延误,人民畏之,雅不愿多与接触,招致麻烦。有限公司之组织,尚合于人民之需求与心理,自必日见发达,此其三。

三

有限公司之特色,约言之,股东之责任有一定限度,此与股份有限公司为近似。惟有限公司之资本,不分为股份,纵然发给股单,亦非有价证券;又股东出资之让与,限制颇严,此又与股份有限公司,大异其趣,而与无限公司为相近,观乎上述,可见有限公司之股东,与股份有限公司之股东有别。后者之智愚贤不肖,与公司之业务无关,其随意进退,亦不足影响公司之前途,而前者原则上均有执行业务之权义。其才能之优劣,深足以影响公司之降替。有限公司使人之财力及能力,得以联合而获发挥,可谓尽碍他种公司之长处。

上述特色,为各国立法所共通。至于详细规定,则各有所偏,出入颇大。德国法以有限公司为股份有限公司之变态,近乎资合团体;法国法则规定其性质近乎人合团体。在两种极端看法之间,即有许多不同的折中立法,瑞士法郎其一例。

我国立法,究持何种见解,此为有限公司全部规定重心之所在,不得不先加研讨。综观全章规定,自第一○五条至第一二五条止,可谓并无显明立场。立法者予公司发起人以甚大之裁量权,由其自定舍取。例如第一一五条规定"公司章程订明,专由股东中之一人或数人执行业务时,准用第三八条至第五三条之规定",是则有限公司可使与无限公司相衔接。反之,第一一六条规定"公司股东选有董事执行业务者,准用股份有限公司董事之规定",亦可使为股份有限公司之变相。他如第一一○条第一项关于股东会之组织者,第一一七条关于监察权之行使者,第一二五条关于解散及清算者,均属彼此两可。其所以然者,未见说明立法理由。但依张启元氏指出有限公司今后之适用场合,愚见以为此种立法,亦有可采取之处。盖若政府与人民或中央政府与地方政府合组公司,则股东之人选,比较不甚重要,抑且此种企业,规模类较宏大,使其组织偏近股份有限公司,自无不可。至于家庭之组合,人选关系,至为重大,且亦类多规模中等或中等以下之企业,自以其组织偏近人合团体为较适宜也。

惟立法技术,至欠妥善。可商榷者,有下列数端:

(一)《公司法》并未以概括之方式,而以列举之方式,就股东会、业务之执行、监察权之行使及解散清算等为两可之规定。于是难免有所挂漏或重复抵触之弊。以变更章程而论,其重在人合者,则依第一一五条准用第四一条之规定,应得全体股东之同意。其重在资合者,应否准用关于股份有限公司变更章程之规定(即第二四六条以下),法无明文,此外又未设有限公司变更章程之特殊规定,究应如何变更,不无疑问,此重大疏漏之例也。又第一二一条规定股东以其出资之全部或一部让与他人之办法。设有一有限公司,偏向人合团体者,则依第一一五条之规定,复应准用第四九条。不仅就同一事项,无意中为重复之规定,抑且第一二一条与第四九条,内容各异。虽在解释上其问题不难解决,但立法技术,至为拙劣,此重复而又抵触之例也。

(二)一有限公司是否偏重人合,抑或偏重资合,须视(a)其是否设有股东会(第一一○条第一项),(b)其章程是否订明专由股东中之一人或数人执行业务(第一一五条),抑或选有董事执行业务(第一一六条)。如其有股东会之组织,并选有董事者,准用股份有限公司之规定,关系偏重资合,否则偏重人合。但是否有股东会之组织,应依何种标准而为断定? 惟有求之于公司章程,视其是否有明白肯定之记载。如果有明白肯定之记载,是否即能断定发起人有使公司接近股份有限公司之真意,尚属绝大疑问。盖股东会之名称,在公司法上虽已成为一种术语,但民间用法,并不如此谨严。举凡一切合伙人会议,一般人均称股东会。故公司章程中如仅称设股东会而不详定其组织,究难借以探求发起人之真意。苟拘泥于所用之辞句,而解释为发起人意在采用股份有限公司股东会之方式,实有背于《民法》第九八条之规定。

抑有进者,法律须深入民间,故其文字贵乎简明。此所以一般公认法瑞两国民法之立法技术,远较德国《民法》为高明也。兹以《公司法》第一一〇条第一项后段而言,人民实不易了解其真义。盖股东会之通俗意义,既亦包括合伙人会议在内,则凡一切合资经营事业,依一般看法,莫不有股东会之组织,其在有限公司,当非例外,何以尚须设该规定哉? 苟非由专家告以股东会一语,系一专门名称,有其一定之界说,实难使其领悟也。

(三) 第一一五条及第一一六条之立法技术,其弊病与上述相似。按董事一词,虽系术语,早经民间滥用。一般对于执行业务之人,往往给予董事之雅称。故合伙组织,常选有董事。设一有限公司选有董事,即凭此一语,遽依第一一六条认为发起人倾向于资合团体,于是准用股份有限公司董事之规定,究未必与发起人之真意,时相吻合也。又民间用语,既以执行业务之人与董事混为一谈,则第一一五条前段及第一一六条前段,究有若何区别,亦非一般人所易了解,必有待于学者专家之讲述而后明。

因于上述立法技术之未尽妥善,将来关于某一有限公司,其发起人是否有意使成为人合团体,于是选用无限公司之规定,抑或有意使成为资合团体,于是准用股份有限公司之规定,可以平添许多艰难的解释上问题,造成无数意外的纠纷。抑且立法者之至意,使发起人得依其需要,为偏重于人合或资合之选择,亦将因此而难于贯彻。

四

有限公司之一基本问题,既经详加评述如上,兹更就《公司法》第五章(即有限公司)中其他可商榷之点,择其尤要者论列之。

(一)股东之名额——依第一〇五条,有限公司之股东,应有二人以上十人以下。公司应有股东二人以上发起,殆为各国立法所共通。至于同条复设最高名额,限定十人,是否妥善,不无疑义。按有限公司系兼采人合团体与资合团体之长,业如上述。为维持公司之人合性质,固不宜使股东人数众多,但现行法既予发起人以偏向股份有限公司之裁量权,自不应限制股东名额,少至十人,其属于理难通,至为显然。若必坚持此一最高定额,则十人之组合,决无使成资合团体之必要,现行法大可采取较硬性之立法,尤其仿效法国立法例,以有限公司为偏近于人合团体之组织。纵以一般人合团体(包括合伙在内)而言,股东十名,固不为少,但亦未见甚众。何况有限公司,可以作为家庭企业之方式,而将来家庭企业之采用有限公司,势必甚为发达,业如上述,则仅限定十人,亦觉过少。须知我国家庭组织,其规模远非他国人士所能想象者。不仅内亲相互之间,即外戚与内亲之间,其情谊往往亦甚笃厚,遇有合资经营时,常可超出十人以上。兹以一最通常之譬喻,以说明最高定额十人之不切实情。

甲生前经营一中等规模之工厂,身后遗有子女五人;另子女二人先于甲死亡,各遗子女三人,依法得代位继承,加上叔伯辈共计十一人,便超过了十人之名额,即无法采用有限公司之组织。然而采用无限公司或合伙之组织,风险极大,采用股份有限公司之组织,则以中等资本,少数股东,又无此必要。依我国各地民情,一家在十口以上者,可谓比比皆是。则立法用意,如欲使有限公司为今后家庭企业普遍采用,亦属难于实现。他国立法例,如德奥法瑞等,均未限定股东人数最高定额。至于英国则限定最多五十人,意大利廿五人,均远较我国所定之最高额为高。愚见以为第一〇五条亟应加以修正,而将最高额增高,至少达廿五人。否则有限公司之发达,必遭阻碍,人民亦未能尽得此一新体制之利,可断言也。

又股东除自然人外,法人亦得为股东,殆无疑义。至于非法人团体,是否得为股东,如依第一〇五条从严解释,应在不许之列。但是否合乎实际需要,尚待商榷。查我国私人财产,颇多在共有状态中者,如族产即是。对外均用堂名,为使有限公司尽其效用起见,应利便族产投资,而许一姓之堂,得为股东。此外并应许商号为股东。瑞士立法且有明文规定,德国立法,虽无明文,但许商号为股东,已成定论。第一〇五条似应本于上述意旨补正为宜。

(二)出资之转让——出资之性质,适足以表达有限公司之混合性及其特色。有限公司之出资,具有人的因素,此与无限公司之出资同。但后者使股东负无限责任,抑且原则上不得让与,而前者则否,此乃两者互异之处。兹更与股份有限公司之股份相比较,两者均限定股东之最高限度责任,此其为相同也。但出资不分为股份,每份出资其价值不必相等,其让与受相当之限制,凡此各点,均与股份有限公司之股份为不同。

《公司法》规定出资应于公司设立时,由股东全部缴足,不得分期缴款(第一〇七条)。此乃从同法国立法,实属简单明了,可避免意外纠葛,未始非得计也。

至于出资转让,特设限制者,乃为维持有限公司之人合性质,此为各国之通例,《公司法》规定于第一二一条。同条分列两项,第一项规定:"公司执行业务之股东或董事监察人,非得其他全体股东之同意,不得以其出资之全部或一部转让于他人。"第二项规定:"不执行业务之股东,非得执行业务之股东过半数之同意,不得以其出资全部或一部转让于他人。"其将股东分为两类,而异其限制,可谓创例。张启元氏之说明,第一项之规定寓有人合公司重视人选之意,至于不执行业务之股东,或不任董事监察人之股东,其人选之重要,不若执行业务之股东或董事监察人,故其出资之转让,不如无限公司股东须经全体股东之同意,亦不如股份有限公司之股份,可自由转让,但须经执行业务股东过半数之同意,稍示限制。此即资合公司兼有人合公司之性质云云,此与两合公司之分有限责任股东与无限责任股东两类,而于股份之转让,异其限制,其情形正复相同(《公司法》第九〇条及第九五条)。然则就出资之转让一点而论,若依张启元氏之说明,两合公司亦同具有人合及资合之混合性矣。果如是,何贵乎另创有限公司之新体制哉。此足见其对于有限公司之性质及真义,尚乏正确之认识。吾人上述有限公司之特色,在并合无限公司与股份有限公司之长,亦即联合财力与能力于同一之组织者,盖非指以一部分股东之能力与他部分股东之财力相结合(此乃两合公司之特色),而以全部股东之财力与能力相联合也。在两合公司,仅无限责任之股东有执行业务之权,故其人如何,即其能力品德是否卓越高超,于公司之前途有莫大关系。反之,有限责任股东仅供给资力,并以出资额为限负其责任,其人如何,与公司无涉。至于有限公司之股东,不分彼此,均有被推执行业务之权。故若其中一人能力薄弱,而竟亦参加业务之执行,其必影响公司本身及全体股东利益无疑。此所以股东之人选，不仅限于若干人为重要，而全体均为重要。在发起时，固须相知有素或系懿亲密友，于公司成立后新加入者，亦须众股东对之信任有加。明乎此，可见出资之转让，非但不应将股东分为两类，而异其限制，尤不应独使执行业务之股东有决定之权。第一二一条之规定，足证立法诸公之颠顸，殊属遗憾。然则应如何修正，他国立法例可资借镜。例如法国法规定出资之转让，应得股东过半数并代表股份总数四分之三以上之同意。较新之瑞士法规定应得股东四分之三并代表股份总数四分之三以上之同意。其未规定应得全体之同意者，盖亦顾及事实而出于不得已也。

　　转让与继承不同，在法律上概念各异。《公司法》于第一二一条规定转让之后，而未设专条规定继承，殊属疏漏。究应如何办理，因各国办法，互有不同，在我国解释上遂滋疑义。瑞士法规定出资之继承，毋须得他股东之同意，但章程另有订定者，从其订定。至于德法两国，虽无明文，迄今通说，均以出资之继承与出资之转让视同一事，应受相同之限制。考其理由，盖继承人中偶有能力品德俱属低劣者，使加入为公司之股东，诚于公司为不利也。

　　（三）资本增减——首论减资。第一一四条前段规定公司不得减少其资本总额，此亦可谓一创例，但未见其得计也。盖凡一种企业，盛衰交替，鲜有长年兴隆而不衰退者。故有时有增加资本之必要，或以弥补损失，或以求业务之发展。有时则须减少资本，以免益加赔累。兹规定不得减资，不仅有背工商业之常理，抑且使所有有限公司，不敢增资，其有碍于公司业务之发达，并削弱有限公司之效用，不待烦言自明。惟据张启元氏对于上开法条之解释，谓有限公司可以增加但不得减少其资本总额，俾其实力充足，不影响于债权人之利益云云。然则何以勿规定股份有限公司亦不得减资，以达到实力充足及保护债权人利益之目的哉？是其理由,显甚牵强。若使实力充足,第一〇七条已能达此目的,毋庸另设不得减资之规定。如一公司以社会经济情形不佳,营业有减无增,巨额资本,多归搁置。此时其实力,可谓已超过其必要充足之限度而变为过剩矣。如不许其减资,此过剩资金,几同冻结,而不能尽其用。不仅于私人为不利,于国家财富亦有损。至云保障债权人之利益,固属允当,仍可设如第二六二条之规定(准用第六七条第六八条),以达到此一目的。若必令不许减资,因噎废食,不知其可也。各国立法例,如德、法、瑞士等,莫不认许有限公司减资者,同时为保护债权人之利益,并设相当之限制,兼筹并顾,不失为良善之法制。

至于增资,第一一四条后段规定应经股东过半数之同意。夫既有增而无减,其增也必偶然而甚罕见之事,从而法律规定准许增资,其实际上意义,究甚微薄。

增资之条件,各国立法规定,互有不同。德国须出席股东四分之三以上之同意;瑞士须全体股东四分之三并代表股份总额四分之三以上之同意;法国须全体股东过半数并代表股份总数四分之三以上之同意,可谓均较我国法律之规定为严格。查我国公司法既许增而不准减,则于决定增资时,理应倍加审慎,仅过半数之同意,尚未足以示郑重。尤其因增资而招致第三人时,更须依第一二一条第二项另为决议。而同条同项所规定之条件,又若是之宽,难免网罗能力品德低劣之人,其与有限公司之人合性质及慎重股东人选之旨,显然不无违忤之处。

抑且增加资本,系变更章程之一端。在股份有限公司,尚须有代表股份总数三分之二以上之股东出席,以出席股东表决权过半数之同意行之。则兼重人合之有限公司,关于资本之增加,岂可反较股份有限公司为简便乎,此亦立法诸公颟顸之又一例证也。

若必维持不得减资之主张,则同时必须设法抵销因不得减资所可引起之种种不便。其法惟有仿效德瑞立法,采取补给之制(Nachschuss)。补给者,股东在原出资之外,更向公司为给付,以弥补损失或为扩张业务之用(瑞士法仅以弥补损失为限)。公司因股东补给所获之资金,不加入资本总额,而以之与公积金或其他盈余同视。故将来遇有必要并条件许可时,仍可依简便手续,以补给之数,分别发还,均不受增资或减资之严格限制,不啻造成一种活动资本,便于增减,而以应变。

至于补给之要件:(a)须股东之补给业务,在章程中订明之。否则应经全体股东之同意。盖股东之责任,既有限定,自不能于事后,复使突然补给,而增加其负担。既订明于章程矣,则股东业于事先同意并预见,于必要时,使各补给,未见其不公允也。(b)补给义务之履行,须经股东会之决议,以出席人数过半数之同意。

上述为德瑞立法中补给制之大要。其有为我国采用之莫大价值,毋待深论。公司股东既因不得减资而不敢增资,自乐于利用补给制度,于他日尚有受发达之可能也。抑且补给限于股东始有此义务,自毋虑因此而有第三人之加入也。

或疑第一二二条第二项中之特别公积金即指此。殊不知公积金以有盈余为前提,而补给则由股东腰包中掏出,往往于公司亏折时,始有补给之必要,故两者实非同一物也。

(四)关于经理人者——第一一九条规定公司设有经理人者准用股份有限公司经理人之规定。按经理之名词,目今甚为流行,与董事同为最时髦之称谓。即小商号亦往往有经理其人,何况有限公司哉!有限公司之必设有经理人,已成绝无可疑之事。然则实际上已等于将第二一四条至第二二五条并入有限公司一章矣。此十二条原为股份有限公司而设,故如第二一五条、第二一六条、第二一九条及第二二〇条等,均仅提及董事,但有限公司不必选有董事。兹假定一有限公司,未选有董事,则经理应如何选任解任,如何定其报酬,秉承何人意思以执行其职务,虽在解释上或不致深感艰难,但至少在立法技术上,又系一大可商榷之处也。

此外,第二一八条规定经理不得兼任他公司同等之职务,亦不得自营或为他人经营同类之业务。但如经理违背此规定时,其法律上效果如何,未见明文,是否不予制裁?果如斯,则第二一八条等同虚设。若予以制裁,应如何发动,具何方式,均属疑问。或谓比照第一九三条第三项而准用第四八条第二项,将经理或他人所为之行为,认为公司所为,易言之,公司得行使夺取权。此依法理言,自不得谓非公允。但夺取权之行使,应取决于何人,是否仍为同等之比照,而主张应得其他股东过半数之决议行之。如经理同时系股东,"其他股东"一语,尚有意义,如经理非就股东中选任者,则此语即属欠通。总之,夺取权之行使,应否由全体股东,抑亦由董事或执行业务之股东发动并决议,实一挂漏而难决之问题也。

又第二二四条称公司不得以其所加于经理人职权之限制,对抗善意第三人。既称限制,必先有其法定之职权。盖必先有固定之范围,而后始可以言限制也。综观第二一四条至二二五条,未见对于经理人之法定职权,有何规定,在解释上,固应适用普通法,即《民法》第五五三条至第五五七条无疑。但以言立法技术,《公司法》第二二四条系抄录《民法》第五五七条。殊不知《民法》第五五三条至第五五七条,系一整套。欲抄应全抄,否则可全不抄,仍不因而丧失其补充公司法之效用。今仅抄其中一条(即第五五七条),而抄得又不完全,尚复何言。

上述种种,并非故意吹求,是乃立法诸公,过于大意。须知公司法系"中外观瞻所系"(据报载立法院考察团,此次赴欧美,携有公司法与他国立法当局,交换意见云云),对于其修订,尤不宜不倍加审慎也。

(五)本章之地位——本章者,指公司法第五章有限公司而言。其所占地位,前有无限公司,后有股份有限公司。立法理由,显然以为有限公司,既为人合及资合两种团体之混合,可与左右为邻,应使介于两者之间。此种理由,至为天真。譬如以一半红半绿之板,置于一红一绿之间,使红色之一半,与红板相衔接,绿色之一半与绿板相衔接,一似儿童之玩七巧板,可谓整齐悦目之至。但欲置有限公司一章于适当之地位,恐不宜作如此简单的及表面的看法。有限公司既兼具人合及资合性质,故必先明了何为人合团体及资合团体,而后始能了解有限公司之真义。试观全章二十一条,其中不下八条,均准用股份有限公司之规定。则依高深一层的知识,为其编次,应将有限公司一章,排列于股份有限公司之后,始可谓合乎理则。

以上五点,系个人观感所及。此外,尚有两端,略述数语:(一)关于其他公司改组为有限公司者,在公司法亦未定有明文。有限公司之实际效用,既甚广大,又与国情极为适合,不仅应鼓励今后新设企业,广为利用,且应使已成立之其他公司,有变更体制而改组为有限公司之机会。过去颇有以不得已而采用无限公司、股份有限公司或其他种公司者,我知其如于此时设立,必采有限公司之组织无疑。如能规定已成立之公司,毋庸解散清算,重起炉灶,在完成简便手续,简单条件时,即可改组为有限公司,并仿效法国立法例,继续承认其原来之法律上人格,不仅以免繁重之程序,浩繁之费用,尤以省巨额捐税,亦提倡有限公司之一道也。(二)关于退股者,《公司法》亦漏未规定。凡有进必有退,乃自然之理也。依法理言,如股东不得退股,则除出资转让或公司解散等情形外,将终身无法摆脱,甚至职业自由,将受终身之限制。此种情形,是否为《民法》第十七条所容许,窃有疑焉。复依事理言,股东中有经宣告破产者,或其出资为强制执行之标的者,或被其他股东议决除名者(此点公司法亦挂漏),均可发生退股情事,自应补为相当之规定。

五

　　总而言之,《公司法》关于有限公司之一章,或因立法诸公尚未正确认识有限公司之性质及其在中国之效用,故规定乖忤违理,或因草率从事,致在立法技术上,瑕疵重重。而尤显著者,疏漏之处,不一而足。人民既无以为依据,法院亦无以为凭借,徒增日后纠纷,而影响及于社会经济。须知德国法都凡八十四条,法国法四十三条,瑞士法关于有限公司者,见于债法分则,自第七七二条起至第八二七条止,都凡五十六条。而我国《公司法》第五章,仅寥寥二十一条,其不敷用,概可想见。

　　　　　　　　　　（原载于《中华法学杂志》1948 年第 7 卷第 1 期。）

编后记

2020 年 4 月,编者调入同济大学法学院任教后不久,就接到徐钢副院长的邀请,希望我负责"同济法学先哲文存"系列丛书中《张企泰集》的编校工作。我欣然接受了这项工作,对于能参与同济法学院创办初期知名教授的文集整理工作也感到十分荣幸。

在法哲学领域,列入商务印书馆"汉译世界学术名著"丛书的黑格尔《法哲学原理》是张企泰先生广为人知的经典译作,该译作在我国人文社会科学领域具有广泛的影响力。然而同《法哲学原理》一书的知名度形成鲜明对比的是,人们对于该书的两位译者范扬、张企泰却知之甚少,尤其张企泰先生的生平信息更为缺乏。在编校过程中,"张企泰是谁?"的问题一直萦绕在编者的脑中,并试图探寻答案。为此,编者一方面将张企泰先生的论文、译文、著作等著述尽量列入文集;另一方面通过网络、回忆录、史料、名人书信、相关工作单位记载等零散资料,尽可能地收集张企泰先生的信息,以求展现一幅比较全面的张企泰先生的"个人画像",进而尽力拼凑出一幅比较完整的张企泰先生的著述与人生画卷。

（一）张企泰之生平

　　张企泰，浙江海盐人，九三学社社员①，生于 1907 年②，精通英语、法语和德语。1929 年毕业于清华大学政治学系，获清华大学文学士学位。在读期间，1928 年 12 月 20 日，清华大学成立由 11 人组成的"筹备赈灾委员会"，冯友兰担任主席，张企泰为委员会成员之一。③ 1929 年，张企泰获"中国评论周报征文"第二名（与李芷馨并列，第一名为王文瑞）。④自清华毕业后，张企泰赴法国留学，于 1933 年获得巴黎大学法学博士学位，博士论文题目为"Du sens de la règle res inter alios acta dans la jurisprudence française"[《法国法中"他人商定之事项"规则之意义》]⑤。留学期间，与清华毕业的同学李健吾、秦宣夫等人来往密切。在吴宓于 1930 年-1931 年游学欧洲时，张企泰与吴宓常有往来。⑥ 1933-1934 年间，张企泰在欧洲游学。1934 年《清华校友通讯》中曾有关于张企泰"近况"的记录：

　　　　（1）生活近况：去岁在法考毕，受法学博士学位。秋间来德，在

---

① 参见王伟：《中国近代留洋法学博士考》（第 2 版），上海人民出版社 2019 年版，第 413 页。
② 另有资料显示出生于 1909 年，参见苏云峰：《清华大学师生名录资料汇编（1927-1949）》，台北"中研院"近代史研究所 2015 年版。但与张企泰交往甚密的清华同学李健吾、秦宣夫等人均出生于 1906 年，因此推测 1907 年相对可靠一些。
③ 袁帆：《早期清华公益慈善轶事钩沉》，清华大学校史馆网，http://xsg.tsinghua.edu.cn/info/1003/1176.htm，最后访问日期：2021 年 5 月 1 日。
④《申报》，第五张，中华民国十八年九月十四日。
⑤ http://www.opac.unicatt.it/record=b1848475~S1*eng，最后访问日期：2021 年 5 月 1 日。
⑥ 张企泰为吴宓在清华任教期间的学生（参见《吴宓日记》[第 3 册]，生活·读书·新知三联书店 1998 年版，第 237 页）。吴宓在其日记中曾记载与张的多次来往：1930 年 9 月 27 日（星期六）晚，张企泰、秦宣夫等清华毕业巴黎留学生等 10 人宴请吴宓于上海楼。1931 年 2 月 28 日、1931 年 5 月 9 日、1931 年 7 月 1 日均见面交谈，或至深夜。参见《吴宓日记》（第 5 册），生活·读书·新知三联书店 1998 年版，第 127、200、287、362 页。

Bonn 为旁听生，以余时写文。今年四月间去柏林，在普鲁士国家图书馆中为书虫，最近已搜集不少材料，将成刑法方面的巨著。拟七八月间去英，年底或回国。

（2）荣誉：在 Bonn 有一日人专作蔑华宣传，作公开讲演、写报纸文章，但企泰总跟在他后面，从法理实际方面，揭发其隐，驳斥其妄，说他个人由此所得荣誉，实际不及中国所得者大。①

1935—1937 年，张企泰任司法行政部编查处编纂。② 1937 年夏，张企泰受聘于西南联大；在 1938 年的国立西南联合大学院系教员名录中，张企泰为当时法商学院法律系（受聘于北大）的 6 名教授之一（另外 5 人为燕树棠、戴修瓒、蔡枢衡、罗文干、章剑）。③

在一篇题为"周炳琳致胡适"的书信中，时任北京大学法学院院长周炳琳曾就张企泰的经历举例说明，摘录如下：

> 张歆海兄之弟企泰学力甚好，廿六年夏受聘，未到校而抗战事起，心骛于战时临时工作，一再延期到校，到廿九年始到昆明，一开始即教书兼为律师，在昆不到两年又离去，来重庆就司法院事，兼中大教授，并兼为律师。④

---

① 牟乃祚、陈凤翚、杨先焘等：《校友生活代述》，《清华校友通讯》1934 年第 1 卷第 10 期，第 74—77 页。
② 王伟：《中国近代留洋法学博士考》（第 2 版），上海人民出版社 2019 年版，第 232 页。
③ 王学珍等主编：《国立西南联合大学史料》（第 4 卷），云南教育出版社 1998 年版，第 68 页。
④《周炳琳致胡适》，见中国社会科学院近代史研究所中华民国史研究室编：《胡适来往书信选》（下），社会科学文献出版社 2013 年版，第 906 页。周炳琳指张企泰为张歆海之弟，从现有文献来看，并无其他资料佐证。张歆海出生于上海，籍贯为浙江海盐；张企泰出生地不详，海盐是否仅为其籍贯尚不清楚，但 1929 年张企泰获《中国评论周报》征文奖项时登记的家庭住址为上海市北京路 465 号。有意思的是，《中国评论周报》创刊于 1928 年 5 月 31 日，由张歆海、桂中枢、潘光旦、陈钦仁等人发起，并由张歆海担任首任主编。

　　1939 年在昆明西南联大期间,朱自清先生于 11 月 11 日(星期六)偶遇张企泰,朱对其评价"遇张企泰先生,他颇高傲,他未脱帽,我也不应脱帽"①。根据西南联大各院系必修、选修学程及任课教师表(1940 至 1941 年度)显示,在西南联大法商学院法律系期间,张企泰讲授民法物权、民法亲属继承、国际私法、矿产法。② 1942 年后,张企泰前往重庆就司法院事,兼任中央大学教授,并兼职律师。③ 1945—1948 年,张企泰任行政院公务员惩戒委员会委员。④ 抗战胜利后,张企泰兼任中华民国法学会副秘书长。⑤ 1948 年后,张企泰任同济大学法学院教授,讲授国际公法、破产法、物权法。⑥ 1949 年初,因法学院院长徐道隣请假,院务需人主持,同济大学聘请张企泰教授代理法学院院长,兼任司法组主任,同时范扬教授兼任行政法学组主任。⑦ 1949 年 9 月,同济大学法学院因院系调整并入复旦大学。在特殊的时代背景下,张企泰先生等人的人生境遇发生了变化。1949—1950 年,张企泰任光华大学教授,1951 年任震旦大学法学院教授,1952 年调整到复旦大学外文系。⑧ 在华政筹备建校初期,张

① 朱乔森编:《朱自清全集》(第 10 卷),江苏教育出版社 1998 年版,第 60 页。

② 清华大学校史研究室:《清华大学史料选编》(第 3 卷·下),清华大学出版社 1994 年版,第 234—235 页。

③ 周道济在回忆其南京国立中央大学法学院的读书经历时,提及张企泰先生曾主讲民法总则和国际公法。参见周道济:《母校寻旧忆老师》,载第 25 期东南大学《校友通讯》,https://seuaa.seu.edu.cn/2008/0912/c1959a27792/page.psp。关于张企泰先生在重庆期间兼职律师的情况,《民国三十四年重庆律师公会成员名册》中载有"张企泰律师",可与印证,参见张娜:《陪都时期重庆地区律师业状况初探》,西南政法大学 2015 年硕士学位论文。

④ 王伟:《中国近代留洋法学博士考》(第 2 版),上海人民出版社 2019 年版,第 232 页。

⑤ 中华民国法学会是 1935 年 9 月成立的学会组织。抗战胜利后,以居正为理事长,谢冠生、张知本、夏勤、端木恺等为常务理事,张企泰为副秘书长。

⑥ 蒋晓伟、江鸿波:《初创时期的同济大学法学教育》,《同济大学学报》(社会科学版)2005 年第 6 期。

⑦ 上海国立同济大学旬刊社:《同济校刊》(第 2 版),1949 年 3 月 1 日。

⑧ 王伟:《中国近代留洋法学博士考》(第 2 版),上海人民出版社 2019 年版,第 232 页。

企泰、范扬、陈朝璧等人由于政治历史原因,没有能够进入华政。① 1955
年前后,张企泰先生从复旦外文系调法律系,1958 年从复旦法律系并入
上海社科院政法研究所。1962 年 5 月 25 日,张企泰先生逝世。②

(二)张企泰之著述

张企泰先生的著述颇为丰富,所涉领域较为广泛,主要集中于民法、
国际法,偶有涉及民事诉讼法、刑事司法等领域,还有一些译文、译介等。
究其原因,大抵与张企泰先生的学术生涯和境遇密切相关。

张企泰先生早年就读于清华大学政治学系,当时的著述主题主要偏
于政治学。随后其在巴黎大学攻读法学博士学位,期间笔耕不辍,发表
了大量民法领域的专题论文,如《连带债务立法之演变及趋向》《法律行
为中之意思学说及意思表示学说》《两种不同的债的观念》等。博士毕业
后,在其德国游学过程中也有不少作品问世,例如《法人之产生解散及其
能力范围》《约定违约金之比较研究》《中国〈民法〉及〈票据法〉的德文译
本》《德国新劳工法》《德国之内政与外交》等。

1935—1937 年间,张企泰的文章主要是译文译作,较多介绍了德国
当时最新的立法修订情况,大约因张时任司法行政部编查处编纂之故。
例如《调解制度之比较研究》《未来之德国刑法》《未来之德国刑法(分
则)》等。1936 年时,张翻译了《德国非讼事件法》《德国关于公证法规》
《德国关于检察制度之法条》《德国关于戒严法令》《德国联邦家传农田

---

① 何勤华:《华政的故事(七)——共和国法治建设的侧影》,《法制日报》2019 年 5 月 29 日,
第 9 版。
② 《国外社会科学文摘》编辑部曾以注释形式发布了张企泰先生的讣告:"本文译者张企泰教
授不幸于本年 5 月 25 日逝世,我们谨表示深切的悼念。"参见《国外社会科学文摘》1962
年第 6 期,第 27 页。

法》《德国少年法院法》《德国联邦律师法》等等,此外还译介了埃及法典重订、日内瓦少年法院立法、瑞士法院对于情势变迁条款的判例、苏俄刑法及刑诉法修改等国外法制动态。

张企泰先生在 1937—1949 年间的文章涉及民法、公司法、民事诉讼法、国际法以及法律人才培养等多个领域,这些作品展现了作为法学家的张企泰的所思所想所悟。这段时间的文章基本都收录在本文集内。限于篇幅,本文集并未收录张企泰先生在 1949 年后的作品,兹简录其1949 年后的著述情况如下:1949—1956 年,由于工作单位和工作内容的调整等特殊原因,期间并无著述发表;1957 年后,其著述均以译文、译著为主,如享誉学界的《法哲学原理》(1961 年),以及《现代资本主义发展和停滞的因素》《埃希曼案件———一个法律和道德的难题》《美国经济衰退的分析》及遗作《论废除死刑》等等。

(三)张企泰之贡献

张企泰先生的学术成就尤其在法学研究中的贡献主要体现在以下几个领域:

首先,民法学领域。张企泰先生的《中国民法物权论》《中国民事诉讼法论》在当时均为特色鲜明的著作。例如,《中国民法物权论》和《中国民事诉讼法论》①均将主要判例解释或民诉法的制例解释等实务材料作为引证,与当时的同类著作有所区别。在论文方面,有对民法主题进行深入研究的文章,如《约定违约金之比较研究》非常详尽地介绍了各国的约定违约金制度,《物权变动立法主义之比较》《债权与留置物之牵连关

---

① 关于此书的书评,可参见王良嘉:《评张企泰著〈中国民事诉讼法论〉》,《中央周刊》1945 年第 7 卷第 15—16 期,第 19—21 页。

系》《近代民事立法的沿革》《连带债务立法之演变及趋向》《法律行为中之意思学说及意思表示学说》《两种不同的债的观念》《法人之产生解散及其能力范围》等论文就相关制度的演变进行了较为详尽的梳理,这些文章在今天看来仍然具有研究价值和现实意义;也有对某些民法制度或问题的简评,如《论典权之法律上性质及典物之回赎期间》《对于今后民法的一点意见》《修正民事诉讼法的几点意见》《审级制度改革问题》等。此外,还有一些案例评释,如《司法院卅二年院字第二四八号解释评》《最高院二二年上字二一号判例评》等。

其次,国际法学领域。这方面的代表作品大致有《中国领事裁判权问题》《国际私法中外国公司的问题》《条约与法律》《今后管辖在华外人之办法与中国司法》《帝俄与苏俄对华外交之异同》《德国之内政与外交》《改进外交行政的意见》《论英国外交》等等。其中,1928 年发表于《清华周刊》的《中国领事裁判权问题》堪称张企泰先生在国际法学领域研究的处女作,彼时张企泰尚为清华大学政治学系学生。

再次,理论法学领域,包括法律教育、法学一般问题等。例如《德国之种族法理学》《过去培养法律人才的失败》《今后培养法律人才的办法》《司法人才之培植问题》《替法律辩护》《中国的法律科学》《新德意志立法原则》《抗战期中之法官与法律》等。就法律人才培养与法学理论的发展,张企泰先生提出应重视法院判决书等判例资料。

最后,法律译介。张企泰先生在 1935—1937 年以及 1949 年后这两个时间段,都曾投身于法律译介事业,对国外最新立法和法学著述进行了介绍。这方面的代表作品有《司法行政部顾问庞德法律教育第一次报告书》《法哲学原理》《法学总论》等。

综上,张企泰先生是一位出色的法学家和法律翻译家。单纯从学术成就和现存学术成果来看,张企泰先生在民国时期法学家群体中可能并非最杰出的,但确已在当时的法学界崭露头角,其学术能力与学术地位亦已获得学界认可,体现在以下两个方面:(1) 在而立之年即与燕树棠、戴修瓒、蔡枢衡等知名学者一起受聘担任西南联大(北大)法商学院法律系教授;(2) 刚过不惑之年又受聘担任国立同济大学法学院教授,后又代理法学院院长一职。时移世易,变故非常,张企泰先生的学术研究在1949 年以后几近陷于停顿,除《法哲学原理》和《法学总论》两部译著外,未能给世人留下更多更有价值的学术成果,这不能不说是一件憾事。

(四) 编者的话

本书的面世,得益于学院启动的"同济法学先哲文存"系列丛书出版计划。在此感谢蒋惠岭院长、吴为民书记和徐钢副院长等学院领导的信任与支持,感谢业师陈颐教授的指导和帮助。在资料搜集和书稿校对过程中,蓝子莹、王佳伟、陈红、余兆然、宋雪、黄雨婧、熊倍羚等同学也给予了相应的协助,清华大学法学院皮正德博士、王真真博士在搜集《中国领事裁判权问题》一文的原始文献过程中提供了帮助,在此一并表示感谢!

在本书的编校过程中,编者尽最大努力搜寻张企泰其人其事其著述的有关史料,但限于学识与能力,恐仍有所疏漏。如有张企泰先生其他资料或文献信息,亦欢迎读者朋友向我们提供线索。最后,希望本书的出版,可以让读者比较全面地了解法学家张企泰先生。

同济大学法学院助理教授　刘　颖

2021 年 5 月于同济衷和楼

图书在版编目 (CIP) 数据

张企泰集 / 张企泰著；刘颖编 . — 北京：商务印书馆，2021
（同济法学先哲文存）
ISBN 978-7-100-20444-6

Ⅰ . ①张… Ⅱ . ①张… ②刘… Ⅲ . ①法学－文集 Ⅳ . ① D90-53

中国版本图书馆 CIP 数据核字（2021）第 206369 号

同济法学先哲文存
张企泰集
张企泰　著
刘　颖　编

商 务 印 书 馆 出 版
（北京王府井大街 36 号　邮政编码 100710）
商 务 印 书 馆 发 行
江苏凤凰数码印务有限公司印刷
ISBN 978-7-100-20444-6

2021 年 12 月第 1 版　　　开本 880×1240　1/32
2021 年 12 月第 1 次印刷　　印张 28¼

定价：128.00 元